数字信息资源的检索与利用

（第三版）

主　编　肖　珑　张春红
副主编　刘雅琼　刘　姝
编　著　金　鑫　刘　姝　刘秀文
　　　　刘雅琼　罗文馨　唐　勇
　　　　王　盛　王　旭　王怡玫
　　　　肖　珑　张春红　张慧丽
　　　　赵　飞

图书在版编目(CIP)数据

数字信息资源的检索与利用/肖珑，张春红主编. —3版. —北京：北京大学出版社，2024.6
ISBN 978-7-301-33882-7

Ⅰ.①数… Ⅱ.①肖… ②张… Ⅲ.①计算机应用 – 情报检索 – 高等学校 – 教材 Ⅳ.①G252.7

中国国家版本馆CIP数据核字（2023）第058384号

书　　　名	数字信息资源的检索与利用（第三版）
	SHUZI XINXI ZIYUAN DE JIANSUO YU LIYONG（DI-SAN BAN）
著作责任者	肖　珑　张春红　主编
责 任 编 辑	王　华
标 准 书 号	ISBN 978-7-301-33882-7
出 版 发 行	北京大学出版社
地　　　址	北京市海淀区成府路205号　100871
网　　　址	http://www.pup.cn　新浪微博：@北京大学出版社
电 子 邮 箱	编辑部 lk1@pup.cn　总编室 zpup@pup.cn
电　　　话	邮购部 010-62752015　发行部 010-62750672　编辑部 010-62765014
印 刷 者	三河市博文印刷有限公司
经 销 者	新华书店
	787毫米×1092毫米　16开本　45印张　1152千字
	2024年6月第3版　2024年6月第1次印刷
定　　　价	117.00元

未经许可，不得以任何方式复制或抄袭本书之部分或全部内容。
版权所有，侵权必究
举报电话：010-62752024　电子邮箱：fd@pup.cn
图书如有印装质量问题，请与出版部联系，电话：010-62756370

编　著　者

第三版
主　编　　肖　珑　　张春红
副主编　　刘雅琼　　刘　姝
编　著　　金　鑫　　刘　姝　　刘秀文
　　　　　刘雅琼　　罗文馨　　唐　勇
　　　　　王　盛　　王　旭　　王怡玫
　　　　　肖　珑　　张春红　　张慧丽
　　　　　赵　飞

第二版
主　编　　肖　珑
副主编　　张春红　　刘素清
编　著　　肖　珑　　张春红　　刘素清
　　　　　苏玉华　　李浩凌　　廖三三
　　　　　李晓东

第一版
主　编　　肖　珑
编　著　　肖　珑　　张春红　　苏玉华
　　　　　李浩凌　　张宇红　　廖三三

MEMBER

随着信息化建设的推进，数字信息资源迅速增长，如何方便有效地利用这些宝贵信息成了重要问题。肖珑同志主编的这本书将有助于读者了解数字信息资源、相关的检索工具，以及如何有效地查阅这些信息。希望此书能对读者有所帮助。

王选
2003.4.22

第三版修订前言

从 2013 年本书第二版出版至今，倏忽又是十年。在这十年间，数字信息世界发生了更多更大的变化，"智慧"成为常用术语，人们的生活与网络结合得愈加紧密，对数字信息的理解已经从启蒙时期逐步进入到了应用阶段；特别是伴随着网络和移动设备成长起来的年轻学生们，其基本的学习与科研已经从物理世界逐步迁移到了与虚拟世界结合的复合型环境之中，对信息素养方面的教育培训需求也已经从最初的检索发现方法，变为更倾向于信息鉴别、选择、组织、保存，以及深度和综合应用。

在这种情况下，信息素养教育也发生了巨大变化，主要体现在：一是逐步向全民化信息素养教育发展，即便是在高等教育领域，需要接受信息素养教育和培训的对象也不仅仅限于学生，而是进一步扩展到教师、科研人员、一般员工等群体；二是信息素养教育的定位不再是单一的、传统的文献信息素养，而是成为催生拓展数字素养、数据素养、图书馆素养、学术素养、媒体素养、视觉素养、技术素养、知识产权素养等其他素养的元素养；三是信息素养教育的内容也突破了以往的信息检索与利用范畴，更强调综合性的元认知能力培养，即受教育者对自身学习内容、学习策略与方法的认识能力，以及自身计划、监控和调节的控制能力。

基于上述的发展，以及数字学术体系和资源的变化，为便于读者更好更全面地利用数字信息资源、提升信息素养能力，特别是学术信息素养水平，本书进行了再次修订，形成了第三版书稿。

第三版全书内容共十三章，其中第一章为方法论，包括关键理论与基本概念，主要介绍了信息社会中应该具备的信息素养能力，数字信息资源的概念、类型、发展历史、检索语言、基本检索方法，以及数字信息在教学科研中如何应用和相关的学术规范概念等；第二章至第十章介绍了逾百家出版商、数据库商、学术机构的 400 多种数字学术资源的内容、特点与检索利用方法；第十一章讲述了数据素养、数据资源和数据分析处理；第十二章讲述了学术写作与学术规范的内容，以及文献管理方法；第十三章通过若干实例讲解了各类资源、相关知识的综合利用。书后是索引，方便读者按照术语、数据库名称和学科查询自己需要的资源。

本着继承与创新的精神，第三版保留了第二版的部分内容，在第二版的基础上进行了修订，包括修正了部分理论内容、新增了很多新的学术资源、更新了各类资源的使用方法。与第二版相比，第三版具有以下特点：

一是根据信息素养教育的变化，对全书的内容与结构进行了全面更新。大幅度修订了第一章，强调了信息素养的重要性和必备能力；新增了第十一章"数据素养与数据处理分析"和第十二章"文献管理与学术论文撰写规范"等更多信息素养内容，使得本书体系更加完整，内容更加全面，同时使得本书的受众面更加广泛。

二是加强了学术资源内容的介绍，特别是在资源品种上增加了大量新的学术文献，并依据最新变化情况对原有的资源全部进行了修订,重点突出了一些高质量资源,删除了少量已经不再提供服务的数据库。

三是从元认知的角度为学习者提供了完整的方法论体系。这方面首先是弱化了基本检索方法的介绍,特别是不再对所有的资源,而是挑选了有代表性的数据库和检索系统进行检索方面的讲述;其次,尽可能反映数据库检索和服务技术的最新变化——如可视化检索、检索结果分析等;此外,还大幅度增加了利用资源进行学习和科研的相关方法与学术规范内容讲述。

四是在对各种资源的介绍中,保持了前两版的统一体例,即代表性资源包括内容和检索两大部分的介绍,其中内容部分包括:数据库的中英文名称,出版商/数据库商/学术机构名称,数据起始年限、发展历史、收录出版物、涵盖学科、来源、更新频率、网址、特点、与相关数据库或不同版本之间的比较等;检索部分包括:检索功能、检索技术、检索结果、相关用户服务、与检索相关的图片及说明。其他非代表性资源则重点介绍其内容,以及其检索系统特点。此外,对有些跨类型、跨章节介绍的数据库,还在文中做了参见处理。需要说明的是,资源介绍中,统计数据和检索系统的时限大多截止到2023年12月,亦有少部分更新到了2021或2022年。

五是每一章后面都增加了思考题,促进学习者的延伸与深入学习。

除此之外,还修订了第二版中的若干错误,部分术语、参考文献等也做了更新。

全书的写作与修订分工如下:

第一章　关键理论及基本概念:肖珑

第二章　西文参考数据库:刘姝

第三章　中文参考数据库:刘姝、张慧丽

第四章　全文数据库与全文服务:肖珑、王盛

第五章　电子期刊和报纸:刘雅琼、罗文馨

第六章　电子图书:张春红

第七章　事实和数值型数据库:刘雅琼、罗文馨、王旭

第八章　特种文献资源:赵飞、王怡玫

第九章　多媒体学术资源:唐勇、刘秀文

第十章　网上免费学术资源的利用:金鑫

第十一章　数据素养与数据分析处理:唐勇

第十二章　文献管理与学术论文撰写规范:赵飞、王怡玫

第十三章　数字信息资源的综合利用:张春红

索引:张春红、肖珑

全书的体例策划、组织和最后统稿、审稿、清样修订工作由肖珑、张春红负责,刘雅琼、刘姝两位也参与了其中的大量工作。

本书第一版和第二版曾获教育部、北京市、中国图书馆学会等颁发的诸多奖项(详见第二版"修订前言"),在其他高校信息素养课程中频频被用为教材或列为重要参考书,在教育部国家级精品视频公开课"数字图书馆资源检索与利用"的教学中也有所建树,这些都鼓励

我们再次以科学、严谨、客观的态度修订此书,使其始终保持为精品。

感谢所有参与编写与修订工作的同事。这本教材的编写与修订,充分体现了专业图书馆员的团队合作以及个性化发展创新的精神,每个版本的修订都有一支敬业和互相配合的团队,每个团队都以极其认真仔细的精神完成写作。第三版团队也是如此,老中青结合的成员既有参加了全部三版教材编写的信息素养资深教师,也有已经利用第二版教材讲课多年的信息素养工作骨干,更有新加入团队的年轻馆员;虽然工作繁忙,但大家仍然坚持认真、细致地编写教材,反复修改,确认无误;同时多次统稿,以保证前后内容衔接统一。感动于这种合作和团队精神,我们在此致以深深的敬意。

再次感谢已经过世的中国科学院院士、北京大学教授王选。本书第一版是2003年出版的,当时王选教授正在病中休养,身体虚弱;但当肖珑主编登门求教时,王选教授仍欣然接过书稿,审阅几天后,主动提笔为本书题词,对书稿予以肯定。这对当时初次尝试编写本书的年轻团队真是莫大的鼓励,并在此后的近20年间一直激励着我们不断与时俱进,推出新版。

在教材第一、二版出版后,我们收到了来自信息素养教学及应用领域的教师和图书馆员以及学习信息素养课程的学生们给予的诸多褒奖以及各类意见建议,例如第三版各章增加了思考题就是听取了一位信息素养教师的建议。在此,我们向这些教师、馆员和学生们致以诚挚的谢意,相信有你们的鼓励和鞭策,这本教材会越来越完善。

虽千万用功,然终有疏漏。最后,我们代表第三版编写与修订团队,敬请读者诸君对本书不吝赐教,批评指正。

肖珑、张春红

2023年12月,燕园

第二版修订前言

2003年，本书正式出版。在之后的几年时间里，本书获得了师生、社会用户、同行、专家的充分肯定和关注。学生和社会用户们认为这是一本"实用、易学、不可或缺"的教材；同行认为本书内容完整，具有系统性、实用性和可检索性，堪称一部"移天缩地、咫尺万里"的高品质工具书[①]；以中国科学院国家科学图书馆馆长张晓林博士为首的专家们则对本书高度评价，张晓林馆长还亲自为本书评奖撰写了推荐意见。同时，全国有100多家开设相关课程的院校和其他培训单位选用本书作为教材或教学参考书。

时间飞逝，随着网络与计算机技术的快速发展，本书的内容特别是有关检索部分的指南逐渐落后，为此，我们对本书进行了修订。修订期间，数字学术资源的情况不断发生变化，我们也不断对内容进行修改增删，历时三年多，最终完成了第二版书稿。

全书内容共十一章，其中第一章为方法论，主要介绍了数字资源的概念、类型、发展历史、检索系统与检索语言、检索方法及其基本功能和技术、与检索相关的用户服务等；第二至十章介绍了逾百家出版商、数据库商、学术机构的近400种数字学术资源的内容与检索使用方法；第十一章则通过若干实例讲解了各类资源、相关知识的综合利用。全书最后是索引，方便读者按照数据库名称和学科查询自己需要的资源。

第二版重新编写或修订了第一版的大部分内容，变化很多。与第一版相比，第二版具有以下特点：

一是对全书的结构进行了调整。鉴于文摘索引类数据库在数字学术资源中所占比例逐步缩小，而多媒体资源和其他类型的资源在不断增加，我们将第一版中介绍参考数据库的三章合并为两章；同时，增加了"特种文献资源"和"多媒体学术资源"两章。

二是在资源品种上增加了大量新的学术数据库，并依据最新变化对原有的资源全部进行了修订，删除了少量已经不再提供服务的数据库。

三是在结构上更加强调资源内容的介绍、资源学术性和权威性的客观评估，以及相似数据库之间的比较分析；考虑到这几年用户的检索水平在不断提高，而检索系统也在快速变化，减少了检索细节的指导和介绍。

四是尽可能反映数据库检索和服务技术的最新变化，如对数据库最新检索系统的介绍，以及聚合服务（RSS）、移动服务、整合检索等新型用户服务的讲解等，在第一章还专门为此增加了一节内容。

五是在对各种资源的介绍中，基本保持了第一版的统一体例，即每种资源的介绍包括内

---

① 见董小英书评《移天缩地，咫尺万里——评〈数字信息资源的检索与利用〉》，《大学图书馆学报》2004年第3期。

容和检索两大部分,其中内容部分包括:数据库的中英文名称、出版商/数据库商/学术机构名称、数据起始年限、发展历史、收录出版物、涵盖学科、数据来源、更新频率、网址、特点、与相关数据库或不同版本之间的比较等;检索部分包括:检索功能、检索技术、检索结果、相关用户服务、与检索相关的图片及说明。此外,对有些跨类型、跨章节介绍的数据库,还在文中做了参见处理;对第一版中一些大型检索工具印刷版的使用方法则予以删除。

在上述介绍中,所采用的统计数据和检索系统的时限大部分截止到 2011 年 12 月,也有少部分是到 2010 年底。

全书的写作分工如下:

第一章 数字信息资源及其检索概述:肖珑

第二章 西文参考数据库:苏玉华

第三章 中文参考数据库:李晓东

第四章 全文数据库与全文服务:张春红、肖珑

第五章 电子期刊和报纸:刘素清

第六章 电子图书:张春红

第七章 事实和数值型数据库:李浩凌

第八章 特种文献资源:李晓东

第九章 多媒体学术资源:张春红

第十章 网上免费学术资源的利用:廖三三

第十一章 数字信息资源的综合利用:张春红(第一、二节)、廖三三(第三节)

索引 张春红

全书的体例策划、组织和最后统稿、审稿工作由肖珑负责,张春红、刘素清两位也参与了当中的大量工作。

本书第一版曾获教育部"第四届中国高校人文社会科学研究优秀成果奖"、北京市"第八届哲学社会科学优秀成果奖"、中国图书馆学会"第二届图书馆学情报学学术成果奖"、北京大学"改革开放三十年人文社会科学研究百项精品成果奖"、北京大学"第九届人文社会科学研究优秀成果奖"等。诸多奖项的获得,尤其是本书后来又被列为普通高等教育"十一五"国家级规划教材项目,促使我们以更加严谨、科学、客观的态度来修订此书,力求使本书再度成为精品。

感谢所有参与编写工作的同事。在修订本书的三年多中,正值北京大学处于教学和科研的快速发展阶段,每个人都处在一种高度繁忙和运转的工作状态中;加之资源不断地增长和变化,导致本书大部分内容均需要重新编写,修订的工作量巨大。尽管如此,为了给读者提供一本高质量的教材和工具书,团队中的每个人都以极其负责、细致的态度撰写自己负责的部分,并不厌其烦地反复修改。在此,我对他们执着认真的工作态度、高度负责的合作精神表示深深的敬意。

再次感谢已经去世的中国科学院院士、北京大学教授王选。在第一版出版时,他在百忙中看了书稿,并欣然为本书题词,肯定了本书的价值和作用。多年来,王选教授的题词对我们是莫大的鼓舞和鞭策,激励我们不断前行。

第二版修订前言

本书在编写和修订过程中,得到了北京大学图书馆朱强馆长、北京大学出版社沈承凤老师以及北京大学图书馆信息咨询部、多媒体部、资源建设部其他各位同人的大力支持和帮助,在此表示衷心的感谢。

本书的疏漏之处,欢迎读者批评指正。

肖珑

2012 年 1 月于燕园

前　言

在北大图书馆咨询台值班的时候,总会碰到读者询问类似的问题:"老师,怎么在网上找到这篇文献?"或者"老师,这个数据库怎么检索?"等,算起来,这些问题每个月至少数以百计;综合这些提问,不外乎两类问题:

(1) 怎样在网上找到相关信息,有哪些工具可以利用?

(2) 这些网络工具或者说是数字资源如何使用?

针对这些需求,我们先是在北大图书馆开设了名为"一小时讲座"的系列讲座,为读者集中系统地讲解这些问题,稍后我们又开设了名为"电子资源的检索和利用"的全校性公共选修课。三年来,累计有近两万人次聆听或选修了我们的讲座和授课。为了讲座和授课的需要,我们同时撰写了相应内容的大量讲稿。随着讲义篇幅内容的不断增多,我们不由得产生了一个想法:写一本指南性的工具书,告诉读者,网上有哪些数字资源可以利用,这些资源使用的方法是什么,在科研、教学和学习中如何综合利用这些资源。

许多同行也对我们说,北大图书馆购买的网上资源在高校乃至全国的图书馆中是最多的,我们是不是可以把这些资源写一写,介绍给他们,帮助他们进行本校的数字资源建设和为读者讲授数字资源的检索。于是,我们在授课和讲座的讲义的基础上,开始动手写这本书。

这本书的写作历时两年。其间,随着资源的日益增加和数据库的情况变化,书的内容不断地丰富和修改,篇幅也逐渐加大,从预想的 30 万字变成了最后的 50 多万字。现在,书稿终于完成,衷心希望本书能够达到我们预想的目的,为用户和同行提供利用网上数字资源的参考和指南。

全书内容共十章,分为四个部分:

第一章为方法论,对数字信息资源及其结构、基本检索方法进行了概述。

第二章至第九章,按照第一章的方法论内容,介绍了约 70 家出版商、数据库商、学术机构的 300 余个数字资源的内容及其使用方法,涉及 200 多个数据库、近 2 万种全文电子期刊、500 多种电子报纸、十几万种电子图书,其中中英文资源大约各占一半;此外,对搜索引擎、网络学术资源导航、FTP 等其他数字学术资源也做了介绍。

第十章为上述资源的综合利用,列举了若干实例。

最后部分为资源索引,方便读者从字顺、学科等途径查找资源。

每章后面均附有该章的参考文献。

在第二章至第九章中,对不同的数字资源按照参考数据库、全文数据库、事实数据库、电子期刊、电子图书、电子报纸和其他数字学术资源等类型分别进行介绍,同时尽量采取了相同体例,每种资源的介绍大致包括:

1. 数据库内容:数据库的中英文名称,出版商、数据库商、学术机构名称,发展历史,收录出版物,涵盖学科,收录年限,更新频率,网址,特点,与相关数据库或不同版本之间的比较等。

2. 检索方法：

（1）检索功能：简单检索、复杂检索、自然语言检索、图像检索、浏览、索引、可检索字段等；

（2）检索技术：布尔逻辑、组配检索、截词算法、位置算符、词根运算、嵌套（优先）运算、大小写敏感、相关检索、引文检索、禁用词表等；

（3）检索结果：检索结果格式、标记方法及下载方法等；

（4）相关用户服务：如相关帮助文件/培训教程、检索史记录、个性化服务、最新文献报道服务、文献传递服务、相关参考工具等。

3. 用户检索界面及检索结果的图片及相关说明。

此外，对有些历史悠久的权威数据库，为方便用户使用，还简要介绍了其印刷版本的结构、体例和使用方法；对有些跨类型、跨章节介绍的数据库，在文中做了参见处理。

在此需要说明的是，书中所介绍的资源，有些是需要购买访问权限的；有些网址可能会发生迁移变化；所采用的相关数据大多截止到2002年12月底，之后发生的变化并没有记录在内；这些方面读者如有疑问，可随时与我们联系。

全书的写作分工如下：

肖珑：第一章，第五章，第七章，第九章第一节，此外还负责全书的策划组织、体例制定和最后的统稿；

张春红：第二章，第八章，第九章第二节，第十章第二节，以及索引的汇总、校对；

苏玉华：第四章，第十章第三节；

李浩凌：第六章，第十章第一节；

张宇红：第三章；

廖三三：第九章第一节（与肖珑合写），第九章第三节；

北京大学数字图书馆研究所的研究生胡良霖同学参加了第九章第一节、第三节的修订工作。

在过去的两年中，由于数字信息资源和数字化服务在北京大学图书馆的迅速发展，使得所有参加本书编撰的同事，都处在一种高度繁忙的工作状态中，这本书几乎全部是大家利用业余时间撰写的。尽管如此，为了充分满足读者的需求，给读者提供一本高质量的工具书，每个人都以极其认真、细致的态度撰写自己负责的部分，并不厌其烦地反复修改。在此，我要衷心地感谢各位参加编写工作的同事，对他们的执着精神和认真负责的工作态度表示敬意。

感谢中国科学院院士、北京大学教授王选，他在百忙中看了书稿，并欣然为本书题词，肯定了本书的价值和作用。王选教授的题词对我们是莫大的鼓舞和鞭策。

本书在编写过程中，得到了北京大学图书馆戴龙基馆长，中国高等教育文献保障系统(CALIS)管理中心陈凌副主任，北京大学教材办公室张积老师，北京大学出版社沈承凤、郭力老师，以及北京大学图书馆信息咨询部的其他各位同人的大力支持和帮助，在此一并表示感谢。

本书错谬之处，欢迎读者批评指正。

肖珑

2003年4月

目　　录

第一章　关键理论及基本概念 ……………………………………………………… (1)

　第一节　信息社会发展与信息素养教育 ……………………………………… (1)

　　1.1　信息社会的发展及其影响 …………………………………………… (1)

　　1.2　信息素养及信息素养教育 …………………………………………… (6)

　第二节　数字信息资源及其发展 ……………………………………………… (9)

　　2.1　数字信息资源的基本概念 …………………………………………… (9)

　　2.2　数字信息资源的主要类型 …………………………………………… (10)

　　2.3　数字信息资源的产生与发展 ………………………………………… (15)

　　2.4　中国的数据库业 ……………………………………………………… (19)

　　2.5　数字信息资源检索的发展 …………………………………………… (23)

　第三节　数字信息资源的检索 ………………………………………………… (28)

　　3.1　检索与检索系统 ……………………………………………………… (28)

　　3.2　检索语言 ……………………………………………………………… (34)

　　3.3　检索功能 ……………………………………………………………… (42)

　　3.4　检索技术 ……………………………………………………………… (48)

　　3.5　检索策略与步骤 ……………………………………………………… (54)

　第四节　数字信息资源的利用 ………………………………………………… (58)

　　4.1　检索结果的获取 ……………………………………………………… (58)

　　4.2　检索结果利用服务 …………………………………………………… (58)

　　4.3　检索结果应用 ………………………………………………………… (63)

第二章　西文参考数据库 …………………………………………………………… (66)

　第一节　参考数据库概述 ……………………………………………………… (66)

　　1.1　参考数据库的概念 …………………………………………………… (66)

　　1.2　参考数据库的类型 …………………………………………………… (66)

　　1.3　参考数据库的结构和特点 …………………………………………… (66)

　　1.4　参考数据库的用途 …………………………………………………… (68)

　　1.5　参考数据库的发展历史 ……………………………………………… (68)

　第二节　引文索引与引文索引数据库 ………………………………………… (69)

　　2.1　引文索引 ……………………………………………………………… (69)

　　2.2　科学引文索引(SCI) ………………………………………………… (71)

  2.3 社会科学引文索引(SSCI) ……………………………………………… (86)
  2.4 艺术与人文科学引文索引(A&HCI) …………………………………… (87)
  2.5 期刊引用报告(JCR) ……………………………………………………… (87)
 第三节 常用综合类参考数据库 ……………………………………………………… (91)
  3.1 ProQuest 平台剑桥科学文摘数据库 …………………………………… (91)
  3.2 OCLC FirstSearch 系统数据库 ………………………………………… (93)
  3.3 Scopus 数据库 …………………………………………………………… (101)
  3.4 CALIS 外文期刊网 ……………………………………………………… (104)
  3.5 Ingenta 期刊索引数据库 ………………………………………………… (105)
 第四节 常用理工类参考数据库 …………………………………………………… (106)
  4.1 工程索引(EI) …………………………………………………………… (106)
  4.2 化学文摘(CA)网络版 …………………………………………………… (113)
  4.3 科学文摘(INSPEC) ……………………………………………………… (128)
  4.4 生物学信息数据库(BP) ………………………………………………… (135)
  4.5 医学文献数据库(MEDLINE 和 EMBASE) …………………………… (137)
  4.6 心理学文献数据库(PsycINFO) ………………………………………… (142)
  4.7 数学科学数据库(MathSciNet) ………………………………………… (142)
  4.8 地学参考数据库(GeoRef 和 GeoBase) ……………………………… (144)
  4.9 其他理工类参考数据库 ………………………………………………… (145)
 第五节 常用人文社科类参考数据库 ……………………………………………… (145)
  5.1 经济学文献数据库(EconLit) …………………………………………… (145)
  5.2 教育资源信息中心数据库(ERIC) ……………………………………… (146)
  5.3 图书馆与信息科学文摘数据库(LISA) ………………………………… (146)
  5.4 语言学与语言行为文摘数据库(LLBA) ………………………………… (147)
  5.5 中国高校人文社会科学文献中心(CASHL)数据库 …………………… (147)
  5.6 其他人文社科类参考数据库 …………………………………………… (149)

第三章 中文参考数据库 …………………………………………………………………… (153)
 第一节 中国科学引文数据库 ……………………………………………………… (154)
  1.1 数据库内容 ……………………………………………………………… (154)
  1.2 数据库检索 ……………………………………………………………… (156)
 第二节 中文社会科学引文索引 …………………………………………………… (158)
  2.1 数据库内容 ……………………………………………………………… (158)
  2.2 数据库检索 ……………………………………………………………… (159)
 第三节 全国报刊索引数据库 ……………………………………………………… (162)
  3.1 数据库内容 ……………………………………………………………… (162)
  3.2 数据库检索 ……………………………………………………………… (164)

第四节　万方数据知识服务平台 (168)
　4.1　万方数据知识服务平台概述 (168)
　4.2　数据库检索 (168)
第五节　高等教育文献保障系统数据库 (170)
　5.1　数据库内容 (171)
　5.2　数据库检索 (171)
第六节　国家科技图书文献中心数据库 (173)
　6.1　数据库内容 (174)
　6.2　数据库检索 (175)
　6.3　NSTL服务介绍 (176)
第七节　中国人民大学书报资料中心参考数据库 (177)

第四章　全文数据库与全文服务 (180)
第一节　全文数据库概述 (180)
第二节　ProQuest系统全文数据库 (183)
　2.1　数据库内容 (183)
　2.2　数据库检索 (184)
　2.3　系统管理服务 (190)
第三节　EBSCO*host*系统全文数据库 (190)
　3.1　数据库内容 (190)
　3.2　数据库检索 (193)
　3.3　系统管理服务 (198)
第四节　历史档案全文数据库 (199)
　4.1　历史档案数据库概述 (199)
　4.2　Gale Scholar历史档案数据库 (202)
　4.3　AMD历史与文化珍稀史料数据库集成 (209)
　4.4　其他历史档案数据库 (223)
第五节　LexisNexis及法律类全文数据库 (228)
　5.1　LexisNexis及其法律数据库 (228)
　5.2　Westlaw法律数据库 (233)
　5.3　威科先行法律信息库 (236)
　5.4　HeinOnline法律数据库 (241)
　5.5　中文法律数据库 (242)
第六节　其他全文数据库 (246)
　6.1　IEEE/IET电子图书馆 (246)
　6.2　中国人民大学书报资料中心复印报刊资料全文数据库 (249)
　6.3　中国资讯行全文数据库 (251)

第七节　互联网上的全文服务 (251)
7.1　全文链接服务 (251)
7.2　原文传递服务 (253)

第五章　电子期刊和报纸 (259)

第一节　电子期刊概述 (259)
1.1　电子期刊的特点 (259)
1.2　电子期刊的出版与服务 (260)
1.3　核心期刊和同行评审期刊 (262)
1.4　电子期刊的检索 (262)

第二节　综合性西文电子期刊 (265)
2.1　爱思唯尔(Elsevier)电子期刊 (265)
2.2　施普林格(Springer)电子期刊 (270)
2.3　约翰威立(John Wiley)电子期刊 (272)
2.4　泰勒&弗朗西斯(Taylor & Francis)电子期刊 (275)
2.5　SAGE电子期刊 (276)
2.6　牛津大学出版社电子期刊 (278)
2.7　剑桥大学出版社电子期刊 (278)
2.8　全文综述期刊数据库 (279)

第三节　理工类西文电子期刊 (279)
3.1　科学在线 (279)
3.2　《自然》及其系列电子期刊 (282)
3.3　《细胞》及其系列电子期刊 (284)
3.4　数学电子期刊 (285)
3.5　物理：英美物理学会的期刊 (286)
3.6　化学：英美化学学会的电子期刊 (288)
3.7　其他学协会及出版社的期刊 (289)

第四节　社科类西文电子期刊 (294)
4.1　Emerald电子期刊 (294)
4.2　JSTOR英文过刊 (295)
4.3　典藏学术期刊全文数据库 (298)
4.4　Project Muse电子期刊 (299)
4.5　HeinOnline法律期刊数据库 (299)

第五节　中文电子期刊 (300)
5.1　中国知网学术期刊库 (301)
5.2　万方中国学术期刊数据库 (304)
5.3　维普中文期刊服务平台 (304)
5.4　晚清期刊全文数据库(1833—1911) (306)

5.5　民国时期期刊全文数据库(1911—1949) ……………………………(306)
　　5.6　大成老旧刊全文数据库 ………………………………………………(306)
　第六节　电子报纸 ……………………………………………………………(307)
　　6.1　电子报纸概述 …………………………………………………………(307)
　　6.2　代表性西文报纸 ………………………………………………………(309)
　　6.3　代表性中文报纸 ………………………………………………………(313)
　　6.4　其他电子报纸 …………………………………………………………(315)

第六章　电子图书 …………………………………………………………………(319)
　第一节　电子图书概述 ………………………………………………………(319)
　　1.1　电子图书概念与发展 …………………………………………………(319)
　　1.2　电子图书特点 …………………………………………………………(320)
　　1.3　电子图书类型 …………………………………………………………(322)
　　1.4　电子图书的出版 ………………………………………………………(325)
　　1.5　电子图书的作用 ………………………………………………………(325)
　　1.6　电子图书的使用 ………………………………………………………(326)
　第二节　西文电子图书 ………………………………………………………(327)
　　2.1　西文电子图书集成服务系统 …………………………………………(327)
　　2.2　其他西文电子图书 ……………………………………………………(334)
　　2.3　西文早期(18世纪以前)电子图书 ……………………………………(342)
　第三节　中文电子图书 ………………………………………………………(344)
　　3.1　读秀知识库 ……………………………………………………………(344)
　　3.2　常见的中文电子图书系统 ……………………………………………(345)
　　3.3　网络免费电子图书(读书网站) ………………………………………(351)
　第四节　中文典籍数据库(含民国图书) ……………………………………(351)
　　4.1　古籍数据库和古籍检索系统 …………………………………………(351)
　　4.2　其他古籍电子书 ………………………………………………………(353)
　　4.3　民国图书 ………………………………………………………………(358)

第七章　事实和数值型数据库 ……………………………………………………(361)
　第一节　事实和数值型数据库概述 …………………………………………(361)
　　1.1　事实和数值型数据库的含义与发展历史 ……………………………(361)
　　1.2　事实和数值型数据库的作用与特点 …………………………………(362)
　　1.3　事实和数值型数据库的主要类型与内容特征 ………………………(363)
　第二节　英文商业经济类事实和数值型数据库举要 ………………………(366)
　　2.1　BvD系列数据库 ………………………………………………………(366)
　　2.2　全球新兴市场商业资讯库 ……………………………………………(370)
　　2.3　国际货币基金组织数据库 ……………………………………………(372)
　　2.4　世界银行数据库 ………………………………………………………(373)

2.5 经济合作发展组织在线图书馆 ……………………………………………… (374)
  2.6 EMIS、BvD、OECD iLibrary 三个经济统计类数据库比较分析 ………… (376)
 第三节 英文科技类事实和数值型数据库举要 ……………………………………… (378)
  3.1 贝尔斯坦/盖墨林化学数据库 …………………………………………… (378)
  3.2 Web of Science 化学数据库 ……………………………………………… (381)
  3.3 实验室指南数据库 ………………………………………………………… (383)
 第四节 英文社科类事实和数值型数据库举要 ……………………………………… (384)
  4.1 盖尔参考资料数据库 ……………………………………………………… (384)
  4.2 《大英百科全书》网络版 ………………………………………………… (386)
 第五节 中文商业经济类事实和数值型数据库举要 ………………………………… (388)
  5.1 中国资讯行数据库 ………………………………………………………… (388)
  5.2 中国经济信息网(中经网)及中经网统计数据库 ………………………… (391)
  5.3 国务院发展研究中心信息网(国研网) ………………………………… (394)
  5.4 主要中文商业经济统计类事实数据库对比 …………………………… (396)
  5.5 其他 ………………………………………………………………………… (398)
 第六节 其他中文事实数值数据库 …………………………………………………… (401)
  6.1 万方事实和数值数据库 …………………………………………………… (401)
  6.2 中国科学院科学数据中心 ………………………………………………… (402)
  6.3 新华社多媒体数据库 ……………………………………………………… (403)

第八章 特种文献资源 …………………………………………………………………… (406)
 第一节 学位论文 ……………………………………………………………………… (406)
  1.1 学位论文概述 ……………………………………………………………… (406)
  1.2 国外学位论文数据库 ……………………………………………………… (407)
  1.3 国内学位论文数据库 ……………………………………………………… (410)
 第二节 会议文献 ……………………………………………………………………… (412)
  2.1 会议文献概述 ……………………………………………………………… (412)
  2.2 国外会议文献数据库 ……………………………………………………… (413)
  2.3 中文会议文献数据库 ……………………………………………………… (416)
 第三节 专利文献 ……………………………………………………………………… (417)
  3.1 专利文献概述 ……………………………………………………………… (417)
  3.2 西文专利文献数据库 ……………………………………………………… (418)
  3.3 中文专利文献数据库 ……………………………………………………… (427)
 第四节 标准文献 ……………………………………………………………………… (431)
  4.1 标准与标准文献概述 ……………………………………………………… (431)
  4.2 国外标准文献数据库 ……………………………………………………… (432)
  4.3 中国标准文献数据库 ……………………………………………………… (433)
  4.4 国内外其他标准化机构网站 ……………………………………………… (434)

第五节　科技报告 ·· (436)
　　　5.1　科技报告概述 ·· (436)
　　　5.2　科技报告的特点和类型 ·· (436)
　　　5.3　美国政府科技报告及其检索 ·· (437)
　　　5.4　中文科技成果报告及其检索 ·· (440)

第九章　多媒体学术资源 ··· (444)
　　第一节　多媒体学术资源概述 ·· (444)
　　　1.1　多媒体学术资源的历史与发展 ··· (444)
　　　1.2　多媒体学术资源的概念与特点 ··· (444)
　　　1.3　多媒体学术资源的类型与内容 ··· (445)
　　第二节　多媒体学术资源的使用 ··· (447)
　　　2.1　多媒体学术资源的浏览 ·· (447)
　　　2.2　多媒体学术资源的检索 ·· (448)
　　　2.3　多媒体学术资源的播放及服务 ··· (450)
　　第三节　重要多媒体学术资源库及其使用 ·· (452)
　　　3.1　图片资源及其利用 ·· (452)
　　　3.2　音乐资源及其利用 ·· (461)
　　　3.3　视频节目资源及其利用 ·· (465)
　　　3.4　课程类资源及其利用 ··· (470)
　　　3.5　考试类学习库 ·· (476)
　　　3.6　语言学习类多媒体资源 ·· (479)
　　　3.7　学术讲座/报告/科技文化类多媒体资源 ······································· (479)
　　　3.8　新闻报纸类多媒体库 ··· (480)
　　　3.9　北京大学图书馆的多媒体资源服务平台 ······································· (481)
　　　3.10　其他多媒体资源 ··· (484)

第十章　网上免费学术资源的利用 ·· (488)
　　第一节　搜索引擎 ·· (488)
　　　1.1　搜索引擎的工作流程与工作原理 ·· (489)
　　　1.2　国内外常用学术搜索引擎 ··· (491)
　　第二节　开放获取资源（OA） ·· (496)
　　　2.1　开放获取资源概述 ·· (496)
　　　2.2　开放获取期刊 ·· (497)
　　　2.3　开放获取机构知识库 ··· (504)
　　　2.4　电子预印本 ··· (510)
　　　2.5　开放数据/开放数据仓储 ·· (514)
　　　2.6　开放获取资源的利用 ··· (521)

第三节 其他免费资源	(523)
3.1 特色资源	(523)
3.2 其他非正式学术资源	(525)

第十一章 数据素养与数据分析处理 (527)

第一节 数据素养 (527)
- 1.1 数据素养概述 (527)
- 1.2 数据素养能力 (529)

第二节 数据分析处理 (531)
- 2.1 数据和数据源 (531)
- 2.2 数据分析处理步骤 (536)
- 2.3 数据分析常见问题 (547)

第三节 常用的数据分析工具 (548)
- 3.1 数据分析工具简介 (548)
- 3.2 常用的数据分析工具介绍 (548)

第四节 数据创新：利用数据开展学术研究 (568)
- 4.1 案例1：数字图书馆十年（1999—2009年）发展趋势与热点分析 (568)
- 4.2 案例2：北京大学科学研究前沿 (569)

第十二章 文献管理与学术论文撰写规范 (576)

第一节 了解学术论文基本规范 (576)
- 1.1 论文的学术规范 (576)
- 1.2 论文的撰写规范 (581)

第二节 期刊论文的撰写规范 (581)
- 2.1 期刊论文的基本结构 (581)
- 2.2 各组成部分的详细要求 (581)
- 2.3 参考文献著录规则 (587)

第三节 学位论文的撰写规范 (594)
- 3.1 学位论文的基本结构 (594)
- 3.2 各组成部分的详细要求 (595)

第四节 学术资料管理和文献管理软件的使用 (601)
- 4.1 学术资料的管理 (601)
- 4.2 文献管理软件介绍 (601)

第十三章 数字信息资源的综合利用 (612)

第一节 资料利用基本需求与方法 (612)
- 1.1 文献搜集与获取 (612)
- 1.2 期刊选择与论文投稿 (618)
- 1.3 科研成果评价 (623)

第二节　资源综合利用案例 …………………………………………………（627）
　　　2.1　如何查找特定事实或文献 …………………………………………（627）
　　　2.2　如何进行课题查询 …………………………………………………（629）
　　　2.3　如何完成科技查新 …………………………………………………（634）
　　　2.4　如何进行学位论文开题和写作 ……………………………………（644）
　　　2.5　如何设计教学方案并组织教参资料 ………………………………（650）
　　　2.6　如何找到适合的期刊去投稿 ………………………………………（652）
　　　2.7　如何进行情报分析和研究 …………………………………………（654）
关键词和案例索引 ……………………………………………………………（659）
数据库名称索引 ………………………………………………………………（662）
数据库学科索引 ………………………………………………………………（668）

第一章 关键理论及基本概念

第一节 信息社会发展与信息素养教育

1.1 信息社会的发展及其影响

随着计算机和通信技术的发展,以高度发达的信息技术为基础,以信息资源为基本资源,以信息创造、传播、共享、服务和使用为基本社会产业领域,以数字化和网络化为基本社会交往方式的信息社会,逐步渗透到了文化、经济、政治、教育、科技、医疗、出版、新闻、体育、娱乐、商业以及社会生活的各个领域,对社会、文化的发展产生了巨大的影响,人类认识世界、思考世界的观点、角度、方法都在不断地发生变化。

互联网的开放性及其信息资源共享和交换的能力,吸引了大量用户,越来越多的机构和个人在网上发布、查询和使用信息。据国际互联网协会(Internet Society,ISOC)发布的《2019全球互联网报告》统计,2000年全球互联网用户为4亿户,到2019年增长了9倍,为40亿人;互联网经济巨头发达,仅谷歌一家公司即占据全球90%的搜索市场,中国最大的社交媒体平台微信,2023年月度活跃用户规模超过13亿。发展之快,远远超出了最初人们的设想和预测,其影响早已跨越国别、文化、语言的界限。

在中国,互联网基础建设,网民规模,互联网应用,互联网政务、产业与技术,以及互联网安全更是以几何级数的速度在增长,据中国互联网络信息中心2021年2月发布的第47次《中国互联网络发展状况统计报告》显示,截止到2020年12月,我国国际出口带宽数为11 511 397Mbps,是2010年的近12倍;域名总数4 198万个,其中".CN"域名达到1 897万个,是2010年的2.62倍;网民规模达到9.86亿人,是2010年的2.35倍,网民手机上网比例达到99.7%;互联网普及率70.4%,比2010年提升了38.6%。

在这种情况下,我国互联网经济日趋发达,信息社会规模化发展。一是基础设施建设持续完善,"新基建"助力产业结构升级。我国已在2019年建成全球最大规模光纤和移动通信网络,行政村通光纤和4G(第4代移动通信技术,4th Generation)比例均超过98%,固定互联网宽带用户接入超过4.5亿户。同时围绕高技术产业、科研创新、智慧城市等相关的新型基础设施建设不断加快,加速新技术产业应用,催生新的产业形态,扩大新供给,推动区域经济发展质量提升和产业结构优化升级。二是数字经济成为经济发展的新增长点。例如,网络购物用户规模达7.82亿户(截止到2020年12月);2020年,网络交易规模达11.76万亿元,同比增长10.9%。数字企业加速赋能产业发展,通过商业模式创新加快数字技术应用,不断提升供应链数字化水平,为产业转型升级提供重要支撑。三是互联网应用提升群众获得感,与群众生活结合日趋紧密,微信、短视频、直播等应用降低了互联网使用门槛,不断丰富群众的文化娱乐生活;在线政务应用以民为本,着力解决群众日常办事的堵点、痛点和难点;网络公益在实现农民增收、带动广大网民参与脱贫攻坚行动中发挥了日趋重要的作用。四是在线教育呈现爆发式增长。截止到2020年12月,我国在线教育用户规模达3.42亿户,较2018年底增长89%,占网民整体的34.6%。2020年初,全国大、中、小学校推迟开学,2.65亿名在校生普遍转向线上课程,用户需求得到充分释放。

信息社会的高速发展,使得信息从产生、传播到使用及其种类和数量都与传统的印本资源大为不同。主要表现在:

1. 信息的产生

(1) 信息产生的速度加快,数量动态性持续增长。早在21世纪初,人们就常常提到"互联网年"这样的概念。"互联网年"为3个月左右,也就是说,互联网上每3个月增长的信息相当于传统方式的一年的信息量,如今这种发展已经超过传统传媒工具报刊、广播、电视,而且还在不断加速。

(2) 信息的生产和发布不再仅限于官方或正式的出版机构,任何人都可以成为网上信息的发布者,具有很大的任意性和自由性。

2. 信息的传播

(1) 信息的传播速度大大加快。尽管信息没有集中存放,而是以"云"的形式分布在全球各地,但由于通过光纤和移动网络传递,过去需要几天才能获取的信息如今在几分钟内就可以得到。

(2) 信息传播方式发生变化。传统的信息传播方式是通过书刊、广播、电视向受众单向传播,而现在是通过网络进行,因而信息与受众的关系也发生了变化。信息与受众之间的关系从单向灌输转为网状、多向的平等交流,网络任何一个节点的受众都可以自由选择所需信息,进而再把信息传播出去。

3. 信息的结构

(1) 信息的内容发生很大变化。由于学术团体、政府机关、商业部门、民间组织等任何组织或个人都可以在网上发布信息,因而信息的控制和管理较为不易,缺乏有效认证和审核,使得各种信息(学术信息、商业信息、个人信息甚至有害信息等)混在一起。虽然这种状况在逐渐改变,但真正做到有效控制、有利于各方,还需要一段时间的发展。

(2) 信息的形式从传统的印刷型图书期刊逐渐变为数字化信息,不再仅仅是视觉和静态形式,而是多媒体和动态的,需要功能强大的计算机软件系统来进行管理和使用。

(3) 信息资源的种类也不再仅仅是传统的正式出版物,而是电子期刊/图书、非正式出版物、灰色文献、数据库、软件、流媒体、搜索引擎、社交媒体、网络新闻、网络文学、博客、播客、论坛(BBS)、文件传输协议(File Transfer Protocol,FTP)站点等各类资源和资源发现工具共同构成网络环境下的信息资源。

4. 信息的使用

（1）人们不受时间和地点的限制，可以随时随地从网上获取和利用信息。

（2）信息可以重复使用，并较容易地进行二次、三次深度加工。

从以下三张调查分析图表可以看出这种变化所在。其中 1998 年的图表，如图 1-1 所示，展示人们获取资源的主要途径还是图书馆以及传统的期刊图书等，互联网虽然已进入人们的视野，但尚未成为最主要的路径。2007 年的调研则已经有所改变，如图 1-2 所示，网络成为获取信息的最主要手段，但传统路径仍然为人们所依赖。而 2020 年的调研，如表 1-1 所示，虽然没有直接将网络与传统信息获取途径进行对比分析，但仅从网民大范围、多类型的应用，就可以看出获取信息的途径已经主要依赖网络了。

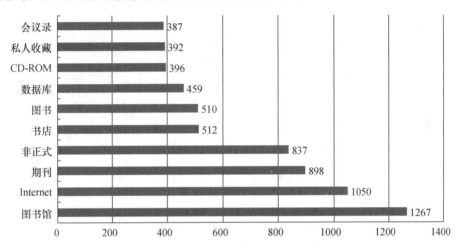

图 1-1 用户获取信息的主要途径（调查于 1998 年）[1]

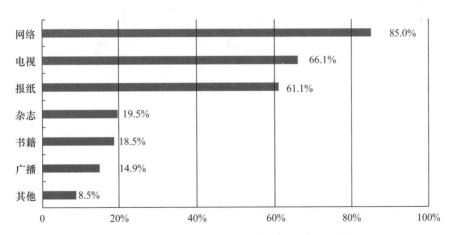

数据来源：中国互联网信息中心（CNNIC）

图 1-2 用户获取信息的主要途径（调查于 2007 年）[2]

---

① 见参考文献[3]。

② 见参考文献[4]。

表 1-1　网上用户信息应用需求分析(调查于 2020 年)①

应用	2020.3		2020.12		增长率
	用户规模/万户	网民使用率	用户规模/万户	网民使用率	
即时通信	89613	99.2%	98111	99.2%	9.5%
搜索引擎	75015	83.0%	76977	77.8%	2.6%
网络新闻	73072	80.9%	74274	75.1%	1.6%
远程办公	—	—	34560	34.9%	—
网络购物	71027	78.6%	78241	79.1%	10.2%
网上外卖	39780	44.0%	41883	42.3%	5.3%
网络支付	76798	85.0%	85434	86.4%	11.2%
互联网理财	16356	18.1%	16988	17.2%	3.9%
网络游戏	53182	58.9%	51793	52.4%	−2.6%
网络视频(含短视频)	85044	94.1%	92677	93.7%	9.0%
短视频	77325	85.6%	87335	88.3%	12.9%
网络音乐	63513	70.3%	65825	66.6%	3.6%
网络文学	45538	50.4%	46013	46.5%	1.0%
网络直播	55982	62.0%	61685	62.4%	10.2%
网约车	36230	40.1%	36528	36.9%	0.8%
在线教育	42296	46.8%	34171	34.6%	−19.2%
在线医疗	—	—	21480	21.7%	—

上述这些新的特点与变化为人们获取和使用信息带来了新的问题：

(1) 信息的检索与发现问题。信息技术界和图书馆通过对信息的组织和管理，开发了功能强大而友好的检索系统，为用户提供了结构化的信息，以及有效的检索工具和检索途径。但是否具备检索能力，能否很快通过检索来发现和获取知识，仍然是目前多数用户面临的困难。因此，对用户网络信息资源的检索和利用能力的培养就成为迫切需要解决的问题之一。

(2) 信息的鉴别和选择问题。海量信息从最初给人们带来惊喜变成了给人们带来一种无所适从、被淹没在信息海洋中的感觉，信息的无序、混杂、良莠不齐，使用户不知道如何从网上快速准确地选择对自己有用的、高质量的、正确的信息，不知道什么是查询信息的有效途径，有时花了很大精力和时间，却没有任何收获。

(3) 信息的组织和保存问题。信息获取与复制的方便和快速，使用户手里很容易积累大量"信息财富"。久而久之，对用户来说，如何将已获取的信息有效地保存、有序地组织起来，以便于今后不断存取和应用，逐渐成为人们需要掌握的重要技能之一。

(4) 信息的综合应用问题。用户即使知道了信息来源、信息内容并获取了信息，还需要学会在自己的研究和工作中加以很好地利用，方能使信息真正地发挥作用。

除了普通网民遇到的上述信息获取和使用的问题，还可以再进一步通过网民身份(职业)的细化来发现不同类型人员的信息需求，如图 1-3 所示。在目前网民身份中，学生(主要是大学生)、专业技术人员、党政机关事业单位人员(含教师)、企业研究人员超过 1/3，这部分人员对如何获取学习、教学、研究等方面的信息存在诸多需求，希望能够快速、科学、准确获

---

① 见参考文献[2]。

得信息;尤其是大学生在学习过程中,经常产生很多涉及学习能力、信息素养的具体问题,如:
- 网上的资源很多,怎么能准确快速地找到我这个学科的信息,尤其是最新信息?
- 导师让我查找某个主题的文献,怎么入手找呢?
- 我查到了一篇文献的摘要和线索,但是没有全文,怎么办?
- 我要写本科生/研究生的学位论文,怎么做开题和查找参考资料呢?
- 信息太多了,如何鉴别和判断?哪些是正确可靠的?
- 我找到了一些文献,可是太多了,怎么分析和筛选?
- 我查了很久,倒是查到了不少信息,但都不太适合我……
- 找到的文献太多了,怎么组织呢?在我的论文里,如何规范引用呢?怎么做才是尊重知识产权呢?

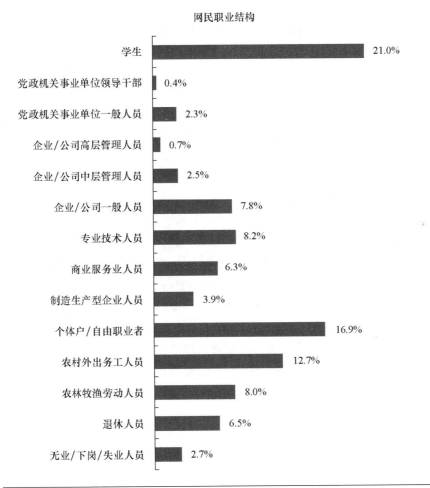

来源:CNNIC中国互联网络发展状况统计调查　　　　2020.12

图 1-3　网民的职业结构[①]

---

① 见参考文献[2]。

汇总起来，上述情况其实就是信息社会中遇到的信息素养缺失和信息素养能力不足的问题。本书旨在针对以学生（尤其是大学生）为主的上述群体的问题和需求，通过对数字信息资源，主要是学术资源的内容和使用的介绍，提高用户在实际中发现信息、鉴别信息、掌握信息、组织信息、运用信息的信息素养及相关能力，解决用户在网络环境下查找学术科研信息面临的一系列问题，培养用户在信息资源的选择、检索、鉴别、组织、利用和保存的能力，重点在信息意识、信息知识、信息能力、信息道德等方面取得突破。

1.2 信息素养及信息素养教育

关于信息素养的定义很多，本书强调的信息素养（Information Literacy，亦称信息素质），是指在实际学习、研究教学工作和生活中掌握、熟悉，以及科学、规范运用学术资源和相关工具，解决网络环境下查找学术科研信息面临的一系列问题，从而具备对信息资源的正确选择、有效检索、鉴别判断、组织处理、整理保存、利用和再创造的能力。

在高等教育中，信息素养普遍被认为是学习、教学、科研中不可或缺的能力，在信息发达时代越来越受到重视。传统的信息素养教育以学习文献检索为主，包括课堂教学、视频公开课、慕课等。但由于前述信息环境的不断变化，信息的碎片化、形象化、获取的便利化、多元化，大学生的思维认知更容易偏重于微认知而非逻辑化思考、形象化快速判断而非抽象理性分析、答案搜索式获取而非知识系统性积累。在这种情况下，传统信息素养教育开始不断深化创新，以充分保障大学生高度适应信息社会的发展要求。

以美国大学与研究图书馆协会（Association of College and Research Libraries，ACRL）2015 年发布的《高等教育信息素养框架》（*Framework for Information Literacy for Higher Education*，以下简称《框架》）为例。《框架》提出了"元素养"（Metaliteracy）概念，即将信息素养重新定位，使之成为催生其他素养的核心素养，通过对相关素养理念和新技术进行关联、整合、吸纳，对学生进行学习行为、情感、认知和元认知方面的培养。而且，在元素养概念提出的基础上，ACRL 明确地将信息素养重新定义为：通过参与信息生态系统，拓展和深入学习的一系列能力、行为和思维习惯；包括：对信息生态系统基本概念的理解，以创造性研究和批判性思维方式来查找、评估、管理信息，通过社群学习创新知识，具备战略性眼光，等等。《框架》的目的有三：一是让学生通过对动态的信息世界的理解和掌握，以及对信息、数据和学术伦理的利用，在创新知识方面发挥更大作用；二是使教师在自身的学科领域里，有可以帮助学生更好地掌握信息核心的更多教学安排；三是让图书馆员与教师有更多的合作，开设更多的信息素养课程，帮助学生创新知识。

《框架》不再是一套标准或者对学习成果或者技巧的要求，而是基于一组有内在关联的核心概念的框架，达到更加灵活地进行信息素养教育的目的，其信息素养内容的六大框架具体包括：

（1）信息的可塑性与关联性：培养学习者根据信息需求对自己学科领域内权威信息的识别、提取与构建的能力。

（2）信息创建是一个过程：对信息创建过程中不同环节信息的理解、认识和判断。

（3）信息是有价值的：理解信息在不同的领域拥有不同的价值。

(4)研究也是质询:学习者要具备在研究过程中提问、调查、批判以及解决问题、做出决策的能力。

(5)学术也是对话:培养学习者在学术研究中的交流、判断、批判、总结和应用文献的能力。

(6)搜索是一种有策略的探索:对检索技能与思路进行培养。

北京大学图书馆也在2017年提出了以"二元+"为导向的信息素养教育体系建设(如图1-4所示)。"二元+"导向的信息素养教育目标,即通过元素养的培养,提高学习者的元认知能力,提高学习者深入自我学习的一系列能力、行为和思维习惯;而元认知能力的增强,反过来也会促进元素养水平的提高。所谓元素养,是指催生、拓展数字素养、数据素养、媒介素养、视觉素养、技术素养等其他素养的核心素养;而元认知能力,则包括对自我、学习内容、学习策略与方法的元认知认识能力,以及自我计划、监控和调节的控制能力。

图1-4 "二元+"导向的信息素养教育①

在"二元+"导向的信息素养教育目标下,学习者的信息素养内容体系和信息素养能力目标包括学习情境、学习资源、学习工具、学习社群、学习方式等方面,如表1-2所示。

表1-2 "二元+"导向的信息素养内容体系及信息素养能力目标②

学习方向	信息素养能力目标	信息素养学习内容
学习情境	学习情境多元化状态下,学会选择适合自身学习的活动,如课堂学习、个人学习、研讨式学习、项目式学习、工作中学习等	① 确定学习/研究目标; ② 了解和评估各种学习活动的优劣之处; ③ 对学习活动,特别是信息素养学习活动的选择能力。
学习资源	对信息识别、审视、获取、评估、利用、管理、发布的能力,以及信息道德水平;包括数字化课程、教学课件、文献资源、参考信息等各方面的学习资源	① 信息意识:对学习所需资源的性质(如可用性、原创性)、作用、范围、类型、效益有清楚的认识; ② 信息获取:通过检索或其他方式高效准确地获取所需资源信息; ③ 信息评价:掌握评价资源的方法,包括可靠性、有效性、准确性、权威性、时效性、全面性、观点或偏见,并使之升值,进一步创造新的信息; ④ 信息利用:有效利用信息资源达到某一特定目的; ⑤ 信息道德:理解信息获取、利用过程中的道德伦理、知识产权(如可复制性、可分享性、传播范围等)及个人隐私问题,并能实际约束自己③。

---

① 见参考文献[6]。
② 见参考文献[7]。
③ 见参考文献[8]。

续表

学习方向	信息素养能力目标	信息素养学习内容
学习工具	获取、利用、创造信息的各种学习工具的应用技巧、能力	① 笔记与写作工具（如 Evernote、为知笔记、LaTeX、Word 等）； ② 演示工具（如 PowerPoint、ZoomIt、各种思维导图软件等）； ③ 交互分析工具（如 UCINET、NetMiner 等）； ④ 制图工具（如 Visio、AutoCAD、Photoshop）； ⑤ 视频编辑工具（如 Final Cut、Adobe Premiere、绘声绘影等）； ⑥ 数字分析工具（如 Excel、SPSS 等）； ⑦ 信息推送工具（如 Feedly、BlueReader、Outlook Express 等）； ⑧ 学习成果评价工具（如 Web of Science 平台、中国知网相关功能、CSCD 平台、CSSCI 平台等）。
学习社群	在社群中交流共享信息、协同合作创造新信息的能力	① 理解社群及自身在协同环境中承担的任务和责任； ② 掌握各种社群交流合作平台的使用，如 Blackboard 教学系统、微社交媒体、博客、视频网站、维基等百科、学科或专题学术圈等； ③ 转变、整合不同平台的不同格式信息的能力； ④ 与他人在学习中沟通交流、分享信息的能力； ⑤ 与他人在学习中共同合作、原创信息的能力； ⑥ 学会评价自身及他人在社群中的作用； ⑦ 学会评价各种学习成果在社群中的作用。
学习方式	理解、组织、应用、评估学习内容的认知能力；反思自身学习活动，保障可持续学习的元认知能力	① 学会根据学习目标和进展情况对所选定的学习情境、学习社群进行评估，确定下一步学习和研究的工作，对已掌握的学习资源、学习工具进行评估，确定下一步的需求和策略； ② 自我反省、批判性思考学习的各个环节，并根据需要迁移到新的学习环境； ③ 培养学习的信心； ④ 培养学习可持续发展的能力。

本书就是在"二元＋"信息素养教育目标、学习内容和能力构成的基础上，从以下几个方面提供学习内容：

要点一：学术资源/相关工具，阐述数字信息资源的结构与体系，介绍、比较各类学术资源和相关工具的定义、特点及其应用。

要点二：信息检索与获取，概述基本检索方法，介绍、比较主要数字信息资源——数据库、电子期刊、电子图书、多媒体资源等的学科范围、发展概况、特点及其具体检索方法。

要点三：信息鉴别与学习，通过实际案例提高信息免疫能力。

要点四：信息组织、利用和保存，介绍相关工具及其使用。

要点五：信息再创造。通过各类实例，说明网络学术信息资源的综合应用，讲解科学研究方法和步骤，介绍知识产权与学术规范，特别是使用网络学术信息资源时涉及的道德、法律问题等。

同时在实际场景的教学中，加强学习情境的认识，通过翻转课堂、学习小组、社交媒体应用等多种形式，加强学习社群和学习方式的培养。

第二节 数字信息资源及其发展

2.1 数字信息资源的基本概念

数字信息资源(Digital Information Resources),狭义地讲,亦可称为电子资源(Electronic Resources),指一切以数字形式生产和发行的、具有学术意义的信息资源。所谓数字形式,是以能被计算机识别的、不同序列的"0"和"1"构成的形式。数字资源中的信息,包括文字、图片、声音、动态图像等,都是以数字代码方式存储在磁带、磁盘、光盘等介质上,通过计算机输出设备和网络传送出去,最终显示在用户的计算机终端上。

国际图书馆协会联合会(International Federation of Library Associations and Institutions,IFLA,简称"国际图联"),2012年发布了《电子资源馆藏建设的关键问题:图书馆指南》(*Key Issues for e-Resource Collection Development: A Guide for Libraries*),其中对电子资源的定义是:"电子资源是指那些需要通过计算机访问的资料,无论是通过个人电脑、大型机还是手持移动设备。它们可以通过因特网远程访问或在本地使用,常见类型有:电子期刊,电子图书,全文(集成)数据库,索引文摘数据库,参考数据库(传记、词典、指南、百科等),数值和统计数据库,电子图像,电子音频/视频等等"。

数字信息资源的数量每年都以几何倍数增长,并依托网络传递,所以数字信息资源现在常常又被称为网络信息资源,但实际上网络信息资源的概念范围比数字信息资源要小。目前仍然存在着一定数量仅在本地计算机或服务器上使用,没有通过网络传递的信息资源,我们把这一类资源也归为数字信息资源。

数字信息资源不同于以往的印刷型文献资源和各类视听资料。与之相比,其特点主要有:

(1) 存储介质和传播形式发生变化,因而成为海量存储、传递快捷的资源。数字信息资源可以将传统的图书、期刊中的文字、图片以及各类音像资料中的声音、动态图像融合在一起,利用数字技术进行制作,存储在移动硬盘或本地硬盘等载体上。同时以网络作为主要的传播媒介,即转变为光信号,利用网络实现同步传输。不仅传播的速度大大提高,传递的信息量也超过了传统的出版物。例如1张光盘的最大存储量是600兆(MB),最早的标准版《不列颠百科全书》(*Encyclopaedia Britannica*)即可存储在1张光盘上,即使是多媒体版的也只需要2张光盘;而现在对数字信息的计算单位已经从"兆"变为"千兆"(GB)甚至"兆兆"(TB),1个数据库的容量通常是以GB或TB为单位计算的。正常速度下,从网上下载1篇几千字的文献最多只需要1分钟左右的时间。

(2) 信息资源内容丰富,数量巨大,类型多种多样,既包括数据库、电子期刊、电子图书、电子报纸、专利等正式出版物,以及学位论文、教学课件等灰色文献,也涵盖了数据、新闻、社交媒体内容、股票行情乃至商品广告等非正式出版的数字信息。信息交流的途径因此不再是单一化的,而是多层次和立体的。

（3）以多媒体作为内容特征。集文本、数据、图片、动态图像、声音、超链接等多种形式于一体，具体、生动、全方位地向用户展示主题，用户可以因此更加深入细致地了解所需信息的内容及其特征。

（4）多层次的信息服务功能。数字信息资源最初产生时主要的服务功能是检索信息、查找内容线索，发展到今天，已经产生了一系列的新功能，包括：主动报道，如期刊目次报道服务（Email Alert）；信息订阅服务，如在线内容聚合服务（Really Simple Syndication,RSS）；信息发布，如博客（Blog）、开放获取（Open Access,OA）平台、微信公众号等；文件传递，如FTP服务；信息发现（Discovery），如搜索引擎、网络资源学科导航、分类主题指南、统一检索等；网上社群论坛，如知乎、新闻等。以上这些服务功能扩展了传统出版物的职能，使数字信息资源得到更大程度、更深入的利用。

（5）更新速度快、时效性强。传统的印刷型出版物一旦出版，信息的内容就无法更改，必须要修订后出版新版本。而数字信息资源的更新和发布就容易得多，只要有人负责不断跟踪各个领域的最新发展变化，就可以随时修改内容，每月、每周、每日甚至每时更新，及时发布给用户。

（6）具备检索系统，不再像传统文献那样需要逐页翻查，因而使用方便、快捷。特别是经过进一步加工的正式出版物，如电子期刊、数据库等，检索功能均很强大，可以很快找到自己所需的信息。

（7）信息存储在互联网"云端"，不受时间、地域限制，即没有收藏地点（如图书馆）、收藏时间（开放时间）的局限，可以随时随地存取。

（8）可以交互和共享，用户可以参与、表达自己的意见和想法；也可以随时把信息分享给其他人。

网络信息资源同样存在着一系列的问题，主要有：

（1）信息的质量没有保障，权威性、学术性、可靠性差。由于任何人、任何组织都可以在网上发布信息，信息质量缺少控制，也掺杂了一些犯罪信息，鱼龙混杂，给用户造成了很大的困惑。

（2）大量的信息分散、无序、缺乏知识组织，没有经过标引和加工，因此查找使用颇为困难，用户很难快速、准确地找到自己所需信息。

（3）信息增长速度快，导致重要信息容易被淹没、被忽视。

（4）信息不稳定，资源经常丢失，没有长期保存的机构和机制。

正是由于这一系列问题的存在，才产生了商业化的、高质量的、有序的网络学术信息资源，即本书后面主要介绍的内容。

2.2 数字信息资源的主要类型

2.2.1 数字信息资源的分类

数字信息资源的范围非常广泛，其类型多种多样，分类标准也有很多种。

1. 按照数字信息资源的性质和功能划分

借用印刷本文献的划分标准和名称，可分为一次文献、二次文献、三次文献。

一次文献：也称原始文献，指反映最原始思想、成果、过程以及对其进行分析、综合、总结的信息资源，包括事实数据库、电子期刊、电子图书、开放获取论文平台、直接发布和点播下载多媒体资源的网站，以及科学数据、学位论文、专利等特种文献。用户可以从一次文献中直接获取自己所需的原始信息。

二次文献：指对一次文献进行加工、整理，便于利用一次文献的信息资源，如参考数据库、网络资源学科导航目录、搜索引擎/分类指南等。二次文献可以把大量分散的一次文献按学科或主题集中起来，组织成无数相关信息的集合，向公众报道原始信息产生和存在的信息，同时也是一种有效的检索工具，供用户查找信息线索之用。

三次文献：指对二次文献进行综合分析、加工、整理的信息资源，如专门用于融合检索各搜索引擎的搜索工具，比较典型的如 WebCrawler、DIGISearch 等，被称为元搜索引擎（Meta-search Engine）或"搜索引擎之搜索引擎"（Search Engine of Search Engine）。当用户进行检索时，返回的结果是各搜索引擎的检索结果。图书馆常用的数字资源发现系统，如美国 EBSCO 公司的 EDS 系统、ProQuest 公司的 Primo 系统等，从资源的角度来看，也可以算是三次文献。

2. 按照数字信息资源的生产途径和发布范围划分

按生产途径和发布范围划分，可以分为商用电子资源、网络公开学术资源、特色资源和非正式出版物。

商用电子资源：也可称正式电子出版物，是由正式出版机构或出版商/数据库商出版发行的，在数字信息资源中所占比例最大，包括各类数据库、电子期刊、电子图书、事实数据库、多媒体资源、部分正式出版的特种文献（如专利、会议论文、标准）等。其特点是，学术信息含量高，具备检索系统，便于检索利用，出版成本高，必须购买使用权才可以使用。

网络公开学术资源：这部分也可以说是半正式出版物，完全面向公众开放使用，包括各种政府机构、商业部门、学术团体、行业协会、教育机构等在网上正式发布的网页及其信息，以及开放获取资源等，亦属于一次文献类型；使用这部分信息主要依靠搜索引擎/分类指南、网络学术资源学科导航等二次文献资源，用于提供检索图书馆馆藏（印本馆藏和数字资源元数据）的联机公共检索目录（Online Public Access Catalog，OPAC）也属于这部分范畴。

特色资源：也属于半正式出版物，主要基于各教育机构、政府机关、图书馆、学术团体、研究机构的一些特色收藏制作，在一定范围内分不同层次发行，不完全面向公众发行，有时需要特别申请。例如教师的教学课件、大学的学位论文、科学数据，只在校园网络内的教学范畴允许使用。大部分特种文献，如古籍特藏、会议论文、学位论文、科技报告等，均属于此类。

上述各类资源普遍具备编辑、审读、管理等相应的正式或半正式出版发行环节。其他资源如 FTP 资源、新闻公众号、社群论坛、博客、个人视频（播客）、网络百科、电子邮件等属于非正式出版物。这类资源的大众传播速度很快，受众广泛，由于缺乏编辑和审读，在学术研究方面仅有一定的参考性。

3. 按照数字信息资源的载体与格式划分

按载体（Carrier）划分，可分为光盘数据库、磁带数据库和硬盘数据库等。

按格式（Format）划分，可分为文本类、音频类和视频类。

（1）文本类：包括单纯文本（TXT）、复合文本（PDF、XML、DOC、HTML）等；

(2) 音频类：如语音、音乐、音效等，包括 WAV、MP3、WMA、RA 等格式；

(3) 视频类：如静止图像、动画、动态影像等，包括点阵图像格式（TIFF、GIF、JPG、PNG、PCD、MrSID）、矢量图像格式（EPS、FLA、SWF、SVG、VML、VRML 等）、动态图像格式（3D、MEPG1、MPEG2、MPEG4、MPG、AVI、MOV、WMV、RM、SWF）。

4. 按照数字信息资源的学科划分

如农业、数学、物理学、天文学、航空航天、生命科学、计算机、电子工程、环境、地理、地质、地球物理学、医学/健康、工程技术、商业/经济、儿童、教育、政府出版物、新闻、法律、图书馆/信息科学、历史、文学、人类学、艺术、音乐、网络信息/组织/服务、海洋学、营养学、大众文化、体育/运动、宗教、社会和文化、旅游、气象/气候/天气预报、饮食……，基本可以归纳为：学术信息，如科学研究、科研信息发布等；教育信息，如教学课件、远程教学、学校信息、与专业、学科、教学相关的信息等；文化信息；政府信息；商业信息；有害和违法信息；等等。

综合以上几种分类方法，可以总结出数字信息资源结构体系及其构成，如图 1-5 所示。

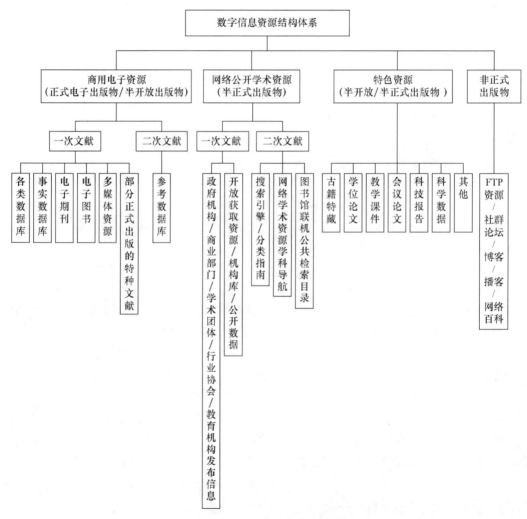

图 1-5 数字信息资源分类结构体系框架

2.2.2 主要信息资源类型介绍

下面我们对本书将要重点讲述的信息资源做一简要介绍。

参考数据库(Reference Database)：指包含各种数据、信息或知识的原始来源和属性的数据库。数据库中的记录是通过对数据、信息或知识的再加工和过滤（如编目、索引、摘要、分类等）形成的，称为元数据。参考数据库的目标，是指引用户能够快速、全面地鉴别和找到相关信息。

参考数据库主要包括：书目数据库、文摘数据库、索引数据库。书目数据库主要针对图书进行内容的报道与揭示，如各图书馆的馆藏机读目录数据库；文摘和索引数据库则是对期刊论文、会议论文、专利文献、学位论文等进行内容和属性的认识与描述，每一个具体的资源都有相应的描述元数据记录，著名的如"科学引文索引"(Science Citation Index, SCI)数据库、"化学文摘"(Chemical Abstracts, CA)数据库、"工程索引"(Engineering Index, EI, 网络版英文名称为 Engineering Village)数据库、"生物学文摘"(Biological Abstracts, BA)数据库、"中国人民大学书报资料中心复印报刊资料专题目录索引数据库"等。

全文数据库(Full-text Database)：指收录有原始文献全文的数据库，以期刊论文、会议论文、政府出版物、研究报告、法律条文和案例、商业信息等为主。如美国的 LexisNexis 数据库、"ProQuest 学术研究图书馆"全文数据库(ProQuest Research Library)及"中国人民大学书报资料中心复印报刊资料全文数据库"等。

事实数据库(Factual Database)：指包含大量数据、事实，直接提供原始资料的数据库，又分为数值数据库(Numeric Database)、指南数据库(Directory Database)、术语数据库(Terminological Database)等，相当于印刷型文献中的字典、词典、手册、年鉴、百科全书、组织机构指南、人名录、公式与数表、图册(集)等。数值数据库，指专门以数值方式表示数据，包括统计数据库、化学反应数据库等；指南数据库，如公司名录、产品目录等；术语数据库，即专门存储名词术语信息、词语信息等的数据库，包括电子版百科全书、网络词典等。例如经济学人智库"各国竞争力指标分析库"(EIU Market Indicators & Forecasts, BVD 出版)、"伊斯兰大百科全书"(Encyclopaedia of Islam Online)数据库就属于事实数据库中的数值数据库、术语数据库。

全文数据库与事实数据库在 20 世纪 70 年代曾被合并称为源数据库(Source Database)，意指文献信息来源的数据库。后随着这两种类型的数据库的发展，逐渐分离。

电子图书(Electronic Books)：最初的电子图书主要以百科全书、字典、词典等工具书为主，但近年来发展迅速，已涉及很多学科领域，文学作品、学术专著所占比例越来越大，电子图书正在逐步发展成为比较主要的数字信息资源。

电子期刊(Electronic Journals 或简称 E-journal)：与纸本期刊并行的电子期刊，如著名的《科学》(*Science*)、《自然》(*Nature*)、"中国知网学术期刊库"(中国期刊网)的期刊等，这些电子期刊网站有时也发展成为综合性网站，包含但不限于印本期刊的内容；纯电子期刊，如"数字图书馆杂志"(D-Lib Magazine)。

电子报纸(Electronic Newspaper)：同电子期刊一样，电子报纸同样也有印刷型报纸的电子版和纯电子报纸两种类型，前者有时也发展成为包含但不限于印刷性报纸内容在内的综合性报纸网站，例如在《人民日报》内容基础上发展起来的"人民网"、在《光明日报》内容基础上发展起来的"光明网"等。为了能够发挥电子报纸特点,实时更新内容,很多电子报纸还在社交媒体上开设有自己的公众号。

开放获取资源(Open Access Resources):也称开放存取资源,简称 OA 资源,即在尊重作者权益的前提下,作者和版权所有者授权所有用户免费、广泛和长期访问使用,可以以任何数字媒体形式进行公开复制、使用、传播、展示以及在原作基础上创作和传播其演绎作品的学术资源。OA 资源要求用户的使用是基于合法目的并在使用时注明引用信息。如美国加州 Los Alamos 国家实验室的 arXiv 电子印本文档库(2001 年后转由康奈尔大学进行维护和管理)、HighWire Press 电子期刊系统、"开放获取期刊指南"(Directory of Open Access Journals,DOAJ)数据库、"开放获取仓储指南"(Directory of Open Access Repositories,DOAR)数据库、"中国科技论文在线"等,都是著名的开放获取资源数据库和平台。

OA 资源主要分为两大类:① 开放获取期刊(Open Access Journals),包括新创办的开放获取期刊和由原有期刊改造转变而来的开放获取期刊,出版形式大都采用作者付费、读者免费获取方式,出版者对提交的论文实行严格的同行评审,从而确保期刊论文的质量。又被称为金色 OA。② 开放获取仓储(Open Access Repository),既有学术论文,也有其他类型学术资源,如实验数据和技术报告等。OA 仓储包括基于学科的和基于机构的两类仓储,后者又被称为机构库(Institutional Repository,IR)。OA 仓储在出版形式上一般不实行严格的内容评审,也不向作者收取费用,又被称为绿色 OA。

多媒体资源(Multimedia Resources):多媒体是由多种媒体组合而成的一种复合媒体,包括文字、图片、照片、声音、动画和影片以及计算机提供的互动功能。多媒体资源,是指基于学术需求的,结合了各种视觉和听觉媒体,能够辅助教学、科研、语言学习、素质教育、文化建设的信息资源。多媒体资源包括图片类、语言学习类、音乐欣赏类、学术讲座报告类、考试题库类、科普科教文化类、影视戏曲欣赏类、网上公开课程类等多种类型,如"新东方多媒体学习库"就是典型的多媒体学术资源。多媒体资源的检索包括基于元数据信息的简单文本检索,以及基于图像、音频、视频的内容检索,后者的技术处理比较复杂,在学术领域尚无重大突破。

特种文献/特藏资源(Special Literature/Special Collection):特种文献是指出版发行和获取途径都比较特殊的科技文献资源,一般包括会议文献、科技报告、专利文献、学位论文、标准文献、科技档案、政府出版物七大类;特藏资源则是指各图书馆经过长期建设积累,在文献类型、内容主题、著名人物、机构特色等方面形成一定规模、结构比较完整的专类文献资源,如特定机构的学位论文、内部出版物、教学课件、名人手稿遗存、古代文献(如古籍、拓片、舆图、甲骨、敦煌卷子)、某个主题的文献等;这部分文献有相当一部分属于各机构唯一/珍稀收藏的资源,其出版一直是由各机构自主进行,发行范围有限。特种文献和特藏资源有时会有重复,二者在内容和类型方面都有其独特性,因此在印本资源中又称为难得文献、灰色文献(Grey Documents),其数字化后的资源亦称为特种文献和特藏资源。

搜索引擎/分类指南(Search Engine/Subject Category):是目前利用互联网开放信息的常用工具,也可以称得上是互联网开放信息的索引目录。搜索引擎主要是使用一种计算机自动搜索软件,在互联网上检索,将检索到的网页编入数据库中,并进行一定程度的自动标引,用户使用时输入检索词,搜索引擎将其与数据库中的信息匹配,然后产生检索结果。例如常用的 Google、百度、雅虎、天网搜索、Bing、搜狗等。分类指南是将搜索到的网页按主题内容组织成等级结构(主题树),用户按照这个目录逐层深入,直到找到所需文献。通常搜索引擎与分类指南是结合在一起的,例如雅虎、新浪、搜狗等。

网络学术资源学科导航:将互联网上的开放信息加以甄别、筛选和科学整理,按学科组织起来,构成完整的学科导航系统,为教学、科研、技术人员提供各类学术信息。与搜索引擎/分类指南不同的是,网络学术资源的学科导航库通常是由图书馆单独或联合建设的。

FTP 资源:FTP 全称是 File Transfer Protocol,意为文件传输协议,是互联网上最早应用的协议之一,它可以使用户远程登录到远端计算机上,把其中的文件传回到自己的计算机上,或把自己计算机上的文件上传到远端计算机系统上。所谓 FTP 资源,是指互联网上开放的 FTP 站点,这些站点允许用户登录上去,从中下载各类数据、资料、软件等。有些搜索引擎,如天网搜索、FTP 中国等,可以专门用来检索网上的 FTP 站点。

其他:如网站、社群论坛、新闻公众号、博客、个人视频(播客)、网络百科等,也可以给用户提供一些有用的知识或动态信息。

2.3 数字信息资源的产生与发展

数字信息资源自 1961 年美国化学文摘社(CAS)开始发行可用于脱机检索的"化学题录"(Chemical Title)机读磁带便开始产生。六十多年来,伴随着计算机和网络技术的发展,数字信息资源从无到有,从少到多,从书目型数据库发展到了全文数据库和电子图书、期刊、报纸乃至多媒体,从本地使用到网上发布,到今天最终成为人们生活和学习不可缺少的重要信息来源。

数字信息资源产生的最早的形式是数据库。20 世纪 50 年代初,随着第一代电子管计算机的产生,人们开始研究计算机情报检索系统,到 1957 年具有批处理能力的第二代电子计算机产生后,计算机文献处理的研究开始有了突破性进展。20 世纪 60 年代初,最早的数据库"化学题录"和"医学索引"(美国国家医学图书馆编辑出版)相继产生。至 1965 年,据《机读数据库:指南和数据原始资料》(*Computer-Readable Databases: A Directory and Data Sourcebook*)一书统计,已有大约 20 个数据库可供使用,但这时的数据库存储介质仅限于机读磁带,内容以科技文献书目、索引、文摘为主,检索也是以脱机批处理的方式进行,因此应用并不广泛。

1965 年以后,由于集成电路计算机及硬盘的产生,以及数字通信技术和分组交换网的发展,开始有了数据库联机检索,著名的 Dialog 系统以及 MEDLINE、ORBIT、BRS、JOIS 等相继开始服务,数据库的数量开始成倍增长,到 1975 年,已达到近 300 个数据库。数据库生产由政府行为逐步转向商业行为,用户也由原先的以政府机构为主扩展到图书馆和科研机构,在内容上也开始增加人文社会科学和应用科学等内容。

自 20 世纪 70 年代以来,卫星通信技术、光纤通信技术、个人计算机的产生和发展给数据库联机检索创造了空前的发展机会,联机检索已不受地域限制,向国际化方向发展,个人用户开始加入数据库检索行列中来。数据库的生产由美国向西欧扩展,在短短 10 年内即增长了 10 倍,到 20 世纪 80 年代末期,数量已达到 3 600 多个。数据库的容量增加,存储介质增加了光盘,因而也就产生了光盘数据库检索系统;数据库类型也有了变化,除以往的书目、文摘、索引数据库外,全文数据库开始迅速增加,而数值数据库、指南数据库等也已出现。

进入 20 世纪 90 年代,网络和信息处理技术的发展,使得基于互联网开发的数字信息资源及其检索系统有了突飞猛进的增长,仅从数据库前 30 年的统计即可看出这种发展状况。以下为美国伊利诺伊大学香槟分校情报学教授 Martha E. Williams(1934—2007)对数据库发展的统计和归纳①。

(1) 数量发展,如表 1-3 所示。

表 1-3　世界数据库增长情况

	1975 年	2005 年	增长倍数
数据库数量/种	301	17 539 (去重后,不含已停止更新的 1 509 个)	57
数据库生产者/个	200	3 208	15
数据库代理商/个	105	2 811	26
数据记录总条数/亿	0.52	210.2	403
数据记录条数(库平均)/万	17.3	127	6

(2) 类型变化。从传统的文字、图片的单一类型,发展到集图像、声音、文字于一体的多媒体数据库,如图 1-6 所示。其中文字型数据库中,在传统的书目、文摘索引、全文、事实数据库基础上,又增加了电子图书、电子期刊和报纸以及其他动态信息。全文数据库(含全文电子期刊、图书、报纸等)占全部数据库比例从 1985 年的 28% 增长为 2005 年的 78%,而书目型参考数据库从 1985 年的 57% 下降为 2005 年的 18%,主要原因是互联网和计算机技术的发展为全文数据库提供了传输的方便和海量存储的可能,如图 1-7 所示。

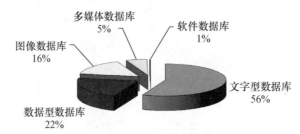

图 1-6　数据库类型分布

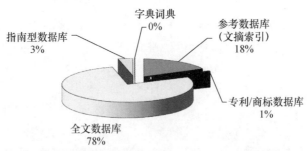

图 1-7　文字型数据库类型分布(注:其中"0%"的数据库,是指在 0%～1%之间)

---

① 见参考文献[11]和[12]。

(3) 内容变化。从原来的商业、新闻、工程技术、人文社科、法律、医学/生命科学六大学科类,进一步发展到九大类,即商业、新闻、科技/工程、法律、健康/生命科学、人文科学、社会科学、各种交叉学科以及一般科学。其中,商业类数据库的发展从30%降为24%,但仍高居首位;科技类有所上升,增加了部分交叉学科的数据库,如图1-8所示。

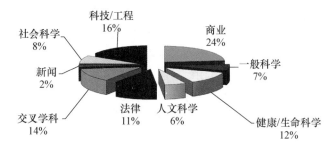

图1-8 数据库内容分布

(4) 信息检索系统的发展。1985年,检索系统还是以联机检索为主;到2005年,除去联机检索、光盘检索外,新增了网络检索。从数据库的资源媒介可以看出这种变化,光盘数据库占全部数据库的38%,网络数据库所占比例最大,为54%,且还在增长的趋势中,这说明以互联网作为新的信息传递渠道,信息的存取是自由和交互式的,如图1-9所示。

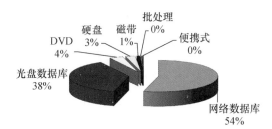

图1-9 数据库媒介分布情况(注:其中"0%"的数据库,是指在0%~1%之间)

(5) 数据库生产者。逐步以商业性出版商和数据库商为主,包括数据库的内容、系统、数据采集、加工、服务等,均由商业机构负责生产。其次也包括政府机构和非营利组织,如图1-10所示。

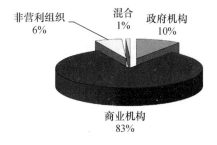

图1-10 数据库生产者分布情况

(6) 数据库的语言。到2005年,已经超过61种语言,亚洲、非洲、欧洲、美洲、大洋洲都有国家出版数据库,其中以美国出版最多。

近年来，包括数据库在内的网络学术资源发展越来越快，越来越多的正式出版物正在被放在网上，地域、时间、学科对科学研究的局限已逐步被打破，学术期刊已经承认正式的网络出版物可以作为信息源列在参考文献中。这种发展可以从以下几个方面窥见端倪。

（1）电子期刊：据不完全统计，目前在网上出版的、各类文种的纯电子版期刊和印刷版期刊的电子版已超过10万种，这些期刊出版周期短，可以检索和重复下载全文，图像与文本结合，包含有多媒体及其他类型动态信息，具备参考链接服务功能，可以向用户主动提供期刊目次报道服务。世界著名的杂志《科学》(Science)、《自然》(Nature)等均已有网络版，并以网络电子版服务为主。中文电子期刊中，目前较为知名、由电子期刊集成商生产发行的有中国知网、维普中文期刊服务平台、万方数据电子期刊，不仅在国内有大量用户，也向海外不断扩展市场和扩大影响。电子期刊使学术研究成果以更快的速度得到传播和更有效使用。

（2）电子图书与工具书：可以在网上逐页阅读，并能够快速检索书中的信息。尽管版权问题是困扰电子图书发展的一个主要因素，但电子图书仍以不可遏制的速度发展壮大。例如，世界上最古老最权威的百科全书、著名的《不列颠百科全书》曾先后发行了光盘版和网络版，内容更新快，检索方便，同时增加了大量图片和多媒体信息，其网络版还链接了数万个其他网站，同时保持了原有的学术质量，不仅吸引了大量用户，也曾在《电脑杂志》的多媒体百科全书评比中位于榜首；《不列颠百科全书》甚至在2012年停止了印刷版的出版，全面转向数字化。我国的《四库全书》发行电子版之后，由于改变了传统的印刷版必须先查索引且须到图书馆阅览室使用等不便，受到了用户的普遍欢迎。而电子图书集成商出版发行的电子图书，如"超星数字图书馆"电子图书、"方正Apabi比数字图书馆"电子图书等，也日益受到用户的关注并广泛发行。

2004年，谷歌(Google)与密歇根大学图书馆、斯坦福大学图书馆、哈佛大学图书馆、英国牛津大学图书馆、纽约公共图书馆等多家图书馆开始合作，创建谷歌数字图书馆项目(http://books.google.com，最早称为Google Print，后正式更名为Google Books即谷歌图书搜索)，已经完成了2 500万册图书的全文扫描。虽然谷歌的行为在知识产权等方面备受争议甚至非议，这个项目所提供的电子图书却在互联网上为广大公众广泛搜索和使用。

在移动数字设备如手机、平板等流行的今天，电子图书以买断和代理的模式搭载在移动设备上，向公众提供服务。虽然这其中大部分都是流行类小说或者通俗内容图书，也还是混合了少量可供学术使用的图书，成为公众接触比较多的数字资源类型。表1-4提供了美国的移动设备搭载电子书的情况，可见一斑。

表1-4 美国三大电子书搭载的移动服务渠道[①]

品牌	使用平台	是否支持数字版权管理	电子书搭载服务目标
亚马逊 Kindle	Kindle、iOS、安卓、PC、Mac	支持	推广Kindle电子书硬件，争夺图书销售市场的话语权
苹果 iBooks	iOS、Mac	支持	推广iPad硬件，通过内容分发提升用户黏性以及对苹果内容生态的依赖
谷歌 Google Play	安卓、iOS、PC网页端、Mac网页端	支持	通过内容分发提升用户黏性以及对安卓内容生态的依赖

① 见参考文献[13]。

（3）电子报纸：目前主要以网络版形式发行，与纸版、光盘版相比，网络版由于增加了动态新闻、更新及时（许多报纸是以小时为单位更新的，重要内容则随时更新），兼之充分利用超文本链接技术组织大量专题报道以及多媒体新闻，并进行多种公众调查，每天都吸引了大量用户。著名的《纽约时报》《华盛顿邮报》，以及我国的《人民日报》《光明日报》等，目前均以网络阅读为主；而且为了能够吸引读者，大多在社交媒体上创建了自己的公众号，实时发布和更新信息。

（4）多媒体资源：多媒体是将多种媒体包括文本、图片、动画、视频和音频等组合成的一种媒体，随着计算机的高度普及以及网络环境的发展完善，生动直观的多媒体资源越来越受到读者的关注，很多昔日用文字来表述的信息都以多媒体方式替代，如有声图书、有声音乐读物；在新闻、语言、艺术、医学等领域，多媒体资源的发展尤其快速；而随着具有学术价值的多媒体资源的日渐丰富，其在教学科研领域的影响和作用也在逐步加大。

（5）数据资源：大数据时代，各类数据已成为重要的生产资料和基础资源，围绕数据进行信息产品的开发、出版和服务，已成为出版行业的发展趋势和未来的行业竞争优势。目前，出版业对数据信息资源的价值已经有了比较充分的认识，在开发创新的视野下，不断进行探索、努力推出新产品。如久负盛名的 Bureau van Dijk（简称 BvD）系列数据库，就是这方面的代表。

至于其他非商业或者非正式出版信息，如政府门户网站信息、搜索引擎（如谷歌学术（Google Scholar））、社区论坛（如知乎）、社交媒体（如博客、微信、微博）上的权威媒体公众号、FTP 站点等更是以几何级数的速度飞速发展，利用"云计算"技术，使得互联网"云端"逐步成为信息的海洋、知识的宝库，信息的结构和层次也逐步走向复杂和多样化。

2.4 中国的数据库业

我国的数据库研究工作始于 20 世纪 70 年代中期，20 世纪 80 年代初开始自建数据库的工作。20 世纪 90 年代以后，我国的数据库业得到了蓬勃发展，一些大型数据库开始以光盘形式进入市场，如国家知识产权局的"中国专利数据库"、国家标准化管理委员会的"中国标准数据库"、重庆维普资讯有限公司的"中文科技期刊数据库"、万方数据公司的"中国企业、公司及产品数据库"等。1993 年，我国第一家数据库专业制作公司——北京万方数据公司宣告成立，标志着我国专业化数据库企业工作的开始。1996 年，由中国学术期刊（光盘版）电子杂志社发行的"中国学术期刊"（光盘版）开始正式出版，这是我国的第一个电子版全文期刊产品；1999 年，在其基础上发展起来的"中国期刊网"开始在网上发布和提供服务，说明我国的数据库产业已开始由小规模的光盘生产向大规模的网络数据库形式发展。

1995 年，国家发展和改革管理委员会曾对我国数据库情况进行过全面调查，调查出的数据库总量为 1 038 个[1]。2006 年，受国务院信息化工作办公室委托，中国互联网络信息中心对数据库产业再次进行了大规模调查，截止到 2005 年底，我国数据库数量已经发展到 29.54 万个，是 1995 年的 285 倍[2]。

纵观中国数据库产业 40 余年的发展，可以概括出如下特点：

---

[1] 见参考文献[14]。
[2] 见参考文献[15]。

(1) 数据库起步较早，内容领域广，几乎覆盖了科技、工程、经济、商业、金融、财政、交通、税务、文教、卫生、新闻出版、能源和国家事务诸方面，如表 1-5 所示，其中经济与社会方面数据库约占 55%，科学技术方面约占 45%。

表 1-5 1995 年我国数据库学科分布情况

学科	专业	数量/个		占比/%
基础学科	数、理、化	17	119	11.46
	天文、地球	82		
	生物	20		
农林医	农林	50	92	8.8
	畜牧兽医	6		
	医药卫生	36		
工程技术	工程技术基础学科	46	255	24.7
	测绘、矿山、冶金	32		
	能源、动力与电气	22		
	计算机、通信、自动控制	38		
	纺织、食品、化学工程	25		
	水利、交通、土木建筑	64		
	航空与航天技术	20		
	环境科学	8		
经济	经济	297		28.61
社会科学	管理、统计	70	275	26.5
	图书情报	95		
	党政、社会及其他	110		
合计		1038		100

(2) 数据库类型逐渐丰富，事实型、全文型数据库比重明显增长较快，商情数据库也日益增多。1995 年的调查结果显示，二次文献数据库居多，全文、数值型数据库比例不超过 30%，图像数据库更是微乎其微。到 2005 年时，这些比例大大增加，如图 1-11 所示。

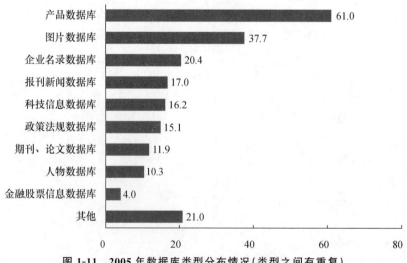

图 1-11 2005 年数据库类型分布情况（类型之间有重复）

(3)完整的数据库产业链已经形成,但缺乏主导者。近年来,由于国家对数字出版的大力扶持,数据库不断向高水平、规模化方向发展,拥有一定数量、对外提供服务、保持自身健康持续发展的数据库也在不断增加,逐步形成了数字出版产业链,如图1-12所示,各方分工协作,权责明确。但受限于历史原因和行业特殊性,中国数字出版产业链没有出现强有力的主导者,各参与方的力量薄弱,产业之间、产业和用户之间的相互不信任感依旧显著。

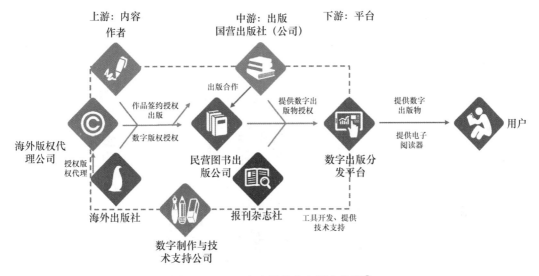

图 1-12　2018 年中国数字出版产业链①

(4)数据库数量多,但规模化内容不足,产值低,总容量及产值仅占世界数据库的1%左右,与世界数据库业仍有较大距离,国际竞争力差。例如,如表1-6所示,2005年时,拥有万条以上记录的数据库仅占全部数据库的7.9%,大部分数据库只有几百、几千条记录。而据中国新闻出版研究院统计②,2018年国内数字出版产业整体收入规模为8 330.78亿元,比上年增长17.8%。其中可以算得上是数据库的电子期刊、电子书、数字报纸等收入约86亿元,比2010年增长了54亿元,但在全部数字出版收入中仅占1%左右,比2010年还下降了2个百分点。如图1-13所示,2018年其余数字出版收入来自博客类应用(115.3亿元)、在线音乐(103.5亿元)、网络动漫(180.8亿元)、移动出版(移动阅读、移动音乐、移动游戏等,2 007.4亿元)、网络游戏(791.1亿元)、在线教育(1 330亿元)、互联网广告(3 717亿元)。

表 1-6　2005 年各类数据库拥有的记录分布

数据库记录数/条	≤50	51～100	101～500	501～1 000	1 001～5 000	5 001～10 000	≥10 000
总体/%	20.6	14.9	24.9	9.8	17.3	4.6	7.9
政策法规/%	37.5	6.3	25.0	15.6	9.4	6.3	—
金融股票信息/%	40.0	—	20.0	—	20.0	20.0	—
报刊新闻/%	30.8	11.5	7.7	19.2	19.2	7.7	3.8

---

①　见参考文献[13]。

②　见参考文献[15]。

续表

数据库记录数/条	≤50	51～100	101～500	501～1 000	1 001～5 000	5 001～10 000	≥10 000
科技信息/%	29.6	11.1	18.5	14.8	18.5	3.7	3.7
产品/%	18.6	21.2	26.3	6.8	16.9	4.2	5.9
企业名录/%	18.6	16.3	23.3	11.6	16.3	2.3	11.6
人物/%	38.1	4.8	33.3	9.5	4.8	—	9.5
图片/%	13.3	21.3	25.3	8.0	20.0	5.3	6.7
期刊、论文/%	20.8	—	33.3	16.7	16.7	4.2	8.3
其他/%	6.5	10.9	28.3	4.3	23.9	4.3	21.7

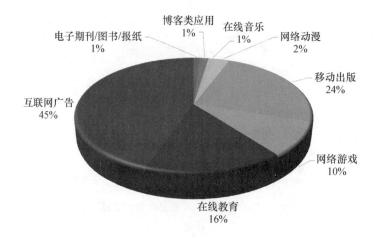

图 1-13　2018 年数字出版产业收入分布情况

(5) 数据库生产者分布广泛，商用数据库不断增加，同时存在大量免费向公众开放的政府资源、开放获取学术资源、公益资源等，数据库产业逐渐进入良性循环状态。1995 年，很多数据库都是为政府部门服务或者内部使用，规模小、投入多、产出低、用户数量少。到 2005 年的时候，随着国家的投入和扶植，企业网站生产发布的数据库超过 50%，如中国知网、万方数据资源系统、超星数字图书馆等，学术水平很高，更新和维护及时，用户群体更是扩大到全社会，如表 1-7 所示。

表 1-7　2005 年数据库生产者分布情况[①]

网站类型	总体	政府网站	企业网站	商业网站	教育科研网站	个人网站	其他公益类网站	其他类型网站
在线数据库数量/个	295 400	27 770	148 880	13 290	18 910	63 510	21 560	1 480
占在线数据库总体比例/%	100	9.4	50.4	4.5	6.4	21.5	7.3	0.5

(6) 数据库技术和标准规范不断发展，多个标准化组织同时运作。随着网络信息资源的规模和数量的增加，用户出于方便、快捷地检索和获取资源的需求，对数据库之间的兼容性和互操作要求越来越高。国际上在这方面的发展也非常快，如国际标准化组织(Interna-

① 见参考文献[16]。

tional Standards Organization，ISO）以及美国国家信息标准组织（National Information Standards Organization，NISO）都出台了大量有关数字资源的标准规范。我国则在等同采用或者修订采用这些标准规范的基础上，在科学技术部和国家标准化管理委员会等机构的支持下，全国信息与文献标准化技术委员会（文标委）、全国图书馆标准化技术委员会（图标委）、全国新闻出版标准化技术委员会（出版标委会）、全国信息技术标准化技术委员会（信标委）等标准化组织，都发展了大量的数据库行业标准规范，如元数据规范、数字加工标准、检索协议、门户平台标准等，为数据库的成熟发展并走向国际奠定了基础[①]。

与此同时，也存在技术标准各自为政、数据库之间无法兼容和共享的问题，以电子图书元数据为例，信标委、出版标委会、图标委都制定了电子图书元数据标准，其内容和语义结构有所不同，如果各自采用，则会造成日后电子图书转码兼容成本高昂、平台之间的内容难以共享、无法吸引用户的问题，也会挫伤数字出版业务的积极性。

（7）进口数据库不断增加，同时中文数据库开始出口，逐步走向世界。我国是从1997年开始规模化进口国外网络数据库的，最早进口的网络学术数据库为"工程索引"（EI）和"科学在线"（Science Online，即《科学》期刊电子版）。据统计，截止到2018年，全国高校集团采购的进口网络学术数据库已经达到160多个，参加的图书馆已达到近万馆次，著名的"科学引文索引"（SCI）数据库、Elsevier电子期刊、"自然"（Nature）电子期刊、NetLibrary电子图书等都为中国的教学、科研、生产做出了巨大贡献[②]。与此同时，随着世界对中国的关注、中外交流的逐步扩大，中文数据库也已经开始向国外出口，例如中国知网各类数据库、方正"Apabi数字图书馆"电子图书、超星系统电子图书、万方数据资源系统等，在欧美都有诸多用户。

（8）知识产权解决方案有了初步的发展，但尚不够成熟。数据库包含了大量的学术信息，需要投入巨大的智力、物力和人力，不可能无偿使用，因此同纸质印刷品一样，也是要有知识产权保护的。另一方面，过度的知识产权保护同样会损害数字信息资源的社会价值和公共利益，造成垄断。在这种情况下，我国数据库业急需有相关的知识产权法来平衡公共获取与知识产权保护之间的关系，以维系数据库业的良性发展，但目前这方面的法律法规还很不足，亟待完善。

2.5 数字信息资源检索的发展

随着数字信息资源的不断发展，以及网络环境的变化、信息技术的更新，数字信息资源的检索也在一步步升级换代，从仅有少数人经过严格培训才能完成的专业工作，发展到了大多数人经过一般性学习即可进行的查询行为。

数字信息资源检索，经历了三个发展阶段：联机数据库检索、光盘数据库检索、网络数据库检索。

2.5.1 联机数据库检索

联机数据库检索（Online Retrieval）是指用户利用计算机终端设备，通过通信线路或网

---

① 见参考文献[17]。
② 见参考文献[18]。

络,在联机检索中心的数据库中进行检索并获得信息的过程。

联机系统由联机检索中心、通信设施、检索终端三部分组成。联机检索中心是该系统的中枢部分,主要包括中央计算机(硬件)、数据库、系统和检索软件等部分,中央计算机又称为"主机",其功能是在系统和检索软件支持下完成对信息的存储、处理和检索;通信设施由通信网(电话网、专用数据库网等)、调制解调器及其他通信设备组成;终端则可以使用传统的终端机或个人计算机。

联机数据库检索的工作原理是:用户用电话或专用线接通检索中心,在终端键入指令,将信息需求按系统规定的检索命令和查询方式经过通信网络发送到系统的主机及数据库中,系统将用户的请求与数据库中的数据进行匹配运算,再把检索结果反向送回到检索终端。

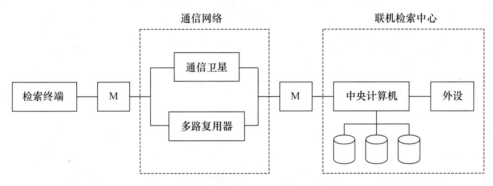

图1-14 联机检索系统的网络结构

联机数据库检索的特点是:

(1) 数据库数量多,信息量大,内容丰富。以 Dialog 系统为例,高峰时期有数据库600多个,记录数亿条,内容广泛,涉及自然科学、人文及社会科学多个领域。检索时可以一次检索多个数据库,检索范围广泛全面。

(2) 数据库更新快,每日可随时进行更新,很容易检索到最新文献。

(3) 数据库和系统集中式管理,安全性好,可以在存储设备上直接处理大量数据,但主机的负担重,网络扩展性差。

(4) 检索模式:主仆式。即所有的工作都在主机上进行,一旦主机瘫痪,所有系统都处于瘫痪状态,因此对主机的性能要求极高。

(5) 信息组织模式为普通线性文本。包括:按照文档号组成的顺排文档,按照记录的特征标识(如题名、作者等)组成的倒排文档。文档的基本组成单位是记录。文档之间没有任何关联。这种信息组织模式有利于高效、准确地检索,但很难建立知识的体系。

(6) 检索机制。检索功能强,索引多,途径多,所有的数据库使用统一的命令检索,因此可以同时保证查全、查准,检索效率和检索质量高。但系统要求必须使用统一的检索命令,用户必须记住各类检索指令并且能够灵活综合运用,因此必须由专业人员检索,例如在图书馆或专业信息机构中,都有专人负责联机检索。这种检索机制不利于在网络环境下扩展为大规模的使用。

(7) 检索费用高。每下载一条记录都要支付相关费用,包括记录的显示或打印费、字符费、机时费、通信费(由于系统连接需通过通信线路(如电话)或网络进行,需支付高额通信费用),检索时必须快速进行,一般用户因此望而却步,不知或不敢使用。

(8) 检索界面单一,过于呆板。

自 20 世纪 70 年代以来,联机数据库检索系统发展异常迅速,曾有 Dialog、STN、LexisNexis、ORBIT 等多个大型检索系统,为用户提供了高质量、远胜于传统手工查询的信息服务。几乎每个大中型图书馆或信息服务机构、中大型公司里都有专门进行联机检索、为用户或本机构决策提供信息服务的检索专家。

自 20 世纪 80 年代末以来,随着互联网的迅速发展,越来越多的用户在网上自行查询所需信息,而联机检索由于对检索人员的要求高、费用贵等原因,开始进入衰退时代,几家著名的联机检索公司逐渐被购并或倒闭,仅存的 Dialog 公司、LexisNexis 公司等,被购并后仍保留了原有的系统名称和品牌,但也相继推出了基于互联网的网络检索机制,以提供给非专业人员的检索用户使用。目前,联机检索的通信方式已经基本不存在,但提供给检索专家使用的检索系统还因其效率高、获取精准而保留给其使用。

2.5.2 光盘数据库检索

光盘数据库通常是指 CD-ROM 数据库。CD-ROM(Compact Disc Read-only Memory),意为只读光盘,轻便、灵活、体积小、容量大,一张只读光盘的最大存储量为 700 M,可存储文字、图片、图像、声音等。

光盘数据库检索产生于 20 世纪 80 年代末期,最初是在微机上,利用微机的光盘驱动器进行单机检索,以后随着数据库容量和光盘数量的增加,逐渐发展出了联机光盘检索。

单机光盘数据库检索系统由微机、光盘驱动器(光驱)、光盘数据库、系统软件等组成,自成系统,在微机上即可检索数据库,可供单用户进行本地检索。由于单机光盘检索可支持的同时检索的光盘数量有限,使用的数据量较小,通常使用者为个人用户。当一个数据库有若干张光盘时,使用单机光盘检索就很不方便,必须不停地在光驱上退盘、插盘。因此,在数据库技术发展到一定阶段,就产生了联机光盘检索,提供给普通图书馆、信息服务机构使用。

联机光盘数据库检索系统是指把单用户系统发展成多用户的局域网系统,通过网络(如校园网)连接多个用户终端,用服务器管理多组光盘数据库及其检索系统。联机光盘数据库检索系统由若干台微机、光盘驱动器、光盘服务器、光盘数据库、检索系统软件、管理系统软件构成,如图 1-15 所示,主要性能如下。

(1) 光盘服务器:在整个光盘检索系统中起着主控作用,当终端用户访问光盘塔上的数据时,服务器传输映射命令,控制光盘塔上的光驱工作,再把光盘塔上查询到的数据反传给客户端。光盘服务器可选用性能好、高配置的专用 PC 服务器。

(2) 光盘驱动器:主要指塔式光盘驱动器(光盘塔)、光盘库。光盘塔由若干光驱(标准配置为 7 个、14 个、28 个等)组成,可同时支持几十张甚至上百张光盘的检索,实现数据共享,统一管理光盘数据。光盘库(Jukebox)可同时存储大容量、多盘片光盘(几百张),并同时读取若干张光盘(4 光驱、6 光驱等)。二者的不同之处在于:光盘塔可存储的光盘容量有限,但数据均为在线数据(Online Data),不须再次调用光盘即可检索;光盘库的光盘存储量则比较大,但数据为半在线数据(Nearly Online Data),必须通过索引盘调用光盘数据才能使用,检索时间长,检索效率比较低。考虑到这两方面的缺陷,综合二者的优点,后来又发展出了磁盘阵列,即把若干硬盘挂接在光盘服务器上,将光盘数据拷入硬盘中,做虚拟光盘检索,这样既可以实现大容量数据存储,也可以缩短读取数据的时间;当然,展现在用户客户端上的,仍是光盘检索的形式。

（3）软件系统：包括服务器端和客户端软件,以及数据库检索系统。服务器端软件最常见的是基于 Windows NT 开发的光盘服务器操作系统,主要用于管理光盘数据库、调度光盘数据、记录和统计用户使用情况。客户端软件主要用于接受用户请求,提供各种检索途径,将用户请求发送到服务器端,并将检索结果显示给终端用户。数据库检索系统主要用于管理不同数据库的数据,接收用户请求,进行匹配运算,再将数据返回到客户端。数据库检索系统和客户端软件通常因数据库的不同而不同。

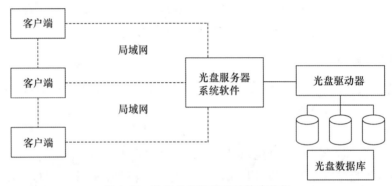

图 1-15　联机光盘数据库的检索结构

与联机数据库检索系统相比,联机光盘数据库检索系统的特点是：

（1）由于存储介质和空间的限制,数据库数量没有联机检索多,信息量不够大,多以二次文献(文摘、索引)为主。

（2）数据库系统建立在用户方,出版商必须寄送光盘给用户,因此更新速度慢,一般为月更新或季更新。这方面不如联机数据库和网络数据库,后两者的数据库更新可以随时进行,频率通常为日更新和周更新。

（3）与网络数据库检索相比,数据库和系统集中式管理,负担重,数据库和用户越多,响应时间越长。

（4）检索模式以客户端/服务器方式为主,客户方运作在微机上进行,这种检索模式与联机数据库相比,检索效率提高了很多。

（5）信息组织模式为普通线性文本。

（6）检索机制方面,检索功能强,索引多,不同的检索系统使用不同的检索命令,具备命令检索和菜单检索两种方式,后者对非专业人员来说,易学易用。

（7）系统访问通过局域网就可以进行,不受大的网络环境影响,不需支付网络通信费用。

(8) 检索环境宽松,不存在联机检索的通信费、机时费、数据费,检索费用低。

(9) 用户界面比较友好,较为直观。

联机光盘数据库检索从 20 世纪 80 年代末期开始,经历了 10 年左右的兴盛发展。从 21 世纪初开始,随着互联网的发展,特别是一次文献数据库业(电子期刊、电子图书、事实数据库等)的壮大,联机光盘数据库逐步暴露出其局限性,无法提供大数据量的存储和大用户量的访问。因此,在网络比较发达的地区,已逐步被网络数据库检索取代。目前,联机光盘数据库仍在局域网条件下,因某些特定需要使用。

2.5.3 网络数据库检索

网络数据库(Web Database)检索是指用户在自己的客户端上,通过互联网和浏览器界面对数据库进行检索,如图 1-16 所示,这一类检索系统都是基于互联网的分布式特点开发和应用的,即:

(1) 数据库分布式存储,不同的数据库分散在不同的数据库生产者的服务器上;

(2) 用户分布式检索,任何地方的终端都可以访问并存储数据;

(3) 数据分布式处理,任何数据都可以在网上的任何地点进行处理。

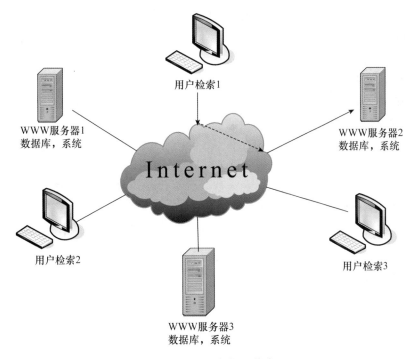

图 1-16 网络数据库检索

与联机数据库检索系统、联机光盘数据库检索系统相比,网络数据库检索系统特点是:

(1) 数据库分布式存储,且多存放在硬盘上,因此数量多,信息量大。同时由于超文本语言和超文本传输协议的作用,提供了大量相关资源的链接,使资源内容更加丰富。

(2) 数据库内容形式向多媒体化发展,不仅有文本,还有大量数据、图片、图像、动画、声音、流媒体等，给用户提供了更为直观的服务。

（3）数据库更新速度快，一般为日更新甚至实时更新。

（4）数据库和系统分布式管理，响应速度快。

（5）检索模式以客户端/网关服务器/服务器方式为主，客户方运作在微机上进行，分析从服务器上返回的数据，给用户显示信息；服务方则给用户提供客户端应用程序，通过网关分析处理各类请求，并提供数据服务，提高了检索效率。

（6）应用程序与数据隔离，数据相对独立、完整、安全性好；但对用户来说，由于访问是通过互联网进行的，检索过程会存在一定的安全性问题。

（7）信息组织模式为非线性化、超文本形式，因此可以从某一资源点上快速、直接地指向相关资源链接点。

（8）检索机制：检索功能强，索引多，多数通过 WWW 浏览器提供检索，对非专业人员来说，易学易用。缺点是，不同的数据库使用的检索系统不同，检索命令也不尽相同，仍需用户努力学习检索系统的使用。

（9）系统访问通过互联网进行，在网络条件不发达地区，用户会有速度慢的体验，或者需支付通信费用。

（10）检索环境宽松，检索费用较联机检索低很多。但由于数据库开发费用较高，价格较高，因此总体费用高于光盘数据库检索。

（11）用户界面多基于 WWW 浏览器开发，方便友好。

网络数据库的发展兴起于 20 世纪 90 年代中期，很快就得到了用户的好评和广泛使用，在网络条件好的地区尤其如此。因此，很多数据库商都积极地将检索系统从光盘版升级到网络版，并针对不同用户的需求提供不同的检索系统，例如"化学文摘"（CA）数据库，就在大约 10 年左右的时间内，同时具备光盘检索系统（CA on CD）和网络数据库检索系统（SciFinder Scholar）两种类型。

信息技术发展到今天，数字信息资源的检索，已经基本上是网络检索系统控制天下的局面了。

第三节　数字信息资源的检索

本书将从第二章开始，详细介绍各类信息资源及其检索利用，本节则主要介绍检索的基本知识，如检索系统和检索语言；较为通用的检索功能、检索技术、检索策略和步骤。

3.1　检索与检索系统

3.1.1　检索的基本概念

数字信息资源的检索，是指通过检索系统，采用一定的技术手段，根据一定的准则，在数据库或其他形式的网络信息资源中自动找出用户所需相关信息。简单地说，是一个信息存取(Information Access)的过程,是人、计算机和网络共同作用下自动完成的。

数字信息资源的检索源于信息资源的大量产生和飞速增长。它的基本工作原理包括两方面:第一,为保证用户全面、准确、快速地获得所需信息,要对海量原始数字信息进行收集、加工、处理,对其重新进行规范化的组织和管理,使之从无序变为有序,从分散变为集中,从广泛性变为具有针对性(如针对某一学科或某一特定人群),从不易识别变为特征化(例如标出原始信息的名称、主题、创作者等),以便于识别和查找。这些加工整理过的信息存储成为数据之后,即以数据库或其他形式的资源存在。

第二,对用户所表达的信息需求进行分析,并与数字信息资源中的信息进行匹配运算,自动分拣出二者相符的部分,输出给用户,即为检索结果。在网络环境下,数字信息资源的检索是由人和计算机(包括硬件环境和软件)共同来进行的,因此我们也可以称之为计算机信息检索。与传统的文献检索相比,它提高了检索效率和检索的准确性,节约了人力和大量时间,逐步深入到了社会生活的各个方面。

广义地讲,数字信息资源的检索包含上述两方面的含义,即信息的"存"与"取"。从狭义来看,则重点指数字信息资源的检索过程即:用户在检索界面上输入检索式,并通过网络向数据库系统提交提问;检索系统将用户的请求与数据库中的信息进行匹配运算,将命中信息通过网络发回到用户的检索界面上,用户通过检索界面获得自己的检索结果。全部流程由数据库检索系统来控制运行,如图 1-17 所示。

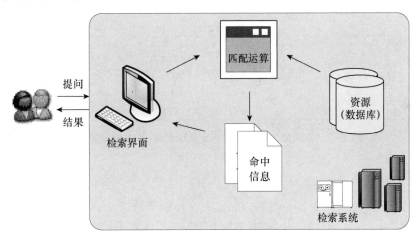

图 1-17　数字信息资源检索流程示例

3.1.2　检索系统及其构成

同数字信息资源的检索可以分为广义和狭义来理解一样,其检索系统同样也包含了这两方面的意义。广义的检索系统也就是现代意义上的数字信息资源服务系统(或称数字图书馆系统,如图 1-18 所示),它包含了信息的采集、加工、组织整理、存储、管理、发布、检索、服务等诸方面及其相应设备,从数据库的物理构成和功能来分析检索系统时,这些方面是密不可分的;而如果单从存储和用户检索方式来理解,则可以单指检索及相关服务,即"取"信息这一部分。

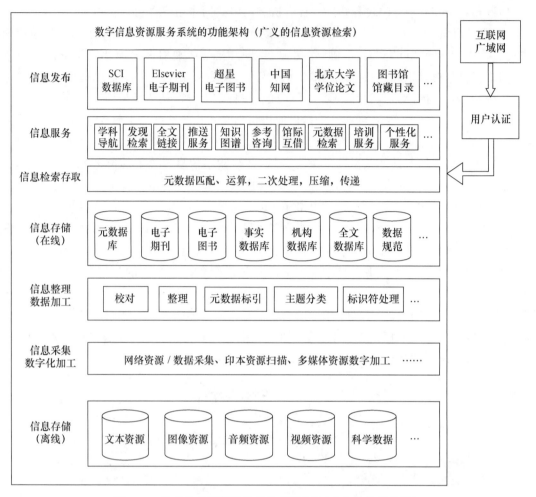

图 1-18　数字信息资源服务系统功能架构(广义的检索流程)

1. 检索系统的物理构成

从物理角度来讲,检索系统由硬件、软件、数据库三部分组成。

(1) 硬件(Hardware):也可以说是硬件环境,是和计算机检索有关的各种硬件设备的总称,如大型计算机主机(服务器)、存储设备(硬盘、光盘、磁带等)、网络(广域网、局域网、存储区域网、移动网络等)、输入输出设备(键盘、打印机、鼠标等)、个人计算机(PC)或移动终端(如手机)等。

(2) 软件(Software):与计算机检索相关的数据库系统软件及相关应用软件。包括:信息采集、存储、信息标引加工、建库、词表管理、用户检索界面、提问处理、网络发布、数据关联、数据库管理等模块。随着网络和计算机技术的发展,软件的开发平台、程序语言的持续升级,用户功能需求的增加,这一部分的具体结构也在不断发生变化。

(3) 数据库(Database):按一定方式、以数字形式存储、可通过计算机存取、相互关联的数据集合。数据库的特点是:重复数据少;可以共享数据资源,以最优的方式为一个或多个应用服务;数据具有独立性,其存放独立于应用程序之外。由于数据库中的信息都经过了详细、精心的选择和加工,呈主题化和有序状态,能够提供多种检索途径,因此相对互联网上无组织和大量无用的信息来说,检索结果准确,时间少,价值高。从发展的角度看,以网络为中心的分布式数据库是今后的发展趋势。

2. 检索系统的功能构成

按照功能划分,广义的检索系统又可以分为以下几个模块,这些模块存在于多个独立的系统平台中,通过系统协议、接口构成整体的数字信息资源服务系统(数字图书馆系统)。

(1) 信息采集加工(Collecting and Digitizing)模块:连续、快速地采集各类信息,或对传统的印本文献、视音频资源进行数字化加工,为数据库提供充足的数据来源。在传统的信息采集工作中,这项工作主要是收集印刷型文献中的信息,因此以人工为主,计算机只起辅助作用,如录入、扫描(包括扫描后的光学字符识别)、视音频捕捉等。现在,随着原生数字资源(Born-digital)的快速发展,智能型软件(如搜索引擎应用的机器人软件)正在逐步取代人工的工作,越来越多的信息采集工作是由系统自动进行,只由人工进行质量控制的。

(2) 信息存储(Repositories)模块:也可以称为保存系统,如同传统图书馆要有书库来收藏书刊一样,本模块的功能是对数字资源进行存储和管理。数字资源按照不同类型,如文字、声音、图像、数据等,以不同的格式(如.gif、.jpeg、.doc、.html、.mpeg、.avi 等)被存储在不同的数据仓库中。存储介质包括磁带、硬盘、光盘。存储又分为在线存储和离线存储,离线存储通常用于资源的长期保存,在线存储则主要直接用于检索服务。

(3) 信息处理(Information Processing)模块:即对信息的内容和特征进行分析,对其进行整理、元数据标引、分类、数据关联等处理,给出一定数量的标识,作为信息组织、存储与检索的基础。例如信息的名称、创作者、主题、分类、出版/生产时间、出版/生产者、关键词等,都可以作为信息的描述性标识。

传统的标引著录多针对印刷型文献,因此采用人工标引录入的方式,速度较慢。而数字化信息的产生正在使标引著录逐步走向计算机化、智能化,信息的著录格式也逐步由以往常用的机读目录(Machine Readable Catalog,MARC)格式转为多元化的元数据(Metadata)格式,使得著录更具有专指度和快速性。

(4) 规范(Authorities)模块:指对信息特征和用户提问的语言形式做出规定,如主题词表、人名规范、地名规范、时代名称规范等,目的在于:一是使用户的检索更具准确性;二是逐步形成一个知识网络,通过相关信息的提供,使用户的检索更为完整。在传统的计算机检索系统中,规范模块是封闭的,各种规范也是相对独立的,只能由信息的加工者使用、修改和维护;而在网络环境下,各种规范模块已逐步融合成为网络知识组织体系(Networked Knowledge Organization Systems,NKOS),数据之间互相关联,其中的一部分,特别是主题词表部分已逐步开放,自动积累吸收用户的词汇,因此更加完善。规范模块在使用中,可以独立于数据库系统之外,与数据库挂接使用。

(5) 检索存取(Access)模块:也就是狭义理解的检索系统,即将用户的需求进行分析,并和数据库中的信息匹配运算,再反馈给用户所需的检索结果。检索存取模块一般包含有:

- 检索界面：即人-机接口；
- 检索功能：如简单检索、复杂检索、浏览、图像检索、导航、统一检索等；
- 检索途径：如题名、作者、主题、文摘等检索入口；
- 检索技术：如布尔逻辑、组配检索、截词符、词根检索、位置算符等；
- 检索结果：打印、存盘、结果格式、二次检索、社交媒体分享等；
- 提问处理：也可称匹配运算，即处理和运算用户的检索式。

在网络环境下，为了更好地根据用户需求完善数据库系统，检索存取模块同时具备交互功能，即自动收集、累积用户的检索需求，再由管理系统进行分析。

（6）内容发布(Publishing)模块：将数据库内容传递到网络上，让用户以常规手段(如通过浏览器)查询浏览。这方面的技术涉及网络协议、媒体特性、易用性、信息导航、语言转换等方面。

（7）服务(Services)模块：这是在传统检索系统基础上发展起来的新功能。即不仅向用户提供检索功能，也在信息资源基础上，根据用户需求，为用户提供一些可定制的服务，以及由系统主动向用户提供新的服务内容，如从文末的参考文献直接到全文的链接(Reference Linking)，知识图谱(Knowledge Graph)服务(比较简单的如词云图)，在检索系统中提供培训教程，用户定制的推送服务(如最新期刊目次报道(Email Alert)、在线内容聚合(Really Simple Syndication,RSS)服务)，根据用户反馈回来的请求为用户提供文献传递(Document Delivery)服务，虚拟咨询(Virtual Reference)服务等。

（8）管理(Administration)模块：主要指管理客户端，即对用户和用户行为进行管理和调查分析。主要包括三个部分：一是对用户的管理，如用户类型、用户认证、用户权限、IP(Internet Protocol)地址控制、用户名和密码、并发用户限制等；二是运用数学、统计学、数据分析方法，对用户行为的各种相关信息进行累积、加工、分析，生成各种状态报告，提供给数据库生产者、系统开发者和用户，以便对数据库及其系统进行修改、完善，使其不断得到提高，如用户使用统计报告，就可以通过对用户使用情况的统计数字，来分析用户是否很好地利用了数据库，其中反映了什么问题；三是监控系统使用情况，如观察用户有无违反版权规定、恶意下载(Abuse)现象，并对违法用户进行相应处罚。

管理模块同样包括为机构用户(如图书馆)提供的业务管理服务，如下载 MARC 格式的书目数据、简单地修改页面设置、查看本馆用户的使用统计、下载出版物列表等。

信息资源服务系统的功能架构如图 1-18 所示。其中，信息采集数字化加工、信息整理/数据加工、信息存储(在线)都是基础性功能模块，用户检索时是看不到其存在的；而由信息发布、信息服务、信息检索存取以及用户认证共同组成的网络门户，面向最终用户统一服务，则是用户最常接触的功能，因此通常理解的检索、检索系统和检索流程主要指的就是这部分。

3.1.3 检索系统评价

使用一个检索系统，要相应地对其进行评价，从而确定其是否做到了功能全面、界面友好和服务周到，检索系统评价的主要指标如表 1-8 所示。

表1-8 检索系统评价的主要指标

检索功能		检索技术	检索结果		用户服务	
浏览功能（字段浏览）	出版物名称	布尔逻辑	显示格式（字段内容）	检索培训	各种说明，帮助
	主题	组配检索	标记记录（翻页时是否保留标记）		用户指南
	索引	位置算法	排序方式：相关度/日期/引文统计/下载统计/米源出版物/作者……		培训教程
		截词算法	翻页是否保存前页结果		知识图谱
简单检索		词根算法	检索结果调整	调整检索结果数量	参考工具	主题/关键词表
复杂检索		聚类检索		调整检索结果格式		刊名列表
		嵌套运算（优先算符）		调整检索最大显示数量		名录
自然语言内容检索		大小写敏感	下载保存（打印，存盘，邮件）		百科/字词典/分类表
多媒体内容检索		禁用词表	二次检索		主题网关/门户网站
全文检索		相关检索（扩展或近义词检索）	相似/相关文献		个人检索历史保存
可视化检索			引用情况	个人定制服务	推送服务：邮件/RSS
可检索字段	作者	引文检索（或结果的相关链接）	全文链接	与同一数据库内其他记录的链接		信息定制服务
	文献篇名			与同一系统内其他数据库链接		书目创建服务
	出版物名称			跨系统/数据库链接		笔记服务
	文摘			与本馆馆藏全文链接		界面个性化调整
	主题/关键词		全文服务	格式（HTML/PDF等通用格式……）	数据服务	引文计量统计
	机构名称			是否专用浏览器		下载统计
	引文			分享到社交媒体		替代计量统计
	标识符	检索限定		文献传递		结果分布发现
	……	……			统一检索/目录导航整合
其他……		其他……			元数据整合

检索功能：主要是指系统提供给用户的各种检索途径和检索入口，可供选择得越多，相对用户就越方便。比较关键的问题是如何使各种功能配置合理，并在检索系统首页上选择用户最易接受的缺省功能。这方面不同的检索系统使用的方法不尽相同，本书将在今后各章中逐步介绍。

检索技术：即系统是否允许用户使用各种检索技巧，以便更准确和快速地找到自己所需的信息。

检索结果：即用户是否得到了内容全面、下载和使用均比较方便的检索结果，例如显示格式包含的内容是否全面；检索结果数量较多时是否允许在翻页的同时标记记录；是否提供存盘、打印、E-mail发送等多种下载功能；检索结果是否与其他资源之间存在链接，为用户提供查找其他资源的捷径等。

用户服务：主要是指在检索功能之外，系统还为用户提供了哪些服务。例如：数据整合服务，包括统一检索、元数据整合等。检索培训服务，检索帮助文件是否完整、详细、易查，是否提供培训教程，便于用户自我培训等。个人定制服务，是否可以记录用户的检索历史，以便其随时利用和翻看以前的检索结果。参考工具服务，有无词表、名录等常用参考工具可随时查阅；允许用户对检索界面做一些小的调整，更方便使用；电子期刊提供最新目次报道服务等。

本章后续将对上述检索系统指标进行详细介绍。

3.2 检索语言

3.2.1 检索语言的概念与作用

检索语言（Retrieval Language）是信息存储与检索过程中用于描述信息特征和表达用户提问的一种专门语言。所谓检索的运算匹配就是通过检索语言的匹配来实现的。检索语言是人与检索系统对话的基础。

当存储信息时，检索系统对文献内容进行分析，概括分析出若干能代表文献内容的语词，并赋予一定的元数据标识，如题名、作者、主题词等，作为存储与检索的依据，然后纳入数据库中。

当检索信息时，检索人员首先要对检索课题进行分析，形成若干能代表信息需求的语词，然后通过检索系统在数据库中匹配具有同样语词和标识的文献，找到自己所需的信息。

上述即为检索语言的工作过程。不同的检索语言构成不同的标识和索引系统，提供用户不同的检索点和检索途径。

检索语言在信息存储和信息检索过程中的作用如图1-19所示。

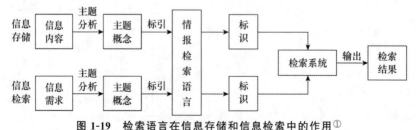

图1-19　检索语言在信息存储和信息检索中的作用[①]

---

① 改编自张琪玉《情报检索语言》。

下面的例子①可以说明这个过程。有三篇文献,篇名分别为:
文献1:A Model of multimedia information retrieval
文献2:The Information retrieval in chemistry WWW server
文献3:ERIC resources

在对信息存储的过程中,对这三篇文献内容分别进行了分析,并使用检索语言对其进行标引,标引结果为:

文献1:篇名(title):A Model of multimedia information retrieval 　　　主题(subject):information retrieval,multimedia computer applications 文献2:篇名(title):The Information retrieval in chemistry WWW server 　　　主题(subject):chemistry,educational materials 文献3:篇名(title):ERIC resources 　　　主题(subject):Educational materials

标引后这三篇文献分别被存储进数据库。

在信息检索过程中:

如果用户输入"information retrieval"一词,并将检索范围限定在篇名中,则文献1与文献2符合用户要求,成为检索结果;

如果用户输入"information retrieval"一词,并将检索范围限定在主题中,则只有文献1符合用户要求,成为检索结果;

如果用户输入"educational materials"一词,并将检索范围限定在主题中,则文献2和文献3符合用户要求,成为检索结果;

如果用户输入任意其他词汇,如"physics",则没有任何检索结果。

在上述例子中,"information retrieval""educational materials"都是检索语言,篇名和主题则是检索语言的标识,检索系统就是通过他们将用户需求与信息内容进行运算匹配,最终找到检索结果的。

由这个例子可以看出,检索语言的主要作用就是对文献的外部特征和内容进行多层次描述,提供多种检索途径,以方便用户从不同角度检索查找。

对每一种文献的外部特征和内容属性进行描述的数据,称为元数据,即关于数据的数据。例如下面这个例子,就是关于《中国文学史》这本书的元数据。

题名:中国文学史 作者:游国恩……[等]主编 出版项:北京:人民文学出版社 1982 载体形态:4册 20cm 主题:文学史,中国,高等学校,教材 中图图书分类法类号:I209-43

一般情况下,对数据库的检索,主要就是检索元数据,即二次文献检索。在元数据检索

---

① 取自ProQuest Research Library数据库,关于本数据库情况详见第四章。

没有结果的情况下,才会进一步进行全文检索、内容检索。

3.2.2 检索语言的类型

检索语言分为人工语言和自然语言。

1. 人工语言

人工语言(Artificial Language)是根据信息检索的需要而由人工创制的,采用规范词(Controlled Term),用来专指或网罗相应的概念,可以将同义词、近义词、相关词、多义词及缩略词规范在一起,由人工控制,包括分类检索语言(分类号)、主题检索语言和代码检索语言。

无论哪一种人工语言,都是依靠聚类的方法,如等级结构、参照系统、轮排聚类、范畴聚类、概念关系图示、体系分类来表现概念之间的相等、近似、相关、相属的关系。

(1) 分类检索语言。按照学科范畴及知识之间的关系列出类目,并用数字、字母符号对类目进行标识的一种语言体系,也称分类法。使用这种检索语言建立的信息检索系统可以反映知识的从属、派生、重合、交叉、并列等关系,用户因此可以鸟瞰全貌、触类旁通,系统地掌握和利用一个学科或专业范围的知识和信息。目前常用的分类法有《中国图书馆分类法》(简称《中图法》)、《美国国会图书馆分类法》《杜威十进分类法》《国际专利分类法》等。

例如《中图法》,将所有的知识分为22个大类,并用不同的字母标识不同的学科,构成一个知识体系,如:

```
......
F    经济
     F0    经济学
     F1    世界各国经济概况、经济史、经济地理
     F2    经济计划与管理
     F3    农业经济
     F4    工业经济

G    文化、科学、教育、体育
H    语言、文字
I    文学
......
O    数理科学和化学
P    天文学、地球科学
Q    生物科学
R    医药、卫生
S    农业科学
......
```

每一个大类又可以细分成若干个二级类目,二级类目还可以再细分。例如经济又可以划分为5个二级类目,其中的"F4 工业经济"又可以进一步划分为"工业经济理论""世界工业经济""中国工业经济""各国工业经济"等,这些类目还可以再层层划分,每一级类目都用

字母＋数字形式进行标识。

如图 1-20 所示，即为分类检索语言在"中国知网学术期刊库"的具体应用。

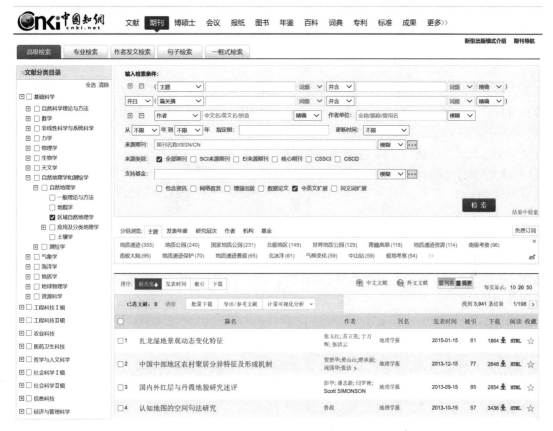

图 1-20　分类检索语言示例：中国知网学术期刊库[①]

以检索题目"浏览区域自然地理学方面的一些文献"为例。

左框即显示出学科分类的浏览途径：基础科学→自然地理学和测绘学→自然地理学→区域自然地理学（打√类目）。

右下框为"区域自然地理学"类目下的全部文献列表。其中第 3 篇文献的详细信息为：

【题名】国内外红层与丹霞地貌研究述评
【作者】彭华；潘志新；闫罗彬；Scott SIMONSON
【作者机构】中山大学地理科学与规划学院
【摘要】在中国丹霞地貌走向世界，开始一个新的发展阶段的时候，回顾并评述国内外红层和丹霞地貌的研究进展十分必要。国内在该领域的研究长期集中在红层特性、工程地质、丹霞地貌特征及发育的基本问题等方面，但对红层的地质和地貌融合研究不足，对不同红

---

① 检索日期 2020-08-30。目前"中国知网"已经升级为新版检索系统，但原理不变，分类检索语言页面变化不大；因旧版系统页面分布更能充分说明问题，故仍然使用旧版系统为例。

层的岩性差异及其在外动力条件下的地貌表现和地貌发育过程缺乏深度研究;国外还没有红层地貌和丹霞地貌的专门研究,学者们主要关注红层形成的地质背景,有关红层地貌的研究多分散在砂岩地貌中,但其在微观、定量、实验研究方面值得借鉴。本文认为当前有关红层和丹霞地貌的研究大多为单因子研究,缺乏系统的思想方法,各学科研究存在多张皮的问题。提出应明确红层和丹霞地貌的学科归属,深化基础研究,加强各学科之间的融合,并推动国际交流和对比研究。

【关键词】红层;红层地貌;丹霞地貌;砂岩地貌;国际对比研究

【基金资助】国家自然科学基金项目（41171013）[Foundation：National Natural Science Foundation of China,No.41171013]

【文献出处】地理学报.2013年09期 第1170-1181页

【DOI】CNKI;SUN;GHZH.0.2010-06-011

【分类号】P941

【文章目录】（略）

【引证文献】（略）

【被引频次】85

【大小】2929 K

【下载链接】

说明：

在这篇文献中,有一个字段标识为"分类号",其内容"P941"即为《中图法》中"中国区域地理学"类目的代码,其中P代表"天文学、地球科学"一级类目,"P9"代表"自然地理学"二级类目,"P94"代表"区域自然地理学"三级类目,"P941"代表"中国区域地理学"类目。

在这个实例中,《中图法》是人工编制的分类检索语言,对《国内外红层与丹霞地貌研究述评》这篇文献标引时,即给出一个分类号标识P941,标引系统根据这个分类号将这篇文献纳入整个数据库以《中图法》为基础的知识分类系统中。检索时,用户即可以根据这个分类体系逐层展开,找到自己所需的类目,浏览该类目下的全部文献或在此类目中做进一步检索。

（2）主题检索语言。由主题词汇构成,即将自然语言中的名词术语经过规范化后直接作为信息标识,按字母顺序排列标识,通过参照系统揭示主题概念之间的关系,也称主题法。包括先组式的标题词语言、后组式的单元词语言和叙词语言。主题检索语言表达的概念比较准确,具有较好的灵活性和专指性,不同的检索系统、不同的专业领域可以有各自的主题词表。

标题词(Subject Heading)语言：是一种先组式的规范词语言,即在检索前已经将概念之间的关系组配好。具有较好的通用性、直接性和专指性,灵活性较差。常用的标题词表有《美国国会标题词表》(Library of Congress Subject)、《医学主题词表》(Medical Subject Headings)。

单元词(元词法,Uniterm)：是一种最基本的、不能再分的单位词语,亦称元词,从文献内容中抽出,再经规范,能表达一个独立的概念。例如"信息检索"是一个词组,"信息"和"检索"才是单元词。

叙词(叙词法,Descriptor):是信息检索中使用较多的一种语言,可以用复合词来表达主题概念,在检索时可由多个叙词形成任意合乎逻辑的组配,形成多种组合方式。由叙词组成的词表叫叙词表(Thesaurus)。

在手工检索阶段,上述3种主题词表方法有很明确的区分,而在现在的数字信息资源检索系统中,虽然还经常冠以标题词表(如 Subject Headings,Subject Terms 等)或叙词表(Thesaurus)等不同的名称,但彼此之间的实际界限已经逐渐模糊,互相吸收并简化,逐步成为网络知识组织系统(Networked Knowledge Organization Systems,NKOS)的重要组成部分,越来越方便用户的使用。下例为 EBSCO 出版公司"综合学科学术资源全文数据库(完整版)"(Academic Search Complete,ASC)[①]中的主题词表,就是这方面的典型代表。

```
☐  ABSTRACTING
   Scope Note        Here are entered works on the process of summarizing the main points of a piece of information. Do not use
                     for works constituted of individual abstracts or collections of abstracts. [EPC]
   Broader Terms    ☐ CONTENT analysis
                    ☐ INFORMATION organization
                    ☐ INFORMATION retrieval
                    ☐ RHETORIC
   Narrower Terms   ☐ AUTOMATIC abstracting
                    ☐ COURT records -- Abstracting & indexing
                    ☐ MEDICAL records -- Abstracting & indexing
                    ☐ MUNICIPAL records -- Abstracting & indexing
                    ☐ NEWSPAPERS -- Abstracting & indexing
   Related Terms    ☐ ABSTRACTING & indexing services
                    ☐ BOOK annotating
                    ☐ INDEXING
   Used for          ABSTRACT writing
                     PRECIS writing
                     SUMMARY writing
```

其特点说明:

● 主题词按字母顺序排列,一是不限于单元词还是词组,如"ABSTRACTING""CONTENT analysis"等皆为主题词(前面有小方框者),二是基本不再使用主题词轮排的方式,方便用户既可以在主题词表中对主题词按字母浏览或直接检索,也可以选择在高级检索中使用主题检索字段(检索入口)检索文献。

● 主题词表仍以"用"(Use)、"代"(Used for)、"属"(Broader Terms)、"分"(Narrower Terms)、"参"(Related Terms)作为主题词的基本关系架构,如:"CONTENT analysis"为"ABSTRACTING"的上位主题词;"AUTOMATIC abstracting"为"ABSTRACTING"的下位主题词;"INDEXING"为"ABSTRACTING"的相关主题词(参照词),"ABSTRACT writing"是非主题词,由"ABSTRACTING"代替其使用。上位主题词都可以再复分,每往下一级,主题词的专指度就更强一些。

● 主题词组配方法简单易用,使用高级检索中的组合检索、检索限定等代替主题词的组配检索如通用复分(Subdivision)等方法,如"期刊论文摘要"的文献内容,以往是采用主题词

---

① 检索时间 2021-08-30。ASC 数据库及其检索系统详见第四章。

"PERIODICAL articles"和通用复分"ABSTRACTING"结合的方法,但现在直接选取这两个主题词组配检索即可。

● 不断从关键词中吸收用户的常用检索词,保持了一定频率的更新。

(3) 代码检索语言。就事物的某一方面特征,用某种代码系统来加以标引和排列,目前主要应用于化学领域。例如,化合物的分子式索引系统,环状化合物的环系索引系统等。

2. 自然语言

自然语言(Natural Language)是指从信息内容中直接抽取、未经过人工控制标引的语言,主要依赖于计算机自动抽词技术完成,辅以人工自由标引(非依据词表的标引方法),又可称为非规范词(Uncontrolled Term)。早期的计算机抽词标引主要限于单元词方式,近年来已经发展到词组短语。以作家老舍为例,老舍的早期作品(如《小玲儿》)曾以"舍予"署名,在标引这些作品时,如在"作者"字段直接使用原来作品的署名"舍予",则为自然语言标引;如在"作者"字段使用规范名称"老舍"、同时也标注"舍予",则为人工语言标引。

自然语言的标识包括:

关键词:直接从信息资源名称、正文或文摘中抽出的代表信息主要内容的重要语词。这部分有时由人工自由标引进行,如期刊论文中的作者关键词,大部分由计算机抽词标引自动完成。

题名:信息资源的名称,如论文篇名、图书书名、网站名称等。

责任者(作者):如图书主编、论文作者、照片的摄影者等。

全文:从资源的全部内容中自动抽取、查找,是目前网上各类搜索引擎使用最多的方法。

引文:将文献所引用的参考文献的作者、篇名、来源出版物抽取出来进行标引。

3. 人工语言与自然语言的关系

人工语言与自然语言相比较,人工语言的检索效率要高于自然语言,查全率和查准率都比较高,但人工语言是基于印刷型资源产生的,对标引和检索来说,标引工作量大,需要不断地维护,管理成本高,用户也不易掌握,在专指性方面也不如自然语言。因此,在数字资源飞速发展的今天,仅使用人工语言是远远不够的。

自然语言由于主要由系统自动标引完成,灵活、新颖、检索入口多、专指性好,管理和维护的成本较低,用户也不需要特别学习和培训;但由于目前计算机的抽词技术还无法做到从自然语言文本中自动抽取最准确、充分表达信息资源内容的词,也无法自动规范自然语言和表现概念之间的关联,检索效率很低,这一点尤其表现在搜索引擎(Search Engine)的使用上,检索出来的内容 95% 以上都是无用的信息。

因此,可以得出结论:人工语言和自然语言并不是互相对立的,比较成熟的检索系统,通常是两种检索语言并用,互为补充,以保证较高的检索效率。例如下面这个关于计算机辅助教学(Computer Aided Instruction)的论文元数据[①]:

---

① 检索时间:2021-08-30,取自 INSPEC 数据库。

Author: Garner B. J.
Institution: Sch. of Comput. & Math., Deakin Univ., Geelong, Vic., Australia.
Editor: Okamoto T; Hartley R; Klus K; Klus JP.
Title: Collaborative knowledge management requirements for experiential learning(CKM).
Source: Proceedings IEEE International Conference on Advanced Learning Technologies. IEEE Comput. Soc. 2001, pp. 488-489. Los Alamitos, CA, USA.
Country of Publication: USA.
Conference Information: Proceedings IEEE International Conference on Advanced Learning Technologies. Madison, WI, USA. IEEE Comput. Soc. IEEE Comput. Soc. Learning Technol. Task Force. Univ. Wisconsin-Madison. 6-8 Aug. 2001.
Abstract: Exploratory studies in collaborative knowledge management (CKM) across four domains have identified significantly expanded research requirements for experiential learning. This paper reports preliminary conclusions/propositions. The quality of collaborative (group) learning, particularly in experiential processes such as problem solving and professional practice, requires the innovative support of knowledge-mediated human interaction requirements and the associated sharing of knowledge between participants. (5 References).
Subject Headings: Computer aided instruction, Groupware, Interactive systems, Problem Solving, Professional aspects
Key Phrase Identifiers: collaborative knowledge management; experiential learning; research requirements; collaborative learning; group learning; problem solving; professional practice; knowledge-mediated human interaction requirements; knowledge sharing.
Classification Codes: Computer-aided instruction [C7810C]; Groupware [C6130G].

说明：

在这个记录中，既有人工语言的分类法（Classification Codes）、主题词（Subject Headings）的使用，也包括自然语言的篇名（Title）、关键词（Key Phrase Identifiers）、文摘（Abstract）等，这两种检索语言的结合，给用户提供了更多的检索途径，使用户的检索效率更高，专指性、灵活性更好，保证了查全率和查准率。

对普通用户来说，在人工语言和自然语言并行的情况下，最易混淆的语言标识就是主题词和关键词。简单地说，主题词是经过规范化处理后作为文献标识；关键词则是直接使用自然语言，较少规范化处理。

例如，关于大学教育系的文章可能用 education department, education school, school of education 等词，如果语言标识是关键词，则原文中使用什么就抽取什么；如果语言标识为主题词，则使用主题词表将这一类文章统一规范为 school of education。进行检索时，如果使用 school of education 检索，检索结果将包括所有关于大学教育系的文章；如果使用其他的词，检索结果则可能出现漏检。

随着计算机技术的发展,人工语言和自然语言正在不断地融合,而随着自动标引技术水平的提高,新的检索语言体系正在不断产生,并逐步得到应用,如:网络叙词表(Web Thesauri 或 Online Thesauri),是由自然语言与受控词汇共同组成的,保证了标引的速度和质量;分面主题词表(Faced Subject Terminology),结构简单,应用灵活;网站内索引(Site Index),短小精悍。

在检索语言不断发展的基础上,新的网络知识组织系统(NKOS)也在不断发展,其中最著名的就是基于知识系统(Knowledge-based Systems)和语义万维网(Semantic Web)产生的本体系统(Ontology),它融合了叙词表、标题词表、语义网络、分类体系、分类表(Taxonomy)等多种检索语言体系的功能,得到了普遍关注,并将发展成为未来针对各领域的新组织体系。

3.3 检索功能

所谓检索功能,是指检索系统在检索界面上提供给检索用户的基本功能。它与系统的检索技术是紧密结合的。比较通用的检索功能有:浏览、索引、简单检索、复杂检索、自然语言检索、多媒体检索和可视化检索等。

3.3.1 浏览

浏览(Browse)是人工检索语言的应用与延伸,即由系统提供一个树状结构的概念等级体系,用户可以沿着这棵"树"进入不同的分支,到达叶子节点,并在节点看到检索结果列表。浏览功能最重要的作用就是为用户提供一个知识体系,让用户可以俯瞰全貌,了解某一个方面的信息总体情况。

浏览可以根据系统使用的人工语言标引的情况,先构造"树",再抽取有效数据,如主题浏览、分类浏览;也可以在对信息著录的基础上,反过来构造树状体系,例如,文献类型浏览(根据标引的文献类型确定)、中国古代朝代浏览(根据中国历史纪年表以及标引的详简程度确定)等。任何一个标引字段都可以提供浏览功能,但关键是要构建一棵合理的概念"树"。例如:

一个典型的主题浏览树状体系如图 1-21 所示,取自于"商业信息数据库"(ABI/INFORM Complete,ABI)[①]。其中,"Government & Law""Government""Public administration"分别是第一、二、三级分支,"Public finance"就是节点,单击节点的"View documents"图标,就会看到检索结果列表。

最常见的浏览体系是在电子期刊的检索中,通常是先按照分类类目浏览刊名,再按刊名浏览年代、卷期。

随着检索技术的提高,浏览和检索也正在逐步结合,即在浏览的同时,对选定的类目进行检索,也称为浏览搜索法。如前面提到的图 1-20"分类检索语言示例",是一个分类浏览的实例;既可以按类浏览,也可以在右上方的检索框内,对选定的"区域自然地理学"(打√者)进行作者、题名、主题等的搜索。

---

① 查询时间 2021-08-30。ABI 数据库及其检索系统详见第四章。

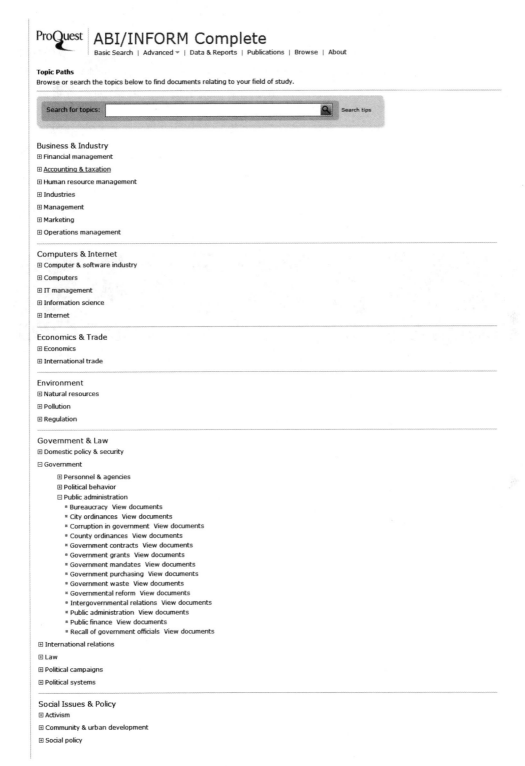

图 1-21 浏览示例：ProQuest 检索系统

3.3.2 索引

索引(Index)是一个线性的表单,可以将任何一个标引字段中的概念按字母顺序线性排列起来,不分等级。用户通过检索,可以定位在索引中的任意某个位置,并浏览在这个位置附近的所有词语,进而查询所需词语对应的结果列表。索引的种类很多,如人名索引、出版物索引、地名索引、主题索引、机构索引等。

如图1-22所示,是一个作者索引,取自于高等教育文献保障系统(China Academic Library and Information System, CALIS)的"学苑汲古——高校古文献资源库"系统(http://rbsc.calis.edu.cn.8086/aopac/jsp/indexxyjg.jsp,检索时间2021-08-30)。在这个例子中,用户可以利用责任者索引,发现作者"苏轼"的各类作品,包括"苏轼"与"蘇軾"的简繁体作品,"蘇軾編""蘇軾書""蘇軾撰"等不同著作方式的作品,"蘇軾""黃庭堅"等与他人合著的作品,索引发挥了检索定位的作用,也避免了检索的遗漏和失误。

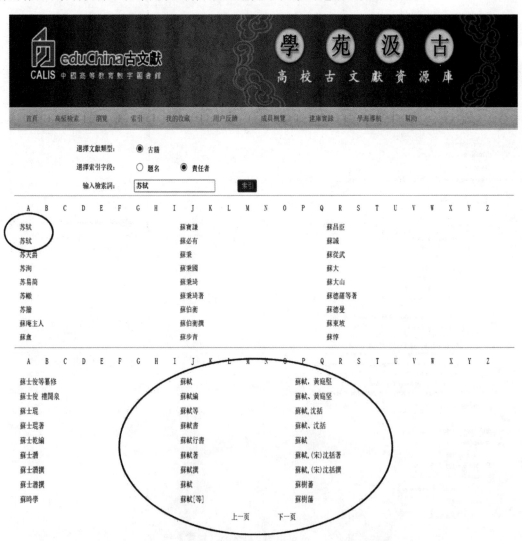

图1-22 索引示例:学苑汲古——高校古文献资源库

索引与浏览最大的不同,就在于浏览提供给用户的是一个树状结构的概念体系,而索引是一个简单的线性列表。但在检索界面上,索引和浏览有时合而为一,统称为浏览,用户在界面上看不到严格区分的索引和浏览功能,只在使用时有所不同。

3.3.3 简单检索

简单检索(Simple Search,Easy Search,Quick Search,Basic Search)又称为基本检索、快速检索,即为用户提供一个简单的检索界面,帮助非专业或初入门用户方便地提交检索式。页面上通常只有一个检索框,不提供或提供很少的检索入口,不使用或很少使用组配算符。用户提交检索式后,系统将提问发送到默认的一个或几个标引字段中进行匹配运算。

简单检索由于不能构造比较复杂、精细的检索式,检索结果可能不是很准确。

例如:

本例取自"IEEE/IET 电子图书馆"数据库(IEEE/IET Electronic Library,IEL)[①],如图 1-23 所示。在这个例子中,界面只提供了一个检索框,用户输入自己的检索词检索即可,也可以使用 AND、OR 等进行简单组配。系统会在元数据范围内进行检索。

图 1-23　简单检索示例:IEEE *Xplore* 检索系统

3.3.4 复杂检索

复杂检索(Advanced Search,Guided Search,Expert Search,Power Search)也可以称高级检索、指南检索、专家检索,为专业用户、资深用户提供比较复杂的检索界面,可以构建比较细致的检索式,帮助用户进行精确检索。

复杂检索包含组配检索,即将两个或两个以上的检索词用不同的组配算符组合起来,如布尔逻辑组配"library science and information science",位置算符组配"El Nino adj weather"等,使检索更为灵活,检索结果更为精确。详细组配方法见"检索技术"部分。

复杂检索可以使用各类组配算符,使用检索限定,选择检索入口,与简单检索相比,检索结果更为准确、全面。例如:

在这个取自 EBSCO 出版公司"综合学科学术资源全文数据库(完整版)"(Academic Search Complete,检索时间 2021-08-30)的高级检索例子中,用户可以选择检索入口(Select

---

① 查询时间 2021-09-04。IEL 数据库及其检索系统详见本书第四章。

a Field，如 Title、Author），可以使用布尔逻辑算符（AND、OR、NOT），可以做检索限定（Limit your results），如"Scholarly（Peer Reviewed）Journals"（选择学术期刊）、"Publication Type"（选择出版物类型）等，系统会严格按照用户的要求进行运算。

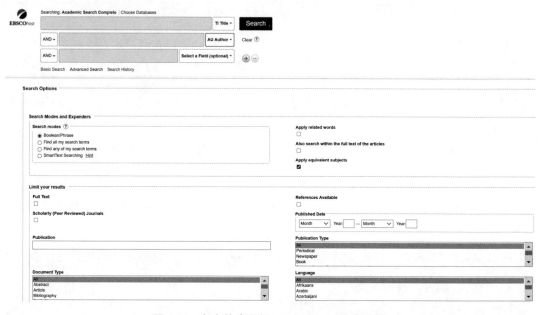

图 1-24　复杂检索示例：EBSCO*host* 检索系统

3.3.5　自然语言检索

生活中的自然语言检索（Natural Language Search），是一种会话式、非结构化的搜索与结果匹配，如"How does El Nino affect weather?（厄尔尼诺现象是怎么影响气候的?）"。相比之下，学术文献的自然语言检索概念不同，也比较复杂，既有信息资源内容的抽词和标引问题，也涉及对用户检索提问中的概念抽取、分析、语义处理和匹配。虽然自然语言检索在逐步向智能信息检索发展，但从目前计算机技术和人工智能技术的发展来看，由于科学研究中各学科的复杂性，学术资源的检索还不能采取会话式的自然语言检索，而应该采用结构化的词语，如检索"人工检索语言与自然检索语言的关系"内容的文献，不能直接输入"人工检索语言与自然检索语言的关系是什么"之类的会话来进行搜索，而是必须将其拆分为"人工检索语言"（或"人工语言"）、"自然检索语言"（或"自然语言"）等规范/非规范词汇，再选择"题名""主题""摘要"或"关键词"等不同的检索字段，方能得到比较全面、准确的检索结果。

3.3.6　其他检索功能

（1）命令检索。命令检索（Command Search，Expert Search，Advanced Search）又称指令检索，也有系统称为专家检索、高级检索，是由检索用户自行输入各种检索命令进行检索，例如 Dialog 联机检索系统中的两个例子：

例一：B 34,434

说明：B 为 begin 缩写，此指令意即打开 34、434 号数据库文档，34、434 为《科学引文索引》(SCI)数据库。

例二：S computer/TI

说明：S 为 select 的缩写，此指令意即在题名检索字段中检索"computer"一词。

命令检索起源于各类联机检索系统，指令用得好，检索的准确度就高，但要求用户记住各类检索命令，因此使用者多为图书馆或信息服务机构的检索专家。目前部分检索系统还保留有这种检索功能，但已经有较少人会用了。

（2）二次检索。二次检索(Refined Search)，在检索结果内进一步检索，使结果更精炼、准确。

上述检索功能都是目前技术上较为成熟、在检索系统中得到广为应用的。随着人工智能的发展，智能检索技术也逐渐发展起来，未来将成为检索系统的发展趋势。所谓智能检索，或称智能搜索，是相对现在的关键词索引和关键词匹配技术而言，是基于人工智能的网络信息检索技术，它融合了知识组织系统、自然语言理解、认知科学、用户模型、模式识别、数据库管理系统以及信息检索等领域的知识和先进技术。对于互联网这样一个分布式信息空间，采用人工智能方法是实现人机交互学习的一种较好的方法，可以代替人类完成繁杂信息的收集、过滤、聚类以及融合等任务，并在互联网中导引用户，不仅在用户进行搜索、浏览时给予直接的支持，而且能够获得具有独立搜索功能的智能代理的幕后支持。当然，因为各个学科的巨大不同，智能检索还需要一个相当长的发展、成熟、应用阶段。

3.3.7 非文本资源的新兴检索功能

除了基于文本信息提供给用户的检索功能外，由于互联网的发展，带给用户的还有图像、声音等多媒体信息，因此，图像检索、声音检索、地理信息系统检索(Geographic Information System, GIS)等基于图像内容、多媒体、时空概念的检索技术正在逐步研究、开发和试验中，发展成熟后将逐步应用到学术资源检索系统中。

1. 基于内容的多媒体检索

传统的多媒体检索(Multimedia Retrieval)，如对图像、语言学习、学术讲座、会议录像、电影、音乐等的检索，是通过对每一种资源的元数据（如视频的名称、内容介绍等）检索获得信息后，再打开多媒体资源收看收听。但随着多媒体资源的快速增长，用户越来越多地需要像对文本资源进行全文检索一样，对多媒体资源进行基于内容的检索。

随着技术的发展，将声音、图像等分解出诸如色彩、形状、纹理、旋律、频率、音高等检索入口、并进行检索的多媒体搜索功能也开始进入试验性发展和应用阶段。

2. 可视化检索

可视化检索(Visual Search)也称视觉检索、可视化检索，可视化(Visualization)是利用计算机图形学和图像处理技术，将数据转换成图形或图像在屏幕上显示出来，并进行交互处理的理论、方法和技术。可视化检索就是利用计算机的可视化技术，将信息资源、用户提问、信息检索模型、检索过程以及检索结果中各种语义关系或关联数据转换成图形，显示在一个二维、三维或多维的可视化空间中，帮助用户理解检索结果、把握检索方向，以提高信息检索的效率与性能。

如图 1-25 所示，从 Gale Scholar 检索系统"美国小说，1774-1920"（American Fiction,

1774—1920)数据库①中选取的一个简单实例,其可视化检索功能名为"Topic Finder"(话题查找器),工作原理是:首先由用户输入自己想要查找的内容;系统通过关键词的词频匹配,找出与检索词关系最密切、出现频率最高的约 100 个词或主题,并通过磁贴图(或转轮图)显示给用户,高词频、关联强度大的信息,其磁贴区块也大;用户点击磁贴区块,进一步查看相关信息;可直接点击标题链接至相关文章,并提供引文信息和文章类型。话题查找器通过建立新关联,帮助用户拓展自己的研究课题,有助于整合多样性内容,并揭示隐藏的关联词。

"美国小说,1774—1920"是一个提供美国文学原始资料和文献的数据库。例如想查询该数据库是否收藏了马克•吐温的资料及其小说《汤姆•索亚历险记》的早期版本,便可以利用"Topic Finder"发现,首先查找"Mark Twain",然后在磁贴区块中找到合适的关联,点击后便出现右侧结果,并进一步看到原始资料全文。

一般来讲,可视化检索是基于对文本或数据的分析建立的,因此如果基于内容的抽词、索引和关联的分析不足,则可视化检索的结果并不准确,仅能提供参考。

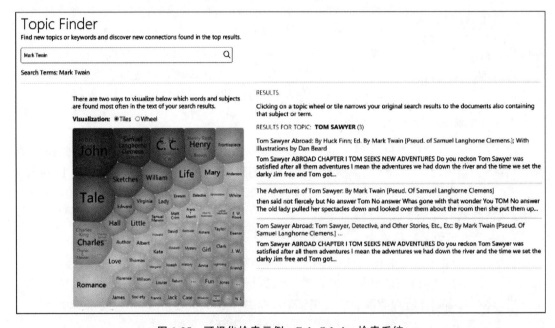

图 1-25　可视化检索示例:Gale Scholar 检索系统

3.4　检索技术

检索技术也可以称为检索技巧,主要是指将两个或两个以上检索概念进行组配的技术,通过适合的组配,精准快速地找到所需的信息资源内容。

3.4.1　布尔逻辑检索

即运用布尔逻辑算符(Boolean Operators)对检索词进行逻辑组配,表达两个概念之间

---

① 查询时间 2021-08-30。Gale Scholar 数据库详见本书第四章。

的逻辑关系。布尔逻辑如图 1-26 所示。

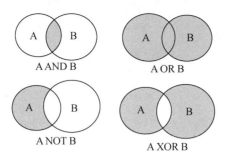

图 1-26　布尔逻辑

逻辑"与"（AND）：检索时，命中信息同时含有两个概念，专指性强；

逻辑"或"（OR）：检索时，命中信息包含所有关于逻辑 A 或逻辑 B 或同时有 A 和 B 的，检索范围比 AND 扩大。

逻辑"非"（NOT）：命中信息只包括逻辑 A，不包括逻辑 B 或同时有 A 和 B 的，排除了不需要的检索词。

逻辑"异或"（XOR）：命中信息包含逻辑 A，也包含逻辑 B，但不包含同时含有 A 和 B 的信息。

例如这个课题：气溶胶对大气环境的影响，其检索式为：

(aerosol) AND ((air OR atmosphere) AND environment)

在这个检索式中，"air OR atmosphere"表示检索结果可包含任何一个概念，是逻辑"或"的应用；这个结果和"environment"之间是逻辑"与"的关系，即表示结果必须同时包括两个概念在内，也就是"大气环境"的结果；这个结果和"aerosol"之间又是逻辑"与"的关系，检索结果即为检索用户所需。

需要注意的是，在不同的检索系统里，布尔逻辑的运算次序是不同的，因此会导致检索结果的不同。通常运算次序有这样几种形式：一是按算符出现的顺序，如果是 AND、OR、NOT，就按 AND、OR、NOT 的顺序运算；如果是 OR、NOT、AND，就按 OR、NOT、AND 的顺序运算；二是默认 AND 优先运算，其次是 OR、NOT；三是默认 OR 优先运算，然后是 AND、NOT。一般来讲，检索系统的"帮助"文件中都会有这类说明，只要注意查看即可。

在中文数据库里，布尔逻辑运算符的表达方式有所不同，有时用 AND、OR、NOT 下拉菜单形式表示，供用户选择；有时用"＊"号表示逻辑"与"，用"＋"表示逻辑"或"，用"－"表示逻辑"非"；也有时用文字表示，如"并含""或含""不含"等。

3.4.2　位置算符检索

即运用位置算符（Position Operators）表示两个检索词间的位置邻近关系，又叫邻接检索（Proximity）。这种检索技术通常只出现在西文数据库中，在全文检索、专利检索中应用较多。如果说布尔逻辑算符是表示两个概念之间的逻辑关系的话，位置算符表示的是两个概念在信息内容中的实际物理位置关系。

常用的位置算符如表 1-9 所示。

表 1-9　常用位置算符列表

算符	功能	表达式	检索结果
W,W/N with within	两词相邻,按输入时的顺序排列（也有数据库允许顺序颠倒）	Education(W)school,或 Education with school	Education school Education schools (school of education schools of education)
nW	同上,两词中间允许插入 n 个词	Education (1W) school	Education school Education schools Education and music school School of continued education
Pre	两词相邻,按输入顺序排列	Education Pre school	Education school Education schools
N,near,adj	两词相邻,顺序可以颠倒	Education (N) school,或 Education near school	Education school Education schools School of education
nN	同上,两词中间可以插入 n 个词	Education (1N) school	Education school School of education Education and music school School of music and education
F	两个词同在一个标引字段中	Education (F) school	例如同时出现在题名或文摘字段中
Same	两个词同在一个段落中	Education Same school	

需要说明的是,不是每一个检索系统都使用上述位置算符,不同的系统使用的位置算符不同,不同的算符在不同的系统中有时可能含义不同。例如"W"算符,在 Dialog 检索系统表示两词相邻,输入顺序不变;在 ProQuest 系统中,"W"算符表示输入的两个词相邻,但顺序可变,如顺序要求不变,则使用"Pre"算符。

3.4.3　截词检索与词根检索

截词检索(Truncation),是指用截词符号"？""＊"或"＄"加在检索词的前后或中间,以检索一组概念相关或同一词根的词。这种检索方式可以扩大检索范围,提高查全率,主要用于西文数据库检索,中文数据库通常不使用这种技术。

截词方式根据截词的位置不同,分为前截断、后截断、中截断;根据截断的数量不同,分为有限截断和无限截断。

前截断:又称左截断,截词符放在被截词的左边,可与后截断一同使用。例如输入＊magnetic,可检 electro-magnetic,electromagnetic,thermo-magnetic,thermomagnetic…目前这种检索技术应用已经极少。

后截断:又称右截断,是前方一致检索,截词符放在被截词的右边,是最常用的截词检索技术。例如输入 librar＊,可检 libraries,librarian,library…后截断主要用于下列检索:词的单复数检索,如 company 与 companies;年代检索,如 199?（90 年代）;词根检索,如 socio

*,可以检索 sociobiology,socioecology,sociolinguistics,sociology 等 20 多个词汇。

中截断:把截词符放在词的中间。如 organi?ation,可检索 organisation,organization。这种方式查找英美不同拼法的概念最有效。

有限截断:限制被截断的字符数量,例如输入 educat **,表示被截断的字符只有两个,可以检索 educator,educated 两个词。

无限截断:不限制被截断的字符数量,例如输入 educat?,可以检索 educator,educators,educated,educating,education,educational 等。

也有一种较为通行的做法,把中截断和后截断叫作通配符(Wildcard),原理、用法大致相同。

有些检索系统不支持使用截词符的截词检索技术,系统默认的是词根检索(Stemming),即输入一个词,系统会自动检索出同一词根的一组词,例如输入 gene,可以检索出 gene,genic,genome 等。这是一种智能检索方式,但要求系统内必须预先配置词根表。

3.4.4 字段检索

字段检索(Field Searching),即指定检索词出现的字段,被指定的字段也称检索入口,检索时,系统只对指定字段进行匹配运算,提高了效率和查准率。

在西文数据库中,字段检索有时是用代码来表示。数据库中常用的字段代码如表 1-10 所示。

表 1-10 数据库常用检索字段列表

西文数据库常用字段		中文数据库常用字段
字段名称	字段代码	
Abstracts	AB	文摘(摘要)
Author	AU	作者(责任者)
Corporate source,organization,company	CS	机构名称
Descriptor,subject	DE	叙词/主题词
Document type	DT	文献类型
Full-text	FT	全文
ISSN	ISSN	国际标准连续出版物号
Journal name,publication title	JN	期刊名称
Keyword,topic	KW	关键词/专题
Language	LA	语言
Publication year	PY	出版年
Title	TI	题名
Digital Object Identifier	DOI	数字对象唯一标识符

表格中所列为通用的字段名称,数据库不同,字段名称和代码也有所不同,需要在检索时再进行查看。不同学科、不同类型的数据库还有许多自己的专用检索字段,如"化学文摘"数据库就使用化学类专用的分子式(Formula)、化合物(Compound)检索。

在传统的联机检索数据库中,字段检索通常有下列几种表示方法:

　　　　　　　　　　education（w）school/AB
　　　　　　　　　　JN=Wall Street
　　　　　　　　　　Library science in DE

在上述表达式中，"JN=Wall Street"是将字段代码放在检索词前面，因此称为字段前缀（prefix）检索；"education（w）school/AB""Library science in DE"是将字段代码放在检索词后面，因此称为字段后缀（suffix）检索。一般情况下，在同一检索系统中，前缀字段和后缀字段之间有重复，也有不同。

在现代网络数据库检索系统中，字段名称通常放置在下拉菜单或单选框中，用户只需要选择就可以了。

在西文数据库的字段限制检索中，值得注意的是作者字段检索，例如作者全名为"Richard Stuart"，有些检索系统要求按"名 姓"格式输入，如"Richard Stuart"；有些系统则要求按"姓 名的首字母"，如"Stuart R"；还有的系统则要求加"，"号，如"Stuart，R"和"Stuart，Richard"。要注意查看系统举例或"help"文件中的相关说明。

字段检索可以几个字段同时使用，以提高查准率，这种方式通常用于前面我们提到的"复杂检索"功能中，如：

（原文出处）历史教学＊（标题）翦伯赞

表示要查找《历史教学》刊物上，论文题目中包含"翦伯赞"的研究论文。

3.4.5　全文检索

全文检索（Full-text Searching），是指直接对原文进行检索，从而更加深入到语言细节中去。它扩展了用户查询的自由度，使用户能对原文的所有内容进行检索，检索更直接、彻底，具有一定的专指性。

使用全文检索可能会提高查全率，但同样也会有很多不相关的信息出现。因此在标引工作做得比较好的数据库中，这种方法是在进行其他字段的检索后，仍无法得到满意的结果时才会使用。

在西文数据库中进行全文检索时，使用位置算符会帮助提高查准率。与西文检索系统相比，由于汉语语词切分的问题，中文检索系统的全文检索技术发展较慢，目前已日趋成熟。

3.4.6　聚类检索

聚类检索（Clustering），也可以称为相似检索，是在对信息内容进行标引的基础上，通过某种或某几种聚类方法，计算出文献资源之间的相似度，然后把相似度较高的文献聚集在某条信息下，形成某个主题的文献类目。如此形成的类目，可大可小，可以与学科分类相似，也可以只是某个微小的主题。聚类检索的作用，一是帮助挖掘知识，特别是对隐性知识的发现；二是当检索结果不理想时，可以帮助找到更合适的检索概念，换个角度方式进行查询，提高查全率。

图1-27来自"中国知网学术期刊库"，可以看作比较典型的聚类检索示例。这篇文章的主题本来是"图书馆门户""信息化管理"，经过聚类之后，形成了以"图书馆门户网站""图书馆主页"为主的新类目，读者可以根据新的类目完成查询，获得更准确、更全面的知识。

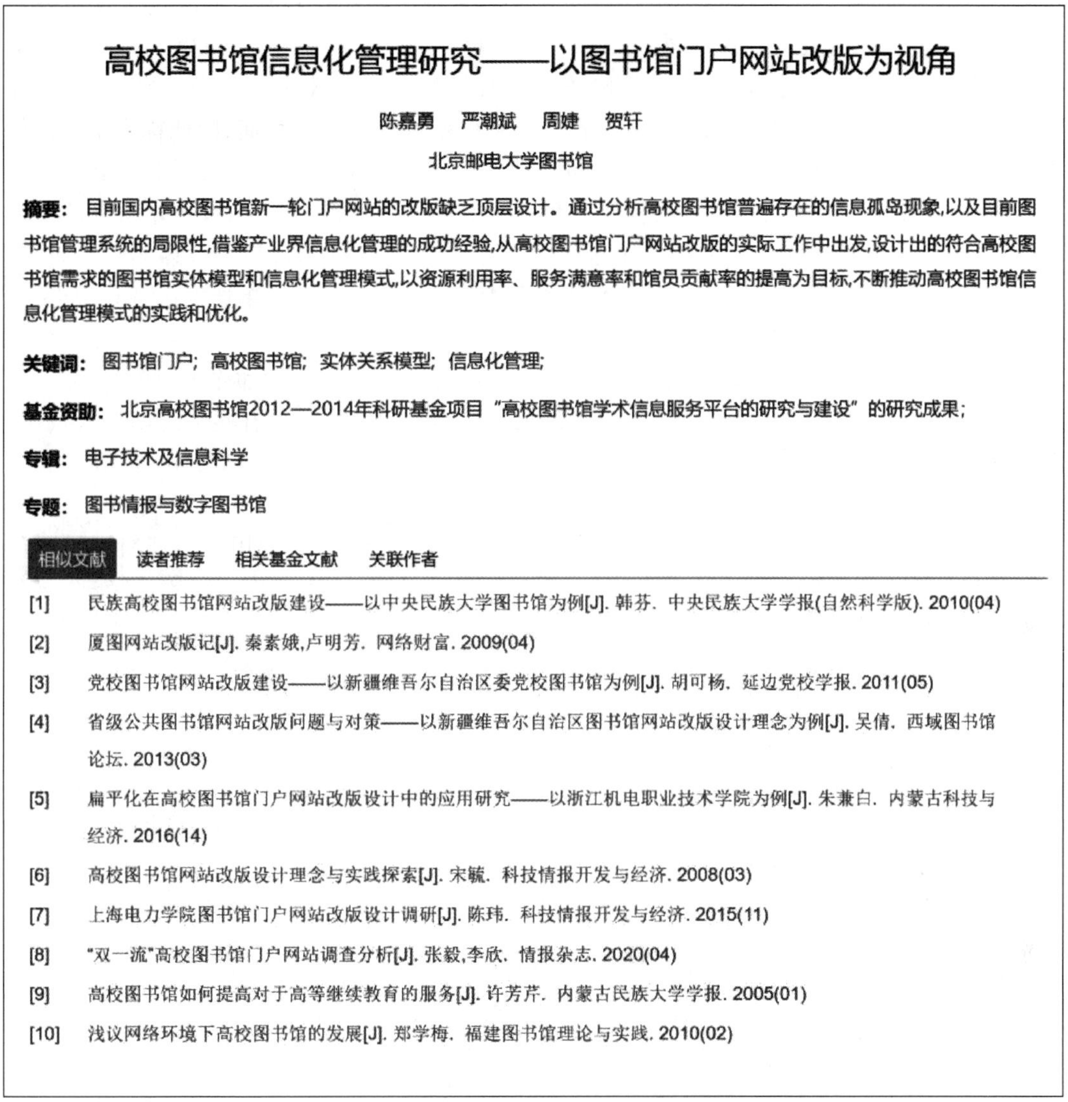

高校图书馆信息化管理研究——以图书馆门户网站改版为视角

陈嘉勇　严潮斌　周婕　贺轩

北京邮电大学图书馆

摘要： 目前国内高校图书馆新一轮门户网站的改版缺乏顶层设计。通过分析高校图书馆普遍存在的信息孤岛现象，以及目前图书馆管理系统的局限性，借鉴产业界信息化管理的成功经验，从高校图书馆门户网站改版的实际工作中出发，设计出的符合高校图书馆需求的图书实体模型和信息化管理模式，以资源利用率、服务满意率和馆员贡献率的提高为目标，不断推动高校图书馆信息化管理模式的实践和优化。

关键词： 图书馆门户；高校图书馆；实体关系模型；信息化管理；

基金资助： 北京高校图书馆2012—2014年科研基金项目"高校图书馆学术信息服务平台的研究与建设"的研究成果；

专辑： 电子技术及信息科学

专题： 图书情报与数字图书馆

| 相似文献 | 读者推荐 | 相关基金文献 | 关联作者 |

[1] 民族高校图书馆网站改版建设——以中央民族大学图书馆为例[J]. 韩芬. 中央民族大学学报(自然科学版). 2010(04)
[2] 厦图网站改版记[J]. 秦素娥,卢明芳. 网络财富. 2009(04)
[3] 党校图书馆网站改版建设——以新疆维吾尔自治区委党校图书馆为例[J]. 胡可杨. 延边党校学报. 2011(05)
[4] 省级公共图书馆网站改版问题与对策——以新疆维吾尔自治区图书馆网站改版设计理念为例[J]. 吴倩. 西域图书馆论坛. 2013(03)
[5] 扁平化在高校图书馆门户网站改版设计中的应用研究——以浙江机电职业技术学院为例[J]. 朱兼白. 内蒙古科技与经济. 2016(14)
[6] 高校图书馆网站改版设计理念与实践探索[J]. 宋毓. 科技情报开发与经济. 2008(03)
[7] 上海电力学院图书馆门户网站改版设计调研[J]. 陈玮. 科技情报开发与经济. 2015(11)
[8] "双一流"高校图书馆门户网站调查分析[J]. 张毅,李欣. 情报杂志. 2020(04)
[9] 高校图书馆如何提高对于高等继续教育的服务[J]. 许芳芹. 内蒙古民族大学学报. 2005(01)
[10] 浅议网络环境下高校图书馆的发展[J]. 郑学梅. 福建图书馆理论与实践. 2010(02)

图 1-27　聚类检索示例：中国知网检索系统

3.4.7　其他检索技术

（1）嵌套检索，又称优先算符（Nesting）。即用括号将优先检索的检索式括起来，系统会首先检索括号中的概念。例如：在"(cross country OR nordic) AND skiing"检索式中，系统会首先检索"(cross country OR nordic)"，再将结果与"skiing"匹配。一部分系统支持这种算符，其他系统会使用默认布尔逻辑算符顺序或二次检索方式来提供优先运算方式。

（2）限制检索，也称检索限定（Limiting Search）。在输入检索式时，使用一些限定来缩小或约束检索结果的方法，也称检索限定或限定检索。检索系统通常以菜单的方式将所有可供限定的内容排列出来，供检索用户选择。最常见的检索限定包括对出版时间、来源出版物、语种、文献类型、是否核心期刊、检索结果是否为全文等方面的规定。

(3) 大小写敏感(Case Sensitive)。指西文检索系统中对用户检索式包含的大小写的处理方法。不同的系统处理方式不同。例如：检索词为"Apple"，首字母为大写"A"，有些系统严格按照用户输入的大小写来处理，则检索结果只是"苹果"计算机、"苹果"牛仔裤或其他"苹果"品牌，此即为大小写敏感；有些系统则处理为大小写全部包含，在"苹果"计算机、"苹果"牛仔裤之外，也包括苹果等植物名称在内，此即为大小写不敏感。

(4) 禁用词表(Stop Words)，又称停用词表。在西文数据库检索中，系统对信息进行标引时，不能做标引词或检索词的语词，包括介词、冠词、代词、连接词、某些形容词或副词等。这部分词语由于使用频率过高，本身也不具备专指含义，不能反映信息的实际内容，即使用户输入，系统也不会对其进行检索，如 a，and，in，for，she，should，the，well，only 等。由禁用词构成的词表称为禁用词表，不同检索系统的禁用词表略有不同，要注意查看。

3.5 检索策略与步骤

掌握了资源和基本的检索功能、检索技术后，就要运用这些方法，制定正确、恰当、能实现检索目标的整体检索方案即检索策略，对检索过程进行指导，从而优化检索过程，提高检索效率，全面、准确、快速、高效地找到所需信息。一般来说，检索策略包括以下几个部分(如图 1-28 所示)。

(1) 课题分析；
(2) 选择相关信息资源；
(3) 拟定检索策略；
(4) 选择检索入口进行检索；
(5) 评估检索结果，调整检索策略；
(6) 获得最终结果并应用。

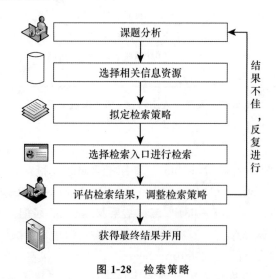

图 1-28 检索策略

3.5.1　课题分析

对一个检索用户来说,对检索课题进行分析,是下一步制定检索策略的前提和基础。其目的要搞清楚检索需求和检索概念,要解决哪些问题,因此要弄清以下几个方面。

(1) 明确检索目标。一般来说,信息需求和检索目标包括以下几类:

一是需要关于某一个课题的系统详尽信息,包括掌握其历史、现状和发展,如撰写硕士、博士论文,申请研究课题,进行科技成果查新,鉴定专利,编写教材等。这类检索要求信息全面、彻底,检索的资源多,覆盖的时间年限长。对这类需求,要尽可能地使用内容涉及面广、时间跨度长的数据库,特别是一些著名的检索工具,如"科学引文索引"(SCI)、"工程索引"(EI)等参考数据库。

二是需要关于某个课题的最新信息,这类需求的用户通常一直对某个课题进行跟踪研究,或从事管理决策、工程工艺的最新设计等工作。如果是这样的检索目的,需要检索的资源则必须是课题所属学科领域内专业性比较强、更新速度较快的数据库,内容覆盖的年限也主要是近几年,如信息科学类课题就一定要查询"IEEE/IET 电子图书馆"(IEEE/IET Electronic Library,IEL)数据库。

三是了解一些片段信息,解决一些具体问题。带有这类需求目的的用户通常比较多。例如写一般论文时,针对某个问题查找一些相关参考资料;或进行工程设计施工时需要一些具体数字、图表、事实数据等;或查找某个人的传记、介绍,某个政府机关或商业公司的网页,某个术语的解释等。这类需求不需要查找大量资源,但针对性很强,结果须准确,速度要快。解决这类需求,须熟悉多类数据库,如针对某个专题查找中文参考文献时,可以使用"中国知网学术期刊库",查找西文参考文献时则可以使用爱思唯尔的 Scopus 数据库。

(2) 明确课题的主题或主要内容。要形成若干个既能代表信息需求又具有检索意义的主题概念,包括所需的主题概念有几个、概念的专指性是否合适,哪些是主要的,哪些是次要的,概念之间的关系如何。

(3) 课题涉及的学科范围。搞清楚课题涉及的学科范围,是不是跨学科研究,以便按学科选择信息资源。例如,数字人文类的主题,要查找的信息资源既涉及信息技术领域,也涉及人文科学领域某个学科如中国历史等。

(4) 所需信息的数量、语种、年代范围、类型等。

3.5.2　选择相关信息资源

通过对检索需求和目的的分析,可以开始有针对性地选择相关信息资源,主要确定以下几个方面:

是否所有与检索课题相关的资源都要进行检索,如果是,则不但考虑要检索一次文献和二次文献的数据库,网上其他资源,如搜索引擎/分类检索指南、学科导航、社群论坛等,也要查询。

选择哪些学科的信息资源:例如查找生物学方面的信息,则可能会涉及医学方面的信息资源,因此要特别注意跨学科的问题。

选择哪些语种的信息资源:是中文还是西文,或是二者兼顾。

信息资源覆盖的年限是否符合需求:大多数数字信息资源覆盖的年限都是近三十年的内容,因此如果需要更早的资料,就要考虑手工检索的问题;如果需要最新最快的资料,而期刊论文类数据库内容因写作发表时间较长、内容更新速度慢等，无法提供最新发展情况的信息，就要查找一些学术网站的新闻，如"自然"（Nature）电子期刊在线服务网站（https：//www.nature.com/）上同时提供有大量的科学类新闻。

信息资源的特点及其针对性如何：了解已选择的信息资源的查询特点，是否与自己的信息需求相吻合。例如，查询科学发展方面的新闻时事，可以登录到学术新闻网站，或者更新比较及时的会议论文数据库；查找学位论文，要使用学位论文数据库，或直接到大学或学院图书馆的网站上查询；查找原始史料，则需要使用历史档案类数据库和图书。

3.5.3　确定检索词，构造检索式，选择检索入口

检索式（Formula，Profile，Statement）是检索概念和检索策略的逻辑表达式，是用来表达用户检索提问的，由基于检索概念产生的检索词和各种组配算符构成。检索式与数据库中的信息内容直接进行匹配，因此检索式的质量决定着检索结果的质量。

检索词可以是一个单元词，表达一个单一概念；也可以是一个或多个词组，表达多个概念。检索词可以由检索用户提出，也可以从数据库中的受控词表（主题词表、分类表等）中选择，在人工检索语言和自然检索语言并用的数据库中，最好先浏览一下主题词表、叙词表和分类表，二者并用，以保证查全、查准。

组配算符（Operator）如前面"检索技术"一节中介绍，通常有布尔逻辑算符、截词符（通配符）、位置算符、嵌套算符（优先算符）等。例如某读者的检索课题为：计算机内存管理机制分析，其检索式为：

（memory management）OR（（（memory block）OR（memory pool））AND allocate AND free）

这是一个典型的检索式，它表达的逻辑是：

（memory block）OR（memory pool）是第一层，最先运算，表示检索包含这两个概念或其中某一个概念的全部信息；

（（memory block）OR（memory pool））AND allocate AND free 是第二层，其次运算，表示第一层的结果与另外两个概念"allocate"和"free"交叉，要查询这三者交集的信息；

（memory management）OR（（（memory block）OR（memory pool））AND allocate AND free）是第三层，表示第二层的检索结果与另一个概念"memory management"有交集，要检索交集这部分的信息，是最后运算，即为最终结果。

在这个检索式中，包含了五个概念，这五个概念用单元词或词组短语表示，它们之间存在着逻辑"与"、逻辑"或"、优先运算的关系，将这五个概念用布尔逻辑算符 AND 和 OR，以及嵌套算符"（）"连接起来，即是一个检索式。

拟好检索式以后，就要选择检索点（Access Point），即选择检索途径、检索入口或检索字段。常用的检索入口如题名、著者、主题词、关键词、引文、文摘、全文、出版年、ISSN 号（国际标准连续出版物编号）与 ISBN 号（国际标准书号）、分类号，以及一些其他专业用的检索点。检索点正确与否，决定着检索结果的数量和质量。例如，使用全文检索的检索点，结果数量可能会比较多，但会有很多相关性很差，甚至根本不相关的结果；使用题名或文摘检索点，结果数量可能会少，但较为准确，当然也有可能出现漏检。

3.5.4 调整检索策略

所谓调整检索策略,就是根据系统反馈回来的检索结果,反复对其进行评估后,调整检索策略和检索式,直至得到满意的结果。

(1) 扩大检索。即对检索数量比较少的结果,可以进行扩检,提高查全率。例如:
- 增加一些检索词,或查询检索词的上位类词、近义词等补充进去;
- 调整组配算符,如改 AND 为 OR;
- 使用截词检索,如将"center"改为"cent*",即可查询包含"center"和"centre"两种英美拼法,以及"centers"复数拼法的信息;
- 取消或放宽一些检索限定,例如检索的年限长一些,检索的期刊范围不仅仅限于核心期刊等;
- 增加或修改检索入口,例如在已经检索题名入口的基础上,增加文摘、全文检索等。

(2) 缩小检索。对检索数量过多的检索结果,考虑进行缩检,提高查准率,具体方法与扩检相反,例如细化检索词加强专指度、减少一些相关性不强的检索词、增加 AND 组配算符、增加检索限定、减少检索入口等。

3.5.5 检索结果的最终评价

检索完成后,要审核检索结果,对检索结果的评价应该包括五个方面:查全率、查准率、检索时间、检索成本、用户满意度。这五个方面共同构成了检索效率的概念。检索效率高,就意味着查全率和查准率高,检索时间短,检索成本低,用户满意度也会相应提高。

(1) 查全率:即从数据库内检出的相关信息量与总信息量的比率。具体可用下列公式表示:

$$查全率 = \frac{检中的相关信息数量}{数据库内的相关信息总量} \times 100\%$$

查全率的绝对值是很难求算的,正常情况下,一要看相关数据库是否都包含在检索范围内;二是根据数据库的内容、数据量来估算。

(2) 查准率:必须与查全率结合使用,主要指数据库中检出的相关信息量与检出的信息总量的比率。具体可用下列公式表示:

$$查准率 = \frac{检中的相关信息数量}{检中的信息总量} \times 100\%$$

(3) 检索时间。主要是看检索者能否在较短的时间内,尽可能全面、准确地检出相关信息。这方面要求检索者对信息资源、检索技术、自身的检索需求要熟悉、清楚,此外,要具备一定的上网条件和网络速度。

(4) 检索成本。通常指每次检索,或者下载每篇文献,或者获得的每个数据,所需的费用(检索完成即由系统自动计算),或者平均费用支出,后者可以参照数据库的使用成本(采购数据库总费用除以检索总量而得)。

(5) 用户满意度。检索结果是否为佳,要由用户(可能是检索者本人,或者委托检索人)满意度做最后的结论。用户满意度(User Satisfaction)反映的是用户的一种心理状态,它来源于用户对检索结果的感受与自己的期望所进行的对比,"满意"并不是一个绝对概念,而是一个相对概念。满意度通常可分为 7 个级度(很不满意、不满意、不太满意、一般、较满意、满意和很满意)或者 5 个级度(很不满意、不满意、一般、满意和很满意)。

第四节　数字信息资源的利用

随着数字信息资源越来越多的应用,用户已经不再满足仅仅在数据库中检索到相关信息,还希望能够对这些信息进行批量下载、排序、整理、分享、数据分析、个性化定制推送,并可以进一步找到相关链接,或者可以对异构系统的数据库进行跨平台检索,以及进一步应用到科研、教学、学习中,这些都可以统称为信息资源的利用。

4.1　检索结果的获取

一般来说,在数据库中检索到相关结果之后,检索系统会提供以下的后续整理和下载服务,以方便用户获取结果。

(1) 检索结果排序(Sort Results):排序指标多元化,可以按相关度(Relevancy)、时间、引用统计、下载统计、来源出版物名称、作者姓名等排序,允许用户选择某个排序指标。

(2) 检索记录标记(Mark Records):对选中的记录进行多选,并自动记录下来,便于用户最后集中查看。

(3) 检索结果显示:既有默认的显示格式——如期刊数据库通常默认为文章篇名、作者、发表时间、来源出版物、引用或下载次数等,也允许用户调整元数据格式——例如简单格式还是详细格式,以及调整每页显示的检索结果数量等,是 50 还是 100 个,等等。

(4) 检索结果下载:可以保存、打印、电子邮件发送,包括批量下载。下载时通常可以提供通用的文件格式:如文本、PDF、HTML、JPEG、MP3 等格式;一般情况下,不鼓励采用安装非通用客户端阅读文献的方式。

(5) 检索结果分享:有些检索系统允许用户分享元数据、部分内容到社交媒体上,如微博、微信、脸书(Facebook)、推特(Twitter)等。

4.2　检索结果利用服务

检索结果利用服务,是指用户在利用检索结果的过程中,检索系统提供的各类相关服务,具体如下。

4.2.1　全文链接和全文传递服务

用户在二次文献(文摘/索引)数据库中检索到所需文献的书目或目次后,希望进一步得到全文;或者希望直接获得文献后某篇参考引文的全文,全文链接服务因此而产生,即在书目引文和信息全文之间建立链接,用户可以直接点击获得全文。

全文链接的服务方式可以分为两类:一类是通过从索引/文摘到全文的链接,这种链接是基于某种元数据标准的,如 OpenLink,通过在元数据中建立一对一的全文链接获取全文。

二次文献数据库的检索系统——如 Web of Science 系统(详见第二章)到各种全文数据库和电子期刊中的全文链接服务,通常采用此类解决方案。另一类是基于 CrossRef 开放链接系统的引文链接(Reference Linking 或者 Citation Linking)。该服务始于1999年,由国际出版商链接协会(Publishers International Linking Association,PILA)创建,目前正逐渐成为全文链接的主流。其服务原理如下:

第一,使每一篇文献都有一个数字对象唯一标识符(Digital Object Identifier,DOI),由数字和代码组成,如"10.1067/mai.2002.125245",其中 10 是国际 DOI 基金会(International DOI Foundation,IDF)的代码,1067 是美国学术出版社(Academic Press)的代码,mai.2002.125245 是论文的代码。DOI 通常是嵌在文献的开放链接网址(OpenURL)中一起使用的。

第二,由出版商将论文的元数据和 DOI 存放在 CrossRef 数据库(CrossRef Database)中。当用户点击引文链接时,检索系统会将请求发送到 CrossRef 数据库中,由系统解析器(Handle System Resolver)对其解析,找到对应的 URL,然后将参数转发到相应的数字资源系统中,找到原文。

详细示例见第五章"电子期刊和报纸"。

全文链接服务可以说是真正实现了用户的"一站式"检索功能。但是,由于目前该服务还在逐步发展的过程中,具备全文链接的书目引文数量有限,所以很多时候,用户还是通过全文传递服务(Document Delivery,Document Supply)来获取全文,即用户将请求发送给图书馆或数据库出版社,进而通过邮件或者远程文件传输的方式获得全文。

详见第四章第七节"互联网上的全文服务"。

4.2.2 参考工具和培训服务

参考工具(Reference Tools)服务,即为用户提供一些小型在线参考工具,如字典、词典、百科全书等,供用户检索资源时参考使用,例如图 1-29 显示的 Encyclopaedia Britannica 数据库[①]的世界地图栏目(World Atlas),就是该数据库提供的研究工具服务。

培训服务(User Training)是指为用户使用其数据库及检索系统提供指导帮助,通常包括:

● 用户帮助(Help),通常以文本方式或者小型数据库方式,在检索过程中可以随时调用参考。

● 用户指南(Guide),通常提供一些 PDF 文件、PPT 演示文件或图片,内容比较系统化,可以专门学习。

● 培训教程(Teaching Course,Video Tutorial),通常以动画或者教学录像的方式,生动直观。

4.2.3 个性化服务

个性化服务(Customized Service)是一种有针对性的服务方式,根据用户的设定来实现;对于数据库及其检索系统来说,个性化定制正成为最基本的服务之一。数据资源的定制服务是针对某一特定用户进行的,一般情况下需要用户注册、拥有自己的个人账户后才能实现。

---

① 查询时间 2021-08-30。Encyclopaedia Britannica 数据库详见本书第七章。

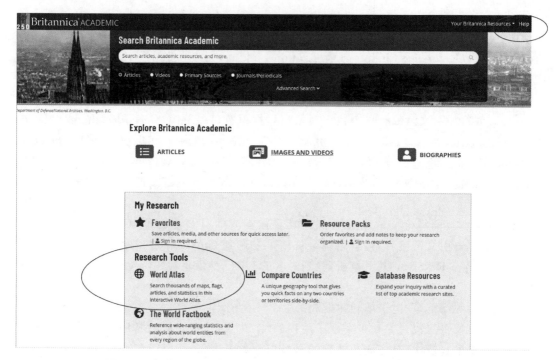

图 1-29　参考工具和培训服务示例：Encyclopaedia Britannica 检索系统

1. 推送服务

推送服务（Push Service），即按照用户的个性化定制——如关键词定制、出版物定制、网站定制等，由系统自动将最新信息推送到用户桌面终端或者手机终端的服务。一般来讲，主要包括邮件推送服务和 RSS 推送服务，近年来亦增加了一些社交媒体服务。

邮件推送（E-mail Alert）服务中，最常见的是期刊目次报道服务（Table Of Contents Service，TOC 服务），即用户在电子期刊检索系统中设定自己需要的学科、期刊名称、关键词（一般不超过 15 个检索词）、发送周期以及 email 地址，系统根据用户的这些需求，定期定向自动检索指定期刊，向用户的电子邮件信箱发送一种或几种期刊的最新目次，并在发送时介绍一些最新、最具特色的内容，便于用户了解期刊出版情况，决定是否阅读期刊和下载、购买全文。

RSS（Really Simple Syndication，RSS）推送服务也称为在线内容聚合服务，是一种基于 XML 技术的互联网内容发布和集成服务，是两个站点之间共享内容的一种简易方式，RSS 服务能直接将最新的信息即时主动推送到读者桌面，使读者不必直接访问网站就能得到更新的内容。读者可以通过安装标准的 RSS 阅读器，或使用在线 RSS 阅读器，定制个人需要的任一网站或网站中的某个栏目；之后在每次打开或登录在线阅读器时，就可以看到即时更新的内容。

图 1-30 是 Scopus 数据库系统①的 RSS 服务定制页面，输入自己的检索词，每天即可在 RSS 阅读器中读到最新的 20 篇检索结果。

---

① 查询时间 2020-08-30。Scopus 数据库详见本书第二章。

第一章　关键理论及基本概念

图 1-30　RSS 服务示例：Scopus 检索系统

2. 其他个性化定制服务

个人检索历史（Search History）保存服务：用户可以保存自己的检索历史，如检索策略、检索结果、常用刊物的保存等，以便不断更新检索服务和检索结果。

信息定制服务（Information Customized Service）：如收藏服务、刊物定制、引文提醒、新产品通告、用户界面按自己的兴趣调整等。

书目创建（Create Bibliography）服务：即把检索结果按用户需要的引文格式，创建为参考书目，方便用户直接将其列入参考文献或加入自己的个人账户。

笔记（Note）服务：即用户可以对某些检索结果记录笔记，加入自己的个人账户中。

社交媒体服务：随着社交媒体的广泛应用，很多出版商、数据库商都开通了自己的微博账号、推特账号、微信公众号等，用户关注后，不仅可以看到最新消息，还可以进一步定制自己感兴趣的新闻。

4.2.4　数据统计和分析服务

主要是指检索结果（而非文献内容）的相关数据统计和分析服务，如图 1-31 所示。

- 引文（Cited By）统计：论文或者图书，在本数据库和本系统内，被其他文献引用的情况。
- 下载（Download）统计：论文或者图书，在本数据库和本系统内，被其他用户下载的情况。
- 替代计量（Altmetrics）统计：指检索结果在互联网上被其他非商业性网站和用户下载和引用的情况。
- 结果分布统计分析：如检索结果在年度发表、来源出版物、作者、机构、区域、类型、学科/主题等方面的分布统计和分析等。

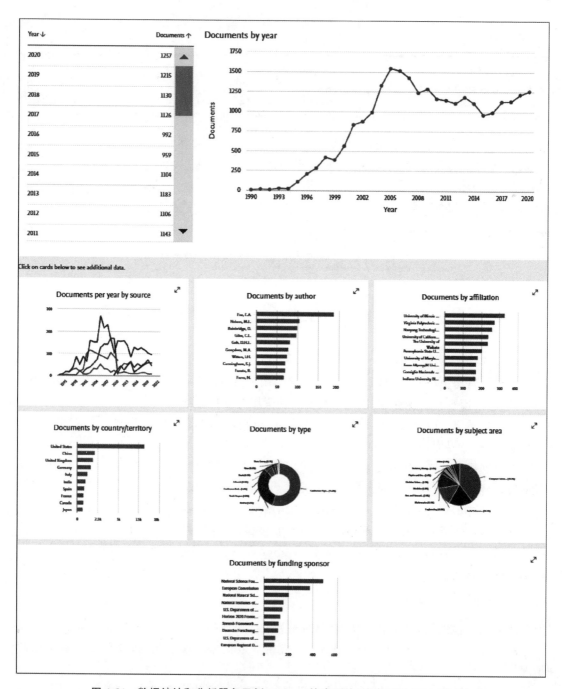

图 1-31 数据统计和分析服务示例：Scopus 检索系统（检索时间 2021-08-30）

4.2.5 数字信息资源整合服务

随着数字信息资源的不断增加，用户常常在海量资源面前感到困惑茫然，不知道如何找到自己需要检索的资源，以及如何检索众多分布式、异构的数据库系统。在这种情况下，包括图书馆在内的众多信息服务机构提供了数字信息资源整合服务。

一是数字信息资源的目录导航服务,即把本机构用户可以使用的数据库、电子期刊、电子图书、学位论文等资源的目录组织和整理后,按照学科和资源类型提供浏览和简单检索服务,以便于用户快速定位所需资源。这是一种比较简单便捷的、基于资源集合的整合服务。例如北京大学数据库导航系统(http：//dbnav.lib.pku.edu.cn/)。

二是统一检索服务,也有人称之为联邦检索(Federated Search)、联合检索(Union Search),是指系统支持用户同时对分布式、多类型的资源进行一站式检索,并返回统一的检索结果。如 MetaLib 跨库检索系统。这是一种比较复杂的、基于内容的整合服务,需要不断跟踪各检索系统的变化、并及时升级检索系统的设置;由于需要跟踪的数据库不断增加,因更新不及时造成检索效率低下,因此在 2010 年前后达到应用高峰以后,其应用逐渐减少。

三是元数据整合服务,即把数据库中所有内容的元数据,如篇名目次等,连同他们的全文链接,整合到统一的元数据库(也叫元数据仓储,Metadata Repository)中,为用户提供"一站式"检索服务。这种整合服务是基于内容的,检索效率很高,如 EBSCO 公司的 Discovery Service(EDS)、ProQuest 的 Summon 系统、北京大学图书馆的未名学术搜索系统(基于 Summon 应用,https：//www.lib.pku.edu.cn/portal/)等,但由于整合元数据必须获得原出版商的同意,且元数据标准要保持一致,因此内容更新也还存在一定问题。

4.3 检索结果应用

用户在得到检索结果之后,就要充分深入地应用其内容,完成自己的学习科研工作。本节重点综述其中的要点,具体做法与案例请参照本书第十三章。

4.3.1 文献分析与综述

无论是做大型科研课题,还是写一篇普通的论文,写作前的基本要求就是要充分深入阅读检索到的文献,了解前人、同行的理论实践;不仅如此,还要带着批判性思维来看待已有的成果,理性思考,发现问题,对已有结论做出可靠性鉴别,得出科学合理或者创新性结论。这个过程是主动进行而不是被动接受的,需要不断调整自己的思路,以及反复查找和阅读各种不同类型和不同时期的文献。

在阅读文献的过程中,需要不断记录笔记、整理文献、整理自己的思想,结合实践,最终确定选题,并在此基础上完成文献综述,也就是完成对选题相关文献的归纳汇总。需要特别注意的是,文献综述不是简单地、以摘要形式反映某篇论文、某本书、某个学者的内容和思想,而是要进行批判性归纳,选择经过鉴别筛选、具有学术价值的精华部分,进行全面综合,高度提炼,为自身的课题研究、论文写作提供准确的定义、定位、框架、范围,成为后续创新研究的基础。

4.3.2 信息利用和再创作中的学术规范

在科学研究、成果创作中,常常要利用检索到的文献信息资源,借鉴和参考他人的研究成果,在这个过程中,创作者要特别注意遵守知识产权、尊重他人权利,避免出现学术不端、学术失范行为。

在信息利用中尊重知识产权,就要努力学习和掌握知识产权基本知识,提升知识产权保护意识和能力,明确识别侵权行为与合理使用的边界,合理、合法使用他人作品和发明。具体而言,就是在信息再创作中——如撰写论文、编制图书、发明专利、翻译作品、合作完成成果等,遵守学术规范,避免学术失范。

按照叶继元教授的定义,学术规范"是指学术共同体根据学术发展规律参与制定的有关各方共同遵守而有利于学术积累和创新的各种规则和要求,是整个学术共同体在长期学术活动中的经验总结和概括",具体包括：① 尊重他人的研究成果,有学术道德；② 有学术史意识,尊重学术积累和学术创新,客观认识自己的贡献；③ 研究程序规范,学风纯正；④ 公平的学术评价机制；⑤ 规范的学术交流；⑥ 学术著作的格式规则。不符合学术规范的,是失范行为或者非学术行为。

在信息利用再创作的过程中,上述学术规范均有涉及,因此应在具体做法中充分体现,如：做到引用规范,利用标准化的注释和文后参考文献格式,明确说明对他人学术观点、方案、资料、数据的引用情况,同时确认是有限使用；做到署名规范,不是自己的作品不署名,是自己的作品要维护权利、正确署名；坚持独立原创的根本原则,使自己的作品具备学术价值等,以此来维护学术诚信,保护学术氛围和学术风气。

【思考题】

1. 信息素养的培养包括哪些内容的学习？通过这些学习可以提升哪些方面的能力？
2. 数字信息资源有哪些常见类型？请举例说明。
3. 检索语言的作用是什么？请举例说明。
4. 用一个检索实例,说明其中运用的检索功能(三种或以上)和检索技术(三种或以上)。
5. 如果要动笔写一篇期刊论文,前期文献检索及相关准备工作有哪些？

参考文献

[1] Internet Society. Global Internet Report 2019：Consolidation in the Internet Economy[R/OL].(2019-02-26)[2023-05-16]. https：//www.internetsociety.org/globalinternetreport/.

[2] 中共中央网络安全和信息化委员会办公室,中华人民共和国国家互联网信息办公室.中国互联网络信息中心.第47次中国互联网络发展状况调查统计报告[R/OL].(2021-02-03)[2023-05-16]. https：//www.cnnic.cn/NMediaFile/old_attach/P020210203334633480104.pdf.

[3] 董晓英.网络环境下信息资源管理与信息服务[M].北京：中国对外翻译出版公司,2000.

[4] 中国互联网络信息中心.第19次中国互联网络发展状况统计报告[R/OL].(2007-01-23)[2023-05-16]. https：//www.cnnic.cn/n4/2022/0401/c150-4634.html.

[5] Association of College & Research Libraries(ACRL). Framework for Information Literacy for Higher Education[EB/OL].(2016-01-11)[2023-05-16]. http：//www.ala.

org/acrl/standards/ilframework/.

[6] 肖珑.支持"双一流"建设的高校图书馆服务创新趋势研究[J].大学图书馆学报,2018(5):43-51.

[7] 肖珑,赵飞.面向学习环境的大学生信息素养体系研究[J].大学图书馆学报,2015(5):50-57.

[8] 燕今伟,刘霞.信息素质教程[M].武汉:武汉大学出版社,2008.

[9] International Federation of Library Associations and Institutions(IFLA). Key Issues for e-Resource Collection Development:A Guide for Libraries[EB/OL]. (2014-08-28)[2023-05-16]. http://www. ifla. org/publications/key-issues-for-e-resource-collection-development-a-guide-for-libraries.

[10] Harter S P. Online Information Retrieval:Concepts,Principles,and Techniques[M]. San Diego,California:Academic Press,1986.

[11] Williams M E. Highlights of the online database industry and the Internet:2000[C]. In:Information Today. Proceedings -2000:Proceedings of the 21st National Online Meeting:May 16-18,2000,New York. Medford,NJ:Information Today Inc,2000.

[12] Williams M E. The State of Database Today:2006. In:Gale Directory of Databases,2006[J]. Detroit:Thomson Learning Gale,2006.

[13] 艾瑞咨询研究院(iResearch).2018年中国数字出版行业研究报告[R/OL].(2018-03-09)[2023-05-16]. https://www.iresearch.com.cn/Detail/report? id=3178&isfree=0.

[14] 国家计划委员会,国家科学技术委员会,国家信息中心.中国数据库大全[M].北京:中国计划出版社,1996.

[15] 张立,王飚,李广宇.中国数字出版产业年度报告(2018—2019)[M].北京:中国书籍出版社,2019.

[16] 国务院信息化工作办公室.2005年中国互联网络信息资源数量调查报告[R/OL].(2006-05-16)[2023-05-16]. https://news.e-works.net.cn/category6/news18725.html.

[17] 肖珑,马陈碧华,邓石.中美电子资源标准规范发展研究[J].图书情报工作,2018,62(6):6-14.

[18] 肖珑.高校图书馆数字资源引进回顾与前瞻——写在CALIS项目建设20周年之际[J].大学图书馆学报,2019(3):18-27.

[19] [美]凯特·L·杜拉宾(Kate L. Turabian)著,韦恩·C·布斯,格雷戈里·G·卡洛姆,约瑟夫·M·威廉姆斯等修订.芝加哥大学论文写作指南(第8版)[M].雷蕾译.北京:新华出版社,2015.

[20] 花芳.文献检索与利用(第2版)[M].北京:清华大学出版社,2014.

[21] 张希华,明凤.研究生教育中的学术规范与知识产权关系研究[J].科技管理研究,2010(21):167-170.

[22] 张国强.高校教师知识产权侵权行为与预防策略研究[J].河北大学学报(哲学社会科学版),2018,43(6):64-68.

[23] 叶继元.学术规范通论[M].上海:华东师范大学出版社,2005.

第二章 西文参考数据库

第一节 参考数据库概述

1.1 参考数据库的概念

参考数据库(Reference Database),指包含各种数据、信息或知识的原始来源和属性的数据库,也可称为元数据库(Metadata Database);参考数据库是通过对各类文献的再加工和过滤,如编目、索引、摘要、分类等形成的。它报道文献信息的存在,揭示文献信息的重要内容,将体积庞大的一次文献浓缩成体积较小的二次文献,具有明显的汇集性、系统性,数据量大,累积性强,用户可从中判断信息的可用性,并指引用户到另一个信息源获取原文或其他详细信息。

1.2 参考数据库的类型

参考数据库主要包括书目数据库、文摘数据库、索引数据库。书目数据库主要是针对图书进行内容及存储地址的报道与揭示,如各图书馆的馆藏目录数据库;文摘和索引数据库则针对期刊论文、会议论文、专利文献、学位论文等进行内容和属性的认识与加工,它提供确定的文献来源信息,供人们查阅和检索,但一般不提供原始文献的馆藏信息。本章将要介绍的几大索引数据库——"科学引文索引"(Science Citation Index,SCI)、"社会科学引文索引"(Social Sciences Citation Index,SSCI)、"艺术与人文科学引文索引"(Arts and Humanities Citation Index,A&HCI)、"工程索引"(Engineering Index,EI),著名的文摘索引型数据库如"化学文摘"(Chemical Abstracts,CA)(化学领域)、"生物学文摘"(Biological Abstracts,BA)(生物学领域)、"科学文摘"(Information Service in Physics,Electronics Technology,Computer and Control,INSPEC)(物理、电气和电子工程、计算机科学和控制学等领域),以及第八章中介绍的"会议录引文索引"(Conference Proceedings Citation Index,CPCI)等,均属该种类型。

1.3 参考数据库的结构和特点

1.3.1 参考数据库的结构

参考数据库的最基本组成单位是记录和字段。

记录(Record)是作为一个单位来处理的有关数据的集合,是对某一实体的属性进行描述的结果,也可称为元数据(Metadata)。在参考数据库中,实体是指某一特定的文献,而实体的属性即指该文献的题名、著者、来源、语种、文献类型、关键词、主题词等特征。

字段(Field)是记录的下级数据单位,用来描述记录的某一属性,或称为元素(Element)。字段包括两大类:一类是描述文献内容特征的字段,包括题目、主题词、关键词、分类、文摘等;另一类是描述文献外部特征的客观字段,包括著者、著者机构、出处、专利号、DOI号、记录号等。字段实现了数据描述的规范化,而在数据库的使用过程中,字段主要是用作检索点来控制检索范围。

比字段更下一级的数据单位叫作子字段(Subfield),它用来描述某一字段中的各个子项,如出版字段中的出版者、出版地和出版年等各子字段,再如著者字段中的每个著者等。

1.3.2 参考数据库特点及中西文参考数据库的异同

前面提到,早期的参考数据库通常是针对印刷型出版物的揭示报道而开发的,是文摘索引型期刊和图书目录实现计算机化生产的产物,所以每个参考数据库一般都有相应的书本式检索工具或卡片式目录。如下面将介绍到的 SCI、CA、BA、INSPEC 等,其中 INSPEC 的对应出版物为《科学文摘》(Science Abstracts,SA)和《物理学文摘》(Physical Abstracts,PA)。

随着网络和数字资源的发展,参考数据库已经逐步发展为网络版,而且不再仅仅揭示报道印刷型出版物了,网上的任何数字资源,如电子期刊、电子图书、学位论文、会议录、网站、人物、数据等,都可以通过参考数据库揭示报道。

参考数据库的内容全面,情报源广,信息量大;时效性强,报道迅速;数据结构简单,记录格式固定,生产费用相对较低;连续性、累积性强;索引系统完备;具备引文分析、全文链接、文献评价、文献来源等多种增值服务功能。其使用范围一般是开放性的,人们可以通过购买或租用来获得参考数据库,也可以通过某个联机检索系统去检索,在使用上一般没有任何限制。尤其是书目数据库,通常是对全体用户免费开放的。

中西文参考数据库的异同表现在:

(1) 西文参考数据库创办历史悠久,通常有对应的印刷型出版物或卡片式目录,如 SCI、CA、BA、INSPEC 等均有相应的印刷版检索工具,而多数中文参考数据库起点就是数字化的。

(2) 西文参考数据库文献类型齐全,通常包括期刊、技术报告、会议论文、专利文献、学位论文、技术标准、图书、图册、政府出版物以及报纸等,全面覆盖本学科所有类型的出版物。中文参考数据库单一文献类型较多,但近些年也比较注重参考数据库的发展,如:"中国地质文献数据库"收录有期刊、专著、论文集和国际会议中文资料等。

(3) 西文参考数据库专业性强。除少部分综合性数据库(如 SCI 和 EI 等)外,大多数数据库以学科大类为中心建立专业数据库(如 CA、BA、LISA 及 EconLit 等),而且几乎每个大学科甚至二级学科都有相应的参考数据库。中文参考数据库主要是基于特定文献类型的综合性数据库,国内专业数据库也有较大的发展,如"中国生物医学文献数据库"、中国科学院上海有机化学研究所创建的"化学专业数据库"等,其中"化学专业数据库"提供了用于化学化工研究和开发的综合信息,包括化合物有关的命名、结构、基本性质、毒性、谱学、鉴定方法、化学反应、医药农药应用、天然产物、相关文献和市场供应等信息。

(4) 西文参考数据库覆盖地域广,原文语种多。中文参考数据库涵盖的出版物全部为国内,基本为单一语种。

1.4 参考数据库的用途

(1) 参考数据库最重要的一个用途是搜集文献线索,快速和全面地查询某个学科、领域或主题的文献信息。

参考数据库所收录的常常是关于某一个、某几个或综合多个学科的比较全面的文献信息,一般是期刊论文和会议论文等。如 BA 是关于生命科学学科的参考数据库,INSPEC 是关于物理学、电气与电子工程、计算机科学和控制学领域等几个学科的参考数据库,后面介绍到的 SCI、EI 则分别是自然科学、工程技术领域的综合性参考数据库。利用这些数据库,可以非常便捷地获取文献信息线索,是用户搜集资料、了解学科进展等的重要工具。

(2) 参考数据库的另一个用途是提供个性化的用户定制服务。

如各类基于文献的统计分析、最新目次报道、定题服务(Selective Dissemination of Information Service,SDI)、推送服务、内容聚合服务(Really Simple Syndication,RSS)订阅和回溯检索等。

(3) 参考数据库还可用来进行各类统计和评估工作等。

如统计期刊、个人、机构、学科等的发文量,统计文章被转载和引证的情况,评估期刊的影响力等。

(4) 其他服务。

随着数字资源的飞速增长,参考数据库还被用来整合各类电子资源和服务,以元数据集成或者给予开放链接(OpenURL)等方式,实现统一检索、全文链接、揭示馆藏、原文传递等多项服务功能,为用户提供了检索一体化、资源规模化的"一站式"服务。

1.5 参考数据库的发展历史

1.5.1 参考数据库的发展历史

在参考数据库的发展历史中,书目数据库是出现较早的,20 世纪 80 年代之前,主要的数据库均是书目数据库。第一种书目数据库系统出现于 1964 年,是"美国医学文献书目检索系统"(Medical Literature Analysis and Retrieval System,MEDLARS)。到 1970 年,世界上已有 50~100 个数据库,其中绝大多数是书目数据库;20 世纪 80 年代末期数据库数量达到 4 000 余个,其中 1/4 是书目数据库。而从数据库总体发展来看,1975 年,数据库数量约为 300 余个;到 2005 年达到 17 539 个,增加了 39 倍。目前的各类数据库已不计其数,可见其发展速度是十分迅速的。

早期的参考数据库主要发挥了检索作用,可以帮助用户迅速找到所需文献线索,是全面、迅速、系统获取一次文献的主要渠道。但随着计算机和网络技术的发展、全文数据库广泛运用的冲击,其检索功能逐渐淡化,转而充分运用了自身的数据量大、累积性强、知识框架清晰等优势,发挥出更多的服务作用,如从二次文献到一次文献的全文链接服务,对文献、科研成果、科研工作者、科研机构、学科等的引文评价功能,实现多个数据库联合查询的跨库检索功能,以及检索结果的各类统计分析服务等,为参考数据库的发展开拓了新的空间。

1.5.2 权威性检索数据库

在 20 世纪末,曾将 SCI、SSCI、EI 和 ISTP(即"科技会议录索引"——Index to Scientific & Technical Proceedings,后来发展成为 CPCI-S)称作四大权威性检索数据库。这些数据库均是跨学科的、国际性的大型综合检索工具,其中所收录的文献均选自各个学科领域核心的期刊、权威的国际会议或权威的专著,除具有一般参考数据库的文献检索功能之外,还有学科评价作用;这些数据库(EI 除外)不仅包含了来源信息,同时还有引文信息,就是说不仅对所选中的来源文献(期刊论文、会议论文等)进行索引,还要对这些来源文献中涉及的参考文献(引文)进行索引。

在权威性检索数据库的确定过程中,也曾经将 INSPEC 与 SCI、SSCI、EI 和 ISTP 一起并称为权威性检索工具。尽管在执行过程中不同的文献查询单位及用户在著名检索工具的确定上意见并不一致,但多在这五种数据库的范围之内。许多教学科研单位在教学、科研、职称评定、基金申报、奖励等工作中,以 SCI、SSCI、EI 和 ISTP 等四大检索工具的查询结果作为参考。

第二节 引文索引与引文索引数据库

2.1 引文索引

2.1.1 引文索引的概念、起源、发展及特点

引文索引是利用文献间的引用关系检索相关文献的索引。它包含两种含义:索引中编制了引文内容;利用引文信息检索文献。

众所周知,在期刊(会议)论文、综述、著作、札记等文献中均罗列了大量的参考文献,亦称作引文,引文信息通常会列出题名、著者、出版地及出版时间等。由于引文是在学术研究过程中,对某一著作或论文内容的参考或借鉴,引用类型主要包括对前人的研究和观点表示支持,为自己的研究提供佐证或背景,阐明、列举著者的观点等,因此,引文是联系那些具有某些特定观点的论文之间显而易见的纽带,而引文索引就建立在这些纽带之上,主要列举了被引用的文献,并指明引文的来源。引文索引的特别之处在于其编制原理,它将引文作为标引词,利用了文献之间普遍存在的引用关系,不仅揭示科学文献之间的内在联系,也揭示学科之间的交叉关系;不仅可从主题、分类等常规方法检索文献,也可从引文角度向用户提供一种特殊的检索途径。

引文索引涉及的相关概念有来源文献、来源出版物、引文即被引文献。假设有文献 A 和

文献 B,若文献 B 提到或引用了文献 A,这时就称文献 A 是文献 B 的引文(Citation,或称参考文献,也称被引文献);文献 B 提供了包括文献 A 在内的若干引文,所以将文献 B 称为来源文献(Source Item 或 Source Document,也称施引文献),来源文献包括期刊论文、会议论文、评论、技术札记等;刊载来源文献的出版物,如期刊、会议录以及图书等,称为来源出版物(Source Publication)。

最早的具有引文索引思想的检索工具应是 1873 年由美国学者弗兰克·谢泼德(Frank Shepard)编辑出版的《谢泼德引文》(*Shepard's Citations*),该检索工具把联邦法院、州法院以及各种联邦行政机构所判案件中使用过的判例引文编成了一览表,供律师查阅法律判例使用。这种法律引用系统为引文索引成为一种有效的检索工具提供了模式,也正是这部法律诉讼工具使尤金·加菲尔德(Eugene Garfield)受到启发,从而萌生了编写引文索引的想法,并成功发展了谢泼德的引文索引思想,创建了美国科学信息研究所(the Institute For Scientific Information,ISI)。1963 年出版了《科学引文索引》单行本,引文索引进入了实用阶段。1973 年和 1978 年《社会科学引文索引》《艺术与人文科学引文索引》相继问世。2008 年,ISI 对传统的会议录索引增加了引文数据,形成了现在的《会议录引文索引》。

中国的引文数据库开发起始于 20 世纪 80 年代末。"中国科学引文数据库"(Chinese Science Citation Database,CSCD)在国家自然科学基金委员会的资助下,创建于 1989 年,这是中国第一个引文数据库。1996 年中国科学技术信息研究所信息分析研究中心和万方数据公司合作出版的"中国科技论文与引文数据库"光盘问世。1998 年由南京大学中国社会科学研究评价中心开发研制的"中文社会科学引文索引"(Chinese Social Sciences Citation Index,CSSCI)开始出版发行。

目前中文引文数据库和英文引文数据库相互补充,形成较全面的学科评价体系,为中国的科学研究和学科发展提供有力的帮助。

2.1.2 引文索引的作用

(1) 文献检索。引文索引不仅提供一般的数据库检索功能,还提供了从引文途径检索文献的方法。例如:从一篇已知文献入手,通过该文献的引文可以发现多篇相关文献,而每篇新查到的文献又提供了更多新的引文,既可从文献的引文入手追溯早期的文献,也可从该文的被引用情况得到现在的新文献,而且用户无须熟悉检索语言、确定主题和分类。用这种检索方法可以发现:引文索引已经超出了识别相关文献的功能,它能够揭示新老文献之间存在的关系,了解某一学术问题或观点的起源、发展、修正及最新的研究进展,各个学科之间存在的内在的、综合的联系。

(2) 科研管理。通过引文分析可以确定期刊与期刊之间、期刊与研究领域之间的关系;根据某一名词、某一方法、某一理论的出现时间、出现频次、衰减情况等,分析和揭示学科研究的基本走向。因此引文索引对研究领域的发展及预测、科研项目规划、新学科及边缘学科研究,都将起到比较大的参考作用。

(3) 分析评价。引文索引由于其所具备的特殊的引文分析功能,已被各个领域作为分析评价的指标。比如用来评价个人的科研学术成就,评价某种期刊的质量,评价某一组织机构的科研水平,评价某一学科的发展状况和趋势等。

(4) 研究预测。对研究专题进行引文分析,通过近期文献的引文量可以捕捉当前的研究热点。从各学科之间的相互引用发现新的交叉学科。通过特定时段内学科文献引文排名可发现研究前沿。如今引文分析已不需要人工进行,可直接使用由引文索引派生出来的数据库——如汤森路透集团的"基本科学指标数据库"(Essential Science Indicators,ESI)。

(5) 资源整合。借助先进的计算机技术,目前引文索引也普遍被用来整合各类电子资源和服务,在元数据集成和统一检索的基础上,实现基于开放链接机制(Open URL)的引文与原文之间的全文链接,对图书馆期刊馆藏的揭示报道,对未提供全文链接的文献进行传递服务等。

2.2 科学引文索引(SCI)

2.2.1 数据库内容及相关概况

1. 数据库内容

"科学引文索引"(Science Citation Index,SCI)数据库,由美国科学信息研究所(ISI)出版和提供服务。从2002年起ISI隶属加拿大汤姆森集团(The Thomson Corporation),称Thomson ISI。2008年4月17日,汤姆森集团与英国路透集团(Reuters Group PLC)合并组成了商务和专业智能信息提供商,即为汤森路透(Thomson Reuters),SCI也随即由汤森路透出版发行。2017年起由科睿唯安(Clarivate Analytics,原汤森路透知识产权与科技事业部)提供服务。目前在国内使用最多的是SCI网络数据库(Science Citation Index Expanded,SCI-Expanded 或 SCIE),所收录的数据最早回溯至1899年,是自然科学领域的综合性检索工具,是了解全世界科技期刊出版信息的重要窗口。

SCI所涵盖的学科被划分为178个,主要涉及以下领域:农业、天文学、生物化学、生物学、生物工艺学、化学、计算机科学、材料科学、数学、内科学、神经系统科学、肿瘤学、小儿科、药理学、物理学、植物学、精神病学、外科学、兽医学、动物学等。以网络版为例,其选材来源于全球近80个国家和地区的9 300多种期刊。SCI不仅是针对科学期刊文献的多学科索引,也包括了其收录文献中所引用的参考文献。

数据库周更新,平均每周增加1.9万条新纪录,年新增大约98.8万条引用的参考文献。

其检索平台为ISI Web of Knowledge,网址:https://isiknowledge.com/wos/woscc/basic-search。

2. SCI 的出版历史

1958年,尤金·加菲尔德于美国费城创办了科学信息研究所,并开始编制引文索引。SCI于1961年开始编制,1963年编成出版,摘录了1961年出版的重要期刊613种,收录了89万篇署名来源文献,约130万条引文。1964年SCI出版了两卷,分别摘录1962年、1963年的期刊。1965年起每年出一卷,季刊。1979年起改成双月刊,并有年度累积本和五年度累积本。目前国内各图书馆常见的SCI印刷版收藏多为双月刊或年度累积索引。

1974年,SCI进入Dialog系统,面向全球提供联机检索。1988年,SCI光盘版诞生并开始发行。随着网络技术的发展,1997年ISI又推出基于浏览器的网络版数据库SCIE。

(1) SCI 的版本类型。与其他二次文献出版物一样，SCI 随着计算机技术的发展，也先后经历了印刷版、光盘版、网络数据库、联机检索等出版和服务过程，目前全球范围内使用 SCIE 网络数据库。

印刷版：有月刊、年刊和五年度累积本。

光盘版(CD-ROM)：SCI 的光盘版自 1988 年起开始出版，有两种版本，一种是带文摘的（月更新），另一种是不带文摘的（季度更新或半年更新）。光盘版和印刷版收录的期刊一致，为 3 772 种。

网络版数据库：即 SCIE。其数据起始于 1899 年，收录的期刊总量为 9 300 多种，周更新。目前 ISI 各种分析统计都是基于该数据库进行的，是国内最常用的版本。

联机检索：SCI 在 Dialog、DataStar、DIMDI、STN 等联机检索系统中均能提供服务，在 Dialog 系统中，被称作 SciSearch。SciSearch 联机检索系统中有 2 个数据库：第 434 号文档，收录了 1974 年至 1989 年的全部数据；第 34 号文档，收录了 1990 年至今的数据。一般为周更新，期刊量与 SCI 扩展版相当，统一使用 Dialog 系统的检索界面及检索技术。

(2) SCI 扩展版、光盘版和印刷版的区别。在 SCIE 网络版数据库推出之前，SCI 采用过光盘版和印刷版，期刊收录均控制在 3 800 种以内，两者采用同样的选刊标准，但 SCI 光盘版选刊时更注重引文分析，收录的是内容质量更高、具有更高影响力的期刊。因此在早期阶段自然形成了以这两种版本所收录的 3 000 余种期刊为基础的学术统计和评价体系。

1997 年 SCI 的扩展版数据库出现了。因为有数量限制，虽然 SCI 光盘版也考虑地域性，但选择的都是每个国家或地区最高水平的期刊，如 2009 年 SCIE 收录的中国期刊为 114 种，而 SCI 光盘收录的只有 15 种；SCI 也会力求平衡不同学科，但收录的是每个学科最高水平和最有影响力的期刊，例如：2009 年 SCIE 收录化学工程期刊为 126 种，而 SCI 光盘版为 66 种。正是因为 SCI 扩展版、光盘版收录差异，曾经在某一个时期内被称为外围刊与核心刊。但是随着网络版的普及，外围刊的概念逐渐淡化，目前各机构基本上采用了 SCIE 作为学术统计和评价体系。如今 SCI 扩展版作为一个国际性的多学科的引文数据库，涵盖自然科学和工程技术的所有领域。

除了内容方面的差别外，各种形式的使用方法也有较大不同。SCI 扩展版借助强大的网络功能，检索更便捷，查询更全面，尤其具有灵活的各类链接可以节省查询的步骤；SCI 光盘版虽功能不如扩展版强大，但其检索较为精确，又不受网络传输速度等的限制，也有其独特的优势；联机检索系统中的 SCI 适合专业检索人员使用，可以组织各种精确复杂的检索表达式，结果通常十分准确，但联机检索系统一般都很昂贵，不是人人有条件可以使用的。

3. SCI 的选刊标准

SCI 创始人尤金·加菲尔德认为：一个有效的索引必须严格限制它的收录范围，基本上应只收集对研究者有用的信息，而且对一个无用的文献条目的标引与一个有用的文献条目的标引成本是一样的。又根据"布拉弗德-加菲尔德法则"：20%的期刊汇集了足够的信息以全面反映科技的最新、最重要的成果与进展。因此，从数据库的质量、费用和效果等多方面考虑，SCI 将期刊收录控制在最重要的核心范围内，并且多年来一贯遵循着其严格的选刊标准。

SCI 的选刊标准包括 4 个主要方面。

(1) 出版标准。

时效性：期刊按照其固定出版周期及时出版，在此原则下，在完成评价前评估团必须能按时收到被评估的三期期刊。

国际编辑惯例：数据库建立的基本目的是让用户通过检索数据库找到他们所需要的文献，期刊编辑遵循国际编辑惯例很重要，即要具有规范的期刊名称，描述性的论文标题，每个作者完整的地址信息，以及所有参考文献完整的文献编目信息。

英文文献编目信息：最好提供英文题名、文摘、主题关键词、英文参考文献、音译的作者姓名等信息。

同行评议：通过同行评议过程可以保证期刊中论文的质量，也能保证参考文献的完整性。

(2) 编辑内容。科学研究持续发展，新的专业领域不断涌现，新的研究领域逐渐被关注的时候就会产生新的期刊，那么 SCI 会考虑受关注的学科领域是否已经被数据库覆盖，如果没有则会选择该领域的期刊，以丰富数据库的内容。

(3) 国际多样性。科学研究是全球化的，一本有影响力的期刊在国际交流中扮演着更重要的角色。考察期刊不但看论文水平，也要看其国际化程度，一个是作者应来自多个国家，同时来自不同国家的编辑是期刊正常发展和持续不断发表重要研究成果的标志，所以科睿唯安也非常注重期刊编辑和编委会的国际多样性。

为了全面地反映全球范围内科学研究和发展情况，并保持每个学科范畴的平衡收录，SCI 也力求收录最优秀的地域性期刊。在评估一种非国际化的地域性期刊时，科睿唯安会比较期刊的内容，如果数据库中还没有收录该区域同类期刊，则认为有必要收录该期刊。

(4) 引文分析。通过引文数据衡量期刊的应用情况、重要性和影响力。在用引文数据评价期刊的过程中，SCI 对新的期刊和已发行数年期刊的评价方式有所不同。新期刊没有引文历史，是用引文数据对新期刊中的主要作者或编委会成员进行评估，分析他们以往发表在其他期刊上的论文的被引用情况，从而判断这本新期刊是否能吸引那些高质量论文、高被引用作者；而对已发行数年的期刊主要使用引文数据计算的影响因子、引文量以及快引指数等重要引文分析指标。

根据上述选刊标准，SCIE 收录中国大陆期刊为 277 种，几乎囊括了国内自然科学和基础研究中各个学科及二级学科的所有顶级期刊。

4. 数据库特点

(1) 收录面广，综合性强。SCI 数据库收录自然科学方面 178 个学科的数据，是基础理论研究方面的大型综合性参考数据库，学科覆盖面广，综合性强。

(2) 权威度高。SCI 数据库的建立是以科学的文献计量学为依据的，它根据文献之间的引证与被引证关系，将在特定时限内被引频次最高的期刊选录进来，且每年更新，这样选取的期刊均是自然科学各领域核心的、质量较好的期刊，其权威度很高。

(3) 编制独特。SCI 和一般的参考数据库不同，它是将引文索引原理应用而编制的数据库。它除了反映论文本身的各项信息，还将其参考文献即引文作为重要的揭示对象和检索点加以反映，因而形成了一种独特的检索语言和检索方法。

(4) 功能强大。SCI 数据库的功能十分强大，它除了能够进行一般的检索之外，其引文索引更是提供了一个新的检索入口。引文索引能够揭示文献之间的相互关系，将相关领域的文献很好地组织起来，对用户而言，无形中获取了更多有价值的检索结果，实现了扩展检索的功能；另外，随着科学的进步，新兴和边缘学科以及学科交叉情形不断出现，仅靠范畴和主题的限制有时会漏掉重要的检索结果，而从引文索引的角度进行查询，无论涉及哪个学科或领域，只要它们之间存在引证或被引证的关系，便可被检索出来，保证了检索的全面性。

2.2.2　SCIE 网络数据库检索

1. Web of Science Core Collection(WOS 核心合集)和 Web of Science Platform(WOS 平台)检索平台简介

WOS 核心合集是当时的 ISI 公司于 1997 年推出的功能强大的组合检索平台，由 9 个数据库组成，内容包含来自自然科学、社会科学、艺术及人文科学等多学科领域具有高影响力的 1 万多种期刊，有超过 12 万种国际会议录以及书籍、丛书、报告及其他出版物的信息。ISI 传统的三大引文数据库 SCI、SSCI、A&HCI 位列其中；以及著名的会议引文数据库：科学会议录引文索引(Conference Proceedings Citation Index-Science, CPCI-S)和社会科学会议录引文索引(Conference Proceedings Citation Index-Social Sciences & Humanities, CPCI-SSH)(详见第八章的第二节)；图书引文索引(Book Citation Index, BKCI)和新兴学科引文索引(Emerging Sources Citation Index, ESCI)。除此之外还包括两个化学数据库：化学索引(Index Chemicus, IC)数据库和化学反应(Current Chemical Reactions, CCR-Expanded)数据库，用于查找化合物、化学反应和反应数据(详见第七章)。

2002 年，ISI 推出了包括 ISI 自建资源、合作资源以及其他外部资源的大型知识整合平台 WOK，旨在向用户提供多学科、多类型资源的统一平台，使用户能够实现一站式检索。2014 年 WOK 平台更名为 Web of Science Platform(WOS 平台)，该平台以二次文献信息为主，数据库基本涵盖了全球所有研究领域，包括生命科学、医学、农学、物理工程、行为科学、社会科学以及艺术人文科学等各个学科，也包括全球的发明专利及其他网络资源等。通过强大的检索技术和基于内容的连接功能，将高质量的信息资源、独特的信息分析工具和专业的信息管理软件无缝地整合在一起，兼具知识的检索、提取、分析、评价、管理与发表等多项功能，从而大大扩展和加深了信息检索的广度与深度，为科学发现与创新提供了新的方法和途径。

在内容上，WOS 平台以 WOS 核心合集为核心，凭借独特的引文检索机制和强大的交叉检索功能，有效地整合了学术期刊(Web of Science、Current Contents Connect)、发明专利(Derwent Innovations Index)、化学反应(Current Chemical Reactions、Index Chemicus)、学术分析与评价工具如期刊引证报告(Journal Citation Reports, JCR)、ESI 和 InCites。在 WOK 平台上还可以检索其他多个重要学术信息资源，其中包括生物学文献数据库(BIOSIS Previews)、科学文摘(INSPEC)、医学文献数据库(MEDLINE)、中国科学引文数据库、数据引文索引(Data Citation Index)、韩国期刊数据库(KCI-Korean Journal Database)、俄罗斯科学引文数据库(Russian Science Citation Index)、SciELO Citation Index、食品科学与技术文摘数据库(FSTA)等，向全球学术工作者有效地提供了自然科学、工程技术、生物医学、社会科学、艺术与人文等多个领域中高品质的学术信息。

在功能上，WOS 平台提供了强大的知识发现与管理工具，不仅可提供独特的引文检索、主题检索、化学结构检索、基于内容与引文的跨库交叉浏览，还提供了用于访问、分析和管理研究信息的工具和多种服务功能，其中包括跨库检索、检索结果的信息分析、检索结果的信息管理（与 EndNote、Reference Manager、ProCite、WriteNote 等文献管理软件兼容）、定题跟踪通报（Alerting）服务、引文跟踪和全文链接等。

WOS 平台检索时可以选择简体中文页面、英文页面、日文页面、韩语页面、葡萄牙语页面、西班牙语页面、俄语页面，本节以 WOS 的中文检索页面为例进行介绍。

2. 检索功能

(1) 选择数据库。SCI 数据库所采用的 WOS 平台是一个综合资源检索平台，检索时首先要选择数据库，有如下 4 种选库方式。

① 所有数据库：同时检索 WOS 平台上所有数据库；

② 选择一个数据库：选择 WOS 平台上的任意一个数据库；

③ 当前数据库：当前所处的数据库页面；

④ 其他资源：检索 JCR、ESI 及其他 ISI 网站资源。

其中"所有数据库"检索设置的检索字段只有几个共有字段，包括主题、标题、作者、出版物名称、出版年、作者地址等。检索结果显示与输出字段也只有作者、标题、来源文献和摘要。

WOS 平台提供了基本检索、高级检索和引文检索等检索途径，WOS 还具备作者甄别和化学结构检索功能。

(2) 基本检索（Search）。在 WOS 平台上的检索是一种格式化检索，如图 2-1 所示，可选择检索字段和使用布尔逻辑算符。系统设置的主要检索字段如下。

主题：多字段检索，包括标题、摘要、作者关键词以及扩展关键词（Keywords Plus）字段，可使用逻辑算符、截词符等各种 WOK 平台上的检索技术，支持中截断和后截断检索，系统自动识别单复数。

标题：检索文献标题。可使用逻辑算符、截词符等各种 WOK 平台上的检索技术。

作者：可检索所有相关的作者和编者，数据库对所有文献作者或编者进行了标引。输入格式为：作者姓氏的全称→空格→名字的首字母，例如：Liu Yongnan 的输入格式为 LIU YN。也可只输入姓，在姓后加截词符，例如：Martins*。2006 年及之后可以用姓名的全拼格式检索。

团体作者：具有来源出版物（如期刊文献或书籍）著作权的组织或机构。

编者：数据库收录了与来源文献（例如，期刊文献、会议论文等）相关的所有编者的姓名，检索格式同个人作者。

研究者标识（ResearcherID）检索：检索记录中 ResearcherID 字段，该字段内容包括作者姓名、作者 ResearcherID 和转至 ResearcherID.com 上该作者出版物列表的链接。

出版物名称：期刊名称、书籍名称和丛书名称等，可输入完整或部分出版物名称检索，如果输入出版物的部分名称，需要使用通配符 *。

DOI：检索数字对象唯一标识符（DOI）识别代码，可使用截词符 *。

出版年：检索在特定年份或某个年代范围发表的文献，年份输入为四位数。例如：2008 或 2005—2010。出版年字段必须与另一字段相组配检索，例如在进行主题、标题、作者或出版物名称检索时,再与出版年或出版时段相组配,以缩小检索范围。可输入的出版年检索允许的最大跨度为 10 年。注意:检索时输入的年代为文献出版时间,而通过检索页面选择的年代检索范围为文献的入库时间。

地址:作者所在的机构名称和地理位置。将地址与作者组配检索可得到精确检索结果。在地址检索中,SAME 运算符特别有用,因为使用 SAME 连接的检索词位于同一地址,而不仅仅是位于相同的字段。例如 peking univ same chem 检索到的结果仅是北京大学化学与分子工程学院。注意:地址字段标引用的是缩略词,所以检索时同样需要使用缩略词,系统为地址检索设置了缩略词表可供查看。

会议:检索会议录文献中的会议标题、会议地点、会议日期、会议发起人等信息。

基金资助机构:可检索记录在基金资助致谢表中的基金资助机构。

授权号:检索记录在基金资助致谢表内的授权号。

图 2-1　SCIE 网络版检索界面

(3)高级检索(Advanced Search)。此处的高级检索,其实是指命令检索,如图 2-2 所示,可以灵活编写检索式,但检索式中的每个检索词都必须用字段标识指明检索范围,字段标识只能用英文表示;不同字段之间必须用布尔逻辑运算符连接。允许使用通配符、括号等各种检索技术。可进行检索式组配检索,例如:(TS=(nano * SAME "electrode material $" AND batterie$) AND PY=(2008-2010))。

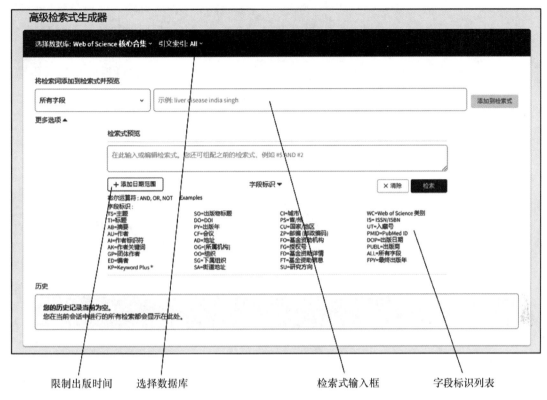

图 2-2 SCIE 网络版高级检索首页

（4）引文检索（Cited Reference Search）。引文检索即被引参考文献检索。通过引文检索，可以了解某个已知概念、观点或创新所获得的认可，并可了解其应用情况、改进扩展或纠正的过程。引文检索提供了被引作者、被引著作、引用 DOI、被引年份、被引卷、被引期和被引页字段（如图 2-3 所示）。

被引作者（Cited Author）检索：被引作者输入格式为：被引文献第一作者的姓氏→空格→名字首字母（最多 3 个）。例如：Huang Xilin 的检索输入格式为：Huang XL。可使用算符 OR 同时检索多位作者的引用情况。需要说明的是：一部分被引文献没有被 SCIE 收录，对于这些引文只有第一作者信息，因此用第一作者检索会得到更准确的结果；如果被引文献本身是期刊文献，且被 SCIE 收录，可以用第一作者以外的其他作者检索。注意：作者检索最多可输入 15 个字符，如果姓氏所含字符多于 15 个，则后面部分用截词符（*）表示剩余的字符。

被引著作（Cited Work）检索：被引著作需要输入缩写格式进行检索。但是一旦输入的缩写格式与数据库不符，将会得到错误的结果，因此进行期刊或书籍著作检索时建议更多地使用截词符（*），例如：输入 COMM * MOD *，可以检索到 Comments on Modern Physics。如果被引著作为 SCI 收录的期刊文献，可参考引文检索页面的"期刊缩写列表"。如果被引文献为专利，则需要输入专利号，但不要指定国家或地区代码。例如：输入 5345712 可查找专利号 JP5345712 的参考文献，在引文检索中，国家或地区代码显示在"卷"一栏中。可使用算符 OR 同时对多个著作进行检索。

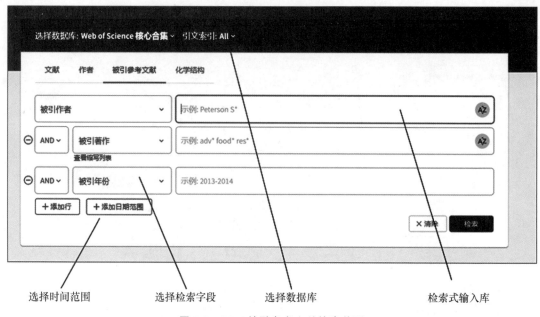

图 2-3 SCIE 被引参考文献检索首页

被引年份（Cited Years）检索：可进行特定年份或多年份检索，年份输入格式为四位数字，可使用算符 OR。例如：2005 OR 2008；2005-2008。注意：检索被引年份时，只能与被引作者和（或）被引著作组配检索。提示：在进行特定文献引文检索时，最好不指定被引年份，因为同一被引参考文献会有不同形式，尤其是书籍，由于各种原因会出现不同的年份。

被引卷、期、页：被引文献卷、期、页最好与被引作者或（和）著作组配检索，直接输入卷号、期号或页码即可。

引文检索：首先检索被引作者的姓名或被引著作的缩写名称，得到被引参考文献检索页面（2），如图 2-4 所示，其中包含了所输入的被引作者/被引著作数据。从中进行选择后再点击"查看结果"按钮，页面显示的检索结果即为施引文献，而每篇施引文献将至少包含一篇所选择的被引参考文献。施引文献检索结果显示格式与一般检索相同。

说明：

① 被引作者前有其他作者和省略号（……）的表示该作者不是被引文献的第一作者。

② 条目中带有"查看记录"链接的，表示该被引文献为 SCI 数据库收录的文献，这样的文献可以通过非第一作者进行引文检索。点击"查看结果"按钮，可显示被引文献的全记录格式。

③ 点击"显示完整标题"按钮可显示 SCI 数据库收录的所有被引文献标题及其所在期刊的完整名称。而那些不是 SCI 收录的被引参考文献仍显示的是引文格式。

④ 施引文献列的数字为对应文献的被引篇次数。注意：该数字是所有 WOS 平台上 5 个引文数据进行和所有年份的总引用篇次数，如果选择部分数据库检索，或对年份、文献类型、语言等进行限制，最后的检索结果通常会小于所显示的数字。

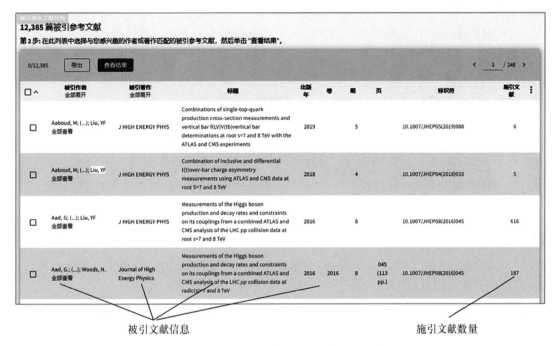

图 2-4　SCIE 被引参考文献检索结果列表

（5）作者甄别（Author Finder）。在数据库中经常会出现以下情况：不同的作者具有相同的姓名，尤其在名字缩写的情况下；同一个作者也可能出现不同的拼写，如：Liu Z、Liu ZF 和 Liu Zhongfan。使用"作者甄别"功能检索，可以通过"唯一作者识别系统"的专有算法，将大量节点（如作者姓名、机构名称、引用和被引的作者关系）数据组合运算并甄别，将同一作者的著作集中在一起，形成"唯一作者集"页面，用户可以从这里选择想要的作者，并查看记录。

3. 检索技术

（1）布尔逻辑和位置算符。包括 AND、OR、NOT、NEAR 和 SAME，用于组配检索词，从而扩大或缩小检索范围，布尔逻辑运算符不区分大小写。

NEAR/x 运算符：确定词与词之间的物理位置，指定检索词之间相隔的单词数量。例如：electrode NEAR/3 materials，表示两词间隔最多 3 个词，其检索结果比 electrode AND materials 窄，但比"electrode materials"精确词组检索要宽泛。

SAME 运算符：主要用于地址检索，可以使检索词出现在同一个地址中。例如：AD=(Peking Univ or 100871) SAME Chem AND PY=2010，可以检索到 SCIE 收录的北京大学化学与分子工程学院 2010 年发表的文章。在其他字段检索使用 SAME 算符得到的检索结果与 AND 相同。

运算符检索的优先顺序：如果在检索式中使用不同的运算符，而且没有使用括号的情况下，则会根据下面的优先顺序处理检索式：NEAR/x→SAME→NOT→AND→OR。

（2）截词符。星号 *：可用于后截断和中截断，但不能用于前截断。

代字符（$）：代替一个字母，该字母可存在，也可不存在，因此对于检索同一个单词的英式拼写和美式拼写或可能包含空格、连字号或撇号的作者姓氏时，美元符号非常有用。

代字符（?）：一个?代替一个字母，但该字母必须存在。例如：用 colo?r，可以检索到 colour，而检索不到 color。

注意：进行主题或标题字段检索时，截词符和代字符（星号、问号或美元符号）之前必须至少有3个字符；其他字段检索时，星号、问号或美元符号之前必须至少有一个字符。

（3）括号。用来确认检索的优先顺序，括号内的表达式优先执行检索。

（4）精确词组检索。使用引号" "可做精确词组检索，如"cellular structures"，系统会完全按照输入方式检索。而没有使用引号的词组，系统自动将各词按照"AND"的关系组配检索。例如系统会将检索词组 cellular structures 默认为 cellular AND structures 的关系。注意：引号应在英文状态下输入。

（5）检索限定。Web of Science 检索系统默认的检索限制是：所有语种、所有文献类型、所有年份以及全部数据库。

语种限制（如图 2-1 所示）：目前有 50 多种语种可供选择，使用 Ctrl 键可选择多个选项，默认选项为"全部语种"（All languages）。

文献类型限制：设置了论文、书目、摘要、新闻、会议录文献、综述等 30 多种文献类型可供选择，选择方法同语种限制。默认选项为"全部文献类型"（All Document Types）。

（6）禁用词。禁用词为一些使用频率高而且没有主题意义的单词，如冠词（a、an、the）、介词（of、in、for、through）和代词（it、their、his）等，这些词不能作为独立单词在主题和标题字段中检索。

4. 检索结果

（1）检索结果列表（Results List）。检索结果列表（如图 2-5 所示），包括标题、作者、来源出版物和被引频次，检索词在记录中为高亮显示。默认的排序方式为出版日期，新出版的记录排在前面。可选的排序方式包括：

① 入库时间：文献添加到数据库的日期。

② 出版日期：按期刊封面上的日期对记录进行倒序排序，最新出版的文献在前面。

③ 被引频次：根据文献被引用的次数对记录进行排序。

④ 相关性：根据相关性定义对记录进行排序，相关性定义的原理是根据每条记录中找到的检索词数量进行分级。相关性最高的记录排在最前面。

⑤ 第一作者：根据列出的第一作者的姓氏，按字母顺序对记录进行排序。

⑥ 来源出版物：根据出版物名称，按字母顺序对记录进行排序。

⑦ 会议标题：根据会议标题，按字母顺序对记录进行排序。

⑧ 使用次数（最近 180 天）：按最近 180 天内的使用次数进行排序。

（2）全记录格式（Full Record）。点击标题即可打开该文章的全记录格式。如果所在的机构具有该文的全文浏览权限，在其下方会有一个"全文"（Fulltext）链接按钮，点击可直接跨库链接全文，打开并浏览文献。完整的全记录格式（如图 2-6 所示）显示有关 Web of Science 数据库中所包含记录的全部信息。WOS 数据库中记录的字段包括标题、作者、书籍作者、团体作者、书籍团体作者、Web of Science ResearcherID、ORCID、编者、来源文献、文章

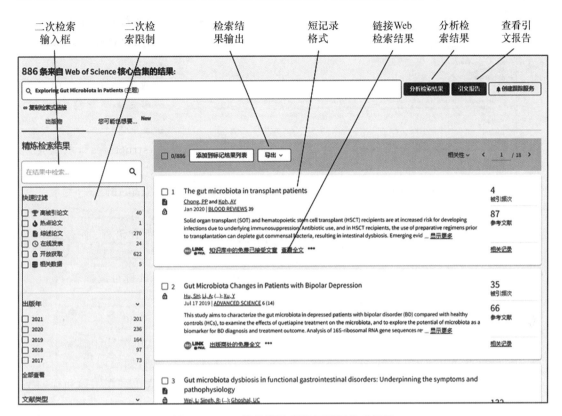

图 2-5　SCIE 网络版检索结果题录格式显示

编号、被引频次、参考文献、引证关系图、会议信息、摘要、图形摘要、文献类型、语种、作者关键字、关键词、通信作者地址、地址、电子邮件地址、基金资助致谢、出版商、学科类别、ISI 期刊唯一标记号（Thomson Reuters Document Solution，IDS 编号）、国际标准连续出版编号（International Standard Serial Number，ISSN）、国际标准书号（International Standard Book Number，ISBN）、数字资源唯一标识（Digital Object Unique Identifier，DOI）、化合物、化学反应。根据数据库的不同，每篇文献显示的字段有所区别。

参考文献显示：在全记录显示状态下，单击"引用的参考文献"上方的数字，即显示该篇文章所引用的参考文献。如果参考文献为 ISI 产品收录，则显示为短记录格式，点击标题链接到其全记录数据；如果不是 ISI 产品收录的文献，则记录的标题显示为"不可用"，而且只有文章的第一作者和来源文献信息。

（3）检索结果输出（Export Results）。要输出检索结果必须标记要输出的记录。有两种标记输出形式：

一种是当前标记输出，也是无记忆标记输出，在当前显示页面选择标记记录，利用检索结果的上部或下部的输出工具条选择输出，可以打印、电子邮件发送、保存到其他软件菜单等；后者实际上是将所选记录导出到 EndNote Desktop、EndNote Online、InCites 等。如保存到 EndNote Online，须是 ISI 注册用户且登录后才可使用。要查看 EndNote Online 中的记录，使用"我的 EndNote"功能即可。

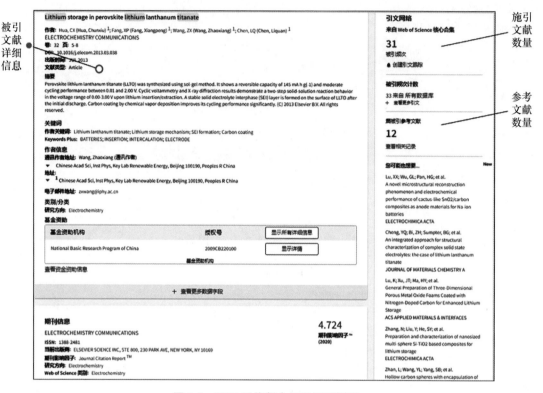

图 2-6　SCIE 网络版全记录显示页面

另一种是将所要的文献添加到标记结果列表，这种标记具有记忆功能，如果不做删除标记操作，该标记会保持到退出检索系统。使用时须点击记录左侧的复选框并添加到标记结果列表中，便于集中打印、保存、通过电子邮件发送、订购或导出记录。

（4）精炼检索结果（Refine Results）。系统对检索结果进行了多项分析，包括学科类别、文献类型、作者、来源出版物、出版年、会议标题、机构、基金资助机构、语种、国家/地区。分析结果在精炼检索结果栏目列出，用户可以根据分析结果进一步精炼检索结果、排除特定记录，或者按照记录数或字母顺序对记录进行排序。

结果内检索：也就是二次检索，要过滤或精简初始检索结果，此检索将只返回原始检索式中包含了第二次输入的主题词的记录，就是说后来输入的检索式与原始检索式是"AND"的关系。

（5）分析检索结果（Analyze Results）。检索结果分析是在用户所选择的字段中提取数据值，然后形成按顺序排列显示该值大小的分析报告，可分析的项目与检索字段相同，并可设置分析记录的最大数量、显示选项（显示前多少条分析结果）、最小记录数、排序方式等。

（6）相关记录（Related Records）。相关文献的设定与主题相关，引用相同著作的文章具有主题关系，并不考虑它们的标题、摘要或关键字是否包含相同词语。两篇文章共同引用的参考文献越多，其主题关系越密切。两篇文章引用同一篇著作，就认为是相关文献。例如：Journal of hepatology，50(4)：805-816，2009 上的一篇文章与 Pathologie Biologie，58(4)：296-300，2010 上的一篇文章具有 17 篇共引参考文献，可以认为这两篇文章的主题关系相当密切。WOS 这种根据共同引用的参考文献查找相关记录是一种查找相关文献的好方法。

在全记录浏览页面,点击"查看相关记录(View Related Records)",相关文献按照相关性由高到低的顺序进行排序。

(7) 作者个人信息(Author Profile)。许多作者在 WOS 来源文献中有多篇论文被收录。当用主题等字段检索时,这些作者的一部分文章可能不会出现在当前的检索结果集中。对于这些作者,如果想浏览其中某一位作者在数据库中的全部文献,可从"全记录"页面点击该作者姓名进行一键式检索,返回的结果即是该作者的全部论文。

5. 用户服务

(1) 创建引文报告(Create Citation Report)。引文报告是对检索结果的引文情况进行综合统计分析所产生的报告,包括图表和统计数字,如图 2-7 所示,其中的引文均来源于 Web of Science 收录的期刊。报告内容包括:

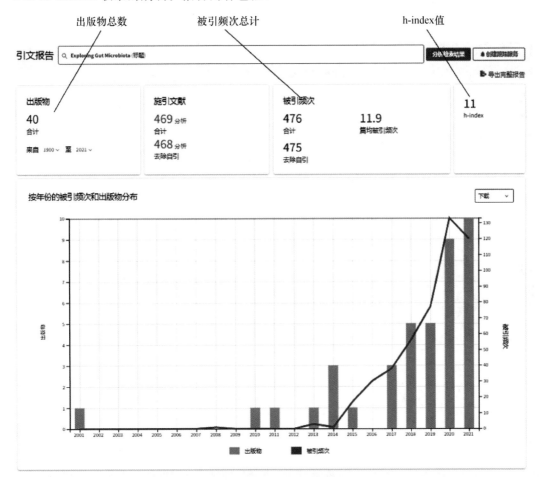

图 2-7　WOS 引文报告显示

① 检索式、检索条件及检索结果的记录内容。
② 检索结果总数、检索结果集的被引频次总数等。
③ 按年份的被引频次(折线图)。

④ 高被引指数(h-index)，也称作 h 指数、研究者指标。这是美国物理学家 Jorge E Hirsch 于 2005 年提出的一种科研人员学术成就评价指标。如果一位科研人员发表的 Np 篇论文中有 h 篇论文被引次数至少为 h，其他(Np-h)篇论文中每一篇的被引次数都小于等于 h，那么这位科研人员的 h 指数就是 h。例如某科研人员的 h 指数为 20，则表示该科学家至少发表了 20 篇被引频次至少在 20 次的论文。该指标将论文的数量和质量(被引频次)综合考虑，对于论文数量很多，但论文被引频次不高的科研人员，其 h 指数一定不高；对于被引频次很高，但论文数量不多的科研人员，其 h 指数受论文数量限制也不会很高；只有当论文数量多，而且多数论文具有高被引频次时，才能获得高 h 指数。

h 指数基于 WOS 引文数据库的引文数据，要确定一个人在某个时间段的 h 指数，可以在 WOS 数据库中检索出这个人在该时间段发表的所有 SCI 论文，将检索结果按照被引次数从高到低排列，并依次核对，直到某篇论文的序号大于该论文被引次数，该序号减去 1 就是 h 指数。WOS 会自动计算被检索作者的 h 指数，在引文报告中有一个分隔标记线，标记线上部的最大序号即为 h 指数。

⑤ 单篇文章年度被引次数、总被引次数、年均被引次数。

(2) 引证关系图(Citation Map)。引证关系图是原汤森路透公司利用各类可视化工具和技术提供的附加功能，用以揭示某篇论文(即后面提及的目标文献)与其他论文(目标文献的参考文献和施引文献)之间的引用关系。2015 年以后随着各大主流浏览器停止支持 JAVA 插件，WOS 平台也不再支持该功能。这里的介绍基于之前的平台功能，以期展现该功能的历史原貌。

引证关系图包含指定的目标文献引用了哪些文献，哪些文献引用了目标文献，而且将目标文献的参考文献和施引文献直接发生了关联，如图 2-8 所示，引证关系图可以为研究人员撰写综述或者跟踪课题提供很好的帮助。

作为一种研究工具，科学论文引证关系图可以揭示科学文献间的相互继承关系。利用引证关系图可以帮助研究人员快速深入了解科学研究课题发展的来龙去脉、追踪历史、把握现状和预测未来；也可以从论文引证关系图看出研究者之间的关系。

箭头 ⇨ 表示记录为施引文献；箭头 ⇦ 表示记录为被引参考文献。

创建引证关系图：在目标文献的全记录页面上，选择"引证关系图"链接即可。创建过程中需要注意：

① 选择方向："前向引证关系"显示施引文献，即引用目标文献的文献；"后向引证关系"显示被引文献，即目标文献所引用的文献；"施引和被引"则揭示双向引证关系，同时显示被引和施引记录。

② 选择层：第一层只显示引用了目标文献的施引文献，或显示目标文献所引用的文献，或以目标文献为中心同时显示施引文献和被引文献；第二层，当前所显示的施引文献，其引用的对象是目标文献的施引文献，而显示的被引文献是被目标文献引用的文献所引用的记录。

最终的引证关系图分为三个窗格：

● 上部窗格为引证关系的交互示意图，目标记录显示在"引证关系图"的中间；其右侧是引用目标记录的论文(施引文献)；左侧是被目标记录引用的论文(被引参考文献)。

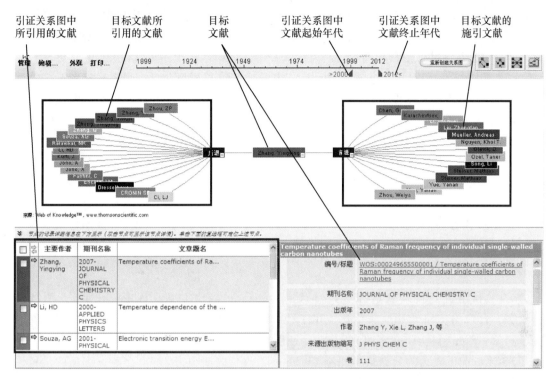

图 2-8　WOS 施引和被引双向引证关系图

● 下部左侧窗格（检索结果集）显示引证关系图中被引和施引记录的概要，包括主要作者、期刊名称和文献题名。"检索结果集"窗格包含正在查看的引证关系图涵盖的所有记录。箭头 ⇩ 表示记录为目标文献的施引文献；箭头 ⇧ 表示记录为目标文献所引参考文献。

● 下部右侧窗格（记录视图）显示目标文献的题录记录格式。

（3）创建引文跟踪。要定制引文跟踪服务必须首先要注册并登录，在欲跟踪文献的全记录格式页面，单击"创建引文跟踪"链接即可。每次有新的文献引用此文章时，系统会自动发到用户邮箱里。注：此项服务需要向 Web of Science 订购，之后在"我的引文跟踪"栏目即可打开"我的被引文章列表"，修改引文跟踪设置，或删除被跟踪引文的文献。

（4）检索结果管理。WOK 可将检索结果导入文献管理软件 EndNote，使用方法参见第十二章第四节。

（5）学术社区。科研人员在这个信息平台上可以展示自己的科研成果，分享同行的科研成果，并进行交流。注册了 Researcher ID 后，用户能够创建自己的著作列表，并跟踪自己著作的被引用情况，可以自动生成引文报告，包括总被引频次、篇均被引频次和 h 指数。

（6）检索历史的保存、管理和跟踪。每执行一次有效的检索，都会留下检索历史，包括检索式、检索条件和检索结果的数量，并自动保存到检索历史中，最多可以保存 40 条检索式。还可以对前期的检索式进行"AND"或"OR"组配，并使用"保存历史/创建跟踪"功能将检索式保存到远程服务器或本地计算机。

保存到服务器的检索历史按名称的字母顺序列于保存的检索历史表中，要打开和管理这些保存的检索，使用"打开已保存的检索历史"和"我已保存的检索"功能即可，还可以通过设置

RSS 推送、在 RSS 阅读器中更新和阅读已保存的检索历史;创建电子邮件跟踪检索历史等。

（7）注册和登录。ISI WOK 为用户提供了多种增值服务功能,但有些功能必须注册并登录后才能够使用。注册过程很简单,提供自己的 E-mail 地址,按提示填写相关信息即可。

（8）检索培训。WOK 提供了功能强大、内容详细的检索帮助系统,检索释义与检索页面相伴随,在当前的检索页面单击右上角的"帮助",打开的即是与当前页面相对应的检索帮助说明,语言与检索页面相同。另外,帮助中还设置了内容详细的目录和索引系统,使用极其方便快捷。

同时,为了更好地利用数据库,WOK 还提供了培训园地,包括产品培训（内容涉及录音课件、在线学习新功能、培训资料等）、应用技巧、常见问题等。

2.3　社会科学引文索引(SSCI)

2.3.1　数据库内容

"社会科学引文索引"(Social Science Citation Index,SSCI)数据库由美国 ISI 出版和提供服务。1973 年,ISI 将引文索引法应用于社会科学领域,出版了针对社会科学期刊文献的多学科索引《社会科学引文索引》(SSCI)印刷版,现在由科睿唯安公司提供服务。

SSCI 目前所收录的数据最早回溯至 1956 年,收录的期刊为 3 500 多种。涵盖的学科领域包括人类学、历史、行业关系、信息科学和图书馆科学、法律、语言学、哲学、心理学、精神病学、政治学、公共卫生学、社会问题、社会工作、社会学、药物滥用、城市研究、女性研究等 58 个,总记录数超过 920 万条,总参考文献数超过 11 800 万篇。

数据库为周更新,每年大约新增 15 万条记录、31 万条引用的参考文献。自 1992 年 1 月起,近 60% 的文献包含英文作者详细摘要,1990 年以前几乎没有标引文摘。SSCI 除了能检索文章被引用的情况外,同时还可以揭示原文中所有的参考文献,并据此获得一批相关文献,是社会科学领域研究人员获得参考文献、评价学科发展的有效、权威的参考工具。

SSCI 网络版地址：http://webofknowledge.com/WOS/woscc/basic-search。

2.3.2　版本类型

SSCI 的出版类型与 SCI 一样,经历了印刷本、联机检索、光盘版、网络数据库等四种,不过 SSCI 各种出版类型收录的内容基本一致,不像 SCI 有核心收录和扩展收录的差别。

SSCI 与 SCI 同为 ISI 编辑和出版,其印刷版的结构也基本相同。SSCI 在 Dialog、DataStar、DIMDI、STN 等联机检索系统中均能提供联机检索服务,国内以 Dialog 为主,SSCI 在 Dialog 系统中称作 Social SciSearch,文档号为 7 号。目前以网络数据库为主提供服务。

2.3.3　数据库特点及功能

和 SCI 一样,SSCI 也是重要的统计工具和学术分析及评价的工具。SSCI 和 A&HCI 相辅相成,互为补充,共同构成了社会科学、人文与艺术科学领域的权威检索工具。查询社会科学或艺术与人文科学领域的核心文献、了解该领域重要的学者或学术科研机构的学术科研水平、掌握该领域核心期刊的影响程度等可以参考 SSCI 和 A&HCI 这两大数据库。

2.3.4 网络数据库检索系统

SSCI 的网络数据库与 SCIE、CPCI-S、CPCI-SSH 等一起构成了 Web of Science 整合数据库,其检索方法与 SCIE 相同,检索方法参见本章 2.2 节。

2.4 艺术与人文科学引文索引(A&HCI)

2.4.1 数据库内容

"艺术与人文科学引文索引"(Arts and Humanities Citation Index,A&HCI)数据库是针对艺术和人文科学期刊文献的多学科索引,创建于 1978 年,由美国 ISI 出版,现在由科睿唯安公司提供服务。

A&HCI 目前所收录的数据最早回溯到 1975 年,收录 1 843 种世界一流的艺术和人文科学期刊,涵盖的学科领域包括考古学、建筑学、艺术、亚洲研究、古典文学、舞蹈、民间传说、历史、语种、语言学、文学、音乐、哲学、诗歌、广播、电视和电影、宗教以及戏剧等 28 个。总记录数超过 490 万条,总参考文献数超过 3 270 万篇。

数据库周更新,每周平均增加 2 300 条新记录,新增大约 15 250 条引用的参考文献。自 2000 年 1 月起,包含英文作者详细摘要。

A&HCI 的一项独特功能是它能够检索作为艺术著作(例如:书籍、绘画、照片、建筑图纸、音乐乐谱)的引文。这些著作可能会在文章中被提及或复制,但文章作者并没有将这些文献作为正式被引参考文献列在脚注或尾注中,这种情况通常称为暗引,而科睿唯安会根据文献内容将这些暗引的著作标引成被引参考文献。暗引还可以包括书信、手稿、日记和其他主要来源文献的参考文献。为了明确区分暗引与其他引文,暗引的"卷"字段会包含以下缩写之一:IMP——暗引;ILL——示意图;MUS——音乐乐谱。

A&HCI 网络版地址:http://webofscience.com/wos/woscc/basic-search

2.4.2 版本类型

A&HCI 也先后经历了印刷本、联机、光盘、网络数据库等出版和服务过程,A&HCI 在 Dialog 系统中称作 Arts & Humanities Search,文档号为 Dialog 439 号。

2.4.3 数据库特点及功能

参见本章 2.3.3 小节。

2.4.4 数据库检索

参见本章 2.2 节。

2.5 期刊引用报告(JCR)

2.5.1 数据库内容

科睿唯安公司的新一代 InCites™ 平台包括 InCites™ 数据库、"基本科学指标数据库"

(Essential Science Indicators^SM，ESI)和"期刊引用报告"数据库(Journal Citation Reports®，JCR)。整合后的 InCites™ 平台,拥有全面的数据资源、多元化的指标和丰富的可视化效果,可以辅助科研管理人员高效地制定战略决策。

"期刊引用报告"(Journal Citation Reports,JCR)是 ISI 出版的一种关于期刊评估的资源工具,现在由科睿唯安公司提供服务。JCR 每年对 WOS 收录的期刊之间的引用和被引用数据进行统计、运算,从文献计量学的角度对期刊各项指标进行深入分析,用引文分析方法和各种量化指标系统地分析各个学科领域中期刊的相对重要性,揭示期刊引用和被引用之间的深层关系。其覆盖范围是多学科的和国际性的,期刊选自 110 多个国家和地区。

JCR 收录了 Web of Science 科学、技术、人文与社会科学领域的期刊,从 2020 年开始,JCR 数据库中收录的期刊从之前的 SCIE/SSCI 的期刊扩展为 SCIE、SSCI、A&HCI 和 ESCI 收录的期刊,其中 A&HCI 和 ESCI 的期刊没有影响因子,只有 JCR 指标。根据 2020 年网络版,JCR 收录 8 000 多家出版商涉及 250 多个学科的 21 000 多种期刊。

JCR 有网络版和光盘版,本节只介绍网络版的检索方法。

数据库网址:http://webofknowledge.com/JCR

2.5.2 JCR 统计指标简介

JCR 客观地统计了 Web of Science 收录期刊所刊载论文的数量、论文参考文献的数量、论文的被引次数等原始数据,再应用文献计量学的原理,统计分析期刊的影响因子、快引指数、被引半衰期等反映期刊质量和影响的定量指标,为期刊的评估和核心期刊的确定奠定了基础。

(1) 总引用次数(Total Cites)。指 JCR 统计年中某期刊的总被引次数。

(2) 期刊影响因子(Journal Impact Factor)。影响因子是 JCR 统计和评价期刊的一个重要参数,它是根据特定年限内某种期刊中论文被引总数与论文发表数之比来衡量期刊的影响程度。影响因子是 JCR 评价期刊的一项重要指标,根据一定期限内期刊平均被引频次的高低来衡量期刊的影响程度是比较科学的。期刊影响因子也是 ISI 选刊的一个重要因素。

影响因子计算方法:期刊前两年(相对于统计年)发表的论文在统计当年的被引用总次数除以该期刊在前两年内发表的论文总数。例如著名的期刊 Nature,2008 年和 2009 年发表的论文数分别为 899 篇和 866 篇;而 2008 年发表的论文在 2010 年全年被引用 35 114 次,2009 年发表的论文在 2010 年全年被引用 28 610 次,那么 2010 年 Nature 的影响因子为:

$$(35\ 114 + 28\ 610) \div (899 + 866) = 36.104$$

(3) 期刊 5 年影响因子(5-year Impact Factor)。JCR 统计年的前 5 年(相对于统计年)发表的文章在统计当年被引总次数除以该刊前 5 年的发文总量。

(4) 学科集合影响因子(Aggregate Impact Factor)。学科范围内所有期刊前两年(相对统计年)发表的论文在统计当年被引总次数除以该学科所有期刊在前两年内发表的论文总和。

(5) 快引指数(Immediacy Index)。快引指数是根据某期刊当年发表的论文在当年的被引率来反映期刊的影响程度,也是 JCR 统计和评价期刊的重要参数。期刊的快引指数越大,说明该刊当年被引的频次越高,也相对地说明该刊的核心度和影响力较强,其所发表的论文品质较高、较为热门。快引指数比较高的期刊一般是那些主要刊载多学科的、在某方面具有突破性和开创性的研究文章,这些文章一旦发表很快就会被引用。

快引指数计算方法:期刊当年发表的论文在同年总被引次数除以当年期刊发表的论文数。例如:期刊 Cell 在 2010 年发表的文章为 319 篇,2010 年发表的文章在当年被引 2 125 次,那么 Cell 的快引指数为:$2125 \div 319 = 6.66$。

(6) 论文(Articles)。JCR 统计年某期刊的发文量,只有那些可以作为有效引文的论文才进入统计数据。

(7) 被引半衰期(Cited Half-life)。期刊的被引半衰期是以"被引期刊"(Cited Journal)的数据为依据的。半衰期一般只统计 10 年的数据,如 JCR 2010 版只统计 2001—2010 年。半衰期是一个介于 1~10 的数字。半衰期如果大于 10,系统将不再进行统计;一般来说,半衰期是一个截至小数点后第一位的数字,其整数部分是以被引累积百分比小于或等于 50% 的年代数为准的。被引累积百分比是根据从 2001—2010 年之间的某一年度到 2010 年的被引数之和与总被引数之比得出的。

(8) 引用半衰期(Citing Half-life)。引用半衰期的含义及功能同被引半衰期,只不过其数据是以"引用期刊"(Citing Journal)为基准的。

(9) 特征因子分值(Eigenfactor Score)。特征因子分值的测度是基于过去 5 年中期刊发表的论文在 JCR 统计当年的被引用情况。与影响因子比较,期刊特征因子分值的特点有:① 特征因子考虑了期刊论文发表后 5 年的引用时段,比影响因子的 2 年引文时段,更能客观地反映期刊论文的引用高峰年份;② 特征因子对期刊引证的统计包括自然科学和社会科学,更为全面、完整;③ 特征因子的计算扣除了期刊的自引;④ 特征因子的计算基于随机的引文链接,通过特征因子分值可以较为合理地测度科研人员用于阅读不同期刊的时间。

(10) 论文影响分值(Article Influence Score)。论文影响分值反映了某期刊论文发表后 5 年的平均影响力,计算方法是期刊的特征因子分值除以该期刊的发文量在所有期刊的全部论文中所占的比值,这个指标大致类似于 5 年期刊影响因子,是一个 5 年期内期刊引文影响与期刊论文贡献大小的比率。论文影响分值中间值为 1.00,论文影响分值大于 1.00 表示期刊的每一篇论文的影响力大于平均水平,反之小于平均水平。

(11) 被引期刊(Cited Journal)。被引期刊是统计某种期刊在 WOS 数据库(SCI 或 SSCI,下同)中被其他期刊引用的数据列表,使用该表可查看某一期刊各年度(一般统计最近 10 年,如 2010 版统计 2001—2010 年)所发表的论文在统计年被其他期刊引用的统计数据。先按被引总数的多少排列全部引用期刊,被引总数相同的再按引用期刊缩写名称的字顺排列。该列表中的所有期刊均是被 WOS 数据库所收录的期刊。

(12) 引用期刊(Citing Journal)。引用期刊列表是统计 WOS 数据库中的来源期刊的列表,使用该表可以查看某一期刊各年度所发表的论文引用其他期刊情况的统计数据。同被引期刊列表一样,只统计近 10 年的数据。所有被引用期刊按各年度引用总数的高低排列,总数相同时再按照期刊字顺排列。

(13) 来源数据(Source Data)。可查看某期刊的各项来源数据,将论文分为研究论文、综述论文和组合型论文,并列出每种论文的发文量和参考文献数量,同时计算了参考文献数量与论文数量之比。

(14) 期刊自引(Journal Self Cites)。每种期刊有一个期刊自引表,表中显示了期刊自引在该刊影响因子中所占的份额或者说对该刊影响因子的贡献。

2.5.3 JCR 数据库检索

(1) 选择数据库。JCR 分为科学版和社会科学版两部分,在检索之前先选择要检索的数据库,并确定年份,然后再选择浏览或检索方式,包括通过主题领域、出版者和出版国家或地区浏览一组期刊;检索一种特定的期刊;浏览全部期刊。

(2) 数据库检索。使用 JCR 主要是以浏览方式进行,包括:

学科领域浏览:可选择一个或多个学科领域浏览一组期刊,可按期刊的影响因子、快引指数、特征因子分值等排序。另外,也可浏览学科领域的汇总数据,如学科领域内全部期刊的被引总数、学科领域的学科集影响因子、学科领域的发文量等。

出版者浏览:JCR 有一个出版者列表,用户可以从该列表中选择所要的出版者,并浏览该出版者旗下的期刊信息。

国家或地区浏览:按照字母顺序排列出所有国家或地区,选择要浏览的国家或地区名称,可浏览该国家或地区收录在数据库中的所有期刊信息。

此外,系统还提供了检索某特定期刊的方式。可以按期刊全名(Full Journal Title)、缩写刊名(Abbreviated Journal Title)、刊名关键词(Title Word)和国际标准连续出版物号(ISSN)字段,来检索某一特定期刊。

(3) 检索结果。检索后的结果列表内容包括刊名全称、期刊在统计当年被引总数、期刊影响因子、期刊的快引指数。期刊 5 年影响因子、ISSN、期刊当年论文发文量、期刊的被引半衰期、特征因子分值和论文影响分值等均可以通过 Custermize Indicators 选择展示,如图 2-9 所示。

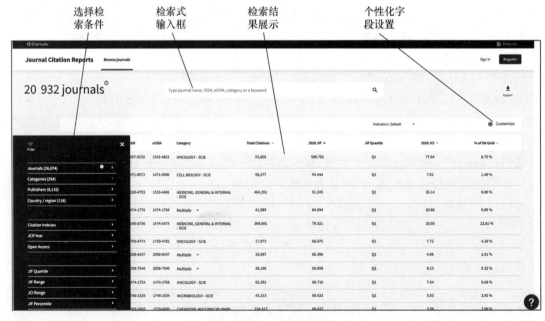

图 2-9　JCR 检索结果浏览

期刊的缩写名称以超链接方式存在,点击某一期刊名称后可以浏览该期刊的详细信息,包括期刊全名、出版信息、各种指标的计算和统计分析图表,以及期刊的自引情况等。进一步链接还可以浏览近10年该期刊被哪些期刊引用(Cited Journal),近10年该期刊引用的期刊(Citing Tournal)是哪些等信息。

JCR提供9种排序方式,分别是期刊名、被引总数、影响因子、快引指数、统计年的发文量、被引半衰期、5年影响因子、特征因子分值和论文影响分值。系统默认按期刊名称字排序,用户可根据需要随时更改排序方式。

JCR设置了标记功能,在期刊信息左侧的复选框中打"√"选择一种或多种期刊,再利用"更新标记清单"(Update Marked List)上传即可,还可使用"标记清单"(Marked List)按钮显示标记过的所有期刊。

第三节 常用综合类参考数据库

3.1 ProQuest 平台剑桥科学文摘数据库

ProQuest平台"剑桥科学文摘数据库"(Cambridge Scientific Abstracts,CSA)系同名公司出版。CSA是一家私营信息公司,位于美国马里兰州的Bethesda。公司已有60余年历史,主要编辑出版科学技术研究文献的文摘及索引,其产品中有印刷型期刊,也有各种电子版数据库。电子版数据库可通过远程联机和光盘检索。1998年又推出基于互联网的数据库服务。2007年美国剑桥信息集团(Cambridge Information Group)公司收购了ProQuest公司,并整合了旗下的CSA与ProQuest平台,CSA数据库采用ProQuest平台发布。

"剑桥科学文摘数据库"包含了CSA自行出版及其合作伙伴提供的各种数据库100多个。数据库中的记录不仅包括题录,还有原始文献的摘要,使读者容易识别文献的可用性。

学科范围包括航空航天科学(Aerospace Sciences)、农业科学(Agricultural Sciences)、水生生物科学(Aquatic Sciences)、生物学及医学(Biological & Medical Sciences)、计算机技术(Computer Technology)、工程(Engineering Specialties)、地球与环境科学(Earth & Environmental Sciences)、材料科学(Materials Science)、市场研究(Market Research)和社会科学(Social Sciences),其中每个主题下对应有多个数据库。

ProQuest平台网址:http://search.proquest.com/index? accountid=13151

3.1.1 CSA重要文摘数据库内容

(1) 生物科学数据库(Biological Sciences):包括原"生物学期刊全文数据库"(Biological Sciences Database)和"生物学索引数据库"(Biological Sciences Index)的数据库内容,收录了3 800种出版物,其中学术期刊的3 600种,行业出版物与杂志120多种,还收录了63 000多篇博硕士论文全文,5 700多篇会议论文/会议录全文,涉及动物行为、水生生物和渔业、化学感应、生物化学、生态学、植物科学、毒理学、免疫学、病毒学、微生物学、免疫基因学、健康与安全科学、致癌基因学、昆虫学,以及由分泌神经科学等主题领域。

其中的数据进行了深度标引,除题名、作者、出处、关键主题词等常规内容外,还有生物医学研究中很重要的原图、制图和各种图表。该数据库包含有 21 个子数据库(如表 2-1 所示),这些子数据库可以整体检索,也可以单独检索或跨子库检索,除"生物技术研究文摘"为半月更新外,其他子库均为月更新。

表 2-1　CSA 生物科学子数据库

子数据库名称	覆盖主题	起始年
藻类、真菌学与原生动物学文摘——微生物学 C(Algology Mycology and Protozoology Abstracts-Microbiology C)	繁殖、发育、生命周期、生物化学及遗传学等	1982
动物行为文摘(Animal Behavior Abstracts)	攻击、学习及食物摄取等	1982
生命科学和生活资源Ⅰ(ASFA 1: Biological Sciences and Living Resources)	海洋生物、淡水生物及盐湖生物等	1971
水产业文摘(ASFA Aquaculture Abstracts)	水产业、水生生物、渔业、海洋学及环境等	1984
海洋生物文摘(ASFA Marine Biotechnology Abstracts)	分子生物技术、海洋微生物、鱼类和贝类的遗传工程	1989
细菌学文摘(Bacteriology Abstracts -Microbiology B)	细菌免疫学、接种疫苗、抗生素及免疫学等	1982
生物技术研究文摘(Biotechnology Research Abstracts)	生物技术(医学、农业、环境)和生物工程等	1980
钙及钙化组织文摘(Calcium and Calcified Tissue Abstracts)	骨骼和牙齿生物学及离子钙	1982
化学感应文摘(Chemoreception Abstracts)	味觉、嗅觉生物学及感官研究	1982
CSA 神经科学文摘(CSA Neurosciences Abstracts)	神经生物学、运动及感觉系统、记忆及阿尔茨海默病	1982
生态学文摘(Ecology Abstracts)	水生生态系统、陆地生态系统及人类生态学	1982
昆虫学文摘(Entomology Abstracts)	生理学、解剖学、生物化学、生态学、行为学	1981
遗传学文摘(Genetics Abstracts)	染色体、进化遗传学、细胞循环	1982
健康与安全科学文摘(Health and Safety Science Abstracts)	环境健康、职业安全、杀虫剂、毒物学、突发事件管理、事故	1981
人类基因组文摘(Human Genome Abstracts)	基因克隆、基因治疗、遗传筛查	1982—1995
免疫学文摘(Immunology Abstracts)	免疫法、自身免疫性、遗传性	1982
工业和应用微生物文摘 A(Industrial and Applied Microbiology Abstracts-Microbiology A)	食品微生物学、发酵、微生物抵抗	1982
核酸文摘(Nucleic Acids Abstracts)	基因操作、DNA、传送 RNA	1982
致癌基因和增长因素文摘(Oncogenes and Growth Factors Abstracts)	癌细胞生长、丝氨酸	1989
毒物学文摘(Toxicology Abstracts)	药物、化学品、污染物	1981
病毒学及艾滋病文摘(Virology and AIDS Abstracts)	艾滋病、免疫学、抗病毒剂	1982

(2) 会议论文索引(Conference Papers Index)：提供了世界各地科技会议的论文，1995年以来主题侧重点是在生命科学、环境科学和水科学，之前的资料也包括物理、工程和材料科学。信息来源于会议议程、文摘出版物和已出版的会议录。主要学科领域包括农业、生物化学、化学、化工、林业、生物、环境科学、土壤科学、生物技术、临床医学等。数据库起始于1982年，已收录360多万条记录，双月更新。

(3) 经济学文献数据库(EconLit)：参见本章5.1节内容。

(4) 环境评估报告要览(Digests of Environmental Impact Statements，EIS)：数据库收录了1985年以来联邦政府发布的几百个各年份环境评估报告，并提供了报告的详细摘要。EIS从复杂且庞大的报告中撷取了关键问题和论点，转化成精练易读的文摘。每个条目包括了主题描述、正面影响和造成负面结果以及法律授权。覆盖的主题领域：航空运输、国防部预算、能源、有害物质、土地利用、公园/避难场所/森林、研究与开发、公路和铁路、城市与社会规划、水资源。数据库已包含大约1万份评估报告。

(5) 环境科学及污染治理(Environmental Sciences & Pollution Management)：涵盖了多个子数据库。收录1967年以来科技期刊、会议录、报告、专著、图书及政府出版物等1万多种，涉及的主题范围包括农业生物技术、空气质量、水污染、细菌学、生态学、能源、环境生物技术、环境工程、与工业及环境相关的微生物学、危险性废品、工业卫生学、各种污染(包括陆地、空气、噪声、固体废物、放射等)、安全、毒理学、水污染、废物管理以及水资源问题。数据总量已达352万多条，月更新，年新增8万多条记录。

(6) 图书馆与信息科学文摘数据库(Library And Information Science Abstracts，LISA)：参见本章5.3节内容。

(7) 教育资源信息中心数据库(Educational Resource Information Center，ERIC)：参见本章5.2节内容。

(8) 植物科学数据库(Plant Science)：为植物科学书目和文摘数据库，对应的印刷版是《植物科学最新进展》(Current Advances in Plant Science)，重点是植物病理学、共生、生物化学、遗传学、生物技术、环境生物学。数据库起始于1994年，数据总量已达50万余篇，月更新，年新增记录约1.5万条。

(9) MEDLINE 数据库：参见本章4.5节内容。

(10) 毒理学数据库(Toxicology data NETwork，TOXLINE)：涵盖了毒理学领域的期刊文摘和书目资料，另外也有专著、技术报告、学位论文、通信、会议文摘等资料，内容包含化学、药理学、杀虫剂、环境污染等。数据库起始于2000年，已收录文献90多万篇，周更新。

3.1.2 数据库检索

ProQuest剑桥科学文摘数据库与原ProQuest数据库资源现已全面整合到新平台——ProQuest检索系统，检索方法参考第四章的第二节。

3.2 OCLC FirstSearch 系统数据库

OCLC，即联机计算机图书馆中心(Online Computer Library Center)，是一个世界性的图书馆联盟组织，也是世界上最大的提供文献信息服务的机构之一，目前向全世界171多个国家和地区的 7.2 万家会员图书馆提供服务,其中包括 800 多万条硕博士论文记录和 2.7 亿多条不重复的图书书目记录,馆藏信息 18 亿多条,提供几十个高质量数据库,涉及广泛的主题范畴,覆盖所有领域和学科。其宗旨是促进世界各地图书馆之间的合作,实现世界资源的共享,并通过 OCLC 的服务最大限度地降低图书馆成本和读者利用图书馆的成本。

OCLC 创始于 1967 年,其总部设在美国的俄亥俄州,是一个非营利性的成员组织。当时俄亥俄州的大学校长们为了实现图书馆资源共享和降低图书馆成本,建立了俄亥俄州大学图书馆中心(Ohio College Library Center,OCLC),将该州内 54 所大学图书馆馆藏目录卡片通过电子网络输入电子目录数据库,开创了图书馆之间馆藏编目合作的历史先河。1971 年 OCLC 为图书馆建立了联机共享目录系统 WorldCat,直到今天还在被世界范围的图书馆使用。1977 年 OCLC 进行了调整,开始吸收俄亥俄州之外的图书馆加入该组织,1981 年更名为 Online Computer Library Center,并于 1979 年引入了国际性的馆际互借。OCLC 最大的突破是实现了全球联合编目和图书馆资源的全球化共享。它有多项产品和服务,广泛应用于世界各地的图书馆和科研机构。OCLC 联机系统主要通过由 OCLC 设计运行的联机通信网向成员馆及其他组织提供各种处理过程、产品和参考服务,也接收来自互联网的访问。OCLC 成员馆可访问包括 WorldCat 在内的所有服务和数据库,其成员构成了世界最大的图书馆协作组织。

FirstSearch 是 OCLC 在因特网上推出的一个大型联机检索系统,近年来发展迅速,深受使用者的欢迎。FirstSearch 服务起始于 1992 年,该系统是一个大型综合性的多学科数据库检索系统,覆盖科学技术、人文及社会科学的各个领域和学科,这些数据库多数是由美国的相关机构、研究院、图书馆及各大公司提供的,资源广泛,文献类型全,内容丰富,更新及时,包括世界图书馆馆藏的电子资源和传统资源、知名参考数据库、全文和全图像文献、网络资源等。其中一些资源可以通过题录连接到免费或具有浏览权限的全文;同时 FirstSearch 也提供馆际互借服务功能。

通过 OCLC 的 FirstSearch 检索系统可查阅几十个数据库,主要包括以下主题范畴:艺术和人文学科、工商管理和经济、会议和会议录、消费者事务和人物、教育、工程和技术、普通科学、综合和参考、生命科学、医学和健康学、新闻和时事、公共事务和法律、社会科学。

FirstSearch 检索网址:http://firstsearch.oclc.org/FSIP

3.2.1 FirstSearch 重要数据库内容

(1) 联合书目(WorldCat):WorldCat 是 OCLC 为世界各国图书馆中的图书及其他资料所编纂的目录,也是 OCLC 的核心数据库,文献资源来源于 OCLC 成员馆,数据量达 5.5 亿多条记录,涉及多种语言,每个记录中带有馆藏地点。它包括以下类型的目录资料:图书、手稿、计算机数据文件、地图、计算机程序、乐谱、影片和胶片、报纸、期刊、录音资料、视频资料等,每种文献类型都可作为检索选项来限制检索。最早的资料可回溯到公元前 1000 年,每天更新。

书:图书、手册、技术报告、印刷文件、论文、手稿及其他作品。

连续出版物:期刊、报纸、年鉴、杂志、论文集、会议录及专著。

文章:文献为某种资料的一部分内容,如会议论文、图书的部分章节及论文等。

视听资料：可放映媒体(包括动感照片、幻灯片及电影胶片等)，二维不可放映图像(包括图表、活动卡片、贴画、图画、复制品、原始艺术品、油画、影印画、照片、明信片及海报)，三维史前古物和天然存物(包括模型、透视画、游戏、迷宫、模拟物、雕刻、其他三维艺术品、展览品、衣物、机械物品、玩具及刺绣品等)，另外还有一些用显微镜观看的标本及教具等。

录音带：音乐和非音乐资料。非音乐资料有：音响效果、鸟叫、体育训练录音、歌声、音乐伴奏下的圣歌、音乐伴奏下的故事朗诵及配乐游戏等。

乐谱：印刷型乐谱(包括完整的乐谱、唱诗班乐谱、缩微乐谱、音乐手稿、音乐学习及练习方面的书)。

计算机文档：属电子资源，计算机软件(包括程序、游戏、图像、制图、声音、字体)、数字资料、面向计算机的多媒体、计算机文献及联机系统等。

档案资料：搜集保存的照片、手稿及录音资料等。

地图：地图、地图原稿、地球仪、地图集、航空图、航海图、遥感图像及计算机制图等。

互联网资源：具有联机文献、图表、系统或服务的 Web 站点。

(2) 期刊目次数据库(Article First)：包括自 1990 年以来的 16 000 多种期刊的文章索引，数据量达 3 200 多万条，每个记录对应于期刊的一篇文章、新闻报道、信函或其他类型的资料。内容范畴涉及：商业、科学、人文、社会科学、医药、技术及大众文化等。大多数期刊收录起始于 1990 年 1 月，每天更新。

(3) 联机电子出版物数据库(Electronic Collection Online Database，ECO)：OCLC 的学术期刊汇编，包括全部所收录期刊的书目信息，涉及文章中所有的图像和原始内容。收录了自 1995 年以来世界上 70 多家出版社的 5 000 多种期刊，总计 680 多万条记录，是一个全部带有联机全文文章的期刊数据库，但全文需另外付费，一般用户只能查到元数据信息；同时可以看到世界各地图书馆的馆藏情况，查看用户所在图书馆或单位订阅的期刊中的摘要和全文文章。该数据库主题范畴广泛，包括农业、图书馆学、人类学、文学、商业、医药、经济学、哲学、教育、政治科学、美术、心理学、地理、宗教、历史、科学、语言、社会科学、法律及技术等。期刊收录起始于 1995 年，每天更新。

(4) 教育资源信息中心数据库(Educational Resources Information Center，ERIC)：以教育为主题的期刊文章及报道，其中 ERIC 包括某些免费的全文文献。详情参见本章 5.2 节。

(5) 医学文献数据库(The National Library of Medicine，MEDLINE)：内容涉及所有医学领域，包括牙科学和护理学。详情参见本章 4.5 节。

(6) 世界年鉴(World Almanac)："世界年鉴"是一个十分重要的参考工具，包括传记、百科全书、各种事实与统计资料，来源于印刷版工具书 *Funk & Wagnall's New Encyclopedia*、*The World Almanac and Book of Facts*、*The World Almanac of the U.S.A*、*The World Almanac of U.S. Politics* 以及 *The World Almanac for Kids* 的内容。其中 *The World Almanac and Book of Facts* 已有百年历史，介绍世界各国历史、政治、经济概况，对发生重大事件的国家和地区做比较详细的叙述。数据库中有大量的地理知识，如气候、山脉、河流、古迹、地震、洪水等报道。此外还有对世界知名人士、名牌大学、诺贝尔奖获得者、奥运会以及其他体育竞赛的大量知识性介绍。主题内容涉及：美国的生活、艺术与娱乐、计算机、经济学、环境、历史大事件、国防、新闻人物、科学和技术、运动、税务、美国城市与各州、美国各州与领土的概况、世界各国、人口统计学等,资料起始于1998年,目前已有3.2万条记录,年更新。

(7) 拉丁美洲期刊索引(ClasePeriodica):ClasePeriodica 由两部分组成,其中 CLASE 索引了有关社会科学与人文科学方面的专业文献,而 PERIODICA 收录的是科学与技术文献期刊。包括学术期刊 2 700 种,涉及西班牙语、葡萄牙语、法语和英语,2019 年数据量达 65 万多条。信息来源于 24 个不同的拉丁美洲和加勒比海国家,文献类型包括期刊论文、散文、书评、专著、会议录、技术报告、采访以及简注等。主要内容:农业科学、历史、人类学、法律、艺术、图书馆与信息科学、生物学、语言学与文学、化学、管理与会计、通信科学、医药、人口统计学、哲学、经济学、物理学、教育、政治学、工程、心理学、精密科学、宗教、外交事务、社会学及地球科学。其中 Clase 收录年代起始于 1975 年,Periodica 起始于 1978 年,季度更新。

(8) 数字资源联合目录(The OAIster Database):由世界上 1 100 多个学术机构提供的多学科资源。资源的类型涉及:数字化图书与文章、原生数字形态文字、音频文件、图像、电影、资料集等,记录数量达 2 300 多万条,季度更新。

(9) OCLC 硕博士论文数据库(WorldCat Dissertations and Theses):收集了 WorldCat 数据库中所有硕博士论文和以 OCLC 成员馆编目的论文为基础的出版物,涉及所有学科,涵盖所有主题。WorldCat 硕博士论文数据库最突出的特点是其资源均来自世界一流高校的图书馆,如美国的哈佛大学、耶鲁大学、斯坦福大学、麻省理工学院、哥伦比亚大学、杜克大学、西北大学以及欧洲的剑桥大学、牛津大学、帝国理工大学、欧洲工商管理学院、巴黎大学、柏林大学等等,共有 1 800 多万条记录,其中 100 多万篇有免费全文链接,可免费下载,是学术研究中十分重要的参考资料。该数据库每天更新。

(10) OCLC 会议论文索引数据库(PapersFirst):PapersFirst 数据库是一部在世界范围召开的大会、座谈会、博览会、研讨会、专业会、学术报告会等会议上发布的论文的索引。涵盖了自 1993 年以来所有来自大英图书馆文献供应中心的发布过的各种会议的资料,所包含的主题就是所报道的会议的主题,共有 940 多万条记录,可通过馆际互借获取全文。该数据库每两周更新一次。

(11) OCLC 会议录索引数据库(ProceedingsFirst):ProceedingsFirst 是 PapersFirst 的相关库,是一部在世界范围召开的大会、座谈会、博览会、研讨会、专业会、学术报告会等会议录的索引。涵盖了从 1993 年以来所有来自大英图书馆文献供应中心发布过的各种会议,每条记录包含一份原会议的文件清单,从而提供了活动概貌,共有 49 万多条记录。该数据库每周更新两次。

(12) OCLC 电子图书(Electronic Books,Ebooks):OCLC 为世界各国图书馆中的图书及其他资料所编纂的目录。数据库中含有由 OCLC 成员图书馆编目的所有的记录,涵盖 400 种语言。内容包括图书、手稿本、网址与网络资源、地图、计算机程序、乐谱、电影与幻灯、报纸、期刊与杂志、录音、文章及文件、录像带等。收录的资源起始于公元前 1000 年,从 1971 年建立数据库至今,记录数量已达 5 200 多万条,每天更新。

3.2.2 FirstSearch 系统检索

FirstSearch 是一个面向最终用户设计的联机检索系统,它的最大特点是提供一体化服务,用户进行相关文献的检索,不仅掌握二次文献信息,还能查找文献所在地,包括世界范围的图书馆、世界上可提供全文服务的文献服务社和 OCLC 自身,并进一步找到一次文献。此外,还有 8 种界面语言供选择:英语、法语、西班牙语、阿拉伯语、日语、韩语及中文(简体和繁体),而 WorldCat 数据库中的中文、日语、韩语、阿拉伯语记录以原始编目语言显示内容。

1. 检索功能

在进行检索之前,首先要选择一个或多个数据库,或按主题范畴选择。每个主题范畴对应多个数据库,共分为 15 个主题和数据库类型,包括艺术与人文(Art & Humanities)、传记(Biography)、商务与经济(Business & Economics)、会议与会议录(Conferences & Proceedings)、消费者事务和大众(Consumer Affairs & People)、教育(Education)、工程和技术(Engineering & Technology)、综合类(General)、科学总论(General Science)、生命科学(Life Sciences)、医学/健康—消费者(Medicine/Health,Consumer)、Professional(医学/健康—专业人员)、公共事务与法律(Public Affairs & Law)、快速参考(Quick Reference)及社会科学(Social Sciences)。

数据库最佳推荐:FirstSearch 有一个特殊的功能——推荐最适合的数据库。OCLC 有 10 多个主题范畴,而每个主题范畴又对应很多数据库,怎样才能够知道哪个数据库更适合自己呢?利用最佳推荐可以实现选择数据库的操作。点击"推荐最佳数据库",将要查询的词或词组输入到检索对话框中,系统会把该词在所有可用数据库中进行扫描,并且显示该检索词或词组在每个数据库中匹配的记录数,对于用户来说,命中记录越多的数据库应该是最好的数据库,用户据此可以有针对性地选择适合于自己的数据库。

选择数据库时,数据库名称显示为深蓝色字体的为 OCLC 的数据库。

在数据库名称后,图标 🛈 可以显示该库的详细信息,图标 🗏 表示该库有联机全文。

选择好数据库以后,即可进入 FirstSearch 检索主页面,缺省为高级检索页面(如图 2-10 所示)。

(1) 基本检索(Basic Search)。基本检索适合于初次使用 FirstSearch 检索的人员或检索式比较简单的操作,只要输入检索词、选择检索范围、设定限制条件和检索排序后即可进行检索。

基本检索的检索范围比较小,通常只限于作者、题目和关键词字段,不同数据库的检索范围也有所不同。

设定限制条件时,要注意每个数据库可限制的条件不同。例如,检索 ArticleFirst 数据库,如果用户所在的图书馆为 OCLC 成员馆,则仅对用户所在的图书馆馆藏文献的内容进行检索、重新排列检索结果和限制检索,以方便用户获取全文;也可限制只检索带有全文的数据库。而对于 WorldCat 数据库,除上述限制外,还可以限制文献类型等。

设定检索结果的排序,可以按照相关性和更新日期两种排序方法。

(2) 高级检索(Advanced Search)。高级检索可以选择多个检索字段,扩大检索范围;检索限定的选项也比较多,例如:可按年代限制检索(年代的书写格式为 yyyy—yyyy,如 2001—2010);还可使用图书馆代码限制在特定图书馆检索,并提供图书馆代码表查找代码(如图 2-10 所示)。

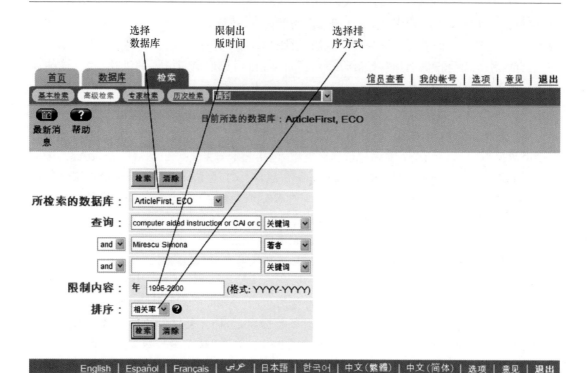

图 2-10　FirstSearch 系统高级检索页面

(3) 专家检索(Expert Search)。专家检索是为能熟练使用逻辑检索功能、截词符和检索字段标识符的有经验的检索者而设计的。检索式由字段符、检索词、布尔逻辑算符等组成,可使用括号来强化检索功能。逻辑算符为 AND、OR 和 NOT,检索字段可以自定义,如果只限制一种字段检索,也可以在字段下拉菜单中选择,如图 2-11 所示,其他操作如高级检索。例如:life measures and pathophysiology and wom♯n and incontin * 。

(4) 索引。系统提供"浏览索引"功能,用于定位检索词的位置,查询检索词的拼写是否正确。浏览索引时,点击检索框右侧的 ,打开数据库索引浏览页面。数据库中每一个检索字段对应一个浏览索引,索引结构按字母顺序排列。例如:ArticleFirst 数据库包括关键词、著者、来源、题名词、年代等在内的 16 个检索字段,均具有对应的索引。

在索引列表中选中一个词或词组,该词或词组就会自动进入检索对话框,再执行检索。

2. 检索技术

(1) 字检索与词检索。系统默认的是字检索,如果要检索一个准确词组,就要对词组加引号。如:"artificial intelligent"为准确词组;而 artificial intelligent 检索的执行效果为 artificial and intelligent。

(2) 位置算符。

W(with):两词之间用 W 连接,表示两词要按照输入顺序同时出现在记录中,之间没有其他词。两词用 W 和数字(1~25)连接,表示两词之间间隔的词数不超过该数字,两词出现的顺序与输入顺序一致。如:art w3 forgery。

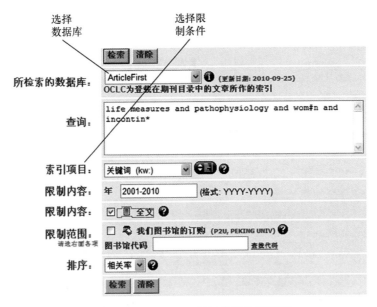

图 2-11　FirstSearch 系统专家检索页面

N(near)：两词之间用 N 连接，表示两词可按照任意顺序同时出现在记录中，之间没有其他词。两词用 N 和数字(1～25)连接，表示两词之间间隔的词数不超过该数字，两词出现的顺序可前可后。如：byzantine n4 east。

(3) 截词符。

无限截断：＊和＋，其中复数用＋，表示词尾为 s 或 es，注意：特殊复数的词要同时输入而不能用截词符，如：leaf OR leaves。

有限截断：♯和？，其中♯代表一个字符，？可代替 0 至一串字符，如用 colo？r 可检索到 color、colour、colonizer 和 colorimeter，用 colo？2r 可检索到 color 和 colour，但检索不到 colonizer 和 colorimeter。注意有限截词符不可以用在词头。

(4) 禁用词。FirstSearch 的禁用词包括：

a　　but　　he　　of　　was　　an　　by　　in　　on　　which　　are　　for　　her　　that　　with　　as　　from　　his　　the　　you　　at　　had　　is　　this　　be　　have　　it　　to

3. 检索结果

执行检索命令后，与检索策略相匹配的所有记录列表则显示在屏幕上，并列出此时检索的数据库名、每个数据库命中的条目数、检索的短语以及使用的排列和分类顺序(如果曾选择和使用过)，如图 2-12 所示。

屏幕上同时还有其他当前未检索的相关数据库的导航链接，点击其中一个数据库，系统则用当前检索策略直接在该数据库中进行检索，并列出检索结果。

通过题名或"详细记录"链接，即可进入详细记录浏览状态(如图 2-13 所示)。详细记录中的作者名具有超链接功能，可以进行该作者的其他著作和文献的检索。一部分数据库记录中主题(Subjects)字段下具有超链接的叙词，可检索同一主题词下的其他文献。图标"📖图书馆"，则表示可以看到当前文献的图书馆收藏地址。

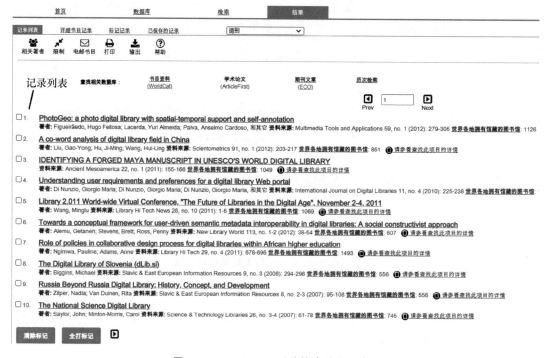

图 2-12　FirstSearch 系统检索结果列表

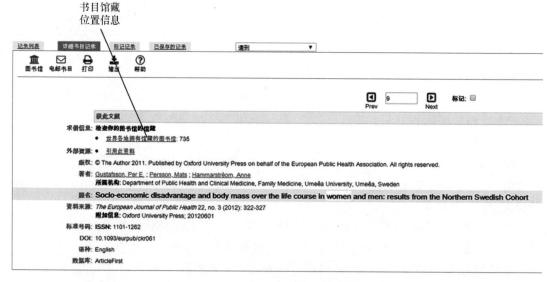

图 2-13　OCLC 详细记录显示格式

检索结果可以打印(打印图标🖨)、输出(输出图标⬇)、使用 E-mail 发送(电邮书目图标✉)等。

4. 用户服务

保存检索：在检索结果页面会显示对应的检索式,使用"保存检索"功能,可将检索式保存到 FirstSearch 远程服务器上,用户可以在注册并登录后管理这里的内容。在检索历史(检索平台显示"历次检索")中也可以完成检索式的保存。

系统提供原文传递和馆际互借的服务。

5. FirstSearch 管理模块(Administrative Module)

为了更有效地服务,OCLC 提供了一套针对 FirstSearch 检索服务的管理系统,主要由集团用户的账号管理工作人员使用,这套管理模块的主要用途：

控制和管理 FirstSearch 服务的检索功能。如：设置检索屏幕的静止时限(Time Out),设置检索系统可否进行相关数据库检索,设置一次最多检索数据库的数目,设置馆藏信息的显示,显示检索的文献所在的图书馆,设置发送全文的方式,设置馆际互借功能等。

整合 FirstSearch 检索系统与本地图书馆的其他服务项目。如：检索结果中设置与本地图书馆馆藏目录的链接,设置本地图书馆的 OpenURL 服务链接等。

控制使用 OCLC 时的费用情况。如：设置文章的购买方式,设置文章的最高价格,设置可按价格选择期刊等。

3.3 Scopus 数据库

Scopus 数据库由爱思唯尔(Elsevier)公司于 2004 年 11 月正式推出的文摘和引文数据库,并配备科研数据分析工具 SciVal 等多种文献计量工具帮助用户对科研内容进行跟踪、分析和可视化研究。Scopus 涵盖了由 5 000 多家出版商出版发行的自然科学、工程技术、医学、社会科学以及艺术人文等方面的 24 000 多种期刊,其中 21 000 多种同行评审期刊,50 万篇学术会议论文,20 万本书。

Scopus 的内容全面,学科广泛,特别是在获取非英语国家的文献方面。通过 Scopus,用户可以检索到 1823 年以来的近 5 700 万条摘要和题录信息,以及 1996 年以来所引用的参考文献。数据每日更新。

数据库网址：https://www.scopus.com/search/form.uri?display=basic

3.3.1 数据库收录内容

Scopus 的来源出版物浏览和来源出版物列表每年更新三次。来源出版物的文章达到 15 篇的阈值之后,该来源出版物便会添加到 Scopus 的来源出版物浏览和来源出版物列表。

1. Scopus 指标简介

Scopus 数据库提供许多不同类型的多元指标,供使用者针对研究文献、期刊、研究者从不同角度评估文献与期刊的影响力、研究的学术产出。

(1) 期刊指标。期刊指标能够帮助使用者了解并评估期刊的影响力。

CiteScore™ 以三年区间为基准来计算每本期刊的平均被引用次数,并提供期刊领域排名、期刊分区的相关信息,可用于了解期刊在其领域的重要性和趋势分析,作为投稿期刊影响力的参考。

SJR 全名为科学杂志排名(SCImago Journal Rank),是由来自西班牙国家研究机构的 Félix de Moya 教授等所在的 SCImago 研究团队提出,其核心概念来自 Google 的 PageRank 计算法,根据引用权衡表以及复杂且性质不同的网络资源引用,如 Scopus 使用的特征向量中心性来决定学术期刊的排名。SJR 指标是不受体量影响的计量方法,旨在衡量期刊目前的"文章平均声望"。

标准化影响系数(Source Normalized Impact per Paper,SNIP),由荷兰莱顿大学(University of Leiden)科学与技术研究中心(Centre for Science and Technology Studies, CWTS)团队 Henk Moed 教授提出,其根据某个主题领域的总引用次数,给予引用权重,进而衡量上下文引用所造成的影响。这个方法就是找出每篇论文中期刊引用的数目与主题领域内引用的可能性之间的比例,其目的是可以直接比较不同主题领域内的文献,以此突破传统的影响因子无法考量不同研究领域的引用情形。

(2) 文献指标。文献指标可协助使用者评估研究文献的影响力。

权重引用影响力指数(Field-Weighted Citation Impact,FWCI)是显示一篇文献与类似文献相比之下的引用频率,考虑的因素为出版年份、文件类型,及与出处相关的学科。影响力指数的世界平均值为 1,高于 1 则表示文献表现优于世界水准,反之亦然。

Plum Metrics 指标利用主流媒体、学术社交媒体以及大众社交媒体的曝光程度来分析研究文献的媒体影响力。

(3) 研究者指标。也称 h 指数,是由美国物理学家 Jorge E. Hirsch 教授提出的混合量化指标,用于评估研究者的学术产出数量与学术产出影响力。

2. Scopus 的功能

(1) 进行全面的文献调研。除了学科范围广泛之外,Scopus 具有强大的检索功能:检索界面包括文献检索、作者检索、机构检索、高级检索;用户可以根据检索需求选择检索界面,设置字段、输入检索词后进行检索。

Scopus 提供快速精炼和筛选功能,利用文章探寻科研课题的来龙去脉,分析一组文章的研究基础和后续研究,具体分析文章被引用情况——引文追踪(Citation Tracker);检索结果方便导出,可以密切追踪最新的信息"在编文章"(Articles-in-Press,AiP)——已经获得期刊接收,但还未正式出版的论文。

(2) 研究者的学术评价。Scopus 可以对研究人员发表的学术论文从发文数量、被引情况、h 指数等方面进行学术评价和学科热点趋势分析。在作者检索的界面中,可以查询研究人员发表论文的整体情况以及每年的文献发表数目变化。通过引文跟踪器能够查询研究者发表论文的被引情况,包括该研究人员的所有被引文献、总被引的次数以及每年的被引次数等。同时,Scopus 提供了研究人员的 h 指数信息,可以选择将 h 指数以图表的方式输出,通过可视化工具更好地呈现出研究人员的科研力。

(3) 机构的科研力评价。在机构检索界面中,输入机构名称,即可获得该机构所发表的所有文献、作者、学科领域以及发表时间等信息。通过分析这些信息,从纵向上可以对比自身学术水平和学科研究热点的变化,从横向上可以对比竞争机构,识别自身的科研优势和劣势,客观反映出机构的科研实力。

(4) 学科热点和趋势分析。在高级检索中输入学科名称,可检索到该学科的研究现状,如文献数量和文献的发表时间、被引次数较多的核心文献、核心作者等信息。被引次数较多的文献在一定程度上能够代表该学科的研究热点和发展趋势。

3.3.2　数据库检索

Scopus 提供快速检索、文献检索、作者检索和高级检索,以及多种检索结果精炼模式,可以同时检索网络和专利信息(通过 Scirus 网络搜索引擎)(如图 2-14 所示)。

文献检索是 Scopus 的主检索页面,在对应的检索字段中输入相应的关键词就可以提供信息检索;作者检索是输入作者名字,即可检索获得与该作者相关的信息。归属机构检索是输入归属机构名称,即可检索获得与该机构相关的信息。Scopus 提供标准的全文链接,还可以基于用户订购期刊列表定制全文链接,这两种方式都可以通过 Scopus 管理工具(Admin Tool)来设置。Scopus 还提供了"View of Web"链接,让用户可以从参考文献页面直接链接到网络上的全文资源。这些全文资源包括学位论文、专利、标准和其他任何类型的信息,Scopus 已经有超过 390 000 条"View of Web"链接。

对于任何检索来说,用户可以使用分析检索结果功能对结果进行分析。该功能可以给出不同的分析类型,每一种分析类型都可以通过图形或者表格的方式加深用户对结果的理解。此外,用户还可以根据需求设定特定的分析子项目对检索结果进行进一步的加工。

Scopus 可连接到 SciVal 提供引文分析的功能,自 1996 年以来的 2.8 亿条参考文献都可以通过简单直观的方式进行评估,进而发现某一领域的研究热点和发展趋势,寻找新的研究突破口。

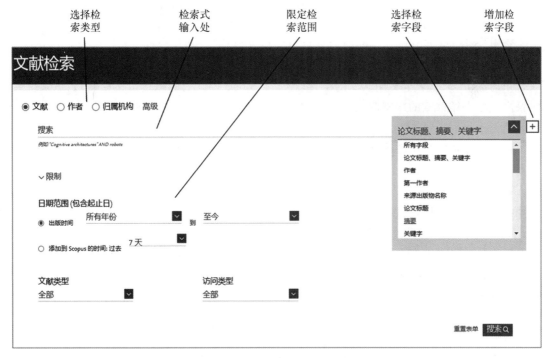

图 2-14　Scopus 检索页面

Scopus 不仅能分析作者的引文指标,还可分析某个作者的特定文章。从 Author ID,可以显示该作者的所有文章,引用该作者文章的文献、h 指数及更多信息。其中,作者身份识别系统(Author Identifier)可以帮助用户排除容易混淆的作者和确定唯一作者。Scopus 为 2 000 万作者分配了独有的唯一识别号,并可以识别出某一位作者最近的 150 位同著者。将作者身份识别与引文追踪结合运用,可以方便地对特定文献的影响、作者的影响和特定期刊的影响进行分析。

Scopus 与 Crossfire Beilstein 和 Refworks 整合在一起。可以从 Scopus 文摘页面的化学式和反应式直接链接到 Crossfire Beilstein 数据库,支持将检索结果直接输出到 Refworks 以及从 Refworks 链接到 Scopus。

3.4 CALIS 外文期刊网

高等教育文献保障系统(China Academic Library & Information System,CALIS),是经国务院批准的我国高等教育"211 工程"三个公共服务体系之一,其主要目标是为高等教育的教学、科研提供丰富的学术研究资源和服务。

"CALIS 外文期刊网"(原名"西文期刊目次数据库",CALIS Current Contents,CCC)是 CALIS 推出的一个图书馆馆藏西文期刊集成系统。它包含了 2.4 万种西文学术类期刊从 1999 年至今的全部目次数据,目前覆盖了全世界著名的 9 种二次文献数据库,包括农业文摘(AGRICOLA)、"生物学文摘"(Biological Abstracts)、"化学文摘"(Chemical Abstracts)、"现刊篇名目次"(Current Contents)、"工程索引"(The Engineering Index)、"科学文摘"(Science Abstracts)、"医学文摘索引"(The National Library of Medicine,MEDLINE),科学引文索引(Science Citation Index)、"社会科学引文索引"(Social Science Citation Index)的大部分,以及全国三大图书馆系统订购的纸本西文学术期刊的 70% 以上,并且实现了和国内联合采购的 15 个电子全文期刊库的链接(覆盖了 8 000 种以上的电子全文期刊)。该系统共收录高校图书馆馆藏的印刷版及电子期刊约 14.5 万种,其中 6 万多种具有篇名目次,数据总量达 1.13 亿条,每周更新一次。

系统把成员图书馆的馆藏印刷版期刊与各图书馆购买的全文数据库所涵盖的电子期刊与篇名目次有机地整合在一起,使读者可以直接通过系统的资源调度得到电子全文;系统对 CALIS 高校图书馆的印刷版馆藏期刊和电子资源馆藏均统一进行了标注;报道期刊目次和馆藏详细信息;还可以连接到 CALIS 馆际互借系统,方便用户把检索到的文章信息直接向 CALIS 馆际互借系统发送文献传递请求,从而获取全文。系统具备篇名目次检索、馆藏期刊的联机公共目录查询系统(Open Public Access Catalogue,OPAC)链接、电子期刊全文链接,揭示国内馆藏情况并提供各种分类统计数据,具备了强大、准确的揭示功能、完善的链接功能和各种统计分析功能,还为成员馆提供各种用户使用查询统计报告、成员馆馆藏导航数据下载、成员馆电子资源维护等服务。

数据库网址:http://ccc.calis.edu.cn/

数据库的检索方法、用户服务介绍以及 eduChina 其他数据库的内容,详见第三章。

3.5 Ingenta 期刊索引数据库

Ingenta 网站是 Ingenta 公司于 1998 年建成的学术信息平台。Ingenta 期刊索引数据库(IngentaConnect)是目前世界上最大的期刊数据库之一,收录期刊 1.8 万多种,拥有期刊文章索引(或文摘)700 多万篇,广泛覆盖了自然科学与社会科学多种学科的主题。数据库更新及时,基本与印刷本期刊出版时间保持同步,因此可以检索到最新的文献信息,并提供及时迅捷的原文传递服务。目前,Ingenta 公司在英国和美国多个城市设有分公司,拥有分布于世界各地的 1 万多个机构用户和 2 500 多万个个人用户,已成为全球学术信息服务领域的一个重要的文献检索系统。

数据库网址:http://www.ingentaconnect.com

3.5.1 数据库收录内容

Ingenta 提供的信息涉及许多学科领域。包括农业与食品科学、人文艺术科学、生物与生命科学、化学、计算机与信息科学、地球与环境科学、经济工商、工程技术、数学与统计学、医学、护理、哲学与语言学、物理与天文学、心理与精神病学以及社会科学 15 类。分为 3 个数据库:

Online Articles:180 多个出版机构提供的 1990 年以来的 5 400 多种全文电子期刊论文。

Uncover Plus:1988 年以来的 2 万多种出版物的论文。

Science Direct:覆盖了全部 Elsevier 期刊,但只能通过 Online Articles 数据库链接到 Science Direct 数据库的全文文本。

Online Article 和 Uncover Plus 两个数据库内容有相互交叉,又有各自独有的资源,用户应检索两个数据库,以保证检索结果的全面性。

3.5.2 数据库检索

Ingenta 也是一个整合平台,提供两类期刊的原文服务:

第一类是在线出版物(Online Publications),是由 200 多个在线出版商提供的出版物,一般可直接获取电子全文链接,但前提是用户或用户所在机构已购买了这些出版物的使用权限;

第二类是标识有 Fax/Ariel 的期刊,这些期刊没有电子全文,要获取全文只能通过传真或 Ariel 方式(网际传真)进行传递。

(1)检索功能。

① 出版物名称/主题浏览:提供出版物名称索引,可按出版物名称的首字母浏览期刊卷期;也可按主题浏览期刊,在首页选择浏览主题(Browse Subject Area Resources),或在出版物名称浏览页面的主题区域(By Subject Area)的下拉菜单中选择一个主题,即可浏览二级主题及该主题下的全部出版物,包括所有期刊(Online Journals)、在线参考信息(Reference)、教育资源(Educational Resources)、学会协会(Associations)和其他网络资源(General Resources、Metasites)等。此外,还可以按出版社名称浏览期刊。

② 检索：包括简单检索(Search)和高级检索(Advanced Search)。其中高级检索可进行关键词、作者、出版物、ISSN、卷期等多个字段的检索。检索限定中的"Electronic Content"表示检索可直接链接全文的内容（但需要用户有权限），"Fax/Ariel Content"表示检索可提供原文传递服务的内容。

(2) 检索技术。

逻辑算符：可使用 AND、OR 和 NOT（出版物名称、ISSN 等字段不支持逻辑算符）。

截词符：可使用 * 进行截词，如输入 categor* 可检出 category、categories 等。

优先算符：可使用括号()，表达优先运算，如输入 river and (otter or stoat)。

精确检索：可使用双引号("")表达精确检索，如输入"convex mirror"只能检索出完全匹配的词组。

(3) 检索结果。检索结果包括题名、作者、出处（包括期刊或会议名称、卷和起止页码等）和出版信息等内容；可对结果进行标记(Mark)和查看概要信息(Summary)。可以直接下载全文的记录中有全文链接（例如 Elsevier 的电子期刊其链接按钮为 Science Direct），可以进行原文传递的期刊给出的是原文传递的价格和方式等（按钮为 FullText）。检索结果可以保存、打印和使用电子邮件发送。

第四节 常用理工类参考数据库

4.1 工程索引(EI)

4.1.1 数据库内容及相关概况

"工程索引"(The Engineering Index, EI)，是由美国工程信息公司(Engineering Information Inc.)编辑出版的一部历史悠久的大型综合性检索工具。EI 在全球的学术界、工程界、信息界享有盛誉，是科技界公认的重要检索工具。"工程索引"网络版(Engineering Index Compendex Web, EI Compendex)是当今最大的综合性的工程研究参考数据库。该数据库包含了 2 600 多万条参考文献和文摘，有来自 76 个国家的 190 种工程学科的学术性期刊、会议录以及技术报告。其内容涵盖工程及应用科学，包括核技术、生物工程、交通运输、化学和过程工程、光及光学技术、农业工程和食品技术、计算机和数据处理（加工）、应用物理、电子及通信、控制、土木、机械、材料、石油、航空航天工程等。收录年代始于 1969 年，年新增记录约 65 万条，周更新。数据库中化工和工艺的期刊文献最多，约占 15%，计算机和数据处理占 12%，应用物理占 11%，电子和通信占 12%，另外还有土木工程占 6% 和机械工程占 6%。大约 22% 的数据是有主题词和摘要的会议论文，90% 的文献是英文文献。EI 从 1992 年开始收录中国期刊。

该数据库对检索全世界范围内工程与技术文献，跟踪与评价技术新成果非常有用。数据每周更新。

数据库网址：http://www.engineeringvillage.com/

1. 历史发展及出版状况

(1) 发展简史。《工程索引》印刷版创刊于1884年,最初只是美国工程师学会联合会会刊中的一个文摘专栏,命名为"索引注释"(Index Notes)。1895年,美国《工程杂志》(The Engineering Magazine)社购买其版权后正式更名为 The Engineering Index,后一直沿用至今,并开始出版累积索引,1892—1905年总共出版了四卷累积索引;1906年起每年出版一卷。1934年,工程索引公司(The Engineering Index, Inc.)成立,专门负责《工程索引》的编辑出版工作。20世纪70年代开始生产电子版数据库 EI Compendex,1972年通过 Dialog 大型联机系统提供检索服务。1981年,工程索引公司更名为工程信息公司,并于20世纪80年代后期开始发行光盘,到了20世纪90年代,随着计算机网络技术的发展,EI 适时推出了网络检索服务。

(2) 版本类型。为满足用户不同的检索需要,《工程索引》以多种形式出版。

印刷型:最早出版的是印刷版,全称 The Engineering Index,包括:

① 年刊(The Engineering Index Annual),1906年开始出版,每年出版一卷,年刊出版周期较长,但查检方便;

② 月刊(The Engineering Index Monthly),创办于1962年,每月出版一期,报道时差为6~8周;

③ EI累积索引(The Engineering Index Cumulative Index),自1973年起编纂,每3年出版一期,用于手工回溯检索;

④ 1928年,《工程索引》还出版了工程索引卡片,按主题分组发行,报道时差更短,便于灵活地积累资料,1976年停刊。

缩微胶卷(EI Microfilm):1970年《工程索引》开始发行缩微胶卷。

机读磁带:1969年开始发行为计算机检索使用的工程索引机读磁带。

联机检索:EI 数据库也在多个系统中以联机方式提供服务,如:Dialog、STN、ORBIT等。Dialog 系统中 EI 为8号文档,数据起始于1884年,到2010年10月覆盖期刊4 500多种。

光盘版数据库:20世纪80年代后期《工程索引》发行了光盘版,叫作 EI Compendex*Plus,收录1987年以来的 EI 文献,记录每月更新,共收录2 600种来源出版物;其收录的出版物与印刷版相对应。

网络版(EI CompendexWeb):Compendex 是 Computerized Engineering Index 的缩写,即计算机化的工程索引。EI 从1990年开始网络检索,1995年推出了 EI Engineering Village,EI CompendexWeb 即为 EI Engineering Village 中的一个数据库,收录范围为1969年至今,由早期的联机检索版 EI Compendex 和 EI PageOne 合并而成。目前国内订购和主要使用的是 Web 版的 EI Compendex。值得一提的是,《工程索引》还有一个回溯数据库 EI Backfile,覆盖了1884—1969年《工程索引》的全部内容。

《工程索引》版本之间的区别:其印刷版与光盘版 EI Compendex*Plus、缩微胶卷和机读磁带收录的资源相当;而网络版与联机数据库具有相同的收录范围,涵盖了联机检索版 EI Compendex 和 EI PageOne 两部分内容,只是网络版数据库分为两个时间段:现代版的 EI CompendexWeb(1969年之后)和回溯版的 EI Backfile(1884—1969年)。

2. EI Compendex 核心出版物

目前,网络版的 EI Compendex 是早期的联机检索版 EI Compendex 和 EI PageOne 合并而成。与光盘版相比,增加了 EI PageOne 的部分,两个版本的文献来源有较大的不同。通常把 EI 网络版中的 EI Compendex 称为 EI 网络版的核心收录部分,其涉及的期刊和连续出版的会议录共计 2 600 余种(和光盘版基本相同),这部分期刊和会议录在 EI 网络版中可以通过字段内容来筛选或甄别。CompendexWeb 数据库中的核心和非核心数据的主要区别在于:记录中有分类码(EI Classification Codes)和主题标引词(EI Main Heading)的为核心数据,没有这两项内容的为非核心数据。

EI 从 1992 年开始收录中国期刊,之前也有核心期刊与非核心期刊之说。EI 在 2009 年对期刊收录进行了调整,从 2009 年 1 月开始,收录的中国期刊数据不再区分核心期刊数据和非核心期刊数据。检索 2009 年之前的数据,可参考核心期刊数据和非核心期刊数据的区别。目前 EI CompendexWeb 数据库共收录中国大陆地区期刊 200 余种。

3. EI 的选刊原则

(1) 出版物的主题:化学工程、土木工程、电气/电子工程、机械工程、冶金矿业以及石油工程、计算机工程及软件为 EI 的核心领域,这些学科的期刊除编者按和讨论外,由作者编写的文章会全部收录,而这些期刊通常被称为核心期刊。EI 对某些领域的期刊文献是有选择性地收录,包括农业工程、工业工程、纺织工程、应用化学、应用数学、大气科学以及造纸化学和技术,这些领域的期刊只收录工程技术方面的文章。

(2) 出版物的格式和清晰表达:这也是 EI Compendex 选刊的一个重要方面,文章用英文写作更有助于收录,期刊要清楚地陈述其覆盖领域,使 EI Compendex 很容易判断该期刊是否是其收录的范围,此外,同行评议也是很重要的一个条件。

(3) 投稿:期刊发表的文章记录的应是原始研究或原始工作。

(4) 出版物品种:期刊要有英文刊名、国际标准期刊号 ISSN 和分类代码、完整的出版信息,如果有网络版,则 URL 要在期刊上公布;会议要有英文会议名称、地址、起止日期、主办者、国际标准期刊号或国际标准书号、出版者信息;各类内容要有规范的出版格式,如文摘的长度、反映重要信息的文摘描述、规范的书写格式等。

4.1.2 Engineering Village 检索平台和 EI 数据库检索

EI Compendex 网络数据库的检索平台采用的是 Engineering Village(EV)。Engineering Village 涵盖了工程、应用科学相关的最为广泛的学科领域,资源类型包括学术文献、商业出版物、发明专利、会议论文和技术报告等。除 EI Compendex 之外,Engineering Village 检索平台还可以访问的数据库资源包括"工程索引"回溯文档(EI Backfile)、"科学文摘"(INSPEC)、"美国国家科技报告"数据库(National Technical Information Service,NTIS)、EI 专利(EI Patents)、"地学参考数据库"(GeoRef 和 GeoBase),可以链接到美国专利及欧洲专利数据库,也可以链接到专门用于科技信息检索的科技搜索引擎 Scirus。

1. 检索功能

Engineering Village 检索平台设置了简易检索、快速检索和专家检索 3 种检索方式,并在这 3 种检索方式之间进行切换。

（1）简易检索（Easy Search）。即关键词检索，检索范围为全记录字段，可使用布尔逻辑算符、括号、截词符等检索技术。

（2）快速检索（Quick Search）。实际上是一种填空和选择式的检索，可选择特定字段进行有针对性的限制检索，使用 AND、OR 或 NOT 逻辑算符进行组配。可选择词根运算，同时可以使用检索技术，如布尔逻辑算符、括号、截词符以及精确词组检索等。可检索字段包括全部字段（All Fields）、主题词/标题/文摘（Subject/Title/Abstracts）、文摘（Abstracts）、作者（Author）、第一作者机构（Author Affiliations）、标题（Title）、EI 分类代码（EI Classification Code）、期刊代码（CODEN）、会议信息（Conference Information）、会议代码（Conference Code）、国际标准系列出版物编号（ISSN）、EI 主标题词（EI Main Heading）、出版者（Publisher）、来源出版物名称（Source Title）、EI 受控词（EI Controlled Term）、原始国家（Country of Origin），如图 2-15 所示。

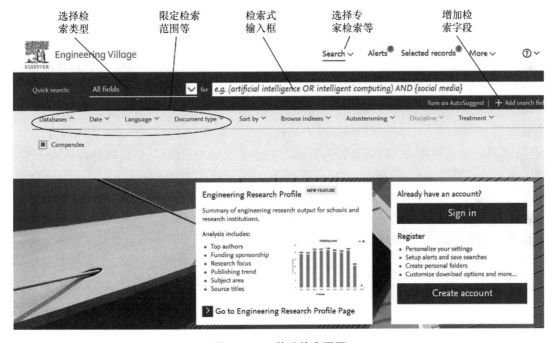

图 2-15　EI 快速检索页面

（3）专家检索（Expert Search）。用户可将检索词限定在某一特定字段进行检索（字段代码见专家检索页面的字段表），同时可以使用逻辑算符、括号、位置算符、截词符等；也允许用户使用逻辑算符的同时在多个字段中进行检索；系统将严格按输入的检索式进行检索（如图 2-16 所示）。

检索限制：可限制检索年代、更新时间、排序方式和自动词根运算等。

（4）索引（Browse Indexes）。包括作者、第一作者机构、EI 受控词、来源出版物名称、语言（Language）、文献类型（Document Type）、出版者以及 EI 文献处理类型（Treatment Type）等字段的索引词表。打开相应的索引词表后，选择适当的索引词，系统会自动将选定

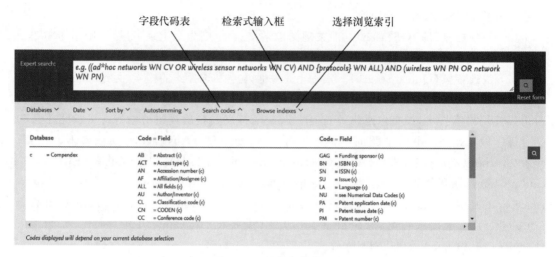

图 2-16　EI 专家检索页面

的索引词粘贴到第一个没有内容(空)的检索框中,系统也自动修改检索范围为相应的字段。粘贴的检索词与前一个检索框之间默认用 OR 组配符,需要人工确认检索框之间布尔逻辑关系。

(5) 主题词表(Thesaurus)及其应用。EI Compendex 的主题词表为叙词表,即数据库中收录的每篇文献均有多个受控词(Controlled Term)来揭示文献内容,受控词汇集在词表中,被组织成等级结构,亦称树形结构,所涵盖的概念设定为上位词、下位词和相关词关系,即称叙词表。在每条记录的多个受控词中,其中一个受控词作为主标题词(Main Heading)来表示文献的主题,同时还要用更多的受控词来描述文献中涉及的其他概念。最新版为第六版,含有约 2.2 万个主题词,其中包括约 1.2 万个首选词,约 1 万个非首选词。

在叙词表中,受控词为正体字,引导词以斜体字呈现。引导词有两种情况:一种是受控词的同义词但不属于受控词;另一种是曾经用来标引文献的早期受控词(在叙词表中打星号)、而现在已经被新的受控词所替代的词语。引导词不能直接用于检索,点击引导词后系统会自动指引到相对应的同义受控词或替代受控词。

叙词表有多种用途,比如当利用受控词检索文献时,叙词表是受控词选词指南,可用来确定受控词,查找同义词和相关词,利用词表中的推荐词和下位词来精确检索策略等。随着科技的快速发展,叙词表一直在与时俱进发生着变化,还可以用于追溯受控词在某个时间段内的使用情况。

受控词检索有 3 种使用方法:

① 叙词表选词检索:在主题词表的查询框中输入词或词组后,如选择"Search",系统按照字母顺序方式将该受控词的上位词、下位词及相关词线性混合排列出来;如选择"Exact Term",系统会分别列出其上位词、下位词和相关词;如选择"Browse",则打开按照字母顺序线性排列的全部叙词表,但系统会自动移动至所输入的词语处。以上 3 种情况用户均可根据所列受控词选择并设置限制条件进行检索。如选择多个词语,则各词语间为逻辑"OR"的关系。

如果在叙词表中使用了非受控或不正确的词语检索,系统在提示没有检索结果的同时也会建议可能匹配的受控词。

② 一般检索：在快速检索和专家检索页面，在检索框中输入检索词，并选择限制在受控词字段检索。

③ 超链接检索：在摘要格式和详细格式记录中受控词以超链接的形式存在，如果用户在浏览记录时，发现有更适合自己检索需求的受控词，在记录浏览状态下可直接点击该受控词，系统以快速检索的方式，并自动限定在受控词字段，检索所有时间范围内的记录。

2. 检索技术

(1) 逻辑算符：包括 AND、OR、NOT。

(2) 位置算符。

NEAR：检出的文献要同时含有这两个词，这两个词要彼此接近，前后顺序不限，两词间隔与数字有关。如 laser NEAR/5 diode 表示两词相互间隔 5 个词以内。

ONEAR：检出的文献要同时含有这两个词，彼此按照输入顺序出现。如 laser ONEAR/5 diode 表示两词相互间隔 5 个词以内，在记录中的顺序是 laser 前，diode 后。

对于位置算符，如果没有数字，则系统默认两词间隔 4 个词以内。如 laser NEAR diode 表示两词相互间隔 0~4 个词。

(3) 优先算符为括号( )：表示括号中的检索式将优先执行。

(4) 通配符。

截词符"*"：
- 右截断，如：optic*，将检索出以 optic 为起始的所有词，如 optic、optics、optical 等。
- 左截断，例如：*sorption，将检索到 adsorption、absorption、resorption 等。
- 中截断，例如：h*emoglobin，将检索到 hemoglobin、haemoglobin 等。

代字符(?)：一个 ? 代表一个字符，如 t?? th 可检索到 tooth、teeth、truth、tenth。注意：截词符和代字符不能与词根运算、位置算符、引号" "和括号{ }同时使用。

词根算符($)：此功能将以输入词的词根为基础，检索同一词族中的所有派生词。例如：$computer 将检索出与该词根具有同样语意的多个词，如 computing、computation、computational、computers 等。在快速检索和专家检索界面中，系统对输入检索框中所有检索词(除作者字段外)均设定了自动词根功能，可以方便有效地提高查全率。如果不想使用自动词根功能，可以点击这个界面上的 Autostemming off，即可关闭。注意：如果检索词(词组)使用了引号" "或括号{ }做精确检索，系统将不会进行词根运算。

(5) 词组检索符号。引号" "或大括号{ }：用于精确词组检索，如"carbon nanotubes"。没有使用引号或大括号的词组，系统会自动将各词组配成 and 的关系。注意：符号应在英文状态下输入。

(6) 特殊符号。除 a~z、A~Z、0~9、?、*、#、( )或{ }等字符外，其他符号均视为特殊符号，检索时将被忽略。如果检索的短语中含有特殊符号，则需将此短语放入括号或引号中，此时系统将特殊符号按照空格处理。例如：{n>5} 或"M.G.I"。

(7) 检索限制选项。文献类型：期刊、会议、专著等文献类型。

EI 文献处理类型：应用、理论、实验、综述、传记、经济等方面的文献。

语种：原始文献的语言。

检索年代：文献的出版年代。
更新时间：可将检索限制在数据库最新更新的1～4周时间范围内。
词根运算：系统自动进行词根运算（Autostemming Off），可选择关闭。

3. 检索结果

（1）检索结果显示。系统默认每屏显示25条记录，每20屏500条记录为一组。选择某一记录下的"Abstract"或"Detailed"，可分别单篇显示该记录的文摘或全记录格式，对标记过的记录可多条显示文摘或全记录格式。

（2）检索结果排序。检索结果的排序方式有：相关性、出版年、作者、来源、出版者。相关性排序只能按照递减顺序排列，其他选项可以分别按正、反序排列。

（3）检索结果输出。对标记过的记录可以进行浏览（View Selections），或通过E-mail发送、打印、下载（Download）、保存到文件夹（Save to Folder）等方式进行输出。其中"下载"是指用户将记录以文件的方式保存到自己的各种存储盘中；"保存到文件夹"则是指用户可以在Engineering Village的服务器上建立自己的账户和文件夹，并将检索结果保存在所建立的文件夹中，如果需要查看或存取，只要通过E-mail地址和密码登录即可。

（4）二次检索（精简检索结果）。如果初次检索结果不能满足要求，可在该项检索结果的基础上做进一步检索，即对检索结果进行优化或精简。精简检索结果有两种方式：

① 使用Refine Search功能：点击后原始检索式将自动出现在精简检索框中，根据检索需要对其做进一步的改动，再点击检索（Search）按钮即可。如果原始检索是快速检索，精简检索自动定位到快速检索页面，专家检索和简易检索亦然。该方式用户可以随心所欲地对检索式做任意修改。

② 使用精简检索结果栏进行包含和排除检索。在检索的同时，系统对检索结果进行了作者、机构、控制词、分类代码等多项分析（分析内容详见"检索结果分析"）。用户可以根据分析结果，选择对其中某项进行排除或包含检索。例如：检索式("Nanostructured Materials") WN TI 在2008—2009年的检索结果为256篇文献，分析结果显示作者为Jiang, Q. 的有3篇，如果要单独浏览这3篇文献，点击该作者前面的选择框，并选择包含检索（点击Limit to）。同样从受控词分析看，上面的结果中有27篇是关于纳米结构方面的文献，如果想排除，点击该受控词前的选择框，并点击"Exclude"，那么新的检索结果中已经将有关纳米结构方面的27篇文献从最初检索结果中排除出去。包含和排除检索均可多项多词语选择。

（5）检索结果聚类。精简检索结果功能实际上也是一个检索结果多项分析的功能，分析内容包括作者、作者机构、来源名称、受控词、分类代码、文献类型、国家、语言、出版年、出版机构等。对于每一项内容，都会有一个分析列表，按照记录数量递减顺序排列，缺省显示条目重现最多的10条记录。例如其中的作者项，当执行一个检索命令后，在检索结果分析栏会列出当前检索结果中发表文章最多的10位作者，点击"more"则显示更多的分析结果，点击每一个分析项目后的"▮▮▮"图标，则显示对应的分析图表，从而直观浏览检索结果的分布情况。

4. 用户服务

（1）检索历史。系统记录了当前所进行的每一次检索。可以使用"Search History"功能来查看当前检索历史，检索历史可以显示检索式序号、检索模式（快速检索、高级检索或叙词检索等)、检索式、排序方式、词根运算的开关状态、检索结果的数量以及所检索的数据库。点击检索历史中的任何一个检索式显示检索结果,也可以按照序号对检索式进行逻辑组配,例如:(♯1 AND ♯3) OR (♯2 AND ♯4)。

检索历史中,用户可以将任意一个检索式保存到远程服务器上或创建一个电子邮件跟踪通报(E-mail Alerts)。使用已保存检索(Saved Searches)功能,可以调出检索历史查看,并进行删除(Remove)或清空已保存的检索(Clear Saved Searches)。注意:保存或管理检索式要先进行个人账户注册。

(2) 全文链接(Fulltext Linking)。对于某一篇文献,如果用户所在机构具有该文献的电子全文浏览权限,则该条记录中会有一个全文链接按钮 Full-text ,点击该按钮,直接指向原始文献,进一步浏览全文。

(3) 注册个人账户(Personal Account)。注册账户可以保存检索式,删除、管理保存在远程服务器上的检索结果,创建 E-mail 最新期刊目次通报,建立在线内容聚合服务(Really Simple Syndication, RSS),对记录打标签(Tag)等。可以通过"My Profile"对已定制的各种个性化服务项目进行管理。

(4) RSS 订阅。将信息窗中提示的 URL 链接地址拷贝并粘贴到 RSS 阅读器中,每周 EI 数据库更新时,与用户检索策略相匹配的最新检索结果就会显示在 RSS 阅读器中。每次数据库更新的最大推送量为 400 条记录。推送的结果包括文献题目和阅读详细记录的链接。

(5) 定题跟踪通报(E-mail Alerts)。选择检索历史功能,然后在复选框中选中用户想设置为 E-mail 专题服务的检索式。每当数据库更新时,系统会将检索结果发送到注册时留下的 E-mail 中。

(6) 博客文章(Blog This)。博客是一种简短的网络日志,Engineering Village 可以将用户感兴趣的文章转发到自己的博客中。

(7) 文献标签及标签组(Tags and Groups)。Engineering Village 设置了文献标签及标签组功能,用户可对文献进行自主分类,并建立共用文献群。tag 就是建立标签,是一种更为灵活、自定义的网络信息分类方式,用户可以为每篇日志、每个帖子或者每张图片等添加一个或多个标签(如关键词或人名),然后可以看到一定范围内所有相同标签的内容,由此和他人产生更多的联系,看到更多自己感兴趣的文献。tag 体现了群体的力量,使得内容之间的相关性和用户之间的交互性大大增强。

主要功能包括:① 添加、编辑、删除自己的标签;② 创建或删除标签组以及小组成员;③ 检索浏览标签,可以通过检索词在 Public、Private 或 My institution 范围内查找使用某个词语做标签的记录并浏览;也可以直接点击 tag 列表中任何感兴趣的标签进行检索。

系统设定了三类标签的权限:
Public:选定此标签组后所建标签为所有 Engineering Village 用户可见;
My Institution:选定此标签组后所建标签为所有本机构用户可见;
Private:选定此标签组后所建标签只为本人可见。

4.2 化学文摘(CA)网络版

"化学文摘"(Chemical Abstracts,CA)是世界上最大的、最全面的化学信息数据库,收录内容来自 200 多个国家和地区 4 万多种化学化工及相关科技期刊和会议文献,目前文献信息量已累计达 3 000 多万条记录,包含 4 400 多万种化学物质和 6 000 多万条生物序列。每年 CA 报道新增 100 多万条文献、130 万个新物质和 12.3 万个专利,占世界化学化工文献总量的 95% 以上,被称为打开化学化工知识宝库的"金钥匙"。自创刊以来,CA 不仅成为化学家们获取化学化工研究最新进展的重要信息源,也是文献检索和回溯检索无可替代的工具。

CA 创刊于 1907 年,由总部设在美国俄亥俄州(Ohio)首府哥伦布城(Columbus)的美国化学学会旗下的美国化学文摘社(Chemical Abstracts Service,CAS)出版。《化学文摘》的前身为 1895 年创刊的《美国化学研究评论》(*Review of American Chemical Research*)以及《美国化学会志》两种期刊的文摘部分,出版初期,主要收录美国的化学文献,随着发行范围的扩大,逐渐变成为世界性的重要参考文献,1969 年兼并了具有 140 年历史的著名的德国《化学文摘》(*Chemisches Zentralblatt*,1830—1969)。1969 年建立数据库,20 世纪 70 年代初开始进入 Dialog 联机检索系统,1996 年又制作了光盘版数据库。2010 年 1 月 1 日起,历经百年历程的 CA 印刷版正式退出了历史舞台。CAS 现在使用的网络版数据库检索平台 SciFinder,"化学文摘"作为其中的主要数据库,为广大化学化工研究和工作人员提供了更加便利的文献检索手段。

CA 的出版类型:

印刷版:为周刊,分文摘和索引两大部分,其中索引除每期有期索引外,还有卷索引和累积索引。此外还有其他出版物,如索引指南、登记号手册、文献资源索引等。CA 印刷版同时还出版有缩微胶片。印刷版于 2010 年 1 月 1 日正式停刊。

光盘数据库:称为 CA on CD,月更新。收录的范围与印刷版相对应,文摘号也一致,只是内容编排有些区别,进一步提高了 CA 的可检性和速检性。

网络数据库:称为 SciFinder,将数据库分为书目参考资料、化学反应、化学物质、商品化合物等。

联机数据库:在 STN 和 Dialog 系统均提供联机服务,常用的联机检索系统为 Dialog,数据起始于 1967 年,文档号 399。

CA 的特点:历史悠久,数据量大而全,不仅方便检索新资料,还有利于回溯检索;文献类型齐全;索引种类齐全,索引体系完整,检索途径多;累积回溯工作好;文摘标引质量较高。

4.2.1 数据库内容及相关概况

1. 数据库内容

涉及生物化学、有机化学、高分子化学、应用化学、物理化学、无机化学、分析化学等学科,其中生物化学占的比重最大,达 34%(如图 2-17 所示)。原始文献涉及 50 多种语言。

CA 来源于世界上 4 万多种期刊,其中 2019 年的现刊为 1 万多种,文献可归类成 6 种基本类型:期刊(74%)、专利(16%)、技术报告(1%)、学位论文(2%)、会议论文集(6%)、图书(1%)等。对于鉴别化学物质来说,是一个权威资料信息库,涉及的物质类型如表 2-2 所示。

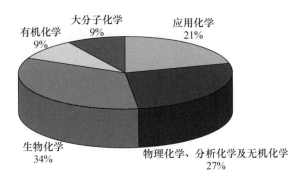

图 2-17 CA 学科覆盖比例

表 2-2 物质类型

有机物（Organic）	配位化合物（Coordination Compounds）
无机物（Inorganic）	同位素（Isotopes）
金属（Metals）	核粒子（Nuclear Particles）
有机金属（Organometallics）	蛋白质（Proteins）
合金（Alloys）	序列（Sequences）
矿物（Minerals）	聚合物（Polymers）
元素（Elements）	非结构材料（Nonstructurable Materials）

2. 主题分类体系

为了便于检索，化学文摘按照学科的主题进行了分类，称为"Chemical Abstract Sections"。共分为 5 个大类（① 生物化学类，② 有机化学类，③ 高分子化学类，④ 应用化学和化学工程类，⑤ 物理化学、无机化学和分析化学类）和 80 个小类。这些分类词在数据库中可以作为检索字段。

① 生物化学类（Biochemistry Sections）：

1 药理学
（Pharmacology）
2 哺乳动物激素
（Mammalian hormones）
3 生化遗传学
（Biochemical genetics）
4 毒理学
（Toxicology）
5 农业化学生物调节剂
（Agrochemical bioregulators）
6 普通生物化学
（General biochemistry）
7 酶
（Enzymes）
8 放射生物化学
（Radiation biochemistry）
9 生物化学方法
（Biochemical methods）
10 微生物、藻类及真菌生物化学
（Microbial, algal and fungal biochemistry）
11 植物生物化学
（Plant biochemistry）
12 非哺乳动物生物化学
（Non-mammalian biochemistry）
13 哺乳动物生物化学
（Mammalian biochemistry）
14 哺乳动物病理生物化学
（Mammalian pathological biochemistry）

115

15 免疫化学
   (Immunochemistry)
16 发酵和生物工业化学
   (Fermentation and bio-industrial chemistry)
17 食品及饲料化学
   (Food and feed chemistry)
18 动物营养学
   (Animal nutrition)
19 肥料、土壤及植物营养学
   (Fertilizers, soils and plant nutrition)
20 历史、教育和文献
   (History, education and documentation)

② 有机化学类(Organic Chemistry Sections):
21 普通有机化学
   (General organic chemistry)
22 物理有机化学
   (Physical organic chemistry)
23 脂肪族化合物
   (Aliphatic compounds)
24 脂环化合物
   (Alicyclic compounds)
25 苯及其衍生物,稠合苯化合物
   (Benzene, its derivatives and condensed benzenoid compounds)
26 生物分子学及其合成
   (Biomolecules and their synthetic analogs)
27 杂环化合物(一个杂原子)
   (Heterocyclic compounds-one Hetero atom)
28 杂环化合物(一个以上杂原子)
   (Heterocyclic compounds -more than one hetero atom)
29 有机金属和有机非金属化合物
   (Organometallic and organometalloidal compounds)
30 萜烯及萜类化合物
   (Terpenes and terpenoids)
31 生物碱
   (Alkaloids)
32 甾类化合物(类固醇)
   (Steroids)
33 碳水化合物
   (Carbohydrates)
34 氨基酸、肽和蛋白质
   (Amino acids, peptides and proteins)

③ 高分子化学类(Macromolecular Chemistry Sections):
35 合成高聚物化学(Chemistry of synthetic high polymers)
36 合成高聚物的物理性质(Physical properties of synthetic high polymers)
37 塑料的制造和加工(Plastics manufacture and processing)
38 塑料制品及应用(Plastics fabrication and uses)
39 合成橡胶及天然橡胶(Synthetic elastomers and natural rubber)
40 纺织品及纤维(Textiles and fibers)
41 染料、有机颜料、荧光增白剂和摄影感光剂(Dyes, organic pigments, fluorescent brighteners, and photographic sensitizers)
42 涂料、油墨及相关产品(Coatings, inks, and related products)
43 纤维素、木质素、纸张及其他木制品(Cellulose, lignin, paper, and other wood products)
44 工业碳水化合物(Industrial carbohydrates)
45 工业有机化学品、皮革、脂肪和石蜡(Industrial organic chemicals, leather, fats and waxes)
46 表面活性剂和清洁剂(Surface-active agents and detergents)

④ 应用化学和化学工程类（Applied Chemistry and Chemical Engineering Sections）：

47 仪器和设备（Apparatus and plant equipment）
48 单元操作和过程（Unit operations and processes）
49 工业有机化学品（Industrial inorganic chemicals）
50 推进剂和炸药（Propellants and explosives）
51 矿藏燃料、衍生物及其相关产品（Fossil fuels, derivatives, and related products）
52 电化学能、辐射能及热能技术（Electrochemical, radiational, and thermal energy technology）
53 矿物化学和地质化学（Mineralogical and geological chemistry）
54 萃取冶金学（Extractive metallurgy）
55 黑色金属及合金（Ferrous metals and alloys）
56 有色金属及合金（Nonferrous metals and alloys）
57 陶瓷（Ceramics）
58 水泥、混凝土及其相关建筑材料（Cement, concrete, and related building materials）
59 空气污染和工业卫生（Air pollution and industrial hygiene）
60 废料加工处理（Waste treatment and disposal）
61 水（Water）
62 香精油和化妆品（Essential oils and cosmetics）
63 药物（Pharmaceutical）
64 药物分析（Pharmaceutical analysis）

⑤ 物理化学、无机化学和分析化学类（Physical, Inorganic, and Analytical Chemistry Sections）：

65 普通物理化学（General physical chemistry）
66 表面化学和胶体（Surface chemistry and colloids）
67 催化、反应动力学和无机反应机理（Catalysis, reaction kinetics, and inorganic reaction mechanisms）
68 相平衡、化学平衡和溶液（Phase equilibriums, chemical equilibriums, and solutions）
69 热力学、热化学和热性质（Thermodynamics, thermochemistry, and thermal properties）
70 核现象（Nuclear phenomena）
71 核技术（Nuclear technology）
72 电化学（Electrochemistry）
73 光谱、电子能谱、质谱及相关性质（Optical, electron, and mass spectroscopy and other related properties）
74 放射化学、光化学、显影及其他电子翻印方法
   （Radiation chemistry, photochemistry, and photographic and other reprographic processes）
75 结晶学和液晶（Crystallography and liquid crystals）
76 电现象（Electric phenomena）
77 磁现象（Magnetic phenomena）
78 无机化学品和反应（Inorganic chemicals and reactions）
79 无机分析化学（Inorganic analytical chemistry）
80 有机分析化学（Organic analytical chemistry）

4.2.2 SciFinder 及其检索

1. SciFinder 的内容构成

SciFinder 是 CAS 推出的基于 CA 的化学资料网络数据库检索平台。SciFinder 检索平台上有 6 个数据库，涉及文摘数据库、物质数据库和反应数据库，包含了全世界最大、最全面的化学和科学信息。覆盖的学科范围包括应用化学、化学工程、普通化学、物理、生物学、生命科学、医学、聚合体、材料科学、地质学、食品科学和农学等诸多领域。SciFinder 数据库覆盖了 1 万多种期刊，涉及 50 多种语言，包括 62 个专利授权组织的专利，文献最早回溯到 1840 年。

访问网址：https://origin-scifinder.cas.org/scifinder/view/scifinder/scifinderExplore.jsf

数据库及其内容如下。

（1）参考文献数据库（CAplus^{sm}）：覆盖化学、生物化学、化学工程及其宽泛的相关领域。收录文献记录 5 000 多万条，包括 19 世纪早期至今的源自 5 万多种科技期刊（包括目前仍在出版的数千种期刊）文献、63 个专利授权机构的专利文献、会议论文、技术报告、图书、学位论文、评论、会议摘要、e-only 期刊、网络预印本等。更新频率：数据每日更新，对于全球 9 个主要专利机构公布的专利，保证其著录和摘要信息在公布两天之内收入数据库。可用研究主题、作者姓名、机构名称、文献标识号、期刊名、专利信息等进行检索。

（2）物质信息数据库（CAS REGISTRY^{sm}）：物质结构、物质 CAS 登记号和物质名称的权威数据库。包含超过 1.53 亿个物质，最早可回溯至 19 世纪初，包括独特的有机物质、无机物质，如合金、配合物、矿物质、混合物、聚合物、盐等超过 6 800 万条序列。CAS REGISTRY^{sm} 是全世界收录物质最多的数据库，可以通过化学名称、结构和 CAS 登记号（CAS Registry Number$^{©}$）对物质进行识别，CAS 登记号是化学物质唯一的标识，拥有丰富的物质信息，如实验和预测性质数据，包括超过 75 亿条属性值、数据表和谱图。每日新增约 15 000 个物质。

CAS 登记号（CAS Registry Number），亦称化学物质登记号，是 CAS 将所收录的文献中具有特定结构、化学键性质和已确定的化学物质登记下来，给予一个号码，这个号码称为登记号，也是鉴别物质的标识符。登记号由 10 位以下数字构成，连字符将数字分为 3 个部分，例如：咖啡因的 CAS 登记号为 58-08-2，其中最右边部分为校验码，以验证整个编码的有效性和唯一性。1965 年，CAS 针对化学物质一物多名的问题，建立了庞大的 CAS 化学物质登记系统（Registry System）。该系统利用化学物质结构图正确一致的特点，对其分子结构图进行算术运算，并经一系列差错检测，确认一种物质后，指定一个独一无二的 CAS 化学物质登记号，使得每一种化合物达到一物一名。化合物可以用分子式、结构图、系统命名、属名、专利商标名或商品名、俗名等来描述，但不管用何种方法描述，一个化学物质登记号只能针对一种化学物质，它是由化学结构决定的。例如：CH_3-CO-CH_2-CH_3，英文有几种命名：methylethyl ketone（甲基乙基酮）、methyl acetone（甲基丙酮）、acetylethane（乙酰基乙烷）、2-oxobutane（2-氧代丁烷）、2-butone（2-丁酮）等，并且同一分子式存在同分异构体现象，而这些命名不同的物质在化学物质登记系统中只有相同的编码 63944-35-4。CAS 登记号已经得到国际公认。

(3) 化学反应数据库(CASREACT)：信息内容包括反应物和生成物的结构图，所有反应生成物、试剂、溶剂和催化剂的 CAS 登记号，各种生成物的量，以及化学反应的参考文献信息。数据起始于 1840 年，已收录了超 1.5 亿条化学反应，包括单步、多步反应及合成制备。记录内容涉及反应条件、产率、催化剂、实验步骤等信息。可进行结构式检索或从物质/文献链接获取。每周新增 600～1 500 条记录。

(4) 化学品供应商信息数据库(CHEMCATS)：提供有关商业应用化学物质及其全球供应商的信息。收录 3 000 多万种商业应用化学物质，来自 900 多家供应商的 1 000 多种化学物质目录，提供供应商地址、化学品定价信息、运输方式等。不定期更新。

(5) 管控化学物质信息数据库(CHMLIST)：覆盖年代范围为 1979 年至今，收录约 39.4 万种储备或管控化学物质的详细清单，来自 13 个国家和国际性组织、有毒物质控制法案(Toxic Substances Control Act，TSCA)清单及附录中摘录的原始数据和 1778—1987 年美国联邦政府登记物质。信息内容包括化学名称、别名、管制目录、化学物质储备状态。每周更新，每周新增 50 条记录。

(6) 马库什结构专利信息数据库(MARPAT®)：MARPAT® 记录了近 120 万余条可检索的马库什结构，来自 1988 年至今 CAS 收录的专利及 1987 年至今选择性收录的日本专利。此外，部分收录 1984—1987 年的英语专利和 1986—1987 年的法语、德语专利。1961—1987 年的数据来自法国工业产权局(Institute of Industrial Property，INPI)。2000 年 1 月 10 日之后的俄罗斯专利和 2008 年至今的韩国专利也收录在内。可显示 479 000 篇含有马库什结构的专利引文信息。数据每日更新，每天新增 60～75 条专利引用和 150～200 个马库什结构。

(7) 医学文献信息数据库(MEDLINE)：美国国家医学图书馆出版，数据起始于 1949 年，目前标引了近 2 万种期刊，收录超过 3 000 多万条记录，每日更新。

2. SciFinder 检索

使用 SciFinder 首先要进行注册，建立用户个人的 SciFinder 账号。进入数据库要使用账号登录。数据库通过 IP 来控制其使用范围，有并发用户数量限制。

SciFinder 支持用户使用化学结构检索化学物质和化学反应，它有一个专门的结构图绘制编辑器，用于绘制化学结构。该编辑器需要 Java 运行环境，所以进行化学结构检索首先要安装 Java 插件。如果用户的计算机中没有 Java 程序，可链接到 CAS Java 插件网页下载该程序。

插件下载网址：http://www.cas.org/misc/downloads/jreplugin.html

3. 检索功能

SciFinder 提供了 3 种检索方式：文献检索、物质检索和反应检索，再细分为若干种具体的检索路径(如图 2-18 所示)。

(1) 文献检索(Explore References)。文献检索提供了主题、作者姓名、机构名称、文献标识、期刊、专利和标签等检索途径(如图 2-19 所示)。

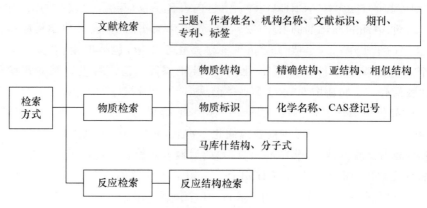

图 2-18　SciFinder 检索方式展开图

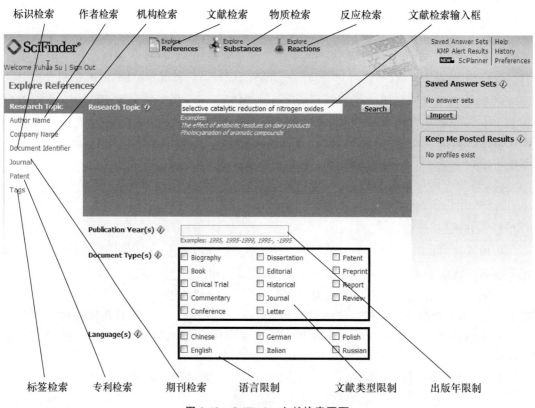

图 2-19　SciFinder 文献检索页面

① 主题检索(Research Topic)：主题检索使用的是自然语言，可以是一个短语和一个句子，例如："selective catalytic reduction of nitrogen oxides"。SciFinder 能够自动识别关键词，并自动联系相关词。智能检索系统会自动考虑同义词、同一词的不同拼写形式、索引、缩写、截词等，不支持截词符、代字符。

主题检索一般涵盖 2~3 个概念为最佳，最多不能超过 7 个。概念之间的连接方式可以用介词、连词或其他简单词。通常可以使用的介词如：after、among、at、between、from、in、into、on、upon 和 within。英文短语中有无介词所表达的意思是有差别的，例如 reactions caused by heat（热导反应）和 reactions causing heat（放热反应），虽然 SciFinder 不能理解介词对于两个词的关联含义，但能识别介词，并利用其完成检索请求，因此上述两个检索式会得出不同的检索结果。SciFinder 检索系统不能够正确判断 AND 或 OR 的区别，所以检索时会提供两种运算方式供用户选择。要注意 SciFinder 用介词检索通常比 AND 算符的检索结果更精确。

可对检索做如下限定，与主题形成"AND"的关系：

检索年代：某一特定年和年代范围，例如：2005，2005—2011，—2005，2005—；

文献类型：期刊论文、临床试验、综述、会议文献、学位论文和专利文献等；

原文语言：中文、英文、法文、德文、日文、俄文、西班牙文、意大利文和波兰文等；

机构：发表文献的作者所在的单位或机构。

② 作者姓名检索：检索系统会自动考虑作者姓名不同的拼写形式，会将相同、相近、缩写、不同格式等检索结果陈列在页面上，供用户选择。

③ 机构名称检索：检索系统会自动识别相同机构的不同拼写形式，例如用 Peking University、Peking Univ、Beijing University 和 Beijing Univ 4 种不同形式的机构名称检索，会得到相同的检索结果。

④ 文献标识检索：文献标识是用于表示某一特定文献的任何一组数字，如专利号、DOI 号、CAS 文摘号、CA 记录访问号等。

⑤ 期刊检索：可检索期刊名称、卷、期、起始页，可与文献题名、作者姓名组配检索，同时可限制出版年代；也可以检索除专利之外的其他文献，如图书、报告以及会议录等。

⑥ 专利检索：通过专利号检索，可与专利授权人、发明人组配检索，同时可限制专利公开年度。

⑦ 标签检索：如果用户曾经给浏览的文献打过标签，在进行标签检索时，系统会自动列出所有标签的标题，点击其中一个标签的标题即可打开那些打上该标签的文献。

（2）物质检索（Explore Substances）。

① SciFinder 化学结构编辑器：物质检索和反应检索中很重要的检索方式是化学结构检索，SciFinder 有一个结构图绘制工具——结构图编辑器（如图 2-20 所示），该编辑器需要 Java 运行环境，所以首次使用要先安装 Java 插件，以便正确运行编辑器。

结构图编辑器可任意绘制化学结构图，绘制工具中有预先设置好的元素、基团、固定结构（芳环、己环等）、化学键等可供选择；可以将结构进行旋转和翻转；在原子上放置正（负）电荷，表示该原子增加一个正（负）电荷或减少一个负（正）电荷。化学反应结构编辑器还可以标记化学反应点位（例如反应过程中要形成的化学键或打开的化学键）；选择化学链或环，以示该化学链或环不能被取代；标记元素，以示该元素不能被取代；确定参与反应的物质或物质结构在反应过程中的角色（产物、反应物、试剂等）。

② 物质结构检索（Chemical Structure）：通过物质的化学结构来检索文献，包括精确结构、亚结构和相似结构检索。绘制化学结构使用的是 SciFinder 结构图编辑器（如图 2-20 所示），也可以在物质结构浏览状态和反应结构浏览状态点击物质结构，或在反应浏览状态点

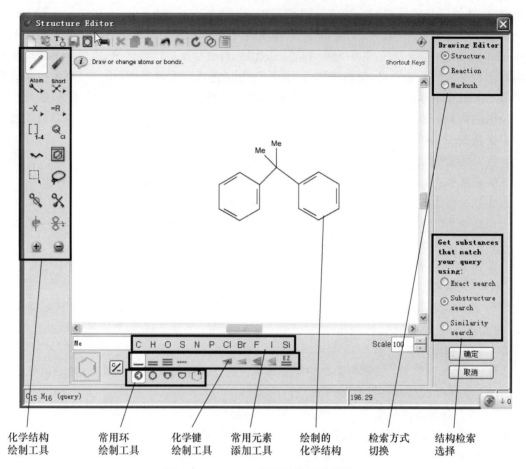

图 2-20　SciFinder 物质结构图编辑器

击反应步骤（Steps/Stages）中列出的物质名称，直接将物质结构图插入到检索框中进行化学物质检索。化学结构检索可同时进行检索限制，包括：

特性：单组分、可商用物质、出现在参考文献数据库中的物质等。

化合物种类（Class）：合金、配位化合物、混合物、聚合物、有机物、没有完全定义的物质和没列出的其他物质。

化合物的角色：分析（Analytical）、生物（Biological）、制备（Preparation）、反应物或试剂（Reactant or Reagent）等。

③ 物质标识检索：物质标识是用于表示某一特定化合物的各种名称或号码，包括化合物名称（包括系统命名、商品名称、CA 索引名称、缩写名称等）和 CAS 登记号。

④ 马库什（Markush）结构检索：马库什结构又称马库西结构，是由一个新颖的母体基团和可变取代基组成，可以通过物质结构来检索 Markush 结构的文献。检索时可同时限制是指定位置可变还是亚结构可变。

⑤ 分子式检索：分子式可以是完整的化合物，也可以是包含在化合物中的基团；在检索输入时可按照正常的书写规则输入分子式，检索系统会自动将元素按照下列顺序进行排列：

C→H→其他元素(其他元素按照字母顺序排列)。

分子式输入规则:基本的分子式由元素及其数量构成,例如:$C_{10}H_8$;区分大小写,例如:Fe 和 Ca;如果元素的数量是 1 则不必写明,例如:NO_2;输入时不同元素/数字之间可用空格隔开,例如:$C_{21}H_{26}N_2S_2$,多数情况下系统也会自动分隔;用句点分割组分,例如:$C_{15}H_{10}N_2O_2 \cdot C_6H_{14}O_3$;用括号将一部分循环单元括起来,其中 n 为循环数量,例如:$(C_2H_3)_nC_{14}H_{13}N_4O_2$;可以在元素之前加系数(该系数可以是整数、分数或未知数,未知数用 x 表示),例如:$(C_8H_8O_3S)_x \cdot (C_8H_8O_3S)_x \cdot xH_3N \cdot xK$;均聚物则输入单体组分,然后用括号加 x 表示,如 $(C_2H_4 \cdot C_4H_6)_x$。

(3) 反应检索(Explore Reactions)。反应检索主要是利用物质的化学结构进行检索,但编辑器的功能更多一些,如可指定反应物角色、参与反应的原子、选择参与反应的官能团、标记反应位置等。也可以在物质结构浏览状态和反应结构浏览状态点击物质结构,或者在反应结构浏览状态点击反应步骤(Steps/Stages)中列出的物质名称,直接将物质结构图插入到检索框中进行化学反应检索。

反应检索可以同时选择一些限制条件,包括:反应溶剂(无机溶剂、离子液体、非极性溶剂、极性溶剂、超临界流体等),指定不参与反应的官能团,指定反应步骤,指明反应类型(生物转化、电化学反应、催化反应、气相反应、放射反应、选择反应、光化学反应等)、限制文献类型、指定出版年等。

4. 检索技术

SciFinder 不支持布尔逻辑运算符 AND 及 OR,采用自然语言检索,使用连词或介词分隔主题概念词或词组。排除检索符为 NOT 或 EXCEPT,例如:ringed planets but NOT Saturn;不支持通配符或截词符等,SciFinder 对检索词自动截断,并检索复数、过去式等其他形式的词;检索系统能识别常用缩写、英式或美式拼写词;同义词检索时将同义词放在检索词后面的括号内,如:milk production of cows (bovines);不限制任何检索词,无禁用词。

5. 检索结果

SciFinder 的检索方式有 3 种,对应的检索结果同样有文献检索结果、化学物质检索结果和化学反应检索结果。

(1) 文献检索结果。进行参考文献检索时,首先会得到几种检索结果提示供选择。例如,输入检索词 hydrocarbon water emulsions,不加任何限制条件,检索结果提示包括:

● 检索词或词组作为索引词出现在检索结果中;
● 检索词或词组作为主题概念匹配。

如果输入的检索词包含有两个以上主题概念,例如输入短语 "antibiotic residues on dairy products",不加任何限制条件,系统提供了 5 种检索结果提示供选择,包括:

● antibiotic residues on dairy products 为精确词组出现在检索结果中;
● 同时包含 antibiotic residues 和 dairy products 两个主题概念词,且两个词在同记录中所处的物理位置比较接近;
● 同时包含两个主题概念词,两个主题概念词在相同记录中处于任意位置;

● 包含其中一个主题概念 antibiotic residues；
● 包含其中一个主题概念 dairy products。

① 检索结果的浏览：根据检索结果提示进行选择，可进一步浏览具体文献的检索结果列表。文献检索结果列表显示有 3 种格式。简洁格式（如图 2-21 所示）：标题、作者/发明人、出版年、来源信息/专利号、原始文献语言以及来源数据库等；部分文摘格式：简洁格式加部分文摘；全记录格式：简洁格式加全部文摘。

在文献检索结果列表显示页面，每篇文献下面都有一个二级工具条，可以链接到本篇文献涉及的物质、反应、该文献的施引文献、链接全文（应具有浏览权限），拷贝该篇文献的 URL，为本篇文献做注解或评论（最多 1 024 个字符），为本篇文献打标签。

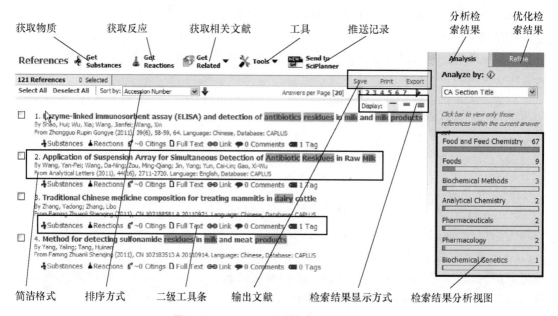

图 2-21　SciFinder 文献检索结果简洁格式

在文献检索结果列表显示页面有一个主工具条，其中的选项包括：

● 获取物质（Get Substances）：可以获取全部文献或选择的部分文献涉及的物质，同时可以限制在某种范围，如副作用、分析研究、制备、生物研究、过程、性质、反应物或试剂、应用等。进一步得到物质的：化学名称，物质登记号，分子式，化学结构图表，序列信息；包括 GenBank 和专利注释、各种性质数据、商品信息、化学物质参考文献、物质的反应信息等。

● 获取反应（Get Reactions）：可以获取全部文献或选择的部分文献涉及的反应，进一步浏览反应结构式、反应的详细信息、拷贝粘贴反应的 URL、链接相似反应、浏览反应步骤、链接有浏览权限的全文、反应物的商品来源信息等。

● 获取相关文献（Get Related）：可获取全部或选择的部分检索结果的引用文献或施引文献。

● 工具（Tools）：这是一个检索结果处置工具，使用该工具可以删除重复文献（通常删除的是 MEDLINE 中的数据）、组配检索结果、给全部或选择的部分文献打标签、删除选择的

文献、浏览选择的文献、链接全文(最多不超过 100 篇);

● 推送记录(Send to SciPlanner):推送选择的文献到 SciPlanner 中,就是将多个相关检索结果推送到一个工作空间,检索类型可以是文献检索、物质检索或反应检索。在该工作空间,可以自由移动数据,可以设计合成路线和步骤,以更直观的视觉效果组织和管理检索结果。

● 全记录格式:点击单篇文献的标题,可以浏览该文献的全记录格式。全记录格式包括记录访问号、标题、作者、文摘、出处、作者机构、索引词条、概念词条、附加词条、来源数据库等信息。在全记录格式浏览页面的工具条中,可链接该篇文献涉及的物质、反应、引用文献、施引文献以及全文,也可推送该文献到 SciPlanner 中。

② 检索结果的排序、标记:检索结果的排序方式包括记录访问号、作者姓名、文章标题、出版年和施引文献数量,正反向均可排序。

可通过点击记录左侧的复选框标记/删除单个记录,也可以点击"Select All"或"Deselect all"标记或删除全部记录。

③ 结果输出:可以对全部记录或标记过的记录进行输出。Save 是将检索结果保存到 SciFinder 远程服务器,Print 是打印文献,Export 是将检索结果保存到个人计算机。SciFinder 不能直接发送检索结果到 E-mail 中,需要借助其他途径:选择需要发送的记录后,点击主工具条 Tools 的全文链接选项,即可打开"ChemPort"网页,在该网页点击 E-mail references,可以将检索结果发送到 E-mail。

④ 全文链接:对于具有全文浏览权限的文章可以链接到全文。首先要选择并标记感兴趣的文章,可多篇标记,然后点击"Tools"中的"Full Text"(点击记录下面的全文链接标志只能浏览单篇全文)。这时系统打开"ChemPort"网页,点击文献中的"Full-text Options"即可链接到有浏览权限的全文。

(2) 化学物质检索结果。鉴于 CAS 的特殊性,SciFinder 除常规的文献检索结果之外,还有化学物质检索结果和化学反应检索结果。当执行化学物质检索命令后,呈现化学物质检索结果页面,每个化学物质记录包括物质的 CAS 登记号、物质结构式、分子式、化学名称等信息(如图 2-22 所示)。单击"Substance Detail"可以获得物质的各种物理和化学性质、生物特性数据以及引用的参考文献等。同时可链接描述该物质的参考文献、反应、商品信息等。

特别值得说明的是图 2-22 右上角的 》符号,该符号下设置了许多功能。其中最有用的是 Explore by Structure 选项,可以将物质结构图直接插入到检索框中进行物质检索、Markush 专利检索、化学反应检索。另外还可链接到该物质的详细信息、描述该物质合成方法的所有文献、涉及该物质的所有反应(链接时可选择该物质在反应中的角色,如反应物、产物、试剂、催化剂、溶剂等)、涉及该物质的所有参考文献等。

化学物质检索结果页面主工具条的选项中设置了多种功能,可链接全部或选择的部分检索结果涉及的参考文献和化学反应,可链接全部或选择的部分物质的商品信息,删除选择的记录,浏览选择的记录,也可发送记录到 SciPlanner。

排序方式:可按照 CAS 登记号,描述该物质的文献数量、分子量和分子式。

化学物质检索结果的输出:标记、打印、保存与文献检索结果记录输出相似,但不能将物质结构显示的状态记录发送到 E-mail。

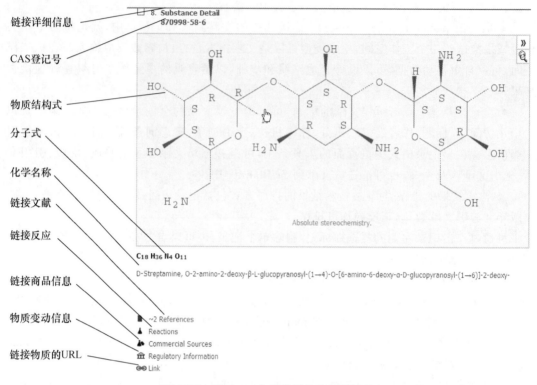

图 2-22 SciFinder 化学物质检索结果记录

（3）化学反应检索结果。通过化学物质结构检索获得化学反应检索结果，每条反应记录（如图 2-23 所示）显示内容包括反应式、反应步骤与条件（包含所涉及的试剂、溶剂、催化剂、反应时长、反应温度等信息）、该反应的文献出处。点击反应式中各物质结构式或反应步骤中列出的物质名称，可进入该物质的信息窗口，并进一步检索。

反应记录的链接：可链接描述该反应过程的全文（需要具备全文浏览权限），点击"View Reaction Detail"可浏览具体的反应路线、过程和条件，点击"Steps/Stages"下列出的物质名称可以得到该物质的反应、结构、合成等各种信息。

对于化学反应检索结果的输出，包括标记、打印、保存与文献检索结果记录输出相似，但不能将化学反应显示的状态记录发送到 E-mail。

（4）检索结果的其他后续处理。

① 检索结果分析（Analyze）：SciFinder 可以对 3 种检索结果进行分析处理。文献检索结果分析包括作者姓名、CAS 登记号、CA 概念标引词、CA 分类、作者机构、来源数据库、文献类型、索引词、期刊名称、语言、出版年、附加词等；化学物质检索结果分析包括工业可用性、元素、有无相关反应文献、物质角色等；化学反应检索结果分析包括作者姓名、催化剂、作者机构、文献类型、实验流程、期刊名称、语言、出版年、产率、反应步骤、溶剂等。分析结果均可用柱状图表示。

② 精炼检索结果（Refine）：SciFinder 可以对检索结果进行精炼处理，即在前一次检索结果范围内进行二次检索。文献检索精炼项目包括主题词、机构名称、作者、出版年、文献类

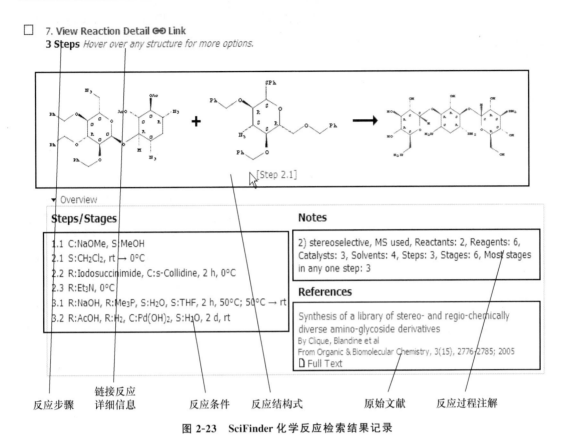

图 2-23　SciFinder 化学反应检索结果记录

型、语言、数据库等；化学物质检索结果精炼项目包括化学结构、物质是否含有同位素、物质中是否含有金属、工业可用性、物质性质、参考文献等；化学反应精炼检索结果项目包括反应结构、产率、反应步骤、反应类别、不参加反应的官能团等。

③ 获取相关信息（Get Related）：SciFinder 可以链接到所选择文章的以下相关信息：检索结果中全部/标记文献所引用的文献；检索结果中全部/标记文献的施引文献；检索结果中全部/标记文献涉及的化学物质；检索结果中全部/标记文献涉及的化学反应；从网络上获取检索结果中全部/标记文献的相关信息。

6．用户服务

（1）检索史。每一次登录 SciFinder 完整的检索过程以一个文件的形式自动保存到检索史中，内容包括用户进行的检索活动、系统的响应和检索发生的时间等信息，但是检索史不具备超链接功能，要查看检索史点击主工具条中的"History"，可以看到历次的检索以文件的形式按照时间顺序排列，打开任意一个文件即可查看该次检索的整个过程。

（2）浏览保存的检索结果。使用 Saved Answer Sets 可以浏览保存在 CAS 服务器上的检索结果。检索结果依照 References、Substances 和 Reactions 分类保存，保存的内容包括检索式、检索结果数量、保存的记录数量等。单击保存的文件名称，检索结果即可呈献在浏览页面。

(3) 定题跟踪通报。当执行一次有效的检索之后,在检索结果页面的上部会显示本次的检索式及检索条件,单击旁边的"Add KMP Alert",可以按照提示将本次的检索策略完整保存,即创建一个最新目次报道。

4.3 科学文摘(INSPEC)

4.3.1 INSPEC 内容及相关概况

"科学文摘"(Science Abstracts,SA),电子版称为"物理、电子技术、计算机与控制工程领域信息服务"(Information Service in Physics,Electro-Technology and Computer & Control,INSPEC),数据库覆盖了 1969 年以来全球发表在相关学科领域的 4 500 多种期刊、3 000 多种会议文集以及大量报告、图书和论文等,容纳了 2 000 万条书目文摘和索引记录,并且以每周近 2 万条文献的速度递增。文献来源于 100 多个国家和地区,其中我国出版的期刊有 200 多种被收录其中。数据库提供了获取世界范围内物理、电气工程、电子、通信、控制工程、计算机科学和技术、信息技术以及生产和制造等领域科技文献的很好途径。同时 INSPEC 还覆盖了运筹学、材料科学、海洋学、工程数学、核工程、环境科学、地球物理、纳米技术、生物医学工程以及生物物理等领域的内容。

INSPEC 目前已经回溯至创刊年代 1898 年,其回溯数据库称为 INSPEC Archive (1898—1968 年),包括 873 700 多条记录。其学科覆盖范围包括物理学、电气和电子学、计算机与控制。

1. INSPEC 出版概况

(1) 出版历史。《科学文摘》印刷版创刊于 1898 年,在这 100 多年的历程中,其称谓、收录内容以及出版形式都经历了很多次变化。19 世纪末,伴随着科技的崛起,英国电气工程师协会(The Institution of Electrical Engineers,IEE)和伦敦物理学会(The Physical Society of London)合作编辑出版了《科学文摘》,以物理学原理、声、光、电、电工基础、电力和发动机等为主要内容,以单卷册的形式出版。随着科学技术发展及文献量的不断增加,1903 年《科学文摘》进行了扩版,分为 A、B 两辑,A 辑为《物理学文摘》(Physics Abstracts),B 辑为《电工文摘》(Electrical Engineering Abstracts);在文献报道内容方面也进行了扩展,收录的期刊已达 1 000 余种。自 1966 年开始,《科学文摘》进行了系列调整,B 辑更名为《电气与电子学文摘》(Electrical and Electronic Abstracts),并与美国电气与电子学工程师学会(IEEE)、英国电子学与无线电工程师协会(Institution of Electronics and Radio Engineers,IERE)、国际自动控制联合会(International Federation of Automatic Control,IFAC)等单位联合编辑出版了《科学文摘》的 C 辑——《控制文摘》(Control Abstracts),自 1969 年起,C 辑又更名为《计算机与控制文摘》,使其收录内容更加宽泛。自 1983 年起,又增加了 D 辑——《信息技术文摘》(Information Technology)。后又增加了 E 辑——《生产与制造工程》(Production & Manufacturing Engineering),现改名为 E 辑——《机械与生产制造工程》(Mechanical and Production Engineering)。

自 1969 年起,IEE 下设的国际物理学、电子电气、计算机与控制信息服务部(International Information Services in Physics,Electro-Technology,Computer and Control)开始负责编辑出版《科学文摘》,并开始利用计算机加工、整理文献资料。2006年3月,IEE与英国实务工程师学会(The Institution of Incorporated Engineers,IIE)合并组建为工程技术学会(The Institution of Engineering and Technology,IET),原IEE的INSPEC产品由IET继承。

(2) 版本类型。SA自1969年开始建立数据库,数据库名称定为INSPEC,1973年9月进入Dialog联机检索系统,实现了国际联机检索。这也是英国最早借助于分时网络系统实现国际联机检索的第一个数据库。1991年,由UMI数据库公司将数据库制作成光盘,名称为INSPEC Ondisc,有回溯版(1969—1989年)、当前版(1989年以后),并分为综合版和分辑。随着网络技术的发展,有多家数据库出版公司将该数据库放在网络版平台上,例如:OVID、ProQuest、Web of Knowledge、INSPEC-China等,INSPEC实现了网络环境运行,为用户的提供了更为便捷的检索条件。

目前INSPEC主要分为电子产品和印刷版两大类。电子产品涵盖了SA的A、B、C、D、E 5个分辑的全部内容,包括光盘数据库(INSPEC Ondisc)、网络版数据库、联机检索和本地数据库(INSPEC Local Loading);印刷版包括SA的A、B、C三辑和《INSPEC期刊摘要》(Abstracts Journals)。

(3) INSPEC特点。INSPEC历史悠久,收录的文献品质高,文献数据量大,文献类型齐全,语种多,数据规范性好,分类及索引系统完备。电子产品与印刷版相比,具有更多检索字段,并将五大重点学科集为一体,检索更灵活方便。

2. INSPEC的学科分布

数据库的主题覆盖物理、电子与电气工程、计算机与控制工程、生产和制造工程等领域,同时也涉及跨学科领域,包括材料科学、海洋工程、核工程、天体物理学、生物医学工程、交通运输工程学等。数据库已将这5个学科合为一体,而现代科学技术发展到目前,学科的交叉已成趋势,这样综合性的数据库为跨学科检索提供了更加便利的条件。

3. INSPEC的主题词表和分类结构

(1) 主题词表。INSPEC的一个特色是主题词表,即叙词表。叙词为受控词,在INSPEC中叙词是一个概念汇编,这些概念均来自原始文献,主要是对文献主题的描述,而且经过了标准化和结构化,而在进行文献加工过程中又反过来使用叙词标引文献。

叙词表也可以说是计算机检索数据库的语言,1973年INSPEC第一次出版了叙词表,1983年《INSPEC叙词表》收录的词条约1万条,随着新技术的不断发展,从2019年底到目前,叙词表中的主题词已增加到1.9万个,其中优先检索词1万多个,用于标引和检索文献,参见和引导词(非正式主题词)9 000多个。这些叙词在分类层级中更多的是排列在第三层或第四层,并注明其分类号。叙词使用的是标准术语,具有标准的拼写和标点方法,如电视天线定义为"television antennas",而不是"TV antennas"。叙词表对手工检索也非常有用,可以帮助读者正确选择主题词,确定该主题的分类号以及摘录主题的SA分辑名称。在检索时,首先在叙词表中选择标准词,然后将该词限制在叙词字段进行检索,可以检索到与主题非常相关的记录,通常在进行检索时,主题词检索是非常重要的检索字段。

叙词表的作用：由于叙词在拼写、术语、标点符号等方面进行了规范，不仅具有主题含义，而且具有很高的专指度，利用叙词检索得到的检索结果相关性比较高；词表中不仅标注了同义词、多种形式的词、上位词、下位词和族首词，还有相关词，既可利用同义词、上位词、相关词和族首词扩检来提高查全率，还可利用下位词缩检来提高查准率。

（2）分类结构。INSPEC的另一个特色就是其完整的分类体系，它反映了20世纪70年代以后整个学科的全貌和新进展，类目设置较详细，分类标引深度大，利用分类查找文献，是比较快捷的途径之一。1898—1941年按学科分类编排，1942—1960年按《国际十进分类法》分类标引和编排。1961年之后使用自编的分类表，1977年起改用目前使用的分类表——主题分类（Subject Classification）。

在INSPEC数据库中，各子数据库的分类与印刷版的各辑文摘一致，只是格式有所不同，如：液晶的分类在印刷版中为物理分辑61.30，而在数据库中为A6130。在INSPEC数据库中，各学科按各自的分类体系编排，其分类码物理为A，电气与电子工程为B，计算机与控制为C，信息技术为D，机械和生产工艺为E。现行的分类法采用四级分类，每一级类目的类号按层累制方式展开，即每个大类之下分若干个二级类、三级类和四级类。前三级类号是用数字表示，第四级类号是在第三级之后加一个字母。

例如：电子与电气工程的一级分类有9个，每个一级分类下都有若干个二级分类、三级分类和四级分类，如：B7000（仪器及其应用）之下的B76子分类如下：

B7000　　Instrumentation and Special Applications
　B7100
　B7200
　…
　B7600　　Aerospace facilities and techniques
　　B7610　　General aspects of aircraft, space...
　　B7620　　Aerospace test facilities and simula...
　　B7630　　Aerospace instrumentation
　　　B7630A　　Avionics
　　　B7630B　　Power supplies
　　　B7630D　　Space vehicle electronics
　　B7640　　Aerospace propulsion
　　B7650　　Ground support systems
　　　B7650C　　Air traffic control
　　　B7650E　　Space ground support centres

对于分类号B7630B的分类结构为：

　　　B　　　　Electrical & Electronic Engineering
　　　B7　　　Instrumentation and Special Applications
　　　B76　　　Aerospace facilities and techniques
　　　B7630　　Aerospace instrumentation
　　　B7630B　　Power supplies

用结构图来表示,如图 2-24 所示。

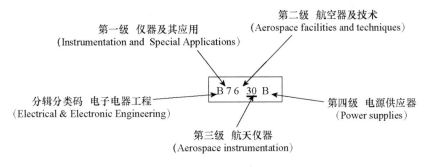

图 2-24　INSPEC 分类结构

4.3.2　数据库检索

到目前为止,INSPEC 的网络版检索系统有 WOK、OVID、ProQuest 等。本书中介绍的是 WOK 平台上 INSPEC 数据库的检索方法,对于一般检索方法、检索技术、检索结果处理以及个性化服务等可参见本章的第二节,这里主要介绍几个 INSPEC 特有的检索方法和检索限制,检索方法如:受控词索引、非受控词索引、分类与分类代码检索、数值和数量检索、化学物质检索、天体对象检索、识别代码检索等,这些方法可以极大地提高检索效率。

网址:https://www.webofscience.com/wos/inspec/basic-search

1. 检索功能

(1) 主题词表浏览(受控词索引)。受控词索引字段中的词语是标引人员在标引文献时根据文献内容,从 INSPEC 叙词表中选取相关度高、能概括文献内容的词或词组,然后分配给被标引文献记录的,用以表达标引的来源文献内容。

受控词的作用:控制词拼写标准化,可以避免拼写差异,如 program 代替 programme;避免缩写的歧义,如 personal computers 和 printed circuited 的缩写同为 PC;专业词汇标准化,统一同义词,如 Internet、WWW 和 world wide web 统一使用 Internet;符号标准化,控制各种符号的表达差异,如 alpha 代替 α。所有这些都可增强检索结果的相关性,减少检索噪声。

选择受控词索引字段检索后,点击字段选择框右侧的 图标即可打开 INSPEC 叙词表。INSPEC 叙词表为层级结构,每个层级结构的顶部为最高或概念范围最广的检索词。单击 H 图标,即可看到所选检索词所在的层级,进一步可以点击 T 图标查看叙词的详细信息(如图 2-25 所示)。

在 INSPEC 叙词中,叙词详细信息可能包含以下部分或全部信息:

① 叙词(Thesaurus Terms):经认证的叙词词条的完整名称;

② 状态(Statuses):显示当前叙词是否处于使用中;

③ 替代词(Used For):已被现任叙词替代的非受控词词条(包括同义词、近义词);

④ 下位词(Narrow Terms):位于当前叙词分层结构的下一层级的受控词,概念范围较窄;

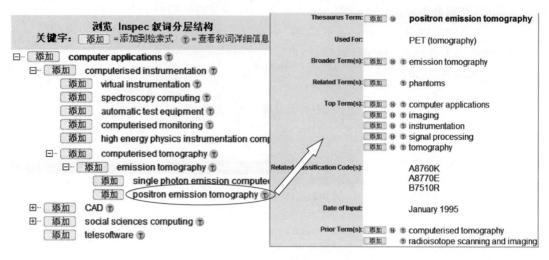

图 2-25　INSPEC 叙词分层结构和叙词详细信息

⑤ 上位词(Broader Terms)：位于当前叙词分层结构的上一层级的受控词，概念范围更宽；

⑥ 可用词(Use)：用于替代当前所显示的叙词的受控词；

⑦ 相关词(Related Terms)：与当前叙词相关的受控词；

⑧ 顶级词(Top Terms)：位于叙词分层结构中最高层次的受控词，以 Ⓗ 图标标识，当前分层结构中的叙词从属于这些词；

⑨ 相关分类代码(Related Classification Code)：与叙词相对应的 INSPEC 分类代码；

⑩ 输入日期(Date of Input)：当前叙词收录到叙词表的日期；

⑪ 先前词条(Prior Term)：在当前叙词输入日期之前使用(可能仍在使用)的与当前叙词相关的受控词；

⑫ 覆盖范围说明(Scope Notes 和 History Scope Notes)：叙词的覆盖范围说明及历史注释。覆盖范围说明指叙词涵盖的概念和未涵盖的概念。

受控词检索方法：检索时输入受控词，将检索范围设定为受控词索引；或者从叙词表中选取受控词，添加到检索框中；此外，在文献的全记录显示页面，受控词为超链接状态，点击后会检索到所有包含该词的文献。使用受控词检索可以同时用其他检索条件进行检索限制。受控词检索可使用布尔逻辑运算符 AND、OR 或 NOT。

(2) 关键词索引(非受控词索引)。非受控词索引是一种不受叙词表控制，用于主题标引和检索的自由词或自由短语，这些词没有经过规范化处理。非受控词索引可以弥补受控词的局限，如专指度和覆盖范围，可能提供比原始标题或受控词索引更丰富的来源文献说明。非受控词索引只在 1971 年以后的记录中才有，有些非受控词索引也可以在 INSPEC 叙词中查找。

(3) 分类与分类代码检索。分类是标引文献时用来表示来源文献涉及的主题的词语。INSPEC 分类对其涵盖的主题进行分层组织，并为每一层的每个主题词语指定一个代码，即分类代码，而分类主题词也称作分类标题。

检索时,使用分类标题和分类代码可检索 INSPEC 记录的分类字段。在选择主题字段检索时,其检索的范围也涵盖分类字段。

INSPEC 分类分层结构如图 2-26 所示,其中"添加"图标表示可将选择的代码传输至检索页面的分类字段,⑤图标表示可查看分类词和代码的详细信息。

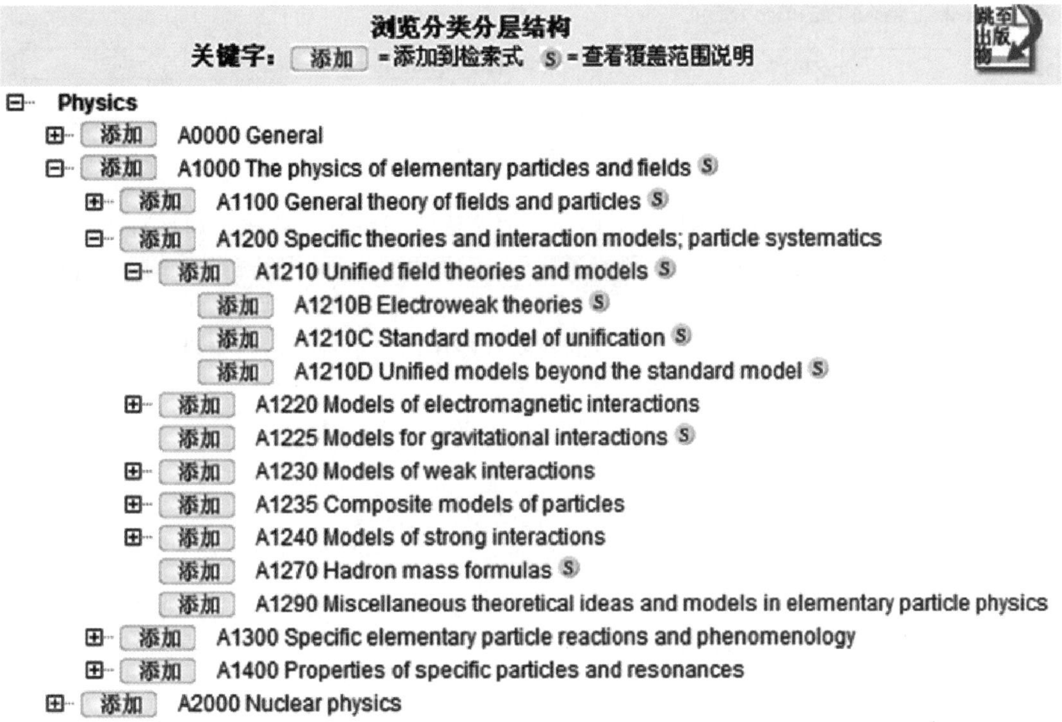

```
浏览分类分层结构
关键字:  [添加] =添加到检索式  ⑤ =查看覆盖范围说明

⊟ Physics
  ⊟ [添加] A0000 General
  ⊟ [添加] A1000 The physics of elementary particles and fields ⑤
     ⊟ [添加] A1100 General theory of fields and particles ⑤
     ⊟ [添加] A1200 Specific theories and interaction models; particle systematics
        ⊟ [添加] A1210 Unified field theories and models ⑤
           [添加] A1210B Electroweak theories ⑤
           [添加] A1210C Standard model of unification ⑤
           [添加] A1210D Unified models beyond the standard model ⑤
        ⊞ [添加] A1220 Models of electromagnetic interactions
           [添加] A1225 Models for gravitational interactions ⑤
        ⊞ [添加] A1230 Models of weak interactions
        ⊞ [添加] A1235 Composite models of particles
        ⊞ [添加] A1240 Models of strong interactions
           [添加] A1270 Hadron mass formulas ⑤
           [添加] A1290 Miscellaneous theoretical ideas and models in elementary particle physics
     ⊞ [添加] A1300 Specific elementary particle reactions and phenomenology
     ⊞ [添加] A1400 Properties of specific particles and resonances
  ⊞ [添加] A2000 Nuclear physics
```

图 2-26 INSPEC 分类分层结构

注意:在检索中,使用上位代码进行检索将不会自动检索其下位代码标引的记录,必须使用通配符"*"才可以。例如,输入"B7*",可以检索到 B7(仪器及其应用)及其下位分类方面的全部记录;而输入"B76*"则检索范围比前一个检索式缩小,可检索到 B76(航空设备和技术)及其下位分类方面的全部记录;依此类推。如用"B7630B"来检索,则得到学科范围非常窄的结果,即只可检索到 B7630B(Power Supplies)方面的记录,而检索不到其上位分类的记录。

(4) 数值和数量检索。INSPEC 提供了诸如温度(Temperature)、波长(Wavelength)、压力(Pressure)、频率(Frequency)、计算机速度(Computer Speed)、深度(Depth)、年代(Age)、噪声系数(Noise Figure)等在内的 40 多个数值和数量检索字段。利用数值和数量检索将使检索结果更加精确。利用数值和数量检索字段时,数值进行了结构化,并对应规范的计量单位。

要检索数值和数量,从"检索范围"字段下拉菜单列表中选择一个单位,检索框转变为如图 2-27 所示。在左侧的框中输入数据可指定最小值,在右侧的框中输入数据可指定最大值,如果是指定一个数值范围,需在两个框中输入数字。例如:图 2-27 中第一行表示最低温度为 40.0 K;第二行表示电压最高为 15.0 V;第三行表示速度范围为 50.0～100.0 m/s。

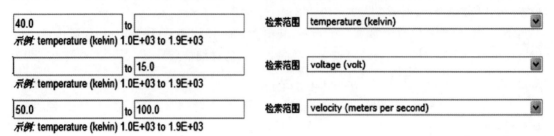

图 2-27　数值和数量检索示例

(5) 化学物质检索。化学物质针对的是来源文献中讨论的重要物质和材料(不包括有机物质)，这些物质和材料均进行了受控词标引。INSPEC 设置了 3 种物质的组分描述字段，涉及的每个物质均被指派了其中的一种。3 种物质的组分描述为：元素、二元系和 3 种以上元素组分系。另外，来源文献中涉及的物质有些还标引了特征描述字段，包括被吸附物或吸附物、掺杂物、界面系统、表面或基底物质等。

要检索化学字段，在左侧的检索框中输入一个物质(需使用化学元素符号)，从"检索范围"字段下拉菜单列表中选择一个化学描述字段即可。

(6) 天体对象检索。天体对象是指来源文献中讨论的天体对象的受控名称，检索输入可遵循国际天文学联合会提供的命名规则，包括：基于名称的首字母缩写；基于天文学目录名称列表，由目录的首字母缩写组成，且后面跟有目录条目编号；位置信息。例如：CM Tau 和 PSR 0531。对于天体对象检索可以使用布尔运算符和通配符，例如：CM Ta * 和 PSR 0531 AND CM Tau。

(7) 识别代码检索。识别代码是指：入藏号、CODEN、ISSN、标准书号、报告编号、合同号、专利号等。对识别代码检索可使用布尔逻辑算符(AND、OR 和 NOT)和通配符(* ? $)。

2. 检索限制

除一些常见的检索限制之外，INSPEC 还有一种独特的文献类型检索限制，即按照文章的内容对文献进行了分类处理，称为处理类型(Treatment Types)，在数据库中是作为限制字段，有以下几种类型：

- Application——(简写为 A)——应用技术方面的文章；
- Biographical(简写为 B)——题录文献(通常参考文献在 50 个以上)；
- Economic(简写为 E)——经营、管理、营销类文章；
- Experimental(简写为 X)——描述试验过程及结果的文章；
- General or Review(简写为 G)—— 一般性或综述性文章；
- New Development(简写为 N)——最新发展；
- Practical(简写为 P)——实用性文章；
- Product Review(简写为 R)——产品评述；
- Theoretical or Mathematical(简写为 T)——理论、数学方面的文章。

4.4 生物学信息数据库(BP)

"生物学文摘"(Biological Abstracts,BA),是由美国生物科学信息服务社(BioScience Information Service,BIOSIS)生产的、世界上最大的有关生命科学的文摘和索引数据库。印刷版《生物学文摘》创刊于 1926 年,由《细菌学文摘》和《植物学文摘》合并而成,当时由美国生物学会联合会负责编辑,由生物学文摘公司负责出版。自 1964 年起,编辑出版机构改为生物科学信息服务社。

《生物学文摘》印刷版一直连续出版至今,20 世纪 70 年代初在联机数据库中投入使用,数据收录从 1969 年开始。20 世纪 90 年代初由美国银盘公司(Silver Platter Information Inc.)出版光盘产品,收录的数据也是从 1969 年开始。此后由 Ovid 公司、美国科技信息所(ISI,后合并为汤森路透公司)以及美国银盘公司等先后发行了网络版数据库 BIOSIS Preview,数据内容已经回溯至 1926 年。

4.4.1 BP 数据库内容及其特点

生物学信息数据库(BIOSIS Preview,BP),是世界上容量最大、最全面的生命科学研究参考文献数据库。包含了《生物学文摘》(*Biological Abstracts*,BA,自 1926 年至今)、《生物学文摘——综述、报告、会议》(*Biological Abstracts/RRM*,自 1989 年至今)和《生物研究索引》(*BioResearch Index*,1969—1979 年)等印刷型工具书。数据库涵盖了传统生物学和生物医学领域的原始研究报告和综述;还包含了有关重大的生物学研究、医学研究发现和新生物体发现的主要期刊文献的参考文献。收录范围包括:生物学——如植物学、动物学、微生物学,相关学科领域——生物医学、农业、药理学、生态学,一些交叉学科——如生物化学、生物物理以及生物工程也包括在内。它偏重于基础和理论方法的研究,收录世界上 100 多个国家和地区的 6 000 多种期刊、1 500 多个会议,数据量达 1 900 多万条,每年增加大约 50 万条记录。数据库包括期刊论文的内容概要、书及来自会议的信息,也涉及短文和书信、技术数据报告、评论、美国 1986—1989 年间的专利、翻译期刊、自 1980 年至今的会议报告、书目、命名规则等。

BP 创刊时间长,包含内容广泛,具有独特的生物分类系统;版本多,能够满足不同用户需要。目前 BP 有印刷版(BA)、光盘版、联机检索和网络版等出版形式,其中印刷版时间跨度大,检索字段少,便于读者掌握;而光盘版和网络版检索途径多,更直观、灵活,光盘版以银盘公司的光盘检索系统 WINSPIRS 最为出色;网络版以美国科睿唯安公司的检索系统 WOK、美国 Ovid 公司的检索系统应用最为广泛。

4.4.2 数据库检索

BP 网络版检索系统还有 Web of Science (WOS)平台。这里我们介绍一下 WOS 平台上 BP 数据库的特有检索,对于常规内容的检索方法、检索技术、检索结果处理以及个性化服务等,可见本章 2.2 节中介绍的 WOS 检索方法。

数据库网址:https://www.webofscience.com/wos/biosic/basic-search

(1) 分类数据检索。BP 的分类内容包括超级分类(Super Taxa)、分类注释、生物分类、生物物种名称、不同形式和详细信息。

当选择分类数据检索后,点击字段选择框右侧的 图标即可打开 BP 分类表。BP 分类表为层次结构,点击 图标后即可以看到检索词所在的当前层次结构(如图 2-28 所示)。其中,点击 图标可查看相对应的分类注释,点击 添加 图标可将对应的检索词添加到检索框中。

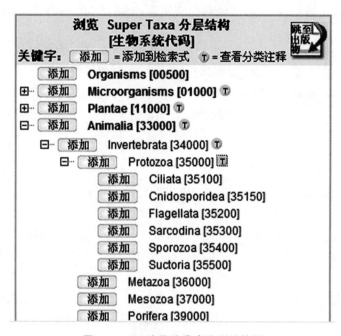

图 2-28 BP 生物分类表分层结构图

生物物种分类代码由五位数字组成,表示属以上的分类层级。索引代码后跟有单词"New"的表示此代码代表的是新物种,例如:Osteichthyes [85206-New]即表示 Osteichthyes 为新发现的物种。如果要查找新的生物物种,可在分类字段中输入"New"。在进行主题检索时,系统将自动检索分类名称。分类数据检索允许使用布尔运算符(AND、OR、NOT 和 SAME)和通配符(*、? 和 $)。

(2)主题检索。相当于部分字段的关键词检索。主题检索的范围包括下列字段:标题、文摘、生物体、主概念词、概念代码、分类数据、分类注释、生物器官、系统和细胞质数据、疾病名称表、化学品和生物化学品表、基因名称数据表、序列数据表、方法和设备表、地理数据、地质年代信息、综合叙词等。主题检索可以运用布尔逻辑算符、通配符、括号和表示精确词组检索的双引号" "等各种 WOK 检索技术。

(3)主概念检索。主概念是来源文献中涵盖的广义学科类别。数据库中有主概念词表,为分层结构,通常只有两层,少量概念分 3 层结构。上位词表示更宽泛的学科类别(如 Agriculture),下位词表示的范围更加具体(如 Animal Husbandry)。主概念在 1993 年之后的记录中才有。可以在检索框中直接输入生物主概念词条,也可以打开主概念词表选择检索词。

（4）概念代码检索。概念代码是表示生命科学方面的宽学科类别的五位数代码。数字代码后跟代码定义（概念主题词），并附带有涵盖的学科范围。在数据库中，概念代码按照概念主题词的字母顺序排列。可以在检索框中直接输入代码或主题词进行检索，也可在概念代码表中选择添加的方式检索。

（5）化学和生化名称检索。字段检索范围：1993 年之后 BP 发布的全记录中的化学数据表，包括化学名称及不同形式的名称、CAS 化学物质登记号、药品限定词和详细信息；2001 年之后 BP 发布的全记录中的基因名称数据表，包括基因名称中的词及名称的不同形式、详细信息；1989 年之后 BP 发布的全记录中的序列表，包括入藏号、数据库、CAS 登记号、详细信息。

4.5 医学文献数据库（MEDLINE 和 EMBASE）

4.5.1 MEDLINE 数据库

1. 数据库内容及特点

医学文献（MEDLINE）数据库是由美国国家医学图书馆制作的综合生物医学信息书目数据库，内容涉及生物医学的各个领域，包括临床医学、牙科、教育学、健康服务管理、护理、毒理学、营养学、药学、实验医学、精神病学、医学工程、病理学以及兽医等，从 2000 年起增加了生命科学的收录范围。它的数据来源为 3 个印刷版索引：《医学索引》（*Index Medicus*）、《牙科文献索引》（*Index to Dental Literature*）和《国际护理索引》（*International Nursing Index*）。数据库覆盖的最早时间是 1950 年，共收录 70 多个国家和地区出版的 9 100 多种国际性期刊，涉及语言 30 多种，记录达 1 100 万条，其中 75% 是英文文献。MEDLINE 中的每条款目都对应一条书目记录或引文出处，该库中不含全文，但其中半数以上的题录附有作者本人撰写的文摘。含有美国国家医学图书馆编制的主题词表 MeSH。

MEDLINE 数据库最大的特点在于它的主题词表——MeSH 叙词表。MeSH 的全称为"医学主题词表"（Medical Subject Headings），是用于 MEDLINE 数据库标引文献而建立的生物医学词语方面的受控词汇表，由美国国家医学图书馆开发和维护。叙词表中的主题词按照字母顺序排列，多数主题词有分层结构，受控词表中包含主题词和限定词（也称为副主题词，从属于受控词），主题词作为检索词，而限定词是限定主题词或为主题词添加上下文的受控词。

MeSH 叙词表为分层结构，也称树状结构，如图 2-29 所示。其中上位词为概念宽泛的主题词，下位词为主题更明确的概念词。顶级词（例如 Anatomy、Diseases）位于分层结构的顶部，这些广义的主题词通常不作为检索词在 MeSH 字段进行检索，除此之外每一层主题词均可作为检索词。其中 Ⓓ 图标可查看有关词语的详细信息，包括覆盖范围说明和相关检索词。

2. MEDLINE 数据库检索

提供 MEDLINE 数据库网络服务的平台有多个，包括：WOS 平台、ProQuest 检索系统（参见第四章）、OCLC 的 FirstSearch 检索系统（参见本章 5.2 节）、EMBASE.com 和

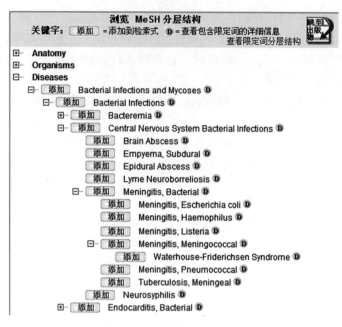

图 2-29 MeSH 分层结构

SciFinder Scholar(参见本章 3.2 节)。通过 PubMed 平台也可以免费查询 MEDLINE 数据库。

具体检索网址为:http://www.ncbi.nlm.nih.gov/sites/pubmed

本节主要基于 WOS 平台,介绍 MEDLINE 特有的检索方法——MeSH 叙词表在检索中的应用。其他如一般检索、检索技术和检索结果处理参见本章的 2.2 节。

数据库网址:http://www.webofscience.com/wos/medline/basic-search

(1) MeSH 叙词表的检索应用。选择 MeSH 主题检索后,可以直接在检索框中输入主题词,或点击 图标打开 MeSH 主题词表,点击 可展开分层结构并显示其他词语,而后根据需要选择主题词检索。MeSH 叙词表具有词义对照功能,如:在 MeSH 叙词表中查找词组 hair loss(头发脱落),但 MeSH 主题词表中没有该词,系统经词义对照后会显示主题词 alopecia(秃头症)。

添加限定词:通过点击 在查看主题详细信息的同时,可以看到该主题词的限定词,将相关的限定词添加到检索式中,检索结果的相关度会更高。例如:主题词 brain abscess(脑脓肿)有 congenital(先天的)、diagnosis(诊断)、diet therapy(食疗)、drug therapy(药物治疗)等 38 个限定词,如果选择主题词 brain abscess 进行检索,在添加限定词 diagnosis 之后,可以得到脑脓肿诊断方面的文献;而选择 brain abscess 并添加限定词 drug therapy,则会得到药物治疗脑脓肿方面的文献。

(2) MeSH 叙词表的扩展应用。选择主题字段检索时,如果选择"主题——添加MeSH",则在主题检索的同时,每个检索词会自动与 MeSH 主题词表进行对照,对匹配成功的检索词还会扩展检索其下位词。例如:在检索框中输入检索词组"hair loss",系统在主题字段检索包含短语 hair loss 的文献,同时将 hair loss 词组与 MeSH 叙词表进行对照,与叙词 alopecia 相匹配,这时系统还会自动检索 alopecia 及其下位词 alopecia areata 等。如果检索词使用了通配符(如 vasovag*),则系统不会将该词与 MeSH 叙词表进行对照。

但如果是选择"主题——添加 MeSH(未扩展)"字段检索,在进行主题检索的同时系统会自动将每个检索词对照到 MeSH 主题词表,但匹配后不会扩展检索其下位词。例如:在检索框中输入检索词组"hair loss",并选择主题——添加 MeSH(未扩展)字段检索,则系统在主题字段检索包含短语 hair loss 的文献,同时检索在词表中相匹配的叙词 alopecia,但不检索其下位词 alopecia areata 等。

4.5.2 荷兰医学文摘数据库

1. 数据库内容

荷兰医学文摘数据库(Excerpta Medica Database,EMBASE)是荷兰爱思唯尔(Elsevier)出版公司推出的全球权威性的大型生物医学与药学文献数据库。EMBASE 收录了 1974 年以来生物医学文献信息,其印刷版对应于荷兰《医学文摘》(*Excerpta Medica*),目前数据库涵盖 70 多个国家和地区出版的约 8 600 多种医学和药理学方面活跃的、同行评议的权威性期刊(其中约有 2 900 种期刊是 MEDLINE 没有收录的),以及 7 000 多个会议,累计约 2 900 万条索引记录,超过 295 万条的会议摘要,每年新增记录 60 多万条,80%的记录带有文摘。主要内容包括临床医学、药学、基础医学、预防医学、法医学以及生物医学工程等。该数据库中收录的药物方面的文献约占 40%,几乎涵盖了目前所有药物和与药物相关的研究文献的信息。EMBASE 拥有独有的 Emtree 主题词表,该词表覆盖了所有 MeSH 术语,而 EMBASE.com 是 EMBASE 与 MEDLINE 强强联合,构成了重要的生物医学与药理学信息专业检索引擎。

数据库地址:http://www.embase.com/

2. 数据库检索

EMBASE 数据库设置了如下检索功能:检索(Search)、主题词浏览(Emtree)、期刊(Journals)和作者(Authors)索引。

(1) 检索。

① 快速检索(Quick Search):一种简易的检索方式,直接输入检索词,没有更多的检索条件和检索限制,适用于不了解复杂检索语言的初学者。

② 高级检索(Advanced Search):主要是利用 Emtree 主题词检索,因此得到的文献结果其相关性更高。高级检索需要用户自己编写并输入检索式,可使用各种检索技术(如图 2-30 所示)。除此之外,还提供了 5 项扩展检索功能和其他检索限定。5 项扩展检索功能有:

● 主题词对照检索(Map to Preferred Terminology)。将输入的检索词与 Emtree 首选主题词进行对照,匹配后,系统将检索词自动转换成 Emtree 主题词进行检索。

● 自由词检索(Also Search As Free Text):检索词同样作为自由词检索。

● 主题词扩展检索(Include Sub-terms/Derivatives(Explosion Search)):利用 Emtree 主题词树状结构,对检索词及其对应的 Emtree 主题词的同位词和下位词进行扩展检索。

● 检索结果与检索词高度匹配(Search Terms Must Be Of Major Focus In Articles Found):也即,找到的文献主题与检索词高度相关。

● 同义词扩展检索(Search Also For Synonyms, Explosion On Preferred Terminology): 检索词进行 Emtree 主题词匹配检索的同时还对同义词进行检索。

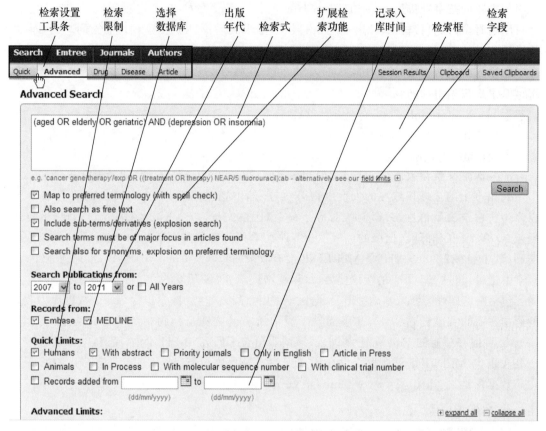

图 2-30　EMBASE 高级检索页面

其他检索限制主要有:

● 字段限制: 高级检索共设置了 36 个检索字段, 可在"Field Limits"下显示并选择字段列表。可设置检索年代, 选择检索的数据库(EMBASE 和 MEDLINE)。

● 快速限制(Quick Limits): 限制条件包括人类、动物、带文摘、期刊优先、仅限英语文献、正在印刷中的文献、分子序列号、临床试验号等。

● 高级检索限制: 包括循证医学、出版物类型、学科、语种、性别和动物研究类型等。

③ 药物检索(Drug Search): 利用药物名称检索, 与高级检索具有同样的 5 项扩展检索功能和同样的检索限制。另外, 药物检索设置了与药物有关的副主题词 17 个、给药途径相关的副主题词 47 个作为扩展检索选项, 用于限制药物名称检索。注意: 在药物检索中"map to preferred terminology"扩展检索功能会被自动激活, 不可选择。

④ 疾病检索(Disease Search): 利用疾病名称检索, 与高级检索具有同样的 5 项扩展检索功能和同样的检索限制。另外, 疾病检索设置了与疾病有关的副主题词 17 个作为扩展检索选项, 用于限制疾病名称检索。

⑤ 文献检索(Article Search): 通过作者姓名、期刊名称、ISSN、分类编码等文献信息检索。

(2) EM 主题词表(Emtree Thesaurus)浏览及其检索。EM 主题词表是用于生物医学文献主题分析、标引和检索的权威性词表,包含 5.7 万多个首选术语,涵盖了所有 MeSH 主题词。主题词按字顺排列,分成 15 个主题大类,词表按等级呈树状结构。

使用时,可以直接输入词条浏览或查找主题词,每点击一层主题词,都会显示该主题词的树状分支结构、同义词及相关词,直至找到所需浏览的主题词,选择并检索。

在执行一项检索时,检索词或词组会自动匹配或对照其相对应的 EM 主题词,并且也会同时检索疾病索引和药物索引。例如词组 myocardial infarction 对照到词表中匹配的主题词条为 heart infarction,那么包含索引条目"heart infarction"的文章就会被检索到。

(3) 索引。

① 期刊索引(Journals):EMBASE 提供了一个期刊浏览列表,列表中的期刊均与 MEDLINE 所含期刊不重复。单击列表中的期刊名称,可以浏览该期刊中的文献内容。

② 作者检索(Authors):根据作者的名称来查找该作者的文献,在检索框内输入作者名称,姓在前,名的缩写在后,如:Smith J,点击"find"即列出以这些字母开头的一览表,选择其中所要的作者进行检索即可。

(4) 检索技术。

布尔逻辑算符包括 AND、OR 和 NOT。

位置算符包括 NEAR 和 NEXT。其中 NEAR 表示两词相邻的距离,但不确定词序,例如 symptom NEAR/3 headache 表示 symptom 与 headache 出现在检索结果中,其间隔为 0~2 个词,但前后顺序不固定;NEXT 表示两词相互之间的距离,但词序按照输入顺序出现。

通配符:截词符为"*",代字符为"?"。

可使用括号来确定检索词的运算顺序,例如:(aged OR elderly OR geriatric) AND (depression OR insomnia)。

词组检索:用""来确定精确词组;如果词组没有使用引号,系统自动将检索词组配成"AND"的关系。

(5) 检索结果。检索结果列表缺省显示题录格式,可显示文摘格式和包括药物词条和疾病词条在内的全记录格式,在全记录浏览显示页面,可链接相关文献,并提供全文链接功能。

排序方式:提供了相关性(Relevance)、出版年份(Publication Year)和入库日期(Entry Date)3 种排序方式。

结果输出:提供标记、打印、保存、E-mail 等输出方式。

(6) 其他服务。注册用户可将检索式和检索结果保存到远程服务器,可设置最新文献目次报道;提供从分子序列号到美国国家生物技术信息中心(National Center for Biotechnology Information,NCBI)的信息链接;整合 Elsevier 公司的 SCIRUS 网络检索引擎。

4.5.3 MEDLINE 与 EMBASE 数据库比较

MEDLINE 和 EMBASE 为当今世界权威的生物医学和药理学信息数据库,两个数据库收录的内容有交叉,也各自拥有 2 000 多种特有期刊。MEDLINE 侧重临床医学、牙科、护理学以及生命科学,覆盖了北美地区的文献,较为全面,EMBASE 主要侧重疾病和药物信息,较全面地汇总了欧洲和亚洲的医学文献。两个数据库均有主题词表,MEDLINE 为美国国家医学图书馆编制的主题词表 MeSH，EMBASE 是由 Elsevier 编制的生命科学辞典 Emtree，而所有 MeSH 主题词均包含在 Emtree 之内。

4.6 心理学文献数据库(PsycINFO)

"心理学文献数据库"(PsycINFO)由美国心理学会(American Psychological Association，APA)根据其出版的《心理学文摘》(*Psychological Abstracts*)及《心理学信息》(*PsycINFO*)编辑而成,系统收录了17世纪至今的行为科学及心理健康摘要文献,由 APA 制作。收录来自 50 多个国家的近 2 500 种多语种期刊的国际文献,共有 520 多万条记录,是心理学学科的权威数据库。PsycINFO 数据库收录的期刊、书籍和论文摘要等资源,99% 均为同行评审。每周更新。

该数据库涵盖心理学相关学科的文献,如：医药、神经病学、教育、法律、犯罪学、社会科学、商业、组织行为、语言学等。

该数据库目前已回溯至 1806 年,并提供自 1967 年以来的索引叙词表(Thesaurus of Psychological Index Terms),有 8 600 多个受控词。同时也开始提供 1920 年以来的参考文献(Cited References),到目前参考文献已达 4 800 多万条。

PsycINFO 数据库的网络检索平台包括：ProQuest(参见第四章的第二节)、EBSCO*host* (参见第四章的第三节)、Ovid 和 APA PsycNET。其中,

APA 网址：http://psycnet.apa.org/index.cfm?fa=search.defaultSearchForm

ProQuest 平台网址：http://search.proquest.com/index?accountid=13151

EBSCO 平台网址：

http://web.a.ebscohost.com/ehost/search/advanced?vid=0&sid=9e6618b0-11a8-4302-b46c-61b532a9c608%40sessionmgr4008

4.7 数学科学数据库(MathSciNet)

4.7.1 数据库内容

"数学科学数据库"(MathSciNet)由美国数学学会(American Mathematical Society，AMS)出版,它涵盖了国际数学领域的研究文献以及与数学相关的计算机、统计、经济计量和其他学科,文献资源涉及期刊论文、专著、会议录和会议论文信息,提供了评论、文摘、目录信息资料。MathSciNet 记录容量已超过 370 多万条,其中有 100 多万条可直接链接到原始文献。数据库涉及的期刊约 1 900 种,年新增 10 万条记录。数据库继承并延续了传统的印刷版《数学评论》(*Mathematical Reviews*)的内容,每年有 6 万多篇评论添加到数据库中。数学评论内容可回溯到创刊年代的 1940 年,书目参考文献回溯到 19 世纪初。

该数据库包括的主要专题是数学及其在下述领域的应用：天文学和天体物理学、生物学和行为科学、经典热力学和热传导、计算机科学、经济学、流体力学、信息和传播学、量子力学和系统科学、固体力学、运筹学、光学及电磁学理论、相对论、统计物理、物质结构、统计学、系统论及控制论。数据库网络版支持 HTML、PDF 和 ASCII 等显示格式。

检索网址：http：//www.ams.org/mathscinet/

注意：一些数学符号或公式需要安装 MathJax 软件方可显示。了解更多的 MathJax 信息请登录 http：//www.mathjax.org/

4.7.2 数据库检索

1. 检索功能

MathSciNet 的检索功能包括出版物检索、作者索引、期刊浏览和引文检索（如图 2-31 所示）。

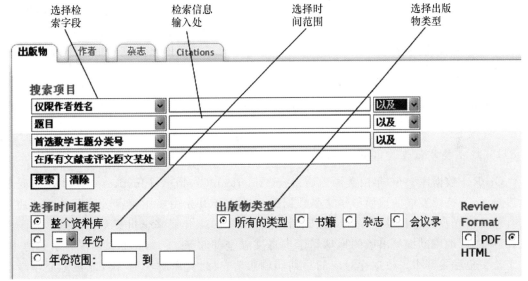

图 2-31　MathSciNet 数据库网络版检索页面

（1）出版物检索：可检索的字段有：仅限作者姓名、作者姓名加编者/译者等、题目、该评论中的任何词语、杂志名称、研究机构的特定代码（可以访问 http：//www.ams.org/inst-code/来检索研究机构代码列表）、系列名称（该字段可以输入丛书名的全称或缩写、可以使用通配符）、首选或第二位的数学主题分类号、首选数学主题分类号、《数学评论》条目号（每一条记录在数学文献数据库中都有一个唯一的记录号码，包含 7 位数字）、评论员姓名、在所有文献或评论原文某处出现的词语、参考文献。

（2）作者索引：通过作者姓名或作者 ID 号检索。作者姓名的输入方法：姓的全拼→逗号→名，如：Hilbert,D * or 85745。字母不区分大小写，也可以使用通配符，如：wang,hong * 。输入检索词后，页面给出符合检索条件的作者姓名；单击作者，则可看到数据库中收录的该作者撰写的所有文献。

（3）期刊浏览：选择"杂志"栏目，输入杂志名称的缩写、杂志名称、部分名称，或者国际标准刊号（ISSN）检索，即可浏览期刊的全部内容。

（4）引用检索：被引作者、被引期刊、通过主题检索被引较多的文献等。

2. 检索技术

布尔逻辑算符：AND、OR 和 NOT。

优先算符:可以用()表示组配的优先顺序,用空格连接的词将作为词组检索。

大小写:检索条件输入不区分大小写。

通配符:*号,代表一个或多个字符。"首选数学主题分类号"字段不可使用通配符。

3. 检索结果和相关服务

题录信息有 MR 或 CMP 记录号、作者姓名、题名、刊名及年、卷、期、页码等。题录信息设置有多种链接,如:MR 或 CMP 记录号会链接该记录的详细信息;作者姓名会链接该作者的所有文章;刊名会链接该刊的基本信息;期刊期号会链接该期的文章题录;MSC 分类号会链接该分类号的相关分类信息;等等。

其他服务功能:可以标记记录;使用"Add to Clipboard"功能会将该记录加到书写板中;使用"Doc Delivery"可以提供全文文献传递(申请前需注册);"Journal"按钮可连到该刊的网站;"Article"按钮链接的是该文献的全文,若用户已购买刊登该文献期刊的电子版,则可直接打开全文。

4.8 地学参考数据库(GeoRef 和 GeoBase)

4.8.1 地学参考数据库(GeoRef)

GeoRef 数据库 1966 年由美国地质协会(American Geological Institute)编辑发行,是全世界全面,并持续发展的地质科学文献数据库。1991 年开始由美国银盘公司与美国地质协会合作发行光盘。它收录了 1669 年以来北美地区和 1933 年以来全世界范围的地质科学文献,其中美国地质勘探局出版的地球科学参考文献全部收录,美国和加拿大各大学的博士、硕士论文也涵盖其中。数据库对应的早期印刷版为:《北美地质学书目》《北美地质学专著书目索引》《地球物理学文摘》及《地质学书目索引》。GeoRef 数据库收录的文献范围广泛,包括期刊论文、会议论文、图书、地形图和地质图、报告、学位论文以及传记等,其中期刊文献占 75%。数据库收录世界各国出版的期刊 3 500 余种,数据量 310 余万条,现年递增 10 万条文献,涉及 40 多种语言。收录的学科范围主要包括地质学、地球物理、古生物、地层学、工程地质、环境地质、水文地质、水文学、矿物岩石学、结晶学、地球化学、海洋学、海洋地质、石油地质,另外还包括行星科学、天体物理学、天体化学、数学地质、遥感地质、电子学和计算机应用、分析化学等。可以通过网络、联机和光盘的方式检索数据库。

提供 GeoRef 数据库检索服务的网络检索系统包括:GeoScienceWorld(GSW)、EBSCO*host*(参见第四章的第三节)、NERAC、Ovid 等,本节不多做介绍。其中,

GeoScienceWorld(GSW)平台网址:https://pubs.geoscienceworld.org/

EBSCO 平台网址:http://www.ebscohost.com/academic/georef

4.8.2 地理参考数据库(GeoBase)

GeoBase 数据库由加拿大测绘委员会(Canadian Council on Geomatics,CCOG)监制出版,是一个地球科学、生态学、地理学和海洋学方面的书目数据库,它覆盖面广、来源多,对于环境和地理学以及其他相关领域研究来说是非常好的工具。数据库覆盖的资料起始于 1980 年,提供了包括同行评审期刊和商业出版物在内的 2 100 多种国际性期刊,还提供了数千个

附加的期刊和图书名录。数据包括 300 多万篇期刊论文，7 万多篇会议论文，每年新增 10 万条题录或文摘记录。文献类型涉及期刊论文、会议论文、报告、仲裁文件及其他科技文献等。GeoBase 的学科范围包括地质学、地质力学、海洋学、人文地理、自然地理、国际发展（包括环境、农业、资源等）、生态学、经济地理等。数据库提供网络、联机和光盘等不同版本类型。提供 GeoBase 检索服务的网络检索系统包括：Elsevier ScienceDirect（见第五章）、Engineering Village（参见本章第四节）和 Ovid 等。

Elsevier ScienceDirect 平台网址：https://www.elsevier.com/solutions/engineering-village/content/geobase

4.9 其他理工类参考数据库

4.9.1 NSTL 外文期刊目次数据库

国家科技图书文献中心（National Science and Technology Library，NSTL）是在科学技术部领导下，由中国科学院文献情报中心、工程技术图书馆（中国科学技术信息研究所、机械工业信息研究院、冶金工业信息标准研究院、中国化工信息中心）、中国农业科学院图书馆、中国医学科学院图书馆组成的虚拟的科技信息资源服务机构，NSTL 外文期刊目次库拥有 3 万多种期刊的逾千万条目次数据，详细内容介绍、检索方法、服务方法见第三章。

检索网址：http://www.nstl.gov.cn/

4.9.2 德温特创新索引数据库

德温特创新索引（Derwent Innovations Index，DII）数据库是由德温特世界专利索引（Derwent World Patents Index，DWPI）与专利引文索引（Patents Citation Index，PCI）整合而成，是世界上国际专利信息收录最全面的数据库之一。数据库收录起始于 1963 年，已收录超过 1 000 万个基本发明，2 000 万项专利，使读者可以总览全球化学、工程及电子方面的专利概况。每周有 40 多个国家、地区和专利组织发布的 25 000 条专利文献和来自 6 个重要专利版权组织的 45 000 条专利引用信息收录到数据库中。除在 Dialog 数据库中可以联机检索外，目前在美国科学信息研究所（ISI）的 WOS 平台中也能检索到。详细内容介绍见第八章，检索方法、服务方法见本章第二节。

检索网址：http://www.webofscience.com/wos/diidw/basiz-search

第五节　常用人文社科类参考数据库

5.1 经济学文献数据库（EconLit）

EconLit 是美国经济学会编制出版的数据库，提供了经济学及相关学科的题录和文摘文献。文献类型包括期刊、会议录、图书、学位论文等，收录年代为 1969 年至今。对应的印刷版出版物为《经济学文献期刊》(Journal of Economic Literature)。内容涉及经济理论及应用,覆盖的学科领域包括农业和自然资源经济,工商管理和经营,国家研究,经济发展、科技进步及增长,经济史,财政经济,经济学总论和教学,健康、教育和福利,国际经济学,劳工与人口统计学,法律与经济学,宏观经济与货币经济学,微观经济学,数量经济学,方法论和经济思想史,公共经济学,城市、乡村和区域经济等。其中的文献80%以上具有文摘,也包括1993年以来由《经济学文献期刊》出版的书评的全文。数据库收录超过100万条记录,每年新增大约3万条,月更新。

提供数据库检索服务的系统为ProQuest检索系统,检索方法参见第四章。

网址:http://search.proquest.com/econlit/

5.2 教育资源信息中心数据库(ERIC)

教育资源信息中心(Educational Resources Information Center,ERIC)数据库是由美国教育部的教育资源信息中心创办的美国教育文献的摘要数据库。教育资源信息中心是美国教育部成立的联邦基金计划内容之一,主要是为从事教育和研究教育的工作者提供信息保障。ERIC是一个国际性教育及相关学科的应用和研究导向性信息库,为提高学习、教学、教育决策和研究的实践提供翔实可靠的信息源。该数据库涉及两个印刷型月刊的内容:《教育资源》(Resources in Education,RIE)和《教育期刊现刊索引》(Current Index to Journals in Education,CIJE),内容涉及期刊论文、政府文件、视听资料、研究报告、课程和教学指南、博硕士论文、会议论文、书和地址名录等。数据库起始于1966年,记录量约为176万余条。

ERIC数据库涵盖的学科领域包括成人、职业生涯和职业教育,个人咨询服务,小学与幼儿教育,教育管理,特殊(残疾和天才)教育,高等教育,信息资源,专科教育,文学语言,阅读与交流技能,农村与小型学校教育,科学、数学与环境教育,社会研究与社会科学教育,师范教育,教育实验、测试与评估,城市教育。

ERIC数据库免费向全世界读者开放,网址:http://www.eric.ed.gov/。

另外,提供ERIC数据库网络检索服务平台的还有:EBSCO*host*(参见第四章的第三节)、ProQuest(参见第四章的第二节)、OCLC Firstsearch(参见本章第三节)等。

5.3 图书馆与信息科学文摘数据库(LISA)

"图书馆与信息科学文摘"(Library and Information Science Abstracts,LISA)数据库是为图书馆及其信息工作者设计的国际性文摘和索引工具,它是印刷版LISA和《图书馆和信息科学研究动态》(Current Research in Library and Information Science,CRLIS)的联合数据库。数据库起始于1969年,涉及图书馆与信息科学的各个方面,其文摘来自40多个国家的300多种期刊和会议录,涵盖20种语言。LISA数据库主题范围很宽,且涉及电子会议、影像文本、联机系统、电子通信和电子出版物,其中CRLIS报道最新研究计划,每年对早期的计划进行更新,而且CRLIS提供了有关期刊和报告文献出版之前的研究工作情况。年新增数据约2 000多条。

LISA 数据库的主题领域包括人工智能、计算机科学与应用、信息科学、信息技术、网络技术、万维网、信息中心、信息管理、信息存储、光盘、记录管理、知识管理、图书馆职业、图书馆管理、图书馆技术、图书馆与档案、图书馆利用和用户、联机信息检索、书评、出版与书籍销售、医学信息、电信和技术服务。

提供 LISA 数据库检索服务的系统包括：ProQuest 检索系统（参见第四章的第二节）、EBSCO*host*（参见第四章的第三节）、银盘公司光盘检索系统等。

ProQuest 平台网址：http：//search.proquest.com/index? accountid=13151

5.4 语言学与语言行为文摘数据库(LLBA)

"语言学与语言行为文摘数据库"（Linguistics and Language Behavior Abstracts, LLBA）提供全世界语言学及语言科学相关领域文献的文摘与索引，涵盖了语言研究的各个方面，包括语音学、语音体系、词法、语法与语义学。涉及语言学的各个领域，包括描述性、历史的、比较的、理论的与地理的语言学。

该数据库信息来源包括 1 500 多种连续出版物以及书籍、书的章节与论文。数据库收录自 1973 年起，年新增数据约 14 000 条。

LLBA 数据库的主题领域包括人类学语言学、应用语言学、描写语言学、语篇分析、语言-病理和正常、学习障碍、非言语交际、语音学、音韵学、心理语言学。

LLBA 数据库检索服务系统是 ProQuest 检索系统（参见第四章的第二节）。

ProQuest 平台网址：https：//search.proquest.com/llba/index? accountid=13151

5.5 中国高校人文社会科学文献中心(CASHL)数据库

中国高校人文社会科学文献中心（China Academic Social Sciences and Humanities Library, CASHL）是在教育部的统一领导下，本着"共建、共知、共享"的原则、"整体建设、分布服务"的方针，为高校哲学社会科学教学和研究建设的文献保障服务体系，其最终目标是成为"国家级哲学社会科学资源平台"。CASHL 的建设宗旨是组织若干具有学科优势、文献资源优势和服务条件优势的高等学校图书馆，系统地、有计划地引进和收藏国外人文社会科学文献资源，为全国高校、哲学社会科学研究机构和工作者提供综合性文献信息服务。

CASHL 既是全国性的唯一的人文社会科学文献收藏和服务中心，也是由 17 所著名高校联合组成的网络虚拟图书馆，这 17 所高校是：北京大学、复旦大学、武汉大学、吉林大学、南京大学、中山大学、四川大学、北京师范大学、中国人民大学、清华大学、南开大学、厦门大学、东北师范大学、华东师范大学、山东大学、浙江大学和兰州大学，CASHL 的管理中心设在北京大学。现在，CASHL 不仅可以为高校教学科研提供服务，也成为全国其他科研单位文献获取的基地。与科学技术部建设的国家科技图书文献中心（National Science and Technology Library, NSTL）形成优势互补，社会效益明显。

网址：http：//www.cashl.edu.cn

5.5.1 CASHL 资源内容

(1) 期刊和图书。CASHL 数据库的网络服务平台名称为"开世览文",于 2004 年 3 月 15 日正式启动并开始提供服务,向全国用户免费开放,提供公益性服务。

CASHL 目前可提供服务的资源有 5.13 万种纸质外文期刊、357.6 万种纸质外文图书、25.2 万种外文电子期刊、299.3 万种外文电子图书。CASHL 资源共涵盖 352 种语言,世界语言的九大语系之印欧语系、汉藏语系、阿尔泰语系、闪含语系、乌拉尔语系、高加索语系、南亚语系、南岛语系、达罗毗荼语系都囊括其中。建立了"高校人文社科外文图书联合目录"等数据库;提供期刊目次数据库检索和浏览、书目数据库检索和目录浏览、书刊馆际互借与原文传递、相关咨询服务等。

资源主题覆盖范围:地理/环境、法律、教育、经济/商业/管理、军事、历史、区域学、人物/传记、社会科学、社会学、体育、统计学、图书馆学/信息科学、文化、文学、心理学、艺术、语言/文字、哲学/宗教、政治等。

(2) 大型特藏文献。特藏文献被公认为极具科研价值与收藏价值的珍贵文献,但其价格昂贵。为了满足全国人文社科科研人员的研究需求,也为了弥补高校图书馆收藏的空白,CASHL 于 2008 年度开始大批购入特藏文献。首批引进的大型特藏文献多为第一手的原始档案资料,涵盖历史、哲学、法学、社会学、语言学、经济学等多个一级重点学科,涉及图书、缩微资料、数据库等不同介质。例如:《马克思恩格斯著作全集》(*Karl Marx,Friedrich Engels:Gesamtausgabe*,图书)、《国际社会科学书目》(*International Bibliography of the Social Sciences*,图书)、《日本立法资料全集》(图书)、《通商彙纂〔復刻版〕》(图书/档案);《英国情报机构西藏文档》(*British Intelligence on China in Tibet*,缩微平片)、《海峡殖民地年度报告》(*Annual reports of the Straits Settlements*,1855—1941,图书)、《人类学和民族志学丛书》(*Routledge Library Editions:Anthropology and Ethnography*(95 Vol Set),图书)以及《传教团文档》(*Church Missionary Society Archive*,缩微平片)等。CASHL 已拥有大型特藏文献 246 种。

5.5.2 数据库检索

CASHL 系统分别设置了期刊文献检索、图书检索和大型特藏文献检索,其检索方法基本相同。以期刊文献检索为例:

(1) 期刊浏览:可以按刊名和学科进行浏览。

(2) 期刊文章检索:具备简单检索、高级检索、二次检索等功能,可以选择篇名、刊名、作者、ISSN 等字段进行检索,检索时有多种检索限制,如出版时间、学科类别、馆藏地址、期刊类别等(如图 2-32 所示)。

(3) 检索技术:可以使用布尔逻辑算符:AND、OR 和 NOT;截词符 *。精确词组或短语的检索必须使用引号" ";有禁用词限制。

(4) 检索结果:默认显示篇名目录,其详细记录内容包括篇名、作者、刊名、ISSN 号、出版年月、卷期、起止页码、馆藏地址以及申请文献传递请求链接。可对文献进行保存、打印或导出操作。

如果是图书的检索结果,还可以看到近几年出版的新书封面和目录内容;而大型特藏文献中的缩微资料,也提供了全部的目录内容,供用户对资源进行详细了解。

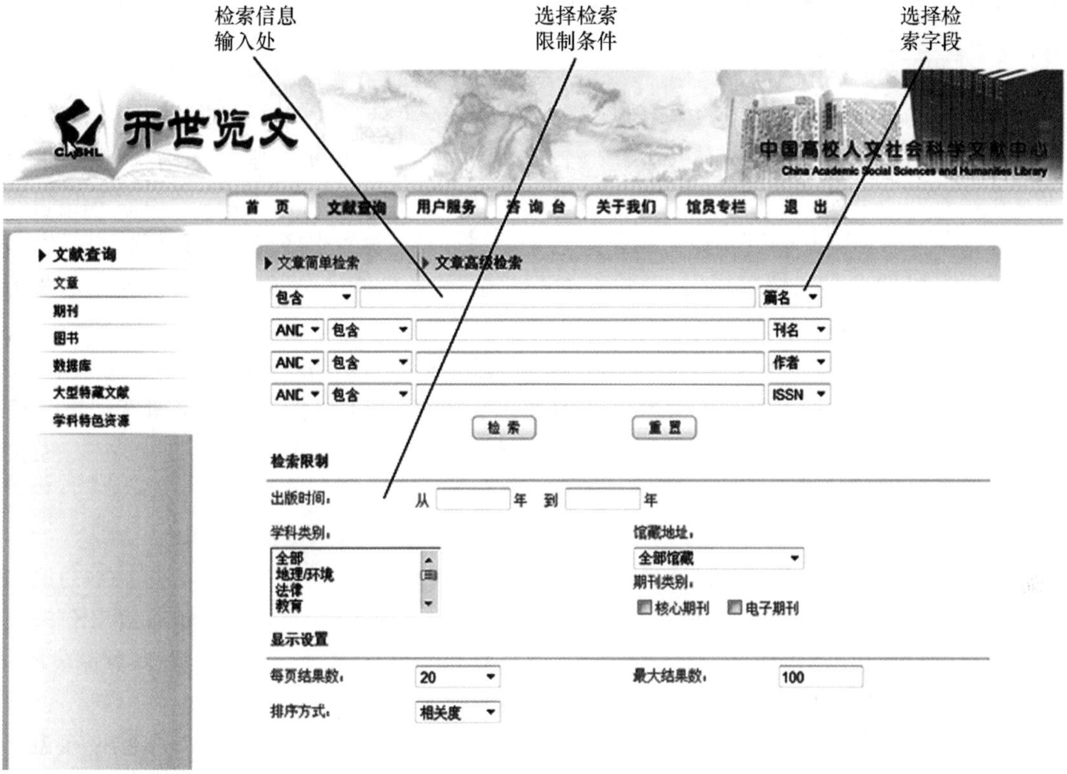

图 2-32　CASHL 检索系统期刊文献高级检索

5.5.3　用户服务

CASHL 系统的用户服务方便快捷,颇有特色。只要是注册用户,就可以享受到原文传递服务、图书借阅服务、代查代检服务、个性化服务(如最新目次报道服务)等。详细介绍见第四章第七节。

5.6　其他人文社科类参考数据库

5.6.1　社会学文献数据库(SocioFile)

"社会学文献数据库"(SocioFile)收录了自 1974 至今全球 2 000 余种社会学及相关科学期刊的文献索引及摘要,以及 1986 年以来发表的与社会学相关的学位论文。数据库还收录了 1980 年以来"社会计划与发展文摘数据库"(Social Planning/Policy & Development Abstracts,SOPODA)详细的期刊论文摘要,SOPODA 数据库把理论研究进一步向应用社会学方面扩展。内容涵盖活动研究、社区组织、案例探讨、人口统计、家庭问题研究、女性问题研究、老人问题探讨、政治科学和社会学等。文献类型包括期刊论文、专著、会议论文、研究报告和学位论文等。

SocioFile 数据库服务系统包括：ProQuest 检索系统(参见第四章的第二节)、Ovid 网络检索系统和银盘公司光盘检索系统等。

5.6.2　Emerald 文摘数据库

英国 Emerald 出版集团于 1967 年由来自世界百所著名商学院之一的布拉德福商学院(Bradford University Management Center)的学者建立,主要出版管理学、图书馆学、工程学等专业领域的图书和期刊。其宗旨是出版有助于实践意义的研究性文献,架起学术与实践之间的桥梁。目前 Emerald 出版有全文期刊、电子图书、书目数据库、网站信息等,本节主要介绍 Emerald 的 4 个文摘数据库,覆盖了土木工程、计算机科学、计算机与通信安全以及图书馆和信息管理领域的重要期刊。

数据库检索网址：http://www.emeraldinsight.com/search.htm

Emerald 文摘数据库收录了世界公认的高品质期刊,每年由独立的专家团队评审并确认,更新及时,对所收录的每一种期刊均全面摘录其中的文章,具有全文链接功能,提供 E-mail 最新文献报道服务。

(1) 计算机和通讯安全文摘(Computer and Communications Security Abstracts,CCSA)：提供全球 100 多种高品质的计算机安全期刊,还收录每年 40 多个国际重要会议的会议录文摘。提供了最新的文摘、会议新闻、研究信息,特别是关于计算机和通信安全的文献。覆盖学科包括生物识别技术、密码技术、电子商务安全、侵扰探测、恶意软件、网络安全、第三方信任等。用户可检索 1996 年至今的数据,数据库月更新。

(2) 国际计算机文摘(Computer Abstracts International Database,CAID)：数据库为相关领域研究者及学生提供了关键性资源,包括计算机领域重要的知识。主要学科包括人工智能、通信和网络、计算机理论、数据库与信息系统、硬件、程序等。可检索 1987 年至今的数据,数据库月更新。

(3) 图书馆和信息管理文摘(Current Awareness Abstracts,CAA)：共收录全球 400 多种有关图书馆学和信息管理科学核心期刊,包含了 3.3 万篇文摘记录,文献最早回溯至 1988 年,每月更新。

(4) 国际土木工程文摘(International Civil Engineering Abstracts,ICEA)：该文摘库提供了最新的土木工程领域信息,收集了大约 150 种全球顶尖的土木工程期刊。涵盖学科包括施工管理、环境工程、结构工程、岩土工程、水利工程以及运输工程等。可检索 1976 年至今的数据,数据库月更新。

数据库检索见第五章第四节。

【思考题】

1. 引文索引型的参考数据库有哪些优势？如何在学习和科研中有效地利用这些优势？

2. 参考数据库适合用来全面搜集和获取学科文献,如何高效地利用西文参考数据库进行论文的开题选题？

3. 请尝试使用 WOS 的 Alert 服务完成一篇文献的检索结果跟踪和引文跟踪。

参考文献

[1] 尤金·加菲尔德.引文索引法的理论及应用[M].侯汉清等译.北京：北京图书馆出版社,2004.

[2] 朱兵.特征因子及其在 JCR Web 中与影响因子的比较[J].情报杂志,2010(5)：85-88.

[3] 孙红卫.数字时代二次文献的困境与发展趋势研究[J].情报资料工作,2009(5)：51-53.

[4] Clarivate Analytics（UK）Ltd. About Clarivate Analytics[EB/OL].[2019-12-08]. https://clarivate.com/.

[5] Clarivate Analytics（UK）Ltd. Science Citation Index[EB/OL].[2022-03-22]. https://webofscience.com/wos/woscc/basic-search.

[6] Clarivate Analytics（UK）Ltd. Social Science Citation Index[EB/OL].[2022-03-22]. http://webofknowledge.com/wos/woscc/basic-search.

[7] Clarivate Analytics（UK）Ltd. Social Science Citation Index[EB/OL].[2022-03-22]. http://webofknowledge.com/wos/woscc/basic-search.

[8] Clarivate Analytics（UK）Ltd. Journal Citation Reports[EB/OL].[2021-08-26]. https://jcr.clarivate.com/jcr/home.

[9] Clarivate Analytics（UK）Ltd. ProQuest CSA[EB/OL].[2022-03-22]. https://www.proquest.com/?accountid=13151.

[10] Online Computer Library Center（OCLC）. OCLC FirstSearch[EB/OL].[2022-03-22]. https://firstsearch.oclc.org/WebZ/FSPrefs?entityjsdetect=:javascript=true:screensize=large:sessionid=fsap02pxm1-1680-114kbwtq-hfay1u:entitypagenum=1:0.

[11] Elsevier. Scopus 数据库[EB/OL].[2022-03-22]. https://www.scopus.com/search/form.uri?display=basic.

[12] 高等教育文献保障系统（CALIS）. CALIS 外文期刊网[EB/OL].[2019-12-22]. http://ccc.calis.edu.cn/index.php?op=index.

[13] Ingenta. IngentaConnect[EB/OL].[2019-12-22]. http://chinesesites.library.ingentaconnect.com/.

[14] Elsevier Engineering Information. Engineering Village 检索帮助[EB/OL].[2019-12-08]. https://www.engineeringvillage.com/search/quick.url.

[15] American Chemical Society. CAS 介绍[EB/OL].[2019-12-22]. https://www.cas.org/about.

[16] Chemical Abstracts Service. SciFinder Overview[EB/OL].[2019-12-22]. https://www.cas.org/.

[17] The Institution of Engineering and Technology. INSPEC 介绍[EB/OL].[2022-03-22]. https://clarivate.com/webofsciencegroup/solutions/webofscience-inspec/.

[18] Clarivate Analytics（UK）Ltd. BIOSIS Preview[EB/OL].[2021-08-26]. https://

www.webofscience.com/wos/boisis/basic-search.

[19] Online Computer Library Center(OCLC). MEDLINE[EB/OL]. [2021-08-26]. https://www.webofscience.com/wos/medline/basic-search.

[20] Embase. Embase 检索帮助[EB/OL]. [2019-12-22]. http://www.embase.com/.

[21] American Psychological Association. PsycINFO 数据库[EB/OL]. [2019-12-22]. http://www.apa.org/pubs/databases/psycinfo/index.aspx.

[22] American Mathematical Society. MathSciNet 检索[EB/OL]. [2019-12-22]. http://www.ams.org/mathscinet/help/jourid_help_full.html.

[23] GeoScienceWorld. GeoRef database[EB/OL]. [2019-12-22]. https://pubs.geoscienceworld.org/.

[24] Elsevier. GEOBASE[EB/OL]. [2019-12-22]. https://www.elsevier.com/solutions/engineering-village/content/geobase.

[25] 国家科技图书文献中心(NSTL). NSTL 外文期刊目次数据库[EB/OL]. [2022-03-22]. http://www.nstl.gov.cn/.

[26] Clarivate Analytics (UK) Ltd. Derwent Innovations Index[EB/OL]. [2022-03-22]. https://www.webofscience.com/wos/diidw/basic-search.

[27] Clarivate Analytics (UK) Ltd. EconLit[EB/OL]. [2022-03-22]. http://search.proquest.com/econlit/.

[28] Online Computer Library Center(OCLC). ERIC[EB/OL]. [2019-12-22]. http://www.eric.ed.gov/.

[29] Clarivate Analytics (UK) Ltd. LISA[EB/OL]. [2019-12-22]. http://search.proquest.com/index?accountid=13151.

[30] Clarivate Analytics (UK) Ltd. LLBA[EB/OL]. [2019-12-22]. http://search.proquest.com/index?accountid=13151.

[31] 中国高校人文社会科学文献中心(CASHL). 中国高校人文社会科学文献中心介绍[EB/OL]. [2019-12-22]. http://www.cashl.edu.cn/portal/.

第三章 中文参考数据库

我国参考数据库建设始于 20 世纪 80 年代初,并在 90 年代得到了长足的发展。国家各部委所属的科技情报所、中国科学院系统的文献情报中心、公共图书馆、高校图书馆和数据库商纷纷加入到参考数据库建设的行列,各种数据库产品层出不穷,成为一类重要的文献信息资源。

国家各部委所属的科技情报所走在了参考数据库建设的前列。1981 年中国科技情报所和国家医药管理局科技情报所合作建立"中国药学文摘"数据库,1984 年完成并正式发行中国第一份计算机排版的《中国药学文摘》。电子工业部科技情报所于 1984 年建立了"中国电子科技文献库",化学工业部科技情报所于 1985 年建立了"中国化学化工文献库",机械工业部科技情报所于 1986 年建立了"中国机械工程文献库",随后,其他部委的科技情报所陆续建立了"中国航空文献库""中国邮电电信文献库""中国兵工文献库""中国核科技文献数据库""中国建设科技文献数据库""中国林业文献库""中国农业文献库""中国生物医学文献数据库"等文摘索引数据库。

中国科学院的研究所和图书情报机构也于 20 世纪 80 年代初开展了参考数据库的建设工作。中国科学院上海有机化学研究所于 1983 年建立了"中国化学文献数据库",中国科学院上海文献情报中心于 1985 年建立了"中国生物学文献数据库",中国科学院文献情报中心联合有关物理专业研究所于 1987 年共同建立了"中国物理学文献数据库",随后,中国科学院系统还陆续建立了"中国计算机文献数据库""中国光学文献数据库""中国力学文献数据库""中国天文学文献数据库""中国无线电电子学文献数据库""中国数学文献数据库"和"中国地理文献数据库"等文摘索引数据库。

较早开发参考数据库的还有各类数据库生产商、图书馆等机构。"中文科技期刊篇名数据库"由重庆维普资讯公司开发,创建于 1989 年,是当时国内最大的中文期刊题录文献数据库之一。1994 年,中国人民解放军医学图书馆研制的"中文生物医学现刊目次数据库"(现名"中文生物医学期刊数据库")问世。由文化部、国家图书馆(旧称北京图书馆)牵头,上海图书馆、广东省中山图书馆、深圳图书馆参加研制的"中国国家书目回溯数据库",于 1998 年 8 月通过鉴定,其中包含了 1949—1987 年我国正式出版和部分非正式出版的 40 余万种中文图书的书目记录。

我国参考数据库的发展具有如下特点:

(1) 部分参考数据库由相应的纸本检索刊发展而成。20 世纪 80 年代初至 90 年代期间,一些纸本文摘索引编制单位,将书本型记录转换成机读形式,将数据库作为书本型文摘索引的副产品。如中国科学院的检索刊都有与之对应的文献数据库,纸本检索刊和数据库同步发行;原化学工业部主管的《中国化工文摘》,创刊于 1983 年,1985 年改由计算机编辑排版,并以此为基础开发了"中国化学化工文献数据库";著名的大型检索刊物《全国报刊索引》和中国人民大学书报资料中心的《复印报刊资料》等也纷纷推出了各自的数据库。

(2) 载体形态与信息技术的发展相适应。从载体形态看,随着计算机和网络技术的迅猛发展,参考数据库也都经历了单机版、光盘版和网络版的发展历程。

(3) 随着数据库建设的不断深入发展,我国参考数据库开始向集成化方向发展。例如,"中国科技文献数据库"是在原国家科委信息司的主持和资助下,由万方数据公司联合40多个国家部委和科学院系统的科技信息机构共同开发的一个大型文献集成数据库,它包含了国家各部委所属的科技情报所建立的大量参考数据库,是我国科技信息界权威机构联合行动的结晶,具有学科覆盖面广、文献时间跨度长、文摘率高的特点。

再如,"中国学科文献数据库"是由中国科学院文献情报中心牵头组织,在数学、物理、力学、化学、稀土、天文学、地理学、生物学、计算机科学技术、电子学、光学等文摘型学科文献库的基础上建设而成的,同时仍保留各学科文献库,数据起始年为1985年,2002年经过重整,形成了数理科学库、化学库、生命科学库、资源与环境科学库和高技术库5个学科数据库。

随着网络和数字资源的发展,部分中文参考数据库逐步发展成为全文数据库,如"中文科技期刊篇名数据库"从最初的题录型数据库发展为电子期刊全文数据库,但这些数据库仍然保留了其参考数据库的服务,供用户免费检索。中文参考数据库以其来源广泛、数据量大、连续性累积性强、索引系统完备等特征,以及具备了引文分析、全文链接、文献评价、文献传递等多种增值服务功能,在全文数据库大行其道的今天,仍然在各类文献资源中占有一席之地,发挥着难以被替代的作用。

本章将根据中文参考数据库的特点,对国内几个大的主要参考数据库的检索系统、检索技术以及检索技巧等加以介绍。

第一节 中国科学引文数据库

1.1 数据库内容

"中国科学引文数据库"(Chinese Science Citation Database,CSCD)由国家自然科学基金委员会和中国科学院共同资助,中国科学院文献情报中心承建开发,创建于1989年,该数据库的编制全面参照了美国科学引文索引(SCI)的编制体系。

数据库网址:http://sciencechina.cn/search_sou.jsp

CSCD收录的学科范围主要为理工农医,包括数学、物理学、力学、化学、天文学、地球科学、生物学、农林科学、医药卫生、工程技术、环境、管理科学等领域,以中国大陆出版的原创性中英文学术性期刊为主要收录对象。

CSCD的来源期刊每两年评选一次,按照来源期刊不同,分为核心库和扩展库。核心库的来源期刊经过严格评选,是各学科领域中具有权威性和代表性的核心期刊;扩展库的来源期刊经过大范围的遴选,是我国各学科领域的优秀期刊。以2019—2020年为例,CSCD共收录来源期刊1 129种,其中核心库期刊为909种,扩展库期刊为320种,中英文期刊数量分别为1 001种和228种。从1989年到2001年10多年间,CSCD仅收录来源期刊的论文题录及中文引文数据;自2002年起,CSCD开始收录来源期刊的论文文摘及全部引文数据。CSCD已积累论文记录587万余条,引文记录近8 900万条,年增长论文记录20余万条,引文记录约250万条。

"中国科学引文数据库"具有如下特点和作用:

(1) 可以查询各学科领域最重要的核心文献。根据著名的"布拉德福定律"(文献集中定律)——少数核心期刊集中了大多数重要文献的客观规律,"中国科学引文数据库"在选择来源期刊时将目标锁定在各学科领域具有权威性和代表性的重要核心期刊上,选择了涉及数学、物理、化学、天文、地理、生物、农林、医学、工程技术等领域的1 200多种来源期刊,可以使科研人员在短时间内找到大量的科研信息,提高了科研效益;同时有助于科研管理部门通过文献计量方法规范科研绩效评价行为。

(2) 通过论文产出量和被引用量的统计分析,可以进行各种科学评价。论文产出量可通过引文、著者、机构、关键词、综合等方法进行检索;被引用量的统计分析包括科学论著被引频次、著者被引频次、机构被引频次等的统计。通过对这些数据的分析,可以达到评价个人或机构的学术科研水平、追踪学科发展热点、审定期刊质量的效果。以这种计量分析方法进行相关评价,具有很强的科学性、针对性和合理性。

(3) 2007年"中国科学引文数据库"与美国汤森路透(Thomson Reuters)合作,以ISI Web of Knowledge为平台,实现了与Web of Science的跨库检索,成为ISI WOK平台上第一个非英文语种的数据库。

"中国科学引文数据库"还有一些衍生产品,包括:

中国科学文献计量指标数据库(CSCD ESI Annual Report):运用科学计量学和网络计量学的有关方法,以1999年以来的CSCD及SCI年度数据为基础,对我国年度科技论文的产出力和影响力及其分布情况进行客观的统计和描述,是了解我国科学研究发展的重要工具。数据库从宏观统计到微观统计逐次展开,展示了省市地区、高等院校、科研院所、医疗机构、科学研究者的论文产出力和影响力,并以学科领域为引导,显示我国各学科领域的研究成果,揭示不同学科领域中研究机构的分布状态。该数据库适用于科研管理者、情报分析工作者、科研政策制定者和科研人员等,有助于使用者对我国科研产出从宏观、中观和微观三个层面去了解,了解同行在学术研究中的发展,从而制定目标,更好地促进学术的发展。

中国科技期刊引证指标数据库(CSCD JCR Annual Report):根据CSCD年度期刊指标统计数据创建,以CSCD核心库为基础,采用期刊论文发文量、基金论文量、发文机构数、篇均参考文献数、自引率、引用半衰期、影响因子、即年指数、总被引频次、自被引率、被引半衰期等指标数据,从不同角度——尤其是从学科论文引用角度——揭示和定位期刊影响力,提供期刊质量评估结果,可以作为期刊竞争情报分析的参考资料、作者投稿的依据、学者阅读期刊的指南、教师及图书馆员推介期刊的参照,也可为图书馆进行期刊管理和开展核心期刊研究提供第一手资料。

1.2 数据库检索

"中国科学引文数据库"依托中国科学文献服务系统为发布平台,作为综合性的引文索引数据库,提供其收录期刊上发表的论文文献(来源文献),及其引用文献(引文)的检索。

1.2.1 检索功能

(1) 简单检索。简单检索提供两种检索途径:来源文献检索和引文检索。

简单检索中的来源文献检索包括作者、第一作者、题名、刊名、ISSN、文摘、机构、第一机构、关键词、基金名称、实验室等检索字段;引文检索包括被引作者、被引第一作者、被引来源、被引机构、被引实验室、被引文献主编等检索字段。

(2) 高级检索。高级检索也提供来源文献检索和引文检索两种检索途径,其可检索字段同简单检索。高级检索提供"命令检索"和"复杂检索"两种查询方式。

"命令检索"即用户可在检索框中直接输入由"检索字段代码:检索词"构成的检索式,或是输入简单检索式通过 AND、OR 等逻辑运算符组配后进行检索。默认检索为模糊检索,如果在检索字段代码后加入_EX,表示精确检索,检索字段名称及其代码如表 3-1 所示。

"复杂检索"即提供代表不同字段的多个检索栏,用户可直接填入检索词,再选择逻辑组配方式,某些字段还可以选择是否精确检索,然后使用"添加"功能,在"命令检索"框中自动生成检索语句后检索(如图 3-1 所示)。

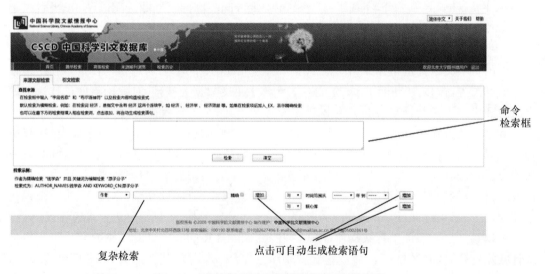

图 3-1 "中国科学引文数据库"高级检索页面

(3) 来源刊浏览。可按刊名首字母对 CSCD 收录的中英文期刊进行浏览,也可直接输入刊名或 ISSN 号进行浏览。可检索期刊是否被 CSCD 收录及其被收录的年代范围。还可按年、卷、期浏览来源期刊上的文献,并了解其被引用的情况。

1.2.2 检索技术

(1) 模糊检索与精确检索。系统默认是模糊检索,检索结果中包含输入的检索词,检索词不拆分。如在作者字段中输入"张炬",会检索到张炬、张炬红、刘张炬等作者发表的文献;在题名字段中输入"高温超导 YBCO 薄膜",检索结果为题名中包含"高温超导 YBCO 薄膜"这个词组的文献;在刊名字段输入"化学学报",可检索出发表于《化学学报》《物理化学学报》和《高等学校化学学报》等期刊上的文献。

用英文引号将检索词括起来,即可实现精确检索,检索结果字段与检索词完全匹配。如在第一作者字段中输入检索词"张炬",则检索结果只包含第一作者为张炬的文献,而不包含张炬红、刘张炬等作为第一作者发表的文献;在题名字段中输入检索词"高温超导 YBCO 薄膜",检索结果只包含完整的题名为"高温超导 YBCO 薄膜"的文献,而不包含类似题名为"测量高温超导 YBCO 薄膜厚度的一种新方法"的文献;在刊名字段输入"化学学报",则只能检索出发表于《化学学报》上的文献。

(2) 字段检索。可供检索选择的字段如表 3-1 所示。

表 3-1 CSCD 检索字段

字段名称	字段代码	字段名称	字段代码
作者	AUTHOR_NAMES	基金名称	FUND_NAMES
第一作者	AUTHOR_NAME1	实验室	LABORATORY
刊名	JOURNAL_NAME_GF	被引作者	CITATION_AUTHOR
ISSN	ISSN	被引第一作者	CITATION_AUTHOR1
题名	SUPERSCRIPTION_CN	被引来源	CITATION_DERIVATION_GF
文摘	TABLOID_CN	被引机构	CITE_ORGANIZTION
关键词	KEYWORD_CN	被引实验室	CITE_LABORATORY
机构	ORGANIZATIONS	被引出版社	PUBLISHING_COMPANY
第一机构	ORGANIZATION1	被引文献主编	EDITOR_IN_CHIEF

(3) 布尔逻辑检索。高级检索支持布尔逻辑算符 AND、OR,可以用括号将优先检索的词括起来。

(4) 检索限定。包括限定论文发表年代范围、论文被引年代范围以及是否来自核心库。

(5) 二次检索。允许用户对检索结果进行再次检索,二次检索的可检索字段与初次检索时的字段完全一致。

(6) 检索历史。为用户保留最近两次的检索式。

1.2.3 检索结果

(1) 检索结果列表。来源文献的检索结果默认按时间顺序由近到远降序显示。每条记录显示题名、作者、来源和被引频次,也可按题名、作者、来源或被引频次重新对检索结果进行升序或降序排序。作者字段默认显示前 3 个作者,也可通过"显示更多作者"链接显示全部作者。

被引文献的检索结果每条记录显示被引文献作者、被引出处和被引频次,也可按被引文献作者、被引出处和被引频次重新对检索结果进行升序或降序排序。

(2)详细记录格式。来源文献的详细记录包括文献名称、作者、文摘、来源、关键词、地址、语种、ISSN、学科、基金、文献收藏号、全部参考文献的题录信息,以及该文献的引证文献的题录信息。还包含了与该文献具有相同作者、关键词和参考文献的相关文献的链接(如图3-2所示)。

在被引文献检索结果列表中,选择相应记录,可查看选中文献的引证文献的题录信息。

图 3-2 "中国科学引文数据库"详细记录页面

(3)结果限定。允许用户对来源文献和引文检索的检索结果通过"结果限定"来限定检索结果。即来源文献的检索结果可按来源、年代、作者和学科来进行结果限定;引文检索结果可按被引出处、年代和作者来进行结果限定。

(4)标记文件。可逐篇或全部标记所需文献。

(5)文件下载。提供 E-mail 发送、打印和下载,输出字段可选。

第二节 中文社会科学引文索引

2.1 数据库内容

"中文社会科学引文索引"(Chinese Social Sciences Citation Index,CSSCI)是由南京大学中国社会科学研究评价中心开发研制的人文社会科学引文数据库,用于检索人文社会科学领域的中文核心期刊发表论文及论文的引用情况。该数据库涉及的学科范围主要包括马列、哲学、心理学、统计学、社会学、管理学、民族学、政治学、国际关系、法学、经济学、新闻和传播学、教育学、图书馆学情报学、体育学、语言学、文学、艺术、历史、考古、地理学、环境科学等,涉及人文社会科学的多个领域。2021—2022 年,该数据库收录 28 个大类的 615 种学术期刊,学科分类和对应的来源刊数量如表 3-2 所示。从 1998—2017 年,CSSCI 积累了来源文献 150 余万篇,引文文献 1 000 余万篇。

数据库网址:http://cssci.nju.edu.cn/

表 3-2　CSSCI 的学科分类及对应的来源刊数量(2021—2022 年)

学科分类	来源刊数量/种	学科分类	来源刊数量/种
马克思主义理论	21	社会学	13
管理学	40	民族学与文化学	15
哲学	17	新闻学与传播学	18
宗教学	3	图书馆、情报与文献学	21
语言学	25	教育学	40
外国文学	6	体育学	12
中国文学	21	统计学	4
艺术学	25	心理学	8
历史学	30	综合性社会科学	49
考古学	7	人文经济地理	13
经济学	74	自然资源与环境科学	6
政治学	40	综合性高校学报	62
法学	27	高校社科学报	11
报纸理论版	2	冷门绝学	5

CSSCI 为用户提供:

(1) 对于社会科学研究者,CSSCI 可以从来源文献和被引文献两个方面向研究人员提供相关研究领域的前沿信息和研究发展的脉搏,通过不同学科、领域的相关逻辑组配检索,挖掘学科新的生长点,展示实现知识创新的途径。

(2) 对于社会科学管理者,CSSCI 可以提供地区、机构、学科、学者等多种类型的统计分析数据,从而为制定科学研究发展规划、科研政策提供决策参考。

(3) 对于期刊研究与管理者,CSSCI 提供多种定量指标:被引频次、影响因子、即年指标、期刊影响广度、地域分布、半衰期等,通过对多种定量指标的分析统计,可为期刊评价、栏目设置、组稿选题等提供定量依据。

(4) CSSCI 也可为出版社和各学科著作的学术评价提供定量依据。

2.2　数据库检索

"中文社会科学引文索引"作为引文索引数据库,既可以检索其收录的期刊上发表的论文文献(来源文献检索),也可以检索被其收录的期刊论文引用的文献(被引文献检索)。

2.2.1　来源文献检索

来源文献检索主要用来查询所有 CSSCI 来源期刊收录的论文。其检索字段包括篇名(词)、作者、关键词、期刊名称、作者机构、作者地区、中图类号、基金细节、英文篇名和所有字段(如图 3-3 所示)。

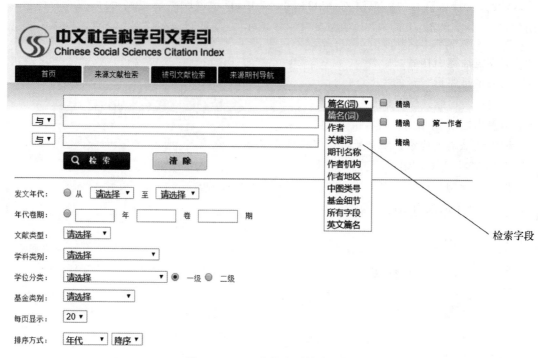

图 3-3 CSSCI 来源文献检索页面

篇名(词)：主要对篇名中词语进行检索。可实现篇名关键词以及篇名词语的组配检索。可以在篇名检索栏输入完整的篇名，也可以只输入一个词，甚至一个字。选择"精确"选项，系统则会将检索词作为一个完整的篇名进行检索，检索与检索词完全一致的篇名。

作者：查找个人学者或团体作者(如某课题组)的发文情况。选择"第一作者"选项，则仅查找符合检索词为第一作者条件的记录。默认是包含检索，会检索出与检索词相同或包含检索词的记录，如检索作者"孟苏"，可检索出"孟苏荣""孟苏"和"吴孟苏"。选择"精确"选项，则只检索出"孟苏"。

关键词：关键词检索提供了通过关键词找到相关论文的途径，可实现精确检索、包含检索和组配检索。

期刊名称：主要用于查询某种期刊发表论文的情况，还可以通过年代、卷、期来检索特定卷期发表论文的情况。

作者机构：用来了解某一机构发表论文的情况。选择"第一机构"选项，则仅查找第一作者单位。

作者地区：查找特定地区作者发表的文献。

中图类号：按照《中国图书馆图书分类法》检索，可查找某一学科的文献。

基金细节：对来源文献的基金来源进行检索。

英文篇名：对来源文献英文篇名中的词语进行检索。

上述检索字段之间可进行逻辑"或"和"与"的组配检索；默认逻辑关系是"与"。

2.2.2 被引文献检索

被引文献检索主要用来查询作者、论文、期刊、图书等的被引情况(如图 3-4 所示)。其检索字段包括被引作者、被引文献篇名、被引文献期刊以及其他被引信息。各字段之间默认的组配关系是逻辑"与"的关系。

被引作者检索：检索某一作者在"中文社会科学引文索引"收录文献中被引用的情况。可采用模糊检索、组配检索和精确检索。

被引文献篇名检索：被引文献篇名检索与来源文献篇名(词)检索相同，可输入被引文献的篇名、篇名中的词语进行检索。

被引文献期刊检索：主要用于查询期刊、报纸、汇编(丛书)、会议文集、报告、标准、法规、电子文献等的被引情况。

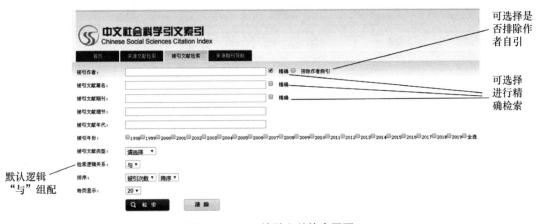

图 3-4　CSSCI 被引文献检索页面

2.2.3 检索技术

(1) 模糊检索与精确检索。系统默认是模糊检索，检索结果中包含输入的检索词，检索词不拆分。例如在作者字段中输入"肖君"，会检索到肖君拥、肖君和程肖君等作者发表的文献；在篇名字段中输入"用户认知"，会检索到题名中包含"用户认知"这个词组的文献，而不会检索到题名中包含"用户心理认知"的文献。

在检索字段输入检索词后，再选择字段后的精确选项，即可实现精确检索，检索结果字段与检索词完全匹配。例如在题名字段输入"面向 21 世纪的高校德育"，会检索到"面向 21 世纪的高校德育""面向 21 世纪的高校德育创新探析"等文献，检索时如果同时选择精确选项，则只检索出第一篇文献。

(2) 布尔逻辑检索。支持逻辑"与"和逻辑"或"的使用，算符分别为"＊"和"＋"。例如在题名中输入检索词"用户 ＊ 认知"，检索到题名中同时包含"用户"和"认知"这两个词的文献，其先后顺序不限；输入检索词"用户 ＋ 认知"，检索到题名中包含"用户"或"认知"任意一个词或者同时包含两个词的文献。

(3) 检索限定。包括限定文献类型、学科类别、期刊、论文发表年代等。

2.2.4 检索结果

(1) 检索结果列表。来源文献检索结果列表主要包括序号、来源作者、来源篇名、来源期刊、年卷期页码等内容,进一步可选择显示记录的详细信息。

被引文献检索结果页面主要包括序号、被引作者、被引文献篇名、被引期刊、被引文献出处、被引次数等内容,进一步可选择显示记录的详细信息。

(2) 记录格式。来源文献的详细记录格式包括篇名、英文篇名、作者及机构、文献类型、学科类别、中图类号、基金项目、来源期刊、年代卷期、关键词、参考文献。被引文献的详细记录格式包括被引文献篇名(词)、被引作者、文献出处、来源文献。

(3) 结果标记和输出。标记:在结果列表页面可以对结果选择部分或全部进行标记。显示和下载:可以显示或下载部分或全部记录的详细信息。

第三节　全国报刊索引数据库

3.1　数据库内容

"全国报刊索引"是历史悠久的中文报刊文献检索工具。60余年来,已由最初的月刊,发展成为集印刷版与网络服务平台于一体的综合性知识服务体系,建成了时间跨度从1833年至今近200年、收录数据量超过1.2亿条、包括文献8 000余万篇、揭示报刊数量3万余种的特大型文献数据库,年更新数据超过1 000万条。

数据库网址:https://www.cnbksy.com/

3.1.1　《全国报刊索引》印刷版简介

《全国报刊索引》1955年3月由上海图书馆创刊,初期刊名为《全国主要期刊资料索引》,双月出版;从1956年起,收入报纸的内容,改名为《全国主要报刊资料索引》,同年下半年起改为月刊,1959年起分成"哲学社会科学版"与"自然科学技术版",1966年9月起休刊。1973年复刊时正式改名为《全国报刊索引》(月刊),前期哲社版与科技版合一,1980年又分成《全国报刊索引:社科版》与《全国报刊索引:科技版》两刊,出版至今。

《全国报刊索引》收录了全国报刊8 000种左右,涉及人文、社会科学、自然科学以及工程技术领域。它的内容包括国家和各省、自治区、直辖市的党政军、人大、政协等重大活动,领导讲话,法规法令,方针政策,社会热点问题,各行各业的工作研究,学术研究,文学创作,评论综述以及国际、国内的重大科研成果等。目前《全国报刊索引:社科版》与《全国报刊索引:科技版》两个版本的月报道量均在1.4万条以上,每年的报道量合计在40万条左右。

《全国报刊索引》的正文采用分类编排,早期的分类采用中国人民大学分类法,1966年起采用自编分类法,1992年起采用《中国图书资料分类法(第三版)》,2000年起改用《中国图书馆图书分类法(第四版)》,2014年起改用《中国图书馆图书分类法(第五版)》。正文后附有个人著者索引、团体著者索引、题中人名索引以及收录报刊名录。

3.1.2 "全国报刊索引"近代报刊全文数据库

"全国报刊索引"近代报刊全文数据库包括"晚清期刊全文数据库"及其增辑、"民国时期期刊全文数据库""中国近代报纸全文数据库"等系列子库。

"晚清期刊全文数据库"及其增辑、"民国时期期刊全文数据库"是基于上海图书馆丰富的近代期刊馆藏资源研发制作的。"晚清期刊全文数据库"收录了1833—1911年间出版的300余种期刊，几乎包括了当时出版的所有期刊，是研究晚清历史的读者必备的数据库检索工具；增辑是继2009年"晚清期刊全文数据库"推出后陆续增补发掘的珍稀数字资源，共收录期刊200余种，文献25万余篇，增强了晚清期刊数据库的独特性和完整性。"民国时期期刊全文数据库"收录民国时期出版的20 000余种期刊，近1 000万篇文献，内容集中反映这一时期的政治、军事、外交、经济、教育、思想文化、宗教等各方面的情况，具有极为重要的学术价值和史料价值，能够方便读者进行关于民国时期历史的学术研究。上述两库采用便捷的检索服务平台，读者可从标题、作者、刊名、分类号、年份及期号等途径对文献进行检索、浏览并下载全文。

"中国近代报纸全文数据库"依托上海图书馆馆藏丰富的近代报纸资源，计划收录1850—1951年百余年间的近4 000份中英文报纸，完整收录中国报刊史上举足轻重的《申报》《新闻报》《大公报》《时报》《大陆报》《大美晚报》《北华捷报》《字林西报》等知名中英文大报；同时汇聚有独特文化趣味、展现市井百态的近千种小报，报纸资源数量巨大。"中国近代报纸全文数据库"将报纸资源按正文、图片、广告三大类划分，各大类之下按文献类型著录标引，有效揭示文献内容；同时可对题名、作者、文献来源等字段进行单报、跨报、跨库检索，提高检索效率。

3.1.3 "全国报刊索引"数据库

"全国报刊索引"数据库原名"中文社科报刊篇名数据库"，是由文化部立项、上海图书馆承建的重大科技项目，由上海图情信息有限公司《全国报刊索引》编辑部负责研制和编辑。目前"全国报刊索引"的索引类数据库包括"晚清期刊篇名数据库""民国时期期刊篇名数据库""现刊索引数据库"。

"晚清期刊篇名数据库"与"晚清期刊全文数据库"相对应，收录晚清时期期刊篇名数70余万条，记载了中国清末民初时期由封建社会向民主社会嬗变的过程，是后人了解和研究中国晚清时期政治、经济、思想、文化的一个窗口。"民国时期期刊篇名数据库"与"民国时期期刊全文数据库"相对应，每年计划新增数据80万条以上，目前已有数据量达900余万条，是国内外学者研究民国时期历史的史料检索工具。上述两库用户可从题名、作者、作者单位、文献来源、期刊期数、期刊分类号、摘要等字段进行检索，如果用户有全文权限，则可浏览并下载全文。

"现刊索引数据库"包含篇名库和目次库，篇名库包含1950—1979年综合篇名库、1980—1992年哲社篇名库、1994—1999年科技篇名库、1993—1999年哲社篇名库、2000—2002年科技篇名库、2000—2003年哲社篇名库、2003—2012年科技篇名库、2004—2012年哲社篇名库以及2013年以来历年的哲社篇名库和科技篇名库；目次库是《全国报刊索引》编辑部于 2003 年起研制与编辑出版的,目前包含 2003—2012 年科技目次库、2004—2012 年哲社目次库以及 2013 年至今历年的哲社和科技目次库。目次库与原有篇名库相比,收录的报刊种类更多,文献信息量更大,用户可从题名、作者、作者单位、文献来源、期刊期数、主题词、分类号、摘要等字段进行检索。

3.2 数据库检索

3.2.1 检索功能

(1) 普通检索。用户选择文献检索下的普通检索菜单,即进入普通检索界面,选择需要检索的资源分类和文章类型,输入需要检索的内容,点击检索按钮即可进行检索。普通检索不支持空检,即检索框不能为空,可以限定检索的时间范围。

(2) 高级检索。用户在文献检索下选择高级检索菜单,或者在普通检索页面检索框右下角单击高级检索,都可以跳转到高级检索页面。页面左侧是产品树,用户可以精确勾选所需的数据库;中间是检索框,可以按照正文、图片和广告 3 种文献类型来进行检索。

高级检索中,正文、图片和广告对应的可检索字段有所不同,系统会自动根据选择的类型来确定支持的字段,检索字段之间可进行"与""或""非"的逻辑组配。选择每一个条件的检索选项,对于支持分词的字段,选择模糊表示启用分词,可以部分匹配;选择精确则表示只能进行整个词组匹配。用户在高级检索页面还可以选择从 1833 年至今的时间跨度范围,此外还可以选择本次检索与上次检索的组合关系,包括重新检索、在结果中检索、在结果中添加、在结果中去除。"全国报刊索引"数据库高级检索页面如图 3-5 所示。

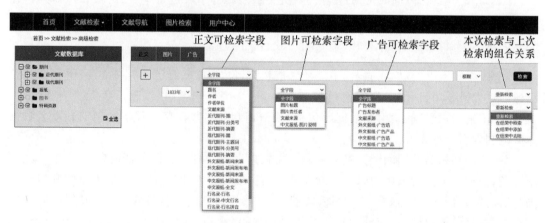

图 3-5 "全国报刊索引"数据库高级检索页面

(3) 专业检索。用户在文献检索下选择专业检索菜单,或者在普通检索页面检索框右下角单击专业检索,即可跳转到专业检索页面(如图 3-6 所示),专业检索适用于专业研究人员进行课题检索、查新以及信息分析等工作。

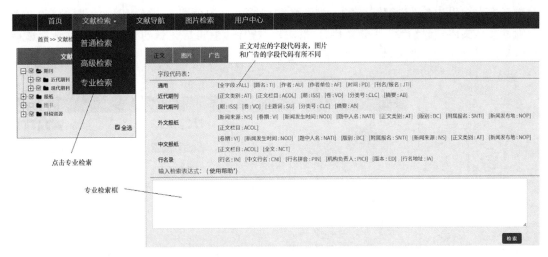

图 3-6 "全国报刊索引"数据库专业检索页面

页面左侧是产品树,和高级检索页面类似。右侧检索框同样按照文献类型划分,字段代码表列举了当前产品组合支持的检索字段,用户可以根据字段自由组合输入检索条件。检索条件支持以 AND、OR、NOT 进行组合,检索条件之间使用空格来分隔,检索字段与内容之间使用":"来分隔,检索范围使用"TO"来支持,如 TI:"上海" AND YEAR:[1911 TO *]表示检索 1911 年之后题名中完整包含"上海"的资源。

(4) 文献导航。单击导航栏的文献导航,即可跳转到文献导航页面,如图 3-7 所示。

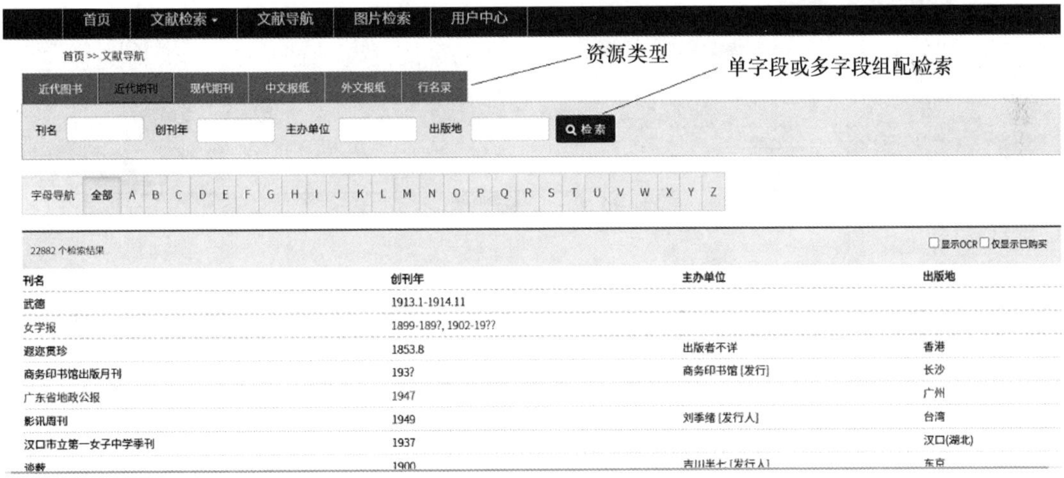

图 3-7 "全国报刊索引"数据库文献导航页面

页面顶部是资源类型,用来划分文献归属。字母导航是按照 26 个英文字母排列,单击字母可以按照文献拼音首字母进行筛选。用户选择现代期刊类型时,页面左侧列出学科分类导航,单击学科分类树,可以对文献导航进行学科分类筛选。

用户选择近代期刊、现代期刊、中文报纸、外文报纸、行名录等资源类型后,在相应的文献导航检索结果中单击具体文献名，即可跳转到文献导航详情页面（如图3-8所示）。页面左侧是文献实体信息简介，其中有刊内/报内检索按钮，中间是文献的年份跨度，右侧是选择具体年份后具体的出版实体列表，支持对不同刊期进行整本浏览和篇名浏览。

图3-8 文献导航→近代期刊→《遐迩贯珍》文献详情页面及其中的刊内检索按钮

（5）文献内检索。在文献导航详情页面单击刊内/报内检索按钮，即可进入文献内检索页面，页面呈现当前文献实体的文章信息列表，用户可以选择字段进行检索，类似于高级检索的简化版（如图3-9所示）。

图3-9 《遐迩贯珍》刊内检索页面

3.2.2 检索结果

（1）检索结果列表。检索结果默认按相关度降序排列，还可按年份排序，每页默认显示10条检索结果，也可以选择每页显示20条或50条结果。默认显示格式字段包括：题名、著者、文献来源、年份、卷期和原文索取链接。单击检索结果页面的作者信息，即可检索到系统中该作者的所有文献。

（2）检索结果聚类。检索结果页面的左侧是聚类，正文、图片、广告三种不同文献类型的检索结果页面中聚类显示稍有不同，如图 3-10～图 3-12 所示。

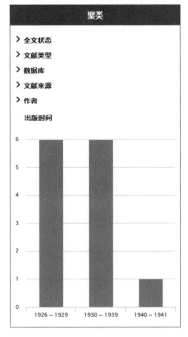
图 3-10　正文检索结果页面聚类

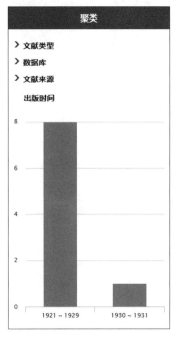
图 3-11　图片检索结果页面聚类

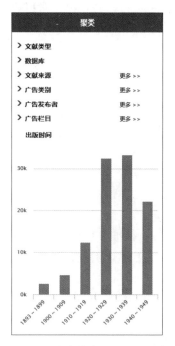
图 3-12　广告检索结果页面聚类

出版时间聚类采用柱状图呈现，单击柱状图的柱子可以进入这个柱子代表的年份进行浏览；其他所有聚类字段的聚类，单击后可以进行该选项的聚类结果浏览；单击聚类筛选项目旁边的叉号，可以删除这个筛选聚类条件。聚类可以方便用户快速定位相关文献和信息，进一步提高检索效率。

（3）单篇显示。单击某一检索结果的题名即跳转到单篇显示页面。正文检索结果单篇显示的字段有题名、作者、文献来源、出版时间、卷期（页）、中图分类号、主题词、预览或下载；图片检索结果单篇显示的字段有题名、文献来源、出版时间、版次、附图；广告检索结果单篇显示的字段有题名、广告发布者、广告产品、文献来源、出版时间、版次、类别、附图。

（4）索引导出和定题推送。在检索结果页面单击索引导出按钮，可以直接导出当前选中的检索结果数据；单击定题推送按钮，则弹出定题对话框，用户可以为定题推送命名标题，设置定题发送的周期，并输入接收者的 E-mail，之后单击"确定"，将会以当前检索为定题查询，按照设置的发送频次进行定题推送。

第四节 万方数据知识服务平台

4.1 万方数据知识服务平台概述

"万方数据资源系统"是由中国科技信息研究所、万方数据集团公司联合开发的网上数据库联机检索系统,1997年8月开始运行,2010年升级为"万方数据知识服务平台"。目前主要包括以下数据库群:中国学术期刊数据库、中国学位论文全文数据库、中国学术会议文献数据库、中外科技报告数据库、中外专刊数据库、中外标准数据库、中国科技成果数据库、中国法律法规数据库等。

万方数据资源系统的电子期刊、事实数据库、特种文献(包括会议论文、学位论文、成果、专利、标准等数据库)分别在第五、七、八章中介绍。

数据库网址:https://www.wanfangdata.com.cn

4.2 数据库检索

4.2.1 检索功能

(1)简单检索。默认在全部字段中检索。检索范围可以是综合类的学术论文(包括期刊论文、学位论文、会议论文和外文文献),或者在学术期刊、学位论文、会议论文、科技报告、专利技术、中外标准、科技成果、新地方志、法律法规、机构、科技专家等文献类型中选择一种。

如果检索范围包含以上文献类型之中的组合,可在跨库检索中,选择多种文献类型,并进行检索。

(2)高级检索。提供标题、作者、来源、关键词、摘要、发表时间6个固定的检索字段,检索字段之间是逻辑"与"的关系。还可以同时对检索结果的文献类型、被引用次数、是否为全文、排序方法、页面显示条数等进行限制(如图3-13所示)。

(3)经典检索。经典论文优先是指被引用次数比较多,或者发表在核心期刊上、学术价值比较高的文献。经典检索即指对这些论文的查询。其检索字段和检索限定与高级检索相同,检索字段之间是逻辑"与"的关系。

(4)专业检索。专业检索相当于是其他检索系统的命令检索,可使用检索命令+检索词的方式进行检索,如"数字图书馆 AND Creator=张晓林",表示查询作者为张晓林的关于"数字图书馆"主题的文献。

在检索式中,可使用冒号(:)、等号(=)限定在某些字段中检索。格式如表3-3所示。

字段代码:检索词,或者字段名称=检索词。

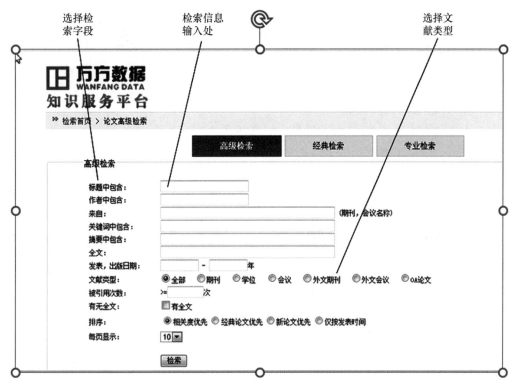

图 3-13　万方数据知识服务平台论文高级检索

表 3-3　万方数据资源系统常用字段及其表达方式

字段名称	字段代码	示例
标题	T　title　titles 题　标题　题目　题名　篇名	标题：地质构造
责任者	A　creator　creators　Author　authors 人　作者　著者	作者：张晓
机构	Organizations　机构　单位	单位：天津大学
关键词	K　keyword　keywords 词　关键字　主题词　关键词	关键词：地质构造
摘要	Abstract　abstracts 概　概要　概述　摘要　简述　文摘	摘要：地应力

（5）浏览。可按照学术期刊、学位论文、会议论文、科技报告、专利技术、中外标准、科技成果、新地方志、法律法规、机构、科技专家等文献类型进行分类浏览；也可按照《中国图书馆分类法》中的 21 个一级学科逐级下分类目，进行学科浏览。

4.2.2 检索技术

（1）精确检索。检索词加引号后即可进行精确检索，如在标题中输入检索词"房地产行业"，则只有题名中包含完整词组"房地产行业"的文献被检中，如在题名中输入检索词"房地产行业"，则会检索出题名中包含"房地产行业""房地产经纪行业""房地产估价行业""房地产营销代理行业"等词组的文献。

（2）布尔逻辑运算。AND 或者星号（＊）表示逻辑"与"操作；OR 或者加号（＋）表示逻辑"或"操作；NOT 或者减号（－）表示逻辑"否"操作；三角（^）含义为"否"，当需要限定某字段不包含的检索词时使用，如"摘要^：工业"表示摘要中不出现"工业"这个词组。

词组间的空格表示"与"操作，如输入检索式"房地产 行业"，其检索结果与输入检索式"房地产 AND 行业"的结果相同。

（3）优先算符。允许使用括号做优先算符，括号中的检索式优先运算。

（4）检索限定。包括对文献类型、被引用次数、是否为全文等的限定。

4.2.3 检索结果

（1）检索结果列表。检索结果列表包括题名、作者、文献来源和文摘。进一步可看到该文献的详细信息。如果有全文记录，则会有全文下载和查看的链接。

（2）检索结果排序。检索结果默认相关度优先排序，也可以按论文发表时间或论文经典程度排序。

（3）二次检索。支持二次检索，还可以对检索结果进行按学科、文献类型、年份、来源的聚类。

（4）标记和下载。可以对部分或者全部记录进行标记，进一步选择导出格式，包括参考文献、文本以及常用的文献管理软件格式等，然后即可下载保存。

第五节 高等教育文献保障系统数据库

高等教育文献保障系统（China Academic Library & Information System，CALIS），是经国务院批准的我国高等教育"211 工程"总体规划中三个公共服务体系之一，其主要目标是通过高校图书馆的联合与共建、共知、共享，为高等教育的教学、科研提供丰富的学术研究资源和服务，提高我国高校图书馆文献资源整体保障率。CALIS 管理中心设在北京大学，迄今已有近千所高校参加了 CALIS 的建设。2010 年 9 月 20 日，CALIS 门户网站 e 读（eduChina）宣布正式开通。eduChina 集成和整合了全国高校参建图书馆的纸本馆藏、电子馆藏和相关网络资源，使读者在海量的图书馆资源中通过一站式检索，查找所需文献，在尊重知识产权的基础上，为全国高校师生提供全文学术资源。eduChina 可一次检索 800 余家图书馆的近 900 万种图书、8 000 多万篇外文期刊论文、450 万篇中外文学位论文，更有古籍、拓片等特色资源，而且数据还在每天增加。

e 读网址：http://www.yidu.edu.cn/

5.1 数据库内容

CALIS 高校学位论文数据库：论文来源于"211 工程"的 80 所重点高校。目前该库只收录题录和文摘，没有全文；全文服务通过 CALIS 的馆际互借系统提供。详细内容参见第八章的介绍。

CALIS 书刊联合目录：是全国 800 多所高校图书馆馆藏联合目录数据库，国内最大的实时联机联合目录，是 CALIS 最早建设的数据库之一。它的主要任务是建立多语种书刊联合目录数据库和联机合作编目、资源共享系统，为全国高校的教学和科研提供文献资源网络公共查询，支持高校图书馆系统的联机合作编目，为成员馆之间实现馆藏资源共享、馆际互借和文献传递奠定基础。

CALIS 外文期刊网：CALIS 的外文期刊目次数据库，为用户提供综合性的期刊服务，详见第二章相关内容。

CALIS 高校教学参考资源库：将各校教学信息以及经过各校教师精选的教学参考书数字化，建设基本覆盖我国高等教育文、理、工、医、农、林重点学科的教学参考信息库、教学参考书全文数据库和其管理与服务系统；在保护知识产权的前提下，为师生提供在网上检索和浏览阅读的功能，其内容包括教学参考书电子全文书库和教学参考信息库两部分。

学苑汲古——高校古文献资源库：由北京大学、南京大学、四川大学、清华大学、中山大学、复旦大学、哈佛大学、华盛顿大学等国内外多所高校图书馆联合建设的高校古文献元数据、书影与全文资源库，目前可检索 30 多所高校图书馆的 60 万条元数据，并可看到其中部分书目记录的书影和全文电子书，为用户提供书目查询、书影和电子书浏览、馆藏查询、全文传递等服务。

5.2 数据库检索

CALIS 的数据库均集成在其门户网站 e 读上，但不同数据库的检索有所差别。以下将以 CALIS 书刊联合目录数据库为例重点介绍。

5.2.1 检索功能

（1）简单检索。可检索字段包括题名、责任者、主题、分类号、所有标准号码、ISBN、ISSN 和全面检索 8 项。数据检索范围包括中文、西文、日文所有的书目数据。

（2）高级检索。可检索字段包括题名、责任者、主题、出版者、出版地、期刊题名、丛编题名、统一题名、个人责任者、团体责任者、会议名称、分类号、所有标准号码、ISBN、ISSN 和 ISRC 16 项。选择"分类号"检索时，还可以使用"中图分类号表"浏览，将选中的分类号自动填写到检索词输入框中。其检索界面如图 3-14 所示。

可选择检索项的匹配方式，默认为前方一致，还可选择精确或包含。检索式之间可根据需要进行逻辑组配。默认可同时检索中文、西文、日文、俄文 4 个数据库，检索结果将按数据库分别显示，也可以只选择检索部分数据库。默认为普通图书、连续出版物和中文古籍 3 种类型，也可根据需要选择部分文献类型。检索词与限制性检索之间为逻辑"与"的关系。

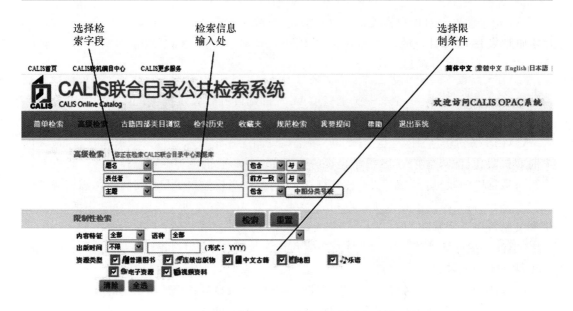

图 3-14 CALIS 联合目录公共检索系统高级检索界面

(3)古籍四部类目浏览。可按照古籍四部分类类目浏览 CALIS 书刊联合目录中的古籍数据。选择类目名称进行浏览,单击类目名称即返回对应的结果集列表。

5.2.2 检索技术

(1)精确匹配。检索结果字段与检索词完全匹配,如选择题名字段,检索词为"李白研究",检索词匹配方式为精确匹配,只会检索出题名为"李白研究"的图书,而不会检索出题名为"20 世纪李白研究"等图书。

(2)前方一致检索。相当于后截断,如选择题名字段,检索词为"杜甫研究",检索词匹配方式为前方一致,则会检索出题名为"杜甫研究"的图书,也会检索出题名为"杜甫研究论文集"等图书。

(3)包含。在检索结果中包含检索词即可,如选择题名字段,输入检索词"国际纠纷",则可检索出题名中同时包含"国际"和"纠纷"两个词的图书。

5.2.3 检索结果

(1)检索结果列表。不同文种的检索结果会分库显示,检索结果列表的每条记录包括:序号、题名、责任者、出版信息、形式、馆藏。

(2)详细记录格式。书目信息有多种显示格式,默认为简单文本格式,还有详细文本格式和 MARC 显示格式可以显示更多的书目信息。前两种格式对所有用户免费开放,MARC 显示格式只对参加 CALIS 联合目录的图书馆开放,可显示收藏了该文献的成员馆的列表。

(3)检索结果排序。检索结果分库显示,单一数据库中的检索结果少于 200 条时方提供排序;检索结果超过 200 条则不提供排序功能。默认的排序优先次序是:题名、责任者和出版社。

(4) 记录输出。对用户提供记录引文格式、简单文本格式、详细文本格式的输出,此外,对参加 CALIS 联合目录的图书馆还提供 ISO2709/MARC 记录的输出(如图 3-15 所示)。提供 E-mail 和直接下载到本地的两种输出方式。

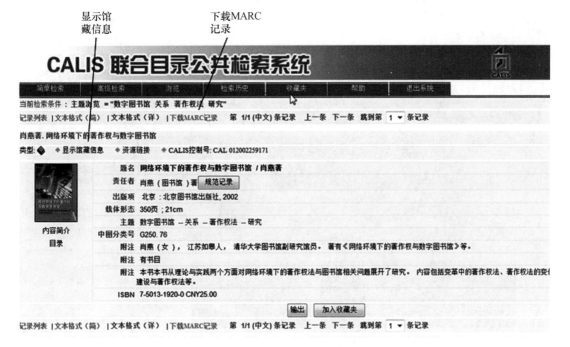

图 3-15　CALIS 联合目录的详细记录显示页面

5.2.4　用户服务

(1) 检索历史：保留用户发出的最后 10 个检索请求；用户关闭浏览器后,检索历史将清空。

(2) 收藏夹功能：对有权限的用户提供保存用户的检索式与记录列表。

(3) 馆际互借：用户可在检索系统中直接发送请求到图书馆馆际互借服务处,用户无须填写书目信息。

第六节　国家科技图书文献中心数据库

国家科技图书文献中心(National Science and Technology Library,NSTL)是由中国科学院文献情报中心、工程技术图书馆(中国科学技术信息研究所、机械工业信息研究院、冶金工业信息标准研究院、中国化工信息中心)、中国农业科学院图书馆、中国医学科学院图书馆等单位组成的虚拟式科技信息资源机构。中心收藏有中外文期刊、图书、会议文献、科技报告、学位论文等各种类型、各种载体的科技文献信息资源,其主要任务是面向全国读者提供馆藏文献的阅览、复印、查询、检索,提供网络文献全文和各项电子信息服务。

NSTL 网站上提供有各类数据库和相关服务（如图 3-16 所示），下面将分别介绍。

数据库网址：http：//www.nstl.gov.cn/index.html

图 3-16　NSTL 网络服务系统

6.1　数据库内容

NSTL 是我国收集外文印本科技文献资源最多的、面向全国提供服务的科技文献信息机构。除了部分网络版全文数据库外，NSTL 主要以其成员单位收藏的全文科技文献为基础，在 NSTL 网络服务系统上以文摘的方式（或者以其他方式）加以报道，供用户通过检索或浏览的方式获取文献线索，进而获取文献全文加以利用。无论是否注册，用户均可以免费检索该网站上的各种文献数据库，已注册用户可向系统提出全文请求。

NSTL 的资源分为三类：

（1）期刊目次数据库：以文摘形式报道了 1.4 万余种外文期刊和 8 000 种中文期刊的期刊论文。

西文期刊目次数据库：该数据库主要收录了 1995 年以来世界各国出版的 12 634 种重要学术期刊，部分文献有少量回溯。学科范围涉及工程技术和自然科学各专业领域，并兼顾社会科学和人文科学。目前包含 1 470 多万条记录，每年增加论文约百万余篇，每周更新。

俄文期刊目次数据库：该数据库主要收录了 2000 年以来俄罗斯出版的俄文重要学术期刊 378 种，部分文献有少量回溯。学科范围涉及工程技术和自然科学各专业领域。目前包含近 48 万条记录，每年增加论文约 5 万余篇，每周更新。

日文期刊目次数据库：该数据库主要收录了 2000 年以来日本出版的日文重要学术期

刊1 101种,部分文献有少量回溯。学科范围涉及工程技术和自然科学各专业领域。目前包含近120万条记录,每年增加论文约8万余篇,每周更新。

中文期刊目次数据库:该数据库主要收录了1989年至今国内出版的8 000余种期刊刊载的2 865万多篇文献。学科范围涉及自然科学各专业领域,并兼顾社会科学和人文科学。

(2) 特种文献题录数据库:包含以下特种文献的题录数据:

会议文献数据库:包含外文会议和中文会议文献。

学位论文数据库:包含外文学位论文和中文学位论文。

专利文献数据库:包括美国专利、英国专利、法国专利、德国专利、瑞士专利、日本专利、欧洲专利、世界知识产权组织专利和中国专利。

技术标准、计量规程库:包括国外标准、中国标准和计量检定规程。

科技报告数据库:美国政府科技报告。

上述特种文献数据库介绍参见本书第八章相关内容。

(3) 网络版全文数据库:NSTL全国开通文献:NSTL购买了一部分国外网络版期刊的使用权,如"自然"(Nature)周刊回溯文档数据库(1869—1986年),面向中国大陆学术界全部或部分用户开放使用。

网上开放获取期刊:是NSTL整理的可通过互联网免费获取全文的期刊资源,全国任何读者都可使用。

6.2 数据库检索

本节以期刊目次数据库为主,介绍NSTL数据库的检索。

6.2.1 检索功能

(1) 快速检索。快速检索不能选择检索字段,但可以选择检索的文献范围。

(2) 普通检索。普通检索相当于复杂检索,可选择检索字段,检索字段是随所选数据库的不同而变化的,多库查询时列出的字段是所选数据库共有的字段。检索框之间可进行"与""或""非"的逻辑关系组配,在检索框内也可以使用逻辑运算符 AND、OR、NOT 构造检索式。

可以单选、多选或全选数据库。系统可在多个数据库中同时检索文献。

可根据需要设置查询条件,包括查询范围、时间范围、查询方式和馆藏范围。

(3) 高级检索。高级检索相当于命令检索,可在检索框中直接输入检索命令和检索词。高级检索支持字段限定符、布尔运算符和截词符,可用括号来改变逻辑运算的顺序。其数据库选择和查询条件设置同普通检索(如图3-17所示)。

(4) 分类检索。分类检索是在普通检索的基础上,增加了学科范围的浏览和选择。用户可以在系统提供的21个学科大类中选择任意一个学科检索文献。检索界面提供的数据库选择、查询条件设置等检索方法与"普通检索"相同。

(5) 期刊目次浏览。期刊目次浏览可按刊名首字母字顺分别浏览西文期刊、俄文期刊和日文期刊的论文目次。还可按一级学科及其下的二级学科来分类浏览期刊及期刊目次。

(6) 期刊检索。期刊检索可按刊名、ISSN、EISSN 和 CODEN 等字段检索期刊。

图 3-17　NSTL 高级检索

6.2.2　检索技术

（1）模糊检索和精确检索。包含模糊查询和精确查询两种检索词匹配方式。模糊查询是指检索结果中包含输入的检索词。精确查询是指检索结果与输入的检索词完全匹配。

（2）布尔运算符。支持 AND、OR 和 NOT 逻辑运算符。

（3）二次检索。如果查询到的文献过多，在检索结果列表页面可进行二次检索。

（4）截词符。使用截词符"＄"进行右边截词检索，"＄"代表零个或任意一个字母。

（5）运算顺序。使用括号可改变运算的顺序。

6.2.3　检索结果

（1）检索结果列表。简单检索结果列表的每条记录包括题名、作者和文献来源。单击题名可查看该文献的详细信息。

（2）标记和下载。支持标记文献。注册用户还可以进行"加入购物车"或"加入我的收藏"操作。"加入购物车"操作即进入全文订购流程。

6.3　NSTL 服务介绍

6.3.1　原文提供服务

用户在前面所述的期刊和论文目次数据库中检索到的文献，均可向 NSTL 索取全文。NSTL 以电子邮件、普通函件、平信挂号、特快专递和传真等多种方式为用户提供原文服务，并收取少量成本费。原文正常获取时间为两个工作日。

用户首先要通过注册,成为合法用户,即可向 NSTL 直接索取原文。

具体注册方法如下:

(1) 首先登录到 NSTL 网站:单击"用户注册",在"用户注册"页面输入框内填写用户名,用户名可以是任何由英文字母和数字组成的字符串。注意用户名是大小写敏感的,也就是说字母组合相同但大小写不同的两个字符串将被视为两个不同的用户名。

(2) 填写个人信息:在"用户信息"页面,系统要求用户填写个人信息,如真实姓名、通信地址等,一定要如实填写,因为用户将来订购文献的全文时,系统将按照这个姓名和地址邮寄、发传真或电子邮件。在口令输入框内输入口令,下次登录时,系统将根据这个口令验证用户的身份。

(3) 修改信息:如果用户输入的信息不正确,系统会提示用户输入有误,用户可以回到"用户信息"页面重新填写自己的个人信息。

目前很多图书馆都是 NSTL 的集团用户,如果用户对原文提供的需求量较小,也可以不注册交费,而是通过所在图书馆使用这项服务。

6.3.2　参考咨询服务

解答用户在科技文献查询与获取过程中遇到的问题,包含实时咨询、非实时咨询、已回答问题和常见问题。

第七节　中国人民大学书报资料中心参考数据库

中国人民大学书报资料中心成立于1958年,是国内最早从事人文社会科学学术研究文献搜集、整理、编辑、出版的学术信息资料提供机构和服务机构。该中心的核心业务是学术期刊和专业期刊出版,现正式出版发行148种期刊,包括复印报刊资料、人文社科文摘、报刊资料索引和原发期刊四大系列。其中,复印报刊资料系列是该中心在我国人文社科领域最具影响力和核心竞争力的学术品牌。

1994年该中心开始研发数字产品,相继开发了"复印报刊资料全文数据库""复印报刊资料专题目录索引数据库"(以下简称"目录索引库")、"中文报刊资料索引数据库"(以下简称"报刊索引库")、"中文报刊资料摘要数据库"(以下简称"报刊摘要库")、"专题研究数据库"和"数字期刊库"等六大系列数据库产品,其中"报刊索引库""报刊摘要库"和"目录索引库"是非全文的参考数据库,其他三个则属于全文数据库,其介绍详见本书第四章。

数据库网址:https://www.rdfybk.com

报刊索引库是与报刊资料索引相对应的题录型数据库,它汇集了从1978年至今国内公开发行的人文社科报刊上的全部题录。按专题和学科分类体系分为九大类,包括法律类、经济学与经济管理类、教育类、历史类、文学与艺术类、文化信息传播类、哲学类、政治学与社会学类和其他类。数据量为600多万条,每条数据包含专题代号、类目、篇名、著者、原载报刊名称及刊期、复印报刊资料专题期刊名称及刊期等多项信息。报刊索引库在报刊文献从无序到有序的转化以及促进报刊文献资源的开发与利用方面发挥着关键性的作用,可以让用户及时了解本专业的研究状况和热点问题。

报刊摘要库是人文社科文献要点摘编形式的数据库。该数据库收集了中心出版的14种专题文摘,收录年限从1993年至今,内容均为经过高等院校和研究单位的专业人员提炼和浓缩的学术资料。报刊摘要库简明扼要地摘写文章的论点、论据和重要材料,记录科研成果,反映学术动态、积累有关数据。数据量大,涵盖范围广,便于用户了解与自己课题相关的研究状况,把握本领域的研究动态。该数据库既能通过主题词等常见字段进行检索,满足社会科学领域入门者快速获取文献信息的需求,同时又以丰富的字段逻辑组合满足专家级的精确检索需求。对于分类号、作者、主题词、关键词、期刊等具备链接功能。

目录索引库也是题录型数据库,汇集了1978年至今复印报刊资料系列刊的全部目录,按专题和学科体系分类编排而成,累计数据达70多万条。每条数据包含专题代号、类目、篇名、著者、原载报刊名称及刊期、选印在复印报刊资料上的刊期和页次等多项信息。该数据库是订购复印报刊资料系列刊的用户查阅全文文献资料的得力工具,只需单击几个按键就能获取准确信息,其功能大大超过传统人工索引,可为科研工作人员提供详尽的资料,从中归纳出不同专题的历史研究规律和趋势。

【思考题】

1. 中国科学引文索引(CSCD)数据库有哪些衍生产品,它们有哪些作用?
2. 中国社会科学引文索引(CSSCI)数据库提供模糊检索和精确检索两种功能,请问在系统默认状态下进行检索,篇名字段输入"用户认知",是否会检索到题名中包含"用户认知驱动""网络用户认知"以及"用户心理认知"的文献?
3. 请尝试使用中文社会科学引文索引(CSSCI)数据库的被引文献检索功能完成一篇文献的被引文献检索清单。

参考文献

[1] 刘瑞兴. 期刊引文分析[M]. 北京:中国统计出版社,1995.

[2] 李莹,等. 计算机信息检索[M]. 北京:机械工业出版社,1997.

[3] 马文峰. 社会科学文献信息检索概论[M]. 北京:中国人民大学出版社,1995.

[4] 金碧辉,等. 科研绩效评价的重要工具——中国科学引文数据库[J]. 科学管理,1998(5):74-76.

[5] 罗淑莲,周旭毓,李文红. 谈我国四大生物医学数据库检索系统[J]. 医学图书馆通讯,1999(04):21-22+29.

[6] 倪晓建,等. 信息加工[M]. 武汉:武汉大学出版社,2001.

[7] 张树华,张久珍. 20世纪以来中国的图书馆事业[M]. 北京:北京大学出版社,2008.

[8] 冯玉明. 中国科学院检索类期刊与学科文献数据库可持续发展的思考[J]. 中国科技期刊研究,2005,16(6):787-789.

[9] 崔颖. 国内自建中文数据库概述[J]. 现代情报,1993(1):4-5.

[10] 中国科学院文献情报中心. 中国科学引文数据库[EB/OL]. [2020-12-02]. http://sciencechina.cn/search_sou.jsp.

［11］南京大学中国社会科学研究评价中心.中文社会科学引文索引［EB/OL］.［2020-12-04］.http：//cssci.nju.edu.cn/.

［12］上海图书馆.全国报刊索引［EB/OL］.［2020-12-09］.https：//www.cnbksy.com.

［13］北京万方数据股份有限公司.万方数据知识服务平台［EB/OL］.［2023-04-23］.https：//www.wanfangdata.com.cn/.

［14］高等教育文献保障系统(CALIS).e读［EB/OL］.［2023-04-23］.http：//www.yidu.edu.cn/.

［15］国家科技图书文献中心(NSTL).国家科技图书文献中心网站［EB/OL］.［2020-01-05］.http：//www.nstl.gov.cn.

［16］中国人民大学书报资料中心.人大复印报刊资料数据库［EB/OL］.［2023-04-23］.https：//www.rdfybk.com/.

第四章 全文数据库与全文服务

第一节 全文数据库概述

全文数据库(Full-Text Database),即收录有原始文献全文的数据库,最初与数值数据库、指南数据库、术语数据库等事实型数据库(Factual Database)统称为源数据库(Source Database),内容主要以报纸、通信、书评、评论、分类广告、流行杂志等为主,较少学术性论文、报告;主要的全文数据库分布在 Dialog 和 STN 等少数联机检索系统中,必须由专业检索人员代用户检索,因此利用率并不高。到 20 世纪 80 年代初,据《在线数据库指南》(Directory of Online Database)一书统计,在当时的 400 个数据库中,全文数据库有 17 个,仅占 4%。

20 世纪 80 年代中期以后,全文数据库在数据库中所占比例开始逐步增长。进入 90 年代,随着文献出版量及其价格呈几何级数式地增长,一般机构或图书馆已无法购买和拥有足够的原始文献;而网络技术的发展,使人们可以越来越方便和频繁地在网上访问和获取数字信息资源,从而也就越来越希望在网上直接得到一次文献,因此,全文数据库特别是基于互联网开发的全文数据库(Web-Based Full-Text Database)以及全文服务就有了飞速发展。到 2005 年,全文数据库在数据库中所占比例已经发展到了大约为 78%(参见第一章相关内容),其发展情况具体体现在:

(1) 收录的学术性、实用性增强,基本以期刊论文、会议论文、政府出版物、各类统计报告、法律条文和案例、商业信息等为主;

(2) 内容上不再只限于文字,各类图表、图片都可以收录并浏览下载。

(3) 发展出了适合全文数据库特点、基于互联网的检索系统。

(4) 在概念和体系上脱离了源数据库,成为一种独立的电子资源类型。

1. 全文数据库的分类

全文数据库按应用领域划分,可以分为:

(1) 期刊文章全文库,收录有期刊或报纸上文章的原文,如 ProQuest Information and Learning 公司(原 UMI 公司)的"学术期刊图书馆"(ProQuest Research Library)、"中国人民大学书报资料中心复印报刊资料全文数据库"等。

(2) 商业信息、统计报告全文库,收录有各类市场新闻、公司情况、研究报告等,如 EBSCO 公司的"商业资源全文数据库(完整版)"(Business Source Complete)就包含大量这类的信息。

(3) 法律法规条文和案例全文库,如 LexisNexis 系统的 Lexis Advance。

(4) 政府工作报告、新闻消息等,如 LexisNexis 系统的 Nexis.com。

(5) 混合型数据库,混合了上述各类文献类型,甚至包括很多事实数据的数据库,如 LexisNexis Academic。

2. 全文数据库的特点

(1) 直接性:即用户可以直接检索出原始文献,不必像参考数据库那样先检索出书目信息,再去查找原文。

(2) 综合性:全文数据库收录求"全",尽可能地扩大文献来源,增加数量,按主题同时收录有多种类型的文献,用户可以在同一主题下检索出数量很多、类型不同的文献。但这样做也存在一定的问题,即收录过"杂",有些通俗读物也被学术性数据库收录其中,降低了数据库的学术水平。

(3) 检索方法:除一般检索方法之外,增加了全文检索技术,因此文献的正文及其他相关部分(如引文)都可以被检索到,可以找到许多边缘信息。但同样也造成在检索结果中出现许多不相关信息的现象。为解决这个问题,在全文数据库检索中,除布尔逻辑检索之外,用得较多的方法还有位置算符检索。

(4) 检索语言:自然语言相对应用较多。

(5) 标引:全文自动抽词标引,生成倒排档。

(6) 存储空间大:数据量大,很难在用户本地存储数据,一般都是通过互联网直接在提供商的数据库中进行检索和存取。

(7) 文件格式:多采用 PDF 和 HTML 文本格式,PDF 格式文件保持了与纸本期刊相同的版式,尤其是可以保存各类图表、图片,看上去就如同在浏览纸本期刊一样,但必须使用特定的浏览器 Adobe Acrobat Reader 来阅读,且传输速度较慢。HTML 文本格式文件的传输速度则相对传递较快,但文中的图表和图片无法转换,用户不能看到,如果采用与文本文件不同的格式,如 GIF、JPEG 等格式,需单独浏览和保存。为弥补二者的不足,很多检索系统都尽可能做到两种格式并行。

(8) 与电子期刊数据库的异同:全文数据库包含了大量的电子期刊文章,与电子期刊数据库相比,二者既有交集也有不同之处。

① 就收录文献而言,全文数据库是由数据库集成商按学科混合各出版商的期刊(以中小型出版商的期刊居多),并以文章(Article,Paper)为单位呈现给用户,对某一种期刊而言,由于版权或其他原因,也可能只收录其部分内容;而电子期刊则是由出版商出版,多为较大的出版商或颇有名气的学会的期刊,更偏重以期刊为单位呈现,按种类、卷、期提供使用,不会出现期刊内容收录不完整的情况。

② 就检索方式而言,二者也有区别。电子期刊的数据一般分为二次文献元数据和全文,前者包括文本格式的刊名、篇名、作者、主题词/关键词、文摘、ISSN、卷、期、页数、参考文献和文章标识等信息,后者则多为 PDF 格式,检索时主要检索元数据,而全文数据库则多有全文检索功能。

3. 全文数据库的评价标准

许多著名的参考数据库,如"科学引文索引"(SCI)、"化学文摘"(CA)等,都是在已有几十年甚至近百年历史的印刷型出版物基础上形成的,在学术研究领域已经颇具权威性。而全文数据库的发展却只有 10 多年的历史,因此在选择和使用全文数据库时,要有一系列的评价标准。

(1) 对数据库全文收录情况进行分析。全文数据库并非其中收录的报刊、报告全部都是全文,因此全文占多大比例就很重要,通常全文占到 50% 左右即可称为全文数据库,而全文能占到 65% 以上就是比较好的全文数据库了。另外,全文是指整篇文献的收录,有些数据库号称收录全文,但实际上有时一篇文章由于不能解决版权问题,只给出一部分篇幅,这样的"全文"是有水分的。

(2) 核心出版物收录情况。全文数据库往往为了求"全"而不断增加来源出版物,这一点不同于某些权威参考数据库如 SCI——后者通常要对收录的出版物进行精心选择,因此全文数据库中核心期刊和权威出版物所占比例,这些出版物中又有多少全文刊,是说明数据库质量的一个重要因素。通常数据库中包含的出版物品种的数量是不足以说明问题的,因为其中可能有不少是非核心刊物或通俗读物。

(3) 注销出版物情况。全文数据库的出版物收录情况往往会发生变化,有些出版物虽然仍然包含在数据库中,但已经不再出版或停止收录(Cancelled),也就是说,数据库不包含这些出版物的当前数据,这样就无法满足用户对最新数据的使用需求。还有些全文数据库,最初可以提供某些出版物的全文,但现在只能提供摘要等元数据了。因此要注意分析全文数据库包含的注销出版物的情况,如果过多,则全文数据库质量就有所下降。

(4) 对数据库检索系统要做全面评价。这方面的评价指标详见第一章相关内容。其中能否进行全文检索(Full-Text Search Capabilities)、在检索结果中能否用全文限制做二次检索、在检索时是否可以只检索有全文的记录(View Full-Text Only)这几个指标尤为重要。

(5) 检索结果评估。文件格式最好有 HTML 文本格式文件和 PDF 格式文件两种供用户选择,允许用户按相关性、日期或字母顺序重新排列结果;具备打印、保存或电子邮件输出的功能;需要特别注意的是,有些数据库只能给出文字,原文中的图片、表格因种种原因无法给出,这并不符合要求,因为实际上有许多重要信息就包含在这些图表中。如果在一个全文数据库中经常出现这样的问题,就说明这个全文数据库有"水分"。

(6) 出版物更新与滞后情况。数据库的更新频率越高,内容的时效性越强,通常以日更新或周更新为最佳。但由于全文数据库收录的内容仍以印刷型出版物为主,也就存在着时滞(Embargo),即出版物被收录进全文数据库的时间与出版物出版时间之间的差。时滞过长,就影响数据库的时效性和质量。有些全文数据库虽然收录的全文出版物很多,但出版商出于版权的考虑,延后出版物在全文数据库的发布时间,这些全文出版物最初就只能提供文摘或部分全文服务,影响了用户查阅。如这类出版物占比过大,或时滞过长(2 个月以上),全文数据库质量也相应下降。

目前发展比较成熟的全文数据库检索系统有:
- 美国 ProQuest 公司(原 UMI 公司)的 ProQuest 系统;
- 美国 EBSCO 公司的 EBSCO*host* 系统;
- 美国 LexisNexis 公司的 LexisNexis 系统;
- 美国 CENGAGE Learning Gale 公司的 Gale Primary Sources 系统;

- 美国 Thomson Reuters 公司的 Westlaw 系统；
- 美国 OCLC 公司的 FirstSearch 系统；
- 美国 IEEE *Xplore* Digital Library 检索系统；
- 中国知网检索系统。

其中前四位被称为"全球四大全文数据库系统"。

第二节 ProQuest 系统全文数据库

2.1 数据库内容

ProQuest 公司通过 ProQuest 平台提供 60 多个文献数据库，包含文摘题录信息和部分全文。自 2012 年起，原剑桥科学文摘（Cambridge Scientific Abstracts，CSA）平台的数据库全部合并到 ProQuest 平台。这些数据库涉及商业经济、人文社会、医药学、生命科学、水科学与海洋学、环境科学、土木工程、计算机科学、材料科学等领域，包含学位论文、期刊、报纸等多种文献类型，尤其值得一提的是，著名"商业信息数据库"（ABI/INFORM Collection）和世界上最大的"全球博硕士学位论文全文数据库"（ProQuest Dissertations & Theses Global），还有原 CSA 平台丰富的特色专业数据库。

ProQuest 数据库网址（个别数据库略有不同）：http://proquest.umi.com/login

ProQuest 包括商业、教育、种族研究、美学与表演艺术、系谱学、政治学、历史、文学、医学、物理学、技术、通用参考等各个主题领域的数十个数据库，主要的数据库介绍如下。

(1) 商业信息数据库（ABI/INFORM Collection，ABI）：ABI 是世界著名的商业、经济管理类期刊全文数据库。它全面覆盖重要的商业经济和管理类学术期刊的内容，深入报道影响全球商业环境和国家及地区市场与经济的具体事件。

ABI 收录了财会与审计、银行业、化学与塑料工业、计算机与办公室自动化、国际经济环境、美国国内经济环境、经济理论、工程、环境、金融与投资、全面管理、健康护理业、商店、餐饮与食品行业、人力资源管理、保险业、法律与税务、图书馆与信息科学、管理科学、市场、广告与销售、石油、能源与采矿、生产与后勤、公共管理、房地产、零售业、通信行业等学科的文摘和索引、文本全文、图像全文等资源。收录 9 720 种经济管理及相关学科专业期刊，其中全文期刊 8 279 种，32% 以上的期刊都是同行评审学术期刊，其中有影响因子的期刊 1 317 种。全球商学博硕士论文全文 48 000 多篇，商业案例 27 000 多篇。此外，数据库还收录了知名研究机构 EIU 等提供的消费品报告、市场/行业研究报告、企业报告、国家/地区报告。同时，ProQuest 通过与全球出版社加强合作，不断增加新的内容。

(2) 学术研究图书馆（ProQuest Research Library，PRL）：PRL 是 ProQuest 公司开发的综合性学术研究数据库。数据库广泛选取学科领域里备受推崇的学术期刊、行业出版物、杂志和报纸等出版物，提供全方位的参考资源。从商业、政治学、哲学到工程、法律，PRL 提供了大学教育主要学科的一站式资源访问。

PRL 收录了生物学、商业和经济、计算机、舞蹈、教育、工程、历史、人文、文学、法律、音乐、军事、哲学、政治、心理学、公共管理、公共健康和安全等学科的文摘和索引、文本全文、图像全文等资源。期刊收录时间为 1857 年至今,其中全文期刊收录时间为 1933 年至今。共收录 7 100 余种出版物,其中 5 600 余种提供全文。

ABI 和 PRL 有一定程度的重复,从 2018 年数据情况来看,重复出版物为 1 228 种,占 ABI 的 16%,PRL 的 24%(如表 4-1 所示)。

表 4-1 ABI 与 PRL 数据库全文期刊的重复情况比较

数据库	全部全文出版物	重复出版物	重复比例	独有比例
ABI	7 451	1 228	16%	84%
PRL	5 060	1 228	24%	76%

(3) 全球博硕士论文全文数据库(ProQuest Dissertations & Theses Global,PQDT Global)。PQDT Global 是 ProQuest 公司的王牌产品,是在全世界最大的学位论文数据库 ProQuest Dissertations & Theses 基础上建立起来的,内容介绍详见第八章。

2.2 数据库检索

ProQuest 检索系统具备如下特点。

(1) 开发历史较早,发展成熟,检索功能完善,具备基本检索、高级检索、命令行检索、出版物浏览、索引、二次检索等多种检索功能,部分数据库还具备"图和表"检索、"数据和报告"检索、"查看相似文献"等检索功能;提供 10 多个检索入口;可运用布尔逻辑检索、截词检索、位置算符、嵌套运算、限制检索等多项检索技术。在检索语言上,可进行自然语言检索,有叙词表供用户浏览和检索使用。

(2) 提供了检索结果的多种处理方式,可以浏览并标记记录,以保存、打印、电子邮件、导出等方式输出。

(3) 采用资源发现技术,帮助用户发现更广泛的信息。可以提供推荐主题;可以对检索结果按照来源类型、出版物名称、文档类型、主题、分类、公司/组织、地点、人名、标签、语言、文档特性、日期等进行聚类;还可以"参见相似文档"。

(4) 全文输出完整,文中的表格、图表、图像与全文一样。多数文献具备 PDF 格式和 HTML 格式的输出供选择。

(5) 在用户服务功能方面,提供"创建定题通告""创建 RSS 荟萃""保存检索""标签"等个性化服务;可以对选中文献创建引用列表以方便论文写作和投稿;可以通过社交网站或在线书签服务等共享文献(网页)。

(6) 界面友好,"帮助"文件完整,易学易用。鉴于不同数据库的检索略有差别,下面以 ABI 和 PRL 为例介绍 ProQuest 系统的检索。

2.2.1 检索功能

具备以下检索功能:基本检索(Basic Search)、高级检索(Advanced Search)、出版物检索(Publications)和浏览(Browse)。

(1) 基本检索。检索界面简单,只提供一个检索框,不提供检索字段选择,用户可直接键入一个单词或词组,然后提交检索式。

支持限制检索,但只有"全文文献(Full text)"和"同行评审(Peer reviewed)"两个限制检索条件。

(2) 高级检索。高级检索提供多个检索框,检索字段包括所有字段、所有字段(不含全文)、出版物名称、所有主题和索引(主题词、产品名、地点、公司/组织、人名)、文档标题、文档全文、摘要、作者等,还可以使用 Fortune rank、ISSN、NAICS 代码、参考文献(引用出版日期、引用出版物名称、引用文档标题和引用作者)、分类代码、公司类型和股票代码作为字段进行检索。

检索限定条件包括全文或期刊检索范围(同基本检索的限制条件)、出版日期、出版物类型、文档类型、语言等。

高级检索还提供检索结果排序、每页显示条数、检索词中包含拼写或形式变化、显示检索中包括的其他检索词选项;此外,当选择多个 ProQuest 数据库检索时,提供"不包括重复文档(Exclude duplicate documents)"的选项。

高级检索界面功能如图 4-1 所示。

(3) 出版物检索。ProQuest 系统提供出版物检索,不仅具备出版物名称索引,还可以根据出版物标题、出版物摘要和主题进行检索,以及按出版物类型、出版日期、出版物语言和来源数据库对检索结果进行二次检索。此外,还可以筛选提供全文的出版物。

(4) 浏览。包括浏览精选内容(Browse Featured Content)和主题路径(Topic Paths)。前者只在部分数据库中有,如:ABI/INFORM Collection,也包括行业及市场调查(Industry and Market Research)、商品报告(Commodity Reports)、公司报告(Company Reports)、国家/地区报告(Country Reports)等类目以及更多特色内容,每个类目下又可以划分到二级、三级、四级,例如:

Industry and Market Research(一级)
 Business Monitor International (BMI) Industry Reports(二级)
  Automobile Industry(三级)
   Americas Automotives Insight - April 2009(四级)
   Americas Automotives Insight - April 2010(四级)
   Americas Automotives Insight - August 2009(四级)
   Americas Automotives Insight - December 2009(四级)
   Americas Automotives Insight - February 2009(四级)
   Americas Automotives Insight - February 2010(四级)
   ……
  Banking Industry(三级)
   ……

用户可一层层向下浏览类目,二级类目可以选择按主题(Browse by Subject)或地区(Browse by Location)浏览,三级类目可以选择浏览该类目下所有文献(View Documents),

四级类目是具体的文献(报告),单击即可查看。

主题路径浏览的详细说明和样例见第一章3.3节。

图 4-1　ProQuest 检索系统高级检索

2.2.2　检索技术

(1) 字检索与词检索。可以检索单字(Word)或词(Phrase),即在检索框中直接输入要检索的字或词,如果1个词包含的单字为3个或3个以上,则必须使用引号将检索词括起来。例如:

information:检索所有包括这个单字在内的文章;

information retrieval:所有包括这个词在内的文章,组成词的2个单字不分开检索;

online information retrieval:检索结果包括这个词,或词中的3个单字,按布尔逻辑

AND 的关系分散出现在一个段落内,如"online database AND information retrieval"等;
"online information retrieval":带引号时,只检索包含这个词的文章,即为精确匹配。
(2) 字段检索。检索时可供选择的字段如表 4-2 所示。

表 4-2 ProQuest 系统频繁使用的检索字段

检索字段	检索字段(中文)	字段代码	示例
Abstract	摘要	AB	Food
Accession Number	系统控制码	AN	1713554-同时检索 ProQuest 文档 ID(适用于所有文档)和第三方文档 ID(适用于某些数据库,例如 PsycINFO)
Author	作者	AU	Smith
Document Feature	文档特征	DF	Maps
Document Text	文档全文	FT	Food
Document Title	文档标题	TI	Food
Document Type	文档类型	DTYPE	Literature Review
Last Update Date	最后更新日期	LUPD	20110504
ISBN	国际统一书号	ISBN	3-926608-58-7 3926608587(可省略连字符)
ISSN	国际标准连续出版物号	ISSN	10673881 1067-3881(可省略连字符)
Issue	期	ISS	23
Language	语言	LA	French
Location as Subject	地点主题	LOC	France
Person as Subject	人名作为主题	PER	Smith
Publication Date	出版日期	PD	20051231 200512 2005
Publication Title	出版物名称	PUB	*Wall Street Journal*
Publication Year	出版年份	YR	2005
Source Type	来源类型	STYPE	Newspapers
Subjects	主题词	SU	Higher Education
Volume	卷	VO	85

(3) 主题词表检索(Thesaurus)。这是 ProQuest 检索系统的特色和优势之一,即为每篇收录的文献给出了规范控制的主题词(SubjectHeading),并将这些主题词编辑成叙词表(Thesaurus),列出各种参照和上、下位类词表;通过这个词表,显示数据库内容的知识体系,表现文献之间的内容关联和各种继承关系。

在高级检索中可使用此项功能,其主题词之间的关系采用下列标识来表达:

① 用(Use Instead):当前词汇已不再是主题词,使用另一个主题词代替,如: information science use instead library science,表示 information science 一词已被 library science 代

替使用。

② 代(Use Term for)：当前主题词代替另一个词汇的使用。如：library science use term for information science，表示 library science 代替 information science 的使用。

③ 属(Broader Terms)：当前主题词所属上位类目。如 library science 的上位类目是 information industry，则表示为：library science，broader terms information industry。

④ 分(Narrower Terms)：当前主题包含下位类目。如 information industry 的下位类目包含 library science，information retrieval 等，则表示为：information industry，narrower terms library science，information retrieval。

⑤ 参照(Related Terms)：与当前主题相关的主题词。如：library science，related terms information retrieval，libraries，表示 information retrieval、libraries 等词均与 library science 相关，可以作为参考。

(4) 布尔逻辑检索。布尔逻辑算符分别为 AND、OR、NOT，系统默认的检索顺序为 OR、AND、NOT。允许使用括号将优先检索的词括起来。

(5) 位置算符检索。由于该数据库为全文数据库，故经常使用位置算符检索。主要位置算符：

① N/n(Near)，如 information N/3 technology，表示两词相邻，相隔最多不超过 3 个词，前后顺序可以颠倒。

② NOT N/n(Near)，如 information NOT N/3 technology，表示两词相邻，相隔至少超过 3 个词，前后顺序可以颠倒。

③ PRE/n(Precede by)，如 information PRE/3 service，表示两词相邻，相隔最多不超过 3 个词，前后顺序不能颠倒。

(6) 优先运算。允许使用"( )"将优先运算的字、词括起来，如"(Federal Reserve AND U.S.)OR Federal Bank"检索式，系统会优先运算"(Federal Reserve AND U.S.)"。

(7) 截词检索。使用"﹡"表示后截断，使用"?"做通配符，如 econom﹡ 可以检索出 economy、economics 等，wom?n 可以检索出 women、woman。

(8) 限定检索。包括：日期(Publication Date)、来源类型(Source Type)、文档类型(Document Type)、语言(Language)、是否仅检索全文(Limit to Full Text)、是否仅需要同行评审期刊(Peer Reviewed)，通过用户选择这些限定内容，可以缩小或扩展检索范围。

2.2.3 检索结果

(1) 检索结果列表。检索结果按相关性排序，相关性最强的排在前面。此外，还可以按时间排序，分为由远至近(Oldest First)和由近至远(Most Recent First)。每篇文章包括篇名、作者、出版物名称、出版物类型、出版地、出版日期、卷、期、页、摘要等，文献会全部或部分包含摘要/索引、HTML 文本格式的全文文献、PDF 格式的全文文献、参考文献的图标，用户可按需求单击这些图标查看某一篇文献的记录和获取全文。

(2) 二次检索。允许用户在检索结果集中再次检索，也可以在检索结果页面修改检索，包括是否是全文文献、是否是同行评审、出版物类型、出版日期、出版物名称、文档类型、主题、公司/组织、地点、人名、语言和数据库(如图 4-2 所示)。

第四章 全文数据库与全文服务

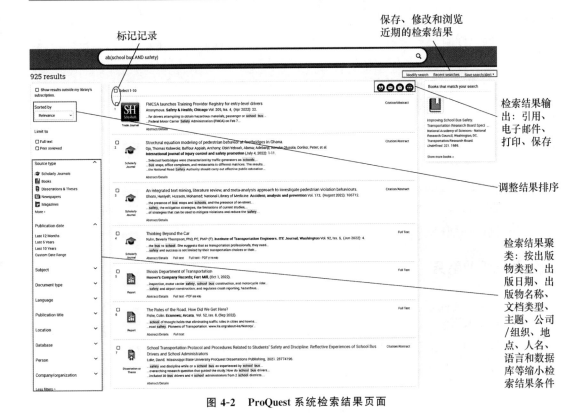

图 4-2 ProQuest 系统检索结果页面

（3）标记文件。在目录页的文献序号左侧有一个单选框，可以标记所需文献，标记后单击生成的按钮可以显示全部所选条目。

（4）检索结果浏览和分析。检索结果的详细记录格式包括索引、摘要和全文，其中索引包括主题、地点、公司/组织、分类、标题、作者、出版物名称、卷、期、页、页数、出版者、出版年份、出版日期、出版地、出版物国家/地区、出版物主题、ISSN、CODEN、来源类型、出版物语言、文档类型、DOI、ProQuest 文档 ID、文档 URL、版权、最近更新时间和数据库等。全文文献有 HTML 文本格式和 PDF 格式的图像文件供用户选择。数据库还提供了对摘要和全文文献的翻译功能。

（5）检索结果输出。提供 PDF 格式全文文献下载、引用、电子邮件、打印、保存、添加至所选条目等多种检索结果输出方式。

引用：将全部标记记录按指定的引文格式生成引文，然后可以将引文复制并粘贴到指定的文档，也可以打印、下载或通过电子邮件发送生成的引文。可导出至参考文献管理软件或其他文件格式，包括 RefWorks、EndNote、Citavi、NoodleTools、EasyBib 和 Microsoft Excel 格式。

保存：可以保存为本地文件，保存格式有 PDF、Microsoft Excel、Microsoft Word、HTML 或文本（无图像或文本格式）；也可以云保存至 Google Drive、Google Classroom、Microsoft OneDrive。

2.2.4 用户服务

（1）个人检索记录（My Research）。创建账户，登录后可以保存、标记、整理和共享自己的检索历史。

(2) 个性化订制服务(Set up Alert 和 Create RSS Feed)。创建定题通告(Set up Alert)：对于用户使用过的检索策略创建并计划定题通告，填写电子邮件地址和报道周期(每天、每周、每月或每三个月)，当有与用户的检索策略匹配的新文档时，ProQuest 系统会自动向用户传递这些文档。登录账户，可以修改、删除或查看所有定题通告。

创建 RSS 荟萃(Create RSS Feed)：可以对当前的检索策略自动发布一个在线内容聚合服务(Really Simple Syndication，RSS)文件以便调用；当新文档可用时，RSS 荟萃会自动通知用户。

(3) 培训服务(Training)。提供用户指南、在线和现场培训、网络研讨会等服务，帮助用户查找有关产品、访问、使用、设置和管理等问题的答案，还提供检索技能视频可以帮助用户更快地检索出所需内容。

2.3 系统管理服务

ProQuest 系统除了直接为最终用户提供数据库检索服务外，还为图书馆提供了一个后台管理系统——ProQuest 后台管理系统(ProQuest Local Administrator，LAD)，图书馆可以通过该系统管理一部分本地服务，并按需求为本地用户增加一些服务内容。

LAD 的主要功能如下：

(1) 使用报告(Usage Reports)：按需提供统计，支持在线阅读和下载统计报告；还可以预订统计报告，系统将定期以邮件等方式发送。

(2) 账户参数(Account Preferences)：建立 ProQuest 多个数据库的链接和设计本地的检索参数。

(3) 书目信息(Collection Information)：从系统中下载数据库收录文献的 MARC 格式书目记录(MARC Record)，便于图书馆将这些书目记录同时装载到本馆的机读目录数据库。这样，当本地用户检索图书馆目录时，可同时检索到电子期刊馆藏，并通过记录本身的链接，直接访问到所需的期刊。

(4) 跨系统的链接(Linking Out)：包括建立 ProQuest 检索系统的文献到图书馆其他资源的快速链接；配置链接和链接解析器，管理和建立 ProQuest 文献到其他电子期刊、馆际互借服务和本地 OPAC 等的链接；检索和编辑本地馆藏记录；更新本地馆藏；建立到"Google 学术搜索"的链接等。

第三节　EBSCO*host* 系统全文数据库

3.1 数据库内容

EBSCO*host* 系统是美国 EBSCO 公司的数据库检索系统，也是著名的全文数据库整合平台，目前收录超过 2 300 种 SCI、SSCI、A & HCI 期刊。按照类型分为学术数据库、医学与护理数据库、公司企业数据库、政府机关数据库、公共图书馆数据库和中小学校数据库。主题涉及人文科学、社会科学、自然科学、工程技术、农业和医学等几乎所有学科。

数据库网址：http://search.ebscohost.com/

主要的全文数据库如下。

(1) 综合学科学术资源全文数据库(Academic Search Elit, ASE)：ASE持续收录了包括生物科学、工商管理、经济、咨询科技、通信传播、工程、教育、艺术、医药学等学科的超过1 300种非开放存取的全文期刊与杂志，其中超过1 100种是同行评审刊，超过500种的收录无滞后性(Embargo)，超过1 000种被Web of Science(WOS)或Scopus收录[1]。

(2) 综合学科学术资源全文数据库(优选版)(Academic Search Premier, ASP)：ASP作为ASE的升级版，覆盖了生物学、化学、工程学、物理学、心理学、宗教与哲学、科学和技术、兽医学等学科，持续收录了超过2 800种全文期刊与杂志，其中超过2 500种是同行评审刊，超过1 100种的收录无滞后性，超过2 100种被WOS或Scopus收录。其全面收录了120多种可回溯至1975年的期刊，以及可供检索的引用参考文献。

由于近年来EBSCO公司推出了ASE和ASP的升级版——即后面介绍的ASC和ASU，所以大部分高校已将购买的这两个数据库进行了升级。

(3) 综合学科学术资源全文数据库(完整版)(Academic Search Complete, ASC)：ASC是ASP数据库的升级版，内容上完全涵盖ASP数据库，属于综合学科类数据库，包括社会科学、教育、法律、医学、语言学、工程技术、工商经济、信息科技、通信传播、生物科学、公共管理、历史学、计算机、军事、宗教与神学、视觉传达、表演艺术、心理学、哲学、妇女研究、各国文学等学科。

ASC收录从1887年开始的数据，持续收录了近5 700种全文期刊与杂志，其中近5 300种是同行评审刊，超过3 400种的收录无滞后性，近3 900种被WOS或Scopus收录。

(4) 综合学科学术资源全文数据库(旗舰版)(Academic Search Ultimate, ASU)：ASU是ASC的升级版，包含多元化的学术研究领域，包括生物科学、工程技术、社会科学、心理学、教育、法律、医学、语言学、信息科技、通信传播、公共管理、历史学、计算机科学、军事、哲学、艺术、视觉传达、表演、各国文学等。并收录数千种来自亚洲、大洋洲、欧洲及拉丁美洲等当地语言的全文期刊。ASU持续收录了9 795种全文期刊与杂志，其中9 082种是同行评审刊，7 027种的收录无滞后性，5 533种被WOS或Scopus收录。此外，ASU还收录了来自美联社的6万部视频内容和900多种非期刊类全文文献，如360种全文书籍专著，百余种会议论文和专题报告全文等。

(5) 商管财经类资源全文数据库(Business Source Elite, BSE)：商管资源数据库提供商业、管理和经济学领域顶级期刊的全文。这些有价值的出版物涵盖会计、银行、金融、国际商务、市场营销和销售等主题。现持续收录超过490种非开放存取的全文期刊，其中超过300种是同行评审刊，超过150种的收录无滞后性，280种被WOS或Scopus收录。

(6) 商管财经类资源全文数据库(优选版)(Business Source Premier, BSP)：BSP是BSE数据库的升级版，持续收录了超过960种全文期刊和杂志，其中近630种是同行评审

---

[1] 本节数据库统计信息截止到2023年2月。

刊,超过 270 种的收录无滞后性,超过 530 种被 WOS 或 Scopus 收录。该数据库回溯了 350 多种顶级学术期刊的全文,最早可追溯至 1922 年。数据库涉及的主题范围有国际商务、经济学、经济管理、金融、会计、劳动人事、银行等,著名的如《每周商务》(*BusinessWeek*)、《福布斯》(*Forbes*)、《哈佛商业评论》(*Harvard Business Review*)、《经济学家预测报告》(*Country Reports from the Economist Intelligence Unit*(EIU))等。

由于近年来 EBSCO 公司推出了 BSE 和 BSP 的升级版——即后面介绍的 BSC 和 BSU,所以大部分高校已将购买的这两个数据库进行了升级。

(7) 商管财经类资源全文数据库(完整版)(Business Source Complete,BSC):BSC 是 BSP 数据库的升级版,内容上完全涵盖 BSP 数据库。提供商管财经领域的资料,包括:① BSP 原已收录的同行评审期刊;② 行业杂志和大众商业杂志、书籍/专著、案例研究、企业资料、国际学术会议论文、国家经济报告、产业报告、市场研究报告、基于内外部竞争环境和条件的 SWOT(Strengths,Weaknesses,Opportunities,Threats)分析报告、工作论文(Working Paper);③ 新增加了作者个人记录和访谈录(对高层管理人员和分析家)两种文献类型;④ 新增加了更多独家的文献收录渠道,如《华尔街手稿》(*Wall Street Transcript*)、《伯恩斯坦财务分析报告》(*Bernstein Financial Data*)、美国会计师协会(American Institute of Certified Public Accountants,AICPA)独家出版物、《经济学家预测报告》的全文出版品、晨星基金股票分析出版品、AICPA 美国会计师协会出版品、Richard K. Miller & Associates 市场研究报告、《环球透视预测报告》(*Global Insight*)等,以及美国哈佛大学、斯坦福大学商学院教授的研讨会视频(Seminar Videos)。

BSC 收录从 1886 年开始的数据,现持续收录了超过 1 700 种全文期刊与杂志,其中近 1 200 种是同行评审刊,超过 640 种的收录无滞后性,超过 800 种被 WOS 或 Scopus 收录。另外 BSC 中包括近千种专著,超过 117 万份的企业背景介绍,1 100 多份国家经济报告,8 700 多份行业报告,12 000 多份对全球知名企业高层管理人员以及财经分析家的访谈录,2 300 多份市场研究报告,5 600 多份 SWOT 分析等。

(8) 商管财经类资源全文数据库(旗舰版)(Business Source Ultimate,BSU):BSU 是 EBSCO 公司最新推出的全文数据库,是 BSC 的升级版本,内容完全覆盖 BSC,并在 BSC 基础上有大幅度提升。

BSU 数据库以商业经济相关主题为主,包括营销、管理、管理信息系统、生产与作业管理、会计、金融、经济等。

BSU 现持续收录了 70 多个国家出版的 3 512 种全文期刊与杂志,其中 2 410 种是同行评审刊,1 759 种的收录无滞后性,1 171 种被 WOS 或 Scopus 收录。另外 BSU 还收录这些非期刊类全文资源:来自美联社的 7.5 万部视频内容,近千种专著,超过 117 万份企业公司档案,1 100 多份国家经济报告,14 000 多份行业报告,14 000 多份案例研究,2 400 多份市场研究报告,5 600 多份 SWOT 分析等。同时 BSU 数据库收录专题论文、参考工具资料、书摘、会议论文、投资研究报告等。

(9) 哲学家索引全文数据库(Philosopher's Index with Full Text):提供国际范围内哲学领域最热门期刊的全文,涵盖了哲学领域主要主题,包括美学、价值学、认识论、伦理、逻辑、哲学观、形而上学、哲学人类学、教育哲学、历史哲学、语言哲学、宗教哲学、科学哲学、政治哲学和社会哲学。

数据库中收录了超过 282 种全文期刊,其中超过 214 种独家全文期刊无法在 EBSCO*host* 平台其他研究数据库中找到,共有超过 750 000 条记录。大多数全文期刊和杂志无延迟,几乎所有期刊都经过同行评审。此外,数据库还独家收录了《哲学杂志》(*The Journal of Philosophy*)自 1904 年至今的无延迟完整过刊。

(10) 心理学和行为科学数据库(Psychology and Behavioral Sciences Collection):这是一个综合型数据库,包含有关精神和行为特征、精神病学和心理学、心理过程、人类学以及观察和实践方法的信息。它是世界上最大的心理学全文数据库,收录了 300 余种期刊的全文。

(11) 经济学全文数据库(EconLit with Full Text):这是 EconLit 数据库(美国经济学会出版的经济学文献权威索引数据库)的全文版本。除可以访问 EconLit 中的所有索引资源外,该数据库还提供重点经济学期刊和书籍的全文资源。包括无滞后的美国经济学会期刊在内的超过 500 种全文期刊,以及《世界贸易手册》(*The Handbook of World Trade*)在内的 15 种全文书籍。主题学科覆盖货币市场、国家研究、经济学、经济预测、环境经济学、政府规章、劳工经济学、货币理论和城市经济学领域。

由于其中许多全文期刊为该数据库的独有资源,因此,"经济学全文数据库"是 BSU 非常优质的补充资源。该数据库还收录了许多非英语类全文期刊。所有全文期刊都可以按照期号和卷号浏览。

(12) 社会学全文数据库(SocINDEX with Full Text):数据库目前收录 3 065 种社会学相关期刊,涉及堕胎、犯罪学、刑事司法、人口统计学、种族研究、性别研究、婚姻家庭、政治社会学、宗教、农村和城市社会学、社会发展、社会心理学、社会结构、社会工作、社会文化人类学、社会学历史、社会学研究、社会学原理等学科。最早始于 1895 年,其中有 1908 年至今的 570 多本期刊的全文、超过 830 本书籍及专题论文的全文,以及 16 800 多篇会议报告的全文,同时收录超过 20 000 个社会学专业用语的词库及 25 000 位作者的简介。每周更新,每年新增超过 5 万篇文献,目前总文献已达 210 万篇。

收录的知名全文学术期刊有 1895 年至今的《美国社会学杂志》(*American Journal of Sociology*),1950 年至今的《英国社会学杂志》(*British Journal of Sociology*),1962 年至今的《犯罪学》(*Criminology*),1909 年至今的《刑法与犯罪学杂志》(*Journal of Criminal Law and Criminology*),1938 年至今的《婚姻与家庭杂志》(*Journal of Marriage and the Family*),1919 年至今的《社会科学季刊》(*Social Science Quarterly*),1960 年至今的《社会学季刊》(*Sociological Quarterly*)等。

3.2 数据库检索

下面以"综合学科学术资源全文数据库(完整版)"(ASC)和"商管财经类资源全文数据库(完整版)"(BSC)为例介绍 EBSCO*host* 检索系统。

3.2.1 检索功能

EBSCO*host* 系统的检索功能有:基本检索(Basic Search)、高级检索(Advanced

Search)、浏览(Browse)、索引(Indexes)。

除了上述共有的检索功能外,ASC 数据库还有引文检索(Cited References)和图像检索(Images),BSC 数据库还有公司信息检索(Company Information)、公司概况浏览(Company Profiles)和图像/商业视频检索(Images/Business Videos)。

(1) 基本检索和高级检索。基本检索只有一个检索框,可以输入任意检索词,不限定检索字段;高级检索允许输入 3 个检索条件,可以选择检索字段并输入检索词(如图 4-3 所示)。基本检索和高级检索均可使用检索选项。

(2) 浏览。包括主题词(Subject Terms)和出版物(Publications)浏览。

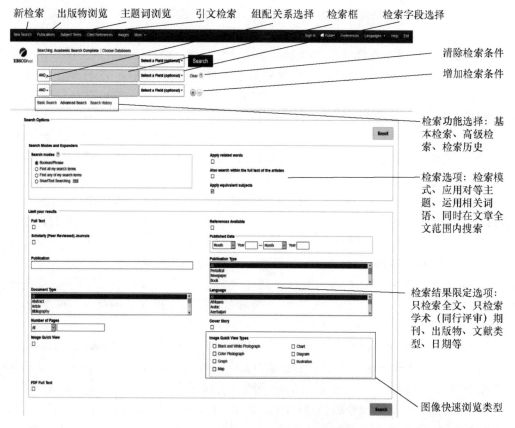

图 4-3 EBSCO*host* 系统高级检索

① 主题词浏览:主题词可以按照主题(Subjects)、地点(Places)和人物(People)进行检索或按字顺浏览。输入词语后点击"浏览(Browse)",系统可自动在主题词表中定位,如果有完全匹配的主题词,则会精确定位;如果没有完全匹配的主题词,也会定位到词表中匹配度最高的主题词。匹配主题词的选项有 3 个:词语的开始字母(Term Begins With)、词语包含(Term Contains)和相关性排序(Relevancy Ranked)。

浏览或定位到某个需要的主题词以后,可以单击词语查看详细资料,包括该主题词的上位词、下位词、相关词等,可选择一个或多个主题词添加到检索框中进行文献检索,如果选择某个主题词后的"展开(Explode)"选项,则表示同时检索该主题词的下位词和相关词。主题词表的详细使用方法,可参见第一章3.2节相关示例。

② 出版物浏览:收录了数据库中所有的刊物,可使用出版物名称进行检索或按名称、年、卷、期浏览,每种期刊还提供了国际统一刊号、出版者信息、书目记录时间、提供全文的时间、出版物类型、主题、出版物网址、更新频率、是否同行评审刊等信息。

(3) 索引。包括多个字段的索引,如作者、关键词、机构名称、地理名称、人名、期刊名称、主题词、出版年、ISSN 号、ISBN 号等,选择字段,输入姓名或关键词等,系统自动按字顺定位到索引表中相应的词语。

(4) 引文检索。可以在被引作者、被引题名、被引期刊、被引年份和所有被引字段中输入检索词,检索出的文章前有方框的代表在此数据库中存在被引用,勾选方框并单击"查找引文"(Find Citing Articles)可以浏览引文信息。

(5) 其他资源和服务功能。检索系统还提供了一些相关信息的特色资源及其检索服务,包括:

① 公司信息检索:可以通过公司名称、最终母公司、股票代码和关键字进行检索,还可以根据公司类型(公有或私有)、创立年份、所在国家和城市、收入、员工数、工厂/设施面积等信息进行检索结果的限定。

② 公司概况浏览:可按公司名称浏览公司完整报表,还提供公司地址、行业等信息。

③ 图像/商业视频检索:EBSCO*host* 的图像收藏(Image Collection)功能提供了数万幅人物图像、自然科学图像、历史图片、地图和旗帜图像等;图像快速查看收藏(Image Quick View Collection)功能提供了来自 EBSCO*host* 数据库全文中包含的图像的缩略图。选择上述两项功能,可以检索出元数据和文章全文中包含检索词的图像。检索界面类似于基本检索,支持检索选项,但选项仅限于检索模式和检索结果中限定的图像类型。通过商业视频检索可以获取含有视频的文章及相关信息。

3.2.2 检索技术

(1) 字检索与词检索。在检索框中直接输入要检索的字或词,检索结果包含字词的词性变化或单复数等,例如输入 technology,检索命中结果会包含 technology 和 technologies、technological 等;但对于按顺序输入的多个单词或词组,其命中结果中各个单词的位置关系不变,例如输入 new information technology 会命中 new information technology、new information technologies、new information communication technologies,但不会命中 information technology 和 new。

(2) 字段检索。ASC 和 BSC 主要使用 17 个字段作为检索入口,常用字段代码分别为:全文(All Text,TX)、作者(Author,AU)、文章题名(Title,TI)、文摘(Abstract,AB)、主题(Subject Terms,SU)、作者关键词(Author Supplied Keyword,KW)、出版物名称(Journal Name,SO)、国际统一刊号(ISSN,IS)、数据库存取号(Accession Number,AN)。

在高级检索中使用的方法是先选择字段代码,然后输入检索词。作者的输入方式特别规定为"姓,名"格式,如"Wiley,Ralph"。

(3) 布尔逻辑检索。布尔逻辑适用于所有检索功能,运算顺序为 AND、OR、NOT。

EBSCO*host* 提供了 4 种检索模式：布尔逻辑和词组检索（Boolean/Phrase）、查找全部检索词语（Find All My Search Terms）、查找任何检索词语（Find Any of My Search Terms）和智能文本搜索（Smart Text Searching）。

① 系统默认使用布尔逻辑和词组检索，可以使用布尔逻辑算符和优先算符"()"，例如 education AND(information technology)，如果输入一个字符串而没有任何算符，系统就默认为精确匹配。

② 选择查找全部检索词语模式，只要输入一个字以上的词，则默认为每个单字之间是逻辑 AND 的关系，检索结果包含全部单字，但字与字可以分开，顺序可以颠倒。例如输入"online information retrieval"，系统默认为"online AND information AND retrieval"，检索结果包含全部 3 个单字，但 3 个单字之间可以任意组配，如：

online，information retrieval

retrieval，online information

等。

③ 选择查找任何检索词语模式，只要输入一个字以上的词，系统会默认每个单字之间是 OR 的关系，检索结果则包含其中任意一个单字，但最具相关性的结果排在最前面；如果用""号将要检索的词括起来，则检索结果包含这个词的全部。例如输入"online'information retrieval'"，系统默认为"online OR'information retrieval'"，检索结果包含"online information retrieval"、"online"或者"information retrieval"，包含"online information retrieval"的结果排在最前面。

④ 智能文本搜索是 EBSCO*host* 独有的检索方式，可以输入想要检索到的任何文本，例如短语、句子、段落甚至整页的文本。

（4）位置检索。位置检索共有两个算符，"N"表示两词相邻，顺序可以改变，例如"information N retrieval"的检索结果同时包括 information retrieval 和 retrieval information；"W"表示两词相邻，但顺序不能改变。N 和 W 都可以用数字表示两词中间相隔的词的数量，如"information W2 management"的检索结果可以包括"information management" "information technologies and management"等。

（5）截词检索。没有前截断；使用" * "代表后截断，如 comput * ，可检索 compute、computer、computing；使用"?"代表中截断（也称通配符），如 defen?e，可检索 defense 和 defence。

（6）优先检索。允许使用括号将优先检索的词括起来。

（7）检索限定与扩展。EBSCO*host* 有多种检索限定条件（如表 4-3 所示）。特殊限定条件对于不同的数据库选项不同，例如 ASC 只对出版物类型（Publication Type）和文献类型（Document Type）限定，而 BSC 则除了上述两种限定条件外，还有产品名称（Product Name）、公司/实体（Company/Entity）、股票代码（Ticker Symbol）、NAICS/行业代码（NAICS/Industry Code）等多种特殊限定条件。

表 4-3　EBSCO*host* 系统的检索限定条件

检索限定条件	检索结果
Full Text	只检索全文文献
Scholarly (Peer Reviewed) Journals	只检索学术（同行评审）期刊
References Available	只检索有参考文献的文章
Publication	只检索特定出版物中的文章
Published Date	出版日期
Number of Pages	页码
Publication Type	出版物类型
Document Type	文献类型（适用于高级检索）
Language	语言（适用于高级检索）
Image Quick View	只检索能够快速查看图像的文章。EBSCO 数据库中有些文献全文含有图、表，为了更好地揭示这些信息，EBSCO*host* 除了提供 PDF 格式的全文外，还对全文中的这些图、表提供可预览的缩略图，用户可以只检索这些能够快速查看图、表的文章
Image Quick View Types	快速查看的图像类型包括黑白和彩色照片，各种图、表
Cover Story	只检索有封面报道的文献（适用于高级检索）
PDF Full Text	只检索 PDF 格式的全文文献（适用于高级检索）

此外检索选项中还提供了 3 种扩展条件：应用对等主题（Apply Equivalent Subjects）、应用相关词语（Apply Related Words）和同时在文章全文范围内搜索（Also Search within the Full Text of the Articles）。

应用对等主题是用户在并未指定检索字段时，系统根据输入的关键词关联到数据库中高频出现的相关主题术语。例如，用户检索"workplace injury"，开启应用对等主题功能后，会自动关联到相关术语：occupational injuries、occupational-related injuries、work-related injuries。应用对等主题功能有助于提高用户检索质量。应用相关词语即相关词检索，相关词指同义词，如在检索框中输入"bike"一词，结果中不但有"bike"的文献，同时也有含"bicycle"一词的文献，应用相关词语功能可以防止漏检。同时在文章全文范围内搜索可以将检索范围扩大到文章的全文。

3.2.3　检索结果

检索结果可以按相关性、时间、作者、来源出版物排序。

检索结果列表显示每一条记录的文章篇名、作者、刊名、日期、出版物类型、主题和摘要，并用图标显示全文是 PDF 格式还是 HTML 文本格式。对于图像文献或带有图像的全文文献也显示缩略图。

单击文献篇名或篇名后的预览图标，可以查看文献详细信息，包括文章篇名、作者、刊名、文献类型、主题词语、公司/实体、NAICS/行业代码、摘要、作者单位、ISSN、DOI、入藏编号等，文章中如果包含照片、图片、图表、地图等还会显示图像缩略图。全文为 PDF 格式、图像文件为 JPEG 格式。

在详细记录显示页面选择相应的图标可以对记录进行打印、保存、电子邮件发送、保存到 Google Drive、引用本文(Cite this Article)、输出到个人文献管理工具(Export to Bibliographic Manager)、添加到个人收藏夹(Add to Folder)和添加注释(Create Notes)等。

3.2.4 用户服务

(1) 提供多种检索结果后续处理功能。除了支持将检索结果直接输出到常见的 EndNote、ProCite、CITAVI、Reference Manager、RefWorks 等个人文献管理工具外，还支持其他通用的参考文献管理软件，也可以将结果保存为 XML、BibTeX、MARC21 等格式。

(2) 自动生成参考文献(Cite)。可以对当前记录按照不同期刊的投稿格式自动生成参考文献，为论文写作提供帮助。

(3) 订制服务(Alers)。对于用户使用过的检索策略提供最新目次报道服务，单击"搜索历史记录(Search history)"显示系统保存的检索策略，填写注册过的用户名和密码可以保存检索策略并对选中的检索策略提供最新目次报道服务。

除了上文中介绍的 EBSCO*host* 检索系统外，EBSCO 公司还推出了 EBSCO 发现服务(EBSCO Discovery Service, EDS)，用户可以通过 EBSCO*host* 界面使用这一系统，同时检索 EBSCO 公司的数据库以及其他出版社的数据库。EDS 最突出的特点是整合性和个性化，具体功能如下：

(1) 一站式检索。只要一个简单的检索框就可以搜寻图书馆的所有资源。EDS 提供了整合的检索功能，可以对 EBSCO*host* 系统的所有数据库、图书馆目录以及诸如 NewsBank、Readex、LexisNexis、Alexander Street Press 等非 EBSCO*host* 平台数据库(这些数据库的出版商与 EBSCO 之间有协议)实现整合检索。

(2) 个性化功能。EDS 提供了全新的个性化服务，用户可以定制个性化网页，除了可以替换 logo、更改界面颜色之外，更具备功能服务的个性化命名、工具栏设定等高级定制设置。用户可以在检索结果页面上嵌入工具软件，也可以将 EBSCO*host* 嵌入学校或其他用户常用的网站。

(3) 发现获取服务。EDS 可以对检索结果按照主题、作者、出版社等信息进行分面检索；可以将检索记录链接到用户所在的图书馆目录(包括分馆目录)并直接显示馆藏状态，也可以链接到 EBSCO 其他系统的相关数据库，通过 EDS 的全文链接、引文链接服务可以方便地实现检索结果的全文获取。

3.3 系统管理服务

EBSCO*host* 系统除了直接为用户提供数据库检索服务外，也为图书馆提供了一个强有力的工具——EBSCO*Admin* 管理系统，允许图书馆员对提供给本馆用户的检索服务进行后台管理。EBSCO*Admin* 系统主要包括的功能模块如下：

用户化设置(Customize Services)：包括检索、数据库、结果显示、链接、风格等页面和功能的用户化设置,还可设置传递选项、多语种选项等。

整合图书馆馆藏目录(Local Collection):允许图书馆增加、删除、修改本馆的印刷本馆藏的题名、馆藏地址等,使用户能够在查到电子期刊的同时,了解到本馆是否收藏有纸本期刊。

用户报告与统计(Reports & Statistics):提供符合 COUNTER 标准的用户使用报告和各种统计,并可按时间订制统计报告等。

数据库来源出版物列表(Database Title List):提供数据库收藏的所有期刊以及其他来源出版物的列表,包括 MARC21 格式、HTML 文本格式和表格格式,供图书馆载入馆藏目录和电子期刊导航系统使用。

第四节 历史档案全文数据库

4.1 历史档案数据库概述

4.1.1 数据库分类

历史档案数据库是历史档案数字化后的重要内容,它是经过数字加工、揭示、整理、组织后,以机读形式出现的历史档案信息的集合。历史档案数据库可以根据多种依据进行如下分类:

(1) 按照历史档案形成者的性质:可分为国家机关档案、党派团体档案、企业单位档案、事业单位档案、民间社会团体档案、家庭和个人档案等。

(2) 根据历史档案的内容性质:可分为政治外交档案、军事情报档案、历史事件档案、社会生活档案、民权种族档案、商业贸易档案、文化艺术档案和科学技术档案等。

(3) 根据历史档案的文献类型:可分为专著、期刊、报纸、手稿、公文、信件、报告、会议录、地图和照片等。

(4) 根据历史档案的记录信息方式:可分为文字档案、图形档案、照片档案、录音档案、录像档案和影片档案等。

历史档案是不同时代的产物,因此按照时间可将其划分为古代档案、近代档案和现代档案。国际上古代档案指的是 1640 年英国资产阶级革命前形成的档案,国内古代档案指的是 1840 年鸦片战争前形成的档案。例如,"AMD 历史与文化珍稀史料数据库集成"中的"中世纪游记"(Medieval Travel Writing)数据库,时间跨越 13—16 世纪,介绍了那一时期人们思考问题的方式和对未来的设想、种族问题、经济贸易和军国主义。近代档案在国际上是指从 1640 年至 20 世纪初俄国十月革命时期形成的档案,国内指的是 1840 年至新中国成立前这一时期形成的档案。例如,"AMD 历史与文化珍稀史料数据库集成"中的"明治时期的日本"(Meiji Japan)数据库,记录了那一时期日本在向西方现代化转变之前的人民生活。俄国十月革命以来的国际档案和新中国成立后的国内档案被归为现代档案。例如,"AMD 历史与文化珍稀史料数据库集成"的"尼克松年代,1969—1974"数据库(The Nixon Years,1969—

1974),记录了美国第37任总统尼克松执政时期的重大成就和事件。狭义的历史档案只包括古代档案和近代档案。

尽管历史档案是根据上述时间划分的,但是历史档案数据库由于专题的限制,往往分为特定历史时期档案、自然纪年档案和完整纪年档案。特定历史时期档案,如记录第一次世界大战、第二次世界大战或是某位领导人执政时期的档案;自然纪年档案,诸如"Gale Scholar 历史档案数据库"系列中的"19世纪英国期刊"(Nineteenth Century UK Periodicals)、"19世纪美国报纸"(Nineteenth Century U.S. Newspapers)等数据库,它们往往是来自于图书馆或档案馆的某段自然纪年特定出版物原始文献的集合;完整纪年档案往往是包含了某个组织成立以来的所有收藏,或是某个专题文献的集合,没有特定时间的限制。例如,"Gale Scholar 历史档案数据库"系列的"查塔姆研究所在线典藏"(Chatham House Online Archive)、"史密森学会在线典藏"(Smithsonian Collections Online)、"女性研究档案"(Women's Studies Archive)等数据库。

4.1.2 数据库来源

历史档案数据库来源丰富,其中最主要的来源是档案馆。例如,"AMD历史与文化珍稀史料数据库集成"收录了很多源自英国国家档案馆和英国外交部档案馆的珍贵馆藏档案,包括英国外交部关于中国、日本、印度、巴基斯坦、阿富汗、中东和非洲等地区的历史档案以及关于中东、非洲、北美和拉丁美洲等地区的机密文件。档案馆除了按国家档案法规的规定负责接收其管辖范围内各类机关、团体、社会组织的档案之外,还积极采取收集、征集、购买以及接受捐赠、寄存等手段丰富馆藏,使馆藏尽可能多地反映社会的各个方面,因此档案馆具有馆藏来源的多渠道性,这一特征使它成为历史档案数据库的最主要来源。

报纸、期刊和图书等出版物是图书馆的重要资源。报纸记录了不同时期国家和地方事件的新闻和资讯,是获取历史事件真相的第一手资料。期刊,尤其是通俗期刊可以帮助读者获取不同时期某一国家和地区的文化与百姓生活。图书则记录了不同历史时期人们的思想文化和科学成就,有助于学者开展历史研究。因此,历史档案数据库包含了很多图书馆的珍贵馆藏。例如,"Gale Scholar 历史档案数据库"系列的"18世纪作品在线"数据库(Eighteenth Century Collection Online)收录的原始文献就来源于大英图书馆、牛津大学图书馆、哈佛大学图书馆、剑桥大学图书馆、苏格兰国家图书馆、爱尔兰国家图书馆和美国国会图书馆等多家知名图书馆,甄选并收录了对于该历史时期学术研究有重大价值的珍稀原始资料。

博物馆和档案馆都具有收藏保管的职能。博物馆藏品是反映人类和人类环境具有历史、艺术、科学价值的实物,其中也包括历史档案,如大英博物馆收藏的泥版文书、山西博物院的侯马盟书,这些文物兼具档案功能。因此,博物馆也是历史档案数据库的重要来源。

在国外,历史上的图书馆、博物馆和档案馆之间的区别并不十分明显,它们的功能和馆藏建设存在交叉之处,都具有提供公共文化服务的社会责任,共同承担保护历史、传播知识、教育大众的社会功能,在对文化遗产进行加工和保存方面发挥着相同的职能。因此,一些历史档案数据库收录的文献源自多家档案馆、图书馆和博物馆。例如,"AMD历史与文化珍稀史料数据库集成"中的"边疆生活"(Frontier Life)数据库就收录了英国国家档案馆、剑桥大学图书馆和密苏里历史博物馆等全球16家档案馆、图书馆和博物馆的珍贵馆藏文献。历史档案数据库将多家馆藏资源整合起来,方便用户突破机构界限获取和利用馆藏资源。

政府部门是处理国家基本事务、直接与百姓打交道的职能部门,是国家形象的窗口。大量的政府信息储存在政府的档案管理部门,其档案涉及范围广、种类繁多、内容广泛、形式多样,直接关系到政府形象和百姓利益。政府部门在管理中会建立各种资料库、档案库、数据库,以方便快捷的方式为政府部门或公众提供多种信息服务。因此,政府部门也是历史档案数据库的来源之一。

除了国家和党政机关等政府部门,很多企事业单位和民间社会团体也进行了建档。企事业单位在经营、生产等活动中形成的反映其历史面貌的记录,在其发展过程中起着重要的作用,可以通过这些档案了解其财务状况、经营成果和人事变动等信息。在我国民间社会团体的活动中,形成了反映民间社会团体活动的档案信息资源,这些档案信息资源是民间社会团体的记录,有助于民间社会团体的管理规范化。例如,宗教档案记录了各种宗教活动,反映了各种宗教的发展历史;商会、行业协会建立档案,可以摸清行业发展的现状和趋势,提出更为科学的决策方案,促进商会、行业协会的健康发展。

部分家庭和个人也通过档案的形式记录了家庭或个人的历史活动,包括日记、手稿、信函、票据、奖状、证书、个人契约等,可以反映其所处时代人们的心理、思想状况和生活风貌。它们一般不被档案机构收藏,多由家庭或个人保存收藏,但某些特殊家庭和著名人物形成的档案也可由档案机构代为保存。例如,"ProQuest原始档案数据库"系列中的"托马斯·爱迪生文件"(Thomas A. Edison Papers)数据库就收藏有托马斯·爱迪生的档案,通过珍贵的实验室笔记、日记、业务记录、信函和相关材料的记录,学者们得以瞥见爱迪生的生活和工作情况。

4.1.3 数据库特点

历史档案数据库包括目录数据库和全文数据库两种类型,其中历史档案全文数据库相比于其他全文数据库最大的区别是:历史档案数据库的全文均以图像的方式提供,用户因此可以看到档案的原貌,特别是档案中的笔迹、签名、批注和修改等,如实还原了历史,相比于其他全文数据库,信息的原始性更为凸显,但这也导致了用户无法对其进行全文检索。不过随着技术的提高,这一问题也得到了解决,例如,"Gale Scholar历史档案数据库"系列就利用光学字符识别(Optical Character Recognition,OCR)技术实现了所有文献的全文检索。

4.1.4 数据库应用

历史档案是人类社会发展史中最为重要的文献资料之一,记录了国家、机构、社会团体组织、家庭和个人在社会活动中直接形成的有价值的历史,是一项无形的宝贵财富。它将人类记忆延续成为联系过去和未来的信息传送纽带,成为后人探索历史发展的重要信息库,为我们研究历史现象,准确掌握历史发展规律,服务社会发展提供了坚实的基础。

历史档案作为原始记录和凭证,在行政管理、经济建设、政治活动、科学研究和宣传教育等方面具有广泛的社会作用,特别是凭据作用和参考作用。其中,凭据作用是历史档案不同于其他各种资料的最本质特点;历史档案凭借其较强的权威性,成为证实国家、集体和个人合法权益的可靠文件。例如,一些历史档案在国家间领土问题上发挥着重要的作用;在经济工作中可以作为解决经济纠纷的凭证。历史档案还因其知识含量和案例属性而具有参考作用,而且由于资料的原始性,它比图书、报刊等其他资料更具有可靠性和权威性。例如,医学界的医疗档案可以为后人治病提供参考;法律界的犯罪案例和审判记录为后人查案、断案提供线索和依据。

为历史档案建立数据库,可以方便学者在政治经济、军事国防、科学技术、文化艺术、社会生活、宗教和历史等领域开展研究。首先,历史档案的作用扩大了。早期,可以窥见历史档案的人是极少数,可能是档案的形成者。例如,关于某国历史的档案最初只有这个国家的政府管理人员才可以看到,但是这些档案对于其他人员也有重要的参考价值。历史档案数据库的建立能让更多的学者在研究中利用到这些历史档案。其次,历史档案的机密程度降低了。一些历史档案由于涉及国家安全、军事、政治、外交和科技等方面,机密程度较高。例如,英国外交部机密文件,尽管一小部分已被制作成复印资料,但最为完整或接近完整的系列档案资料仅保存在极少数档案室或智库中。英国 Adam Matthew Digital 出版社率先完成了这些文件全套档案的数字化,建立了"AMD 历史与文化珍稀史料数据库集成"。此外,ProQuest 公司与美国国家安全档案馆合作出版的"解密后的数字化美国国家安全档案"(Digital National Security Archive,DNSA)数据库中的许多文件也是第一次公开出版,学者有幸可以看到这些珍贵的资料。最后,随着信息技术的进步,为历史档案建立数据库可以实现档案信息的存储、维护、检索和处理等功能,用户能够方便、快捷、准确地从历史档案中获取需要的信息。一些历史档案数据库的平台支持跨库检索和全文检索,大大提高了用户获取信息的效率。

4.2 Gale Scholar 历史档案数据库

"Gale Scholar 历史档案数据库"是 Gale 公司的大型数据库集成产品,为用户呈现跨越了全球 500 年历史的 1.7 亿页珍稀原始资源文献,其内容包括来自大英图书馆、美国国会图书馆、苏格兰国家图书馆、爱尔兰国家图书馆、美国国家档案馆、英国国家档案馆、哈佛大学图书馆、耶鲁大学图书馆、牛津大学图书馆、剑桥大学图书馆、哥伦比亚大学图书馆、约克大学图书馆等全球领先图书馆的海量图书、报纸和期刊以及地图、图片和照片等资源。

"Gale Scholar 历史档案数据库"提供的档案类型丰富,包括图书、专著、报告、手稿、报纸、照片和地图等,满足文学、历史学、哲学、经济学、管理学、法学、教育、医学、艺术学以及理学、工学等多种学科的需求。

Gale 原始资源检索平台(Gale Primary Sources)将"Gale Scholar 历史档案数据库"中丰富多样且又互为补充的海量原始档案资源整合在一个直观的系统上,支持跨库检索。在呈现文献原貌的同时,利用光学字符识别(OCR)技术实现了所有文献的全文检索。Gale 原始资源检索平台上的先进文本分析和数据可视化工具,帮助用户以全新的方式和途径发现和分析信息,找到新关联。如:① 话题查找器(Topic Finder)是基于关键词的可视化检索工具,通过建立新关联,帮助用户充分拓展自己的研究课题,有助于整合多样性内容,揭示隐藏的关联词(参见第一章 3.3.7 节)。② 术语检索频率(Term Frequency)也是一种可视化工具。该工具可以统计目标术语在一定时间内出现的频率,并以图表的方式呈现其随时间的推移而产生的变化和趋势。这种基于数据的分析可以帮助用户佐证研究结论，或者以此开展新的追问和探索。用户还可以利用高质量的元数据进行深入的数据和文本挖掘，开展数字人文研究，有效提高科研质量及产出。

Gale数字学术实验室（Digital Scholar Lab）是一个基于云的文本挖掘平台，由Gale公司与数字人文领域的资深学者密切合作而开发，让研究者能够在一个研究平台下对"Gale Scholar历史档案数据库"的海量原始文本数据，运用系统内置、易用的自然语言处理工具进行分析。通过整合最常用的开源工具分析文本，允许对工具和内容集进行自定义，在一个研究环境下满足用户的特定需求并生成可视化结果，扫清了进入数字人文领域的障碍。

用户首先通过Gale数字学术实验室的检索功能（如图4-4所示）构建自己的语料库（My Content Sets），在检索结果中可以查看每篇文档的详细元数据。单击文档标题，打开文档浏览器（Doc Explorer）页面，显示的是原始文献资料的图像和它的OCR文本，通过查看可以决定是否要将文档添加至内容集（Add to Content Set）。创建好内容集后可以在任何时候浏览和编辑它，在此后的研究中无须重新构建语料库。进入内容集的面板视图中可以下载内容集，还会看到概览（Overview）、文档（Document）、分析（Analyze）和检索历史（Search History）选项卡。其中分析模块可以选择文本聚类（Document Clustering）、命名实体识别（Named Entity Recognition）、N-元语法（N-gram）、词性标注（Parts-of-Speech Tagger）、情感分析（Sentiment Analysis）、主题建模（Topic Modelling）等分析工具来对内容集进行分析，并以表格、散点图、云图、条形图、时间序列图、按主题显示的树状图等来呈现可视化的结果。

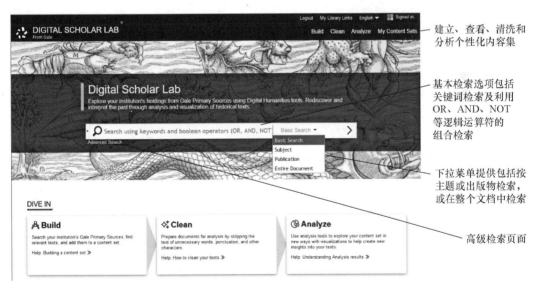

图 4-4　Gale 数字学术实验室检索界面

数据库网址：https：//www.gale.com/intl/primary-sources

下面介绍几个常用的数据库。

（1）中国和现代世界（China and the Modern World）：数据库由"传教士、汉学与文化期刊1817—1949"和"中国海关档案1854—1949"两部分组成。"传教士、汉学与文化期刊

1817—1949"收录从 1817 年到 1949 年新中国成立前的 130 多年间 17 种在中国出版或与中国相关的英文期刊。这些期刊涉及的主要历史事件包括鸦片战争、太平天国运动、义和团运动、辛亥革命、抗日战争和国共内战,呈现了中国知识分子、西方传教士和外交官对中国的看法。这些期刊也探讨了他们尝试理解中国文化以及在 1949 年前尝试转变这个国家的努力。"中国海关档案 1854—1949"是了解这一时期中国和中国经济的重要资源。这些历史记录展现了当时的全球经济环境及中国在其中的地位,并突出了外籍员工的作用以及他们在中国社会和政治历史上的地位与影响力。文件类型广泛,包括通令、半官方函件、电讯、报告、备忘录、私人和机密信件及照片等。

(2) 美国历史在线(Sources in U. S. History Online):数据库包含"美国历史在线:独立战争""美国历史在线:南北战争"和"美国历史在线:美国的奴隶制"三部分内容。"美国历史在线:独立战争"探讨了这一时期政治、社会和思想的巨变,以及长达 8 年的美国独立战争的真实状况,同时也收录了丰富的、反映欧洲观点的文献资料。"美国历史在线:南北战争"探讨了美国南北战争及其错综复杂的各方因素——起因和后果、战斗和战役、政治和宗教问题、军官和普通士兵的不同经历、后方与军事营地等。"美国历史在线:美国的奴隶制"记录了美国奴隶制历史上的重要问题,从起源到奴隶制的废除,资料涉及奴隶交易、种植园生活、奴隶解放、赞同和反对奴隶制的争论、对奴隶制的宗教观点和其他相关主题。

(3) 美国解密档案在线(U. S. Declassified Documents Online,USDDO):USDDO 包含 700 000 份档案资料,超过 95 万页。在线提供美国政府的解密档案,内容包括从冷战到越南战争以及更早时期的国际事件,涉及军事、政治、历史、外交、新闻业、美国对外和本土政策等领域。该数据库可帮助读者获得研究美国国际关系、外交、国内政策、新闻报纸杂志等的资料,是研究者、政治科学家及政策制定者的工具。读者可以了解美国政府对二战后发生在全球的政治、军事事件的观点、行动及决定,还可以深入了解美国国内事务的内部处理机制。

档案来自以下美国政府机构:
- 中央情报局(Central Intelligence Agency,CIA)
- 联邦调查局(Federal Bureau of Investigation,FBI)
- 国防部(DefenseDepartment)
- 美国司法部(U. S. Department of Justice)
- 国家安全局(National Security Agency,NSA)
- 北大西洋公约组织(North Atlantic Treaty Organization,NATO)
- 美国国务院(U. S. Department of State)
- 白宫(The White House)
- 商业部和国际贸易署(Commerce Department and International Trade Administration)

档案涉及以下方面:
- 内阁会议记录(Cabinet Meeting Minutes)
- 中央情报局情报研究及报告(CIA Intelligence Studies and Reports)
- 通信(Correspondence)
- 日记记录(Diary Entries)
- 首脑文章(Joint Chiefs Papers)

- 美国国家安全委员会政策(U. S. National Security Council Policy)
- 政治分析(Political Analyses)
- 总统会议信息(Presidential Conferences)
- 技术研究(Technical Studies)

(4) 美国联合通讯社在线典藏(Associated Press Collections Online)：数据库全面呈现了联合通讯社的历史与故事，数十年的电报稿、通信、备忘录、内部刊物等，能够满足多个学科研究者的需求，例如新闻学、历史、女性研究、政治、社会学、商业等。其中包含的6个合集为：欧洲分社合集、中东分社合集、新闻特写与内部通讯合集、美国各城市分社合集、华盛顿特区分社合集：第一部分和华盛顿特区分社合集：第二部分。

(5) 英国政府档案在线(State Papers Online)：数据库提供了当时服务于君主统治的秘书处的官方记录，涵盖了早期政府内政和外务的各个方面，收录的内容包括社会和经济事务、法律和法规、宗教政策、皇室财产和情报、外交部文件、爱尔兰、苏格兰、边境文件、英国与欧洲大国的政治关系以及枢密院的登记记录。按时间顺序分为以下几个部分：都铎王朝亨利八世至伊丽莎白一世(1509—1603年)的国内政府文件、外交部文件、爱尔兰、苏格兰、边境文件以及枢密院法案；斯图亚特王朝詹姆斯一世至安妮一世(1603—1714年)的国内政府文件、外交部文件、爱尔兰以及枢密院登记记录；18世纪英国政府国内文件、军事、海军及枢密院登记记录，与荷兰、比利时、卢森堡、德国的外交文件。

(6) 大英图书馆报纸(British Library Newspapers)：数据库包含5个部分，"第一部分：1800—1900"收录了47种地区性报纸，呈现独特鲜明的地方态度、文化和方言，提供了与以伦敦为中心的全国性新闻媒体不同的观点；"第二部分：1800—1900"收录了22种地区性报纸，拓展了大英图书馆报纸系列的地理和政治范围；"第三部分：1741—1950"强化了大英图书馆报纸系列的地区性和地方性，收录各大郡的新闻杂志、地区性的专题刊物和专业报刊；"第四部分：1732—1950"共有来自英国和爱尔兰的23种、近140万页的刊物，涉及这一时期的社会、政治和文化事件；"第五部分：1746—1950"重点报道了来自英国北部的观点。

(7)《泰晤士报》数字典藏，1785—2014(The Times Digital Archive, 1785—2014)：数据库呈现了《泰晤士报》在1785—2014年间的内容，是研究19世纪至21世纪历史的在线资源。作为"世界报纸的记录"的伦敦《泰晤士报》涵盖重要的国际历史事件，从法国革命到伊拉克战争，形成了这一时期的完整编年史。

(8) 萨宾史料：美洲历史，1500—1926(Sabin Americana: History of the Americas, 1500—1926)。数据库提供了有关美洲各方面的第一手资料，包括美洲大陆的发现和探索、奴隶制和欧洲殖民地、原住民、独立战争、宗教和传教工作、社会和政治改革、经济发展、西部扩张、著名人物等。该数据库可全文检索，借鉴了约瑟夫·萨宾的著名书目《美国藏书——从发现美洲大陆至今与美国相关的图书辞典》(*Bibliotheca Americana-A Dictionary of Books Relating to America from its Discovery to the Present Time*)。数据库中的内容来自多家图书馆，包括亨廷顿图书馆、耶鲁大学、美国古文物学会和美国国会图书馆。

(9) Gale世界学者：拉丁美洲和加勒比地区(Gale-World Scholar: Latin America and the Caribbean)。数据库涵盖从土地改革和性别问题到解放神学和埃米利亚诺·萨帕塔等数百个主题。该数据库拥有超过130万页有关拉丁美洲历史和文化的当代和历史原始文献资料。重点内容包括该领域专家撰写的原创评论、近300幅西班牙地图,一些地图可以追溯至18世纪。

(10) 巴西和葡萄牙的历史与文化(Brazilian and Portuguese History and Culture):马诺埃尔·德·奥利维拉·利马(Manoel de Oliveira Lima)是巴西外交官、历史学家和记者。奥利维拉·利马图书馆是他的私人图书馆,Gale 通过与该图书馆的合作,将其收藏资源数字化。包含有 80 000 多页小册子,涵盖巴西和葡萄牙从 1800 年到 20 世纪晚期的历史、政治、技术、社会事件和文化。还收录了近 100 万页专著,涉及从 16 世纪中期到 20 世纪巴西和葡萄牙的历史、原住民、国际关系、生态、经济发展、医疗和公共卫生、文学等内容。

(11) 珍稀原始典藏档案(Archives Unbound):数据库出版了 300 多个档案库,包含超过 30 万份文件,共计 1 500 万页文献。每个档案库从 1 200 页到 20 万页不等。这些档案来源于美国国家档案馆、美国国务院图书馆、美国国会图书馆、总统图书馆、英国国家档案馆、大英图书馆、美国联邦调查局图书馆等部门。具有优势的主题包括美国外交政策、美国公民权利、全球事务与殖民地研究以及现代历史。更宽泛的主题有非裔美国人研究、美洲印第安人研究、亚洲研究、英国历史、大屠杀研究、性少数群体(LGBT)研究、拉丁美洲和加勒比海地区研究、中东研究、政治学、宗教研究和女性研究。

(12) 奴隶制与反奴隶制:跨国档案(Slavery and Anti-Slavery:A Transnational Archive):数据库包含超过 400 万页可交叉检索的文献资料,来源于不同国家的图书、小册子、报纸、杂志、法律文件、法庭记录、专著、手稿和地图等,包括"奴隶制和废奴的辩论""大西洋世界的奴隶交易""奴隶制度"和"解放的时代"4 个部分。

除此之外,Gale Scholar 历史档案数据库系列其他数据库的基本信息如表 4-4 所示。

表 4-4 Gale Scholar 历史档案数据库系列其他数据库基本信息

数据库 中文名称	数据库英文名称	主要内容	时间范围
17 世纪和 18 世纪伯尼报纸典藏	Seventeenth and Eighteenth Century Burney Newspapers Collection	源自大英图书馆提供的 17 世纪和 18 世纪英国新闻媒体的大量典藏,包括报纸、期刊、宣传册和大幅海报等	1672—1737 年
19 世纪英国期刊	Nineteenth Century UK Periodicals	提供了英国文化生活发展的深入解析,随着出版业的发展,休闲阅读、妇女权利、儿童娱乐和体育方面的内容大量增加,同时还涵盖了帝国的扩张、经济以及非贸易的英国扩张主义等内容	19 世纪
美国小说,1774—1920	American Fiction, 1774—1920	收录从美国革命到第一次世界大战之间的散文小说,包括小说、浪漫小说、短篇小说、虚构传记、游记和写生、寓言和故事集,展现了美国文学随文化变迁的发展历程	1774—1920 年
人类性取向研究档案	Archives of Sexuality & Gender	收录了全世界特别是北美洲著名研究机构的文档,包括通信、专著、报纸、期刊、个人文件、政府文档、照片、戏剧作品、组织记录,以及更多代表新兴的同性恋权利运动的内容	1940 年以来

续表

数据库中文名称	数据库英文名称	主要内容	时间范围
学协会组织名录	Directory Library	源自《学协会百科全书》系列,并包含了美国国税局记录在册的非营利组织的登记信息,共收录了超过45.6万个组织。同时也包含学协会的宣传册、标识、会员申请等资料	
传记与系谱索引	Biography and Genealogy Master Index	涵盖了来自各个领域的人物,编入该索引的传记总数超过1 700万篇,超过2 000本出版物,涉及500多万人。既有在世人物也有去世人物,这些人物来自不同历史时期、不同国家和不同领域	
英国文学手稿在线,1660—1900	British Literary Manuscripts Online: C. 1660—1900	收录了从英王查理二世复辟到维多利亚时期数十万页的诗歌、戏剧、散文、小说、日记、信件及其他手稿	1600—1900年
查塔姆研究所在线典藏	Chatham House Online Archive	源自查塔姆研究所20世纪至21世纪内容丰富的数字典藏,提供关于全球、区域和特定国家问题的独立和严谨的分析,以及关于全球发展的重大讨论	1920—2008年
犯罪、惩罚和流行文化,1790—1920	Crime, Punishment, and Popular Culture, 1790—1920	该档案库一方面收录了审判文稿、案例笔记,另一方面收录了通俗小说和侦探小说,将这两部分连接在一起的是新闻报道、犯罪纪实文学和相关非正式文献	1790—1920年
大英图书馆早期阿拉伯语印刷书籍	Early Arabic Printed Books from the British Library	收录了400多年来世界各地印刷的阿拉伯语书籍,这些书籍呈现出了欧洲对来自阿拉伯世界的思想和知识的兴趣和研究,以及阿拉伯世界丰富的科学、诗歌和伊斯兰文学等文化遗产	1475—1900年
18世纪作品在线	Eighteenth Century Collection Online	收录了18世纪在英国出版的图书,以及在美国和英联邦出版的非英文书籍,涵盖了英语、法语、德语、西班牙语、拉丁文等,内容涉及了历史、地理、法律、文学、语言、参考书、宗教哲学、社会科学、艺术、科学技术及医学等领域	18世纪
电子参考工具书	Gale Virtual Reference Library	包含Gale公司和全球100多家出版社出版的具有权威性的参考工具书	
《伦敦新闻画报》数字典藏,1842—2003	The Illustrated London News Historical Archive, 1842—2003	包含了自该周报1842年创刊以来至2003年最后一期的内容,以彩色图像重现。近26万页的数字典藏提供了从近现代到当代英国生活的真实写照	1842—2003年

续表

数据库中文名称	数据库英文名称	主要内容	时间范围
《自由》杂志数字典藏，1924—1950	Liberty Magazine Historical Archive, 1924—1950	收录该杂志超过8.8万篇故事和文章，其中还包括1 300余幅彩色杂志封面，1万余幅单色和双色插图，以及数千篇这一时期的广告。这些内容呈现出20世纪前半叶美国人的生活态度和方式	1924—1950年
文学资源中心	Literature Resource Center	收录各个文学领域的作家及其作品，涵盖世界各地、各个历史时期作家的文学评论和文学分析的全文。包括：选自Gale公司出版的文学系列丛书评论11.9万余篇，学术期刊和文学杂志文章全文2 00万余篇，文学参考书1 600多卷，作家传记、作品及相关介绍15.5万余篇，书评、戏评及影评96万余篇，当代诗歌、短篇小说和戏剧全文4万余篇。	
美国《国家地理》杂志在线典藏	National Geographic Virtual Library	提供从1888年创刊号开始至今的美国《国家地理》杂志的文章、照片以及地图的全面检索	1888年至今
19世纪作品在线	Nineteenth Century Collections Online	甄选并收录了对19世纪学术研究有重大价值的珍稀原始资料，包括"英国政治与社会""亚洲与西方：外交和文化交流""英国戏剧、音乐和文学：高雅文化与大众文化""科维欧洲文学藏品，1790—1840""科学、技术和医学，1780—1925""摄影：透过镜头看世界""女性：跨国关系网""欧洲与非洲：商业、基督教、文明和征服"等模块	19世纪
19世纪美国报纸	Nineteenth Century U. S. Newspapers	记录了美国国家和地方事件的新闻和资讯，读者能访问到19世纪美国发行的报纸上的文章、广告、社论和图片，包括南北战争、非裔美国人的文化与历史、西部移民等重大事件	19世纪
相反论点资源中心	Opposing Viewpoints in Context	针对各种热点事件及备受争议的社会问题提供研究者关心的论点和反对者的观点，包括背景信息、统计数据、政府数据、法律及立法信息、公共政策等	
《图画邮报》数字典藏，1938—1957	Picture Post Historical Archive, 1938—1957	收录《图画邮报》近4万页彩色数字化原始文献。提供"电视诞生前"时代的流行娱乐和青年文化兴起方面的内容	1938—1957年
《笨拙》杂志数字典藏，1841—1992	Punch Historical Archive, 1841—1992	《笨拙》杂志发表了多位优秀的喜剧作家的英文作品。它不仅记录了快速的社会变化，还针对国内外时事进行评价，是研究19世纪到20世纪政治和社会历史的宝贵资源	1841—1992年

续表

数据库中文名称	数据库英文名称	主要内容	时间范围
原住民：北美洲	Indigenous Peoples of North America	让读者能够探索从 17 世纪至 20 世纪北美洲原住民的政治、社会和文化历史，能够查询美国和加拿大 70 多个原住民部落的文化与传承	17—20 世纪
史密森学会在线典藏	Smithsonian Collections Online	史密森学会是世界上著名的博物馆和研究机构的综合体，是美国唯一一所由政府资助、半官方性质的博物馆机构，拥有 19 家博物馆和美术馆、1 家国家级动物园和 9 所研究机构。数据库包括国立美国历史博物馆、国立美国自然历史博物馆、国家航空和太空博物馆等文博机构的展览和藏品相关的大量数字化文献资料	1784 年至今
现代法律形成	The Making of Modern Law	源自耶鲁大学、哈佛大学、哥伦比亚大学等全球知名法学院图书馆，涵盖了 17 世纪至 20 世纪的权威档案，收录了重要的法学专论、法律法规、案件审理等珍贵资料，有助于历史与当代法学研究者（尤其是研究国际法、法史、比较法等的研究者）获取早期第一手资料及相关法令法规	1600—1978 年
现代世界形成	The Making of the Modern World	源自伦敦大学图书馆的 Goldsmiths 经济文献资料库、哈佛商学院 Kress 商业与经济藏品、哥伦比亚大学 Seligman 合集、广岛经济大学 Seligman 合集、堪萨斯大学经济史合集以及耶鲁大学图书馆的补充资料。从广义的"经济"角度记录现代世界的形成过程，体现政治、经济、金融、贸易、商业、交通运输、农业等方面的内容。该数据库提供包括专著、丛书、政治小册子和布告等丰富的珍稀原始资料，可用于殖民历史、奴隶制、大西洋地区、区域研究、社会历史等方面，特别是早期西方经济及殖民扩张对亚洲的影响的相关问题学术研究和教学	1450—1914 年
女性研究档案	Women's Studies Archive	女性研究档案通过日记、信函、照片、新闻简报、组织记录和期刊等多种类型文档记录了 19 世纪至 20 世纪女性在社会、政治、职业方面的历史，同时探讨了女性在社会角色、经历及成就等方面的问题	19—20 世纪

4.3 AMD 历史与文化珍稀史料数据库集成

"AMD 历史与文化珍稀史料数据库集成"由英国 Adam Matthew Digital（AMD）学术出版社推出，国内由 CINFO 提供各项服务与支持，共包含 62 个数据库，内容涉及世界各国历史、政治、文化与文学等研究范畴，包含档案、手稿和珍稀史料等丰富内容，界面友好，获取文献便捷，有助于学术研究与主题研讨。这里详细介绍几个比较有特色的代表性资源。

4.3.1 海外收藏的中国近代史珍稀史料文献库(China：Trade，Politics and Culture)

"海外收藏的中国近代史珍稀史料文献库"(China：Trade，Politics and Culture)向读者提供了在海外收藏的1793—1980年间中国与西方往来的珍稀史料，内容丰富，充分地反映了两个世纪以来中国社会与政治变化的多个方面，可用于中国近代史的研究与教学。

数据库跨度近两百年，涵盖海关史、反侵略斗争史、改革开放历程、对外政策、外交关系等史实，覆盖从1793年乔治·马戛尔尼使团访华觐见乾隆皇帝到20世纪70年代中美关系解冻的解密档案，共收录约15万页档案，7.2万幅图片，400多幅彩色图片和照片(历史人物肖像、生活场景写实、民俗风情描绘与事件记录等)，以及地图等，此外还包括评述论文、大事年表、参考书目等。

数据库具有以下特点：
- 珍贵的中国近代史资源单一来源。目前几乎没有其他类似内容的数据库。
- 均为珍贵的原始手稿或原始档案的图像，更加有利于对当时历史的研究。
- 可以对图像中的文字进行全文检索。
- 功能直观，方便易学，用户可以在短时间内自学掌握所有功能。
- 提供导航分类，单击不同分类，可浏览相应内容。
- 辅助提供相关论文、大事年表与书目等。
- 相对宽松的使用限制。

数据库网址：http：//www.china.amdigital.co.uk/

4.3.2 英国外交部档案：中国，1919—1980(Foreign Office Files for China，1919—1980)

"英国外交部档案：中国，1919—1980"(Foreign Office Files for China，1919—1980)内容来源于英国国家档案馆，是英国外交部关于1919—1980年这一时期中国的文件。其中收录的资料分六个时间段记录了中国历史的关键时期。由于英国是第一个承认新中国的西方国家，从而使得这些文件尤其珍贵。

第一部分(1919—1929年)，记述了20世纪20年代中国经济迅速发展，但政治和军事动荡依旧，国家被各地军阀分割控制，国外势力在中国沿海地区的特权依然存在等这一时期的诸多历史事件。在这一时期，中国国民党和中国共产党逐渐成长为主导中国的力量。

第二部分(1930—1937年)，主要涉及中国国民党与中国共产党之间的斗争，最终中国共产党的军队开始了两万五千里的长征并保存了实力。其间，中国与日本的冲突不断扩大，日本逐渐蚕食中国国土，势力在中国北方不断渗透，直至1937年全面抗日战争爆发。

第三部分(1938—1948年)，收录文献内容丰富，涵盖诸多具有国内外影响力的历史事件：抗日战争中国土不断沦陷，国民政府转战西南大后方；国共第二次合作；抗战后期西方国家宣布放弃在华特权；1949年10月1日中华人民共和国宣告成立。

第四部分(1949—1956年)，是由英国官方提供的这一时期中国各个领域发生的重大事件以及规律性分析，数据库为学者和研究人员研究1949年之后中国的发展，评价美国、苏联、英国、欧洲和英联邦国家与中国的关系提供了机会。

第五部分(1957—1966年),记录了中国工业和经济的发展,包括1958—1962年的"大跃进",通过使用社会主义经济的力量发展中国的钢铁、煤炭、电力产业,实行农业集体化,全力奔向现代化的宏伟计划。研究者可以通过这些资料来研究20世纪中国社会、政治、经济和农业的发展变化。

第六部分(1967—1980年),涵盖了1967—1980年10余年间英国的全部外交档案,其中的事件经过了英国驻华官员和位于伦敦的英国外交部的详细考证,构成了英国、美国和英联邦国家合作进行规律性研究的常规课题。

数据库网址:http://www.archivesdirect.amdigital.co.uk/FO_China

4.3.3 中国:文化与社会——华生中国收藏(China:Culture and Society-The Wason Pamphlet Collection)

"中国:文化与社会——华生中国收藏"(China:Culture and Society-The Wason Pamphlet Collection)收录内容来源于美国康奈尔大学图书馆查尔斯·华生(Charles W. Wason)的中国收藏。查尔斯·华生是康奈尔大学校友,曾任职于克利夫兰铁路公司,出于对中国及远东的巨大兴趣,华生曾和妻子在1903年到中国和日本进行了长时间的巡回旅行并收集了大量珍稀资料。这是一个囊括了华生全部有关中国及东亚地区的内容,跨越三个世纪(1750—1929年)的丰富一手珍稀原始资料数据库。

数据库包含220卷、1 200册文档,主要涉及以下内容:文物、建筑、传教士、殖民统治、货币制度、民风民俗、教育、大使馆及公使馆、航海、医药学、国际关系、鸦片交易及走私等。主要包括演讲演说稿、报告、期刊、笔记、手稿、信件、会议录等文献类型。其文献以及文献当中众多高质量的插图与艺术封面设计都具有较高的研究价值,不仅为教学研究人员提供了研究中国与西方的学术资源,同时还满足了在更广泛的研究领域中,对中国历史、宗教、文化与社会生活相关学术资源的需求。

数据库网址:http://www.chinacultureandsociety.amdigital.co.uk/

4.3.4 中国、美国与太平洋(China,America and The Pacific)

数据库时间覆盖18—19世纪,资料来源于美国和加拿大的图书馆,还包括马萨诸塞州历史学会和皮博迪·埃塞克斯博物馆,收录的主要内容包括:旧中国的贸易、美国东海岸城市商业发展、东部和西部海岸之间的海上航线、夏威夷作为美国重要贸易站的发展、中美文化交流、19世纪的中国移民、在太平洋西北地区的皮毛贸易(原住民)、中国大宗商品贸易历史、美国与远东地区之间的外交和政治等。

数据库还收录了中国、美国和太平洋地区有关"旧中国贸易"这一主题包含的典藏,包括:美国第一艘访问中国的商船的航海日志,罕见的广东商人的书信,来自夏威夷国王和王后的贸易信件。

此外,数据库内容还涉及了纽约、费城、波士顿、塞勒姆、普罗维登斯和巴尔的摩早期的商业发展,东西海岸详细映射的海事路线,其他重要的太平洋贸易站点(包括:夏威夷、菲律宾、印度、苏门答腊岛、毛里求斯和巴达维亚),以及早期的加拿大和西北太平洋的皮草商业等。

数据库文件类型包括航海日志、信函手稿、报纸、印刷书籍、图像材料、历史地图、短时效收藏品等。

数据库网址：http://www.cap.amdigital.co.uk/

4.3.5 东印度公司档案（East India Company）

数据库收录文献全部源自英国的大英图书馆（British Library）馆藏的印度事务部档案（India Office Records），包含特许状、来往信件、贸易记录、会议纪要和考察报告等内容，时间覆盖 1600—1947 年。

东印度公司对近代早期英国海外贸易发展和社会经济变革起到了重要作用，本数据库收录文献以东印度公司档案记录为主线，收录内容从 1600 年英国东印度公司获得英国政府颁发的特许状宣告正式成立开始，记述了第一次东部航行，早期在印度尼西亚、印度等国家的贸易尝试，18 世纪中叶东印度公司的贸易扩张历程，1857 年东印度公司的衰落，直到 1947 年印度独立为止等历史事件。以上内容分别收录于本数据库的三个部分中，每个部分根据聚焦的主题内容不同而划分，这三个部分分别是：

第一部分：贸易管控与帝国时代，1600—1947（Module Ⅰ：Trade，Governance and Empire，1600—1947）。

第二部分：南亚和东南亚的工厂档案，1613—1830（Module Ⅱ：Factory Records for South Asia and South East Asia）。

第三部分：中国、日本和中东地区工厂档案，1608—1870（Module Ⅲ：Factory Records for China，Japan and the Middle East）。

数据库为研究东印度公司的发展历程及影响提供了广泛的参考资料，也为研究 17 世纪至 20 世纪英国史、东印度公司历史、东西方贸易往来史、全球商业等内容提供全面且独特的视角。

数据库网址：http://www.eastindiacompany.amdigital.co.uk/

4.3.6 美国历史，1493—1945（American History，1493—1945）

数据库介绍了从最早的美国定居者到美国内战爆发时期的史实资料，主要内容来源于吉尔德·莱尔曼美国历史研究所（Gilder Lehrman Institute of American History）的收藏。从西班牙国王派遣哥伦布发现新大陆，到新国家的创建，再到 1850 年奴隶制的废除，吉尔德·莱尔曼的收藏展现了北美大陆在 1945 年以前的历史性巨变。具体分为定居、商业、革命与改革：1493—1859（Module Ⅰ Settlement，Commerce，Revolution and Reform：1493—1859）和内战、重建与现代时期：1860—1945（Module Ⅱ Civil War，Reconstruction and the Modern Era：1860—1945）两个部分。

数据库网址：http://www.americanhistory.amdigital.co.uk/

4.3.7 帝国在线（Empire Online）

数据库收录了大英图书馆等世界各大图书馆与档案馆大约 70 000 幅原始手稿与印刷品的图像，如：期刊、小说、传教士档案、探险日记与记录、信件誊录簿与信件、日记、政府官方文件、旅行札记、奴隶文件、回忆录、儿童冒险故事、传统民俗、民间传说、展览目录与指南、地图、海报、照片、插图等。时间跨越 1492—2007 年，内容主题涉及文化交融、帝国时代和殖民主义等。分为第一部分：文化接触 1492—1969（Section Ⅰ：Cultural Contacts，1492—

1969),第二部分:文学与帝国(Section Ⅱ:Empire Writing & the Literature of Empire),第三部分:可视化的帝国(Section Ⅲ:The Visible Empire),第四部分:宗教与帝国(Section Ⅳ:Religion & Empire),第五部分:种族、阶级、殖民主义、帝国主义(Section Ⅴ:Race,Class,Colonialism,Imperialism)五个主题部分。

数据库网址:http://www.empire.amdigital.co.uk/

除此之外,"AMD历史与文化珍稀史料数据库集成"包含的其他数据库基本信息如表4-5所示。

表4-5 "AMD历史与文化珍稀史料数据库集成"其他数据库基本信息

数据库中文名称	数据库英文名称	主要内容	时间范围
英国外交部档案:日本,1919—1952	Foreign Office Files for Japan,1919—1952	源自英国外交部档案馆的珍贵馆藏档案,探索20世纪上半叶日本的逐步崛起以及日本与西方大国之间关系的演变。包括来往公文、年度报告、会议备忘录、政治与经济类总结报告等	1919—1952年
明治时期的日本	Meiji Japan	源自美国皮博迪·艾塞克斯博物馆收藏的美国著名学者和东方学家莫尔斯文集。数据库收录的内容包括莫尔斯在日本任教期间研究的成果及学术考察记述,在日本期间的日记与个人收藏的资料,19世纪中后期在欧美的文化艺术领域兴起的"日本风"(Japonisme)热潮的相关资料等	1877—1916年
英国外交部机密文件:中东,1839—1969	Confidential Print:Middle East,1839—1969	源自英国外交部自1820年以来的全部官方机密档案。主要内容涉及:穆罕默德·阿里与19世纪埃及改革、1921年中东大会、巴勒斯坦与美索不达米亚托管地问题、1956年苏伊士运河危机、巴勒斯坦的分割、后苏伊士时期的西方外交政策及阿以冲突等。资料类型包括:公文、通信信件、战略报告、每周政治总结、月度经济报告、地图等	1839—1969年
英国外交部档案:中东,1971—1981	Foreign Office Files for the Middle East,1971—1981	收录内容覆盖1971—1981年发生在中东的重要历史事件,包含解密文件、年度报告、来往公文、会议录和总结性评述等,可以深入探求中东国家与世界超级强国之间的历史关系,也有助于理解当代中东局势,以及研究冷战对于区域政治的影响,波斯湾新增石油储量如何改变全球石油市场等问题,是研究中东各类问题很好的学术型参考资源	1971—1981年

续表

数据库中文名称	数据库英文名称	主要内容	时间范围
英国外交部档案：印度、巴基斯坦与阿富汗，1947—1980	Foreign Office Files for India, Pakistan and Afghanistan, 1947—1980	源自英国外交部档案馆，主要由"独立、分裂和尼赫鲁时代，1947—1964""南亚冲突和孟加拉国的独立，1965—1971""阿富汗和冷战，印度的紧急管制，巴基斯坦恢复文官统治，1972—1980"三部分组成	1947—1980年
印度、殖民统治与帝国	India, Raj and Empire	源自苏格兰国家图书馆的原始手稿收藏。展示了从1600年东印度公司的成立，到1947年印度与巴基斯坦独立300多年的历史，包括东印度公司重要代表人物与殖民地官员的文件，阿格拉、孟买、拉哈尔市与马都拉斯的日常生活记录等内容	1615—1947年
英国外交部机密文件：北美，1824—1961	Confidential Print: North America, 1824—1961	源自英国国家档案馆，内容覆盖美国、加拿大、加勒比地区乃至部分南美地区的历史、文化、政治、贸易、对外政策、工业发展等方面的资料。资料种类有急件、政治领导策略描述报告、每周政治总结、月度经济报告等	1824—1961年
英国外交部机密文件：拉丁美洲，1833—1969	Confidential Print: Latin America, 1833—1969	内容包括：拉美革命、领土权的转移、政治运动、国外金融界的影响、工业和基础业的发展（包括巴拿马运河的建设）、战争、奴隶制度、欧洲移民及和当地人们的交往	1833—1969年
尼克松年代，1969—1974	The Nixon Years, 1969—1974	从欧美国家的多维度视角进行研究，如尼克松（美国第37任总统）对冷战危机的处理、执政时期的重大成就，以及在水门事件与总统弹劾中有争议的活动与执行权的运用等。在对外政策方面，文献主题包括：越南战争与巴黎和谈、1972年访华、美国政策的再定位、美国与拉丁美洲国家的关系。在国内政治方面，主题包括：选举权与民权的扩展、美国原住民政策的再定位、福利制度改革等	1969—1974年
殖民地时期的美洲	Colonial America	源自英国国家档案馆，记录了殖民地时期美洲的早期历史，包括英国光荣革命对于北美洲的影响，英国与法国、西班牙争夺海上控制权的档案资料等。还记录了美国发表独立宣言之前的社会与政治上的斗争运动与抗议活动，如波士顿倾茶事件等。数据库收录内容还包括法案的文本资料和议会会议的记录，提供对殖民地立法和政治演变的洞察	1606—1822年

续表

数据库中文名称	数据库英文名称	主要内容	时间范围
美国西部	The American West	源自芝加哥历史最悠久的图书馆之一纽贝瑞图书馆关于美国西部的 Everett D. Graff 收藏。适合于美国西部历史、南部历史、西部文学与文化等的研究。包括原始手稿、地图与珍稀印刷品等	18世纪早期—20世纪中期
美洲印第安人历史与文化	American Indian Histories and Cultures	源自芝加哥的纽贝瑞图书馆。内容包括从早期欧洲殖民者和印第安人之间的接触,到随后对印第安人生活、政治、社会和文化的影响,收录的珍贵资料展现了美洲印第安人丰富的历史及多元的文化	17—20世纪
美洲印第安人报纸	American Indian Newspapers	提供近两个世纪以来北美原住民的报章杂志,这些出版物发行于美国及加拿大不列颠哥伦比亚省。这些报刊来源多样,涵盖政府官媒出版的期刊、各地社区新闻、学生团体出版物等,提供独特且全面的视角探索美国印第安人运动、教育、环境主义、冲突与反抗、印第安人部落法、土地权益和文化展示等方面的内容	1828—2016年
美国妇女及日常生活,约1800—1920	Everyday Life & Women in America c.1800—1920	记述了美国历史与文化,尤其关注美国女性群体,反映了当时美国人日常生活的多个方面。收录了75种珍稀期刊,以及大量的罕见图书、印刷品小册子、短文集、宣传单页等。真实反映了这一历史时期美国的家庭情况与家庭生活,以及教育、社会、政治、婚姻、文娱与宗教等方面内容	约1800—1920年
智威汤逊:美国的广告业	J. Walter Thompson: Advertising America	通过智威汤逊广告公司全面展现20世纪广告业和全球消费文化的历史。这些资料体现出了广告与营销对社会消费与文化生活产生的价值,涉及文化史、消费文化、广告史、商业研究、通讯与大众传媒研究等领域。收录的文献类型包括创意简报、市场研究调研报告、平面广告、备忘录和信件、年度报告、客户名录、商业计划及相关规划等	20世纪

续表

数据库中文名称	数据库英文名称	主要内容	时间范围
美国大众医学，1800—1900	Popular Medicine in America,1800—1900	收录大量19世纪美国大众医学方面的文献资料，包括预防医学的文献和指导健康的方案手稿、医疗宣传品资料、各种常见疾病治疗的记述，还收录有医疗临床事业的历史与发展的记述资料，医学学者的专题学术论文手稿及评述文章，全面展现了那个年代美国大众医学的历史与发展。构成了1800—1900年美国医学社会和文化史研究方面的独特数字资源文献库	1800—1900年
18世纪期刊在线	Eighteenth Century Journals	共收录1693—1835年间出版的源自大英图书馆等全球多家图书馆收藏的约600种珍贵期刊，涵盖欧洲历史、文化、工业史、哲学、文学和政治史等多个主题，为研究18世纪的期刊提供了宝贵资料	1693—1835年
麦克米伦内阁文件,1957—1963	Macmillan Cabinet Papers,1957—1963	提供了获取英国前首相哈罗德·麦克米伦执政期间最高政府文档的直接途径。涉及柏林危机、古巴导弹危机、英联邦移民法令等内容主题。核心部分是全部的内阁决议、备忘录，囊括几乎所有重要的政府部门的公文文件：从农业政策与贸易到核政策与国际外交等，具有十分重要的研究价值	1957—1963年
第一次世界大战典藏	The First World War	收录有关第一次世界大战的第一手文献资料，从亲身经历者的第一视角出发带领读者走进这场著名战争，收录参战士兵日记、口述史资料和英国政府官方有关战争的宣传资料，内附真实照片与图片。包含"个人经历""宣传与征兵""观点与轶事""全球冲突"四个部分	1914—1920年
第二次世界大战军方报刊	Service Newspapers of World War Two	收录的报刊和出版物在二战期间提供了战争前线的参战人员与后方祖国的关注者们互相了解彼此最为真实近况的媒介途径，很多出版物来自军方或专门供于军方阅览，内容涉及部队生活、士气与宣传、战场战况、舆论与社会评论、战争罪行揭露、遣散与战后生活、战俘处置、医疗与救治、女性在战争中的角色与形象、战争年代平民经历、当地新闻与民众反响等	第二次世界大战期间

续表

数据库中文名称	数据库英文名称	主要内容	时间范围
医疗服务与战争年代	Medical Services and Warfare	提供从军事、科学、专家和个人的视角探索战争前线伤员损伤、治疗和疾病等内容。洞察并研究战争医疗服务的历史，包括X射线、整形手术、假肢、康复、护理以及战后心理治疗等内容。文献来源广泛，收录有大量的战争日记、战争与医疗记述、来往信件、手稿、地图与图片和时事通讯记录等。涉及的战争包括克里米亚战争、第二次布尔战争、美国内战和第一次世界大战等	
英国外交部机密文件：非洲，1834—1966	Confidential Print：Africa，1834—1966	收录的档案资料覆盖欧洲强国对非洲大陆进行殖民化的整个时段。包括19世纪初的海外贸易，1884年的柏林西非会议和随后的瓜分非洲，对刚果自由邦的侵略，与热带疾病的抗争，阿比西尼亚打败意大利，第二次世界大战和殖民地地区的独立运动的资料，是研究非洲历史及更好地了解当今非洲的重要资料	1834—1966年
英国圣公会差会期刊	Church Missionary Society Periodicals	收录的内容有助于探索英国殖民扩张及其衰落时期的教会发展、政治冲突、社会改革、探险等主题。包含"全球传教及当代接触，1804—2009"和"医学期刊，亚洲传教和历史记录，1816—1986"两部分	1799年至今
弗吉尼亚公司档案	Virginia Company Archives	是研究大西洋世界与早期殖民地时期的基础资料之一，提供伦敦弗吉尼亚公司1606—1624年的档案记录。涉及弗吉尼亚的建立与经济发展，Ferrar家庭在北美洲落户的持续兴趣，不列颠与美洲间贸易，殖民者与美洲原住民的早期紧张关系等问题	1606—1624年
大众观察档案在线	Mass Observation Online	英国大众观察（Mass-Observation）于1937年由人类学家汤姆·哈里逊、诗人查尔斯·马奇、艺术家兼电影制片人汉弗莱·詹宁斯联合创立，致力于从事英国文化与社会学、哲学与人类学方面的深入研究与探索，聚焦20世纪英国的历史与文化，内容涵盖二战期间及以后的英国社会，人民生活热点问题的调查报告，大众观察档案馆出版物、工人阶级状况等。文献类型包括个人手稿、报告、问卷、公文、原始材料、照片及地图等	1937—1967年

续表

数据库中文名称	数据库英文名称	主要内容	时间范围
英国国家档案馆妇女档案	Women in The National Archives	源自英国国家档案馆馆藏的妇女研究资源,同时还提供不列颠、英帝国与殖民地疆土的参政权问题的原始文件。全面涵盖妇女史、性别史,以及国家历史与文化等研究领域	1903—1962年
莎士比亚戏剧:福尔杰莎士比亚图书馆的演出台词本	Shakespeare in Performance: Prompt Books from the Folger Shakespeare Library	源自美国福尔杰莎士比亚图书馆,共涵盖《哈姆雷特》《罗密欧与朱丽叶》《麦克白》《李尔王》和《威尼斯商人》等34部莎士比亚戏剧,共计1 000多本,演出时间覆盖17世纪至20世纪,这些演出当时大部分在英国或美国剧院上演,有些甚至在印度、澳大利亚上演,是研究莎士比亚戏剧的经典手稿典藏库	17—20世纪
18世纪戏剧	Eighteenth Century Drama	展示18世纪剧院文化与社会生活的多个方面,也从侧面提供了戏剧与艺术史的洞察,记录着有关戏剧评论的内容,也探讨了戏剧文化和英国社会。	1737—1824年
文学手稿,Berg	Literary Manuscripts,Berg	这些手稿来自生活在19世纪的各类作者,为研究维多利亚女王时代的文学提供了一个基础性研究工具	1837—1901年
文学手稿,Leeds	Literary Manuscripts,Leeds	收录了共计194部手稿,约6 600首诗歌及小说、杂集等。其中许多作品是以前从未被公开出版过的。同时,还收录了一些信件草稿、乐谱与剧本等,是研究文学、社会学、政治学与历史学等学科的珍贵历史资料	1660—1830年
浪漫主义:生活、文学与景观	Romanticism:Life,Literature and Landscape	收录了历史上著名的浪漫主义诗人威廉·华兹华斯及与他同时代的散文家托马斯·德·昆西、诗人罗伯特·骚塞等诸多文学大师的作品,包括诗歌手稿、散文手稿、来往信件、日记、旅行日志和个人日记等,通过这些作品,让读者们能够很好地欣赏到18世纪和19世纪时的浪漫主义文学	18—19世纪
中世纪游记	Medieval Travel Writing	源自大英图书馆等数十家全球主要图书馆的馆藏资料。提供了中世纪游记研究十分广泛的原始手稿收藏,主要包括旅行家们到圣地、印度与中国的内容,涉及中世纪欧洲人们的态度与预想、种族问题、经济、贸易与文化等	13—16世纪

续表

数据库中文名称	数据库英文名称	主要内容	时间范围
大陆游学	The Grand Tour	源自大英图书馆等著名图书馆的珍贵馆藏资料,收录了英国著名艺术家、作家和学者的游学作品,展示出他们在与欧洲文化的接触中是如何培养创造性思维。其中包括许多女性作品,日常生活的描写展示了几个世纪以来她们在游学旅行中生动的观察	1550—1850 年
Perdita 手稿	Perdita Manuscripts	源自英国与北美洲 18 家图书馆与档案馆的约 270 部原始手稿,为研究早期不列颠妇女与妇女作品的学者提供了重要的资源	1500—1700 年
奴隶、奴隶制废除与社会公平	Slavery, Abolition and Social Justice	记录奴隶生活与社会生活,提供了数万份原始手稿。帮助透析奴隶制度的根源所在,用深刻而富有寓意的文笔勾勒那一历史时期的社会状况	1490—2007 年
英美大众文化,1950—1975	Popular Culture in Britain and America,1950—1975	展现了 1950—1975 年这段时间里,英国和美国两个文化大国的大众文化,尤其是在社会、政治及文化生活上的变迁,数据库中收录有大量的手稿、珍稀文献及图片材料,可以让读者很好地了解到当时大众文化的各个方面	1950—1975 年
维多利亚大众文化	Victorian Popular Culture	描述了历史上维多利亚时代的英国、美国和欧洲大众娱乐文化的各层面的内容,包括"感觉、魔幻与唯灵论""马戏、杂耍和奇异文化""音乐厅、剧院和大众娱乐""电影、视觉娱乐与影院的出现"四个部分	1779—1930 年
美国的家庭生活,休闲与物质文化	Trade Catalogues and the American Home	提供全方位的视角探索 19 世纪至 20 世纪美国的家庭生活、休闲与物质文化,内容涉及消费文化、市场运作与营销、家庭生活与大众文化等。记录不同时期美国社会与文化的发展与变迁,以及对美国人生活的影响	1850—1950 年
旅行史:休闲,旅行与大众文化	Leisure, Travel and Mass Culture: The History of Tourism	是一个多样化的文献收藏集,汇集旅行者的旅行记述,涉及主题包括:海滨度假与沿海目的地,历史、文化和宗教旅游,道路、铁路方式和汽车旅行,儿童和家庭旅行,妇女和旅行,户外郊游,游览、游轮和有组织的旅行,城市旅游和城市休闲等	1850—1987 年

续表

数据库中文名称	数据库英文名称	主要内容	时间范围
游记、景观与世界历史	Travel Writing, Spectacle and World History	源自哈佛大学 Radcliffe 高级研究学院的收藏。收录了历史事件的第一手资料,以及妇女生活,提供了城市、文化与民俗的快照,描绘了现代旅游与旅行业的发展。内容主要有:移民与日常生活,教务工作,中国的义和团运动,美国的边境生活、教育、观光、假日与旅游、民俗、文化与休闲等	19世纪早期—20世纪晚期
中世纪家族生活	Mediavel Family Life	收录数十个有价值的与中世纪家族相关的手稿收藏。这一整套珍贵的文献资料集中展示了中世纪不同家族的丰富生活,侧面展现了那一时期的社会与大众文化	1400—1490年
伦敦底层生活	London Low Life	为读者带来了 19 世纪维多利亚时代伦敦多样的城市面貌,如豪华酒店、娱乐场所、休闲之处和伦敦东区贫民窟等,并收录了各类传单、海报、指南、儿童畅销故事书、俗话字典与民谣、彩色地图,以及一套完整的伦敦部分街道视图。其中的内容主题包括:底层大众、流行音乐、街道文学、工人阶层文化、警察与罪行等	18世纪—20世纪早期
印刷与出版档案	Literary Print Culture	源自 1557 年在伦敦由 97 个伦敦出版商及其承继者组成的一个机构 Stationers' Company 的相关档案文献,提供的丰富资料探索 16 世纪至 20 世纪印刷、出版和版权业的历史及发展。从大量的财务记录、官方账单、营业记录账簿和书籍登记册、记录手册等资料中,可了解到当时英国版权业与出版业的状况。本资料库是研究书籍历史、出版历史、版权史以及版权业务发展的重要参考文献资料库之一	1554—2007年
市场调研与美国商业,1935—1965	Market Research and American Business, 1935—1965	通过 20 世纪中期美国消费热潮的独特视角,提供了当时最重要的消费者分析和市场研究先驱——欧内斯特·迪希特的上千份完整的市场研究报告,也是美国知名品牌的商品资料宝库,涉及消费品范围广泛	1935—1965年

续表

数据库中文名称	数据库英文名称	主要内容	时间范围
全球商品	Global Commodities	涵盖全球商品在各个历史时期的交换、贸易等的详细情况,主要围绕着茶叶、烟草、棉花、咖啡、巧克力、石油、小麦、香料和木材等15种商品进行了详尽的介绍与描述,资源包含手稿、原始资料、古代地图等珍稀素材,对了解历史上相关商品的贸易、交换的情况,以及商贸航路的开辟、消费理念等有着很好的学术参考价值	16世纪至现代
全球博览会档案:博览会的历史	World's Fairs: A Global History of Expositions	收录一个多世纪以来记录全球著名博览会历史的各类文献资料,包括博览会参会的个人记述及相关照片,以及来自组织委员会的官方记录和国际接待方的官方记录,包括小册子、导游手册、官方目录、期刊、附录和函件在内的材料,从规划阶段到展会结束后留下来的"文化遗产",包罗万象。还有丰富的可视化材料,包括地图、照片、明信片和插图等	1851—1967年
女性性别:身份与社会地位的改变	Gender: Identity & Social Change	记录与呈现从19世纪至今女性在日常生活与政治生活中身份与社会地位的改变,洞察男女性别社会角色与关系的变化,以及各个时期女性为争夺平等权利而做出的努力。收录文献类型包括新闻简报、会议纪要、日记与来往信件、文学作品与礼仪书资料、宣传海报、剪贴簿、照片与图片、各类报纸杂志摘录的文章及单篇文献等	19世纪至今
性别释义	Defining Gender	提供从性别角度透视研究历史、文学、社会学与教育的原始资料,收录文献的内容主题宽泛,涉及言行与礼仪、家庭生活与家族、消费与休闲、教育与认知、性别感知等	1450—1910年
移民史:全球移民潮	Migration to New Worlds	收录跨越两个世纪的大规模移民潮的珍贵资料,主要收录了移民到美国、加拿大和澳大利亚的欧洲移民们的经历,也收录了由中国、日本等亚洲国家移民到美国的经历记述,还包含有官方的文档记录等,提供了全面的视角去审视那个年代全球移民潮时期的历史	19—20世纪

续表

数据库中文名称	数据库英文名称	主要内容	时间范围
探索时代：航海地理大发现	Age of Exploration	聚焦航海时代与全球发现，从早期瓦斯科·达伽马到克里斯多弗·哥伦布的航行，从地理大发现到寻找"新世界"，从欧洲全球海外殖民到东西方贸易航道的全面开辟，最后到极地航行。探索时间范围跨越五个多世纪，内容包括全球探索、科学发现、欧洲殖民扩张、领土争端和贸易航线的开拓，以及发现新大陆与征服新领土	1410—1920年
边疆生活	Frontier Life	收录文献内容跨越四个世纪，记述了在欧洲殖民地地区边境居住的人们的生活状况，涉及北美、非洲、澳大利亚和新西兰等广袤的边境地区。记录了生活在边境地区的人们新政权的创立、贸易网的形成和人民运动的兴起	1650—1920年
非裔美国人社会	African American Communities	揭示了非裔美国人群体与社区的生活，记录了种族主义、歧视和多元文化融合等内容，阐述了独特的非裔美国文化的内涵与底蕴。收录大量个人日记、剪贴簿、小册子、报刊、信件、官方媒体记述文档，以及可视化材料，包括照片、明信片、地图等，覆盖政治、文化、社会与宗教等研究背景	1863—1986年
美国的犹太人生活，约1654—1954	Jewish Life in America, 1654—1954	源自纽约美国犹太历史学会，收录了权威机构特藏文献资料和24个私人收藏集以及一些稀有的印刷品和宣传册。有助于学者研究从1654年犹太人移居纽约到如今犹太人已成为美国重要的群体这段时期的历史	约1654—1954年
美国的种族关系与民权运动	Race Relations in America	探索20世纪美国民权运动、种族隔离、性别歧视与公民权利的斗争历史。文献主题涉及贫困与不平等、阶级固化、住房与失业、教育与福利等，涉及美国本土人群以及亚裔美国人、非洲裔美国人和拉美裔美国人等各类群体，记录了那一时期的社会和历史	1943—1970年
南非种族隔离，1948—1980	Apartheid South Africa, 1948—1980	源自英国国家档案馆的珍贵馆藏，收录有关南非种族隔离的详细情况，收录的文献包括外交信函、报告、审判文件和活动家传记等诸多第一手资料。文献提供了很多过去鲜为人知的历史事件的细节、国际反响和政策困境，并收录有各类综述报告	1948—1980年

4.4 其他历史档案数据库

4.4.1 解密后的数字化美国国家安全档案(Digital National Security Archive,DNSA)

DNSA 由 ProQuest 公司与美国国家安全档案馆合作出版,收录了大量从 1945 年开始的美国对其他国家外交、军事政策的第一手资料。

该数据库收录了大量重要的解密文档——涵盖了 16 万多份 102 多万页重要的解密文件。目前该数据库包含 60 个专辑,每个专辑均收录有多种政策文件,包括:总统密令、备忘录、外交派遣、会议记录、独立报告、简报、白宫往来信函、电子邮件、机密信函以及其他保密文件。每个专辑都是一个专题,具体为:

- 阿富汗:美国对阿富汗政策的形成,1973—1990(Afghanistan:The Making of U.S. Policy,1973—1990)
- 阿根廷,1975—1980:美国人权政策的形成(Argentina,1975—1980:The Making of U.S. Human Rights Policy)
- 柏林危机,1958—1962(The Berlin Crisis,1958—1962)
- 智利和美国:美国对于民主、独裁和人权的政策,1970—1990(Chile and the United States:U.S. Policy toward Democracy,Dictatorship,and Human Rights,1970—1990)
- 中美关系:从敌对到合作,1960—1998(China and the United States:From Hostility to Engagement,1960—1998)
- 中央情报局秘密行动:从卡特到奥巴马,1977—2010(CIA Covert Operations:From Carter to Obama,1977—2010)
- 中央情报局秘密行动Ⅱ:情报年,1975(CIA Covert Operations Ⅱ:The Year of Intelligence,1975)
- 中央情报局秘密行动Ⅲ:从肯尼迪到尼克松,1961—1974(CIA Covert Operations Ⅲ:From Kennedy to Nixon,1961—1974)
- 中央情报局机密文件索引(CIA Family Jewels Indexed)
- 哥伦比亚与美国:政治暴力、毒品与人权,1948—2010(Colombia and the United States:Political Violence,Narcotics,and Human Rights,1948—2010)
- 古巴和美国:从磋商到关系正常化的解密史,1959—2016(Cuba and the U.S.:The Declassified History of Negotiations to Normalize Relations,1959—2016)
- 古巴导弹危机,1962(The Cuban Missile Crisis,1962)
- 古巴导弹危机:50 周年(The Cuban Missile Crisis:50th Anniversary Update)
- 再谈古巴导弹危机:从猪湾到濒临核战争的边缘,国际文件记录(The Cuban Missile Crisis Revisited:An International Collection,From Bay of Pigs to Nuclear Brink)
- 危地马拉与美国关系:敢死队、游击战、秘密战和种族灭绝,1954—1999(Death Squads,Guerrilla War,Covert Ops,and Genocide:Guatemala and the United States,1954—1999)
- 电子监控与美国国家安全局:从"三叶草行动"到斯诺登事件(Electronic Surveillance

and the National Security Agency:From Shamrock to Snowden)
- 萨尔瓦多:美国对萨尔瓦多政策的形成,1977—1984(El Salvador:The Making of U. S. Policy,1977—1984)
- 萨尔瓦多:战争、和平与人权,1980—1994(El Salvador:War,Peace,and Human Rights,1980—1994)
- 伊朗:美国对伊朗政策的形成,1977—1980(Iran:The Making of U. S. Policy,1977—1980)
- 伊朗反政府事件:丑闻的制造,1983—1988(The Iran-Contra Affair:The Making of a Scandal,1983—1988)
- 伊拉克门事件:萨达姆·侯赛因,美国对伊政策及海湾战争前奏,1980—1994(El Salvador:War,Peace,and Human Rights,1980—1994)
- 美日关系:外交、安全和经济关系,1960—1976(Japan and the United States:Diplomatic,Security,and Economic Relations,1960—1976)
- 美日关系:外交、安全和经济关系,1977—1992(Japan and the United States:Diplomatic,Security,and Economic Relations,1977—1992)
- 美日关系:外交、安全和经济关系,第三部分,1961—2000(Japan and the United States:Diplomatic,Security,and Economic Relations,Part Ⅲ,1961—2000)
- 基辛格谈话记录,增补:美国外交政策的完整记录,1969—1977(The Kissinger Conversations,Supplement:A Verbatim Record of U. S. Diplomacy,1969—1977)
- 基辛格谈话记录,增补Ⅱ:美国外交政策的完整记录,1969—1977(The Kissinger Conversations,Supplement II:A Verbatim Record of U. S. Diplomacy,1969—1977)
- 基辛格电话谈话记录:美国外交政策的完整记录,1969—1977(The Kissinger Telephone Conversations:A Verbatim Record of U. S. Diplomacy,1969—1977)
- 基辛格抄本:美国外交政策的完整记录,1969—1977(The Kissinger Transcripts:A Verbatim Record of U. S. Diplomacy,1969—1977)
- 墨西哥-美国打击毒品犯罪政策,1969—2013(Mexico-United States Counter narcotics Policy,1969—2013)
- 美国国家安全局:组织与运作,1945—2009(The National Security Agency:Organization and Operations,1945—2009)
- 尼加拉瓜:美国对尼加拉瓜政策的形成,1978—1990(Nicaragua:The Making of U. S. Policy,1978—1990)
- 秘鲁:人权、药物和民主,1980—2000(Peru:Human Rights,Drugs and Democracy,1980—2000)
- 菲律宾:在马科斯执政时期美国对菲律宾的政策,1965—1986(The Philippiness:U. S. Policy During the Marcos Years,1965—1986)
- 关于国家安全的总统指示,第一部分:从杜鲁门到克林顿(Presidential Directives on National Security,Part Ⅰ:From Truman to Clinton)
- 关于国家安全的总统指示,第二部分:从杜鲁门到乔治·布什(Presidential Direc-

tives on National Security,Part Ⅱ:From Truman to George W. Bush)
- 总统每日简报:肯尼迪,约翰逊和中情局,1961—1969(The President's Daily Brief:Kennedy,Johnson,and the CIA,1961—1969)
- 南非:美国对南非政策的形成,1962—1989(South Africa:The Making of U.S. Policy,1962—1989)
- 对苏联的评价:美国对苏联的分析,1947—1991(The Soviet Estimate:U.S. Analysis of the Soviet Union,1947—1991)
- 美苏关系:冷战的结束,1985—1991(Soviet-U.S. Relations:The End of the Cold War,1985—1991)
- 伊拉克战争第一部分:战前准备、入侵和占领,1997—2004(Targeting Iraq,Part Ⅰ:Planning,Invasion,and Occupation,1997—2004)
- 恐怖主义与美国政策,1968—2002(Terrorism and U.S. Policy,1968—2002)
- 美国间谍和情报部门,1947—1996(U.S. Espionage and Intelligence,1947—1996)
- 美国情报工作与中国:收集、分析与卧底行动(U.S. Intelligence and China:Collection,Analysis and Covert Action)
- 美国情报团体:组织、运作和管理,1947—1989(The U.S. Intelligence Community:Organization,Operations and Management,1947—1989)
- "9·11"后的美国情报团体(The U.S. Intelligence Community After 9/11)
- 美国有关大面积杀伤武器的情报:从二战到伊拉克战争(U.S. Intelligence on Weapons of Mass Destruction:From World War Ⅱ to Iraq)
- 美国对空间的军事利用,1945—1991(U.S. Military Uses of Space,1945—1991)
- 美国核历史,1969—1976:武器、军备控制和战略平衡时期的作战计划(U.S. Nuclear History,1969—1976:Weapons,Arms Control,and War Plans in an Age of Strategic Parity)
- 美国核历史:在导弹时代的核武器和核政治,1955—1968(U.S. Nuclear History:Nuclear Arms and Politics in the Missile Age,1955—1968)
- 美国的核不扩散政策,1945—1991(U.S. Nuclear Nonproliferation Policy,1945—1991)
- 越南战争中的美国政策,第一部分:1954—1968(U.S. Policy in the Vietnam War,Part Ⅰ:1954—1968)
- 越南战争中的美国政策,第二部分:1969—1975(U.S. Policy in the Vietnam War,Part Ⅱ:1969—1975)
- 美国与韩国朝鲜(1969—2000)(The United States and the Two Koreas(1969—2000))
- 美国与韩国朝鲜,第二部分,1969—2010(The United States and the Two Koreas,Part Ⅱ,1969—2010)

数据库网址:https://search.proquest.com/dnsa

DNSA 由 ProQuest 公司出版,但其检索系统相比于其他 ProQuest 数据库系统略显简单,系档案全文以图像方式提供服务所致。除基本检索外,高级检索则可以根据记录类型进行检索,包括:文档(Documents)、书目(Bibliographies)、年表(Chronologies)和术语表(Glossaries)。

ProQuest DNSA 与 Gale USDDO 数据库的比较如下:

ProQuest DNSA 与 Gale USDDO(参见本章 4.2 节)收录的都是美国的解密档案,文献类型是美国政府的原始档案资料,而且是以前作为政府机密的文献,如会议记录、研究报告、通信、日记、简报、电报等,时间覆盖第二次世界大战以后 50 年的美国历史,两个数据库每年均增加 3 000~5 000 个文档。

尽管 ProQuest DNSA 和 Gale USDDO 都是收录第二次世界大战之后 50 年的美国历史的资料,但内容上仅有少量重复。ProQuest DNSA 按照专题将所收录的档案组织成 60 个专辑,有完整详细的目录结构和受控文摘索引,比较方便检索。ProQuest DNSA 的信息来源是美国国家安全档案馆,Gale USDDO 的信息来源则是各个总统图书馆。

这两个数据库分别从不同时期和不同角度研究美国的历史、美国的全球关系和政策,被认为是研究 20 世纪这个关键时期以及进入 21 世纪美国外交政策、情报和安全问题有效的工具。

4.4.2 美国早期印刷品(Early American Imprints,EAI)

数据库由美国 Readex 公司出品,收录了 1639—1819 年间在美国出版的图书 7.4 万种,共计超过 2 000 万页原始图像文件,包括:图书、年鉴、小说、剧本、诗歌、圣经、教科书、契约证书、法规、烹调书、地图、乐谱、小册子、初级读物、布道书、演讲词、传单、条约、大活页文章和旅行记录等,还包括许多欧洲作家的作品在美国的印本。涉及的主题有:经济与贸易、政府、健康、历史、劳动、语言、法律与犯罪、文学、军事、人物、哲学、政治、宗教、科学、社会、生活方式与习俗、神学等。

Readex 与美国古文物学会(American Antiquarian Society,AAS)合作,于 1955 年开始实施这项计划。最初以缩微制品向学者提供,近年来将这一产品数字化。数字化的产品分为三个系列:系列一以查尔斯·埃文斯(Charles Evans)所著《美国书目》及罗杰·布里斯托尔(Roger Bristol)编辑的《美国书目补编》为基础;系列二则是以拉尔夫·B·肖(Ralph B. Shaw)和理查德·H·休梅克(Richad H. Shoemaker)编辑的《美国书目,1801—1819》为基础;系列三是系列一和系列二的补充资源,源自美国费城图书馆公司的补充文献。这三个系列由美国历史学会的文献复制委员会提供支持,汇集了美国主要图书馆的馆藏,包括美国古文物学会、国会图书馆、哈佛大学图书馆、耶鲁大学图书馆、马萨诸塞历史学会、纽约市公共图书馆、布朗大学图书馆、费城图书馆公司等,以及一些重要的欧洲图书馆的馆藏。

数据库的浏览功能比较突出,可以按照类型(Genre)、主题(Subjects)、作者(Author)、出版历史(History of Printing)、出版地(Place of Publication)、语种(Language)六大一级类目进行浏览,每个一级类目下的二级类目极为详细,例如"一级类目类型"下面就有一级类目书目(Bibliographies)、小说(Novels)、歌曲(Songs)、课本(Textbooks)、烹饪用书(Cookbooks)等 200 多种子目,每个二级类目下就可以按照字顺浏览到相关的图书。

数据库的检索功能方面提供了基本检索和高级检索两种检索方式,检索字段包括题名、主题、类型、作者、出版地、出版者、文献号、出版年、引文、语言和全文等。主要检索技术包括：布尔逻辑 AND、OR 和 NOT；位置算符 ADJ 和 NEAR，使用 ADJ[n]表示 n 个词相邻且词与词之间的位置顺序不可变，NEAR[n]表示 n 个词相邻且词与词之间的位置顺序可变；支持嵌套运算；支持截词符"?"和"*"，其中"?"表示有限截断，"*"表示无限截断，均可出现在词尾(后截断)或词中间(中间截断)。

4.4.3 美国国会文献集(U. S Congressional Serial Set，USCSS)

数据库按照装订编号顺序，汇集了众多美国参、众两院代表的报告、文件、期刊、行政部门的年度报告，以及美国国务文书(American State Papers, 1789—1838)，其中包括许多地图和彩色插图。在 19 世纪大部分时间中，特别是在内战前，国会文献不仅来源于美国国会，还包括出自重要的政府职能部门的出版物，这些出版物一般仅发表或首先发表在美国国会文献中。

USCSS 包括 14 000 卷，超过 37 万种政府出版物，约 2 000 万页内容，并有 74 000 多幅地图以及大量插图与统计图表，其中包括 13 000 张彩色地图，范围涵盖了从第 15 界(1817 年 3 月 4 日至 1819 年 3 月 3 日)到第 103 界(1993 年 1 月 5 日至 1994 年 12 月 1 日)美国国会文献的全部内容，包括 1.3 万份年度报告，109 万份公法案立法报告，13 万份私法案立法报告，1.1 万份国会议程与审议过程资料，4.7 万份行政部门出版物，以及国会期刊、文书、专论文献、选举材料、提案与决议案、法庭报告、总统电文、审讯材料、官方部门文档、弹劾材料、会议卷宗、条约与协定等，文献范围跨越两个多世纪(1789—1994 年)。

数据库提供武装部队与冲突、探险与发现、经济、教育、环境、能源与自然资源、食品与农业、政府与政治、群体与职业、健康与医疗、印第安事务、基础设施与交通、国际事务、法律体系、出版业与通信、安全、事故与自然灾害、科学与技术、社会问题等主题分类。还可以按照事件名称、人物姓名、议案类别、地理区域、出版物种类、常务委员会名称等进行索引。

4.4.4 美国回溯典藏文献(AAS Historical Periodicals)

美国古文物学会(American Antiquarian Society，AAS)有丰富的回溯文献收录，包含 17 世纪末至 19 世纪末美国历史与文化研究。EBSCO 与 AAS 合作完成"美国回溯典藏文献"(AAS Historical Periodicals)数据库。数据库中记录了美国人民从殖民时期经由内战到重建家园的丰富历史档案，提供 1684 年到 1912 年之间美洲的重要历史文献。

"美洲回溯典藏文献"包括大量杂志和期刊的数字图像，主题学科涵盖了科学技术、农业、工业、商业、教育、健康、女权运动、历史、文化和艺术等。50 个子库共有 8 400 余种期刊的回溯文献，每一个子库的收录刊物数量从 87 种到 300 种不等。

4.4.5 南亚研究回溯数据库(South Asia Archive)

由编辑团队从 2 000 万页史料中筛选出 450 万页最具学术价值的回溯资源，时间跨度从 1798 年到 20 世纪中叶，数据库内的珍贵资料由南亚研究基金会收集而来，并由编辑团队为期刊连续出版物撰写评论、介绍出版物的主题与历史。包含 2 500 多种图书，388 种期刊，279 本手册。

数据库中的资料专注于南亚研究，有各种连续及非连续出版物资源，包括报告、珍本书籍、期刊、法律、法案、1930—1949 年的印度电影宣传册等。资料涉及学科广泛，包括文化与社会、工业与经济、科学技术与医学、城市规划与管理、政治与法律。

除英语外,数据库包含15%以当地语言书写的文献。回溯数据库的元数据已全部翻译成英语。另外数据库中的图片、地图、海报等文献的颜色和版式均与原始文献相同,最大限度地保留了原文献的风貌。

数据库网址:http://www.southasiaarchive.com/

第五节　LexisNexis 及法律类全文数据库

5.1　LexisNexis 及其法律数据库

LexisNexis 成立于 1973 年,是社会科学领域最早提供数据库服务的公司,最初只是 Lexis 公司,1979 年 Nexis 公司加盟,更名为 LexisNexis 公司,并提供同名数据库的联机检索服务;1994 年成为 Reed Elsevier 集团的子公司。其数据库内容涉及新闻、法律、政府出版物、商业信息及社会信息等,其中法律法规方面的数据库是 LexisNexis 的特色信息源,具有非常大的影响力,尤其在法律业界具有很高知名度。LexisNexis 旗下还拥有 Butterworths、Les Editions du Juris Classeur、Matindale-Hubbell、Matthew Bender 等出版品牌,更有包括全球知名的 Lexis、Nexis、Courtlink、Total Patent、Diligence 在内超过 20 000 个在线数据库,内容涵盖 51 000 多个信息资源、60 亿个可查文件。产品主要有"学术大全数据库"(LexisNexis Academic)及"律商联讯法律数据库"(Lexis Advance)等产品。

5.1.1　学术大全数据库

1998 年,LexisNexis 公司为了进一步占领大学、学术机构和个体研究人员这个市场,从已有的各类数据库中,遴选出适合大学和学术研究使用的内容,专门做了一个"学术大全数据库"(Academic Universe),后更名为 LexisNexis Academic。该数据库全文资料来自 1.7 万多种信息源,涵盖报纸、期刊、书籍、电视和无线广播、新闻专线、博客、公司目录和财务信息。数据库属于全文数据库、事实数值型数据库,信息资源全文率高达 95%,收录的学科主题涉及全球新闻、商业、法律、医学等众多领域。

数据库共选自 6 100 种出版物的内容,主要包括新闻、商业资讯、法律研究、医学资讯和参考文献 5 个方面的主题。其中新闻、商业资讯、法律研究主题是该库最具特色的收藏,每日更新。

(1) 新闻。这类内容提供全球主要通讯社(美联社、法新社、路透社、国际文传电讯社、德新社和塔斯社等)实时更新的信息,以及各种最新出版的出版物,可随时掌握最新的时事动态。具体包括:

● 美国和全球各地出版的 2 000 多种报纸,其中许多报纸在出版当天即可提供。此外还拥有以下报纸的过刊收藏:《金融时报》(回溯至 1982 年)、《纽约时报》(回溯至 1980 年)、《华盛顿邮报》(回溯至 1977 年)。

● 超过 1 000 种杂志和期刊,以及 600 多种新闻简报,内容既包括综合新闻也包括专题新闻。提供的杂志包括:《美国新闻评论》《经济学家》《图书馆期刊》《新共和》《新科学家》《新闻周刊》等。

● 非英语类新闻资源,包括西班牙语、法语、德语、意大利语和荷兰语报纸和杂志。

● 通过其他途径难以获取的电视台、广播电台的文字新闻稿,其中包括美国全国公共广播电台(National Public Radio,NPR)、ABC 新闻、CBS 新闻、CNN 等。还提供国会委员会听证记录,以及有关州政府、司法部门、国防部门及总统新闻发布会的简讯。

● 通讯社资讯,每天多次进行更新,包括著名的合众国际社、法新社、美国商业新闻通讯社和美国企业新闻通讯社等。

● 全球新闻视频,汇聚全球新闻视频,涉及全球政治、财经、娱乐、科技、健康等多角度。

● 学术新闻,包括《高等教育编年史》以及近 300 篇独立学院或大学的论文。

(2) 商业资讯。这类内容全面提供包括商业新闻、市场研究、行业报告、美国证券交易委员会资料、公司财务信息等各种商业信息,具体包括:

● 商业资讯:收录全球主要的商业新闻媒体、报纸、期刊、行业信息,例如《会计时代》《广告时代》《消费电子》《商务与金融》《设计周刊》等。

● 全球公司信息:包括全球 9 100 家上市及非上市公司的详细报告,超过 6 300 万个企业高管的档案,覆盖行业超过 1 000 类,全面提供公司的行政和财务信息、公司破产情况、关联公司的信息、公司诉讼情况、公司新闻以及公司注册专利和商标等信息。资源包括:《标准普尔公司报告》(Standard & Poor's Corporate Descriptions)、《胡佛公司报告》(Hoovers Company Reports)、《公司披露报告》(Disclosure Reports)、《跨国公司报告》(International Company Reports)等。

● 美国证交委档案和报告:《美国证交委 10-Q 报告》《美国证交委 10-K 报告》《美国证交委 8-K 报告》《美国证交委 20-F 报告》《美国证交委年度股东报告》《美国证交委备案材料之委托声明》《美国证交委备案材料之招股说明书》《美国证交委备案材料之股票登记》和《美国证交委备案材料之威廉姆斯法案备案材料》等。

(3) 法律研究。这类内容在法律研究领域,收录美国、英国、加拿大等国家和中国香港等地区的判例、法律法规以及法学期刊,包括:

● 《谢泼德美国最高法院判例摘引》,所收录的案例可以追溯至 1789 年。

● 来自 500 多种出版物的法律评论文章。

● 来自 300 多种法律报纸、杂志和时事通讯提供的法律新闻。

● 自 1790 年 1 月至今的美国最高法院判决结果,可以按照多数意见、少数意见、共存意见、辩护意见或判决提要等项目进行检索。

● 美国巡回法院的上诉判决结果。

● 自 1789 年至今的美国地区法院的判决结果。

● 来自所有 50 个州和地区内州法院的判决结果。

● 美国重要判例,在美国司法进程中拥有重大影响的判例汇总。

● 《美国法典》《美国宪法》,以及《联邦法院规章》。

● 联邦法规,包括《联邦公报》《联邦法规汇编》《美国总检察长意见》,以及《联邦采购法规和增补》。

- 美国50个州和海外领地的州法典,各州的宪法、法院规章和总检察长意见。
- 法学参考资料,包括:《美国法学百科全书(第二版)》《巴伦丁法律辞典》及《毕伯法律缩略语辞典》等。
- 美国国税局公告、美国国税局规章、《美国律师协会税法律师》《美国注册会计师协会税法顾问》等丰富的国际法律资料,还包括:加拿大联邦法律、成文法和条例、欧盟法律、欧洲人权法庭和欧洲联盟法院的案例、欧盟条约、国际法期刊。来自不同国家和地区的国际判例法,如:澳大利亚、爱尔兰、墨西哥、新西兰、新加坡、英国、马来西亚、南非、加拿大和中国香港等。
- 自1971年以来的专利资料,可以通过关键字、专利号码、分类号码、律师、代理人、发明人或专利摘要等方式进行检索。

(4) 其他学科领域研究。
- 会计学科:财务专业知识、成功案例、行业形态、法律法规。
- 环境研究:美国环保署的报告、环境法评论、环境和环境法方面的新闻简报。
- 健康与医疗:普及型医学新闻和健康资讯、《国立癌症研究所会刊》《生物技术新闻观察》等医学和健康期刊。
- 政府与政治:世界各国政治或政府性杂志、博客,包括白宫新闻等。
- 人物:名人、政要的传记以及与人物有关的新闻报道。
- 消费者信息:消费资讯、书评、影评、乐评、健康美容等内容。

数据库的特点是:

(1) 内容收录完整,特别是包括许多不能得到正式出版发行的半正式出版物,如政府出版物、各类统计报告、法律案例等,极大地弥补了其他期刊全文数据库的不足。

(2) 全文收录比例很高,约占95%;但广泛的收录也使得内容有些杂乱,有些学术性不强的文献也被收录在内。

(3) 数据库检索系统具备个性化检索功能,即针对收录出版物的特点增加了一些检索或限定功能,例如在法律案例的字段限制检索中,就增加了"当事人名称"(Party Name)、"律师"(Attorneys)和"法官"(Judges)等检索点。

(4) 允许进行全文检索,界面友好,简单易学。

(5) 检索功能没有 ProQuest 系统和 EBSCO*host* 系统完善,因而降低了查准率。

(6) 不足之处:全文输出不够完整,带有图表、图像或表格的文章通常只给出了文字,有些文章只能浏览部分段落章节。

5.1.2 律商联讯法律数据库

1. 数据库内容

"律商联讯法律数据库"源自 LexisNexis 1973 年为法律专业人士开发的网上信息产品,向法律专业研究人员和律师提供全球160余个国家和地区的法律数据信息和资源的便捷查询,包括各国的判例、法律法规、专题论文、法律评论以及相关的法律新闻。该库的曾用名为 Lexis.com 法律数据库,2017年11月,推出升级版本,数据库名称变更为 Lexis Advance。数据库在保持原有平台内容资源丰富的基础上,进行了检索系统的设计改进,为法学研究者提供"一站式"的快速文献检索,便于研究者迅速、准确地找到相关领域的前沿文献和权威分析。

数据库包括各类法律、案例、专题论文、新闻、相关评论、各种文献资料、商业以及政治学科信息等资源,涵盖全球 160 个国家及地区的法律信息。数据库具体文献来源如下[①]:

(1) 法律原始文献资料。

● 美国联邦和各州法院的判例:内容包括美国最高法院 1790 年至今的判例,美国地方法院 1789 年至今的判例,破产法院、国贸法院、税务法院等专门法院的判例。可以按联邦法院案例、州法院案例、近两年的法院案例、近一年的联邦和州法院案例、1944 年以后的联邦和州法院案例、1945 年以前的联邦法院案例、美国最高法院案例和美国最高法院案例摘要等栏目进行案例检索。同时,还可以按巡回法庭、州法庭等进行分类检索。

● 美国联邦立法:收录美国联邦的立法资源,提供功能强大的美国法典服务和美国规章服务。数据库还提供链接功能,使研究人员能轻松掌握和查找与立法相关的资源,如立法背景、相关判例。

● 美国各州立法:收录美国各州的立法资源,为研究这些州的立法和比较研究的开展提供便利。

● 英、美立法和政治制度:可以按州法律、宪法、法院规章、美国法律报告、州行政管理法进行相关的英美法律和政治制度的检索。其中的立法和政治制度主要来源于大不列颠及北爱尔兰联合王国、美国国会、美国各州、美国大选、美国政治传记和导向、内阁和行政参考等。

(2) 全球性法律二次文献资料。

● 1 000 种以上的法律期刊、专著、Mealey 法律报告和会议资料:可以按照美国法学院和律师协会的学习材料、法律时事通讯、律师杂志、加拿大法律评论、美国法律评论和期刊、Martindale-Hubbell 列表、美国法学、美国法律报告、美国高级法院律师版本的注解、Martindale-Hubbell 法律摘要和声明原则等分类进行查询。以上资料来源于 Matthew Bender、美国法律学院和律师协会课程的学习材料、美国律师协会、税务分析家、法律论述领域、律师杂志、法律评论和期刊、CLE 课程资料和出版物、Martindale-Hubbell 法律目录列表、美国法律报告等。

● 美国法律重述:法律重述是由美国法学会(American Law Institute,ALI)发布的,对判例法的发展颇有价值且影响巨大。大部分法律领域都有"法律重述",通常已进展到第二或第三修订文本。它们在外在形式和表述方式上类似一部大陆法系国家的法典。借助它们能够快速概览某一法律领域的法律现状。

● 全球性法律实践领域的法律新闻:包括财务法、海事法、反托拉斯法、银行法、破产和商业法、宪法、建筑法、合同法、版权法、网络安全法、电子商务法、药品和医疗设备诉讼法、人力资源法、移民法、国际法、就业法、退休金与福利、个人伤害保障法、个人隐私保护法、公共契约法、老年人法、能源法、财产与信贷法、健康与护理法、科技与智能财产法、不动产法、家庭法、证券法、税法等领域。

---

① 截止到 2023 年 2 月。

(3) 全球多个国家和地区的全文法律资源。包括全球法律资源、国际公约和来自阿根廷、印度、爱尔兰、意大利、澳大利亚、马来西亚、文莱、墨西哥、加拿大、新西兰、中国、北爱尔兰、俄罗斯、独联体、英格兰、威尔士、苏格兰、欧共体、法国、德国、匈牙利、新加坡、南非等国家的法律资源以及法学资料原文。

(4) 多个法律领域的综合资料库。可以按照法律的各个专业进行直接检索，比如财会法、行政管理法、海事法、反托拉斯和商务法、银行法、破产法、宪法、商法、建筑法、合同法、公司法、版权法、刑法、网络安全法、电子商务法、人力资源法、移民法、保险法、国际法、国际贸易法、劳动与就业法、诉讼法、医疗法、公司兼并法等。在每个不同的专业中都包括了所有关于该法律专业的原始文献信息(法律法规、判例、条约、行政规定、立法材料等)，也包括了该法律专业的二次文献信息(各种相关的期刊、杂志、报告文章、会议资料、相关新闻、参考资料和文档)。

数据库网址：https://advance.lexis.com

2. 数据库检索

数据库操作简单、功能强大，可以直接在检索框中输入检索内容查找资料。包括：

● 自然语言检索：例如，Americans disabilities/20 alcohol!，再单击"Search"。数据库有着强大的机器学习技术，只需要输入一个短语，无须选择资料来源，该技术就可以联想并推荐问题，不仅给出答案，还提供大量相关文件，帮助学者做更深入的检索。

● 引证号检索：例如，800 f2d 111，并单击"Search"。获得全文资料和检索结果。

● 资料名称检索：例如，Collier，可查找到这个资料名称，并增加到个人的检索栏中，或者取得这个资料的文件档案。

● 热门判例名称检索：例如，roc v. wade，并单击"Search"，以获得本判例的全文资料和检索结果。

● 法规名称检索：例如，Georgia Lemon Law，并单击"Search"，以获得本法规的全文资料和检索结果。

● 谢泼德引证(Shepard's Citations)检索：例如：shep:800 f2d 111，并单击"Search"。在键入的同时，检索框会提供建议的检索词汇、文件或资源。

除了一站式关键词检索，数据库还支持高级检索(Advanced Search)(如图4-5所示)。

在检索的过程中可以使用"内容过滤"(Explore Content)功能过滤检索结果，限制文件的数量，包括：

● 单击"Explore Content"的下拉式菜单以增加检索过滤词。检索过滤词的栏位将随个人增加的过滤词而显示挑选的过滤词数目。包括内容类别、联邦行政法规、各州行政法规、执业范围、国家法规、按照来源检索和按照主题检索。

● 在检索之前先选择司法管辖、内容类别或执业范围等内容加以过滤。

● 在个人的检索中增加喜爱的资料来源、资料合并、最近用过的过滤合并词或常用法律主题。

● 通过法律专业用语及连接词得到检索协助。

在检索结果清单页面、目录页面和全文文件资料页面提供打印、电子邮件和下载等输出服务。

第四章 全文数据库与全文服务

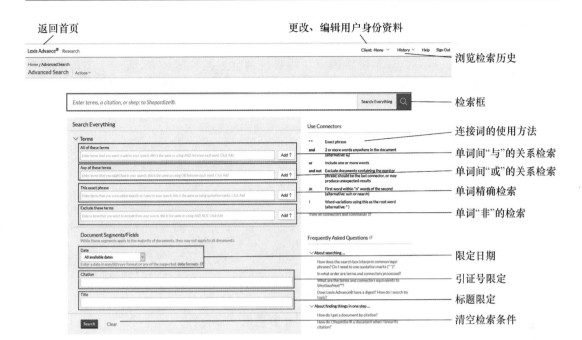

图 4-5　Lexis Advance 高级检索（Advanced Search）

数据库最具特色的功能是谢泼德引证服务（Shepard's Citations Service），它可以帮助用户判断引用案例的真实法律效力，同时查找案例、法规涉及的其他相关资料。使用网格视图（Grid View）功能可以按照法院或时间序列进行分析，看到所有引用本案且具有前后联系的文献，以及司法管辖层级与时间序列形成的大图表。运用历史地图（Appellate History Map）功能可以用可视化方式快速查找过往案例之间的联系，从而更清楚地认识本案在历经各个不同管辖法院后的"生命周期"。法律案件几乎很少完全被驳回或否决的，而判例的法律争点可能会被很多的司法管辖法院引证，所以运用引证文献趋势图解方格可以快速有效地显示这些重要的信息。数据库在检索功能之外，也提供多种用户服务：

● 检索记录、检索条件、文件、谢泼德报告、邮件提醒及其他活动信息将自动保存在历史文件夹中，保存期为 90 天，通过列表或图解的形式查看搜索结果并找到更多类似的文件。

● 选择关注的法律主题，检索相关文件，添加其为常用检索条件，获得更新提醒，查看相关专题总结以及开展一系列操作等。

5.2　Westlaw 法律数据库

5.2.1　数据库内容

"Westlaw 法律数据库"（Thomson Reuters Westlaw，Westlaw）是汤森路透集团（Thomson Reuters）开发的全球法律在线研究平台，涉及法律、新闻及商业领域各个方面。数据库包括英国和欧盟的主要法律资料、美国的专题法律、加拿大和中国香港的判例、成文法，以及美国和加拿大的法律报刊、文献及国际条约资料，可以利用该数据库快速、有效地进行法律研究。

Westlaw 主要包括以下内容：

(1) 判例法。Westlaw 作为诸多国家法律报告的官方授权出版者，收录了美国联邦和州判例(1658年至今)、英国(1865年至今)、欧盟(1952年至今)、澳大利亚(1903年至今)、中国香港(1905年至今)、加拿大(1825年至今)和韩国(2000年至今)的判例，以及国际法院、国际刑事法院(包含前南法院和前卢旺达法院)、世贸组织等判例报告。

(2) 法律法规。Westlaw 收录的各国法律条文主要包括英国成文法(1267年至今)、美国联邦和州法(1789年至今)、欧盟法规(1952年至今)、中国香港(1997年至今)、加拿大和韩国的法律法规。

(3) 全球近6 000种法学期刊、杂志和通讯①。回溯期长，并没有时滞，很多知名期刊都是从创刊开始至现刊。如：

- 《哈佛法学评论》(*Harvard Law Reviews*)全文起始于1887年(第1卷)至最新现刊。
- 《耶鲁法学评论》(*Yale Law Reviews*)起始于1891年(第1卷)至最新现刊。
- 《斯坦福法学评论》(*Stanford Law Reviews*)全文始于1947年(第1卷)至最新现刊。

(4) 近4 000卷法学专著，均由 Westlaw 独家提供，使用便捷。

- 《美国法律重述》(*Restatement and Principles of the Law*)
- 《美国法典注释》(*United States Code Annotated*)
- 《美国法律大全》(*American Law Reports*)
- 《美国法学百科全书》(*American Jurisprudent*)
- 《法学百科释义续篇》(*Corpus Juris Secundum*)
- 《联邦法律实务和程序》(*Wright & Miller Federal Practice and Procedure*)
- 《诉讼因由》(*Causes of Actions*)
- 《威利斯顿论合同法》(*Williston on Contract*)
- 《布莱克法律词典》(*Black's Law Dictionary*)第十版全文

Westlaw 数据库访问地址：http://www.westlaw.com

5.2.2 数据库检索

(1) 浏览。Westlaw 提供判例、成文法、期刊评论、专著、教材、新闻等资源的直接浏览功能。Westlaw 首页默认为美国管辖，那么在首页浏览(Browse)部分即可直接浏览美国的法律资料。美国之外其他国家和地区资料可通过国际材料(International Material)进行浏览。如图4-6所示。

(2) 检索。Westlaw 的检索引擎 WestSearch 能识别符合检索主题的关键词，提供与该主题最相关的文件。用户无须选择数据库就可以开始检索，并按照法律法规、判例、图书、期刊和新闻等不同信息类型提供检索结果。WestSearch 利用各类工具，例如钥匙码检索法(Key Numbers)、关键引用(KeyCite)、要点(Headnotes)、注释(Notes of Decisions)以及独有的二次文献(Secondary Sources)，能针对检索的问题，迅速找到相关的文献。WestSearch

---

① 本节统计信息截止到2023年。

第四章　全文数据库与全文服务

图 4-6　Westlaw 主页导航

对文件之间丰富的相关性进行分析，让检索结果更加广泛，并将相关度最高的文件显示在结果清单顶部。由于带注释版本的法令或条例很可能包含了正在检索的关键词，WestSearch 拥有广泛的搜索范围，能够检索出最相关、最完整的一系列文件。

① 自然语言检索：即简单查询——用描述性的语言进行直接检索，可以是一个单词，一个词组，或是一句描述性的话，也可以是一个问题。

② 高级检索：通过日期、当事人、引证编码、关键词、包含和不包含词或词组等设置条件使检索结果更加精确。高级检索可以通过两种方式来实现：一种是布尔算符与连接符（Boolean Terms & Connectors）的使用，需要在 WestSearch 检索框中输入布尔算符与连接符，点击"Search"按钮（橘黄色放大镜）即可；另一种是文件字段（Document Fields）的使用，需要点击首页或者任何一个数据库浏览页面最右侧的"Advanced"按钮，进入到当前数据库的高级检索界面，在此界面中可以根据预先了解到的文件线索进行相关字段检索。例如要查询 Microsoft 公司作为当事人的案件，或者标题中出现 Microsoft 公司的文章，那么可以在"Name/Title"位置输入"Microsoft"。如果检索结果过多的话，可以输入更多关键词进行条件限制，如在精确词组位置（This Exact Phrase）输入"copyright infringement"，点击"Search"按钮即可得到与限制条件相关的判例、二次法律文件以及其他相关法律资料。

检索结果可以按相关度（Relevant）、时间（Date）、被引用最多的（Most Cited）和被检索、浏览、下载和打印等使用最多的（Most Used）进行排序。还可以在检索结果中继续检索，也就是二次检索，包括通过字段中的术语和连接符、法域、日期、法官和律师等限制条件缩小检索范围。

③ 钥匙码检索系统（West Key Number System）：钥匙码检索系统是目前判例和成文法资料广泛使用的检索系统，该系统为 WestSearch 检索引擎独有。法律编辑们按照要点编写钥匙码，并按照主题分类。根据相关主题、钥匙码，或者法庭使用的法律术语，就可以在钥匙码检索系统上进行综合检索，与问题相关的所有已出版文献就能够被查找到。用户需要

先访问钥匙码检索系统：在浏览框内，点击"Tools"标签，然后在工具页面，点击"West Key Number System"，进入到钥匙码检索系统页面可以浏览相关主题与钥匙码，包括按法律分类进行浏览和按法域进行浏览。使用检索框可以进行标题检索，点击进入一个主题，浏览内容，进入主题后，点击具体分区的标题，并且选择"司法辖区（Jurisdiction）"，得到更多相关内容。点击"Information"图标，可以查看相关主题的具体描述。

④ 关键引用（Keysite）：使用关键引用，能够确认每一个案例、法令、行政决定、规章是否仍然适用，以及快速找到能够支持法律观点的参考资料。关键引用功能可以检查案例和法令：针对案例，红色旗帜提示本案例至少包含的一个法律观点已经不再适用；黄色旗帜提示本案例尚未被推翻，但是曾被提出异议；蓝色旗帜，表明本案例被上诉至美国联邦上诉法院或者美国联邦最高法院（不包括机构提出的上诉）。针对法令，红色旗帜表明本法令已经整体或者部分被最近的会期法修改、废除、代替、判定违宪，或被其他法优先取代；黄色旗帜表明本法令已由最近的法律重新编号或转移，出现影响到本法令的其他未编号法律或法律草案，或本法令被宪法或其他优先法律限制使用或有效性已经受到质疑，或这个法令的先前版本被法庭提出异议。在上述法令存在异议的情况下，会在文章顶部显示最为严厉异议的描述和链接。检索时将 keycite、keycite：kc、kc：其中之一与索引号码一同输入检索框就可以访问关键引用。

关键引用还可以检查引用了该案例的相关资源，包括其他案例、行政资料、二次文献、摘要和其他法庭资料，能够确保引用的是有效力的法律。在关键引用中单击"Citing References"按钮，页面就会显示引用了案例的文献。通过单击工具栏的"Sort By"按钮，可以改变引用文献的排列顺序。为了减少列表的引用文献内容，可以在专栏的结果中检索（Search within Results）检索框中输入术语，或在专栏中选择文献种类，例如案例，可以进一步通过选择司法辖区或者要点主题等缩小检索范围。每篇引用该文献的案例、行政决定或摘要都会显示其对该被引用案例的讨论程度：四条绿杠表明对该被引用案例进行了深入的讨论，篇幅通常超过一页纸；三条绿杠表明对该被引用案例进行了实质的讨论，篇幅通常超过一个自然段，但是少于一页纸；两条绿杠表明对该被引用案例进行了讨论，篇幅通常小于一个自然段；一条绿杠表明提及了该被引用的案例，通常是在一串引用中。

此外，WestSearch还支持书籍和法典的目录阅读、二次检索、关键词跳转、多格式下载、在线发送邮件，以及检索结果自动更新的邮箱定制服务。

5.3 威科先行法律信息库

5.3.1 法律信息数据库

1. 数据库内容

"威科先行·法律信息库"（Wolters Kluwer China Law & Reference）整合了威科全球与中国相关的中英文法律题材内容，是集法律法规、国际条约、标准题录、裁判文书、案例评析、行政处罚案例、新闻、解读与咨询、多种工具和实务模块于一体的法律信息库平台。

法律法规收录了自1949年新中国成立至今，从中央至32个省、自治区、直辖市的法规，总量210万余条[①],分类细致,包括话题、行业、地域、效力级别的各类法规、征求意见稿、草案及官方法规解释。

国际条约收录5 500多篇中国与其他国家签署的各种双边及多边的国际条约,可以按国家和类型进行过滤筛选。此外,还增加了国标、行标和地标的标准题录的查询。

裁判文书包括中国32个省、自治区、直辖市的三级法院官方公布的裁判文书及海事法院、军事法院、铁路法院等专门法院公布的裁判文书,覆盖整个审判流程及民事、刑事、行政全部案由。裁判文书的类型包括判决书、裁定书、决定书、调解书及其他文书,总量超过1亿,案例中提供相关法规的全文链接。

案例评析共包含对近15 000个真实案例的分析,其中涉及民法、知识产权、行政法与行政诉讼法和劳动法等主题。其中的"法官精析评案"栏目是从全国范围内的法官撰写的几千篇案例评析文章中精选出来的,由一线法官亲自撰写,深度说理判决。主要价值体现在:

(1) 来源稀缺:这是国家法官学院首次对外授权在线发布此类内容;全部内容均由各地优秀法官针对近些年的审判案例撰写。

(2) 内容独家:纸质文件转化为线上,内容从未被披露。

(3) 话题有针对性:全部案评均由编辑甄选,话题覆盖知识产权、劳动、公司、合同等商事领域。其中,行政处罚案例按照主题、处罚机构、处罚对象、地域等进行分类,超过765万个案例可供参考。新闻为中英双语,包括新法速递、案件聚焦,实时提供最新最全的法律前沿资讯与深度点评,涉及劳动法、合同法、公司治理、知识产权、会计准则、外汇、海关等领域。

数据库为用户提供了多项与法律相关的解读和咨询,包括:

(1) 对300个法律热门话题提供深度分析,深入进行法规梳理、实务指导和专家解析。

(2) 超过3万多篇专业咨询机构的专家文章、法规比对、资讯报告等,导航简单清晰。

(3) 超过100篇结构完整、及时更新的中英文专著,包括精加工的法规评述、丰富的案例、文书范本、模板及诸多实操经验和专家建议。内容覆盖公司法、外商投资、知识产权、反垄断等领域,由来自金社、君合、德勤、普华永道等顶尖事务所的权威专家撰写。

(4) 超过3 000个来自法院、政府机构、律师对一些常见法律问题的专业解答。

除此之外,数据库为了方便用户的实际操作,提供了文书模板和智能图表等工具和多个实务模块。

数据库提供了超过4 000个文书模板,汇聚官方发布的示范合同和文书模板,并特约专家律师提供专业合同样本,同时对重点条款辅以独到解析。

除了提供行业通用性模板等基础性工具外,数据库还对法律法规、规章制度中具有可比性的信息进行了人工梳理,形成了一系列的智能图表性工具。包括"新版法院案号代字查询表""国务院各部门行政审批事项查询(企业版)""企业经营合规风险提示(市场监管类)(中文版)""民事审判指导与参考"(目录索引)(中文版)等。

实务模块主要包括境外投资、反垄断合规、反商业贿赂、劳动法实务、网络安全合规、税法合规、金融合规实务、国有企业合规、知识产权实务、环保与能源实务、并购与重组、香港法律实务和争议解决实务等子模块。以境外投资模块为例,它期望结合自身既有内容积累和

[①] 本节统计数据均截止到2023年。

技术优势,为"走出去"企业境外投资提供法律信息指引,帮助企业在实施海外投资过程中规避各种可能面临的风险,实现投资目标。目前,该模块的主要内容有:

(1) 每日新闻:权威、及时的境外投资新闻,新法速递,前沿资讯,国际动态。

(2) 专业文章及专题:500余篇独家、首发的境外投资解读文章,为企业提供可信赖的决策参考。

(3) 国别报告:境外投资国别指南,目前已收录俄罗斯、加拿大、智利、阿根廷、缅甸、泰国、柬埔寨等国家。

数据库网址:https://law.wkinfo.com.cn/

2. 数据库检索

(1) 基本检索。

① 法规检索:在首页上方的关键词搜索框中输入搜索词即可进行法规检索。

也可以点击栏目菜单条上的"法规"进入法规栏目,在搜索框下面选择标题、全文、文号等搜索范围,同时选择精确或者模糊的搜索模式(精确搜索比较常用;模糊搜索会扩大搜索范围,把搜索词进行自动的分词拆分),输入搜索词后单击"搜索"按钮,就会列出搜索结果。

左侧的过滤导航可以辅助进一步缩小搜索范围,通过主题、行业、效力级别、地域范围、发文日期、时效性、发文机关进行过滤。如果需要进一步缩小搜索范围,还可通过"在结果中搜索"来实现。

② 案例检索:点击栏目菜单条上的"案例"进入案例栏目,如果需要查某一个具体的案例,在明确知道案号的情况下,在案例栏目中,可以直接在搜索框输入案号,搜索范围选择"案号",搜索模式选择"精确搜索"即可。

案例还可以通过关键词来搜索(全文+精确的模式比较常用)。搜索后的结果,左侧的过滤导航可以辅助进一步缩小搜索范围,通过审理法院、案由、审判程序、裁判日期、文书类型进行过滤。如果需要进一步缩小搜索范围,还可通过"在结果中搜索"来实现。

(2) 高级检索。信息库中各个栏目均提供高级检索功能,高级检索致力于提供一种复合搜索模式,将复杂的搜索逻辑隐藏到程序中,简化搜索流程,精准定位目标数据。高级检索由同句、同段搜索、间隔搜索、排除逻辑搜索、位置搜索,及其他根据栏目特点设置的信息框组成(如图4-7所示)。

① 同句、同段检索:用户可以限定几个检索词出现在同一句子(同句是以句号区分),或同一自然段中。适用于词与词之间可能相连,也可能有间隔,但需要几个检索词出现在一个意思表达完整的内容中(同句/同段)。例如:检索关于驰名商标在宣传方面具体规定的法律法规。

② 间隔检索:可以限定两个或多个检索词,词与词之间间隔小于等于限定的字数。检索词的命中有先后顺序。这种搜索方式适用于针对某一具体的情形,在文书描述中可能将关键词分拆来陈述,而这种陈述方式并不确定,这时可以用一个大概需要的间隔字数,来包罗这种不确定的陈述情况。例如检索"'撤销 信用证'~5""撤销跟单信用证"命中,"信用证被撤销"不命中。

③ 排除逻辑(OR/NOT)检索:这种检索方式不用再记忆复杂的检索符,直接在对应的搜索框中输入检索词即可。例如:检索标题包含"合同法"且排除"劳动合同法"的干扰。

④ 裁判文书位置检索：用户可以仅在裁判文书的某个具体范围内进行检索。可定位范围包括案情、裁判理由和依据、裁判结果。案情范围包括案件由来和审理经过及原告起诉的诉讼要求、事实和理由，被告答辩的事实和理由，法院认定的事实和据以定案的证据。裁判理由和依据指的是"本院认为"之后，"判决/裁定如下"之前的内容，包括明确当事人争议的法律关系，阐述原告请求权是否成立，依法应当如何处理及裁判依据等。裁判结果指的是判决裁定结果、诉讼费用的负担和告知事项。当检索结果需要更加精准聚焦时可以采取裁判文书位置检索，例如：检索商品房预售合同纠纷中，卖方因未取得商品房预售许可证明，而认定合同无效的案例。

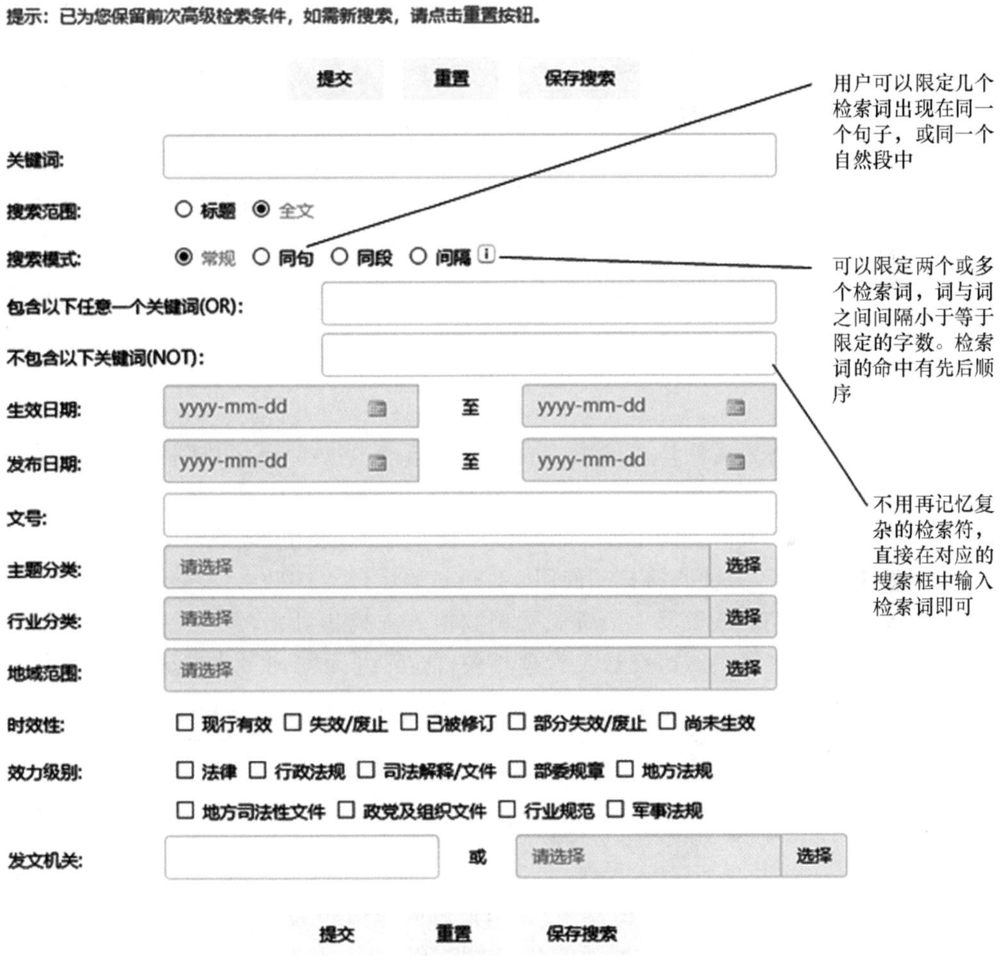

图 4-7　威科先行·法律信息库高级检索

5.3.2　人力资源信息库

1. 数据库内容

"威科先行·人力资源信息库"（Wolters Kluwer China HR Reference）是专为人力资

源、法务及劳动法专业人士打造的集法律法规、裁判文书、案例评析、新闻、解读与咨询、多种工具和实务模块及培训于一体的综合性知识平台,旨在帮助企业实现用工风险的有效预防与控制。

数据库全面收录劳动法领域人力资源专业人士日常工作所需中央至地方法律法规22万余条[①],包括招聘入职、劳动合同、工会、集体谈判、企业内部管理、薪酬福利、社会保险、工作时间、劳动保护、劳动争议、境外人士在华就业等主题。

裁判文书收录新中国成立以来官方公布的570余万条劳动争议裁判文书,并辅以法院等级、审理法院、案由、审判程序、裁判日期、裁判类型、文书篇幅等多维度导航。

案例评析包含了5 200多个最高院指导性案例、官方典型案例、法官及律师针对劳动法案例的深度解读。

新闻为中英双语,涵盖当日新颁布的劳动法规、案件聚焦等内容,分为前沿动态和案件聚焦。通过每日新闻推送邮件,可第一时间接收劳动法资讯。

数据库提供劳动法专家对劳动法话题的多维度专业解读,包括全面梳理与专题解读。其中专题解读是对人力资源领域的热点与难点话题进行深度解析,全面整合法规、案例与专业解读的内容,帮助学者进行某个主题的深度研究。还特邀专家第一时间解读最新劳动法政策,深入讨论员工关系处理中常见的实务问题。用户也可以针对人力资源日常工作中的实务问题在线咨询,两个工作日内可得到专家解答。

除此之外,数据库为了方便用户实际操作,提供了劳动合同模板及解析、文书模板、智能图表和计算器等。

劳动合同模板及解析为用户提供规范的劳动合同范本供参考,并在每个合同条款下辅以与条款相关内容的注释和律师提示,避免劳动合同中可能出现的风险。

文书模板收集人力资源实际工作中800多个实用信件、表格、政策样本和协议,文书模板均经过专家精心设计,方便直接打印使用。

智能图表提供劳动法政策及人力资源常用数据的查找和对比,包含"中国重点省份/城市劳动法对比与分析""重点城市女员工管理相关规定汇总及对比""中国50个主要城市社保缴纳比例及缴费基数汇总""中国50个主要城市最低工资和社平工资数据参考""中国50个主要城市住房公积金相关数据参考""中国50个主要城市工伤保险待遇相关数据参考"和"新个税外籍在华纳税义务判定工具"等。除此之外,数据库还提供法定带薪年休假计算器、经济补偿金计算器、患病或非因公负伤医疗期计算器等工具。

数据库提供了27篇实务指南,包含北京、上海、广东、深圳、江苏的劳动法问题完全解读,其中北京和上海为双语解读。还涉及"试用期解除全方位技巧指南""企业裁员操作指南"及"严重违纪解除操作指南"等迷你实务指南以及"中国人力资源必备模板——实用信件、表格和规章样本"等。

小威课堂是"威科先行·人力资源信息库"的特色栏目,其定期汇集线上线下实务培训课程,通过详细的课堂笔记再现培训现场及精彩问答。课程全面涵盖人力资源管理中常见的劳动法话题,将法律规定和实务操作无缝结合。

---

① 本节统计数据均截止到2023年。

数据库网址：http://hr.wkinfo.com.cn/boldUsers

2. 数据库检索

（1）基本检索。数据库支持标题、全文、文号检索，同时辅以精确检索、模糊检索功能。初次检索后，用户还可以通过左侧导航栏进行主题、效力级别、地域范围、发文日期、时效日期、发文机关等过滤导航。

基本检索可能会用到以下检索技术：

① 精确检索：给检索词加双引号""，即要求搜索引擎严格按照该检索词的形式进行查找，而不对检索词进行任何智能化、联想性的变动或拆分。此外，全角和半角的双引号皆支持，但须成对使用。例如："河南省最低工资"的检索结果仅呈现了"河南省最低工资"（未拆分）的内容。而去掉双引号的河南省最低工资，检索结果中还包括了含"河南""最低工资"等词的内容，对检索词进行了拆分。

② 排除检索：检索时在字词前加减号字符"-"，表示不希望检索结果中包含该字或词。此外，减号应紧靠相应字词，且减号前面须加空格。例如：检索"最低工资 -山东 -河北"的结果会包含"最低工资"，但是会排除含"山东"和"河北"的结果；"最低工资 河北 -邯郸 -承德"的搜索结果会包含"最低工资 河北"，但会排除"邯郸""承德"的相关结果。

③ 通配符"＊"的使用："＊"代表所有字符，如想要检索"标的大于10 000元"的案例，可以输入"＊0000元"进行检索。

（2）高级检索。高级检索可以帮助用户进行多条件的组合性检索（如图4-8所示）。在法规、案例、劳动法速递和实务指南的检索中均可以使用高级检索。

图4-8 "威科先行·人力资源信息库"高级检索

5.4 HeinOnline法律数据库

参见第五章。

5.5 中文法律数据库

5.5.1 北大法宝

1. 数据库内容

北大法宝数据库内容涵盖法律、行政法规、司法解释、地方规章、裁判文书、检察文书、行政处罚、法学期刊、律师实务文章、英文译本、法学视频课件等全方位法律信息资源。主要包括以下子系统：

(1) 法律法规检索系统：收录自1949年起至今的法律、行政法规、司法解释、部门规章、军事法律规章、团体规定、行业规定、地方性法规、地方政府规章、地方规范性文件和地方司法文件，包括中央法规近45万部，内地地方性法规393万余部，港澳台法规5万余部，立法资料1万余份，立法计划1 600余项，中外条约8 600余部，外国法规近500部，法律动态9万余则，合同范本10 000余篇，法律文书10 000余篇，境外法律信息资源指引170项[1]，以帮助用户及时了解最新的法律法规。平均每日更新600余篇，法律、行政法规、司法解释发布当日或次日更新，其他文件及时更新。

(2) 司法案例检索系统：全面精选收录中国法院的各类案例，包含案例与裁判文书1亿余篇，裁判规则4万余条，指导性案例实证应用10 000余个，破产信息47万余条，案例报道5万余则，仲裁案例3 000余个。司法案例实时更新，平均每日更新3万余篇。

(3) 法学期刊检索系统：收录中国法学类核心期刊141种，优秀的非核心期刊50种，集刊92种，英文期刊9种以及部分期刊目录，包括北大法学院院刊、各研究中心刊物，刊物覆盖创刊号至今发行的所有文献。每月数据更新4~5次；月更新数量700篇左右。

(4) 专题参考检索系统：包括物权纠纷、合同纠纷、担保纠纷、侵权纠纷、交通事故、婚姻家庭、知识产权、公司、房地产、金融保险、海事海商、劳动与社会保障、诉讼制度等30余个专题，为从事法律实务工作的人士提供更专业的信息，满足专业人员对审判、律师实践工作经验的学习。收录专题参考10万余篇，专家解读4 000余篇。

(5) 律所实务检索系统：精选国内外知名律师事务所所刊、律师文章，服务律师事务所、企业法务和高校实训等，合作刊物89种，合作机构74家，文章6万余篇，实时更新，月更新数量1 000余篇。

(6) 行政处罚检索系统：收录中央及除港澳台外31个省、自治区、直辖市的行政处罚信息，已收录3 200万余条，设置包括主题分类、处罚种类、执法级别、处罚机关、处罚对象等在内的聚类维度，辅助筛选，使用户能够快速、准确地检索到所需信息。除对数据进行精细整理外，更将行政处罚决定书与处罚依据进行关联，为用户提供更加便捷的专业信息服务。

(7) 检察文书检索系统：包括法律文书和案件信息两个子库，收录了各级人民检察院陆续公布的检察法律文书和重要案件信息，涉及反贪、反渎、侦查监督、公诉、申诉、民行、死刑复核、铁路检察、刑事执行等九大类案件，数据总量700万余篇，日更新量1 000篇左右。

---

[1] 本节统计数据截止到2023年。

（8）英文译本检索系统：为用户提供中国法律法规、案例、资讯、国际条约、法学期刊、白皮书重要法律信息的英文译本，支持中英文双语关键词检索。法律法规译文 4 万余部，其他文件约 18 万余篇。

（9）法宝视频检索系统：广泛收录北京大学等多所国内顶尖法学院校的著名学者专题讲座，以及司法界、律师界实务人员的一线实践经验传授。

（10）法考检索系统：包括在线答题、重点法条、法律汇编、考试大纲、法律文书、视频资料、我的法考 7 个部分。

数据库网址：https://www.pkulaw.com/

2. 数据库检索

（1）检索功能。

① 基本检索：输入任意检索词进行快速检索，只需选择标题或全文字段，可以选择检索词匹配方式。

② 高级检索：选择单库可进行高级检索，以法学期刊检索系统为例（如图 4-9 所示），高级检索的可检字段包括标题、全文、期刊名称、作者、作者单位、分类、期刊年份、期号、中文关键词和摘要，默认支持上述各个检索条件的"AND"组配，可以选择检索限定条件，包括期刊名称、分类和期刊年份。

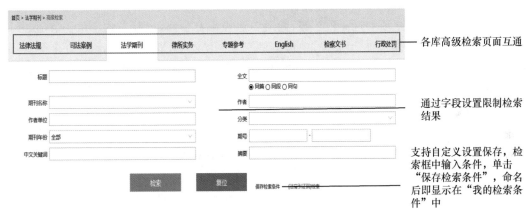

图 4-9　北大法宝·法学期刊检索系统高级检索

③ 智能检索：单击后在检索框中输入查询内容，系统将推送与之相似的法宝数据。

④ 浏览：可分库按照更新日期由近及远的顺序进行全部文献的浏览，根据作者和作者单位的首字母顺序进行浏览，也可以根据期刊进行浏览。

（2）检索技术。

① 字段检索：可检索的字段根据子库的文献内容和类型的不同而有所不同。例如，法学期刊检索系统有标题、作者、作者单位、期刊全文等字段；司法案例检索系统不仅有标题和全文，还有案件字号、案由、法院、法官、律所、律师、当事人、核心问题、审理经过、诉讼请求、辩方观点、争议焦点、本院查明、本院认为、裁判依据和裁判结果等字段；法律法规检索系统有标题、全文和发文字号等字段。

② 检索词匹配方式：精确、模糊、同篇、同条、同段、同句。

③ 检索限定：不同子库的检索限定不完全一致，有些直接作为检索字段，例如日期，一般都有来源（例如期刊）和时间两种限定。

(3) 检索结果。

① 检索结果列表：包括篇名和日期。

② 检索结果排序：默认按时间（系统的发布日期）由近及远排序，可以选择按效力级别排序。

③ 二次检索：基本检索和各子库的高级检索都支持"结果中查询"的二次检索。

④ 记录格式：除去检索结果列表中的内容外，还增加了全文和相关的字段信息（各子库的记录格式不同，可参见检索字段）。

⑤ 检索结果下载：可以下载 Microsoft Office Word、PDF 和纯文本等格式的文档。

(4) 用户服务。系统提供电子邮件免费订阅服务，可以订阅最新立法资讯和法学期刊，对于订阅的期刊，可以了解最新的期刊目录和论文发表动态。

5.5.2 法意科技

1. 数据库内容

法意科技平台由北京法意科技有限公司制作出版维护，旨在提供专业、系统的法律信息服务，提供包括法律法规、司法案例、合同范本、法学论著和法律文书的检索。收录内地法规 222 万余部及其英译本近 4 000 部，港澳台法规 4 万余部，国际条约 7 000 余部，外国法规 1 000 余部，立法资料 1 万余份，内地案例 9 300 万余个，港澳台案例 80 万余个，精品案例 33 万余个，中文合同范本 8 200 余篇，期刊论文 35 万余篇，会议论文 4 万余篇，学位论文 25 万余篇，报纸论文 23 万余篇，法律文书 2 000 余篇，法学专著 3 万余部。

法意科技目前共有法律大数据产品线、党政机关产品线、法院智能辅助办案产品线、司法公开产品线、法院诉讼服务产品线、法院案件质量管理产品线、检察院智能辅助办案产品线、公共法律服务产品线、司法行政系统业务管理软件、教育行业产品线和企业法务产品线 11 个主题。下面详细介绍法律大数据产品线。

法律大数据产品线包括"中国法律资源库""司法案例大数据分析系统"和"法学大数据实证研究平台"。

"中国法律资源库"是国内数据量庞大、内容丰富齐全、功能实用性强的中国法律资源检索系统。注重数据范围全面性、分类体系专业性、收录来源权威性、检索结果精确性、应用功能实用性和书籍更新及时性。"中国法律资源库"包括司法案例、法律法规、合同范本、法律文书、法律机构、法律人物、大事记、法学论著、法律题库等 12 个大库和 37 个小库；提供从案由指引、律师业务等多个角度梳理汇编而成的具有较强实用性的特色专题库；提供快速、多条件、高级检索、智能检索、结果中检索等多种检索方式；提供法规与法规、法规与法条、法院案例与法律法规之间的全互动关联，以满足用户的延伸阅读、对比分析的需求；按照最高法院颁布的罪名和案由规定分别确定刑事、民事经济、知识产权、海事海商、行政、国家赔偿等类型案件的案由树，提供逐级递进的引导检索；案例数据包将同案文书对比、审理法院、法院案由、裁判要旨、法律依据等相关信息罗列展示，并实现全方位双向互动检索；全文页提供多种阅读模式；法规、案例均按照公文标准提供全文和书卷两种显示样式以及导读显示模式。

"司法案例大数据分析系统"旨在构建一套具备丰富案件信息项和灵活统计分析工具的智能化平台。通过对非结构化数据的分析提取、灵活的数据模型定义,制作主题分析报告,"司法案例大数据分析系统"可以根据政法机关对案件大数据的应用需求,配置涉及经济、社会、民生的相关主题,通过选择相应的主题进入主题展示项,以柱状图、饼状图等图形展示出主题分析情况;对裁判文书进行类别划分,可对各个层级的裁判文书进行一体化检索、管理;提供多条件组合检索,支持检索模板的保存功能;能够对限定的数据进行单变量频次分析、单变量描述分析、自定义报表分析;可以按区间、地域的选择生成相应的分析简报,也可根据政法机关对案件大数据的调研要求单独定制简报内容。

"法学大数据实证研究平台"设置课题资源汇总、数据统计分析、科研成果共享等功能模块。提供课题创建、样本筛选、变量设置、统计分析、分析报告、成果发布等大数据在线服务,为法律院校及科研机构提供一种全新的服务支撑模式。"法学大数据实证研究平台"提供大数据分析方法相关论文和书籍资料,帮助用户加强对法学大数据分析与法律实证研究应用的深入理解;围绕研究者的主题分析需求,提供主题研究全样本,研究者不必再为收集数据投入过多的人力和财力;提供智能化文书检索和分析引擎,对所有可分析变量进行定性、赋值,只需根据课题研究目的直接选用;提供主题构建、变量设计、数据收集、统计分析的一体化法学实证分析支持服务,帮助研究者发现事物之间的因果联系,提升研究成果价值含量;从实证分析服务成果中摘选精彩范例,为研究者提供不同分析成果展示,同时提供主题公开服务,实现信息交换与成果共享。"法学大数据实证研究平台"将大数据分析方法与实证研究方法相结合,通过观察、分析实际的法律制度及其运作,能更好地理解法律现象,把握应然与实然的差距。

数据库网址:http://www.lawyee.net/

2. 数据库检索

下面以"中国法律资源库"为例介绍数据库的检索方法。

(1)检索功能。

① 快速检索(如图 4-10 所示):在文本框中输入关键词,"中国法律资源库"提供智能提示,提示常用法律法规,便于快速找到需要的法律法规,点击后可直接跳转至全文查看页。

图 4-10 法意科技·中国法律资源库检索界面

② 高级检索:点击"高级检索"按钮,弹出高级检索信息项设置页。法律法规高级检索

提供包括法规标题、发文字号、颁布机构和颁布日期等多个检索项进行检索。司法案例高级检索提供包括全文关键字、案件类型、案由、案号和法院级别等多个检索项进行检索,检索逻辑包括并且、不包括,可同时使用。

③ 智能检索:法律法规智能检索提供多个检索项、检索项间多逻辑、检索项与检索词间多逻辑检索。点击"智能检索"按钮,弹出智能检索信息项设置页。点击检索项选择框,可弹出检索条件选择面板。点击"＋条件",可增加新的检索项选择框。点击"＋条件组",可增加新的检索项组。点击"且""或",可设置检索项或检索组间的逻辑关系。点击"检索"图标,返回检索结果页。点击"重置"按钮,清空检索条件。

(2) 检索结果。

① 已收藏的检索条件:单击"收藏检索条件",可将检索条件进行保存。单击"清空",可清空检索条件。单击"查看已收藏的检索条件"可查看已经收藏的检索条件。单击"选择",如为智能检索,跳转至智能检索信息项设置页,其他则跳转至检索结果页。单击"取消收藏",删除该检索条件存储记录。

② 数据分类筛选:法律法规提供效力层级和时效性的分类引导;司法案例提供文书类型及来源等级的分类引导。

③ 检索结果列表:检索结果列表常规展示法律资料详情内容。法规列表页展示法规名称、颁布机构、发文字号、颁布时间、生效时间。案例列表页展示案件名称、案例来源标记、案由、判决时间、案号、审理法院、法律点等。

第六节 其他全文数据库

6.1 IEEE/IET 电子图书馆

6.1.1 数据库内容

电气电子工程师学会(Institute of Electrical and Electronics Engineers,IEEE)是一家拥有全球近 175 个国家 40 余万名会员的非营利性科技学会。其领域覆盖航空航天、计算机、通信、生物医学工程、电力、半导体和消费电子等。

英国工程技术学会(The Institution of Engineering and Technology,IET)是欧洲最大的专业工程学会,并在全世界拥有 13 万名会员。

"IEEE/IET 电子图书馆"(IEEE/IET Electronic Library,IEL)是 IEEE 旗下最完整的在线数据资源,它提供了当今世界在电气工程、通信工程和计算机科学领域中,近 1/3 的文献,并在多个学科领域引用量名列前茅。IEL 的内容覆盖了电气电子、航空航天、计算机、通信工程、生物医学工程、机器人自动化、半导体、纳米技术、电力等技术领域,内容包括 1872 年至今的 200 种 IEEE 的期刊、会刊与杂志、30 余种 IET 的期刊和杂志,1 种《贝尔实验室技术期刊》(*Bell Labs Technical Journal*),每年超过 1 700 种 IEEE 的会议录,每年超过 20 种

IET/VDE 会议录,超过 4 900 种 IEEE 现行、存档标准和所有文献的 Inspect 索引目录[①]。更新频率为每周更新,与纸本相比无滞后期。

2010 年开始至今,IEEE 新增了《IBM 研究与开发杂志》(*IBM Journal of Research and Development*)和电影与电视工程师学会(Society of Motion Picture and Television Engineers,SMPTE)数据库。《IBM 研究与开发杂志》是由 IEEE 与 IBM 公司合作推出的权威期刊,此刊合并了另一本期刊《IBM 系统杂志》(*IBM Systems Journal*),这两本刊都经过同行评审,且在科学、技术以及信息系统工程等领域占据领先地位,最早可回溯到 1957 年。SMPTE 数据库是 IEEE 与 SMPTE 从 2015 年起合作,推出的包含所有与图像内容相关的 23 000 多篇文献。SMPTE 中包含了同行评审的《运动影像杂志》(*SMPTE Motion Imaging Journal*),2 000 余篇 SMPTE 会议录和超过 1 000 个标准文档、建议准则、工程指南,完整文档最早可回溯到 1916 年。

数据库网址:http://ieeexplore.ieee.org/

6.1.2 数据库检索

1. 检索功能

(1) 基本检索(Search)。输入任意检索词进行快速检索,不需要选择检索字段和进行检索限定。

(2) 高级检索(Advanced Search)。相当于指南检索,支持多个检索条件的组配,可以选择检索字段和检索限定条件(如图 4-11 所示)。

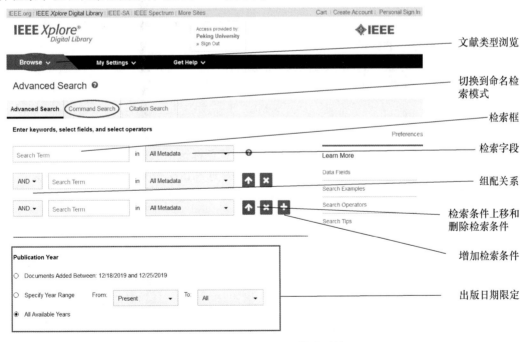

图 4-11 IEEE *Xplore* 检索系统

---

① 统计数据截止到 2019 年。

(3) 命令检索(Command Search)。从高级检索界面点击"Command Search"可以进入命令检索界面,可由检索专家自行构造检索式,使用字段代码限定检索入口,其他功能与高级检索相同。

(4) 浏览(Browse)。按照资料类型提供浏览:包括期刊、会议录、标准、图书、课程。可以根据题目、主题和出版商进行检索。

(5) 引文检索(Citation Search)。可以通过输入文章的关键词,出版物名称、卷、期、年、起始页、终止页、作者、文章题名和文章序列号等信息来检索施引文献。

2. 检索技术

(1) 系统默认精确检索。即在输入两个以上单字的单词时,检索结果包含全部检索词,且应在同一句中出现。

(2) 截词符。使用"*",例如 optic* 可检索出 optic、optics 和 optical。

(3) 字段检索。可检索的字段有全文、文献名称、作者、出版物名称、文摘、索引词、检索号、文章号、文章页码、作者机构、作者关键词、作者识别码、数字对象唯一标识符(DOI)、基金资助机构、IEEE 术语、INSPEC(科学文摘)非受控词、INSPEC 受控词、国际标准书号(ISBN)、国际标准刊号(ISSN)、卷、期、美国医学图书馆主题词(MeSH)、物理天文学分类表术语(PACS Terms)、专利号、标准辞典术语、标准 ICS 术语、标准号等。

(4) 作者检索。必须严格按照系统规定的格式输入作者姓名,即:姓+空格+名的首字母+"."号。如作者姓名为 Joseph M. Lancaster,则输入为:"Lancaster J. M."。

(5) 布尔逻辑算符。支持 AND、OR、NOT 算符,按输入顺序运算,例如输入:"(gasoline NOT diesel AND electric hybrid) AND vehicle",则首先检中包含"gasoline"这个词但不包含"diesel"这个词的文献,然后检中的是与"electric hybrid"这个词组并集的文献,最后检中的是与"vehicle"这个词并集的文献。

(6) 检索限定。包括年、作者、机构、出版物名称、出版商、补充项目、会议地点、标准状态、标准类型和索引词等限定。

3. 检索结果

(1) 检索结果列表。包括篇名、作者、来源出版物名称、年、卷、期、文献类型、出版商、引文总数、文摘链接、文件格式、全文大小等内容,并用黄色标记出了检索词所在位置。

(2) 检索结果排序。有相关度、出版时间(由近及远和由远及近)、引用次数、关注度、字母顺序(a to z、z to a)几种排序方式,可由用户选择其一。此外还可以选择每页显示结果数量,每页最多可以显示 100 个结果。

(3) 二次检索。使用"Search within Results",可以在结果集中进行二次检索。

(4) 记录格式。除去检索结果列表中的内容外,还增加了作者机构、ISBN、ISSN、DOI号、页数、引文信息、INSPEC 编号、文摘、参考文献信息、关键词等内容,如图 4-12 所示。

(5) 文件格式。大部分文献的全文为 PDF 格式,也有少量 HTML 文本格式。

(6) 检索结果下载。可以直接下载 PDF 格式全文,也可以只下载、打印、电子邮件发送题录或文摘。题录或文摘下载时可以选择常见参考文献管理工具的格式。

4. 用户服务

(1) 最新目次报道(Alerts)。在系统中注册一个账户,订制一个或多个检索策略,可以获得系统提供的最新目次报道服务。

（2）热点推荐服务。单击首页"Browse"下的"Recently Published"可以查看最近某日更新的期刊文献、会议文献和标准文献。单击"Browse"下的"Popular"可以查看热门的检索词和最近一个月排名前 100 的检索文献。

图 4-12　IEEE*Xplore* 系统记录格式样例

6.2　中国人民大学书报资料中心复印报刊资料全文数据库

中国人民大学书报资料中心成立于 1958 年，是我国目前规模最大的社科学术文献信息服务机构之一。该中心将国内较为权威的中文报纸和杂志，按学科、专题或行业进行整理加工，以学术期刊的形式向国内外公开出版发行，是国内最早搜集、整理、存储、提供社会科学、人文科学信息的学术资料，学术性、理论性很强，很适合研究需要。中国人民大学书报资料中心编辑出版的两种信息产品——《复印报刊资料》系列刊物和《报刊资料索引》系列刊物，是查考人文社科报刊论文资料的基本检索工具。

本书第三章已经介绍了《报刊资料索引》和与之相对应的参考数据库及其检索系统，本章则主要侧重讲述与《复印报刊资料》相对应的"中国人民大学书报资料中心复印报刊资料全文数据库"（简称"复印报刊资料全文数据库"）。由于这两个数据库使用同一检索系统，本章将不再介绍其检索方法。

复印报刊资料系列数据库是人大数媒科技（北京）有限公司以人民大学书报资料中心的复印报刊资料系列数据库为内容基础，辅以先进的检索方式、优质的期刊、论文推荐而成的人文科学、社会科学资料库。其中"复印报刊资料全文数据库"收录了1995年至今人文社会科学领域各个学科的期刊文章，部分专题已回溯到创刊年。其主要内容包括：

(1) 政治学与社会学类：融贯理论与实践，包括政治学和社会学领域研究。政治学领域具体涵盖政治理论研究、中外政治思想史、政治体制和制度研究、政党问题、民族问题、阶级与阶层、政府工作与管理等研究，是政治学各学科研究人员的核心读本和政界从业者的工作指南。社会学领域包括社会问题总体研究、中外社会学理论、社会学史、人类学、民俗学、社会学分支、社会转型与发展、社会保障与福利、社会政策与制度、社会结构与组织、社会文化、城乡社会、人口与社会等研究。既关注学术理论问题，也反映学术研究中的理论、规范、评价等内容，体现了学术观点和科学研究方法的融合。

(2) 法律类：遴选法学文章篇目，包括理论法学研究、部门法学研究、立法研究、司法研究、学术前沿问题研究、案例剖析、国内外法学动态以及年度法学研究回顾与综述等方面的资料；分类科学、内容丰富，涵盖法律学科和工作部门的各个领域；集中、适时、全面提供法学研究、法律教学和司法实践的信息。

(3) 哲学类：着眼于哲学的各个领域，集萃了哲学研究的历史成果和最新信息，包括哲学原理、科技哲学、中国哲学、外国哲学、逻辑、美学，详尽完备地展示了整个国内外哲学学科的发展脉络，涵盖了学科的基本原理观点、学者创新观点、学界关注焦点等，集中、全面提供哲学研究的信息，具有海量、综合、全面的优势，为使用者学习和工作提供周到的帮助。

(4) 文学与艺术类：覆盖中外文学艺术研究各个领域，多角度、透彻地剖析各类文化现象，既有理论的宏观深入阐释，也有文学艺术作品的生动细读。并着重考察各个时代的重要文学思潮与流派，探索文学史发展轨迹，从新的视角诠释中外作家与作品，探讨文学与历史、文学与当代社会、文学与文化的深层联系。聚焦时下文坛热点，呈现文学艺术研究的丰富全貌。

(5) 教育类：精选国内数千种报刊之精华，汇集国内外教育学研究重要成果，并在原有的基础上进行二次加工使其精上加精，内容包括教育方针、政策、教育基本理论，包括中小学教育、高等教育、成人教育、职业技术教育、体育教育、思想政治教育和心理学教育等方面，全方位、多层次地反映了教育改革的热点和前沿问题，为使用者学习和工作提供帮助，是教育学各学科研究人员和各级教育行政部门制定教育政策的重要参考。

(6) 经济学与经济管理类：精选宏观与微观经济领域的优秀论文，以翔实的资料、丰富的内容，具有代表性的观点展现了经济管理及经济史等方面的研究成果，全面、准确反映了经济管理学科的研究发展方向。涉及经济学理论的深度阐释、具体经济现象解析、当前经济管理研究、经济学领域的热点问题、当代经济学研究的前沿学术动态等。

(7) 历史类：荟萃史学理论研究、方法探讨、各断代史、各专史的最新史料、最新发现、史学理论与史学方法、史学与史观、人物与事件、文物与考古、史料与典籍、探索与争鸣、动态与热点等。

(8) 文化信息传播类：涵盖文化类，包含文化理论研究、产业发展、传统及中外文化发展、交流与比较等内容；媒介经营管理类，包含传媒前沿思考、理论研究及业界动态、出版理论研究、图书与期刊编辑、营销、发行研究、档案管理、档案数字化建设、国内外档案管理的先进技术和方法、图书馆学、情报工作理论及实践研究、数字图书馆建设、信息资源管理、服务及信息法规建设等研究成果。

(9) 其他类：包括地理、生态环境与保护和军事等学科。

数据库网址：http://ipub.zlzx.org/

6.3 中国资讯行全文数据库

中国资讯行是香港专门收集、处理及传播中国商业信息的企业，其全文数据库建于1995年，目前已拥有100亿汉字总量、1 000余万篇文献，并以每日逾200万汉字的速度更新，内容包括中国经济新闻、中国商业报告、中国法律法规、中国统计数据、中国上市公司文献、香港上市公司资料、中国中央及地方政府机构、中国企业产品、中国人物以及医疗健康信息、名词解释等。

数据库网址：http://www.infobank.cn/（香港）或 http://www.bjinfobank.com/（北京）
数据库详细介绍及检索方法详见第七章"事实和数值型数据库"。

第七节　互联网上的全文服务

尽管全文数据库的数量增长很快，但以文摘索引为主的参考数据库仍然以其广泛集成、收录内容丰富、检索系统先进甚至免费提供检索服务而得到用户的广泛使用。为了能够满足用户尽快和直接拿到一次文献的需求，一些参考数据库就以自己的数据库为基础，为用户开发提供全文服务。而即使是全文数据库，对没有全文、只有题录文摘的内容，也提供一部分原文传递服务。

目前这种基于互联网进行的全文服务大致可以分为两种类型：全文链接服务和原文传递服务。

7.1 全文链接服务

用户在数据库中找到一篇适用的文献，通过系统提供的全文链接按钮，直接链接到其他数据库或其他系统中的原文文献，称为全文链接服务（Link to Full Text）。这种链接是通过系统与系统之间的协议或接口，数据库和数据库之间内容的整合实现的，是直接链接到具体文献（Title to Title），而不是仅仅链接到系统首页或某种资源集合（如一种期刊、一个数据库），后者是让用户必须再次检索。

对于二次文献数据库商来说,要实现跨系统的全文链接——即链接到一次文献提供商的系统中去,就必须与一次文献提供商之间就系统接口和元数据的使用达成协议,且用户也必须购买了所需一次文献的使用权,如图 4-13 所示。

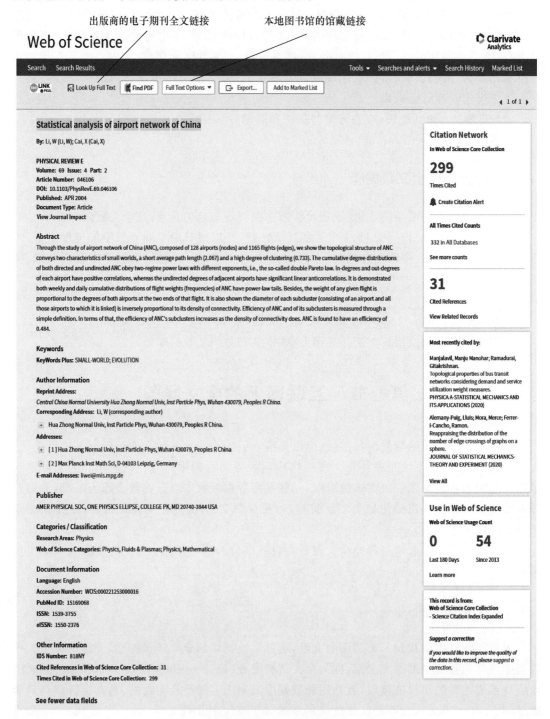

图 4-13 全文链接示例:Web of Science 系统

在这个例子中,用户在"科学引文索引"(Science Citation Index,SCI)数据库中检索到一篇美国物理学会(American Physical Society,APS)的期刊论文,由于出版者科睿唯安公司已经与 APS 达成协议,而且用户也已经购买了 APS 的电子期刊,因此在用户界面上出现了一个全文链接按钮,用户单击之后,即可以直接链接到 APS 网站上的这篇文献。

已经与科睿唯安公司达成协议的全文出版商很多,如美国物理联合会(American Institute of Physics,AIP)、美国物理学会(APS)、爱思唯尔科学/科学指南(Elsevier Science/ScienceDirect)、HighWire 出版社(HighWire Press)、卡尔格(S. Karger AG)公司、自然出版集团(Nature Publishing Group,NPG)、英国皇家化学学会(Royal Society of Chemistry,RSC)、美国工业与应用数学学会(Society for Industrial and Applied Mathematics,SIAM)、英国内分泌学会(Society for Endocrinology,SFE)、施普林格(Springer)出版社、Wiley-Blackwell 等。达成的协议越多,用户就可以越方便地直接链接到全文。

其他采取这种全文链接服务方式的二次文献出版商还有 ProQuest 剑桥科学文摘(Cambridge Scientific Abstracts,CSA)、OVID 等公司。

对于同时出版一次文献和二次文献的数据库商来说,则主要是在系统内部将一次文献和二次文献数据库链接起来。例如,OCLC 发行的书目、文摘、索引的参考数据库,如"经济学文献数据库"(EconLit)、"医学文献"(MEDLINE)、"心理学文献"(PsycINFO)、"社会科学文摘"(Social Sciences Abstracts)等,就与全文数据库电子期刊馆藏联机(Electronic Collections Online,ECO)有链接,用户只要购买了 ECO,就可以从文摘索引数据库中直接单击看到 ECO 的全文。

同样,EBSCO*host* 也具有这种功能,可以直接链接到 EBSCO 的电子期刊系统的具体文献中。

这种全文链接服务,与电子期刊之间的引文链接(Reference Linking)服务原理和服务都有所不同,详见本书第一章和第五章的相关说明。

7.2 原文传递服务

即二次文献数据库具备网上检索和发送原文传递请求的功能,用户检索到所需文献后,单击"原文传递"按钮,将索要全文的请求直接发送给数据库提供商或图书馆,图书馆、提供商或提供商委托的文献提供单位为用户提供原文传递服务(Document Delivery)。目前有这项服务的国内外数据库有以下几个。

7.2.1 Ingenta

由于合并了原来的 UnCover 公司,因此 Ingenta 是目前世界最大的期刊目次数据库之一,该库收录期刊超过 2 万种,拥有期刊文章索引(或文摘)700 多万篇,广泛覆盖了自然科学与社会科学领域的多种学科,大约有 51% 属于科学、技术、医学和农林,40% 属于社会科学、政法、商业,9% 为艺术和人文科学。数据库更新及时,基本与印刷本期刊出版时间保持同步,因此可以检索到最新的文献信息。数据库中收录的文章,绝大部分可以提供全文服务;出于版权问题的考虑,采用了传真传递方式,24 小时即可拿到全文。Ingenta 的特点是速度快、保障率高、价格较贵。

数据库网址:http://www.ingentaconnect.com/

7.2.2 ProQuest 系统博硕士论文数据库(PQDT)

在该数据库中检索到的论文摘要 95% 以上可以拿到全文,美国本土的用户可直接在网上使用信用卡付款并得到 PDF 文件,其他地区的用户一般采用预先付款开账号(Deposit Account)的方式,UMI 公司通过邮政快件向用户提供原文复制件,时间一般为 1~2 周。详细介绍请见第八章"特种文献资源"。

此外,OCLC、科睿唯安、大英图书馆(British Library)等也都有这种全文传递服务,但并不是仅仅基于数据库进行的,这里不再详述。

国内目前可提供这种服务的数据库有中国高等教育文献保障系统、国家科技图书文献中心、中国高校人文社会科学文献中心等,由于这些数据库系国家投资的公益性项目,因此提供免费的数据库检索服务。

7.2.3 高等教育文献保障系统数据库

高等教育文献保障系统(China Academic Library & Information System,CALIS)是为高校提供文献信息保障的资源网络,既是国家"211 工程"的公共服务体系之一,也是高校图书馆的联盟。它在"CALIS 联合目录公共检索系统"上发布的资源如图书、期刊、学位论文、古文献和其他特色资源等,大部分可提供文献传递服务;用户在网上检索到所需文献之后,只要有权限许可,就可以直接发送馆际互借或文献传递请求(如图 4-14 所示)。随后由收藏文献的图书馆提供全文。

图 4-14 原文传递服务示例:CALIS 联合目录公共检索系统

数据库内容介绍和使用方法见本书第三章。

网址：http://opac.calis.edu.cn/opac/simpleSearch.do

7.2.4 国家科技图书文献中心数据库

国家科技图书文献中心（National Science and Technology Library,NSTL）的"国际科学引文数据库"（Database of International Science Citation,DISC）是以科学引证关系为基础的外文文献数据服务系统。系统集成了"NSTL外文期刊文献数据库"（17 000多种外文期刊）和优选的理、工、农、医各学科领域的3 000多种优秀西文期刊的引文数据，并揭示和计算了文献之间的相关关系和关系强度，为科研人员提供了检索发现世界上重要的科技文献，了解世界科学研究与发展脉络的强大工具。

系统提供文献发现的功能，用户可以从集成的大规模外文文献数据集合中检索和浏览信息。为帮助用户更好地定位需要的文献，系统提供了检索结果的可视化分析功能，可以通过检索结果分组、关键词云图、论文发表年代分布、被引年代分布、作者合作关系状态、引用强度等可视化分析图形，实时联机分析检索结果，帮助用户在大量的检索集合中根据文献间的相关关系找到自己需要的文献。同时系统也提供引文检索的功能，以发现一篇文献的被引用情况、一个作者的论文影响力、一种期刊、图书、专利等文献的影响力，从而获取在科学研究中产生重要影响的有价值的文献信息。NSTL文献库收录所有来源刊文献3 932万余条，独家收藏印本期刊超过6 000种。DISC收录来源刊文献1 136万余条，收录来源刊文献的参考文献3.78亿余条。系统与NSTL文献原文传递和代查代借系统无缝链接，用户在网上检索到所需文献之后，只要有权限许可，就可以快速获取文献全文。随后由收藏文献的图书馆提供全文。

使用NSTL的文献传递服务需事先进行注册，数据库使用方法及用户注册方法详见本书第三章"中文参考数据库"。

网址：http://www.nstl.gov.cn/index.html

7.2.5 中国高校人文社会科学文献中心数据库

中国高校人文社会科学文献中心（China Academic Social Sciences and Humanities Library,CASHL,详细介绍见第二章）拥有国内最多的人文社科外文文献资源，可供服务的人文社科核心期刊和重要期刊达到6.2万余种，印本图书达350余万种，电子资源数据库达16种。除此之外，CASHL还提供高校人文社科外文期刊目次库和高校人文社科外文图书联合目录等数据库，提供数据库检索和浏览、书刊馆际互借与原文传递、相关咨询服务等。任何一所高校，只要成为CASHL成员馆，即可享受服务和相关补贴。普通用户只需要在开世览文注册，即可以使用CASHL的借书和文献传递服务。开世览文原文传递服务如图4-15所示。

CASHL以开世览文网站为公共服务门户，由北京大学、复旦大学、武汉大学、吉林大学、中山大学、南京大学、四川大学、北京师范大学、东北师范大学、华东师范大学、兰州大学、南开大学、厦门大学、山东大学、清华大学、浙江大学和中国人民大学17所大学联合服务，最主要服务内容介绍如下：

（1）原文传递服务：用户在开世览文平台上查找到期刊目次及其收藏图书馆（如北京大

学图书馆或者复旦大学图书馆)之后,可以发送文献传递请求给收藏馆,收藏馆可以在几个小时到 3 天之内将原文发送到用户手中。

(2) 图书借阅服务:用户在开世览文平台上查找到图书目录及其收藏图书馆(如北京师范大学图书馆或武汉大学图书馆)之后,可以发送借书请求给收藏馆,收藏馆会很快将图书邮寄到用户手中。

(3) 代查代检服务:对 CASHL 没有收藏的文献,也会通过代查代检服务帮用户找到文献。

(4) 个性化服务:在请求处理过程中,用户还可以登录跟踪情况。此外,用户可以通过登记,定制最新目次报道。

CASHL 已拥有近 900 家成员单位,个人直接注册用户达 17.3 万多个,服务惠及上千万个用户,累计提供文献服务近 2 200 万件,其中手工文献服务已突破 130 万件,文献平均满足率达 96.29%,服务时间缩短为 1.87 天。

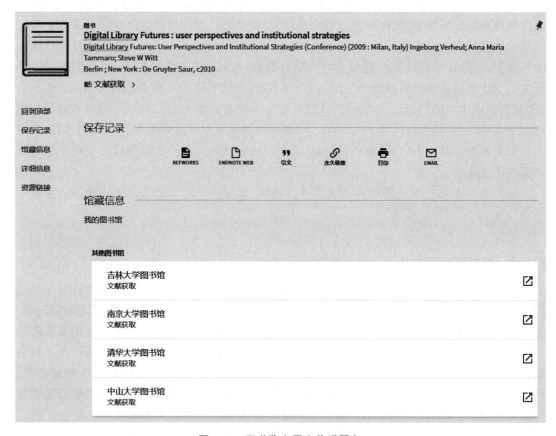

图 4-15　开世览文原文传递服务

网址:http://www.cashl.edu.cn/

【思考题】

1. 请分别从期刊收录、更新和滞后情况,检索功能、技术和结果以及用户服务等方面比较 ABI、BSC 两个商业类数据库和 PRL、ASC 两个学术类数据库。

2. 可以从哪些数据库中查询到中国共产党成立一百年（1921—2021 年）的英文历史档案？

3. 法律类全文数据库的检索是很有特点的，试比较 Lexis.com、Westlaw 和威科先行三大法律数据库的检索特点。

参考文献

[1] 孙淑扬. 档案管理与计算机[M]. 北京：档案出版社，1987.

[2] 丁海斌，方鸣，陈永生. 档案学概论[M]. 沈阳：辽宁大学出版社，2012.

[3] 肖珑. 互联网上的全文数据库与全文服务[J]. 大学图书馆学报，2000(3)：3-8.

[4] 肖珑. 国外网络数据库的引进与使用[J]. 现代图书情报技术，2000(2)：58-60.

[5] Nancy Sprague, Mary Beth Chambers. Full-Text Databases and the Journal Cancellation Process[J]. Serials Review, 2000, 26(3): 19-31.

[6] Deborah F Bernnard, Y. Hollingsworth. Teaching web-based full-text databases: New concepts from new technology[J]. Reference & User Services Quarterly, 1999, 39(1): 63-70.

[7] 北京大学图书馆. 北京大学图书馆主页[EB/OL]. [2022-03-18]. https://www.lib.pku.edu.cn/portal/.

[8] ProQuest. ProQuest 数据库产品[EB/OL]. [2022-03-18]. https://www.proquest.com/APAC-CN/.

[9] ProQuest. ProQuest 系统[EB/OL]. [2022-03-18]. http://search.proquest.com/.

[10] ProQuest. ProQuest 系统帮助[EB/OL]. [2022-03-18]. http://search.proquest.com/help/.

[11] EBSCO Information Services. EBSCO 数据库产品[EB/OL]. [2022-03-18]. http://www.ebscohost.com/.

[12] EBSCO Information Services. EBSCO*host* 系统[EB/OL]. [2022-03-18]. http://search.ebscohost.com/.

[13] EBSCO Information Services [EB/OL]. EBSCO*host* 系统帮助. [2022-03-18]. http://support.ebsco.com/help/.

[14] Yarrow A, Clubb B, et. Public Libraries, Archives and Museums: Trends in Collaboration and Cooperation[J]. Collaborative Librarianship, 2008: 16.

[15] Gale Inc. Gale 数据库产品[EB/OL]. [2022-03-18]. https://www.gale.com/intl.

[16] Gale Inc. Gale 数据库系统[EB/OL]. [2022-03-18]. https://galeapps.gale.com/apps/auth/.

[17] CINFO-现代信息公司. CINFO-现代信息公司产品[EB/OL]. [2022-03-18]. http://www.cinfo.net.cn/.

[18] Adam Matthew Digital. Adam Matthew 平台系统[EB/OL]. [2022-03-18]. http://

www.amexplorer.amdigital.co.uk/.

[19] NewsBank. Readex 平台系统[EB/OL]. [2022-03-18]. https://infoweb.newsbank.com/apps/readex/.

[20] Coherent Digital，LLC. 南亚研究回溯数据库[EB/OL]. [2022-03-18]. http://www.southasiaarchive.com/.

[21] LexisNexis. LexisNexis 数据库产品[EB/OL]. [2022-03-18]. https://www.lexisnexis.com/en-us/home.page.

[22] LexisNexis. Lexis Advance 系统[EB/OL]. [2022-03-18]. https://advance.lexis.com.

[23] Thomson Reuters. Westlaw 数据库[EB/OL]. [2022-03-18]. http://www.westlaw.com.

[24] Wolters Kluwer. 威科先行数据库[EB/OL]. [2022-03-18]. https://www.wkinfo.com.cn/.

[25] 北京北大英华科技有限公司，北京大学法制信息中心. 北大法宝数据库[EB/OL]. [2022-03-18]. https://www.pkulaw.com/.

[26] 北京法意科技有限公司. 法意科技数据库[EB/OL]. [2022-03-18]. http://www.lawyee.net/.

[27] Institute of Electrical and Electronics Engineers (IEEE). IEEE *Xplore* 系统[EB/OL]. [2022-03-18]. http://ieeexplore.ieee.org/.

[28] 马文峰. 复印报刊资料系列光盘的检索[J]. 大学图书馆学报，1998(1):63-64.

[29] 中国人民大学书报资料中心. 中国人民大学复印报刊资料全文数据库[EB/OL]. [2022-03-18]. http://ipub.exuezhe.com/index.html.

[30] 中国资讯行(国际)有限公司. 中国资讯行全文数据库[EB/OL]. [2022-03-18]. http://www.infobank.cn/.

[31] Ingenta. Ingenta 数据库及服务介绍[EB/OL]. [2022-03-18]. http://www.ingentaconnect.com/.

[32] 高等教育文献保障系统. CALIS 联合目录公共检索系统[EB/OL]. [2022-03-18]. http://opac.calis.edu.cn/opac/simpleSearch.do.

[33] 国家科技图书文献中心. 国家科技图书文献中心[EB/OL]. [2022-03-18]. http://www.nstl.gov.cn.

[34] 中国高校人文社会科学文献中心. 开世览文[EB/OL]. [2022-03-18]. http://www.cashl.edu.cn/.

第五章 电子期刊和报纸

第一节 电子期刊概述

电子期刊是指以数字(或称电子)形式出版发行的期刊,最早产生于 20 世纪 80 年代中期,进入 90 年代以后迅速发展,成为电子出版物中的后起之秀。

电子期刊分为两种类型:一种是印刷型期刊的电子版,主要内容与印刷版相同,但利用网络和计算机技术增加了很多功能,如检索结果和内容的超文本链接、编者和读者的互动交流、相关学科的网站或资料的介绍、利用电子邮件发送最新卷期目次等,《科学》杂志的电子版"科学在线"(Science Online)即为此种类型。另一种属于原生数字资源,是只在互联网上发行的纯电子期刊,完全依托计算机、网络和通信技术编辑、出版和发行,内容新颖,表现形式丰富,如英国物理学会和德国物理学会联合创办的《新物理学杂志》(*New Journal of Physics*,网址 http://www.iop.org/EJ/njp)。

电子期刊与第四章"全文数据库与全文服务"中的期刊论文全文数据库是有区别的:后者由数据库集成商按学科收录,混合各出版商的期刊,中小规模的出版公司的期刊居多;而电子期刊则是由出版商直接出版发行,多为较大的出版商或颇有名气的学会的期刊,按种类、卷期提供使用。

1.1 电子期刊的特点

与印刷版期刊相比,电子期刊的特点是:

(1) 基于互联网产生、出版、发行和使用。出版商或各类出版机构非常注意电子期刊的版权保护,再加之电子期刊的存储是以全文为基础的,占据空间很多,所以电子期刊通常是存储在出版商或各出版机构的服务器(或少数镜像服务器)上,其检索系统是基于浏览器开发的,用户通过互联网访问。

(2) 出版周期短,期刊的时效性强。由于投稿和发行都可以通过电子方式进行,出版和发行的时间缩短了,读者见到电子期刊的时间往往要早于印刷版期刊,因而加快了信息的传递速度。

(3) 使用检索系统,具备检索功能。电子期刊是依托在某个检索系统中的,可以运用刊名、篇名、作者、主题词、关键词、文摘、国际标准刊号(ISSN)等进行检索,读者使用时既可以像印刷版期刊那样逐刊逐期浏览,也可以直接用检索词查找自己需要的内容,方便、快捷。

(4) 具备多种技术功能,尤其是超文本链接功能的使用,包括期刊目次与内容的链接,文章内容与注解、参考文献的链接,其他相关学科出版物、网站链接,文本与图像的链接等,打破了印刷版线性排列方式,使得期刊内容丰富、使用灵活;此外,还使用表格、Java 技术、图像扫描技术等,增加多媒体信息。

(5) 服务功能增加。如期刊目次报道服务,按读者指定的关键词、期刊名称将每期最新的目次推送到用户的电子邮箱;提供编辑部电子邮箱或其他即时交流渠道,如公众号或 QQ 等,读者可以直接在线投稿或与编辑讨论交流;提供在线内容聚合服务(RSS)订阅;将文献题录信息导出到文献管理软件中,等等。

(6) 免费和有偿服务相结合。只有少部分开放获取(Open Access)期刊提供免费使用,大多数期刊都是有偿服务的,即首先要付费,获取使用权,然后才能下载全文。但期刊目次一般都是免费的,即用户可以直接访问该期刊的站点浏览目次,甚至可以免费阅读文摘。还有些期刊采取了灵活的订购政策,读者若不长期订购刊物,也可以根据目次、文摘只订购某一期或某一篇文章。

(7) 访问方便、灵活,即可以做到随时随地访问。使用印刷版期刊,读者往往必须到图书馆或其他收藏地点去,同时受这些地方的开放时间限制;电子期刊是基于互联网开发的,服务器通常是 24 小时开机,用户在家中或办公室里就可以通过互联网访问。

(8) 提供多种文件格式,目前主要是文本文件(HTML 或 XML)或 PDF 格式文件。文本文件的好处是字节数少,占据空间小,传输速度快,使用一般浏览器即可阅读,但文中的图表、图像则必须另行扫描制作,存盘时也必须单独存成一个文件。PDF 文件由于全部是扫描制作的,则避免了上述问题,文中的图像、图表非常清晰,但它是一个图像文件,字节数大,占据空间大,传输速度慢,必须使用 Adobe Acrobat Reader 阅读器阅读,没有超文本链接(如内容与参考文献之间就无法链接)。PDF 文件的使用主要出于两个目的:一是达到印刷版期刊的效果,二是由于文字、图像、期刊标志扫描在一起,较难复制文字,对版权也是一种保护。

(9) 电子期刊特别是过刊的长期保存和永久可靠使用是一个亟待解决的战略问题。目前,电子期刊的维护通常由出版商进行,可以进行修改和更新,但过刊的保存仍旧是一个问题:过刊保存在哪里?如果保存在出版商那里,出版商一旦倒闭、合并或破产怎么办?如果保存在图书馆,图书馆不仅要增加大量的硬件设备以及人力、财力,还面临由谁来更新维护系统和数据库的问题;但如果图书馆不保存维护,一旦不订购电子期刊,则任何期刊也看不到了。另外,由于数字资源本身固有的脆弱性及其对自然环境的依赖性,任何自然灾害、技术失效、组织失败、经济因素、国际政治动荡都会影响数字资源的可持续利用,所以国内外图书馆和出版界都在积极寻求解决问题的途径。2009 年 9 月 3 日,施普林格(Springer)集团与中国科学院国家科学图书馆签订了数字资源长期保存协议和合作意向书,就服务失效时如何对 Springer 为中国其他用户提供服务的有效方法,以及中国国内采购用户停止订购后的检索、获取服务方式等问题进行了探讨,这是我国图书馆界在建立合法、规范和可靠的数字资源长期保存系统方面迈出的坚实步伐。随着数字资源的广泛利用,这一问题将被更加关注。

1.2 电子期刊的出版与服务

电子期刊的出版商和服务商是不同的。出版商是指期刊的直接出版者,决定出版期刊的学科、品种和内容,聘请学者和公司职员一起编辑,进行期刊的经营和营销等。服务商(或称数据库商)则负责向用户提供服务,包括编辑期刊的电子版使之能够上网服务,生产制作电子期刊的检索系统,为用户进行技术服务等。出版商和服务商有时是统一的,即由同一家公司提供出版和服务,但这一般限于较大的出版商。

1.2.1 出版商的主要类型

(1) 商业性出版公司:以盈利为目的的学术期刊出版机构,资金雄厚,出版水平高,名声响亮,技术先进,通常直接向用户提供服务。如荷兰的 Elsevier 公司、美国的 Wiley-Blackwell、英国的 Nature Publishing Group、德国的 Springer 集团等(后两者 2015 年合并为 Springer Nature 公司)。

(2) 学术团体的出版机构:只出版本学科领域的期刊,目的是促进交流,有些期刊甚至免费提供给读者。例如,美国物理联合会(American Institute of Physics, AIP)、美国化学学会(American Chemical Society, ACS)、美国科学促进会(American Association for the Advancement of Science, AAAS)、英国物理学会(Institute of Physics, IOP)、英国皇家化学学会(Royal Society of Chemistry, RSC)等。这一类出版者由于各自出版的期刊品种并不多,因此主要提供电子期刊的内容,检索和技术方面的服务则交由服务商提供。

(3) 大学出版社:出版期刊的目的主要是为了教学和学术交流。1995 年,美国约翰·霍普金斯大学出版社开始与米尔顿·艾森豪威尔图书馆合作实施缪斯计划(Project MUSE),以非营利的形式出版电子期刊,截止到 2023 年,已有近 400 家出版社的 800 多种电子期刊在此出版。美国斯坦福大学的 HighWire 出版社也是专门为出版电子期刊而成立的,收录有生物学、医学、物理学、社会科学和人文科学等领域的期刊、工具书和会议录等 2 000 余种。

(4) 独立出版者:多为个人经营,也并非盈利,以出版纯电子期刊者居多。

1.2.2 电子期刊的服务方式

(1) 由出版商直接向用户提供服务,以大中型商业出版公司居多。

(2) 由服务商提供服务,即出版商与服务商之间签订协议,服务商收集不同出版商出版的不同学科的电子期刊,开发统一的检索系统,再向用户提供服务。这类服务商又叫电子期刊集成商,用户使用多家出版商的电子期刊时,只需访问服务商的站点即可。如 EBSCO 公司的 EBSCO*host*、美国 JSTOR 平台等,使用这类服务的出版商以中小型出版社、学协会出版社为主。

(3) 镜像服务,即由出版商/服务商提供系统和数据库,在本地建立服务器开展服务。

(4) 本地服务,即采用用户本地开发的系统,出版商提供裸数据服务。

1.2.3 期刊最新目次推送服务

这是电子期刊不同于印刷型期刊的最具特色的服务,一般通过电子邮件或 RSS 订阅来实现个性化定制和期刊最新目次推送。有关这两个服务的定义和示例详见本书第一章第四节内容。

1.2.4 用户订购电子期刊的 3 种方式

(1) 以个人用户的名义直接订购。如果该用户已订有印刷版期刊,则免费或只收少量费用就可以使用电子期刊。

（2）以单个机构的名义购买并签订许可协议，再转而向该机构的个人用户提供服务。这些机构通常是学术团体、图书馆、学校等，它们购买之后，出版商为保护自身利益，采取两种方式控制机构用户的访问权限：一是利用机构所在局域网（如校园网）的IP地址范围来控制；二是使用用户名和密码，或者两种方法同时使用。

（3）多个机构联合采购。这种采购方式又称集团采购，联合起来的机构称为一个集团。集团采购的好处是可以使价格降低很多，而由于较多用户的参与，出版商/服务商的服务质量也会提高，这也是图书馆资源共建共享原则在网络环境下的体现。例如高校图书馆数字资源采购联盟（Digital Resource Acquisition Alliance of Chinese Academic Libraries，DRAA）就是一个图书馆联合体，到2022年，已经拥有721所成员馆、90 000多馆次参加了DRAA组织的集团联合采购。

1.3 核心期刊和同行评审期刊

电子期刊的数量越来越多，如何鉴别期刊的学术质量成为一个很重要的问题。一般来讲，人们比较看重的是核心期刊和同行评审期刊。

核心期刊，指的是刊载与某一学科（或专业）有关的信息较多，且水平较高，能够反映该学科最新成果和前沿动态，受到该专业读者特别关注的那些期刊。核心期刊的种类是运用文献计量学的方法，经过复杂的统计和运算最后确定的。目前，外文核心期刊基本以美国科睿唯安公司出版的SCI、SSCI、A&HCI中收录的期刊为准，中文核心期刊以北京大学图书馆编写的《中文核心期刊要目总览》中收录的期刊为准。需要说明的是，这些工具书所收录的核心期刊都是印刷版期刊，因此对于那些纯电子期刊来说，目前尚无关于核心期刊的统计。

同行评审期刊，是指期刊发表的主要文章在发表之前，由编辑部聘请与作者同一学科或同一研究领域的同行专家对论文进行评审，评审时并不公开作者姓名，然后决定是否发表、修改或退稿，这样做的目的主要是为了提高论文和期刊的质量。目前，无论是印刷版期刊的电子版还是纯电子期刊，都拥有大量的同行评审期刊，例如美国数学学会（American Mathematical Society，AMS）的纯电子期刊 *Representation Theory* 就是同行评审期刊。

1.4 电子期刊的检索

1.4.1 检索系统

电子期刊的数据通常分为两部分：一部分为二次文献元数据，包括刊名、篇名、作者、主题词/关键词、文摘、国际统一刊号（ISSN）、卷期、页数、参考文献、文章标识等，为文本格式；另一部分为全文，大多为PDF格式。与全文数据库不同，电子期刊检索系统的检索多集中在元数据部分，很少有全文检索，因此，通常结构较为简单，易学易用。

目前比较著名的电子期刊出版者及其检索系统有：

（1）荷兰爱思唯尔（Elsevier）出版集团的电子期刊及其检索系统ScienceDirect。

（2）德国施普林格（Springer）公司的电子期刊及其检索系统SpringerLink。

(3) 美国约翰威立(John Wiley)公司及其检索系统 Wiley Online Library。

(4) 美国斯坦福大学 HighWire Press 电子期刊及其检索系统。

(5) 美国约翰•霍普金斯大学出版社与米尔顿•艾森豪威尔图书馆合作实施的学术性电子期刊出版计划 Project MUSE。

(6) 美国多家大学和学术图书馆参与的非营利性过刊回溯项目 JSTOR(Journal Storage)及其检索系统等。

电子期刊集成商或服务商有：

(1) 美国 EBSCO 公司及其检索系统 EBSCO*host*。

(2) 美国 OCLC 的电子期刊集成库 Electronic Collection Online 及其检索系统 FirstSearch。

(3) 美国 Dialog 情报检索系统。

(4) 美国 ProQuest 公司及其检索系统等。

1.4.2 电子期刊导航系统

为了给读者提供一个统一、方便、快捷的电子期刊查询及全文浏览服务，很多图书馆都提供电子期刊导航服务，即按刊名字顺、学科分类和出版商为用户提供指引，用户只需点击刊名，就可以链接到期刊首页，直接阅读期刊，如图 5-1 所示。

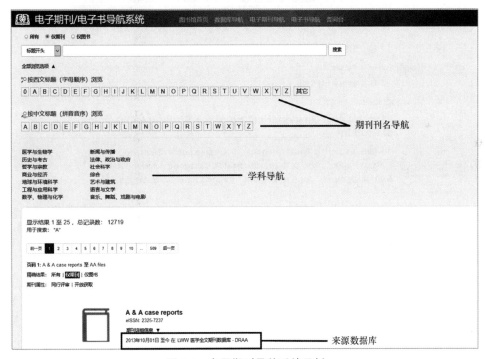

图 5-1　电子期刊导航系统示例

1.4.3 引文链接和 CrossRef

引文是指某篇文献后的参考文献，即这篇文章引用的其他文章。当用户阅读电子期刊的文献时，经常会使用到其中的引文，并且希望通过点击引文题目就可以直接看到引文的原文。这种"篇名—篇名"从引文到正文的链接,就称为引文链接。

引文链接可以发生在同一检索系统内,也可以发生在不同检索系统的文献之间,如:从 Science Online 的期刊引文链接到 Nature 期刊的全文。引文链接不同于我们在第四章中提到的全文链接,后者是指从二次文献数据库到一次文献数据库,是从元数据到正文之间的链接。

基于 CrossRef 的引文链接是最常见的引文链接服务,CrossRef 的发展和工作机制详见第一章第四节"全文链接和全文传递服务"。

CrossRef 引文链接的典型例子是《科学》杂志电子版 Science Online,当找到其中的一篇文章以后,后面会列有一系列参考文献,凡是可以通过引文链接看到原文的,均在后面标注以"CrossRef",单击"CrossRef",即可直接读到原文。当然,前提条件是用户必须购买了被链接的电子期刊的使用权限,否则无法读取原文。CrossRef 链接如图 5-2 所示。

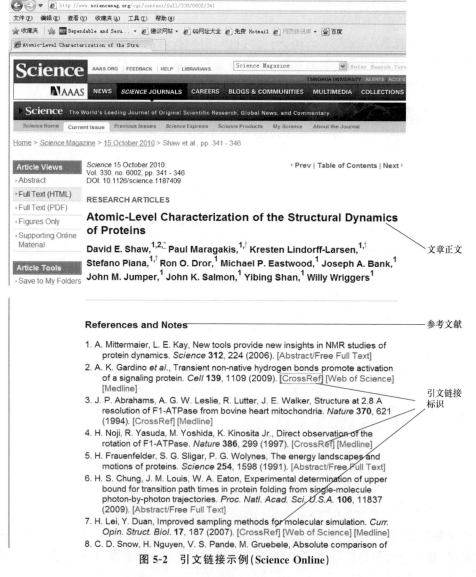

图 5-2　引文链接示例(Science Online)

第二节 综合性西文电子期刊

综合性西文电子期刊数据库收录的期刊覆盖多个学科领域，具有内容广泛、学术性强、核心期刊占比大等特点。一般都由大型商业出版社出版，比较著名的如荷兰的 Elsevier、美国的 John Wiley、德国的 Springer（现为 Springer Nature）等，这些出版商出版的期刊在质量和学术性方面的品质较高。

2.1 爱思唯尔（Elsevier）电子期刊

荷兰的 Elsevier 是世界著名、也是规模最大的学术期刊出版商，截止到 2022 年，已经出版有 4 000 多种经同行评审的学术期刊（包括原来著名的美国学术出版社（Academic Press）出版的期刊），可在线访问 2 000 多万篇文献。Elsevier 电子期刊的服务平台为 ScienceDirect。

ScienceDirect 平台上的资源分为 4 大学科领域：自然科学与工程、生命科学、健康科学、社会科学与人文科学，涵盖了 24 个学科（如表 5-1 所示），其中又以医学与口腔学以及生物化学、遗传学和分子生物学这两类期刊为主，占其期刊总数的 53.82%；许多高品质的期刊如《柳叶刀》（*Lancet*）和《细胞》（*Cell*）均在其中。根据 2022 年版 JCR，*Lancet* 的影响因子为 168.9，排在全部科技期刊的第 2 位；*Cell* 的影响因子为 64.5，排在全部科技期刊的第 19 位。

表 5-1 ScienceDirect 电子期刊学科分布

序号	学科中文名称	学科英文名称	种数（个）	比例（%）
1	医学与口腔医学	Medicine and Dentistry	2047	41.11
2	生物化学、遗传学和分子生物学	Biochemistry, Genetics and Molecular Biology	633	12.71
3	工程学	Engineering	497	9.98
4	社会科学	Social Sciences	490	9.84
5	农业与生物学	Agricultural and Biological Sciences	418	8.40
6	材料科学	Materials Science	349	7.01
7	神经系统科学	Neuroscience	342	6.87
8	化学	Chemistry	298	5.99
9	护理与健康	Nursing and Health Professions	293	5.88
10	计算机科学	Computer Science	280	5.62
11	环境科学	Environmental Science	263	5.28
12	免疫学和微生物学	Immunology and Microbiology	262	5.26
13	药理学、毒理学、药物学	Pharmacology, Toxicology and Pharmaceutical Science	236	4.74
14	物理学与天文学	Physics and Astronomy	232	4.66
15	地球与行星学	Earth and Planetary Science	232	4.66

续表

序号	学科		种数（个）	比例（%）
	中文名称	英文名称		
16	心理学	Psychology	225	4.52
17	化学工程	Chemical Engineering	202	4.06
18	能源	Energy	188	3.78
19	商业、管理和财会	Business, Management and Accounting	183	3.68
20	经济学、计量经济学和金融	Economics, Econometrics and Finance	172	3.45
21	数学	Mathematics	152	3.05
22	决策科学	Decision Sciences	109	2.19
23	兽医科学	Veterinary Science and Veterinary Medicine	98	1.97
24	艺术与人文科学	Arts and Humanities	97	1.95
	合计		4979*	

* 其中部分期刊属于多学科，故各个学科期刊所占比例超过100%。

数据库网址：http://www.sciencedirect.com/

2.1.1 检索功能

Elsevier 的电子期刊平台 ScienceDirect 有浏览和检索两种功能，检索包括快速检索和高级检索。

（1）浏览。系统主要提供两种浏览功能：按题名字顺浏览和按学科主题浏览；此外，用户浏览时还可以对文献类型、期刊状态、获取类型等分别加以限定，文献类型包括期刊、图书、指南、工具书和专著丛编，期刊状态可以选择是否包含已接收的稿件（Accepts Submissions），获取类型包括订阅与免费获取、开放获取等。

① 按题名字顺浏览：将所有期刊按照题名字顺排列，单击期刊题名进入该刊的详情页面，可以浏览该刊的相关信息，包括：影响因子、最新期次、待刊文章可访问情况、高被引论文、RSS 订阅服务、卷期通报服务等。按题名字顺浏览时，也可对当前浏览期刊的内容进行检索。

② 按学科主题浏览：将期刊按 4 大学科领域的 24 个学科类目分类，每一类下再按字母顺序排列。学科主题浏览的显示内容和操作与题名字顺浏览方式相同。

（2）检索。

快速检索（Quick Search）。可以使用全文检索、作者名检索或按特定期刊的刊名、卷期和页码等进行检索，检索范围是所有期刊、图书、指南、工具书和专著丛编。该方式使用起来很方便，不足是检索精度不够。

高级检索（Advanced Search）。默认检索范围是所有资源，可检索字段包括：全文、刊名/书名、出版年、作者、作者单位、题名/文摘/作者关键词、题名、卷、期、页码、国际统一刊号（ISSN）、参考文献。

此外，还可以限定文献类型，包括：综述、通讯、专利报告、研究型论文、数据论文、指南、百科全书等。

高级检索界面如图 5-3 所示。

图 5-3　ScienceDirect 高级检索

2.1.2　检索技术

字检索与词检索：系统默认的是字检索，如果要检索一个词组，就必须使用引号，表示几个检索字必须相邻并按顺序出现，例如，键入"hypermedia database"，检索结果只包含这个词；如果键入的是 hypermedia database，没有引号，检中的结果则将 hypermedia 和 database 处理为不连续的两个字，字与字之间为 AND 的关系。使用引号时，字间的符号会被忽略掉，如"heart attack"或者"heart-attack"检索到的结果是一样的；通配符则按照通配符的含义处理，如"criminal * insan *"可以检索到"criminally insane"和"criminal insanity"等。如果要进一步进行词组的精确检索，则需要把检索词放在｛｝内。放在｛｝内的符号、停用词、特殊字符等都不能被忽略，通配符也被作为普通字符处理。

布尔逻辑：在同一检索字段中，可以用算符 AND、OR、NOT 来确定检索词之间的关系，但算符要大写。如果没有算符、引号和｛｝，系统默认各检索词之间的逻辑关系为 AND。

嵌套检索：可使用括号将有限检索的词括起来进行检索，如输入 blood AND(brain OR barrier)，系统就会优先检索 brain OR barrier，然后再将结果与 blood 匹配。

截词检索：可使用"*"作为截词符替代检索词中的 0 个或多个字符，如：h*r*t 可以检索到"heart""harvest""homograft""hypervalent"等。用"?"精确替代一个字符，如 gro? t 可以检索到"grout"或"groat"，但不能检索到"groundnut"。此外，检索式中字母大小写不区分；运用单数形式的单词去检索时，可以把复数和所有其他格式的内容检索出来。如：用 city 可以检索到"city""cities""city's"；用"criterion"可检索到"criterion"和"criteria"。

位置算符：有 W/n 和 PRE/n 两种位置算符。W/n 表示两个检索词相隔最多不超过 n 个单词，两检索词出现的前后顺序不限，如：pain W/15 morphine 表示检索结果中 pain 和 morphine 之间相隔的词不能超过 15 个，两词的前后顺序不限制；PRE/n 表示第 1 个检索词应在第 2 个检索词之前，两词相隔最多不超过 n 个词，如：behavioural PRE/3 disturbances 表示 behavioural 应在 disturbances 之前，两词相隔最多不超过 3 个词。注意：算符 W 和 PRE 一般不能在同一个检索式中出现，除非有括号出现。

检索限定：见"高级检索"。

禁用词表：禁用词一般不会被检索，除非它们出现在引号或{}内，如表 5-2 所示。

表 5-2　ScienceDirect 平台禁用词表

about	by	hence	obtained	since	used
again	can	her	of	so	using
all	could	here	often	some	various
almost	did	him	on	such	very
also	do	his	onto	than	viz
although	does	how	or	that	was
always	done	however	our	the	we
am	due	if	overall	their	were
among	during	in	perhaps	theirs	what
an	each	into	quite	them	when
and	either	is	rather	then	where
another	enough	it	really	there	whereby
are	especially	its	regarding	thereby	wherein
as	etc	itself	said	therefore	whether
at	ever	just	seem	these	which
be	for	made	seen	they	while
because	found	mainly	several	this	whom
been	from	make	she	those	whose
before	further	might	should	through	why
being	had	most	show	thus	with
between	hardly	mostly	showed	to	within
both	has	must	shown	too	without
but	have	nearly	shows	upon	would
	having	neither	significantly	use	you

注：（1）"not"不是禁用词，而是一个保留词，如果"not"是检索词的一部分时，应放在{ }内检索，如：检索"not contested"，应键入{not contested}；

（2）"a"不是禁用词，而是一个通用词，如果"a"是检索词的一部分时，应放在{ }内检索，如：检索"one in a million"，应键入{one in a million}。

检索过程中可以随时查看"Search Tips"来了解检索技巧。

2.1.3　检索结果

（1）检索结果列表。默认按相关性排序，也可以选择按时间来排序。每一条命中记录包括篇名、刊名、卷期、日期、作者、文摘、HTML 或 PDF 全文链接等（如图 5-4 所示）。

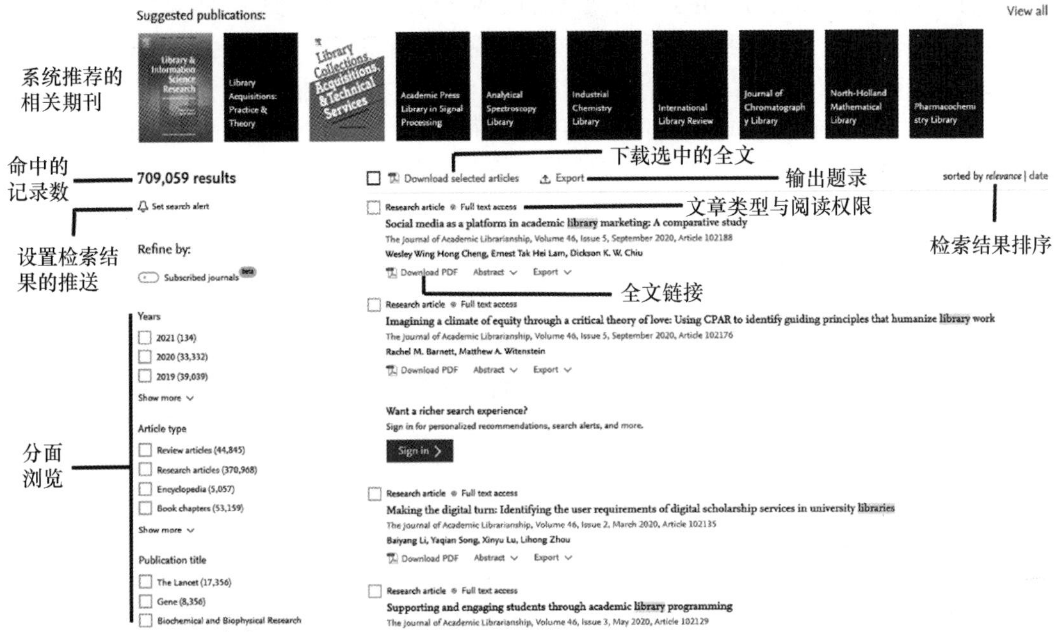

图 5-4 ScienceDirect 检索结果

(2) 标记和输出记录。每一条记录的第一行标识了该论文的文献类型（如综述论文、研究论文等）和访问方式（如全文获取、开放获取等）。对结果集的处理主要有两种方式：

① 输出引文：可以将选中的检索结果的清单或题录信息以文件形式导出，可直接导入到参考文献管理软件 RefWorks 中，可以导出为 RIS 格式（支持 Reference Manager、ProCite、EndNote 等文献管理软件），也可以是纯文本 ASCII 或 BibTeX 格式（在 LaTeX 环境或者支持 Bibshare 插件的 MS Word 中使用）。

② 下载全文：允许用户登录后，把选定的多个检索结果一次下载下来，一次最多可下载 100 篇全文。

(3) 二次检索。用户可以在检索结果页面的左侧进行分面浏览并提炼检索结果，命中的检索结果分别按照年代、文献类型、刊名、获取类型 4 个分面列出，用户可以选择只查看某一个分面的结果。

(4) 引文服务。在参考文献中凡是具有全文访问权限的都可以直接或者通过 CrossRef 调度全文，非常方便。此外系统还给出了该文章在 Scopus 数据库中的被引用次数、相关文章和相关参考工具书的条目。

2.1.4 用户服务

个性化服务主要包括两部分：近期操作（My History）和快速链接（Quick Links），近期操作记录的是用户最近 100 次的操作（执行的检索或者阅读的论文等）；快速链接为用户常用或者喜爱的期刊、ScienceDirect 网站和其他网站中的热门页面建立快速链接，减少读者切换次数或者点击次数，以提高效率。

(1) 个性化服务的管理：在系统中注册账户后，只要登录就可使用个性化服务功能。

注册用户单击页面上方的用户名可管理自己的个性化服务界面，内容包括：根据近期的检索行为进行个性化资源推荐、近期操作、添加或删除通报服务项目、更改密码等。

(2) 个性化服务的定制：定制个人喜爱期刊及其相关卷期通报服务，用户可以在每种期刊的卷期目次页上，选"Set Up Journal Alerts"进行定制。此后这些期刊就会出现在"通报服务"(Alerts)中，如果有新的卷期，系统就会自动发送到用户邮箱里，大大提高了用户获取文献的效率。

通报服务及其管理包括两种服务：一是卷期通报，用户感兴趣的期刊有新的卷期入库时，系统会自动通知用户；二是检索通报，用户完成检索后，选择"Set Search Alert"功能，即可定制检索通报服务，今后只要有新的文章出现，系统就会自动发送到用户邮箱里。

RSS 订阅服务：在书刊详情页面，点击图标 ，系统就给出一个 RSS 源地址，利用浏览器的 RSS 功能或者把这个地址拷贝到用户的 RSS 阅读器中，即可完成 RSS 订阅。ScienceDirect RSS 订阅服务主要提供新刊上的文章的信息。

2.2　施普林格(Springer)电子期刊

Springer 已经有 180 多年的发展历史，以出版期刊、图书、工具书等各类学术性出版物而著名。2004 年 Springer 与克鲁维尔学术出版社(Kluwer Academic Publisher)合并，2015年又与麦克米伦科学与教育(Macmillan Science and Education，含世界著名期刊 *Nature*)的多数业务合并，合并后的新公司被命名为施普林格·自然(Springer Nature)，是全球综合性的顶级出版商之一。

施普林格·自然已出版 3 000 多种期刊，内容包括生物医学、商业与管理、化学、计算机科学、地球科学、经济学、教育学、工程学、环境科学、地理学、历史、法学、生命科学、文学、材料科学、数学、医学与公共健康、药学、哲学、物理、政治学与国际关系、心理学、社会科学、统计学等 24 个学科范畴。其中医学与公共健康(688 种)、生命科学(360 种)、工程学(264 种)、生物医学(210 种)、数学(194 种)的期刊在 SpringerLink 最为丰富，约占期刊总数的 54%。

国家科技图书文献中心(NSTL)已于 2008 年 5 月购买了施普林格回溯数据库(Springer Online Archive Collections，OAC)的全国使用权，用户可免费访问 OAC 数据库的内容。OAC 的内容为 1996 年以前(含 1996 年)的出版物。

数据库网址：https://link.springer.com/

2.2.1　检索功能

Springer 的检索系统名称为 SpringerLink，提供浏览、基本检索和高级检索功能。

(1) 浏览。提供学科浏览功能，单击某个学科，进入该学科页面。也可以按内容的类型来浏览，包括(期刊)论文(Articles)、(图书)章节(Chapters)、会议论文(Conference Papers)、参考文献(Reference Work Entries)、实验室指南(Protocols)、视频(Videos)。

(2) 检索。

基本检索(Search)：可在题名、文摘、参考文献、全文中进行检索。

高级检索(Advanced Search)：通过对检索词、题名、作者、日期等限定，进一步缩小检索范围,提高检索的精度。还可以对检索结果的范围进行限定,若勾选"Include Preview-Only content"将包括访问权限内和权限外的所有结果,否则只显示访问权限内的结果(如图 5-5 所示)。

图 5-5　SpringerLink 高级检索页面

2.2.2　检索技术

布尔逻辑:支持 AND、OR、NOT 算符,可以在检索式中直接使用。如:Insulin NOT Diabetes。

字检索与词检索:系统默认为字检索,精确匹配要使用引号。化学符号和数学方程最好放在引号内检索。

词根检索：系统默认词根检索，不必用通配符。

特殊字符检索：由于德文、法文中存在很多特殊字符，推荐使用通配符进行检索，如使用 B?nard 来检索 Bénard 等。

2.2.3 检索结果

通过勾选黄色区域内的过滤选项"Include Preview-Only content"来确定检索结果的显示范围。勾选该选项将显示全部检索结果，否则只显示访问权限内的检索结果。

检索结果可按相关性、由新到旧、由旧到新的时间顺序排列，并可按内容类型、学科、子学科、语言等过滤选项优化检索结果。记录提供内容类型（如：Article、Chapter 等）、题名、作者、出处和全文链接（PDF、HTML 格式）。单击"Date Published"可以将文献定位到较准确的出版年。单击检索结果右上方的箭头"⬇"可将检索结果以 CSV 格式下载。

2.2.4 用户服务

注册用户可以设置邮件通报服务和在线订阅书评等，同时可对自己的文章进行引文跟踪（Citation Alert）等。

2.3 约翰威立(John Wiley)电子期刊

John Wiley 成立于 1807 年，是美国最古老的出版公司之一，也是科学、技术和医学类期刊、图书、各类参考工具书的综合性出版商，出版的期刊学术质量很高，很多是相应学科的核心刊物。2007 年 2 月，John Wiley 与全球最大的学协会出版机构，在科学技术、医学、社会科学以及人文科学等学科领域享有盛誉的布莱克威尔出版公司（Blackwell Publishing）合并，合并后的期刊服务也称为威立-布莱克威尔（Wiley-Blackwell）。

Wiley-Blackwell 收录了 1 700 多种同行评审期刊，这些期刊以及 27 000 多种电子图书和 200 多本参考工具书，成为生命科学、健康和保健科学、医药、人文和社会科学领域的跨学科在线资源合集——威立在线图书馆（Wiley Online Library）。

Wiley-Blackwell 出版的期刊中，理科方面以医学(705 种)、生命科学(538 种)、化学(299 种)、心理学(211 种)等学科为主，人文社科领域以商业与管理学(192 种)、经济学(168 种)、教育学(150 种)、政治学(149 种)等学科为主。

数据库网址：http://onlinelibrary.wiley.com/

2.3.1 检索功能

Wiley-Blackwell 电子期刊的检索系统为 Wiley Online Library，其特点是将 John Wiley 出版的电子图书、期刊和参考工具书放在同一个检索平台上，为用户使用提供方便。

(1) 浏览。主页列出 17 个学科主题（Subjects），单击每个学科名称，可进一步分主题（Topics）浏览，并可使用"筛选"功能（Filters）精选浏览结果。

也可按照期刊名称进入该刊首页，按卷期浏览文章，包括已发表文章的浏览和已经在网上出版、但尚未安排卷期号文章的提前阅读（Early View）。此外还提供期刊的详细信息，包括刊名、编者、期刊的影响因子、该刊在 JCR 中的本领域期刊的排名,如:期刊 *Agricultural Economics* 下有信息:ISI Journal Citation Reports© Ranking:2022:7/22(Agricultural Economics & Policy)81/380(Economics),表示根据 2022 年版 JCR,该刊的影响因子在农业经济与政策领域的 22 种期刊中排在第 7 位,在 380 种经济学刊物中排在第 81 位。

(2)检索。

快速检索(Quick Search):系统默认的是对所有内容进行检索,在搜索框输入关键词后系统会弹出包含有这个关键词的期刊、图书或者作者名供选择。

高级检索(Advanced Search):默认是在所有字段中进行检索,也可选择字段检索,包括:文章题名、作者、关键词、文摘、作者单位、资助机构(如图 5-6 所示)。

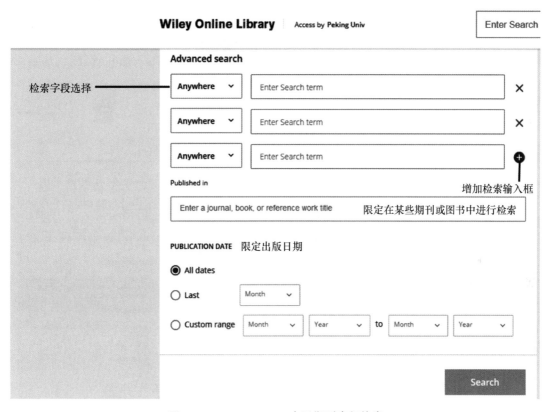

图 5-6　Wiley-Blackwell 电子期刊高级检索

2.3.2　检索技术

布尔逻辑:使用 AND、OR、NOT 算符。

字检索与词检索:系统默认为字检索,精确匹配要使用引号。如"gene therapy",布尔逻辑算符 AND、OR、NOT、NEAR、NEXT 如果作为检索词的一部分时,必须放在括号内,否则当布尔逻辑算符处理。

嵌套检索:可以使用括号将优先运算的检索式括起来。如:(brain AND serotonin) OR (brain AND dopamine)。

通配符：使用"＊"号表示多个字符匹配，使用"？"表示单个字符匹配。

检索限定：可以按出版物名称、出版日期等进行限定。

2.3.3 检索结果

检索结果列表：使用挂锁图标加文字的方式标明文章或章节的访问权限，🔓 Free Access 表示所有用户均免费访问，🔒 Full Access 表示通过当前订阅服务访问。可按文献类型、年份、访问权限、学科、出版物名称、作者等筛选检索结果。

检索结果排序：可以按相关度、出版日期等排序。

记录格式：包括题名、作者、刊名、卷期、出版日期、DOI，同时提供文摘、全文、参考文献、引文信息等。

文件格式：一般都是 PDF 格式，有些支持 HTML 和 PDF 两种格式。HTML 格式具有方便的"跳转"导览功能，参考文献部分提供内部（指 John Wiley 出版物）或外部参考文献来源的链接，外部链接包括：CrossRef 的标准引文链接、ChemPort、Chemical Abstract Service（CAS）、PubMed/MEDLINE 等专用引文链接等，如图 5-7 所示。

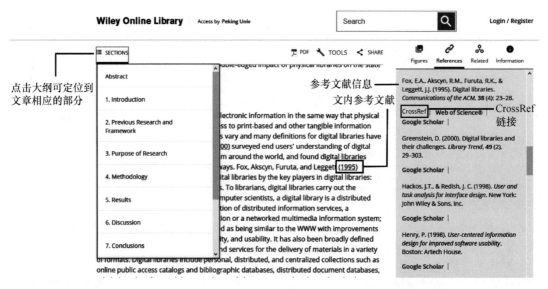

图 5-7 Wiley Online Library HTML 格式全文显示页面及其链接功能

检索结果输出：可将选定文章导出题录信息（Export Citation）。题录信息支持纯文本、RIS、EndNote、BibTex、Medlars 及 RefWorks 格式。

2.3.4 用户服务

（1）通用服务。在每种期刊详情页的右侧，提供投稿、获取样本刊、期刊新内容通报、订阅本刊、RSS 订阅等服务。

（2）个性化服务。用户注册账户后会收到系统发送的邮件，根据邮件中的提示信息激活账号就可使用 Wiley Online Library 的个性化功能。

个人账户提供的服务包括：编辑账户信息，跟踪订单信息，期刊最新内容（包括已接收论文和提供提前阅读的论文)的通报服务、引文通报服务,管理喜爱的文章、章节(Favorite Articles/Chapters),检索通报服务等。

2.4 泰勒 & 弗朗西斯(Taylor & Francis)电子期刊

泰勒 & 弗朗西斯(Taylor & Francis)于1798年在英国伦敦成立,是世界上历史最长的商业杂志出版商,也是全球领先的学术出版机构之一。Taylor & Francis现在已发展成为集团,由Taylor & Francis出版社、Routledge出版社、Psychology出版社、CRC出版社和Garland Science出版社组成,其中,Taylor & Francis以出版科技文献与参考书著称;Routledge出版社主要出版人文科学及社会科学领域的文献;Psychology出版社主要出版心理学方面的文献;CRC出版社主要出版工程、数学、统计、物理、化学、生命科学等领域的文献;Garland Science出版社主要出版细胞与分子生物学、免疫学、蛋白质科学、基因学等领域的文献。

Taylor & Francis集团每年出版2 600多种期刊,5 000多本新书。Taylor & Francis在线期刊中,医学、牙科、护理学(481种)、人文科学(465种)、工程与技术(368种)、经济、金融、商业与工业(336种)、行为科学(331种)、社会科学(327种)等学科的期刊数量较多,约占总数的85%。

数据库网址:https://www.tandfonline.com/

2.4.1 检索功能

(1) 浏览。可按30个学科主题进行浏览。

进入特定期刊页面后,页面提供该刊的目标与收稿范围、投稿指南、期刊基本信息、编辑委员会、新闻动态等信息,并提供在线投稿、最新卷期通报、RSS订阅、题录检索、最新文章、被阅读最多和被引频次最高文章的链接等服务。

(2) 检索。

基本检索(Search):可输入关键词、作者名、DOI号、ORCID号进行检索。

高级检索(Advanced Search):提供全文、篇名/章节名、作者、关键词检索,可保存检索式和浏览检索历史。

题录检索(Citation Search):如果知道某文章详细的题录信息,可以采用题录检索,输入出版物的题名或者ISSN、文章题名、卷期和页码即可检索所需文献。

2.4.2 检索技术

布尔逻辑:可使用AND(+或者&)、OR、NOT等算符。
限定检索:可按日期等进行限定。

2.4.3 检索结果

检索结果排序:可以按照相关度、出版日期排序。

检索记录内容包括:全文下载(PDF格式)、全文阅读(HTML文本格式)、文摘、参考文献、引文和相关信息链接。在每一条记录后面显示文献的可访问情况,包括订购获取

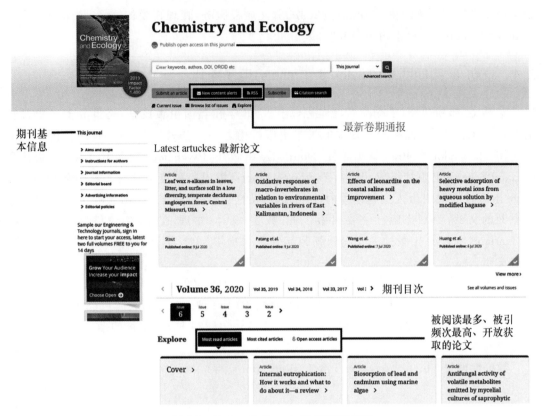

图 5-8 Taylor & Francis 电子期刊页面

(Full Access)、免费获取(Open Access)和购买等情况。对没有购买的文献还提供首页预览功能。

2.4.4 用户服务

(1) 个性化服务。注册用户可以保存检索式、创建引文跟踪，或者放在购物车中在线购买。

(2) 通报服务。提供邮件通报和 RSS 订阅服务。内容包括：期刊最新卷期通报、最新文章通报、引文通报、满足已保存检索式的新内容通报等。个人用户登录后可以通过"Alerts"进入通报服务管理页面，编辑、取消各种通报服务。

2.5 SAGE 电子期刊

SAGE 公司于 1965 年成立于美国，最初以出版社会科学类学术出版物为主，自 1995 年起，开始陆续出版科学、技术、医学三大领域的文献。SAGE 与 200 多家专业的学术协会和组织建立了紧密的合作伙伴关系（主要为欧美协会和组织），共出版 800 多种高品质期刊现刊及 381 种过刊，涵盖人文与社会科学、健康科学、生命和生物医学、材料科学和工程四大领域 70 个主题。SAGE 期刊收录的学科比较广泛，期刊数量较多的学科为教育学(147 种)、社会学(138种)、心理与咨询(123种)、管理与组织研究(120种)、政治与国际关系(88种)。

数据库网址：https：//journals.sagepub.com/

2.5.1 检索功能

SAGE全文期刊的网络访问平台是Sage Journals。2010年10月，Sage Journals检索平台全面升级，采用HighWire 2.0技术平台对资源和服务进行了整合。

（1）浏览。可按刊名字顺和学科主题浏览期刊。

期刊页面提供该刊封面、现刊和所有卷期的链接，以及先于印刷版发布的最新文章(Online First)的链接。在期刊浏览页面可进行刊内检索或者链接到高级检索。从期刊的卷期链接可进入期刊的目次页，在目次页提供文摘、全文链接。另外，可设置邮件通报和RSS订阅服务，也可查看该刊被阅读最多(Most Read)和引用(Most Cited)最多的前50篇文章，文章列表每个月更新一次。

论文的详情页面提供文摘、关键词、参考文献、下载全文的按钮、相关文章的列表。其中，关键词都是超链接，点击该关键词即可在本刊内进行检索。

（2）检索。

基本检索(Search)：在单刊或全部期刊的全文中进行检索，可以输入关键词、题名、作者、DOI信息。

高级检索(Advanced Search)：提供全部字段、题名、作者名称(姓)、关键词、文摘、作者单位等检索字段，并可对期刊、日期、获取类型等进行限定检索。

题录检索(Citation Search)：如果知道某文章详细的题录信息，可以采用题录检索，输入出版物的题名、出版年、卷期和页码即可检索所需文献。

2.5.2 检索技术

支持布尔逻辑算符AND、OR、NOT，在一个检索框输入多个检索词时，系统默认为词组精确检索。

2.5.3 检索结果

可以按相关度、出版时间、下载量、被引次数等对检索结果进行排序，并可按内容类型、出版时间、学科等过滤选项优化检索结果。此外，还提供一系列的服务，包括下载题录信息、保存检索式和创建通报服务等。

检索结果列出了每篇文章详细的题录信息、文摘、全文下载(HTML文本或者PDF格式)链接，以及文章的访问权限。可对记录选择框进行勾选，也可全选或者取消所有标记列表中的记录。具体到每一篇文章，Sage Journals提供HTML文本和PDF两种格式的全文，HTML文本格式中的图表可通过"Download to PowerPoint"选项，将其直接下载转换成PowerPoint幻灯片。文中的参考文献可以单击并直接链接到参考文献部分。若参考文献是SAGE出版的文章，则可以直接查看全文；若是其他平台上的文章则通过OpenURL协议进行链接，可以链接到CrossRef、PubMed、Google Scholar、Web of Science以及HighWire平台内的所有文章。

2.5.4 用户服务

注册用户可以使用 Sage Journals 提供的个性化服务功能,首页导航条上的"My Tools"为个性化服务管理链接。主要包括:

(1) 通报服务管理:在期刊主页、文摘和目次页面都可以创建 E-mail 通报服务,包括期刊目次通报、网上优先发布文章(Online First)通报等,所有通报服务都可以在这里进行编辑和修改;

(2) 保存题录信息、检索式,对已保存的检索式再次检索等;

(3) 个人喜爱期刊的定制服务;

(4) 账号设置管理等。

2.6 牛津大学出版社电子期刊

牛津大学出版社(Oxford University Press,OUP)是世界上历史悠久、规模最大的大学出版社之一,目前出版有 400 多种学术期刊,其中 2/3 是与学会及国际组织合作出版的。

OUP 期刊收录范围广泛,包含五大学科库:艺术与人文、法律、医学与健康、自然科学与数学、社会科学,其中有诸多全球被引率很高的学术期刊和文章。绝大多数期刊可访问自创刊以来至今的全文。

数据库网址:https://academic.oup.com/journals(主站点)

2.6.1 检索功能

(1) 浏览。可以按照刊名字顺和学科主题浏览期刊。有些期刊对已经编辑但尚未分配页码的论文提供网上优先阅读(Advance Access)服务。在期刊浏览页面可看到本刊封面、当前卷期和过刊卷期的链接以及本刊相关的信息。

(2) 检索。

基本检索(Search):可按关键词、作者等进行检索。

高级检索(Advanced Search):提供摘要、全文、关键词、作者、题名、参考文献等字段的检索,可将检索限定在特定期刊或某一学科范围内,还可限定时间范围和文章类型等。检索结果可以采用标准格式或紧凑格式显示,

2.6.2 检索结果

检索结果可以按照相关性或者出版时间排列。每条记录显示题名、作者、刊名、卷期、文摘和全文链接,检索词在命中记录中加粗显示。

2.7 剑桥大学出版社电子期刊

剑桥大学出版社(Cambridge University Press,CUP)成立于 1514 年,是世界上历史悠久的大学出版社之一。该社出版 380 多种学术期刊,涉及人文社会科学、自然科学、工程技术、医学各个学科。

数据库网址:http://journals.cambridge.org/

2.8 全文综述期刊数据库

Annual Reviews 出版社成立于1932年，是一家致力于向全球科学家提供高度概括、实用信息的非营利性组织，专注于出版综述期刊，回顾本学科最前沿的进展，为科学研究提供方向性指导。期刊内容涵盖生物医学/生命科学、物理学、社会科学、经济学等多个学科领域，可访问创刊年至今的数据。

数据库网址：https://www.annualreviews.org/

第三节　理工类西文电子期刊

本节主要介绍理工类的西文电子期刊，该类期刊多由专业学会出版，通常数量不会很大，但却是该专业领域内学术质量很高的期刊，是科学家、科研人员、教师不可缺少的刊物。相对于大型出版商的综合性检索系统，学协会出版商的电子期刊的检索系统相对简单，本节主要侧重对期刊内容和特点的介绍，并选择其中少数检索系统作为案例分析。

3.1 科学在线

"科学在线"（Science Online）以美国科学促进会（American Association for the Advancement of Science, AAAS）出版的、创始于1880年的著名《科学》（*Science*）周刊为主要内容，由斯坦福大学HighWire出版社出版。*Science*是世界一流的科研原创研究、新闻和评论期刊，侧重报道自然科学和生命科学领域的重大发现与研究进展，其品质和影响力为世界科技界所公认。根据2022年版JCR，*Science*的影响因子为56.9，排在所有科技期刊的第22位，特征因子为0.799 34，排在所有科技期刊的第4位。

Science Online创建于1995年，是*Science*周刊的在线数据库。主要包括以下内容：①《科学》（*Science*）：每周五和印刷本《科学》同时出版，现刊部分收录了1997年至今的全文；②《科学信号》（*Science Signaling*）：从早期的《信号转导知识环境》（*Signal Transduction Knowledge Environment*）发展而来，发表代表细胞信号转导方面最新研究进展的同行评审原始研究文章，包括信号转导网络、系统生物学、合成生物学、细胞通路计算与建模、药物研发等领域内的关键研究论文，另外，*Science Signaling*提供的细胞信号转导通路图（Connections Maps）让使用者可以了解细胞分子之间信息转导的路径及彼此之间的关系；③《科学转化医学》（*Science Translational Medicine*）：AAAS在2009年10月发布的一种医学相关主题的新期刊，侧重生物医学基础研究，进而延伸至实际应用、诊断和治疗上；④《科学进展》（*Science Advances*）：创刊于2015年，是AAAS旗下第一本纯OA期刊，涉及计算机、工程、环境、生命、数学、物理、社会科学等学科；⑤《科学机器人》（*Science Robotics*）：创刊于2016年的一本交叉学科期刊，既包含了机器人学的传统法则，也包含很多新兴的发展动态和趋势；⑥《科学免疫学》（*Science Immunology*）：创刊于2016年，内容涉及免疫学研究相关领域的重要研究进展，新的医疗工具的和新技术的应用等。

科学新闻(Science News)：每天 Science 新闻组都会为在线用户提供几篇关于科研成果或科学政策的最新消息(科学此刻，Science Now)；另外也会提供每周出版的 Science 中收录的新闻类文章。这些消息简洁扼要，使读者花费少量时间就能及时了解世界各地各科研领域的最新进展。

科学职业(Science Careers)：为科学家们通过网络谋职及寻找各种基金资助项目、科研合作项目提供信息；提供与之相关的文献和议题，并设讨论区供科学家们交流求职经验。

Science 的其他访问途径：

EBSCO 全文数据库：可访问 Science 1984 年至今的全文。

ProQuest 全文数据库：可访问 Science 1988 年至 2005 年的全文。

JSTOR：可访问 Science 自 1880 年至 5 年前的全文。

数据库网址：http://www.sciencemag.org/

其中国服务器的访问地址为：http://www.sciencemagchina.cn/，为中国用户提供每月通讯"Science RoundUp"中文摘要服务。

3.1.1 检索功能

（1）浏览。以 Science 为例来介绍期刊的浏览功能。点开 Science 刊名，即进入该刊的详情页。页面左侧提供现刊浏览：可看到最新一期的目次，进一步点击可看文摘或全文。平台提供 HTML 文本和 PDF 两种格式的全文。另外，有些条目后面还有"Supporting Online Material"，是作者提交到网上的关于该论文的补充材料，一般为受印刷版面限制无法刊登的信息或图表，为 PDF 格式。

页面右侧提供更多关于该刊的信息，包括：① 提前在线发表的论文(First Release Science Papers)。② 全部卷期目录(Archives)：可按年代分别浏览 1880 年至今所有卷期的内容。③ 学科主题浏览(Collections)：分三部分，一是《科学》最近的热门主题(Science Recent Collections)；二是将该刊 1997 年以来发表的论文分成生命科学、自然科学、其他主题等学科专题(Science Subject Collections)；三是特藏信息(Science Special Collection)：包括新闻、评论、研究资源、其他资源等。④ 书评和媒体评论(Book and Media Reviews)。⑤《科学》的基本信息，如刊物的出刊宗旨和学术范畴、编辑和顾问委员会、编辑方针、作者须知、审稿须知等。⑥ 其他服务：包括远程访问、按需出版、邮件通报等。

（2）检索。

快速检索(Quick Search)。对 Science、News、Science Signaling、Science Translational Medicine、Science Careers 等内容进行关键词检索。检索词间可使用布尔逻辑算符 AND、OR 和 NOT。

高级检索(Advanced Search)。① 除了提供关键词检索外，还可以通过题名、来源(刊物或者博客，可多选)、文章类型(研究论文与评论、新闻、书评与媒体评论等，可多选)、作者姓氏、出版日期等进行限定检索；② 题录检索(Citation)：输入文章的 DOI、卷期号和页码，即可检索。检索的优先等级为题录检索，也就是说，如果同时输入卷期号、页码和检索词，若卷期号、页码是错的，即使在搜索框中输入正确的检索词，也无法检索出结果。

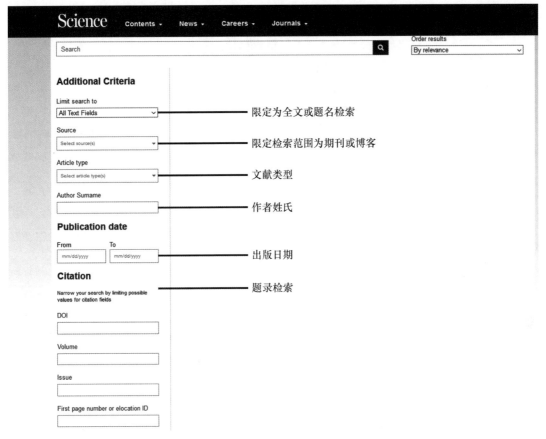

图 5-9　Science 高级检索

3.1.2　检索技术

(1) 字检索与词检索。系统默认的是字检索,因此在篇名、文摘、关键词和全文中检索时,如果要检索的是一个词或短语,就必须使用引号。例如,键入"genome sequence",检索结果只包含这个词;如果键入的是 genome sequence,没有引号,检索结果则分别包括 genome、sequence 和 genome sequence。

(2) 截词检索。使用" * "作为截词符,可以匹配多个字符。如"biolog * "可以检索出含有"biology""biological"和"biologists"的内容。截词检索也可用于非英语类的特殊字母,如 grundström 有发音符,输入比较困难,可以使用"grundstr * "来检索。

(3) 布尔逻辑。使用 AND、OR 和 NOT,这些算符可用于同一字段中,不同字之间的关系默认为 OR 关系,不同字段间的关系默认为 AND 关系。

(4) 嵌套运算。使用"()"算符,"()"中的字词优先检索,如"(hypermedia or hypertext) and database"。

(5) 词根检索。系统会根据对词根的分析检索相关词,如输入 transcription,会检索出 transcription、transcript 和 transcribed 等词,如果用户不希望做词根检索,就必须把检索词放在引号中,同时注意不要把布尔逻辑算符包括在引号中。

(6) 标点符号。所有的标点符号都会被默认为空格,只有用于截词检索的"*"号和嵌套运算的"()",以及姓名中的"-"号除外。

3.1.3 检索结果

检索结果记录包括文献来源、篇名、作者、日期等。默认按相关度排序,也可按出版日期由新到旧(Newest First)或者由旧到新(Oldest First)排序。

引文链接服务:单击文后参考文献中的"CrossRef"或相关链接,即可直接读取非"科学在线"出版的参考文献原文。

3.1.4 用户服务

用户在 Science Online 可免费注册个人账号,注册的个人用户可免费访问 Science 1996 年 9 月至最近一年之间的研究文章全文以及 Science Signaling、Science Translational Medicine 等其他产品的部分全文。

(1) 个人账号管理(My Account)。包括我的账号(访问权限、E-mail 通报、密码修改等链接)和用户工具(my Science、my Science Signaling、RSS 订阅服务等)。

(2) 通报服务(Alerts)。包括:内容通报(Content Awareness Alerts),如:期刊的目次信息、新闻、快报等;研究通报(Research Alerts),如:个人研究引文跟踪通报(Cite Track Personal Research Alerts);专题研究通报(Collection Research Alerts)以及职业和基金通报(Career and Grant Alerts)。其中职业和基金通报要求单独注册,其他都是对注册用户免费。注册用户可以编辑、增加、删除和管理通报内容。

(3) 保存检索式。在检索结果页面选择保存检索式和设置新文献通报服务,一旦有符合检索式的检索结果,系统就会自动通知用户。

3.2 《自然》及其系列电子期刊

《自然》(Nature)是世界上历史悠久的国际性科技期刊之一,自从 1869 年在英国伦敦创刊以来,始终如一地报道和评论全球科技领域里最重要的突破。网站涵盖的内容相当丰富,不仅提供 Nature 从创刊年 1869 年至今出版的全部内容,而且可以查阅其他 Nature 品牌的期刊和合作期刊。

《自然》周刊所刊载的内容涵盖了自然科学各个研究领域,尤其在生命科学、医学、物理学等领域卓有成就。许多新的发现、创新性的文献大多首发于《自然》。根据 2022 年版 JCR,《自然》周刊的影响因子为 64.8,排在所有科技期刊的第 18 位;特征因子为 1.100 98,排在所有科技期刊的第 2 位。

数据库网址:http://www.nature.com/ 或 http://nature.calis.edu.cn/(北京大学镜像站)

3.2.1 检索功能

(1) 浏览。在数据库首页单击菜单(Menu),在"Nature Research"栏目下的"View All Journals"可以按照出版物题名字顺浏览期刊,或者单击"View All Subjects"可以按照主题浏览文章。如需浏览 *Nature* 周刊,可通过首页菜单中"Nature"栏目下的"Current Issue"和"Browse Issues"分别查看现刊和 1869 年至今的期刊内容。

（2）检索。

基本检索(Search)：在全文和作者字段中检索。

高级检索（Advanced Search）：提供全文、作者、题名等检索字段,并可根据需要限定出版时间、来源期刊、卷、页码等。高级检索如图 5-10 所示。

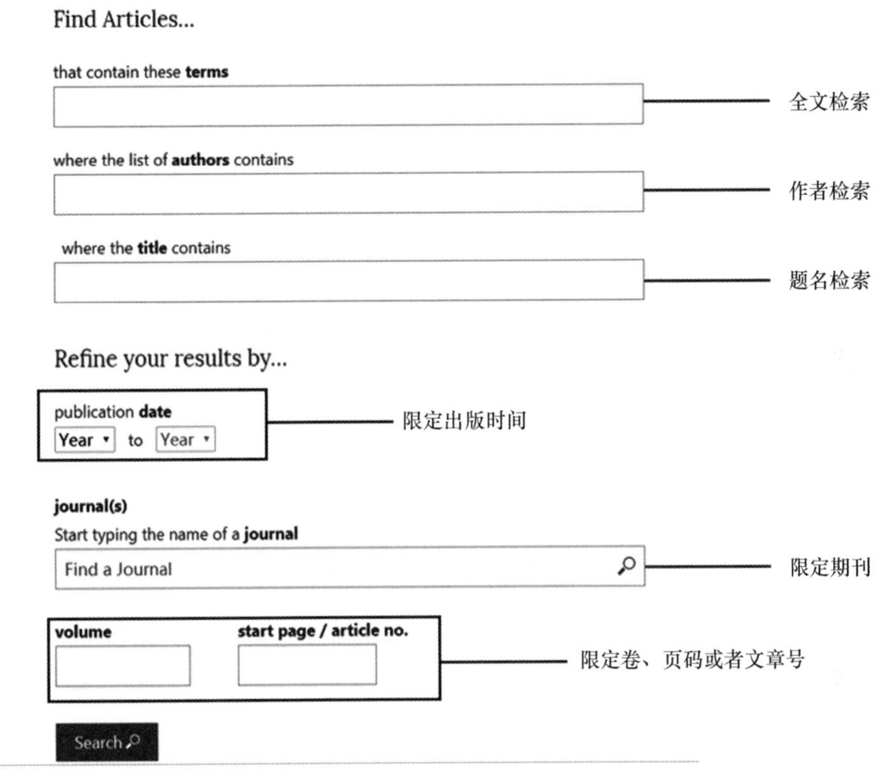

图 5-10　Nature 高级检索界面

3.2.2　检索技术

字检索与词检索。

使用禁用词表,如 a、an、and、as、for、of 等常用词被忽略,不进行检索。

忽略大小写。

标点符号。常用标点符号被忽略,特殊符号(如 &、|、^、#、$、( ))和引号则必须放在引号中才能被检索到。

位置算符。使用引号将需要相邻的两个词引在其中。

截词算符。使用"﹡"作为右截断的截词符。

3.2.3　检索结果

检索结果记录分别显示篇名、作者、刊名、卷期(出版日期)等,并提供文摘、HTML 格式或 PDF 全文链接等。

3.2.4 用户服务

注册用户可以设置邮件通报服务，获取新闻简讯、期刊最新卷期等信息。

2002 年，*Nature* 在高等教育文献保障系统（CALIS）管理中心（设在北京大学）建立镜像站，该站点以 1997 年以来的期刊学术论文为主，读者可根据自己的需要选择访问途径。此外，Nature China 站点致力于收藏来自中国内地和香港的作者在 *Nature* 上发表的文章，读者可以检索，并获取全文。

3.3 《细胞》及其系列电子期刊

《细胞》(*Cell*) 是与 *Science*、*Nature* 齐名的重要国际性刊物，在生物、医学研究领域享有很高声誉。除了 *Cell* 外，Cell 出版社还出版其他 50 多种学术期刊，涉及生命科学、物理学、地球学以及健康科学等领域。

根据 2022 年版 JCR，*Cell* 的影响因子为 64.5，排在自然科学类期刊的第 19 位，特征因子为 0.476 90，排在第 16 位。

数据库网址：https://www.cell.com/

3.3.1 检索功能

(1) 浏览。该网站上的期刊被分成 3 类：研究型期刊、综述型期刊和合作期刊，可按刊名字顺分别浏览。

(2) 检索。

基本检索（Search）：在全文、主题、作者、题名、文摘等字段中检索。

高级检索（Advanced Search）：① 提供全文、主题、作者、题名、文摘等字段进行组合检索，可限定期刊名、出版时间；② 题录检索：可通过期刊名、卷期、页码或者 DOI 查找论文。此外，高级检索页面还提供保存的检索式、检索历史等功能。Cell 高级检索如图 5-11 所示。

3.3.2 检索技术

(1) 支持布尔逻辑和截词符，用"＊"表示截词符。

(2) 作者检索。多作者检索用分号分隔，如：jones p; lee k。

(3) 特殊字符。支持部分特殊字符检索，如：Grundström、α、β 等。也可以用符号的拼写形式如 beta or gamma 进行检索。

(4) 标点符号。标点符号被忽略，被标点符号分隔的字母或者数字作为独立的部分检索，用 IL-4 或 il-4 检索与 il 4 得到的结果是一样的，不会得到包含 il4 的检索结果，又如：mRNA 得到的检索结果是 mrna，而不会含 m-rna 或 m rna。

3.3.3 检索结果

检索结果显示题名、作者、出版日期、来源信息等，提供文摘和全文链接。

3.3.4 用户服务

注册用户可以保存检索式，创建卷期和引文通报服务，创建自己喜欢的期刊目录等。

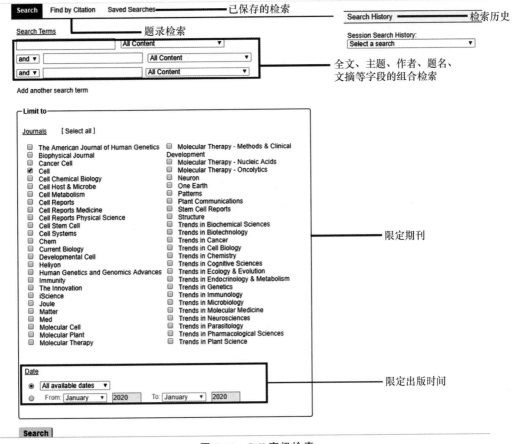

图 5-11　Cell 高级检索

3.4　数学电子期刊

3.4.1　美国数学学会电子期刊

美国数学学会(American Mathematical Society,AMS)成立于 1888 年,是世界上最权威的数学学术团体之一。AMS 一直致力于促进全球数学研究的发展及其应用,也为数学教育服务。AMS 出版物包括《数学评论》(*Mathematical Reviews*)及多种专业期刊和图书,期刊主要分为四大类:研究型期刊、会员期刊、翻译期刊、代理期刊,其中研究型期刊主要包括以下几种:

《共形几何与动力学》(*Conformal Geometry and Dynamics*)

《美国数学学会志》(*Journal of the American Mathematical Society*)

《计算数学》(*Mathematics of Computation*)

《美国数学学会论文集》(*Memoirs of the American Mathematical Society*)

《美国数学学会会报》(*Proceedings of the American Mathematical Society*)

《美国数学学会会报》(B 辑)(*Proceedings of the American Mathematical Society*,Series B)

《表示论》(Representation Theory)

《美国数学学会汇刊》(Transactions of the American Mathematical Society)

《美国数学学会汇刊》(B 辑)(Transactions of the American Mathematical Society, Series B)

美国数学学会电子期刊的网址是：http://www.ams.org/publications/journals/journals，检索系统为 MathSciNet。

3.4.2 工业和应用数学学会电子期刊

工业和应用数学学会(Society for Industry and Applied Mathematics,SIAM)于 20 世纪 50 年代前期在美国成立，是一个以促进应用和计算数学的研究、发展、应用为目的的协会，目前出版有 18 种同行评审期刊，涵盖了整个应用和计算数学领域。

数据库网址：https://epubs.siam.org/，提供 1997 年以来的数据。

3.5 物理：英美物理学会的期刊

3.5.1 英国物理学会电子期刊

英国物理学会(Institute of Physics,IOP)成立于 1874 年，是一个致力于提高对物理学理解和应用的机构，其会员遍布世界各地。学会拥有在世界电子出版行业中一流的独家出版公司 IOP Publishing，主要出版物理学领域的图书、杂志。IOP 电子期刊的学科主要包括：应用物理、计算机科学、凝聚态和材料科学、物理总论、高能和核能物理、数学和应用数学、数学物理、测量科学和传感器、医学和生物学、光学、原子和分子物理、物理教育学、等离子物理、天文学等。IOP 所有发表的论文均经过严格的同行评审，拥有一支由 1 000 多名著名物理学家组成的国际编委，使 IOP 期刊享有国际声誉。

访问 IOP 的网址为：http://iopscience.iop.org/或 http://iop.calis.edu.cn/（北京大学镜像站）

1. 检索功能

（1）浏览。可按现刊的题名字顺和合作出版机构浏览，也可对过刊(Archive Titles)进行浏览。

（2）检索。快速检索(Quick Search)：可对题名/摘要、作者及单位、全文等进行检索。特定文献检索(Article Lookup)：可通过限定刊名、卷期、页码，对特定文章进行检索。

2. 检索技术

检索时忽略大小写。用户不做选择时，系统自动进行词根检索，如：用"Structure"检索，结果包含"Structure""Structural""Structures"，若系统不执行词根检索，检索结果只包含"Structure"。系统默认是字检索，若进行词检索，则将该词用双引号括起来。

布尔逻辑算符为 AND、OR 和 NOT。括号表示优先检索。截词符为"＊"。

3. 检索结果

可按年代、期刊、作者、出版物类型、是否开放获取等分面显示检索结果数，选定其中一个条件,可对检索结果进行过滤。检索结果可按相关度或日期排序。

4. 用户服务

提供 RSS 订阅、保存检索式、定制目次等通报服务。

3.5.2 美国物理学会电子期刊

美国物理学会(American Physical Society,APS)出版的 *Physical Review*(*A-E*)、*Physical Review Letters* 等 10 余种期刊是物理学的核心期刊,以其较高的学术参考价值在物理学领域获得相当的声誉。

数据库网址:https://www.aps.org/publications/journals/index.cfm

APS 提供期刊浏览和检索功能,另外可通过题录信息或者 DOI 查找特定文献。

APS 高级检索界面如图 5-12 所示。

图 5-12　APS 电子期刊高级检索

3.5.3 美国物理联合会电子期刊

美国物理联合会(American Institute of Physics,AIP)有 20 余种期刊,通过 Scitation 平台提供电子全文服务。

数据库网址:https://pubs.aip.org/

1. 检索功能

(1) 浏览。Scitation 平台可按刊名字顺、出版社和主题浏览期刊。如只想浏览 AIP 期刊,可选择出版社为"AIP Publishing"。

(2) 检索。

快速检索(Quick Search):提供全文、标题、作者、关键词、摘要、ISSN、DOI 等检索字段。

题录检索(Citation)：可通过限定刊名、卷、页码，对特定文章进行检索。

高级检索(Advanced Search)：提供全文、标题、作者、关键词等字段进行组合检索，并可限定主题、刊物、出版时间、文献获取方式等。

2. 检索结果

提供题名、作者、来源和全文链接，页面左侧按照文献类型、出版时间、主题、作者、期刊等对检索结果进行分类。如果对检索结果不满意还可以进行二次检索(Refine Search)。

3. 用户服务

注册用户可利用平台上的个性化服务，包括：期刊、简讯、主题的邮件推送，把选定记录保存到"Favorites"中，保存检索式等。

3.6 化学：英美化学学会的电子期刊

3.6.1 英国皇家化学学会电子期刊

英国皇家化学学会(Royal Society of Chemistry,RSC)成立于1841年，是化学领域最有权威和影响的学会之一，出版有45种同行评审期刊。这些期刊均对订有印刷版的用户提供相应期刊的免费服务，其他用户可以在网上免费浏览目次或登记期刊目次报道服务，获取全文则需另外付费。

可以按照刊名字顺或主题浏览期刊。支持基本检索和高级检索。高级检索可选择3种不同的检索范围：RSC的全部出版物以及网站内容，期刊论文，或者图书章节；提供全文检索、作者检索，也可通过标题或者DOI直接定位至所需文章。

系统支持E-mail Alert和RSS订阅服务。英国皇家化学学会电子期刊的网址：https://pubs.rsc.org/en/journals? key=title&value=current。

此外，RSC电子期刊在中国高等教育保障系统建有本地服务。

网址：http://rsc.calis.edu.cn 或 http://rsc.calis.edu.cn/main/default.asp(北京大学镜像站)

3.6.2 美国化学学会电子期刊

美国化学学会(American Chemical Society,ACS)成立于1876年，现已成为世界上最大的科技协会之一，出版有70余种专业期刊，均为化学领域的高品质期刊。

数据库网址：http://pubs.acs.org/

1. 检索功能

(1)浏览。ACS提供电子期刊的刊名字顺浏览功能。

在期刊浏览页面，可按"List of Issues""ASAP (As Soon As Publishable) Articles""Current Issue""Most Read"等分别浏览文章，"ASAP Articles"是指先于印刷版发布的最新文章，对选定文章可以查看文摘和下载题录信息，一次可以对多篇文章进行操作。下载的题录支持RIS和BibTeX两种格式，RIS格式的题录能直接导入到目前大部分参考文献管理软件如EndNote、ProCite、RefWorks和Reference Manager中，BibTeX格式的题录可以导入到 JabRef、BibDesk 等软件中进行管理。

（2）检索。ACS 提供基本检索、题录检索、DOI 检索、主题检索和高级检索 4 种功能。

基本检索（Search）：对刊名、题名、关键词、作者等进行检索。

题录检索（Citation）：通过期刊名、卷、页码直接定位到特定文章。

DOI 检索：按照 DOI 对指定文章进行检索。

主题检索（Subject Search）：对特定学科或主题范围内的刊物进行检索。

高级检索（Advanced Search）：可以按全文、题名、作者、文摘、图表标题等字段进行检索，还可对来源期刊、获取类型、日期等进行限定。

2. 检索技术

可使用布尔逻辑算符 AND（或者用"+"）、OR 和 NOT（或者用"-"）；可选择是否启用词根功能。

3. 检索结果

检索结果以列表的形式显示，可按照文献类型、日期、作者、期刊、主题等分面显示检索结果数和查看记录。

每条记录提供题名、作者、期刊、卷期、页码和 DOI 等信息，以及文摘、全文链接。在 HTML 格式全文中，若参考文献是 ACS 出版物，点击直接查看全文；另外，提供 PubMed、CAS、Google Scholar 的链接，还可通过 CrossRef 链接到其他平台上。HTML 格式全文中提供文章各个部分的跳转功能，如：可以从"导论（Introduction）"直接跳到"结果和讨论（Results an Discussion）"部分。

4. 用户服务

注册后可使用的个性化服务包括：

（1）通报服务：包括期刊最新目次通报和引用通报；

（2）RSS 订阅服务；

（3）保存检索式；

（4）使用文献管理软件 Mendeley 管理从 ACS 中下载的文献。

3.7 其他学协会及出版社的期刊

3.7.1 美国心理学会电子期刊

美国心理学会（American Psychological Association，APA）于 1892 年由美国心理学家 G.S.霍尔等发起并组织建立，是全球最权威的心理学学术组织之一，国际心理科学联合会的主要成员。该学会编制了一系列的数据库，其中以"心理学文献数据库"（PsycINFO，PI）和"心理学全文电子期刊数据库"（PsycARTICLES，PA）最为知名。

PsycINFO 收录完整且回溯久远（最早可回溯至 17 世纪）的行为科学及心理健康摘要文献，目前已达 2 500 多种期刊、400 多万条记录，是心理学学科的权威性数据库。PsycARTICLES 收录美国心理学会、美国心理学协会教育出版基金会、加拿大心理学协会和 Hogrefe & Huber 所出版的 80 多种期刊，收录内容最早追溯至 1894 年。

PsycARTICLES 数据库目前在多个平台上提供服务,除 APA 自身的平台外,Pro-Quest、EBSCO 等也提供检索和浏览下载服务。

数据库网址:http://www.apa.org/pubs/journals/index.aspx(主站点)或 http://search.ebscohost.com/login.aspx? profile=apa(EBSCO 平台)

3.7.2　电气电子工程师学会、计算机学会电子期刊

1. 美国电气电子工程师学会和英国工程技术学会的电子期刊

美国电气电子工程师学会(Institute of Electrical and Electronics Engineers,IEEE)和英国工程技术学会(The Institution of Engineering and Technology,IET)自 1872 年以来出版有 200 多种期刊,以此为基础建立的数据库名称为"IEEE/IET 电子图书馆"(IEEE/IET Electronic Library,IEL),系统名称为 IEEE Xplore,涉及学科包括:计算机、电气电子、信息科学、物理学等,有关介绍及其使用请详见第四章"全文数据库与全文服务",有关会议录和标准的介绍及其使用详见第八章"特种文献资源"。

数据库网址:https://ieeexplore.ieee.org/Xplore/home.jsp

2. 美国计算机学会电子期刊

美国计算机学会(Association for Computing Machinery,ACM)成立于 1947 年,是全球历史最悠久和最大的计算机教育和科研机构,服务遍及全球 100 多个国家,拥有近 10 万会员。目前,该学会共出版有 50 多种同行评审期刊。

ACM 数据库称为"计算机学会数字图书馆"(ACM Digital Library),于 1997 年开始提供服务,收录了 ACM 的各种电子期刊、会议录、快报等文献的全文信息,以及其他 3 000 多家出版机构的计算机文献的文摘索引信息,具体包括:59 种学术期刊、7 种专业杂志、近 300 种学术会议录、37 种时事通信等。各种文献的收录年代范围不完全统一,有的收录自创刊起直到当前的最新内容,有的只收录了最新几年的内容。

此外,ACM Digital Library 还集成了"计算机文献指南数据库"(The Guide to Computing Literature)的内容,提供 5 000 多家出版社在计算机领域出版的多种文献题录和摘要目录,收录范围涉及图书、期刊、会议录、博士论文、技术报告等,ACM 相关机构的文献大多可以看到全文。

数据库网址:http://portal.acm.org/dl.cfm(主站点)

(1) 检索功能。

① 浏览。可按期刊、杂志、会议录、图书、技术报告等分别浏览 ACM 的出版物,也可按出版社浏览各种类型的文献。

② 检索。

基本检索(Search):可以输入单个或多个检索词,也可以使用一些逻辑算符。默认是对 ACM 及其相关机构的出版物进行检索,在检索结果页面可以将检索范围扩展到 ACM Guide。

高级检索(Advanced Search):可直接输入组合检索式,也可利用系统提供的多个检索框进行检索。提供题名、全文、关键词、人名(作者、编者、导师、评论者)、作者所用关键词、单位、会议地点、会议主办方、标识号(ISBN/ISSN 或 DOI)等检索字段,可对出版物名称、出版者、基金资助机构、出版时间等信息进行限定。

(2) 检索结果。

检索结果记录显示题名、作者、来源期刊、部分文摘、全文链接（HTML 和 PDF）、书目统计信息（6 周内、12 个月内以及全部下载量、引文数）等，使用"Save to Binder"可以把选中的检索结果保存在个人空间中，也可以将文章题录信息以 BibTeX、EndNote 和 ACM Ref 格式输出。另外，提供了多种排序方式：可按相关性、出版时间、下载量、引文数等排序。

(3) 用户服务。

① 个人空间（My Binders）：在 ACM Portal 服务器上建立个人存储空间，可以自建目录，保存检索式和检索结果，还可以与他人共享某个目录中的文献。

② 期刊目次通报服务（TOC Services）：可将新增卷期的目次信息发到指定邮件地址中。

3.7.3 土木工程与材料科学学会的电子期刊

1. 美国土木工程师学会电子期刊

美国土木工程师学会（American Society of Civil Engineers, ASCE）成立于 1852 年，是全球最大的土木工程出版机构，每年有 5 万多页出版物面世，包括 39 种专业期刊、700 多种会议录、400 多种图书，以及实践手册、标准和专论等。

ASCE 数据库的访问平台为 ASCE Library，网址：https://ascelibrary.org/

(1) 检索功能。

① 浏览。可分别按期刊、图书、杂志进行浏览，在浏览页面可进行该类型文献的检索。

② 检索。

基本检索（Search）：可在题名、摘要、作者、ISSN、ISBN、DOI 等范围内进行检索。

高级检索（Advanced Search）：可在题名、摘要、作者、ISSN、ISBN、DOI 等范围内进行检索，或者单独选择题名、作者字段。限制性检索条件包括：主题词、出版物名称、出版日期。

(2) 检索结果。

检索记录列表显示题录信息和全文链接，还可将标记的文章保存到个人文件夹、下载或阅读题录信息，题录输出支持 RIS、BibTex、EndNote、Medlars、Refwork 等多种格式。

(3) 用户服务。

ACSE 站点提供的个性化功能包括：保存检索式、设置新卷期目次通报、创建和分享喜欢的文章列表等。

2. 美国实验与材料工程师学会电子期刊

美国实验与材料工程师学会是目前世界上最大的制定自愿性标准的组织。其前身是成立于 1898 年的美国材料与试验学会（American Society for Testing and Materials, ASTM），作为一个非营利组织，学会的主要任务是制定材料、产品、系统和服务等领域的试验方法和标准，促进有关知识的发展和推广。虽然 ASTM 标准是非官方学术团体制定的标准，但由于其质量高，适应性好，不仅被美国工业界纷纷采用，而且被美国国防部和联邦政府各部门机构采用。除出版标准文献外，ASTM 还出版期刊、会议录、手册等。

数据库网址：https://www.astm.org/

ASTM 的出版物检索平台为"标准与工程数字图书馆"（Standards and Engineering

Digital Library),可以检索航空、生物医学、化学、土木、健康与安全等工程领域的工业标准和相关的技术工程信息,可以按论题、子论题、技术委员会、会议名称以及标准名称字顺等对出版物进行浏览。网站提供关键词检索,可以选择检索范围(如全部资源、标准、培训课程、会议、新闻等),在具体的期刊页面可以进行刊内检索。

3.7.4 美国机械工程师学会电子期刊

美国机械工程师学会(American Society of Mechanical Engineers,ASME)成立于1880年,目前拥有10万多位会员,是全球最大的技术出版机构之一,出版专业期刊、会议录和图书。

单击 ASME 网站的"出版物 & 文件"(Publication & Submissions)栏目中的"期刊",可以浏览和检索该学会出版的 35 种电子期刊。

数据库网址:https://www.asme.org/publications-submissions/journals

3.7.5 美国航空航天学会电子期刊

美国航空航天学会(American Institute of Aeronautics and Astronautics,AIAA)于1963年由美国火箭学会(American Rocket Society,成立于1930年)和美国宇航科学学会(Institute of Aerospace Science,成立于1932年)合并而成,其使命是推动航空学和航天学领域中科学、技术、工艺的进步。发展至今,AIAA 已经成为全球最大的航空航天和国防方面的专业学会和学术出版机构之一,出版的文献包括期刊、图书、会议录、标准等。AIAA 出版有 8 种同行评审期刊,另有 10 种期刊已停刊。

数据库网址:http://arc.aiaa.org/

1. 检索功能

(1)浏览。可按"Journals""Books""Meeting Papers""Standards"浏览相关文献,选择"Journals"后,可以对 AIAA 的期刊文献进行浏览。

(2)检索。

快速检索(Quick Search):快速检索是对出版物的全文进行检索。

高级检索(Advanced Search):提供全文和字段检索,字段包括题名、作者、关键词、摘要、作者单位,并可限定来源文献和出版时间等。

2. 检索结果

AIAA 检索结果显示文章的标题、作者、来源、摘要和全文链接,可以选择按照相关度或者出版时间进行排序。

3. 用户服务

提供保存检索式、RSS 订阅检索结果、期刊目次通报服务。

3.7.6 国际光学工程学会电子期刊

国际光学工程学会(International Society for Optical Engineering,SPIE)成立于1955年。作为一个重要的国际学术组织,SPIE 致力于所有与光学、光子学相关的工程、科技和商业应用的研究,涉及的领域包括物理学、电力工程学、材料学等多个学科。学会每年举办 200

多次国际性学术会议,形成的会议录文献反映了相应专业领域的最新研究进展和动态,具有相当高的学术价值,是国际著名的会议文献出版物。SPIE 数字图书馆收录了 1963 年以来的会议录以及 11 种期刊,会议录详细介绍见本书第八章。

数据库网址:http://spiedigitallibrary.org/

1. 检索功能

(1) 浏览。可按期刊、会议录和电子图书对文献进行浏览。

(2) 检索。提供基本检索和高级检索。高级检索提供摘要、关键词、题名、作者、作者单位、图表等字段,可按来源出版物、出版时间等进行限定检索。

2. 用户服务

提供电子邮件通报服务。

3.7.7 美国地球物理学会电子期刊

美国地球物理学会(American Geophysical Union,AGU)成立于 1919 年,主要从事大气科学、海洋学、空间科学、地球科学、行星等领域的研究,目前共出版 20 余种期刊,主要包括:

《地球物理学研究杂志:空间物理学》(*Journal of Geophysical Research:Space Physics*)

《地球物理学研究杂志:固体地球》(*Journal of Geophysical Research:Solid Earth*)

《地球物理学研究杂志:大气》(*Journal of Geophysical Research:Atmospheres*)

《地球物理学评论》(*Reviews of Geophysics*)

《地球物理研究通讯》(*Geophysical Research Letters*)

《古海洋学》(*Paleoceanography*)

《构造学》(*Tectonics*)

《全球生物地球化学循环》(*Global Biogeochemical Cycles*)

期刊的访问年限是 1997 年至今。

数据库网址:https://agupubs.onlinelibrary.wiley.com/

3.7.8 世界科学出版社电子期刊

WorldSciNet 为新加坡世界科学出版社的电子期刊网站,目前提供 140 多种全文电子期刊的访问,涵盖数学、物理、化学、生物、医学、材料、环境、计算机、工程、经济、社会科学等领域。所有电子期刊的访问年限为 2000 年至今。

数据库网址:https://www.worldscientific.com/

1. 检索功能

(1) 浏览。可按亚洲研究、商业与管理、化学、计算机科学、经济与金融等 17 个学科主题进行浏览。

(2) 检索。WorldSciNet 提供基本检索、高级检索等检索途径,此外,可在检索结果中进行二次检索。

基本检索(Search):可以在所有字段、作者、关键词等字段中检索。

高级检索(Advanced Search):可以在所有字段、文章题名、作者、文摘、关键词、机构字段中进行检索。每一个检索式的检索词之间可以用逻辑算符,各个检索输入框之间的关系也可以进行逻辑组配。另外，还提供期刊、年代等限定检索条件。

2. 检索结果

检索结果按照相关性和时间排序。单击检索结果中的文章题名可以进入该文章的详细记录页面，显示作者、文摘、关键词、来源、发表史、DOI、全文链接、参考文献等详细信息。另外还提供文献类型、出版日期、作者、出版物、关键词、主题等字段的精炼检索。

3. 用户服务

用户免费注册后，可以使用个性化服务，包括：

（1）标记列表：对自己喜爱的文章进行标记、保存，方便日后使用；

（2）设置个人喜爱的期刊；

（3）通报服务：包括期刊最新目次通报服务、引文通报服务；

（4）保存检索式：可以再次执行以前的检索；

（5）新检索结果通报：系统按照用户保存的检索式对最新出版物进行自动检索，当有检索结果时就会自动发送到用户的电子邮箱中。

通过单击用户名的"Profile"可以对个性化服务进行设置和管理。

第四节　社科类西文电子期刊

4.1　Emerald 电子期刊

Emerald 由著名百强商学院之一的布拉德福商学院（Bradford University Management Center）的学者于 1967 年建立，主要出版商业、管理与经济、工程、图书馆与情报学、语言学、社会学等方面的文献，尤以管理学领域的期刊著称。Emerald 出版有 300 多种高品质的期刊。

数据库网址：https://www.emerald.com/insight/

4.1.1　检索功能

（1）浏览。可以按刊名字顺浏览期刊。在期刊浏览页面，提供最近卷期和之前卷期的链接，以及目次通报服务。

（2）检索。

快速检索（Quick Search）：可输入题名、作者名、关键词、ISBN 号、DOI 号进行检索，可以对 Emerald 全部内容进行检索。

高级检索（Advanced Search）：提供全部字段、题名、摘要、贡献者、DOI 等字段供检索，可限定检索范围为 Emerald 全部内容、期刊文章、图书章节、案例研究或者提前发表的论文，并可限定出版时间范围和文献获取类型。

4.1.2　检索技术

支持逻辑算符 AND、OR、NOT、" "、( )、*，但必须大写，否则会作为禁用词被忽略。

通配符：使用"*"号表示多个字符匹配，使用"?"表示单个字符匹配。通配符只能在中间或者右截断使用，不能出现在检索词之首。

模糊检索(Fuzzy Search)：用"?"表示模糊检索，能检索出与输入词拼写类似的结果，如：输入"roam?"，结果可能返回 foam and roams。

邻接算符：在检索词后面用"～"和数字表示两个检索词间的距离，如："stimulate growth～10"表示 stimulate 和 growth 相距 10 个词。

词语增量检索(Term Boosting)：主要是控制检索相关度的。在检索词后加上符号"^"紧接一个数字(称为增量值或增量因子)，表示检索时匹配项的相似度，增量值越高，搜索到的结果相关度越好。增量值的默认值是 1，也可以小于 1(例如 0.2)，但必须是有效的。如：要检索 work^4 management，且想让"work"的相关度更好，可以输入："work ^4 management"，这样检索结果与 work 的相关度就高，如果要对短语进行增量检索，可以输入："jakarta apache^4 jakarta lucene"。

带问号的检索式：如果检索内容包括问号时，应在问号前放置一个"\"，才能正确检索，否则问号会被作为逻辑算符处理。例如：

"Can You Really Account for Marketing?"(错误检索式)；

"Can You Really Account for Marketing\?"(正确检索式)。

4.1.3 检索结果

检索结果记录提供题名、作者和来源信息，并提供关键词、全文(HTML 文本格式或 PDF 格式)等链接。检索结果可以按照相关性和时间排序，并可按照阅读权限、出版时间、文献类型分类查看。

4.1.4 用户服务

注册用户可以保存检索式、创建目次通报等服务。

4.2 JSTOR 英文过刊

所谓过刊，通常指非当年的期刊，也有指 3～5 年前的期刊，英文为 Back File。

JSTOR 的全称是 Journal Storage，1995 年起源于美国密歇根大学，受美国梅隆基金会(Mellon Foundation)支持，专门收录过期学术期刊的全文资料。除期刊外，还选择部分专著、学报汇刊、会议录以及少量的原始或二手资料，如手稿、通信、政府出版物、口述史等进行数字化。2009 年 JSTOR 与伊萨卡(ITHAKA)合并，成为其分支机构，ITHAKA 是一个非营利性组织，旨在帮助学术界使用数字技术妥善保存学术记录，并以可持续方式提高研究和教学水平。

JSTOR 不仅对印刷型期刊进行数字化加工存档，对那些原生数字资源中的纯电子期刊也开始尝试存档。截至 2023 年共有来自全世界的近 1 200 个出版社参加了 JSTOR 项目，囊括了 2 800 种期刊的 1 200 万篇文献。

目前 JSTOR 的期刊以语言、文学、历史、经济、政治学等人文社会学科为主，兼有一般科学性主题，分为综合性学科典藏(Multidisciplinary Collections)、特定学科典藏(Discipline-

Specific Collections)等系列。JSTOR 部分主题列表如表 5-3 所示。

表 5-3　JSTOR 部分主题列表（据 2023 年数据）

主题	期刊种数	主题
Arts & Sciences Ⅰ	117	经济学、历史学、政治科学、社会学
Arts & Sciences Ⅱ	122	是对 Arts & Sciences Ⅰ 内容的延伸，收录经济学、历史学、考古学、古典文学以及区域研究（拉丁美洲、中东、斯拉夫、非洲、亚洲）方面的文献
Arts & Sciences Ⅲ	152	语言学与文学、音乐、电影、民俗学、表演艺术、宗教学、艺术与艺术史、建筑与建筑史
Arts & Sciences Ⅳ	109	法律、心理学、公共政策和行政管理学、商业、教育
Arts & Sciences Ⅴ	137	补充前四种 Art & Sciences 数据库中的不足，如：文学、艺术与艺术史、哲学、古典文学，并增加了文学评论和国家历史方面的内容
Arts & Sciences Ⅵ	141	对 JSTOR 社会科学领域内容进行深化，侧重在经济、教育、语言学、政治学与区域研究
Arts & Sciences Ⅶ	181	包括 30 多个学科的文献，涉及人文艺术、社会科学各个学科：如：历史、政治、社会学、艺术与艺术史、语言与文学等
Arts & Sciences Ⅷ	167	是对人文学科内容的拓宽，其中与美国一些博物馆合作数字化的关于 19 世纪和 20 世纪早期美国艺术的内容尤为珍贵
Life Sciences	207	收录生物学、健康和自然科学等方面的内容

除综合性学科典藏外，JSTOR 还根据学科主题精选了一些典藏，包括：生物学、商业学、生态与植物学、健康与自然科学、语言与文学、数学与统计学、音乐等学科。另外还有国家地区主题回溯期刊套装：如：爱尔兰典藏（The Ireland Collection），19 世纪英国的宣传品（19th Century British Pamphlets）等专题。

期刊收录年限：每种期刊收录年限不同，视其起讫卷期而定，从各期刊第一卷期开始，收录各期刊完整卷期，最近 3～5 年间出版的卷期不收录。即 JSTOR 不收现刊，平均有 3～5 年的时间间隔（Moving Wall，通称"滚动墙"），时间间隔指最新出版的一期期刊与 JSTOR 中所收期刊的最近一期之间的年代间隔（当年不计），它是由出版商与 JSTOR 签署的授权合约指定的，随着时间推移，这个时间向前推进。如：*Science* 的时间间隔是 5 年，就是指 2011 年在 JSTOR 可以访问 *Science* 的内容是创刊至 2006 年，2012 年在 JSTOR 可以访问 *Science* 的内容是创刊至 2007 年。

数据库网址：http://www.jstor.org/

4.2.1　检索功能

（1）浏览。可以按照学科、出版物名称和出版社进行浏览。

期刊浏览页面提供的信息包括：JSTOR 的收录范围、出版社、刊名变迁史、ISSN、与该刊最新一期的时间间隔、学科主题、所有卷期列表等。该页面还提供本刊或全部内容检索。从卷期号链接进入相应的目次页，可以对题录信息进行保存、E-mail 或者导出，也可直接链接到全文。JSTOR 为每期、每篇文章都建立了一个固定的 URL 地址，该地址不会随数据库物理位置的改变而改变，用户与该论文的链接不会是死链接。如：论文 Identification of a Chromosome 18q Gene That is Altered in Colorectal Cancers 的固定 URL 是：http://www.jstor.org/stable/2873582。

(2) 检索。JSTOR 的检索分为基本检索(Search)、高级检索(Advanced Search)。

基本检索：在作者、题名和全文中检索，如果要限制在某一字段，需要添加字段标识符，如：ti："two-person cooperative games"。检索词之间可以用布尔逻辑算符。

高级检索：可在全部字段、作者、题名、文摘中检索。检索框之间的逻辑关系有：AND、OR、NOT、NEAR5、NEAR10 和 NEAR25。限定检索条件包括：文章类型（论文、评论、图书、研究报告等）、日期、语言、期刊或学科主题，学科前面的"〉"号，可以展开显示该学科的期刊列表，也可对特定期刊进行限定检索（如图 5-13 所示）。

图 5-13　JSTOR 高级检索

4.2.2 检索技术

字检索与词检索：默认为字检索，使用引号将检索词（一个或多个）括起来可精炼检索。

布尔逻辑算符：分别为 AND、OR 和 NOT。

通配符：使用？表示一个字符，*表示多个字符。

词根检索：表示词根检索，如：goose♯ 可查到 goose、geese 和 gosling。

4.2.3 检索结果

检索结果记录包括篇名、作者、刊名、卷期、页码、文章信息、全文链接、主题、题录输出等，点击"Show snippets"显示文摘信息，检索结果按相关性或时间排序（如图 5-14 所示）。

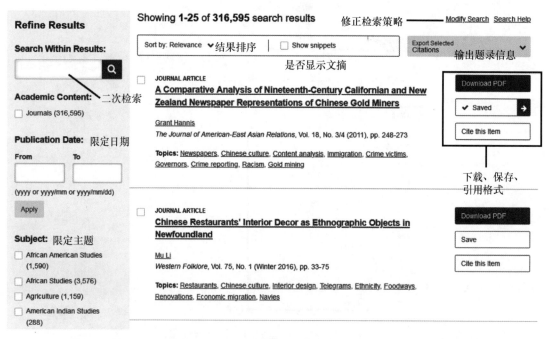

图 5-14 JSTOR 检索结果列表

4.2.4 用户服务

注册后可以使用 JSTOR 的个性化服务功能，包括：保存题录、保存检索式、电子邮件发送题录、把题录信息输出到参考文献管理软件中等。题录格式为 RIS 格式（支持 EndNote、ProCite 或 Reference Manager 等文献管理软件）、文本文件格式（Text File）和 RefWorks 等。

4.3 典藏学术期刊全文数据库

典藏学术期刊全文数据库（Periodicals Archive Online，PAO）由美国 ProQuest 公司出版，提供世界范围内从 1802 年至 2000 年著名人文社科类期刊的回溯性内容全文，收录 700 多种全文期刊、300 多万篇文章、1 500 万页期刊内容，其中有超过 20% 为非英文期刊内容，为读者提供了访问非英语国家期刊信息资源的机会。其收录期刊几乎全部都回溯至期刊的创刊号,用户可以检索来自众多出版商的期刊的完整回溯性数据。

数据库网址:https://search.proquest.com/pao

PAO 的检索详见本书第四章第二节。

4.4 Project MUSE 电子期刊

Project MUSE 电子期刊始于 1995 年,最初由约翰斯·霍普金斯大学出版社和约翰斯·霍普金斯大学艾森豪威尔图书馆合作,专门收录人文社会科学类的学术性期刊,尤其以大学出版社出版的期刊为主,1999 年开始提供互联网服务。

Project MUSE 收录 100 多个出版社的 800 多种期刊,主要涉及文学、历史、地域研究、政治和政策研究、电影戏剧和表演艺术等学科。因为期刊是逐渐增加的,所以各期刊可访问全文的年限存在差异。

数据库网址:http://muse.jhu.edu/

4.4.1 检索功能

(1)浏览。Project Muse 提供刊名字顺、研究领域和出版社浏览功能。每一种期刊都注明可访问的全文数据库的起始时间,期刊页面提供信息包括:刊名、封面、出版社、内容简介、目次等。

(2)检索。提供电子期刊和电子图书的整合检索。

基本检索(Search):关键词检索,如果用词组检索,需用双引号(" ")将词组括起来。可以使用布尔逻辑算符 AND、OR 和 NOT。

高级检索(Advanced Search):提供题名、作者、出版社等字段,并可限定文献类型(图书、期刊)、出版社、系列、刊名、语言、研究领域等。

4.4.2 检索结果

检索结果记录显示篇名、作者、刊名、PDF 链接、期刊封面,每条记录前有访问权限标记,如✅表示可以访问全文。可按相关度、从旧到新、从新到旧排序。另外,在检索结果页面提供多个分面供浏览选择:检索控制(是否只查找有全文的文献)、文献类型(期刊或图书)、出版社、期刊名称、作者、语言、研究领域、出版时间。

4.4.3 用户服务

可以保存检索历史、输出检索结果、设置期刊最新目次通报等,如图 5-15 所示。

4.5 HeinOnline 法律期刊数据库

HeinOnline 是著名的法律全文数据库,截至 2020 年 5 月,收录法律期刊 2 300 余种,同时还收录 2 800 多卷国际法领域的权威巨著,10 万多个案例,6 000 多部精品法学学术专著和美国联邦政府报告全文等。该数据库所收录的期刊是从创刊开始,是回溯查询的重要资源。

数据库网址:http://home.heinonline.org/

图 5-15 Project Muse 检索页面

（1）浏览。选择"Law Journal Library"进入期刊数据库页面，可以按照刊名、美国州名、国家、主题、编辑类型、作者列表以及高被引指标（包括高被引的期刊、作者和文章）分别浏览期刊或论文。

（2）检索。支持的检索方式有：全文检索、高级检索、引证号检索和目录检索。

高级检索：提供全文、篇名、作者、国家、日期等检索字段，并可限定主题、期刊、文献类型等。

引证号检索：可以利用引证号精确找到某一篇文章。

目录检索：可按出版物名称、作者、ISSN/ISBN 号、丛编、主题和出版社等查找期刊。

（3）检索结果。可按相关度、日期、题名、被引频次、最近 12 个月的下载次数、作者被引频次等排序，通过日期、文献类型、主题、出版地、作者、题名、语言等分别精炼检索结果，也可修改检索策略、进行二次检索。

可以直接查看检索结果中与检索词匹配的内容（Toggle All Matching Text Pages），也可以直接打印或者下载全文。

第五节 中文电子期刊

中文电子期刊的发展始于 20 世纪 90 年代初期，经过 30 余年的发展，目前已经有中国学术期刊（光盘版）电子杂志社和同方知网（北京）技术有限公司的"中国知网学术期刊库"、万方数据资源系统的"中国学术期刊数据库"、重庆维普资讯有限公司的"中文期刊服务平台"三大中文电子期刊出版商的出版物，基本囊括了主要的中文期刊，内容也包含了全部的学科。

中文电子期刊出版的特点有：

（1）版权问题解决不彻底，因此电子版比印刷版出版的滞后期长；

（2）除通用的 PDF 格式外，有些数据库商还使用自己的专用格式（如中国知网学术期刊库的 CAJ 格式）；

（3）三大中文电子期刊出版商收录期刊的重复率较高；

（4）在国内建立镜像较多，目前尚未做到与其他文献和系统之间的整合，如使用 Cross-Ref 等。

三大中文电子期刊检索系统的收录概况如表 5-4 所示。

表 5-4　三大中文电子期刊检索系统收录概况

数据库	中文期刊总数	学科范围	全文收录起始年
中国知网学术期刊库（中国知网）	8440 余种	文理工农医，全部学科	1915 年
万方中国学术期刊数据库	8000 余种	文理工农医，全部学科	1998 年
维普中文期刊服务平台	15 000 余种	文理工农医，全部学科	1989 年

5.1　中国知网学术期刊库

"中国知网学术期刊库"由中国学术期刊（光盘版）电子杂志社和同方知网（北京）技术有限公司出版发行，收录国内学术期刊 8440 余种，全文文献总量 6240 余万篇。每日更新，部分期刊回溯至创刊号。

该数据库将全部期刊分为 10 个学科领域：① 基础科学，② 工程科技Ⅰ，③ 工程科技Ⅱ，④ 农业科技，⑤ 医药卫生科技，⑥ 哲学与人文科学，⑦ 社会科学Ⅰ，⑧ 社会科学Ⅱ，⑨ 信息科技，⑩ 经济与管理科学。期刊全文有专用 CAJ 和 PDF 两种格式，阅读或下载可使用其专用 CAJ 阅读器，也可直接使用 PDF 阅读器。

数据库网址：https：//kns.cnki.net/kns/brief/result.aspx？dbprefix=CJFQ

5.1.1　检索功能

1. 浏览和导航

"中国知网学术期刊库"提供文献分类导航和期刊导航两种浏览功能。

文献分类导航：该数据库的首页左侧将所有期刊论文分成基础科学、工程科技、农业科技、哲学与人文科学等十个学科领域，单击学科名称前的"＋"号，可逐层展开至最末级学科类目。勾选类目名称左边的方框，可直接检索出该类目所包含的全部论文，为用户按照学科主题查找文献提供了方便。

期刊导航：可按复合影响因子、综合影响因子、被引次数、最新更新等排序，浏览全部期刊，也可查看学术期刊、网络首发期刊、独家授权期刊、世纪期刊、个刊发行等分类。还提供学科专辑、主办单位导航、出版周期导航、发行系统导航、核心期刊导航等导航功能。

2. 检索

提供高级检索、专业检索、作者发文检索、句子检索、一框式检索 5 种面向不同需要的检索方式。

（1）高级检索。高级检索是数据库默认的检索方式。提供主题、关键词、篇名、摘要、全文、被引文献、中图分类号、DOI等检索字段开展组合检索，并可通过作者名称、作者单位、出版时间、来源期刊、期刊类别、支持基金等进行检索控制（如图5-16所示）。

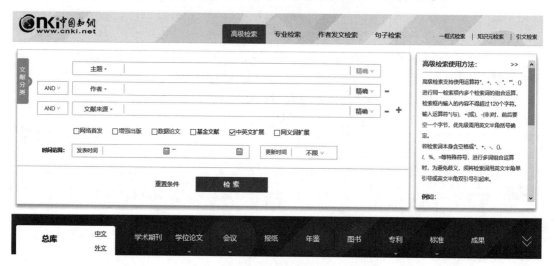

图5-16　中国知网学术期刊库的高级检索

高级检索中采用的主要检索技术包括：

词频：指检索词在相应检索字段中出现的频次，默认为至少出现一次。

检索匹配方式：提供精确和模糊两种方式。精确检索指检索结果完全等同或包含与检索字/词完全相同的词语；模糊检索指检索结果包含检索字/词或检索词中的词素。

中英文扩展：是由所输入的中文检索词，自动扩展检索相应检索字段内英文语词的一项检索控制功能。

在实施一次检索后，如想对本次检索结果进行进一步的筛选，修改所需的检索项内容，然后单击"结果中检索"，可进行二次检索。

（2）专业检索。使用逻辑算符和关键词构造检索式进行检索。适用于查新、信息分析等工作或者检索需求很复杂时使用，检索字段为：SU=主题，TI=题名，KY=关键词，AB=摘要，FT=全文，AU=作者，FI=第一作者，RP=通讯作者，AF=作者单位，JN=期刊名称，RF=被引文献，RT=更新时间，YE=期刊年，FU=基金，CLC=中图分类号，SN=ISSN，CN=CN号，CF=被引频次。例如：SU=′北京′*′奥运′ and FT=′环境保护′可以检索到主题包括"北京"及"奥运"并且全文中包括"环境保护"的信息。

（3）作者发文检索。作者发文检索是通过作者姓名、单位等信息，查找作者发表的全部文献及被引、下载情况。通过作者发文检索不仅能找到某一作者发表的文献，还可以通过对结果的分组筛选情况全方位地了解作者主要研究领域、研究成果等情况。检索项包括作者姓名、第一作者名、通信作者名和作者单位。

（4）句子检索。输入2个关键词，查找同时包含这2个词的句子，可在全文的同一段（指5句之内）或同一句话（指两个标点符号之间）中进行检索。

（5）一框式检索。即快速检索，提供主题、关键词、篇名、摘要、全文、作者、单位、刊名、基金、被引文献、中图分类号、DOI 等检索字段。

3. 指数搜索

指数搜索是依据"中国知网学术期刊库"所在的中国知网中的海量文献和众多用户的使用情况提供的学术趋势分析服务。在"指数"页面输入关键词,即可得到包括学术关注度、媒体关注度、学术传播度、用户关注度等指标在内的统计分析数据。

学术关注度是中国知网中篇名包含此关键词的文献发文量统计,通过该指标用户可以知道某研究领域随着时间的变化被学术界所关注的情况,以及有哪些经典文章在影响着学术发展的潮流。

媒体关注度是中国知网中篇名包含此关键词的报纸文献发文量统计,学术传播度是篇名包含此关键词的文献被引量统计。

用户关注度是中国知网中篇名包含此关键词的文献下载量统计,通过该指标用户可以知道在相关领域不同时间段内哪些重要文献被最多的同行所研读。

5.1.2 检索结果

检索结果可以按照列表或摘要显示,列表显示包括序号、篇名、作者、刊名、发表时间、被引次数、下载次数、HTML 全文链接、收藏按钮。默认每页显示 20 条记录,用户可根据自己需要设定每页显示的记录数(如图 5-17 所示)。

(1) 检索结果分组浏览。可分组对检索结果进行浏览,包括:主题、发表年度、研究层次、作者、机构、基金等。

(2) 检索结果排序。可按相关度、发表时间、被引频次和下载频次等排序。

图 5-17 "中国知网学术期刊库"的检索结果列表

(3) 检索结果输出。选定记录后,单击检索结果上方的"导出/参考文献"按钮可保存题录信息,题录输出格式包括:GB/T 7714—2015 格式引文、CAJ-CD 格式引文、查新(引文格式)、查新(自定义引文格式)、知网研学、Refwork、EndNote、NoteExpress、NoteFirst、自定义等格式。

(4)检索结果格式。包括PDF和CAJ两种格式,其中CAJ格式为中国知网学术期刊库的自创格式,使用时需下载CAJViewer阅读器,CAJViewer与数据库检索功能的兼容性更好一些。

5.2 万方中国学术期刊数据库

万方"中国学术期刊数据库"是万方数据知识服务平台的核心内容之一,收录自1998年以来国内出版的各类期刊8 000余种,年增300万篇,每天更新。

数据库网址：http：//c.wanfangdata.com.cn/periodical

5.2.1 检索功能

(1)浏览。可以按学科、刊名字顺、核心期刊等浏览期刊,期刊页面提供刊物的信息,如封面、主办单位、联系方式、相关栏目、刊号、统计分析、征稿启事等,可进行刊内检索。

(2)检索。

快速检索：在期刊页面的搜索框输入检索词,点击"搜论文"或"搜期刊"可分别对论文和期刊进行检索。

高级检索：可以按主题、标题、作者、作者单位、刊名、关键词、摘要、DOI等字段进行组合检索,并可利用文献类型、发表日期等来限定检索结果。

专业检索：使用逻辑算符和关键词构造检索式进行检索,可检索字段包括主题、题名或关键词、题名、第一作者、作者单位、关键词、摘要、DOI、基金、中图分类号、刊名等,逻辑算符有AND(与)、OR(或)、NOT(非),例如,主题：("协同过滤"and"推荐")and 基金：(国家自然科学基金)可以检索到主题包含"协同过滤"和"推荐",且基金是国家自然科学基金的文献。

5.2.2 检索结果

可按年份、学科分类、核心期刊、语种、刊名、出版状态、作者、机构等分面浏览检索结果。检索记录包括题名、作者、来源期刊名称、出版年、卷期、摘要、关键词、被引次数、下载次数等。来源期刊后面标注的"北大核心"表示该期刊被北京大学编写的《中文核心期刊要目总览》收录,"CSSCI"表示被《中文社会科学引文索引》收录等。

排序：提供按相关度、出版时间、被引频次、下载量等进行排序的功能。

有关万方数据知识服务平台的其他内容和详细介绍见本书第四章第五节。

5.3 维普中文期刊服务平台

由重庆维普资讯有限公司制作,在"中文科技期刊数据库(文摘版)"的基础上发展而来。维普"中文期刊服务平台"累计收录期刊15 000余种,现刊9 000余种,文献总量7 000余万篇,期刊初始年限为1989年。

数据库网址：http：//www.cqvip.com/（主站点）或 http：//162.105.138.192/（北京地区镜像站）

5.3.1 检索功能

（1）期刊导航和浏览。提供按照刊名字顺或者 35 个学科类目这两种期刊导航和浏览功能。在某一类期刊的浏览页面，可以按照传播载体、是否开放获取、核心期刊、所属地区、热门主题等进一步筛选期刊，也可以按照 h 指数或者影响因子排序。期刊显示信息包括：刊名、最新收录的卷期、期刊评价指标（包括文章数、被引量、h 指数等）、ISSN、CN 号、热门主题和核心期刊标记。

（2）检索。"中文期刊服务平台"提供快速检索、高级检索、检索式检索以及在检索结果中进行二次检索和期刊导航等功能。

快速检索：数据库的默认检索方式，可通过输入检索词查找期刊、文献、学者、机构等。

高级检索：提供题名或关键词、题名、关键词、文摘、作者、第一作者、刊名、机构、分类号、参考文献、作者简介、基金资助、栏目信息等检索字段，用户可根据自己的实际需求选择合适的字段、输入检索词进行检索，并可通过"同义词扩展"功能获取检索词的同义词，获得更全面的检索结果。另外，可对时间、期刊范围（核心期刊、EI 来源刊、SCI 来源刊等）、学科进行限定，以进一步减小搜索范围，获得更符合需求的检索结果。

检索式检索：用户可在检索框中直接输入字段标识符、检索词和逻辑运算符等构造检索式进行检索。该模式支持的字段标识符有：U＝任意字段、M＝题名或关键词、K＝关键词、A＝作者、C＝分类号、S＝机构、J＝刊名、F＝第一作者、T＝题名、R＝文摘；支持的逻辑运算符为 AND（逻辑"与"）、OR（逻辑"或"）、NOT（逻辑"非"）。

维普"中文期刊服务平台"的高级检索如图 5-18 所示。

图 5-18　维普"中文期刊服务平台"的高级检索

5.3.2 检索结果

（1）检索结果显示。可按相关度、被引量、时效性进行排序。提供文摘显示、详细显示和列表显示 3 种功能，默认为文摘显示。记录条数默认为每页 20 条，可设置成每页 50 条或 100 条。

（2）检索结果输出。提供文本、查询格式、参考文献格式、XML、NoteExpress、Refworks、EndNote、Note First、自定义、Microsoft Excel 等多种题录信息的输出格式。

（3）检索结果处理。在当前检索的基础上，可重新检索或对检索结果进行处理，包括在结果中搜索、在结果中去除两种操作。

5.3.3 用户服务

注册用户可使用个性化服务，包括：收藏特定文献、订阅检索结果、期刊通报、查新下载历史、浏览历史、检索历史等。

5.4 晚清期刊全文数据库(1833—1911)

由"全国报刊索引数据库"编辑部编辑出版，收录了 1833—1911 年间出版的 600 余种期刊的 28 万余篇文献，几乎囊括鸦片战争、洋务运动、戊戌变法和辛亥革命等重要时期出版的所有期刊，其中有宣扬妇女解放和思想启蒙的妇女类期刊，有晚清小说大繁荣时期涌现的四大小说期刊，有为开启民智、传播新知而创办的白话文期刊，有介绍先进技术、传播科学知识的科技类期刊等。

可以按期刊和文章分别检索。检索字段包括：题名、作者、作者单位、刊名、分类号、年份及期号等。

数据库网址：https://www.cnbksy.com/

5.5 民国时期期刊全文数据库(1911—1949)

由"全国报刊索引数据库"编辑部编辑出版，收录民国时期出版的两万余种期刊，1 000 万篇文献，集中反映这一时期政治、军事、外交、经济、教育、思想文化、宗教等各方面的内容。

数据库网址：https://www.cnbksy.com/

另外，国家图书馆还建设有"民国期刊资源库"，该库以书目数据、篇名数据、数字对象为内容，提供简单检索、高级检索等。目前提供 4 350 种期刊电子影像的全文免费浏览。

数据库网址：http://read.nlc.cn/allSearch/searchList?searchType=35&showType=1&pageNo=1

5.6 大成老旧刊全文数据库

由大成公司编辑出版，共收录清末到 1949 年近百年间中国出版的 7 000 多种期刊，总计 15 万多期。

数据库根据期刊所属学科，分为哲学、军事、经济、文学、农业科学等 21 个类目。可以按期刊和文章分别检索,检索字段包括：题名、作者、刊名、年代、出版地等。

数据库网址：http://laokan.dachengdata.com/index

第六节　电子报纸

6.1　电子报纸概述

6.1.1　电子报纸概念与发展

电子报纸是一种远程存取的电脑文件型报纸,它必须具备两个条件：一是具备报纸的特征,即以刊登新闻为主,面向公众、定期、连续地发行；二是必须是通过电脑等阅读设备阅读,并依靠互联网发行的电子连续出版物。电子报纸最初指传统报纸的电子版,后来逐渐演变成信息量更大、服务更加充分的网络新闻媒体。

世界上第一家基于互联网的电子报纸是美国的《圣何塞信使报》(*San Jose Mercury News*)。1987年,这家报纸首次将本报内容送上了尚处于初级阶段的因特网,开创了电子报刊和网络媒体的新纪元。随着因特网的成熟和迅速扩展,尤其是20世纪90年代中期互联网和浏览器的推出,刺激了报刊上网的热情。在美国,从《纽约时报》《华盛顿邮报》《华尔街日报》《洛杉矶时报》《芝加哥论坛报》《时代》周刊和《新闻周刊》等著名报刊到地方性小报,掀起了一波又一波的上网浪潮。越来越多的用户选择浏览报纸网站的方式来获取最新消息。电子报纸对传统报业产生了很大冲击,同时也改变着人们的阅读方式。目前,网上发行的电子报纸已难以计数。

从国内来看,自1995年10月《中国贸易报》率先尝试在网上发行电子版以来,国内的网上报纸呈飞速增长趋势。根据《中国统计年鉴》,2018年全国出版有1871种报纸,这些报纸基本都在互联网上建立了网站。中国网络电子报纸的运营主要有3种模式。第一种,创建报纸的网络版。以人民日报社主办的"人民网"为代表,该网站集《人民日报》《人民日报海外版》《中国经济周刊》《中国能源报》《健康时报》《证券时报》等报系于一体,是一个以新闻为主的大型网上信息交互平台。第二种,跨媒体的地区性信息平台。以千龙网为例,该网站是由北京日报社、北京广播电台、北京广播电视台、北京青年报社、北京晨报社等京城主要传媒共同发起和创办的综合性新闻网站。第三种,专业性的信息服务网站。以赛迪网为例,该网站是由《中国计算机报》《中国电脑教育报》《中国计算机用户》和《中国电子报》等16家媒体组建的IT专业信息服务网站,这些网站的内容远远超过了其印刷版报纸的内容,成为大型的信息平台。此外,国内手机报的发展也逐步兴旺。北京时间2003年2月1日22时32分,美国哥伦比亚号航天飞机失事16分钟后,新浪网把这则新闻以手机短信的方式发送给万千客户,开创了国内手机传播新闻的先河。手机报可以将传统媒体的新闻内容通过无线技术平台以彩信的方式发送到手机上,成为传统报业继创办网络版电子报纸之后,跻身电子媒体的又一举措,是报业开发新媒体的一种特殊方式。

6.1.2 电子报纸特点

(1) 快速及时：时效性强，出版周期短，这是电子报纸最重要的特点，很多报纸是在线实时更新的，充分体现了电子化、网络化载体的快速性和及时性。

(2) 传播范围广：电子报纸不受发行地域、发行政策、发行能力及时间等的限制，可在网上跨国界传播；对使用者而言，其对电子报纸的阅读也可不受限制地随意选择。

(3) 信息容量大：受版面影响，印刷型报纸信息容量的增长是有瓶颈的，而电子报纸是以 Web 形式呈现的，增加信息内容在技术上不受限制，在成本增长上也微乎其微，因而电子报纸在信息容量方面远远超过了印刷型报纸。

(4) 使用方便：电子报纸利用现代计算机技术、用数据库、超文本或超媒体的形式存储信息，可提供方便、灵活的信息检索以及打印、复制和下载等功能；另外，海量存储技术的发展可使电子报纸的保存内容和保存时间增多，使过期电子报纸的存储和获取也变得较容易。

(5) 互动性强：传统报纸与读者的互动比较困难，基本上是将信息单向发送给读者，读者通过信函或电话反馈信息，这种交流是滞后的，而网络媒体可以通过 E-mail、论坛、博客、即时通信工具微信等方式，与用户进行信息交流，读者可以在线评论、在线订阅、网上投稿，还可以参加各种网上调查等。读者的阅报感受、体会、意见可以在第一时间传递给报社，以便报社更好地为读者服务。

(6) 融合多媒体技术：电子报纸突破了传统报纸只能用文字和图片表达的局限，可以方便地插入视频、音频或动画等，使新闻报道真正做到"有声有色"，增强了其动态感和感染力，给读者更生动的阅读体验。

6.1.3 电子报纸类型

(1) 按载体形态划分。

第一种：网络版电子报纸。如《纽约时报》网络版、《华盛顿邮报》网络版等。

第二种：以光盘或硬盘等载体存储和发行的报纸。如《人民日报》光盘数据库、《参考消息》数据库等，这类报纸数据库多以某种或某类报纸的回溯数据为主。

第三种：便携式电子报纸。如 1999 年 IBM 公司开发出世界上第一份基于"电子墨"技术的电子报纸模型。2006 年我国首份便携式互动多媒体电子报纸"宁波播报"问世。这类报纸多应用电子油墨和电子纸技术。

第四种：手机报：依托手机媒介，由报纸、移动通信商和网络运营商联手搭建的信息传播平台，通过用户定制，将报纸信息发送到用户手机上，供用户浏览近期发生的新闻。如《焦点时报》等。

(2) 按报纸内容划分。

第一种：综合性报纸。内容涉及多个方面，以普通读者为发行对象，不偏重某一阶层或某一行业。如《人民日报》《南方周末》等。

第二种：专业性报纸。以特定范围的读者为发行对象，以发表反映某一行业、某一系统或某一阶层的新闻和评论为主。如《中国体育报》《中国计算机报》等。

(3) 按电子报纸与印刷版报纸的关系划分。

第一种模式：在互联网上建立一个独立的网站，把纸质报刊的内容原封不动地搬上网络,不提供其他的新闻和信息服务,如《北京日报》电子版。

第二种模式:在互联网上建立一个独立的网站,上网报纸在提供原有内容的同时,根据报刊的侧重点提供相关的新闻、信息和其他一些服务。此类模式非常强调自己的办报特色,在提供报纸网络版的内容时,也不是原样照搬,而是经过二次筛选、编辑,挑选精品文章上网,如《华尔街日报》《中国青年报》等。

第三种模式:在互联网上建立一个独立的网站,报纸印刷版的内容在该网站中所占比例不高,更多的是提供包罗万象的信息服务,目标在于建成综合性的信息平台,如《华盛顿邮报》《人民日报》等。

6.1.4 电子报纸的使用

电子报纸包括网上免费的电子报纸和基于商业目的制作的电子报纸(一般收集报纸的回溯信息),后者有些以单独的报纸全文阅读系统的形式出现,有些则被收录进其他的电子出版系统,如全文数据库中。网上免费电子报纸的查找方法如下:

(1)利用搜索引擎直接查找:目前比较著名的、大型的报纸都已上网,利用搜索引擎可以很方便地查找。

(2)利用网站上的集成的电子报纸目录查找:除了利用搜索引擎直接查找电子报纸之外,还可利用网站上的电子报纸目录或链接等更快捷地获得电子报纸信息。可提供电子报纸目录或导航的网站很多,如:6点报等。

绝大多数电子报纸在网上是免费的,其检索功能都在报纸的网站上实现,检索界面的设计比较简单,一般包括关键词、标题、日期等的检索;其阅读也多为通用的方式。网上报纸的文件格式多为文本格式、HTML或PDF等,采用通用或者专用的阅读软件阅读。不过网上报纸可供免费检索和阅读的内容一般只限于最近两三年,其完整的报纸内容(尤其创办以来的回溯内容)一般不在网上免费公开,而是以商业形式制作和销售,当然其制作和销售形式不一。有些报纸如《人民日报》等,其数据被单独制作成电子版,由不同的平台商代理并向最终用户提供服务。另外,有些报纸被数据库集成商购买了其数据使用权,被集成进某个全文数据库系统中,如《纽约时报》就被收录在ProQuest的全文数据库中。

6.2 代表性西文报纸

6.2.1 独立性报纸

(1)《纽约时报》网络版:《纽约时报》(*The New York Times*)是美国最有影响的大报之一,创办于1851年,至今已有170多年的历史,内容包括全世界政治、经济、科技、健康、运动、艺术、生活等方面的最新消息和相关评论。

首页"Today's Paper"可以查看与印刷版内容相同的当天报纸,在该浏览页面默认提供当天报纸的免费阅读;付费后还可以选择报纸日期,查看任意一天的报纸内容。

网站对之前的过期报纸提供检索功能,首页的检索输入框是基本检索,输入关键词可以检索有关信息。在检索结果页面中提供高级检索功能,包含多个检索字段:日期(最早到1851年)、栏目(美国、纽约、世界、观点、商业、健康、运动、科学、艺术等)和载体类型(文章、视频、图片、音频等),检索结果还提供 3 种排序方法,如图 5-19 所示。

图 5-19 《纽约时报》网络版高级检索

网址:https://www.nytimes.com

(2)《华盛顿邮报》网络版:《华盛顿邮报》(*The Washington Post*)创办于 1877 年,也是美国最有影响的大报之一,和《纽约时报》一起并称为美国新闻类报纸的两大高峰。内容包括政治、观点、经济、科技、美国、世界、体育、艺术、娱乐、生活、汽车等方面。

《华盛顿邮报》网络版为注册用户免费提供当天和最近 14 天的报纸,可以根据首页导航索引(如:体育、经济等)浏览和阅读各类栏目新闻。14 天前的报纸需要付费才能阅读。

网站提供检索功能,可以检索 2005 年至今的报纸。首页的检索输入框是基本检索,输入关键词可以检索有关信息。在检索结果页面中提供高级检索功能,可以限定日期、载体类型和栏目等内容;检索结果提供 2 种排序方法(日期与相关性),如图 5-20 所示。

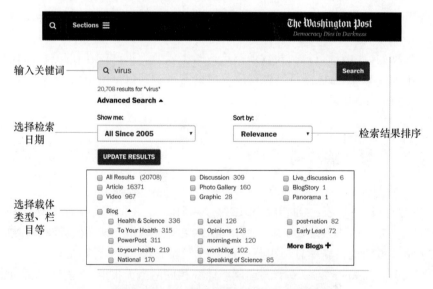

图 5-20 《华盛顿邮报》网络版高级检索

网址:http://www.washingtonpost.com

另外,在 EBSCO*host* 平台上可检索 2003 年 2 月至今的全文。

(3)《泰晤士报》网络版:《泰晤士报》(The Times)是英国最有影响的媒体之一,也是世界上最著名的报纸之一,包括国内国际政治新闻、经济报道、评论、专题等。

在网站首页可以看到《泰晤士报》当天和过去六天的报纸;此外还提供按年和月分类组织的回溯报纸,可以按周选择日期范围,浏览每周新闻,每周新闻的列表按照标题的首字母排列组织。1785—1985 年的报纸可通过检索报纸档案库来浏览。该网站于 2010 年 6 月开始收费,国际读者首次注册后可以免费试用一个月,之后每月需要支付 10 英镑才能获得浏览、订阅等权限。

网址:https://www.thetimes.co.uk/

《泰晤士报》回溯卷(1785—2013 年)由美国圣智学习旗下的盖尔公司(Gale Cengage Learning)出版。此外 2000 年以来的全文可以在 EBSCO*host* 平台上访问,平台上该报的更新速度也较快。

6.2.2 报纸全文数据库

除独立性报纸外,还有专门的报纸全文数据库。

(1) 世界各国报纸全文库(Access World News):该报纸库是 NewsBank 公司最具代表性的数据库之一,目前收录超过 10 000 种来自世界各地的主要报纸,内容涉及政府、政治、国际关系、商业、财经、法律、环境、能源、科技、文化、人口、社会、教育、体育、艺术、健康等。数据库收录的报纸主要有:《金融时报》(Financial Times)、《经济学家人》(The Economist)、《泰晤士报》(The Times)、《每日邮报》(Daily Post)、《纽约时报》(New York Times)、《金融时报》(Financial Times)、《商业时报》(Business Times)、《海峡时报》(The Straits Times)、《悉尼先驱晨报》(The Sydney Morning Herald)和《莫斯科时报》(The Moscow Times)等。

数据库网址:https://infoweb.newsbank.com/

(2) 全球报纸数据库(PressDisplay):DynoMedia 公司推出的 PressDisplay 报纸数据库收录了来自全世界 90 多个国家 50 多种语言的 2 200 余种全球知名的报纸,如:《华尔街日报》(The Wall Street Journal)、《华盛顿邮报》(The Washington Post)、《今日美国》(USA Today)、《卫报》(The Guardian)、《观察家报》(The Observer)、《每日快讯》(Daily Express)、《中国日报》(China Daily)、《远东经济评论》(Far Eastern Economic Review)等。语种包括英语、俄语、德语、日语、韩语、阿拉伯语、西班牙语、法语、波兰语、葡萄牙语等。

读者可按照国家、语言、报纸名称浏览,提供全文检索。该数据库保持印本报纸的原始版面,每日更新,可以看到当天的报纸,具备 8 种标准语音的播放功能,部分报纸提供 13 种语言的翻译。

数据库网址:http://library.PressDisplay.com

(3) Gale 报纸回溯数据库(Gale NewsVault):Gale 报纸回溯数据库是一个历史报纸的跨库检索平台,收录了跨越 400 多年、超过 1 000 万页的报纸原始内容。该数据库平台收录的报纸有:《每日邮报》(Daily Mail)、《经济学人》(The Economist)、《金融时报》(Financial Times)、《伦敦新闻画报》(Illustrated London News)、《自由》(Liberty Magazine)、《听众》(The Listener)、《图画邮报》(Picture Post)、《星期日泰晤士报》(The Sunday Times)、《泰晤士报》(The Times)、《泰晤士报文学增刊》(The Times Literary Supplement)、17 世纪和

18世纪伯尼典藏报纸(17th and 18th Century Burney Collection Newspapers)、19世纪大英图书馆报纸(19th Century British Library Newspapers)、19世纪英国报刊(19th Century UK Periodicals)、19世纪美国报纸(19th Century U.S. Newspapers)等多种珍稀报纸。该平台提供出版物名称和主题浏览。检索功能包括基本检索、高级检索和二次检索,检索结果可按照相关性和日期排序。

数据库网址：https://infotrac.galegroup.com/

(4) 美国历史报纸数据库(America's Historical Newspaper)：由美国 Newsbank 公司出版,收录丰富的美国报纸资源,出版时间跨越几个世纪,涵盖丰富的内容与史实记述资料,是对《美国早期印刷品》的补充,其核心部分是收藏于美国古文物家协会,并已拍摄成胶卷的艾赛亚·托马斯(Isaiah Thomas)殖民地时期的报纸收藏。内容涉及17—20世纪美国的新闻、政治科学以及历史等,包括：美国商业：商贸报纸典藏(American Business：Mercantile Newspapers),1783—1900年；美国公报：记录报纸(American Gazettes：Newspapers of Record),1796—1884年；美国政治：竞选报纸(American Politics：Campaign Newspapers),1803—1876年；美国内战报纸(American Civil War Newspapers),1840—1877年；加勒比地区报纸(Caribbean Newspapers),1718—1876年。

数据库网址：https://infoweb.newsbank.com/apps/readex/?p=EANX

(5) 伊利诺伊数字报纸(Illinois Digital Newspaper)：由伊利诺伊大学(University of Illinois)出版,收录249种报纸,共251 254期次。提供按照题名、日期浏览和全文检索功能,可查看全文的原版原貌。报纸内容分成5个主题：伊利诺伊州报纸集(Illinois Newspapers)、农场报纸(Farm, Field and Fireside (farm newspapers))、美国大众娱乐(American Popular Entertainment (vaudeville newspapers))、学院编年史(Collegiate Chronicle (student newspapers))、黑色报纸(Black Newspaper)。

数据库网址：https://idnc.library.illinois.edu/

6.2.3 全文数据库中的报纸数据库

(1) EBSCO 报纸数据库：收录1995年至今各类报刊传媒,涵盖40多种美国和国际报纸的全文,389种美国地方报纸的部分全文,以及广播与电视新闻脚本的全文。如《基督教科学箴言报》(The Christian Science Monitor)、《今日美国》(USA Today)、《华盛顿邮报》(The Washington Post),以及《纽约时报》(The New York Times)和《华尔街日报》(The Wall Street Journal)等的全文。

数据库网址：http://search.ebscohost.com/

(2) ProQuest 报纸数据库：包括 ProQuest 近期报纸数据库(ProQuest Recent Newspapers)、ProQuest 历史报纸数据库(ProQuest Historical Newspapers)和国际新闻数据库(International Newsstream)等报纸库。"ProQuest 近期报纸数据库"收录了50多种重要的英美报纸,收录时间始于21世纪末,持续到最近一个月。"ProQuest 历史报纸数据库"收录近200种重要地区、国家和国际报纸的全文,最早追溯到18世纪,内容涵盖美国内战、移民、西部扩张、工业发展、种族关系、第一次和第二次世界大战、国际、地方政治、社会、艺术、文化、商业和体育等议题和事件。"国际新闻数据库"提供除美国和加拿大以外的800多家世界顶级新闻媒体出版的报纸、文字稿等内容,收录日期可追溯到几十年前。三个数据库可以在 ProQuest 平台实现交叉检索,为某一主题提供较为完整的新闻报道。

数据库网址:https://search.proquest.com/

6.3 代表性中文报纸

6.3.1 独立性报纸

(1)《人民日报》电子版:由人民日报社新闻信息中心提供,收录了人民日报从 1946 年创刊至今的新闻报道,具有较高的研究价值和珍藏价值。包含子专题:要闻、评论、经济、理论、视觉、政治、文化、社会、生态、体育、国际、法治、综合等。可以按日期、版次、版面名称分类浏览,还提供每期的新闻排行榜。

网址:http://paper.people.com.cn/rmrb

(2)《参考消息》电子版:《参考消息》由新华通讯社主办、参考消息报社编辑出版,创刊于 1931 年。《参考消息》电子版提供近期的新闻报道,包含子专题:中国、国际、军事、观点、锐参考、财经、文化、科技健康、咨询和体育等。可以按子专题分类浏览,页面不提供检索功能。

网址:http://www.cankaoxiaoxi.com/

(3)《经济日报》电子版:由经济日报社出版,是以经济报道为主的全国性综合性报纸,收录了《经济日报》从 2010 年至今的新闻报道。包括子专题:要闻、新知、区域、企业、理论、时评、城市、世界经济、中国经济等。网站提供按日期、版次、版面名称分类浏览,以及基本检索、高级检索等功能。其中,高级检索提供标题、正文、作者等字段,也可限定栏目、日期。检索结果有相关度和日期两种排序方式,如图 5-21 所示。

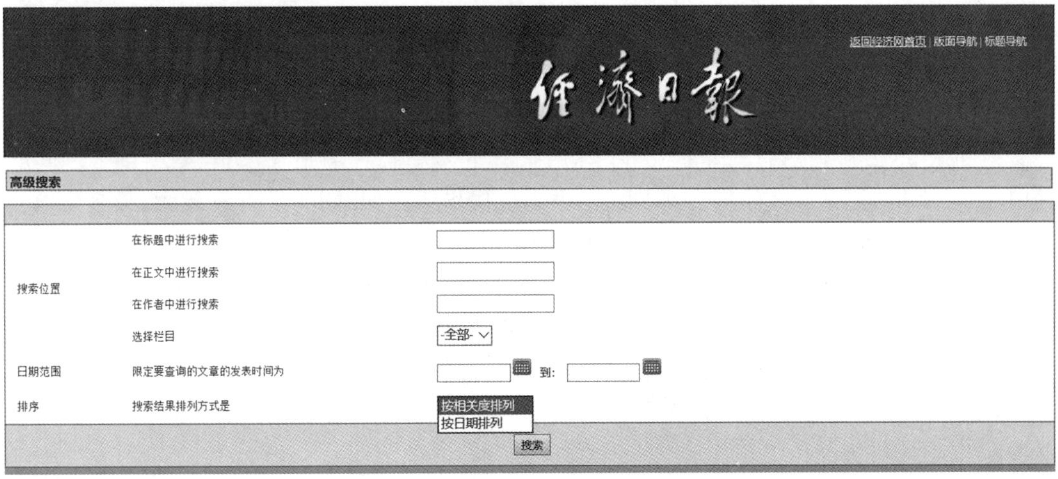

图 5-21 《经济日报》电子版高级检索

网址:http://paper.ce.cn/jjrb/paperindex.htm

6.3.2 报纸全文数据库

(1) 中华数字书苑之数字报纸：由方正阿帕比技术有限公司联合全国各大报社开发的以中国报纸资源为主体的全文数据库系统，是国内首个整报完整收录的报纸全文数据库，也是国内首个集文章内容全文检索和在线报纸原版翻阅于一体的报纸全文数据库。收录的重要报纸有《人民日报》《环球时报》《经济观察报》《21世纪经济报道》《北京晚报》《新京报》《第一财经日报》《京华时报》等。

该数据库共收录报纸 500 余种，覆盖了 60％以上的报业集团报纸和省级以上各类报纸。除对报纸文章内容进行多途径的全文检索外，还可以独立检索报纸中的所有图片，并直接定位到该图片所属的文章和报纸。

数据库网址：http://www.apabi.com

(2) 中国知网"中国重要报纸全文数据库"：收录了 2000 年以来中国 500 多种重要报纸上刊载的学术性或资料性文献。数据库分成十个专辑：基础科学、工程科技Ⅰ、工程科技Ⅱ、农业科技、医药卫生科技、哲学与人文科学、社会科学Ⅰ、社会科学Ⅱ、信息科技、经济与管理科学，包含 168 个专题文献数据库和近 3 600 个子栏目。

数据库网址：http://kns.cnki.net/kns/brief/result.aspx? dbprefix＝CCND

(3) 中国历史文献总库·近代报纸数据库："近代报纸数据库"是"中国历史文献总库"的子库，由国家图书馆出版社开发。收录以国家图书馆的馆藏报纸为主，其他图书馆所藏的报纸为辅，目前上线报纸 200 多种、90 万版，既包括全国性的大报如《解放日报》《新华日报》等，又包括地方大报如《华北日报》《东南日报》等，基本覆盖了全国各地区，全面反映了民国时期各地的风土人情、社会万象。数据库提供篇目检索功能，方便使用者进行查阅。

数据库网址：http://bz.nlcpress.com/library/publish/default/IndexPaper.jsp

(4) 中国近代中英文报纸全文数据库：由上海图书馆出版，涵盖了大报、官报、小报等多类特色报纸，内容包括：

"字林洋行中英文报纸全文数据库（1850—1951 年）"完整收录了字林洋行旗下珍稀中英文报刊逾 55 万版，包括《北华捷报/字林西报》《上海新报》《沪报》《汉报》等共约 55 万版，其中尤以《北华捷报/字林西报》为代表，是中国近代出版时间最长、发行量最大、最具影响力的英文报纸，被称为中国近代的"泰晤士报"。

《新闻报（1893—1949）》占据了中国近代新闻史的重要地位，报刊全部 36.5 万版。

《时报（1904—1939）》14.1 万版，不仅完整囊括创刊至终刊的所有报纸，还包括各种特刊、周刊、号外等，如《时报画集》《小时报》《图画时报》等。

《小报（1897—1949）》近 700 余种全面收录。中国近代小报数量巨大，主要藏于上海图书馆。

《大陆报（1911—1949）》逾 19 万版。它由华人发起、美国人创办，全报采用美国新闻报纸样式进行编辑，是目前已知的第一份由职业新闻记者、而非商人或传教士创办的近代在华英文报纸，也是民国时期最早、最重要的美式报纸。

数据库网址：http://www.cnbksy.com/

6.4 其他电子报纸

除了上面介绍到的一些重要报纸之外,网上还有很多可供利用的免费报纸网站,下面举出几种做简要介绍。

(1) 光明网:可以在线阅览《光明日报》《中华读书报》《文摘报》等报纸的内容。

网址:http://www.gmw.cn

(2)《中国日报》网络版:国内权威的英文报纸,报道时政、金融、房产、产业、文化、旅游、公益、科技等方面的内容。

网址为:http://www.chinadaily.com.cn

(3) 中青在线:中国青年报社主办,报道文化、影视、人物、汽车、舆情等方面的内容。

网址为:http://www.cyol.com

(4)《大公报》网络版:是香港重要的报纸之一,具有百年历史,提供中国内地、香港以及世界其他地区的政治、经济、文化、体育等各方面的新闻资讯。

网址为:http://www.takungpao.com

【思考题】

1. 请梳理所在学科的中外文核心期刊列表,并通过检索去了解哪些电子期刊库对于本学科的核心期刊收录较全。

2. 选择几个本章介绍的西文电子期刊库,通过检索同一主题,分析对比不同库的检索功能、检索技术、检索结果、用户服务等,筛选出比较适合本学科检索的数据库。

3. 根据本学科的某一研究方向,选择关键词,在三大中文电子期刊检索系统中进行检索,看看三个数据库的检索功能和结果有何不同。

参考文献

[1] Bernald Donovan. 学术期刊的未来[J]. 科技与出版,2000(2):15-18.

[2] 郭依群. 互联网上电子期刊服务及其利用[J]. 图书馆建设,1998(5):49-51.

[3] 聂华. 电子杂志的发展现状与趋势[J]. 大学图书馆学报,1999,17(4):7-11.

[4] 谢新洲. 电子信息源与网络检索[M]. 北京:北京图书馆出版社,1998.

[5] 黄美君,姜爱蓉. CAJNR 的功能及改进方法[J]. 情报理论与实践,1999,22(6):444-447.

[6] 闫敏,李英兰,姜振儒. 引文连接项目——CrossRef[J]. 情报理论与实践,2002,25(1):71-72.

[7] Beit-ArieO, Blake M, Caplan P, Flecker D, etc. Linking to the Appropriate Copy: Report of a DOI-Based Prototype[J/OL]. D-Lib Magazine,2001,7(9)[2022-03-20]. http://www.dlib.org/dlib/september01/caplan/09caplan.html.

[8] 关志英,郭依群. 网络学术资源应用导览(科技篇)[M]. 北京:中国水利水电出版社,2006.

[9] Elsevier. Elsevier 电子期刊[EB/OL]. [2022-03-20]. http://www.sciencedirect.com/.

[10] John Wiley & Sons, Inc. Wiley-Blackwell 电子期刊[EB/OL]. [2022-3-20]. http://onlinelibrary.wiley.com/.

[11] Springer Nature . Springer 电子期刊[EB/OL]. [2022-03-20]. https://link.springer.com/.

[12] Taylor & Francis Group. Taylor & Francis 电子期刊[EB/OL]. [2022-03-20]. https://www.tandfonline.com/.

[13] Sage Publications. Sage 电子期刊[EB/OL]. [2022-03-20]. https://journals.sagepub.com/.

[14] Oxford University Press. OUP 电子期刊[EB/OL]. [2022-03-20]. https://academic.oup.com/journals.

[15] Cambridge University Press. CUP 电子期刊[EB/OL]. [2022-03-20]. http://journals.cambridge.org/.

[16] Annual Reviews. Annual Reviews 电子期刊[EB/OL]. [2022-03-20]. https://www.annualreviews.org/.

[17] American Association for the Advancement of Science. Science Online 电子期刊[EB/OL]. [2022-03-20]. http://www.sciencemag.org/.

[18] Springer Nature. Nature 电子期刊[EB/OL]. [2022-03-20]. http://www.nature.com/.

[19] Elsevier. Cell Press 电子期刊[EB/OL]. [2022-03-20]. https://www.cell.com/.

[20] American Mathematical Society. AMS 电子期刊[EB/OL]. [2022-03-20]. http://www.ams.org/journals.

[21] Society for Industrial and Applied Mathematics. SIAM 电子期刊[EB/OL]. [2022-03-20]. https://epubs.siam.org/.

[22] IOP Publishing. IOP 电子期刊[EB/OL]. [2022-03-20]. http://iopscience.iop.org/.

[23] American Physical Society. APS 电子期刊[EB/OL]. [2022-03-20]. https://www.aps.org/publications/journals/index.cfm.

[24] AIP Publishing LLC. AIP 电子期刊[EB/OL]. [2022-03-20]. https://aip.scitation.org/.

[25] The Royal Society of Chemistry. RSC 电子期刊[EB/OL]. [2022-03-20]. http://rsc.calis.edu.cn.

[26] ACS Publications. ACS 电子期刊[EB/OL]. [2022-03-20]. http://pubs.acs.org/.

[27] American Psychological Association. APA 电子期刊[EB/OL]. [2022-03-20]. http://www.apa.org/pubs/journals/index.aspx.

[28] Association for Computing Machinery. ACM 电子期刊[EB/OL]. [2022-03-20]. http://portal.acm.org/dl.cfm.

[29] American Society of Civil Engineers. ASCE 电子期刊[EB/OL]. [2022-03-20]. https://ascelibrary.org/.

[30] American Society for Testing and Materials. ASTM 电子期刊[EB/OL]. [2022-03-20]. https://www.astm.org/products-services/digital-library.html.

[31] The American Society of Mechanical Engineers. ASME 电子期刊[EB/OL]. [2022-03-20]. https://www.asme.org/publications-submissions/journals.

[32] American Institute of Aeronautics and Astronautics. AIAA 电子期刊[EB/OL]. [2022-03-20]. http://arc.aiaa.org/.

[33] International Society for Optical Engineering. SPIE 电子期刊[EB/OL]. [2022-03-20]. http://spiedigitallibrary.org/.

[34] American Geophysical Union. AGU 电子期刊[EB/OL]. [2022-03-20]. https://agupubs.onlinelibrary.wiley.com/.

[35] World Scientific Publishing Co Pte Ltd. WorldSciNe 电子期刊[EB/OL]. [2022-03-20]. https://www.worldscientific.com/.

[36] Emerald Publishing. Emerald 电子期刊[EB/OL]. [2022-03-20]. https://www.emerald.com/insight/.

[37] ITHAKA. JSTOR 英文过刊[EB/OL]. [2022-03-20]. http://www.jstor.org.

[38] ProQuest LLC. PAO 电子期刊[EB/OL]. [2022-03-20]. https://search.proquest.com/pao.

[39] Project MUSE. Project Muse 电子期刊[EB/OL]. [2022-03-20]. http://muse.jhu.edu/.

[40] HeinOnline. HeinOnline 电子期刊[EB/OL]. [2022-03-20]. http://home.heinonline.org/.

[41] 中国知网(CNKI). 中国知网学术期刊库[EB/OL]. [2022-03-20]. https://kns.cnki.net/kns/brief/result.aspx?dbprefix=CJFQ.

[42] 北京万方数据股份有限公司. 中国学术期刊数据库[EB/OL]. [2022-03-20]. http://c.wanfangdata.com.cn/periodical.

[43] 重庆维普资讯有限公司. 中文期刊服务平台[EB/OL]. [2022-03-20]. http://www.cqvip.com/.

[44] 上海图书馆. 全国报刊索引[EB/OL]. [2022-03-20]. https://www.cnbksy.com/.

[45] 上海图书馆. 民国时期期刊全文数据库[EB/OL]. [2022-03-20]. https://www.cnbksy.com/search/advance.

[46] 大成公司. 大成老旧刊数据库[EB/OL]. [2022-03-20]. http://laokan.dachengdata.com/index.

[47] 便携式电子报纸可望广泛应用[J]. 科学大众(中学版), 2008(3): 15.

[48] Newspaper Association of America. Circulation Facts, Figures and Logic 2009[M]. Arlington, Va.: NAA, 2010.

[49] 崔保国, 张晓群. 中国报纸产业发展的回顾与展望[J]. 中国报业, 2009(3): 15-19.

[50] The New York Times. The New York Times 网络版[N/OL]. [2022-03-20]. https://www.nytimes.com.

[51] The Washington Post. The Washington Post 网络版[N/OL]. [2022-03-20]. http:

//www.washingtonpost.com.

[52] The Times. The Times 网络版[N/OL]. [2022-03-20]. https://www.thetimes.co.uk/.

[53] NewsBank. Access World News[EB/OL]. [2022-03-20]. https://infoweb.newsbank.com/.

[54] DynoMedia. PressDisplay 报纸数据库[EB/OL]. [2022-03-20]. http://library.PressDisplay.com.

[55] Gale Inc. GaleNews Vault[EB/OL]. [2022-03-20]. https://infotrac.galegroup.com/.

[56] Newsban. America's Historical Newspapers [EB/OL]. [2022-03-20]. https://infoweb.newsbank.com/apps/readex/? p=EANX.

[57] University of Illinoi. Illinois Digital Newspaper [EB/OL]. [2022-03-20]. https://idnc.library.illinois.edu/.

[58] EBSCOhost. EBSCO 报纸数据库[EB/OL]. [2022-03-20]. http://search.ebscohost.com/.

[59] ProQuest. ProQuest 报纸数据库[EB/OL]. [2022-03-20]. https://search.proquest.com/.

[60] 人民日报社.《人民日报》电子版[N/OL]. [2022-03-20]. http://paper.people.com.cn/rmrb/.

[61] 参考消息报社.《参考消息》电子版[N/OL]. [2022-03-20]. http://www.cankaoxiaoxi.com/.

[62] 经济日报社.《经济日报》电子版[N/OL]. [2022-03-20]. http://paper.ce.cn/jjrb/paperindex.htm.

[63] 方正阿帕比技术有限公司. 中华数字书苑之电子报纸[EB/OL]. [2022-03-20]. http://www.apabi.com.

[64]《中国学术期刊(光盘版)》电子杂志社有限公司. 中国重要报纸全文数据库[EB/OL]. [2022-03-20]. http://kns.cnki.net/kns/brief/result.aspx? dbprefix=CCND.

[65] 国家图书馆出版社有限公司. 中国历史文献总库·近代报纸数据库[EB/OL]. [2022-03-20]. http://bz.nlcpress.com/library/publish/default/IndexPaper.jsp.

[66] 上海图书馆. 全国报刊索引[EB/OL]. [2022-03-20]. http://www.cnbksy.com/.

[67] 光明日报社. 光明网[N/OL]. [2022-03-20]. http://www.gmw.cn.

[68] 中报国际文化传媒(北京)有限公司.《中国日报》网络版[N/OL]. [2022-03-20]. http://www.chinadaily.com.cn.

[69] 北京中青在线网络信息技术有限公司. 中青在线[N/OL]. [2022-03-20]. http://www.cyol.com.

[70] 香港大公文汇传媒集团.《大公报》网络版[N/OL]. [2022-03-20]. http://www.takungpao.com.

第六章　电子图书

第一节　电子图书概述

1.1　电子图书概念与发展

电子图书是以磁、光、电等非纸介质为记载媒体,以信息的生产、传播和再现代替纸质图书的制作、发行和阅读的一种新型媒体工具,是随着计算机、网络和移动通信技术的迭代而出现并迅速发展的。

电子图书以互联网为流通渠道,以数字化内容为流通介质,以网上支付为主要交换方式,是基于网络的出版发行和阅读方式。电子图书是信息时代技术发展的必然产物。电子图书的出现,是书籍发展的一大飞跃,使书籍从载体、生产流程、阅读方式、获取途径等方面彻底发生了变化,对图书馆来说也丰富了数字馆藏,并逐渐被人们所接受。

电子图书最早出现于 1940 年左右出版的一部科幻小说中,书中幻想未来可以在某种特制的电子设备上阅读图书。1971 年,迈克尔·哈特(Michael Hart)决定把一些对整个人类而言有一定意义的书籍输入电脑,放置在计算机网络上供人们免费阅读和下载,这项计划被命名为"古腾堡工程"[①]。2000 年 10 月,世界上第一台阅读不耗电电子图书在天津问世。早期电子图书是用电脑屏幕阅读的,而今电子图书可以放置在各类数码终端设备中阅览和阅读——包括电子阅读专用的手持阅读器如亚马逊的 Kindle 电子书等,平板电脑例如苹果的 iPad,以及智能手机等。

电子图书出现后就得到飞速发展。从国外来看,在网络出版发展最早的美国,每年出版的电子图书达 10 万册之多,目前已有 79% 的出版社拥有自己的网站。据调查,2004 年电子图书占图书市场销售额的 26%,消费者用于电子图书的花费达 54 亿美元。

从国内来看,国内的电子图书产生于 20 世纪 80 年代,表现为一些拥有计算机技术和设备的单位和个人建立的软磁盘数据库。近年来,随着国外电子图书市场的迅猛发展,国内电子图书市场也日趋活跃。大型中文图书服务系统如方正阿帕比电子书(数据库名称:方正 Apabi 数字图书馆、方正 Apabi 电子书)、超星数字图书馆(数据库名称:超星读书、书世界、汇雅电子书等)、书生之家数字图书馆(或称:书生之家电子图书)、读秀知识库、中文在线数字图书馆等相继建立,且保存的电子图书数量飞速增加。随着电子图书内容的不断丰富和

---

① http://www.gutenberg.org 也译作古登堡计划、古登堡项目,详细介绍见本书第十章第七节。

人们阅读需求的增加,出版商和图书馆对电子图书移动阅读服务越来越重视,纷纷推出移动阅读解决方案,例如科学出版社和方正电子合作推出的"U阅书房"可以将图书内容在数字版权保护技术的支持下存入U盘,然后连同普通图书的装帧(外包装)一起销售给读者或图书馆,在图书馆,用户可以借出,并在任何一台电脑上阅读;再如针对前面提到的各种手持阅读器、平板电脑和智能手机等电子书专用或非专用的移动阅读设备,平台商、出版社或图书馆等通过不同的渠道和方式将其拥有的数字内容推送到这些设备中,以方便读者在线购买或借阅。

1.2 电子图书特点

(1) 容量巨大、成本低廉。电子图书可以实现海量存储,一个小小的服务器所载电子图书可以和一个中型图书馆所藏纸质图书相媲美。

电子图书的成本相比纸质图书低廉得多,电子图书(指内容)的造价仅为纸书的1/3(将来还要大大降低)。读者花很少的钱就可以买很多的书。

(2) 制作出版方便。电子图书改变了图书出版方式,其制作、出版和库存等流程都更加方便。复制一本纸质图书可能需要几个小时,而复制一本同样的电子图书可能只需要几秒钟;电子图书的修订、改版等也易如反掌,可以实现实时更新;网络出版,不必担心想要的好书脱销,库存永远充足,一本好书,可以近乎零成本无限制地重印。根据现在的测算,约25册订数即可出版发行。这意味着读者可以随时买到自己想要的电子图书,作者也不必担心因订数过少而遭到出版社的拒绝——这对那些内容专深的学术著作的作者来说,无疑是非常好的事。

(3) 传播快、流通便捷。电子图书不需要印刷,发行周期短,更新速度快,可以快速地传播和便捷地流通;电子图书并且方便携带,无论是基于网络使用、还是使用移动存储或是便携式阅读器,都具有携带方便的特点;并且电子图书的传播不受时间和空间的限制。

(4) 功能齐全,使用方便。从阅读功能看,电子图书采用了印刷书籍式的人性化界面,具有内码识别、自动翻译、自动朗读、书签等多种功能,电子图书声像并茂,信息内容生动,在屏幕上可以实现浏览、阅读、查询、摘录、打印、演示动画等操作。

从检索功能看,电子图书检索便利,可以提供关键词、题名、作者、出版社等相关字段的检索,并可实现全文检索,可以快速找到相关的章节或正文内容。

从交互功能看,电子图书一般都具有通信功能,通过内置的调制解调器(Modem)或直接与互联网连接,就可与作者和其他读者交互。

从形式看,电子图书生动直观,尤其是多媒体电子图书,不仅仅有文字,而且有图像、有声音,不仅可以"读"文字,而且可以"看"图像,还可以"听"朗读,是一种与以往任何形式都完全不同的全新概念的"书"。多媒体电子图书阅读器有先进的语音功能,加上多媒体的视频使网上多媒体电子图书备受青睐。

(5) 符合环保要求。电子图书出版环节的减少极大地节省了资源,包括能源、空间、人力、物力、财力等。首先是无须印刷,节约纸张、油墨、水资源;其次是无须仓储、运输,节约人力物力;最后是结算方便,能够在网上实行即时电子结算,减少了资金周转时间。

(6) 技术发展前景好。加密的电子图书不易被盗印,出版商不会为书籍盗版而头疼,也许困扰出版业多年的知识产权保护问题就此能够得到彻底解决。

当然,电子图书的发展也还存在着如下问题。

(1) 制作格式和阅读器、技术标准不统一。由于电子图书统一的制作和显示规范尚未形成,电子图书的制作和阅读格式呈多样化。目前电子图书市场群雄争霸,各公司纷纷推出自己的电子图书格式或阅读器希望占领市场,光是文件格式就有 TXT、EXE、HLP、HTML、CHM、PDF、EPUB、WDL、SWB、LIT、CEB 等 10 余种,各个不同格式的电子图书需要下载不同的阅读器才能阅读、依赖的阅读终端设备也不同。不但给阅读带来许多的不便,也影响了电子图书的流通和电子图书的使用效率。

(2) 内容不均衡。电子图书内容涉及的主题范围比较有限,目前多为文学艺术或计算机类图书以及工具书等,一个共同的特点就是片面追求畅销书、热门书等炒作之作,对纯理论性的专业图书很少涉及,造成品种单一、内容不均衡、难以满足不同读者需要的局面,也严重影响着电子图书的魅力。

近年来,一些电子图书服务商提供的电子图书已充分考虑到用户的需求,引进大量的学术性图书,学科范围也扩展至各个领域。同时很多电子图书的出版商采用专门的数字化制作技术以及专用的电子图书阅读器,使电子图书的形式变得丰富多样。

(3) 制作品质良莠不齐。从制作质量看,电子图书,尤其是网上的免费电子图书有很多为个人业余制作,总体品质不高,学术价值较低;从展现形式看,电子图书以 TXT、PDF 等形式的文件居多,死链、错别字、内容不全、阅读体验差等情形随时可见,也缺乏多媒体技术支持;从使用方面看,可浏览的较多,但真正可实现检索,尤其是全文检索的很少;从电子图书阅读器看,阅读的品质也受到制作质量和终端设备的影响而良莠不齐,例如图书本身分辨率低,阅读器屏幕闪烁、刷新慢、触屏反应不灵敏、死机等问题;再如阅读器功能方面也还存在很多不足,读者还不能从中完全收获到个性阅读的快乐。

与网上免费电子图书相对应,由一些较具规模的技术开发商或网络服务商、资源服务商等提供的大型电子图书服务系统,如国外的 EBSCO eBook Collection(原 NetLibrary)、ProQuest Ebook Central(含 MyiLibrary、Ebrary)、国内方正 Apabi 电子图书,其电子图书的内容和质量相对较好,服务也较有保障,当然各个电子图书系统之间还是有较大差别的,总体品质也只能用良莠不齐来形容。

(4) 阅读品质和阅读体验受限。电子图书的阅读要依赖终端设备,目前市场上的电子阅读终端设备多种多样,既有专用的电纸书或电子书阅读器、也有并非基于阅读设计的平板电脑和手机等;从专用阅读终端的技术角度来看,既有采用电子纸或电子墨水技术的类纸屏阅读器,也有采用 LED 技术的液晶屏阅读器,前者的优点是阅读舒适、轻薄、省电,缺点是功能单一、刷新慢;后者的优点是支持格式多、功能丰富,缺点是易阅读疲劳、耗电多。电子图书的阅读品质和阅读体验受到这些终端设备本身的规格、支持文件格式、屏幕材质、功能等诸多因素的限制。

(5) 知识产权保护尚不完善。电子图书复制容易且成本低、流通速度快、销毁方便等特点对知识产权的保护是个严峻的挑战。如今许多网站提供免费的电子图书下载,很多都严重侵犯了知识产权。如果不及早采取措施,解决版权的法律保护问题,出版社对电子图书就不会太过热情。知识产权问题将成为制约电子图书健康发展的重要因素。

版权问题在电子图书制作及服务方面表现得最为突出,尤其网上电子图书,基本没有考虑到版权问题,互相转载或擅自将作者作品上网的情形较多,在对知识产权的保护方面比较薄弱;而一些电子图书系统的版权问题也有不同程度的表现,比如超星数字图书馆、书生之家数字图书馆等均未能彻底解决版权问题。国外电子图书服务系统在版权方面解决得较好,一般是取得出版社的电子版权,且在服务等方面也充分考虑出版社及著作者个人的利益,采用复本控制、权限控制等方式贯彻版权保护原则。

(6) 对阅读习惯和收藏方式等的影响还有待观察与思辨。习惯具有巨大的惯性,虽然电子图书和纸质图书一样都是知识的载体,但读者千百年来形成的阅读纸书的习惯一时却难以改变。许多人认为没有淡淡油墨味的书就不是真正意义上的书,因为人们读书的目的,除了学习工作外,更多是为了消遣。躺在床上、靠在沙发上看书,对许多人来说是一种生活享受。但电子图书阅读需要借助的电子设备无论技术如何尖端、屏幕如何环保健康,还是不可避免地容易引起视觉疲劳,对于视力尤其是青少年的视力具有或多或少的破坏性。此外,读惯纸质书的人,会对纸质书有一定的感情,对电子图书产生一种排斥心理。上述阅读习惯不是短时间内能够转变过来的。

但是,网络的发展、图书销售模式的转变、电子支付的便捷都极大地改变了人们的阅读方式,传统的纸质书阅读量不断下降、碎片式阅读、青少年读书少、读书不深入等种种问题引起了专家和社会的广泛忧虑,关于是否要普及电子书、推广电子阅读一直存在着巨大的争议。电子图书到底要如何发展、发展到一个什么样的"度",尚无定论,需要不断探索和思辨。

1.3 电子图书类型

1.3.1 按载体和出版形式划分

按载体和出版形式划分,电子图书分为:

(1) 封装型电子图书。主要是光盘或 U 盘电子书。光盘包括只以光盘载体形式出版的电子书,以及书刊附盘等,需在电脑上使用;U 盘没有阅读屏幕,但其携带方便,操作简单,U 盘既可以代替传统图书包装在书函内部,也可以通过移动数字图书馆系统方便地进行在线借阅、续借和归还,并可在任何有计算机终端的地点即插即阅。

(2) 基于个人计算机(Personal Computer,PC)的网络型电子图书。存放于网络服务器,使用通用浏览器或专门阅读软件阅读,一般需在连通网络的电脑上使用,部分网站的电子图书也可下载到终端设备中进行离线使用。

图书馆向读者提供服务的电子图书服务系统,例如国内的方正 Apabi 数字图书馆、超星数字图书馆、书生之家数字图书馆、时代圣典电子图书等,国外的 EBSCO eBook Collection、ProQuest Ebook Central、World eBook Library 等,再如国内的典籍数据如文渊阁《四库全书》电子版、《四部丛刊》电子版,国内外的电子百科全书、丛书、工具书数据库等,都属于这一类。另外基于网站的电子书城、基于出版社或 IT 技术公司的电子书店等也一般属于此类,而且其电子图书常常可以提供下载,当然下载的权限各不相同,下载的电子图书的格式也多种多样,有些需要专用的阅读器支持阅读。

（3）离线电子图书（移动阅读终端）。离线电子图书是指利用移动阅读设备下载或借阅后，不依赖于网络就可以阅读的电子图书。离线电子图书必须基于移动阅读终端设备而使用，常见的设备包括专用的电子书阅读器、智能手机、平板电脑等。

电子书阅读器是一种浏览电子图书的手持阅读工具，应用于电子书阅读器屏幕的技术有电子纸、液晶（LCD）、电子墨水等技术，屏幕的大小决定了可以单屏显示字数的多少。目前常见的电子书阅读器产品一般是由电子书店、阅读网站推出的、配合电子书离线阅读的数码产品，例如前面提到的亚马逊Kindle电子书阅读器、后面会介绍到的汉王电纸书、当当国文电子阅读器等；当然也有移动通信设备制造商提供的阅读终端产品，如索尼DPT、小米多看电纸书等。

电子书阅读器按其屏幕显示技术分为类纸屏（基于电子纸技术）和液晶屏（基于LCD技术）两种。

类纸屏阅读器的优点是重量轻、容量大、电池使用时间长、屏幕大；部分电子书阅读器具备调节字体大小的功能，并且能显示JPEG、GIF格式的黑白图像和Microsoft Word文件、RSS订阅的内容。其缺点是无背光，必须依赖外界的光线；功能比较单一，只有阅读功能（不过个别高档机型支持MP3格式和有声书，阅读效果更上一层楼了）；不同品牌的电子书格式不通用，一般都支持纯文本（TXT），其他格式如HTML文本、Word、CHM、PDF有些支持，有些需要通过转换才可以使用；翻页速度比不上液晶屏，一般需要2～3秒；价格比液晶屏的要稍贵一些。目前，市场上的电子书阅读器以类纸屏的居多，除了前面提到的亚马逊Kindle、汉王（Hanvon）、当当国文（OBook）、索尼DPT、小米多看，常见的还有科大讯飞（iFLYTEK）、博阅（Boyue）、锦读（Jindu）、京东JDRead、盛大、艾利和等品牌的电子书均为此类。

液晶屏阅读器的优点是支持背光，在没有外界光线的情况下可以方便地阅读；支持格式多，电子书阅读器从最初支持单纯的TXT格式以及厂商的格式，到现在支持大多数的图书格式，比如TXT、JPG、BMP、HTML、PDF、DOC、EPUB、DJVU、CHM等，甚至有的电子书阅读器还可以支持RAR、ZIP、PPT等格式；功能比较丰富，一般都支持MP3格式，高档的相当于一个个人数字助理（Personal Digital Assistant，PDA），支持即时翻译等。其缺点是长时间阅读会使眼睛疲劳；因背光和屏幕显示耗电量相对较大，不如类纸屏的阅读器省电；价格高低不等。这类电子书阅读器曾经比较受欢迎的如国内的方正君阅天下、博朗电子书等，均已停产。可以说手机和平板电脑上的移动阅读应用（APP）已经完全替代了这类阅读终端。

智能手机作为普及率最高的移动终端，是短时间小规模阅读的最佳工具，手机只要安装相应的客户端软件，即可享受版式阅读（数字内容出版时原版原式的呈现）。目前方正Apabi电子图书、中文在线数字图书馆以及很多报纸都已支持手机版式阅读。当然，就算不支持版式阅读，手机也可以进行流式阅读（即根据页面对象的逻辑结构信息，在手机、专业阅读器等屏幕狭小的移动设备上进行流式重排以提供给用户更好的阅读体验），例如目前很多阅读网站都提供适合手机的文本格式供用户下载到手机阅读。

平板电脑，最受用户追捧的苹果iPad作为一款高端的移动终端设备，已经成为众多出版商、内容提供商和图书馆不得不面对的产品，很多网站推出iPad下载专区以满足持有iPad的用户的阅读需求。方正Apabi电子书已经宣称全面支持iPad——方正Apabi电子书可以在iPad上实现版式、流式合一的阅读。除了苹果iPad，支持电子书阅读的平板电脑品牌还有很多,目前市场上比较受欢迎的如华为 MatePad 和荣耀平板、微软 Surface、小米平板等,其他常见品牌还有联想、三星、中柏(Jumper)、台电(Teclast)、酷比魔方、戴尔、惠普、谷歌等。

1.3.2 按内容划分

电子图书就其内容而言,可以说涉及了各个学科,如数学、物理、化学、生物、经济、管理、文学、历史等。但总体而言,涉及比较多的是工具书(辞典、百科全书)、文学和艺术类图书、计算机类图书等。

1.3.3 按电子图书内容存储的文件格式划分

电子图书内容存储的格式多种多样,均是由不同的电子图书公司提供,常见的就有 TXT、EXE、HLP、HTML、CHM、PDF、EPUB、WDL、SWB、LIT 等,当然还有一些可能不常见,但却是由电子图书服务商所提供的、其电子图书所特有的格式,如超星数字图书馆的 PDZ,方正 Apabi 电子书的 CEB 等。总体说来,这些格式可归纳为两类,即图像格式和文本/超文本格式;此外还有多媒体格式。

第一种:图像格式。所谓图像格式的电子图书就是把已有的传统纸张图书扫描到计算机中,以图像格式存储。这种图书制作起来较为简单,适合于古籍书以及以图片为主的技术类书籍。这种电子图书内容比较准确,但检索手段不强,显示速度比较慢,阅读效果不太理想,放大后很不清晰,也不适合打印。国内的中文电子图书多是以图像格式制作和存储的,如超星数字图书馆、书生之家数字图书馆的图书等,方正 Apabi 电子书虽说采用电子出版,但其中很多图书也是将图像格式的文件制作成 Apabi 电子书并以 Apabi Reader 阅读的。另外上面提到的常见格式中,WDL、SWB、LIT 等均属图像格式。

第二种:文本/超文本格式。基于文本的电子图书,通常是将书的内容作为文本,并有相应的应用程序。应用程序会提供华丽的界面、基于内容或主题的检索方式、方便的跳转、书签功能、语音信息、在线辞典等,不一而足。这一类电子图书主要是一些报纸杂志的合订本、珍藏本的光盘。这类的电子图书很多,通常以 HTM、HTML、EXE 等超文本文件或执行文件的形式出现,前面提到的电子图书格式中,CHM、HLP 等均属此类格式。

此外,需要特别提到的是 PDF 格式的电子图书。PDF 格式是 Adobe 公司的"便携文档格式"(Portable Document Format)。所谓"便携",是指 PDF 格式的文件无论在何种机器、何种操作系统上都能以制作者所希望的形式显示和打印出来,表现出跨平台的一致性。PDF 格式文件可包含图形、声音等多媒体信息,还可建立主题间的跳转、注释,这又有些像超文本文件,但超文本文件所包含的多媒体信息无非是一些外部的链接,而 PDF 格式的文件信息是"内含"的,甚至可以把字体"嵌入"到文件中,使 PDF 格式的文件成为完全"自足"的电子文档,家庭藏书中的名著多用此类格式。可见,PDF 格式的文件具有上述所提到的图像和文本格式的双重特点。另外,PDF 是目前最常见的电子读物格式之一,被各方面所广泛使用,其阅读软件也几乎同 IE 等浏览器软件、WORD 等自动化办公软件一样成为通用的软件,其地位是比较特殊的。

第三种:多媒体格式。主要是 MP3 格式的语音图书,以文学作品和语言学习类为主。

1.4 电子图书的出版

由于电子图书的出版方便且易行,出版门槛低,因此相较传统的印本图书而言,出版者众多,大致分为以下几类。

(1) 大中型出版商或学术机构:大中型出版社、出版集团或出版联盟等同时出版印本图书和电子图书,自行提供检索服务平台,独立发行,出版的电子图书基本与本公司出版的印本图书品种相同,拥有图书的印本和电子版的双重版权,如美国的约翰威立国际出版公司(John Wiley & Sons Inc)、圣智学习出版公司(Gale Cengage Learning)、英国的泰勒和弗朗西斯出版集团(Taylor & Francis Group)、德国的施普林格(Springer)公司、新加坡的世界科技出版集团(World Scientific Publishing Co Pte Ltd)等。此外还有大中型的或独立的学术机构例如英国物理学会、欧洲数学学会等。

(2) 大型集成商、联盟或项目:大型集成商或平台商自身并不出版印本图书,以集成中小型出版商的出版物和大型出版商的部分图书为主,拥有电子图书的出版权,例如前面提到的国外的 EBSCO eBook Collection 和 ProQuest Ebook Central、国内的方正 Apabi 数字图书馆的电子图书等;还有比较早的印本图书已经超过版权追溯期的,或者一些特定应用领域的图书如教材等,一些平台商、联盟组织或机构、大型数字化项目(如 Hathitrust)等集成制作电子书,建立电子图书平台,为读者提供服务,例如美国的 Books at JSTOR 电子书项目、国内的 CALIS 教参书项目、CADAL 项目等,此外国内的多个典籍数据库如中国基本古籍库、中国历史文献总库·民国图书数据库等也属于此类。

(3) 独立出版者:以个人和小型团体为主,不出版印本图书,其电子图书往往没有正式的国际标准书号(ISBN),品质良莠不齐。

需要说明的是,上述出版者分类主要适用于基于 PC 的网络型电子图书,封装型电子图书的出版者一般是出版社;离线型电子图书的出版者则是终端设备制造商,其内容主要依赖于内容提供商,包括电子书店例如亚马逊、当当、汉王书城或读书网站如起点中文网、潇湘书院、搜狐读书、QQ 阅读、网易云阅读等,这些网站提供电子图书购买或者订阅、下载等服务。

1.5 电子图书的作用

电子图书具有重要的价值。对图书馆而言,电子图书可以起到补充馆藏、丰富馆藏品种等的作用;对读者而言,电子图书满足了他们对于新书、畅销书等图书的巨大需求,同时提供了方便快捷的阅读方式。

电子图书是电子资源的重要组成部分之一,要进行各类型电子资源的系列化建设,电子图书的引进是必不可少的一环;另外,从电子资源建设的发展趋势来看,一些大型的和主要的文献资源单位,其二次文献的引进基本已满足读者需求,所以引进重点已逐步转化为对一次文献的评估与建设上来,而学术性的电子图书是一次文献中不可或缺的资源。电子图书在图书馆资源建设中的作用主要表现在 4 个方面。

(1) 提供采购信息。各数字图书馆经常有新书品种增加,这为采购人员提供了一条重要的图书渠道。采购人员对照其他图书信息,及时予以补订。

（2）补充馆藏品种。

（3）补充馆藏藏书复本量。

（4）节省图书经费。电子图书的定价一般均大大低于相对应的印刷型图书,以汉王书城的中文电子图书为例,绝大多数电子图书的价格在2～3元之间[①],远远低于同品种印本图书价格,当然这是针对个人用户而言。对于图书收藏和服务机构而言,各个电子图书系统的定价体系各不相同,但总体仍是低于购买同品种、同数量的印本图书的。

电子图书在读者利用方面的价值主要表现在两个方面：

（1）满足读者对部分图书的大量需求。电子图书从其选材内容来看,一般主要集中在两个方面,其一是新书和畅销书；其二是经典作品。对图书馆读者而言,新书和畅销书是永远供不应求的,他们需要图书馆提供无数个复本给他们阅读,满足他们每一个人的需求,但这既不实际、也不符合经济原则,电子图书很好地解决了这一矛盾。即使有些电子图书还是有复本的限制,但因其流通规则更灵活,流通周期更快,所以仍可比传统图书更有效地缓解供需矛盾。

（2）方便读者利用。电子图书一般可方便地阅读和检索,具有章节导航、定位等功能,有些电子图书还实现了真正意义上的全文检索。另外,电子图书一般均可进行下载或打印,也可摘录其中的部分文字进行编辑修改。

1.6 电子图书的使用

电子图书的检索可以从电子图书网站或阅读器(也称浏览器、指阅读电子图书的专用阅读软件或客户端软件)两个途径进行,可供检索的主要还是书目信息,即书名、作者、出版社等信息。

（1）电子图书检索。对电子图书服务网站的所有图书进行书目检索,一般有简单检索和高级检索方式,同数据库一样,也可进行限定检索。可检字段一般包括题名、责任者、主题和关键词、摘要、年代、出版社等。

书内全文检索：大多数电子图书平台可以在一本书内实现全文检索。

阅读器或客户端检索：进入安装在本地计算机的专用阅读器或客户端中,可对已下载至本地的电子图书或客户端中的所有图书进行全文检索。并非所有专用阅读器都支持全文检索,但古籍数据库的客户端如文渊阁《四库全书》电子版、《四部丛刊》电子版、《中华经典古籍库》等能够真正实现整书内容的全文检索,详见后面章节的相关介绍。

（2）电子图书阅读。电子图书的阅读视其文件格式及服务方式而定,一般网上的电子图书,文本、HTML格式文本或EXE文件居多,均可直接打开阅读,任何一种计算机操作系统均支持。这种图书多是免费的。另外一部分网络电子图书或是光盘版电子图书等,是基于商用目的而制作的,都配有专用的电子图书阅读器(或称浏览器),必须下载并安装了这些阅读器才可进行阅读。

[①] 来源于汉王书城网站,访问时间为2023年12月。

专用浏览器有3种情况：其一是由IT公司针对电子读物格式而开发的专用阅读器软件，例如MS-Reader、Adobe Acrobat Reader；其二是由电子图书出版商或服务商开发的，例如超星阅读器SSReader、方正阅读器Apabi Reader、四库全书全文检索系统客户端等专用阅读器软件或客户端软件；其三是离线电子书阅读器上的专用阅读软件。

第二节　西文电子图书

2.1　西文电子图书集成服务系统

西文电子图书主要由国外的大中型出版商和集成商（Aggregator）出版，这里主要介绍三个著名的西文电子图书集成服务系统，即EBSCO eBook Collection、ProQuest Ebook Central和World Library，分别介绍其内容、使用及其服务。

2.1.1　内容

三个著名的西文电子图书集成服务系统的历史概况、提供商、访问地址、电子书数量、来源、学科主题及书目更新等情况如表6-1所示。

表6-1　三个著名的西文电子图书集成服务系统概况及内容的比较

概况内容	EBSCO eBook Collection	ProQuest Ebook Central	World Library
历史概况	原名NetLibrary，隶属于OCLC，是eBook的主要提供商之一。2010年，NetLibrary被EBSCO公司收购，改名为EBSCO eBook Collection，提供从1900年到现在的电子书，覆盖了全部学术领域以及普通阅读和通俗阅读领域	简称EBC，由原EBL、Ebrary、MyiLibrary电子书平台合并而成，是一个综合类的电子书平台。收录1761年至今的全学科电子书，其电子书涉及60种语言	原名World eBook Library，其收录的资源最早可追溯至11世纪，收录了人类文明史上1000年来各学科历史上最伟大的思想家的作品、涉及100余种语言
提供商	美国EBSCO公司	美国ProQuest公司	长煦信息技术咨询（上海）有限公司（iGroup中国）
访问网址	https://www.ebsco.com/products/ebooks	https://ebookcentral.proquest.com	https://database.worldlibrary.org
图书种数	超过240万册	超过230万册	超过350万册

续表

概况内容	EBSCO eBook Collection	ProQuest Ebook Central	World Library
来源出版商	700多个出版商,例如:AMS、Brown Publishing Group (Random House)、Cambridge University Press、Cold Spring Harbor Laboratory Press、Columbia University Press	超过1 000多家世界知名综合性出版社、大学出版社、学术团体出版社、教科书出版社、专业出版社、参考工具书出版社、国际组织与政府组织出版社等,如 Taylor & Francis Group、Wiley、De Gruyter、Elsevier、Cambridge University Press、Columbia University Press、Cornell University Press、Harvard University Press 等	World Library Foundation
学术性	80%的电子图书面向大学师生和社会研究型读者等	主要服务于学术研究者和大学师生等	以学术类图书为主
学科范围	科学、技术、医学、生命科学、计算机科学、经济、工商、文学、历史、艺术、社会与行为科学、哲学、教育学等	科学、技术、医学、社会科学、经济管理、哲学与宗教、心理学、教育学、法学、语言学、文学、历史学、地理学、艺术等	涉及各个学科,特别关注教育、自然科学、社会学及科技领域
更新情况	每年新增逾24 000 种每月更新	每月更新	每天更新

注:以上信息来自高校图书馆数字资源采购联盟(Digital Resource Acquisition of Chinese Academic Libraries,DRAA)[①]网站。

2.1.2 检索

(1)检索功能。检索和浏览。检索一般有简单检索(或称基本检索)、高级检索和全文检索方式。简单检索和高级检索由于其书目信息相对简单,所以检索界面的功能设计以及检索技术的应用也都相对简单。

全文检索:虽然电子图书的检索字段一般都有全文检索字段,但并不是所有的电子图书服务系统都支持真正意义上的全文检索,尤其是图书内容采用图像格式的电子图书,将"全文"字段理解为全部字段或任意字段检索更为贴切。例如 EBSCO eBook Collection 就是通过"TX 所有文本区域"字段实现全文检索的,检索后首先定位到图书,并可定位到目录和最相关的页面(系统在检索结果页面生成目录和页面链接),也可单击书名或目录进入到PDF 格式全文阅读界面,点"搜索"在书内进行全文检索、定位到具体的页面。

浏览:可进行分类、主题或专题浏览。

下面分别以 EBSCO eBook Collection 和 ProQuest Ebook Central 为例介绍检索功能(如图 6-1 和图 6-2 所示)。

---

① http://www.libconsortia.edu.cn/index.action,访问时间为2022年4月28日。

第六章 电子图书

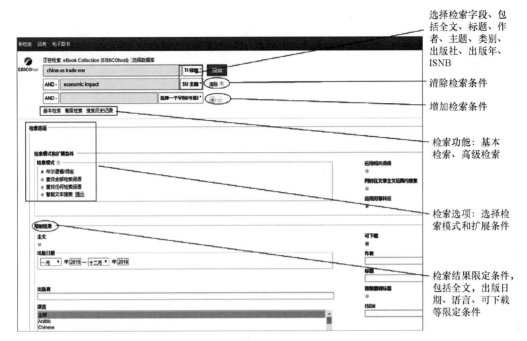

图 6-1　EBSCO eBook Collection 高级检索界面

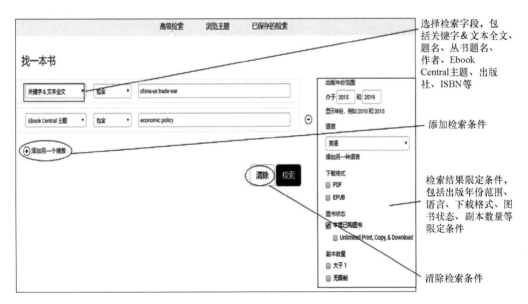

图 6-2　ProQuest Ebook Central 高级检索界面

EBSCO eBook Collection 所在的 EBSCO*host* 系统提供的检索功能有：基本检索、高级检索和按类别浏览。

基本检索只有一个检索框，可以输入任意检索词，不限定检索字段；高级检索允许输入多个检索条件，可以选择检索字段并输入检索词。基本检索和高级检索均可使用检索选项（Search Options），检索选项包括检索模式和扩展条件（Search Modes and Expanders）、检结果限定(Limit Your Results)。检索模式有4种：布尔逻辑/词组(Boolean/Phrase)、查找全部检索词语(Find All My Search Terms)、查找任何检索词语(Find Any of My Search Terms)、智能文本搜索(Smart Text Searching)；扩展条件有3个：运用相关词语(Apply Related Words)、同时在文章全文范围内搜索(Also Search Within the Full Text of the Articles)、应用对等科目(Apply Equivalent Subjects)；检索结果限定有9个：全文、出版日期、语言、可下载、出版者、作者、标题、ISBN、排除删减标题(Exclude Abridged Titles)。

ProQuest Ebook Central数据库提供的检索功能有：基本检索、高级检索、主题浏览。系统默认的检索功能是基本检索，只有一个检索框，允许通过关键词、作者、ISBN等进行检索；高级检索可以输入多个检索条件，可以清除或添加检索，可以使用检索限定选项。ProQuest Ebook Central提供主题浏览，可按11个大类64个小类的主题浏览图书(如表6-2所示)。ProQuest Ebook Central可按限定检索条件对检索结果进行精炼。

EBSCO eBook Collection、ProQuest Ebook Central和World Library三个著名的西文电子图书集成系统的检索界面以及相关功能对比如表6-2所示。

表6-2　三个著名的西文电子图书集成系统的检索界面以及相关功能对比

检索功能	EBSCO eBook Collection	ProQuest Ebook Central	World Library
浏览	按类别浏览，有32个类别：儿童及青少年小说、儿童及青少年非小说文学、艺术与建筑、传记与回忆录、身体、心智和灵性、商业与经济、计算机科学、烹饪、工艺和收藏、教育、工程与技术、小说、保健与医疗、历史、家居与园艺、幽默、法律、文学与评论、数学、哲学、政治学、心理学、参考文献、宗教、科学、自助与家人、社会学、运动与游戏、学习工具和语言学习、旅游、真实罪案	按主题浏览，有11个大类64个小类，大类分别是：艺术、商业、教育、综合、健康与医学、历史与政治学、法律、文学语言、宗教哲学、社会学、科学技术	按专题和学科浏览，有6个特色专题：学术类图书、电子书类图书、图文小说、期刊与杂志、音频类电子书、主题书展一览。其中学术类图书可按类别浏览，共有33个类别：农业、人类学、天文学、书目、生物、参考书、化学、商业、经济、法律、文学、管理、教育、金融、艺术、地理、医学、军事科学、政府、历史、语言、数学、心理学、娱乐、物理、音乐、海军科学、哲学、政治科学、宗教、社会学、统计学、技术
检索方式	基本检索、高级检索和按类别浏览	简单检索、高级检索、主题浏览	快速检索、高级检索
检索字段	全文、标题、作者、主题、类别、出版社、出版年、ISBN 8个字段	关键字&文本全文、题名、丛书题名、作者、Ebook Central主题、出版社、ISBN、美国国会图书馆主题、美国国会图书馆索书号、杜威十进分类号、BISAC主题词等12个字段	题名、作者、学科、出版社等字段，以及所有字段检索
检索限制(检索结果限定条件)	全文、出版日期范围、可下载、语言	出版年份范围、语言、下载格式、图书状态、副本数量	出版时间、语言、文件格式、学科分库、主题分库

续表

检索功能	EBSCO eBook Collection	ProQuest Ebook Central	World Library
布尔逻辑组配	AND、OR、NOT	AND	AND
检索词在检索结果中加亮,并显示上下文	黑色加粗,显示上下文	黄色加亮,显示上下文	浅灰色加亮,显示上下文
系统自动保留最近检索和浏览记录	可以保留最近检索信息——"搜索历史记录"	登录后可保存和编辑已有的检索条件——"已保存的检索",登录后还可以查看浏览过的图书——"查看近期内容"	可保存阅读历史,要先登录
全面的帮助文件(使用帮助、指南等)	有,网页形式。层次划分细致,帮助中的内容可检索	有,网页形式。以问题形式组织	有,网页形式。此外还有入门教程

(2) 检索技术。

支持字词检索,允许使用布尔逻辑算符,如表 6-2 所示;

支持字段检索,各电子图书系统支持的检索字段,如表 6-2 所示;

支持检索限定,如表 6-2 所示。

(3) 检索结果。

检索结果列表:以 EBSCO eBook Collection 为例,检索结果列表包括图书封面缩略图、题名、责任者、出版信息、主题、全文链接等,单击题名可以查看详细显示信息,单击"PDF 全文"可以阅读该电子书。检索结果默认按相关性排序,也可以选择其他排序方式:出版日期、题名、投稿者、出版社等(如表 6-3 所示)。

详细记录除了列表中的信息外,还增加了丛书、资源类型、ISBN、类别、入藏编号、出版者权限、用户级别等,此外还有全文链接、相关信息(包括目录,此电子图书中最相关的页面)和工具(Google Drive、添加至文件夹、打印、电子邮件、保存、引用、导出、添加注释、永久链接、共享)等信息。

表 6-3 三个著名的西文电子图书集成系统的检索结果页面功能对比

检索结果	EBSCO eBook Collection	ProQuest Ebook Central	World Library
显示格式和页面布局	可选择结果格式(标准、仅限标题、简介、详细);可选择每页显示结果数(5、10、20、30、40、50);可选择页面布局	可选择每页显示结果数(10、20、50、100);可翻页和跳转	可选择每页显示结果数(默认 40);可翻页和跳转;可选择检索结果显示方式
检索结果排序选择	相关性、出版日期、题名、投稿者、出版社 5 种方式	相关性、最近日期、最早日期、作者、标题 5 种方式	可选择检索结果显示方式

续表

检索结果	EBSCO eBook Collection	ProQuest Ebook Central	World Library
目录和导航	有目录 有检索词上下文定位导航(最相关的页面)	有目录	有目录
精炼检索	可按全文、可下载、出版日期、来源类型、主题、出版者、语言、类别精炼检索结果	可按出版年份、语言、图书状态、主题、作者精炼检索结果	可按内容类型、作者、学科、出版社、出版时间、语种、文件格式、所属学术合集、所属电子书合集精炼检索结果
结果输出	添加至文件夹(可逐条记录添加或整页所有记录一起添加); 对文件夹中的记录可以全选、部分选择、删除; 打印; 发送电子邮件; 另存为文件(HTML格式,可选择字段和引文格式); 导出(将引文保存为多种格式,包括 RIS、XML、BibTex,导出到参考文献管理软件)	添加到书架(文件夹):必须登录后才可添加,只可逐条记录添加; 对书架(文件夹)中的记录可以全选、部分选择、删除; 复制; 发送电子邮件; 导出(CSV文件)	下载检索结果列表,登录个人账号,在Opac Export中下载
分享和引用	可创建电子邮件快讯或RSS订阅源 永久链接:可使用和分享检索式的永久链接	引用文件夹 分享文件夹链接	标记为不合适图书

2.1.3 阅读与服务

西文电子图书一般都是基于网页实现阅读或采取较为通用的 PDF 格式或 EPUB 格式(EBSCO eBook Collection 的部分电子书同时提供 PDF 和 EPUB 全文格式),并不需要特别安装专用的电子图书阅读器,但其阅读功能仍然十分强大,包括目录/导航、文字缩放、翻页、定位、在文本中突出显示、笔记/注释、书签、书内检索、内容复制/粘贴、下载/离线借阅、打印等,如表 6-4 所示。

用户可以在电子图书系统中注册建立个人账户,登录后可以享有系统提供的个性化服务,包括建立个人书架,收藏、浏览和保存自己喜欢的电子图书,还可以分享电子图书、电子图书文件夹或电子图书检索式的链接、可以引用电子图书;此外在阅读过程中添加的笔记或注释等,也可以登录后查看,如表 6-4 所示。

表6-4 三个著名的西文电子图书集成系统的阅读及服务功能对比

阅读功能	EBSCO eBook Collection	ProQuest Ebook Central	World Library
需要插件或专门阅读软件	无	在线阅读无,离线阅读需安装Adobe Digital Editions	无
目录/导航	有目录	有目录	有页面导航
前后翻页	可以	可以	可以
跳到指定页	可以	可以	可以
文字缩放	可放大/缩小,可以调整页面宽度和适合度,可选全屏	可放大/缩小,可以调整页面宽度和适合度	可放大/缩小,可以调整页面宽度和适合度,可直接选择缩放比例,可选全屏
在文本中突出显示	不可以	可以	不可以
笔记/注释	可添加注释	可添加笔记	无
书签	无	可添加书签	无
书内检索	可以	可以	可以
内容复制/粘贴	利用网络浏览器的文本复制功能,复制/粘贴没有页数限制	可复制,相当于文本识别,复制页数限制为全书的20%	不可以
下载/离线借阅	可下载页面或章节(PDF格式),也可对页面或章节另存为离线文件,但每本书限制保存页数100页	可整本下载(PDF或EPUB格式),相当于离线借阅,借期1~7天,需注册账户并登录,并需安装Adobe Digital Editions,可在其他设备上阅读,但需要Adobe ID(免费);也可直接下载页面或章节(PDF格式),无过期,但每本书限制下载/保存页数(全书的40%)	PC端可下载PDF格式的电子书
打印	可以打印PDF格式的文件,打印页数限制为每本书100页	可以打印PDF格式的文件,打印页数限制为全书的40%	在线阅读页面无打印功能
其他输出方式	发送页面或章节到邮箱		
词典	有	无	无
分享和引用	引用图书 分享图书链接	引用图书 分享图书链接	E-mail图书信息
建立个人书架	可以,先建立个人账号和登录	可以,先建立个人账号和登录	可以,先建立个人账号和登录
登录后的其他服务功能	查看借出/预约的电子书;查看保存的检索、检索链接、快讯等;查看注释;建立订制文件夹和添加共享方式等	查看下载/借阅的图书;查看和导出注释;管理个人书架(删除、重命名)等	查看上传的图书;查看阅读历史;编辑信息;查看FAQ等

2.2 其他西文电子图书

除了前面介绍的3个著名的西文电子图书集成系统外,常见的其他西文电子图书系统从提供商来看主要由大中型出版商、出版社联盟、数字化出版项目、专业学协会等提供;从电子图书内容领域和适用范围来看主要包括综合类、医学类、科技类(尤其是 IT 类)、参考工具书类、语言文学类、教材类等。下面分别介绍一些主要的电子图书系统。

2.2.1 出版社或出版项目的电子图书

(1) SpringerLink 电子图书:包括施普林格·自然集团(Springer Nature)提供的电子书和回溯电子书、电子丛书。施普林格·自然集团是一家全球领先的从事科研、教育和专业出版的机构,2015 年由自然出版集团、帕尔格雷夫·麦克米伦(Palgrave Macmillan)、麦克米伦教育、施普林格科学与商业媒体合并而成,其中 Palgrave Macmillan 专注于人文社会科学领域的研究,2016 年开始将其电子书合并到 SpringerLink 平台上。Springer Nature 电子图书收录超过 300 000 种科学、技术及医学书籍、丛书及参考工具书等,并且每年增加 10 000 余本最新出版图书;自 2019 年起,Springer Nature 提供 21 个电子图书文库,覆盖商业、管理、人文社科领域的 10 个学科及科学、技术、医学等领域的 11 个学科。

此外,SpringerLink 还有回溯电子书,包括自 19 世纪 40 年代以来至 2004 年 Springer 出版的约 11 万种高质量图书;Springer 回溯丛书库,包括 14 种 Springer 著名丛书,全部从第 1 卷第 1 期开始提供,其中包括著名的 Lecture Notes in Computer Science,Lecture Notes in Mathematics 等。

SpringerLink 电子图书网址:https://link.springer.com/books/a/1

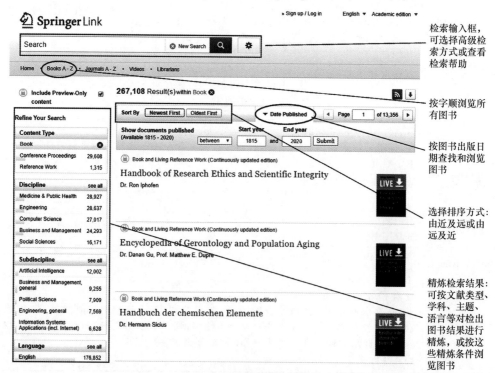

图 6-3 SpringerLink 电子书浏览和检索界面

(2) JSTOR 电子书：JSTOR 全名为 Journal Storage，始于梅隆基金会的数字典藏计划，是一个对过期期刊进行数字化的非营利性机构。2012 年，JSTOR 推出电子书项目——Books at JSTOR，将电子书与电子期刊在同一平台上进行整合并提供服务。通过 JSTOR 平台，使用者可以轻松实现图书、期刊文献和评论之间的交叉检索和链接，提高资源的利用效率。截至 2015 年 6 月，JSTOR 平台上提供的电子书已经超过 30 000 种，来自 60 余家著名的学术与大学出版社。JSTOR 平台拥有超过 200 万篇书评和 60 万笔书目数据，出版商和提供商是美国 JSTOR 公司。

JSTOR 数据库网址：http://www.jstor.org/

(3) MUSE 电子书：MUSE 电子书（Project MUSE e-book）源于大学出版社电子书出版联盟（UPEC），UPEC 成立于 2009 年，是以开拓大学出版社间的合作为目标的电子图书项目，其由 5 位高校出版社负责人担任理事，5 家出版社分别是：纽约大学出版社、坦普尔大学出版社、罗格斯大学出版社、宾夕法尼亚州大学出版社、内布拉斯加大学出版社。2011 年 3 月，Project MUSE 宣布与 UPEC 合作创建 UPEC 电子书（也称 Project MUSE 电子书，简称 MUSE）。截止到 2020 年底，MUSE 电子书共收录来自 150 多个主要的大学及学术出版社的超过 90 000 种电子图书，且电子书数量不断增加，涵盖的学科包括：亚太研究、中东研究、俄罗斯与东欧研究、非洲研究、美国研究、拉丁美洲与加勒比研究、美国原住民研究、美国地方学、犹太研究、政治学与政治研究、高等教育、心理学、生态学与进化、考古学与人类学、历史、古典学、哲学、语言和语言学、文学、全球文化研究、电影、戏剧与表演艺术、诗歌、小说与非小说作品等。MUSE 电子书的提供商是 CINFO-现代信息公司。

MUSE 电子书网址：https://muse.jhu.edu/browse/titles/all?browse_view_type=list&limit_content_type=book

(4) Emerald 电子书：Emerald 电子书数据库涉及"工商管理与经济学"和"社会科学"两个专辑，包括 150 多个主题领域，3 200 多卷图书。其中超过 80% 被 BKCI 收录，90% 被 Scopus 收录。覆盖的学科范围包括：会计与金融、商业战略管理、人力资源、学习和组织研究、公共政策与环境管理、教育学、旅游与酒店管理、社会学、市场营销、图书馆学与信息科学等。Emerald 电子书的出版商和提供商均是 Emerald 出版集团（Emerald Group Publishing Limited）。

Emerald 数据库网址：http://www.emeraldinsight.com/

(5) Taylor & Francis 电子书：Taylor & Francis 电子书包括来自劳特利奇（Routledge）出版社、心理学出版社（Psychology Press）和焦点出版社（Focal Press）等知名出版品牌的电子书，学科覆盖超过 30 个顶尖学科领域 300 个子学科，包括人文科学、社会科学、行为科学、环境、科技医疗与法律等。Taylor & Francis 电子书平台上的电子书数量超过 15 万册，其中部分书籍来自 2 000 多种 Routledge 系列丛书，包含著名的 Adelphi 丛书、"儿童文学和文化"丛书（Children's Literature and Culture）、"国际社会学图书馆"（International Library of Sociology）、"Routledge 通信丛书"（Routledge Communication Series）、"Routledge 复兴"丛书（Routledge Revivals）、"新心理分析图书馆"丛书（The New Library of Psychoanalysis）等。电子书系统的出版商和提供商是英国 Taylor & Francis 公司。

Taylor & Francis 数据库网址：https://www.taylorfrancis.com

（6）O'Reilly for Higher Education（简称 OHE,原名 Safari Tech Books Online）：由世界两大著名 IT 出版商 O'Reilly & Associates 公司和 The Pearson Technology 集团共同组建,主要提供 IT 类的电子图书,截止到 2022 年共收录 53 000 多册电子图书。内容覆盖 IT 技术的各个领域,从数据库到排版、从网页编程到多媒体技术等。其中,95% 以上是 2000 年以后出版的,22% 的书目列入了亚马逊（Amazon）书店前 10 000 种需要的图书清单中。中国高校用户可访问 Safari 中的近 10 种图书。该电子书的服务提供商是美国 ProQuest 公司。

Safari 数据库网址：https：//www.oreilly.com/

（7）Brill 电子书：博睿（Brill）出版社于 1683 年创立于荷兰莱顿,是一家历史悠久、拥有广阔国际视野的学术出版社。博睿每年出版新书 1 200 多种,大多为具有极高学术价值的系列丛书,出版领域包括人文与社会科学的所有重要学科、国际法及生物学等。其中法学类电子书回溯到 2006 年,其他学科电子书回溯到 2007 年,此外博睿有很多图书是以系列书（书代刊）的形式出版,最早的电子书的年代可回溯到 1953 年。

Brill 电子书网址：https：//www.cnpereading.com/libraryDetail/brill；或：https：//www.iresearchbook.cn/brill

出版社和出版集团、出版项目的电子图书系统比较常见的还有：

Wiley 电子书：包括在线图书和参考工具书（例如百科全书和手册）,出版时间始于 2001 年,电子书总量超过 27 000 册。该电子书系统的提供商是美国约翰威立国际出版公司（John Wiley）。

World Scientific 出版社电子书：世界科技出版公司（World Scientific Publishing Company）总部位于新加坡,专职出版高科技书刊,内容涉及基础科学、计算机科学、工程技术、医学、生命科学、商业与管理等各学科领域。每年出版新书 600 多种。

地球科学世界出版社（GeoScienceWorld）电子图书：超过 2 100 种电子书,主题涵盖：石油地质、地质学、地震学、地球科学的环境工程、地质的探测与采矿、地质化学、孔虫学、古生物学、地球物理学、孢粉学、地下水文学等。

MIT Press eBooks Library：由 IEEE 与麻省理工学院（Massachusetts Institute of Technology,MIT）出版社合作推出的计算机科学和工程技术类高质量电子书数据库,覆盖的学科有计算机科学、人工智能、信息理论、计算机编程、信息技术和电气工程等。

牛津学术专著电子书（Oxford Scholarship Online）：牛津大学出版社（Oxford University Press,OUP）的在线电子书,电子书总量超过 55 000 册,最早收录的图书出版时间可追溯到 20 世纪 60 年代,内容涵盖人文、社会科学、科学、医学和法律等各个领域。

2.2.2　电子百科和参考工具书

（1）Credo 全球工具书大全：Credo 全球工具书大全共收录全球 70 家著名出版社的 524 种实用工具书,共计 300 多万个词条,1 亿个链接,20 万个有声文件与 6 万个图像。主要来源出版社包括布莱克威尔（Blackwell）、爱思唯尔（Elsevier）、麦克米伦（Macmillan）、麦格劳-希尔（McGraw-Hill）、麻省理工学院出版社（MIT Press）、企鹅出版社（Penguin）、Sage、约翰威立公司（JohnWiley）、哥伦比亚大学出版社（Columbia University Press）、哈佛大学出版社

(Harvard University Press)、美国国会图书馆(Library of Congress)等。Credo 全球工具书大全内容涉及：科学、技术、医学、食品、商业、法律、社会科学、历史、地理、语言、文学、哲学、心理学、音乐、艺术、宗教、传记、字典、百科全书、语录等。提供商是 CINFO-现代信息公司。

Credo 数据库网址：http://search.credoreference.com/

(2) GALE 电子图书馆：Gale 电子图书馆，曾名圣智盖尔电子参考书图书馆(Gale Virtual Reference Library,GVRL)。GVRL 是一个综合性电子参考工具书图书馆，收录 Gale 出版社出版的权威参考工具书，涉及有关传记、商业、历史、文学、多元文化研究、宗教，以及社会科学等诸多领域的百科全书、手册、指南等参考资料。出版商是美国 Gale Cengage Learning(圣智盖尔)公司。

GALE 电子图书馆网址：http://infotrac.galegroup.com/itweb/peking? db=GVRL-0

其他常见的电子百科书和参考工具书还有：

大英百科学术版(Britannica Academic，简称 EB Online)，曾名不列颠百科全书学术网络版(Britannica Academic Edition)，它被认为是世界上最受认可和权威的参考资源。

Knovel 电子书：Knovel 公司的 Knovel 交互式工程数据分析数据库中的电子书，包括全球重要科技出版商和专业学会出版的超过 2 000 种重要的参考工具书、手册、百科全书等。该数据库的提供商是台湾 Flysheet 公司。

Routledge Encyclopedia of Philosophy Online：包括最新最权威最前沿的获奖理论和主流发展趋势，拥有超过 2 800 个条目。它涵盖哲学领域的多样主题，包括世界哲学、佛教、印度教、中国哲学、生物学哲学、物理与实验哲学、美学、形而上学、道德哲学、历史哲学、东方哲学和宗教哲学等。

Brill's Encyclopedia of Hinduism Online：博睿印度教百科全书数据库，介绍传统印度教主要领域的最新研究。其中的文章都是由全球著名的印度教学者撰写的原创作品。

2.2.3 医学电子书

(1) Ovid 电子书：Ovid 电子书包括 3 个系列，其一是利平科特·威廉斯·威尔金斯出版公司(Lippincott Williams & Witkins,LWW)出版的高品质医学图书 1 300 多种，其中半数以上是 Doody 星级图书；其二是 Health Press 的 Fast Facts 系列图书 26 种，包括哮喘、肿瘤、糖尿病、高血压等多种常见疾病；其三是 Jones & Bartlett Learning 出版社的 270 多种图书，包括多种疾病的最常见问题的解答。提供商是美国 Ovid Technologies 公司。

Ovid 电子书网址：https://ovidsp.dc1.ovid.com/ovid-a/ovidweb.cgi? &S=AD-BAFPHOMBACMKIBKPLJEGMIGBHBAA00&tab=books&C=books&Jump+to+Browse=books&New+Database=S.dbListAll%7cSingle%7c18

(2) Thieme：Thieme 临床医学电子书(Thieme Clinical Collections，TCC)，德国 Thieme 出版社出版的医学电子图书，内容覆盖神经外科学、整形外科学、放射学、耳鼻喉科学、听力学、牙医学、神经学、内科学、眼科学等医学领域。所有图书均附有全彩插图，包括丰富的临床照片和医学影像图片。提供商是 iGroup 中国公司。

Thieme 数据库网址：http://www.thieme-connect.com/

(3) Karger 医学电子丛书：Karger 出版社出版大约 40 种生物医学丛书，个别丛书在每个版权年度(从 10 月至次年 9 月)将出版不同数量的图书。Karger 电子丛书集合了在该年度出版的所有图书,包括所有生物医学领域的各种临床和研究范畴,即从过敏症到肿瘤学、内分泌学到肾脏学、神经系统科学到遗传学。出版商是瑞士 Karger 医学出版社。

Karger 数据库网址:https://www.karger.com/

(4)临床出版社电子图书:临床出版社(Clinical Publishing)是医学图谱出版有限公司(Atlas Medical Publishing Ltd.)旗下的一个独立的医疗出版商,在牛津、巴塞罗那和纽约都设有办事处。Clinical Publishing 一直致力于出版综合医学研究领域最好的图书,向全球范围内初级保健从业者,如专家学者、培训师、医生等用户提供持续专业发展所需的临床领域专业书籍和图谱,每年新增约 15 种。Clinical Publishing 电子图书收录了 2000 年以来该出版社出版的 53 种临床专业书籍和特色图谱,为读者提供详细的分析和说明。提供商是泰国 iGroup 公司。

Clinical Publishing 电子图书网址:http://portal.igpublish.com/

2.2.4 专业学协会出版的电子图书

英国物理学会(Institute of Physics,IOP)电子图书:IOP ebooks 是 IOP 出版社最新推出的电子图书项目,该项目的目标是通过创新的数字出版方式,建造一个高质量的物理图书集合。IOP 电子图书的特点是:① 原生电子图书——区别于传统的纸本图书电子化,IOP ebooks 从作者构思图书内容时就要求作者以电子化的思维来撰写内容;② 迅速的出版时间——在收到书稿后 4 个月内,电子图书即可上线;③ 多媒体内容——图书中包含视频、音频等多媒体内容;④ 无数字版权限制、无并发用户限制,用户可以无限下载 IOP ebooks 的资源。IOP ebooks 从 2014 年开始出版,分为拓展物理选集(IOP Expanding Physics)、简明物理选集(IOP Concise Physics)。IOP ebooks 提供物理及其相关领域的跨学科的权威性内容,学科范围包括:半导体研究,原子、分子物理,理论物理,电子结构,材料科学,网络科学,可再生能源,气象物理,工程学,数学和光物理等。出版商和服务提供商均为英国物理学会出版社。

专业学协会出版的电子图书常见的还有:美国化学学会(ACS)电子书、美国数学学会(AMS)电子书、欧洲数学学会(EMS)电子图书、伦敦地质学会(Geological Society of London)电子丛书、工业和应用数学学会(SIAM)电子图书等。

2.2.5 电子教材

教育部外国教材中心共享版电子教材:为顺应互联网时代读者群体对教学参考资料使用需求与使用习惯的变化,在教育部外国图书期刊专项经费的支持下,从 2013 年开始划拨专项经费用于引进共享版电子教材和教参。由清华大学牵头组织选品,12 家中心联合采购,中国教育图书进出口有限公司参与进口、平台搭建及服务,服务平台名称为"itext 爱教材"。目前通过该平台共引进原版教材和教参 12 000 余种,涉及理、工、农、医、管理等多学科,如图 6-4 所示。

数据库网址:http://www.itextbook.cn/

该平台上整合了六个电子教材数据库中不同学科领域的电子教材资源,分别是 Wiley E-text、美国商务专家出版社(Business Expert Press,BEP)的 BEP E-text、美国 CRC 出版社

第六章 电子图书

图 6-4 教育部外国教材中心共享版电子教材（itext 爱教材）浏览和检索界面

（CRC Press）的 CRC E-text、Ovid E-text、剑桥大学出版社（Cambridge University Press，CUP）的 Cambridge Univ. E-text 以及圣智（Cengage）出版集团的 Cengage E-text。

Wiley E-text：Wiley E-text 精选了 Wiley 出版的国际知名原版教材，通过在线阅读和下载的方式供读者使用。这些出版物由国际知名作者和学者参与编写，被多所一流国际知名院校指定为教材，包括：麻省理工、哥伦比亚大学、耶鲁大学、哈佛大学、普林斯顿大学、剑桥大学等，共计有 6 000 余种。包括科学、工程学、数学、商业与会计、地理、计算机科学、统计学、教育学、心理学和现代语言学等学科。

BEP E-text：BEP 2008 年成立于美国，其 BEP 电子图书数据库专为 MBA 等商科专业学生提供核心的电子教材资源，电子教材数量超过 400 种。

CRC E-text：总部位于美国佛罗里达的 CRC 出版社，于 2003 年并入英国 Taylor & Francis 出版集团，CRC 及其整合的其他出版社的教材可全部通过 CRCnetBASE 系列数据库访问。CRCnetBASE 系列含 39 个数据库，几乎包含了所有研究领域。其中 SCI-TECH-NetBASE 科技综合库集合了自然科学、工程技术 25 个子库，包含有 5 592 种图书；itext 爱教材平台上包含 CRC 的 1 900 余种教材，学科包含理、工、农、医等全部自然科学领域，以及管理和经济等学科。

Cambridge Univ. E-text：剑桥大学出版社（Cambridge University Press，CUP）成立于 1534 年，该社拥有世界级的作者团队和全学科的出版范围，每年出版针对本科和研究生的学术教材 800 余种，学科涉及工程类、医学类、地学天文气象类、管理类、数学类、物理类等。

Ovid E-text：包含 LWW 医学和国际农业与生物科学研究中心（Centre Agriculture Bioscience International，CABI 农学教材，由隶属于威科(Wolters Kluwer)集团旗下健康出版事业集团的 Ovid 公司提供。LWW 优秀医学类教材被全球顶尖医学院所采用，教材数量近 200 种；CABI 教材有多种出版形式，数量超过 100 种，学科包括农学、林业、园艺、畜牧、兽医、经济、植物保护、生物技术、遗传及育种、微生物、营养、寄生虫、环境保护、农村发展等。

Cengage E-text：包含圣智(Cengage)出版集团出版的优秀教材，学科包括经济管理、理学工程、人文社科等，其教材多被美国常青藤院校、哈佛大学、耶鲁大学、斯坦福大学等名校使用，电子教材总量超过 700 种。

2.2.6 各语种电子书/语言文学类电子书

(1) ProQuest 英语文学在线：英语文学在线(Literature Online)是 ProQuest 公司出版的全文数据库，向全世界的学者、学生提供英美文学作品、评论和检索工具。Literature Online 收录了大量的全文内容，包括 35 万部从 8 世纪以来的诗歌、散文、小说与戏剧等英语文学著作，312 种精选的全文文学期刊，以及传记与作家作品集、语言学参考工具书、词典、英美文学评论与书目信息等。

数据库网址：https://search.proquest.com/lion

(2) 德古意特电子图书：德古意特出版社(De Gruyter)是全球最大的德语人文社科类出版社之一，有 260 多年的历史，总部位于德国首都柏林，电子书总量超过 76 000 种，每年新增超过 1 500 种，学科包括语言及传播学、文学研究、哲学、历史学、社会科学、政治学、经济学、法学、古典学及近东研究、图书馆及信息科学、艺术设计、神学、犹太学及宗教学等，年代从 1790 年开始。主要的电子图书集合包括：德古意特语言文学电子书(英语)逾 2 000 种，覆盖 2017 年以及之前所有年份，来自语言学领域全球顶尖的德古意特穆彤出版社，包含学科有语言学、语义学、句法学、翻译学，以及文学研究等特色学科，如图 6-5 所示；德古意特数学电子丛书；德古意特语言文学电子书(德语)逾 2 000 种；哲学电子书(德语)逾 1 000 种，版权年为 2005—2018 年；哈佛大学出版社电子书逾 3 500 种，覆盖年份为 1913—2017 年。

德古意特数据库网址：https://www.degruyter.com/

(3) Cairn 法语电子书：Cairn.info 成立于 2005 年，由法国出版社 Belin、Eres、La Découverte 和比利时出版社 De Boeck 共同创立，后有 80 多家出版社加入。Cairn 还与法国公众机构合作，如 BnF(Gallica.fr)、the CNRS(Revues.org)以及法国高等教育部(Press.fr)和法国国家图书馆。其学术著作电子书数据库(原名：会议录与学术文献集)自 2011 年起，收录 La Découverte、De Boeck、Eres、Presses de Sciences Po、Autrement、Quae、Esprit du temps 等出版社出版的会议录与学术文献，后收录的电子书数量不断增加，目前已达到 19 000 多种。

Cairn 法语数据库网址：http://www.cairn.info/

(4) Digitalia 西班牙语电子书：Digitalia 平台汇集了 400 多家世界著名的西班牙及拉丁美洲出版社的高品质学术期刊与电子图书，电子图书 6 万多种，计划每年增加 5 000 余种，时间范围自 1980 年起。主要学科包括艺术、地理、人类学、历史、言语和语言学、文学评论、文学小说、表演艺术、哲学、心理学、宗教、政治学和法律、自然科学、医药学、社会自然等。

图 6-5　德古意特文学电子书浏览和检索界面

Digitalia 电子书网址：http://www.digitaliapublishing.com/

（5）2ebook 电子书：2ebook 电子书平台是一个收录超过 2 000 本泰语电子书以及数十种老挝语电子书内容的学术平台，是泰国最大的电子书数据库。2ebook 电子书包含一系列参考工具书，其收录的泰语电子书涵盖商业和经济、人文社科、生活和物理科学、教育和文学、政治、社会和行为科学、小说、计算机、技术和工程以及与青年相关的内容。提供英语和泰语等多种语言浏览，并且用户可在电子书阅读器上进行在线阅读。

电子书网址：http://www.2ebook.com/pku/

（6）East View 阿拉伯语电子书：East View 公司提供的阿拉伯语电子书共收录来自埃及与其他国家和地区的 1 400 多位作者、非政府组织、出版社与杂志社的 11 000 多种阿拉伯语电子书，共包括 3 个专集，分别是：现代埃及图书典藏，现代阿拉伯文艺复兴，阿拉伯领导人、历史学家与哲学家著作。所收录的内容绝大部分为阿拉伯语，提供阿拉伯语和英语双语检索界面。

"现代埃及图书典藏（Kotobarabia E-Library）"主要收录来自埃及的作品并不断增加其他国家与地区的图书，图书数量近 4 000 种，涉及的主题包括：政治、文学、健康、媒体、心理学、誊本、科学、社会学、哲学、经济学、哲学与神学、历史、艺术、家政学、法律、伊斯兰遗产、语言、学习与教育、文明社会、技术与信息、报纸与杂志、文化、剧院、伊斯兰教、图书馆、基督教、热点话题、趣闻、企业管理、地理学与地质学等。

"现代阿拉伯文艺复兴（Kotobarabia Modern Arab Renaissance Collection）"包括从 1820 年至 1914 年整个伊斯兰国家出版的图书，并主要集中于埃及与叙利亚等热点地区，近 3 000 种图书，内容涵盖人文科学与自然科学以及哲学、神学、文学、艺术、历史和政治学等相关学科。

"阿拉伯领导人、历史学家与哲学家著作（Kotobarabia Arab Leaders, Historians and

Philosophers Collection)"汇聚来自众多领域的著名阿拉伯作家的早期作品,例如女权主义和社会理论、古典文学、历史和科学等,内容包括逊尼派第四任伊玛目和现代阿拉伯启蒙运动作者的作品,以及前埃及皇室的罕见作品。共收录近 5 000 册图书,包括一些伟大的阿拉伯科学家与教师的从未发表过的作品,以及著名阿拉伯思想家、哲学家、历史学家、政治家与神学家的经典阿拉伯思想著作。

East View 数据库网址:https://dlib.eastview.com/

(7) East View 俄语电子书:由美国 East View 公司推出,收录的俄语电子书多为畅销书籍或经典图书系列,主题覆盖人文与社会科学诸多研究领域,包括哲学、宗教、历史、文化、文学、语言学、艺术、社会学、国际政治、经济及法学等众多学科及分支学科。提供俄语、中文和英语检索界面。

电子书网址:https://dlib.eastview.com/browse/books/910#/

常见的各语种电子书和语言文学类电子书还有:南亚与东南亚英语文学(South And Southeast Asian Literature in English)数据库、Scribner 出版社作家系列(Scribner Writer Series,GALE 平台)、德文法学数据库中的法学电子图书、希伯来语语言和语言学百科全书(Encyclopedia of Hebrew Language and Linguistics)、日本《群书类丛》(Japan Knowledge Books)、新日本古典文学大系和明治编电子书(Maruzen e-Book Library)等。

2.3 西文早期(18 世纪以前)电子图书

2.3.1 内容

(1) 18 世纪作品在线:18 世纪作品在线(Eighteenth Century Collection Online,ECCO)是 Gale Cengage Learning 公司的重要在线数据库,收录了 1700—1799 年所有在英国出版的图书和所有在美国和英联邦出版的非英文书籍,共约 13.8 万种 15 万卷,内容超过 3 000 万页。数据库涵盖历史、地理、法律、文学、语言、参考书、宗教哲学、社会科学及艺术、科学技术及医学等多个领域,可进行全文检索。

ECCO 数据库网址:http://infotrac.galegroup.com/default/peking?db=ECCO

(2) 早期英文图书在线:早期英文图书在线(Early English Books Online,EEBO)是一个旨在再现 1473—1700 年英国及其殖民地所有纸本出版物以及这一时期世界上其他地区的纸本英文出版物的项目,数据库全部完成后将收录约 12.5 万种著作,包含超过 2 250 万页纸的信息,成为目前世界上记录从 1473 年到 1700 年的早期英语世界出版物最完整、最准确的全文数据库。EEBO 提供了访问孤本、善本等珍贵早期印刷英文资料的机会,其中多数资料以前在绝大多数图书馆是难得一见的。例如《坎特伯雷故事集》第一次印刷版的原貌、莎士比亚的四开本(Shakespeare's Quartos)等。EEBO 包括许多知名作家的著作,例如莎士比亚(Shakespeare)、马洛礼(Malory)、斯宾塞(Spencer)、培根(Bacon)、莫尔(Moore)、伊拉斯谟(Erasmus)、鲍尔(Bauer)、牛顿(Newton)、伽利略(Galileo)。除了收录那个时期大量的文学资料以外,该数据库还包括许多历史资料,例如:皇家条例及布告、军事、宗教和其他公共文件、年鉴、练习曲、年历、大幅印刷品、经书、单行本、公告及其他的原始资料。该数据库覆盖从历史、英语文学、宗教到音乐、美术、物理学、妇女问题研究等诸多领域，它的深度和广度为各学科领域的研究提供了广泛的基础。

EEBO 数据库网址：https://search.proquest.com/eebo

（3）大英图书馆早期阿拉伯语印刷书籍（Early Arabic Printed Books from the British Library）：基于大英博物馆 A. G. Ellis 目录（1894—1901 年）中收藏的阿拉伯书籍（1473—1900 年），收录 400 多年来以阿拉伯文印刷的书籍及其欧洲和亚洲语言的翻译版。这些书籍呈现出了欧洲对来自阿拉伯世界的思想和知识的兴趣、研究，以及阿拉伯世界丰富的科学、诗歌和伊斯兰文学遗产。该数据库由 Gale 平台提供服务。

数据库网址：http://infotrac.galegroup.com/default/peking? db＝EAPB

（4）早期欧洲图书：早期欧洲图书（Early European Books，EEB）提供 1450—1700 年欧洲珍本书籍和古本书籍，由丹麦皇家图书馆（Royal Library）、佛罗伦萨国立中央图书馆（Biblioteca Nazionale Centrale di Firenze）、荷兰皇家图书馆（Koninklijke Bibliotheek）和惠康图书馆（The Wellcome Library）等欧洲几个主要的图书馆与 ProQuest 合作开发，数据库中目前收录了 4 万多部作品，并定期补充新的内容。内容涵盖主要的欧洲语言和地区，主题范围包括历史、宗教、科学、文学、哲学、艺术和音乐等，影响力颇深的古典、中世纪作者和早期印刷技术中极为罕见的版本亦包罗其中。该数据库由 ProQuest 平台提供服务。

EEB 数据库网址：https://search.proquest.com/eeb

2.3.2 检索

ECCO 和大英图书馆早期阿拉伯语印刷书籍数据库均由 Gale 平台提供服务，关于 Gale 平台的检索和服务功能可参见本书第四章第四节和第七章第四节；EEB 由 ProQuest 平台提供服务，关于 ProQuest 平台的检索和服务功能可参见本书第四章第二节。

EEBO 有简单检索、高级检索和过刊检索（Periodicals）3 种检索方式；可以按作者（Authors）、汤姆森收藏（Thomason Tracts，指英国 17 世纪著名的书商 George Thomson 个人收藏的古旧手稿、图书、小册子和期刊，这些收藏后来被捐给了大英图书馆）和过刊卷期（Periodicals）等浏览。

检索结果可以按作者字顺、出版日期由近及远、出版日期由远及近以及题名字顺等方式进行排序。

支持字词检索，对检索词可以选择截词或精确匹配的方式进行检索；支持出版物卷期和日期等的限定检索。

简单检索界面如图 6-6 所示。

图 6-6　EEBO 简单检索界面

第三节　中文电子图书

3.1　读秀知识库

读秀知识库是由海量中文图书资源组成的庞大知识库及其发现系统,其以 300 多万种中文图书资源为基础,为用户提供深入图书内容的书目和全文检索、文献试读,以及通过 E-mail 获取文献资源,是一个知识搜索及文献服务平台。读秀知识库由北京世纪读秀技术有限公司提供技术支持,其检索界面如图 6-7 所示。

用户登录读秀知识库网站后,可根据需求进行个性化频道检索(全文、图书、期刊、报纸、学位及会议论文)。检索出的结果可以进行排序和二次检索,以准确定位所需要的文献资源;单击某本图书的书名或封面,即可进入图书的详细信息(书目)及阅读(正文试读)功能页面状态,可以深入了解图书内容;通过试读,了解书的结构与内容后,可以通过"本馆电子全文"链接来阅读所搜索到的图书(仅限超星拥有版权的电子书,首次阅读需先安装超星阅览器);还可以通过"图书馆文献传递中心"来获得需要的文献资料,即点击"图书馆文献传递中心",进入参考咨询中心,根据试读,填写传递页码区间和个人邮箱,文献传递系统会在 12 小时内将文献传递内容发到邮箱(只提供用户需要的部分内容,不提供全书的复制和传递);用户登录个人邮箱,获得参考服务中心的邮件,在邮件中点击提供的文献链接,便可在线阅读需要的文献资料,该文献资料在读秀知识库中保留 20 天。

图 6-7　读秀知识库图书检索

3.2　常见的中文电子图书系统

3.2.1　内容

(1) 超星数字图书馆(超星读书、书世界、汇雅电子书):收录电子图书 100 余万种,涵盖文学、艺术、历史、教育、农业、医学等中图分类法 22 大类。所有图书均可在线检索并阅读,并提供分类导航、新书推荐、分类推荐、阅读排行和网页阅读、超星阅读器阅读等多种阅读模式。

超星数字图书馆在中文电子图书服务系统中发展最早,早期与国家图书馆等文献收藏单位合作,于 1998 年将其数字化加工制作的电子图书上网服务,主要是回溯图书;后来超星公司陆续与一些出版社建立了合作关系,开始制作电子新书。超星数字图书馆的电子图书通过其门户网站——"超星读书"提供服务,同时也通过其在各个图书馆等单位建立的数据库镜像站——"书世界"或"汇雅电子书"提供服务;其中"书世界"包含的主要是近5年的新书,"汇雅电子书"的内容则以5年前的旧书为主。

数据库网址:http://www.sslibrary.com/

(2) 方正Apabi数字图书馆:方正Apabi数字资源平台上的电子图书资源库是北京方正阿帕比技术有限公司(以下简称"方正Apabi")数字出版物的核心资源。方正Apabi于2000年就开始了电子书的开发应用,自主研发DRM数字版权保护技术,使得用户不再需要担心版权纠纷的困扰。方正Apabi已与超过500家的出版社建立全面合作关系,正版电子书总量达200万种,其中,2007年后出版的新书占到了70%,涵盖了社科、人文、经管、文学、科技等分类。

数据库北京大学镜像站网址:http://apabi.lib.pku.edu.cn/

(3) CADAL电子图书:大学数字图书馆国际合作计划(China Academic Digital Associative Library,CADAL)前身是中英文图书数字化国际合作计划(China-America Digital Academic Library),2002年9月立项并开展一期建设,2009年8月更名并开始二期建设。CADAL项目由国家投资建设,作为教育部"211工程"公共服务体系之一,由浙江大学联合国内外的高等院校、科研机构共同承担。该数据库有中文古籍图书24万余册、民国图书17万余册、民国期刊15万余册、当代图书80万余册;英文图书71万余册;另外还有满铁资料、地方志、侨批、书法绘画、敦煌画卷等。资源量共计274万余件。

数据库网址:http://cadal.edu.cn/

其他常见的中文电子图书服务系统还有:

(1) 中文在线"书香中国"电子书:中文在线数字出版集团股份有限公司是2000年成立于清华大学的中文数字出版机构,"书香中国"是其旗下集阅读、互动于一体的一站式互联网读书服务平台,汇聚近300家出版社,包括人民出版社、高等教育出版社、中国作家出版社集团等的图书资源,包括10万册数字图书和3万集有声图书,内容涵盖经典名著、名家小说、畅销书籍、教育读物、文艺精粹等,主题涵盖中图法22个类别。中文在线"书香中国"还与一些省市地区、高校合作建立个性化的本地服务网站,例如书香江苏、书香八闽、书香上海、书香清华互联网数字图书馆、读在燕园互联网数字图书馆、书香人大-中文在线电子图书等。"书香中国"平台支持通过PC网页、PC客户端、手机及Pad等多终端登录,保证任何人在任何时间任何地点访问数字图书馆的任何内容;提供交互式阅读体验,方便读者交流和随时分享阅读的收获;为每位读者打造自己专属的私人终身书房,保存所有阅读的书籍和读书笔记,永久保留随时翻阅。

(2) 皮书数据库:"皮书"是社会科学文献出版社推出的大型系列图书,由一系列权威研究报告组成,对每一年度有关中国与世界的经济、社会等各领域的现状与发展态势进行分析和预测,是各级党政决策部门、企事业单位、国外驻华机构必备的资讯读物。"皮书数据库"是以这套大型连续性系列皮书为蓝本,整合国内外其他相关资讯构建而成。该数据库下设6个子数据库:中国经济数据库、中国社会数据库、世界经济与国际政治数据库、中国区域数据库、中国行业数据库、中国文化传媒数据库,包含了十几年间的各地经济社会发展报告,覆盖经济、社会、文化、教育等多个领域、行业和区域,内容更新比较快,内容总量达30 000篇文章,总字数超过5亿字。"皮书数据库"以篇章为基本单位,可对数据库内所有篇章的文献题目、内容提要、作者名称、作者单位、关键字等基本信息进行检索,并对检索到的篇章进行在线阅读或下载,文件下载后可进行全文检索。

(3) 科学文库电子书:"科学文库"是科学出版社第一批数字出版建设的重点项目,是国内针对图书内容资源的第一个在线全文发布平台。它的收录内容为科学出版社出版的电子图书和丛书,所有内容不授权第三方,保证资源独有性,内含众多获奖的院士著作、重点丛书,代表着国内当代最高学术水平。平台收录的资源分为电子书及电子丛书,共计65 000余种,每年更新约2 500种,最早回溯至1951年。按学科分为6个专题:科学、技术、医学、生命科学、人文社科、地球科学与环境。电子丛书包括《中国植物志》《中国动物志》《中国科学院科学与社会系列报告》《中国科学技术史》等四大丛书为首的1 000余套科学出版社优质丛书。

(4) 方正中华数字书苑电子图书:提供85万种电子书全文检索、在线阅读、二维码下载借阅服务。每位读者都可以建立自己的图书馆,可以将平台网站上的各种信息收藏进来,并能够在此维护个人的收藏、借阅历史、好友、关注、足迹、日志、读书标记、书评、检索器等资源内容,还可以通过好友推荐或消息、留言的方式和志同道合的朋友们沟通交流、分享资源。

(5) CALIS高校教学参考资源库:收录国内各高校教师精选的上万种教学参考书,内容基本覆盖我国高等教育文理工医农林的重点学科;在解决版权问题的基础上,以电子文本的形式,提供国内高校师生在网上检索和浏览阅读,以满足教学的需要。该数据库的电子书全文提供部分高校的限制性访问。

中国国土资源知识库:"中国国土资源知识库"是中国大地出版社、地质出版社凭借其在数字出版领域的技术优势,依托既有的海量国土、地质专业图书资源,全力打造的面向国土资源系统领域的知识服务平台。平台在资源形式上包含了电子书、图片、条目数据及音视频四大类素材,囊括了土地管理、地质调查、基础地质、矿产地质、水工环地质、海洋地质、地质专业百科和国土法规宣传8个子库,共收录了国土、地质专业图书共计5 000余本,每年新增1 000本左右。

3.2.2 检索

(1) 检索方式。电子书的检索相对比较简单,提供简单检索、高级检索和浏览,有些电子书系统只有简单检索和浏览,例如"CADAL电子图书""读在燕园互联网数字图书馆"等。"汇雅电子图书"的高级检索只是增加了检索字段,各检索条件之间的检索匹配方式默认为AND;方正Apabi电子图书的高级检索允许选择检索条件之间的匹配方式AND或者OR,进入电子书详细显示页面后可进行书内检索;CADAL电子图书支持二次搜索。

(2) 检索技术。支持字词检索,默认精确检索,支持前方一致检索。

检索字段:一般包括书名、作者、出版社、ISBN等检索字段,"汇雅电子图书"还有分类、中图分类号、主题词等检索字段,"CADAL电子图书"有馆藏单位、出版时间等检索字段。

检索条件之间的逻辑组配:一般支持"并且"和"或者"两种组配关系。

检索限定:一般支持"出版时间"的检索限定。

（3）检索结果。检索结果列表：以方正 Apabi 数字资源平台为例，检索结果列表包括图书封面缩略图、书名、作者、出版者、出版年、摘要、目录节选、在线阅读链接等信息，单击封面缩略图、书名可进入详细记录显示页面，单击"在线阅读"可直接进入阅读界面；再以"汇雅电子图书"为例，除了封面缩略图、书名、作者、出版社、出版日期等信息外，还有主题词、页数、中图分类号等信息，此外还有阅读器阅读、网页阅读、下载、纠错和评论等链接或交互信息；"CADAL 电子图书"有馆藏单位、标签等信息。

详细记录：除了简单记录显示信息外，一般只增加简介、目录、评论、收藏等信息。

上述中文电子图书集成系统的检索功能对比如图 6-5 所示。

表 6-5 中文电子图书集成服务系统的检索功能对比

	汇雅电子书	方正 Apabi 数字图书馆	CADAL 电子图书
分类浏览	有，中图法分类浏览	有，中图法分类浏览，可到二级类目	无
主题或推荐浏览	有，特色专题库浏览	有，新书速递、编辑精选、本周热门和月度热门浏览	有，资源类型、书单推荐、热门资源、共建共享单位资源浏览
检索方式	检索（简单检索）和高级检索	检索（简单检索）和高级检索	简单检索
检索字段	书名、作者、目录、全文；高级检索增加分类、中图法分类和主题词	书名、作者、出版社、ISBN、目录	全部、名称、作者、馆藏单位、出版社、出版时间
检索限定	出版时间	出版时间	无
布尔逻辑组配	并且	并且/或者	无
检索结果显示	图书封面缩略图、书名、作者、出版社、出版日期、主题词、页数、中图分类号、阅读器阅读、网页阅读、下载、纠错、评论	图书封面缩略图、书名、作者、出版者、出版时间、摘要、目录、在线阅读	图书封面缩略图、书名、作者、出版社、馆藏单位、出版时间、资源类型、标签、主题
详细记录	增加图书简介和图书评论	增加荐购、收藏、发表评论、添加标签、分享、付费打印、我是作者、捐赠完善	增加借阅、终端借阅设备、评分、收藏、推荐、想读、试过、在读、目录、评论
在线帮助	有，网页形式，文字＋图示、问答	有，简单问答	无，下载栏目中有培训资料

3.2.3 阅读与服务

（1）电子书阅读和下载。中文电子图书一般都支持在线阅读（网页阅读）和专用阅读器阅读（离线阅读），离线阅读采用专用的阅读器，"汇雅电子书"采用超星阅读器，"方正 Apabi 电子书"采用方正 Apabi 阅读器，"CADAL 电子图书"阅读需要安装 DjVu 插件。各个阅读器或插件在阅读功能方面都有其独特设计，也越来越符合读者的传统阅读习惯，阅读器的主要功能对比如表 6-6 所示。

"汇雅电子书"允许下载和打印,下载需先安装超星阅读器,首次使用需先注册超星阅读器账号,登录后可下载图书到阅读器中,下载的电子书可打印,单位用户每页打印上限为 1 000 页。方正 Apabi 电子书可离线借阅,借阅到本地的电子书一般有效期限为 4 周,4 周后电子书自动失效,需要续借或到 Apabi 数字图书馆中重新下载。"CADAL 电子图书"不可下载,可付费打印。

表 6-6　中文电子图书集成服务系统的阅读器功能对比

阅读器功能	汇雅电子书	方正 Apabi 数字图书馆	CADAL 电子图书
阅读方式	网页阅读 超星阅读器阅读	在线阅读 Apabi Reader 阅读器阅读	在线阅读(DjVu 插件)
由书封面、书名或目次链接到内容	封面、书名链接	封面、书名链接	封面、详情链接
导航	有目录 书签导航和缩略图导航	部分没有目录 书签导航和缩略图导航	有目录 批注导航
显示	单页/双页/连续页显示	单页/连续页显示 读书模式 放映模式 一键阅读	上下翻页和左右翻页模式切换
翻页	前进/后退 目录页/正文页 第一页/最后一页 指定页	前后翻页 指定页	前后翻页 跳转指定页 首页/尾页
缩放	缩/放 适合整高 适合整宽	缩/放 适合高度 适合窗口 动态缩放	缩/放
书内全文检索	无	有,搜索框	无
书签	有	有	有
标注(笔记、注释、加亮文字等)	标注绘制	注释工具:自由画线、下划线、删除线、箭头线工具、直线工具、矩形工具、椭圆工具、多边形工具 加亮 便签	批注 错误提交
文字识别	有,文本识别	有,复制到剪贴板	无
内容复制/粘贴	有,复制	有,选择工具或快照工具	无
语音朗读	无	有,朗读工具	无
参数设置（选项）	无	有,选项中可更改启动/字体/更新与提示/阅读模式/网络等的设置	无
打印	允许多页打印、可根据需要设置打印选项	不允许打印(有打印功能,也可进行打印设置)	可付费打印(暂未开通)

续表

阅读器功能	汇雅电子书	方正 Apabi 数字图书馆	CADAL 电子图书
数据导入导出	可以导出导入书签、标注信息	可保存便签等信息报整理夹,可导入导出频道信息	无
个性化服务(个人书架、个人图书馆、我的收藏)	可建立我的书架,管理个人阅读和下载的图书,可管理自己的标签	可以在整理夹中建立我的书架,管理我的标签,管理借阅或已购买的图书	无
帮助	有,网页形式	有。Apabi 电子书形式:有目录/索引,有图文,非常详细	有,可下载培训资料

(2) 用户服务。用户登录和注册:中文电子图书服务系统一般均拥有自己的门户网站和多个镜像站,前者通常是面向所有个人用户(会员)的大型读书网站,也是该电子图书服务系统的主网站,例如超星数字图书馆的"超星读书"和方正 Apabi 数字图书馆的"中华数字书苑";后者则一般是面向图书馆或其他文献资源单位建立的镜像网站,其网站的功能比较简单,图书数量也只限于单位正式订购的部分,服务的对象和范围也严格遵守合同约定,通过 IP 或是用户名/密码控制用户的访问,例如北京大学图书馆就建立了"阿帕比数字资源平台",北京大学校园网用户可以访问该网站使用北京大学图书馆正式购买的数万种阿帕比电子书和自建的北京大学电子版学位论文。用户在方正 Apabi 电子书系统注册并登录后,可以拥有自己的个人图书馆,可以管理自己的借阅、检索器、评论、打分、推荐等个人信息;在"汇雅电子书"的超星阅读器中注册并登录,可以管理自己的电子书架、笔记,可以在重新安装阅读器或更换电脑时找到之前下载的电子书,可以在其他设备上共享使用已经下载的电子书等。

资源整合:在电子图书和图书馆所引进的其他各类电子资源包括文本资源和多媒体资源以及本地印刷型资源之间的整合,各个电子图书系统均有解决方案,其中超星和方正 Apabi 公司都有自身的资源整合平台。在提供电子图书的 MARC 记录,或提供电子图书的书目源数据方面,方正阿帕比数字资源平台做得比较完善;在深化标引(词条标引)、进行相关资源的组织与链接等方面,超星公司推出的"读秀知识库"目前在图书馆领域有较多的应用(参见本章 3.1)。

存档(Archive):即引进的电子图书将来的保存问题,包括所有权以及存档技术等,这方面超星公司可提供镜像的格式数据,并允许图书馆拥有全部电子图书数据的所有权;方正 Apabi 公司的电子图书的所有权属于出版社,需另外争取。

版权解决:版权问题是影响电子图书发展至关重要的因素。电子图书版权解决方案包括各电子图书系统的版权解决方案、解决技术以及其所采取的版权解决方案的公认程度,还有版权解决现状等。在版权解决方面,不同中文电子图书系统所采取的方式各不相同:方正 Apabi 公司宣称它所采取的版权解决方案是与出版社合作,取得出版社所拥有的电子版权,并向新闻出版总署备案;超星公司宣称它们所采取的版权解决方案是与著者及出版社签订双重协议,由著者或出版社授权其进行电子出版,并也已取得新闻出版总署的同意,向中国版权保护中心缴纳版税。

3.3 网络免费电子图书(读书网站)

免费电子图书是网络上比较热门的资源之一,一般是由个人或团体(公益团体或兴趣团体)自行制作和维护的,以网站或论坛的形式发布原创文学作品、经典著作或畅销图书,供网络读者共享阅读。这类网站或论坛不需要读者注册或登录,或者就算需要注册登录也不做任何限制、不需缴费或验证等,图书可以任意浏览、检索、在线阅读和下载(包括复制粘贴),这些网站给读者提供了极大的阅读便利,但也容易存在知识产权问题。

网络免费电子图书有很多途径可以获取,比较方便的是通过搜索引擎、读书网站导航或目录、热门网站或频道链接等方式,这里只列举部分网站供读者参考{以下列举信息均来源于网络及"品牌榜:2023网络文学/小说网站十大品牌排行榜"(以下简称"排行榜"),不具有推荐意义,若列举网站涉及知识产权纠纷或其他不规范因素,请读者自行判断并慎重使用}。

新浪读书:http://book.sina.com.cn/(网友推荐读书频道,新浪公司)

起点中文网:http://www.qidian.com(排行榜第一,上海阅文信息技术有限公司)

纵横中文网:http://www.zongheng.com(排行榜第二,北京幻想纵横网络技术有限公司)

创世中文网:http://chuangshi.qq.com/(排行榜第三,上海阅文信息技术有限公司)

晋江文学城:http://www.jjwxc.net(排行榜第四,北京晋江原创网络科技有限公司)

潇湘书院:http://www.xxsy.net(排行榜第五,上海阅文信息技术有限公司)

17k小说网:https://www.17k.com/(排行榜第六,中文在线数字出版集团股份有限公司)

云起书院:http://yunqi.qq.com/(排行榜第七,腾讯文学,上海阅文信息技术有限公司)

小说阅读网:https://www.readnovel.com/(排行榜第八,上海阅文信息技术有限公司)

国学网:http://www.guoxue.com(经史子集国学经典文献网上阅读,北京国学时代文化传播股份有限公司)

全唐诗分析系统:http://www.chinabooktrading.com/tang/(北京大学中文系维护,邮件申请注册通过后登录使用)

唐诗宋词:http://www.shiandci.net/(全唐诗、唐诗三百首等全文阅读网站)

第四节 中文典籍数据库(含民国图书)

4.1 古籍数据库和古籍检索系统

(1)中国基本古籍库:综合性大型古籍数据库,共收录先秦至民国历代经典名著及各学科基本文献1万种,选用宋、元、明、清及民国各级善本12 000个,皆制成数码全文,另附原版影像。总计全文17亿字,影像1 000万页。"中国基本古籍库"可从多条路径、可用多种方法进行快速海量检索,并可实现古籍整理功能。

"中国基本古籍库"由北京爱如生数字化技术研究中心提供服务,在爱如生典海数字平台选择古典典籍,登录后可选择数据库并进入检索(如图6-8所示)。

数据库网址:http://dh.ersjk.com/

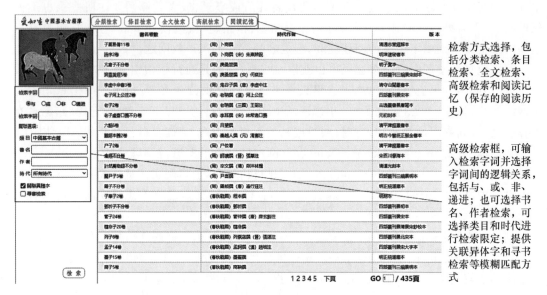

图6-8 "中国基本古籍库"高级检索界面

(2) 中华经典古籍库:中华书局推出的大型古籍数据库产品,也是中华书局版点校本古籍的数字化产品,收录2 694种中华书局出版的整理本古籍图书,涵盖经史子集各部,总共12亿字。内容包括"二十四史及《清史稿》""通鉴系列""新编诸子集成""清人十三经注疏""史料笔记丛刊""学术笔记丛刊""古典文学基本丛书""佛教典籍选刊"等经典系列,后期将不断递增文献数据,计划每年推出一辑。

"中华经典古籍库"提供古籍数字化阅读、检索服务,以及必备的辅助工具。数据库保留专名、注释、校勘等全部整理成果的数字文本,同时实现文本与原书扫描图像的一一对照,并能自动生成引用格式,还添加了独具特色的人名异称关联检索,给学者的研究带来极大便利。"中华经典古籍库"需要在首次使用时安装客户端软件,然后启动客户端,在其中进行全文检索和浏览。

数据库网址:http://publish.ancientbooks.cn/doc Shuju/platformSublibIndex.jspx?libId=6

(3) 学苑汲古——高校古文献资源库:是由北京大学图书馆牵头,联合南京大学图书馆、四川大学图书馆、北京师范大学图书馆、吉林大学图书馆、香港中文大学图书馆、中国人民大学图书馆、清华大学图书馆、中山大学图书馆、复旦大学图书馆、厦门大学图书馆、郑州大学图书馆、华东师范大学图书馆、苏州大学图书馆、山东大学图书馆、南开大学图书馆、武汉大学图书馆、澳门大学图书馆等国内20多所高校图书馆合力创建的古文献资源的数字图书馆,内容包括各参建图书馆所藏古文献资源的书目记录近70万条,配有相应的书影或部分全文图像。资源库中的古文献类型为各馆所藏古籍和舆图,还将增加金石拓片等古文献类型。数据库书目记录和书影面向全球免费开放。

网址:http://rbsc.calis.edu.cn

(4) 雕龙古籍数据库:雕龙古籍全文检索数据库2001年开始建库,全库含书3万多种,近80亿字,且以每年增加5 000种文献、10亿字的速度继续扩充。"雕龙古籍数据库"由下列分库组成:正统道藏、道藏辑要、永乐大典、四部丛刊、续四部丛刊(四部备要)、中国地方志、六府文藏、清代史料、古今图书集成、日本古籍书籍、敦煌史料、雕龙续修四库全书、雕龙四库全书、雕龙-医家库、中国民间文学(包括民间宝卷)。

数据库网址:http://tk.cepiec.com.cn/ancientc/ancientkm

(5) 鼎秀古籍全文检索平台:由北京翰海博雅科技有限公司开发,广泛收录中国公共机构、私人藏家、研究机构及博物馆所藏历代古籍资源,特色古籍采录海外所藏中国古籍,尤以日本、韩国数量最多。"鼎秀古籍数据库"收录从先秦至民国撰写并经写抄、刻印、排印、影印的历朝历代汉文古籍。版本包含稿抄本、刻本、石印本、铅印本、活字本等。著录规则分类标准沿用"经、史、子、集"传统分类的基础上增设丛书部。"鼎秀古籍数据库"共2万余种古籍,包括地方文献志、四库全书、续修四库全书、永乐大典、敦煌文献、道家文综等具有收藏价值的古籍文献资源。

数据库网址:http://www.ding-xiu.com/

(6) 籍合网:中华书局古联公司推出的专业门户网站,包含资源类型多样化的数据库产品和古籍整理工作平台等在线系统。该网站聚合一系列数字化产品,特色内容包括:文史类数据库如"中华古籍书目数据库""中华善本古籍数据库""中华文史学术论著库""中华文史工具书数据库""西南联大专题数据库""中华石刻数据库"等。

数据库网址:http://www.ancientbooks.cn/

4.2 其他古籍电子书

(1) 文渊阁《四库全书》电子版:《四库全书》是清代乾隆年间官修的规模庞大的百科丛书。它汇集了从先秦到清代前期的历代主要典籍,共收书3 460余种。它是中华民族的珍贵文化遗产,也是全人类共同拥有的精神财富。《四库全书》原抄七部,分藏北京故宫文渊阁、沈阳清故宫文溯阁、承德避暑山庄文津阁、扬州文汇阁、镇江文宗阁、杭州文澜阁。后经战乱,今存世者仅文渊、文溯、文津三部及文澜本残书。文渊阁《四库全书》是七部书中最早完整的一部,至今保存完好。文渊阁《四库全书》电子版以《景印文渊阁四库全书》为底本,由上海人民出版社和迪志文化出版有限公司合作出版,分为"标题检索版"(简称"标题版")和"原文及全文检索版"(简称"全文版")两种版本。

使用《四库全书》电子版需要首先安装客户端软件,首次使用安装完成后即可直接启动程序进入全文检索界面,在客户端中可以对收录文献的标题、作者、正文字词句等实现全文检索,可以浏览检索结果(字词句)、所属卷或书的内容,还可以进行原版(图像)浏览;像前面介绍到的中文电子图书服务系统一样,客户端软件相当于阅读器,可以翻页;可以放大浏览;

可以进行显示模式等的相关设置；可以添加笔记、添加标点；可以圈选文字供检索或复制粘贴；可以使用字典等工具；可以每次打印当前页面。《四库全书》电子版的客户端软件带有较大字库，支持繁体字、异体字的检索和显示（如图 6-9 所示）。

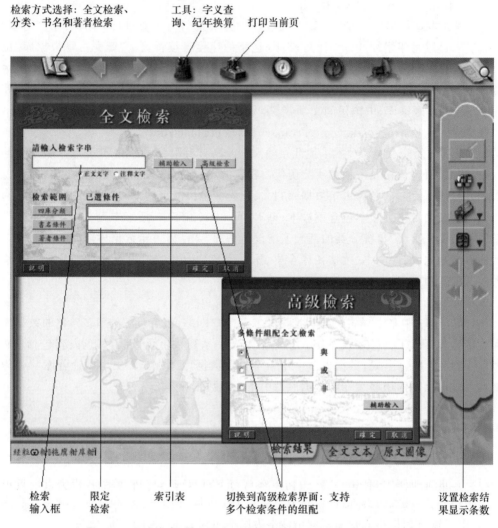

图 6-9 《四库全书》原文及全文检索系统全文检索和高级检索界面

(2)《四部丛刊》电子版：《四部丛刊》是 20 世纪初著名学者、出版家张元济先生汇集多种中国古籍经典而纂成的一部大丛书，其最大特点是讲究版本，"专选宋、元、明旧刊（间及清本必取其精刻）及精校名抄稿本"，从版本价值方面来说，《四部丛刊》超过《四库全书》。《四部丛刊》的电子版采用的是北京大学图书馆馆藏的上海涵芬楼的影印本，包括初编（1922年）、续编（1932年）、三编（1936年），共涉及 500 余部古代典籍。

《四部丛刊》电子版的使用方法类似于《四库全书》，也需要在首次使用时安装客户端软件，然后启动客户端，在其中进行全文检索和浏览。

主要中文典籍数据库的概况比较：前面介绍到的主要中文典籍数据库在收录范围和目

录组织、版本著录、原文提供等方面各有不同,表 6-7 列出了各个数据库的概况。

表 6-7 主要中文典籍数据库概况比较

名称	开发单位	收录范围	目录组织	版本著录	全文形式
中国基本古籍库	爱如生	历代典籍、明清实录、四库系列、方志、家谱等	有序	简单	文本图像
中华经典古籍库	中华书局	经史子集各部	有序	简单	文本图像
学苑汲古-高校古文献资源库	CALIS/北京大学图书馆	20 多所主要高校图书馆馆藏古籍目录	有序	规范	图像
文渊阁《四库全书》电子版	迪志文化	文渊阁四库全书	有序	无	文本图像
《四部丛刊》电子版	书同文	四部丛刊	有序	简单	图像

从收录范围来看,"学苑汲古-高校古文献资源库"的书目数量近 70 万条,书目数据量最大,但其只提供部分书影和全文图像;"中国基本古籍库"收录 1.2 万种古籍、影像 1 000 万页,可谓全文数据量最大;"中华经典古籍库"、《四库全书》和《四部丛刊》电子版均全面收录经、史、子、集各部类,且其底本分别为中华书局点校本、清代官修和民国精编,虽然数量分别只有 2 600 多种、3 000 多种和 500 多种,但均非常具有影响力,受到学者的欢迎。

从古籍著录来看,"学苑汲古-高校古文献资源库"制定了古籍著录的元数据规范,规范了古籍的版本著录,对古籍馆藏地址的著录也非常完善;"中国基本古籍库"和"中华经典古籍库"对于版本和馆藏地址的著录都是缺失的;《四库全书》和《四部丛刊》电子版是辑纂类百科全书,只汇集已有典籍,本身没有版本和馆藏地址的著录。由于版本和馆藏地址的著录对于相关领域的学术研究至关重要,因此从著录角度来说,"学苑汲古-高校古文献资源库"还是最具优势的。

其他常见的古籍数据库还有:

中国类书库:专门收录历代类书的全文检索版大型古籍数据库,由刘俊文总纂,北京爱如生数字化技术研究中心研制。该库收录魏晋以来直至清末民初的类书 1 000 部,包括最早的类书《皇览》、最大的类书《古今图书集成》、文化奇珍《永乐大典》和稀世秘籍明代日用类书等,每书皆取首刊母本或晚出精刻精钞本为底本。收书多、用本精。

中国丛书库:专门收录历代丛书的全文检索版大型古籍数据库,由刘俊文总纂,北京爱如生数字化技术研究中心研制。中国丛书库收录现存 3 000 部丛书,将其所载 70 000 种典籍删重去复,保留约 40 000 种典籍,不失原貌且展现精华。

宋元版古籍在线(静嘉堂文库典藏):宋元版古籍被公认为是典型的东方古书,使用了当时最为复杂的印刷技术和材料。静嘉堂是日本除宫内厅储藏的汉籍"御物"之外,收藏汉籍宋元古本最为丰富的一个文库。静嘉堂文库典藏——"宋元版古籍在线"数据库中许多古籍版本已经被认定为"日本重要文化财"汉籍,堪称绝代珍品,详细内容包含:共 258 套古籍,5 182 卷,其中宋代古籍(包括金代古籍一套 9 卷)127 套 2 629 卷;元代古籍 131 套 2 553 卷。该文库中 90%的文献资料来自晚清著名藏书家陆心源的藏品,是研究东亚各个领域例如印刷史、哲学、历史学、文学和医学不可或缺的资源。

"二十五史"全文电子版：包括《史记》《汉书》《后汉书》《三国志》《晋书》《宋书》《南齐书》《梁书》《陈书》《魏书》《北齐书》《周书》《隋书》《南史》《北史》《旧唐书》《新唐书》《旧五代史》《新五代史》《宋史》《辽史》《金史》《元史》《明》《清史稿》，是重要的工具书。《二十五史》全文电子版由天津永川软件公司制作，采用的是文本格式，可进行全文浏览，也可进行查询。

《十通》电子版：《十通》是十部书名中带有"通"字的古典文献的统称。最初有唐代杜佑所撰的《通典》，后有宋代郑樵所撰的《通志》、元代马端临所撰的《文献通考》、清高宗敕撰的《续通典》《续通志》《续文献通考》《清朝通典》《清朝通志》《清朝文献通考》和近代刘锦藻所撰的《清朝续文献通考》，共分为"三通典""三通志""四通考"，后人称为"十通"。它是一套有关中国历代典章制度的大型工具书。其内容包含了上起远古时期下至清朝末年历代的政治、经济、军事、文化等制度方面的资料，共计2 700多卷，约2 800万字，内容广博，规模宏大。其中的《通典》《通志》《文献通考》成就最高，在中国史学中占有极其重要的地位，是史学研究人士必备的工具书。

《中国历代石刻史料汇编》电子版：《中国历代石刻史料汇编》是由十几位石刻文献研究专家潜心数年，精心编选而成的大型图书，其电子版由北京书同文公司制作。由于历史原因，石刻文献大多散见于数以万计的文献之中，给研究者带来利用上的极大不便。原书编者查阅了现存的千余种的金石志书(包括地方志中的金石志)，经过认真对比去重，从中精心辑录出1.5万余篇石刻文献，并附有历代金石学家撰写的考释文字，总计1 150万字。所有碑文按朝代排序，利于读者查阅。全书从秦砖汉瓦到碑文墓志，上下2 000年，内容涵盖中国古代政治、经济、军事、民族、宗教、文学、科技、民俗、教育、地理等各个方面，堪称大型中国古代史料文献汇编。同时，石刻文献因制作的特殊性而极少脱、讹、衍、误等，故其原始性和真实性向为学界所重。因此也可以说，该书是研究中国古代社会文化各个方面十分难得的第一手资料，对于各地域在人物、家族、名胜、重要历史事件等方面的研究和文化开发，极有价值。《中国历代石刻史料汇编》全文检索版中的文献资料经过全文数字化，文献内容字字可查、句句可检，读者可利用全文检索工具在短时间内获得较大的信息量。系统提供中日、简繁、异体汉字关联查询，打破了时空、地域的汉字使用习惯，增强了知识检索的全面性。

《大明会典》电子版：《大明会典》是明代官修之记载典章制度的政书，始纂于弘治十年(1497)三月，经正德参校后刊行，共一百八十卷。嘉靖时又经两次增补，至万历时复加修订，撰成重修本二百二十八卷。本互联网版全文数字化《大明会典》为万历重修本。该书是研究明代典章制度的重要资料，同时，因在康熙朝《大清会典》问世之前，清朝廷办理政务多参照《明会典》，故此，它亦是研究清前期典章制度的重要参考资料。

《大明实录》电子版：《大明实录》是明代最系统、最基本的史料，系明代历朝官修之编年体史料长编。自明太祖至明熹宗共十五朝十三部二千九百零九卷，其中建文朝附入《太祖实录》，景泰朝附入《英宗实录》。书同文的《大明实录》全文检索系统是以红格钞本为基础底本，以广方言馆、抱经楼本、北京大学本、礼王府本、嘉业堂本、天一阁本、明内阁精写本、梁鸿志影印本、内阁大库藏清初明史馆钞本等数十种本子为对校本，经过全文数字化后，整合了全文检索等功能后研制的基于互联网的全新产品。内容上还附加了《崇祯实录》《崇祯长篇》《明宗皇帝实录》《明熹宗七年都察院实录》等零散史料；另外明代各朝皇帝"宝训"也都纳入其中,尽可能多的角度提供给读者查阅。

清代档案文献数据库-大清五部会典:清代十二帝十三朝276年间共编有五部《会典》,分别修于康熙、雍正、乾隆、嘉庆、光绪朝,俱为清、汉文单行本。由于编纂年代不一,典章制度的增损因革以及则例、事例的删繁就简等情况趋于复杂化。"大清五部会典"数字化版本由北京书同文数字化技术有限公司提供技术支持,以广被认可的光绪朝所修《会典》为本。

清代档案文献数据库-大清历朝实录:数字化版本由北京书同文数字化技术有限公司提供技术支持,共4 503卷,127 971页,以太祖高皇帝至德宗景皇帝十一朝《实录》为主体;再者考虑到《宣统政纪》与《实录》体例无异,以及《太祖圣武皇帝实录》(顺治写本)与《太祖洪福圣武皇帝实录》(雍乾校勘本)的差异,另鉴于《满洲实录》与《实录》体例和纂修程序的不同,其汉文部分又与《太祖武皇帝实录》差异较大,故将此三者附录于后,以尽可能地维护历朝实录的完整性,使读者对不同文本间的差异有所了解。

《中国金石总录》电子版:《中国金石总录》是甘肃省古籍文献整理编译中心会同海内外近百家教学、科研和典藏单位,以及数百位专家学者和个人收藏者,经过四年努力完成的一项重大学术成果。该库全面收录历代出土,秦汉以前钟鼎文献和历代出土,遗存清代以前石刻文献。总量约30万种(约40万件),录文、叙录约4亿字,其中发掘文献约占60%,稀见文献 约占40%。每方金石均按原拓行文格式严格录入,每条金石资料包括拓片图像、叙录及录文三个部分。拓片图像是金石拓片经过扫描、拍照等方法数字化的图像文件;叙录是记录金石的名称、年代、规格、出土地及其他相关信息的文本资料;录文是金石上镌刻的文字通过识别、录入等方法数字化的文本资料。

中国方志库:是专门收录历代地方志类典籍的全文检索版大型古籍数据库,由北京爱如生数字化技术研究中心开发制作。已发行初集及二集,收录历代省通志及府州县厅志4 000种。每种皆据善本,采用爱如生独有的数字再造技术制作,还原式页面,左图右文逐页对照,眉批、夹注、图表、标记等无障碍录入和非嵌入式显示。同时配备强大的检索系统和完备的功能平台,可进行毫秒级全文检索和一站式整理研究作业,堪称地方志类典籍数字化的空前巨献。

资治通鉴知识服务系统:《资治通鉴》二百九十四卷,北宋司马光等撰,记载了周威烈王二十三年(前403)至后周世宗显德六年(959)间1 363年的历史,在收集史料、考订事实、编排年月及文字剪裁润色等方面,都代表了我国古代编年体史书的最高成就,是古代历史研究的最重要典籍之一。元代胡三省对《资治通鉴》进行了详细的校勘和注释,是公认最好的注本。"资治通鉴知识服务系统"是由北京大学数据分析研究中心、古联(北京)数字传媒科技有限公司联合研制的大型古籍文献知识服务系统。文本数据来自《资治通鉴(全20册)》(〔宋〕司马光编著〔元〕胡三省音注,ISBN 978-7-101-08112-1,总字数600万),由中华书局有限公司出版,并授权在该系统使用。

中国俗文库:专门收录唐宋以来中国传统社会底层流行文献的古籍数据库,由北京大学教授刘俊文总策划、总编纂、总监制,北京爱如生数字化技术研究中心开发制作。中国传统社会底层流行文献,指千百年来在民间广泛流传的俗文学作品与俗文字史料,诸如善书、宝卷、小说、戏曲、鼓书、弹词、歌谣、俗谚等。它们作为俗文化的代表,不但与雅文化共同构成中国传统文化的两翼,而且蕴含着雅文化所缺乏的下层社会生活和基层民众心理的丰富信息,是研究中国社会史、生活史、宗教史、文学史和艺术史的取之不尽、用之不竭的宝藏。"中国俗文库"初集收录历代善书、宝卷、戏曲、小说及说唱等共 2 000 种,于 2011 年出版。

历代别集库:专门收录历代个人著作集的古籍数据库,由北京大学教授刘俊文任总策划、总编纂、总监制,北京爱如生数字化技术研究中心开发制作。历代个人著作集,包括汇集个人全部著作的全集和选收个人部分著作的选集,其内容多数为诗、文、词、曲等文学作品,兼收奏议、论说、书信、语录等杂著,也有附载作者专著者。不但是中国雅文化之总汇、代表中国雅文化之成就,并且记录和反映著作者个人及其所处时代之社会、历史、思想、文化等各方面情况,是研究著作者个人以及中国历史与文化之重要依据。"历代别集库"分为明前编、明代编、清前期编、清后期编,共收录先秦至清末历代个人著作集,含骚赋集、诗文集、词曲集及其选本、注本和评本等 1 万种,精选宋元明清各级善本。"历代别集库"明前编收录周秦至金元历代诗文集、词曲集共 2 000 种,"历代别集库"清前期编收录清乾嘉以前诗文集、词曲集共 2 000 种。

4.3 民国图书

(1) 瀚文民国书库:北京瀚文典藏文化有限公司重点推出的中国近代(民国)电子图书全文数据库,收录自 1900 年前后至 1949 年之前出版的优秀图书,共约 8 万余种 12 万余册。所收录的图书均参考中国图书分类法,并结合民国图书的时代特点,建立了较为专业的分类体系,包括哲学宗教、社会科学、政治、法律、军事、经济、文化艺术、教育、语言文字、文学、历史地理、科学与技术、综合性图书 13 个一级类目,81 个二级类目,498 个三级类目。"瀚文民国书库"内容丰富,具备多种检索模式,并对收录的所有图书均实现了全文数字化,可检索文字数量超过 60 亿字。

数据库网址:http://www.hwshu.com/

(2) 中国历史文献总库·民国图书数据库:"民国图书数据库"是"中国历史文献总库"的子库,由国家图书馆出版社开发。数据库截止到 2022 年已完成第七期图书建设计划,图书总量 21.5 万册。该数据库的文献来源以国家图书馆的馆藏为主,以其他图书馆、档案馆、纪念馆的馆藏为补充,得到民国时期文献保护中心的指导,全面反映了"民国时期文献保护计划"的普查成果。数据库包含大量的名家著作初版本、官方文书、机构文件、内部资料等稀见文献;收录了民国时期国外机构出版的有关中国的外文图书,为研究民国史提供了多个维度。

数据库网址:http://mg.nlcpress.com/

(3) 民国图书馆学文献数据库:数据库内容涉及近代图书馆发展史、图书流通史及校勘、训诂、音韵等文献学范畴,能够帮助研究民国时期图书馆学的发展历程,还原那个时期的真实面貌,并且总结其在学术史上的独特地位。数据库汇辑近代中国(1911—1949 年)图书馆学相关图书共计 234 种,民国时期图书馆学期刊刊载文章 13 180 篇,并从中单独著录图片 1 636 张,附表 1 727 张,包含了《中华图书馆协会会报》《图书馆学季刊》《国立中央图书馆年刊》《燕京大学图书馆报》《厦门图书馆声》等民国时期的著名图书馆学刊物。内容涉及近代图书馆发展史、图书流通史及校勘、训诂、音韵等文献学范畴。

数据库网址：http://mld.nlcpress.com/

(4) CADAL 电子图书-民国图书：CADAL 民国图书总量 17.6 万多册，是 CADAL 电子图书的子集。CADAL 电子图书的介绍见本章 3.2 节。

【思考题】

1. 已知一本图书确切的书名，但不知道作者、出版社、出版年份这些详细的信息，无论印刷版还是电子版都行，有哪些渠道可以找到？

2. 知道一段现代图书中的文字，想找到它的出处，然后正经地、规范地引用一下，应该怎么做呢？

3. 习近平总书记在一次讲话中使用了"行百里者半九十"这句古文，这句古文是什么意思？到哪里能查到其上下文？

4. 想找一位近现代人的简介，知道他是一位书画界的人物或者是收藏家，晚清和民国期间的其他同界人物提到过他，要找到这样一位人物、应该查询哪些数据库、如何查询呢？

参考文献

[1] 谢新洲. 电子信息源与网络检索[M]. 北京：北京图书馆出版社，1998.

[2] 张春红，蒋刚苗. 中文电子图书比较研究[J]. 大学图书馆学报，2002(2)：35-41.

[3] 郑巧英. 数字图书馆的一种模式——网络图书馆[J]. 现代图书情报技术，2000(2)：6-9.

[4] 关志英，邵敏，杨毅. 基于 PC 的网络型西文电子图书的现状和采选对策探讨[J]. 大学图书馆学报，2003(5)：20-23.

[5] 关志英. 三种西文电子图书系统的比较研究[J]. 大学图书馆学报，2003(6)：34-39(46).

[6] 郭树兵. 电子图书浅谈[J]. 医学信息：医学与计算机应用，2004，17(2)：109-110.

[7] 严丽. 电子图书：不得不挑剔你[J]. 图书馆理论与实践，2004(2)：47-48.

[8] 石德万. 电子图书的反思[J]. 图书馆论坛，2004，24(2)：180-181(167).

[9] 张炯. 电子图书的网络出版模式探讨——以方正 Apabi 为例[J]. 图书情报知识，2004(3)：87-89.

[10] 陈近，文庭孝. 论电子图书对图书馆发展的影响[J]. 现代情报，2008(10)：7-9.

[11] 黄敏. 纸质图书与电子图书的比较及互补[J]. 长春理工大学学报(高教版)，2007(1)：187-190.

[12] 鲁敏，杜香莉. Internet 中文电子图书的检索与阅读技巧[J]. 农业图书情报学刊，2007(4)：118-120.

[13] 汤松龄. 电纸书技术的探析[J]. 信息技术，2011，35(4)：209-212.

[14] HD. 从革新说起 E-Ink 的变化之旅[J]. 电脑迷，2014(11)：28-29.

[15] 刘振. 危中蕴机：电纸书浪潮中的出版业前景分析[J]. 中国出版，2011(7)：45-47.

[16] 杨鸥. 网络，改变的不仅仅是阅读(怎样看待网络文学)[N]. 人民日报(海外版)，2009-06-12(001).

[17] EBSCO Industries，Inc.．EBSCO eBook Collection[EB/OL]．[2022-03-24]．http：//search.ebscohost.com/login.aspx? profile＝ebooks.

[18] ProQuest. Ebook Central [EB/OL]．[2022-03-24]．http://ebookcentral.proquest.com/lib/peking/.

[19] Springer Nature. SpringerLink 电子图书[EB/OL]．[2022-03-24]．https://link.springer.com/.

[20] 中国教育图书进出口有限公司．教育部外国教材中心共享版电子教材——爱教材平台[EB/OL]．[2022-03-24]．https://www.itextbook.cn/.

[21] De Gruyter. De Gruyter 电子书数据库[EB/OL]．[2022-03-24]．https://www.degruyter.com/.

[22] ProQuest. Early English Books Online（EEBO）[EB/OL]．[2023-05-04]．https://search.proquest.com/eebo.

[23] 北京世纪超星信息技术发展有限责任公司．读秀知识库[EB/OL].[2022-03-24]．http://www.duxiu.com.

[24] 北京世纪超星信息技术发展有限责任公司．超星读书[EB/OL]．[2022-03-24]．http://book.chaoxing.com/.

[25] 北京世纪超星信息技术发展有限责任公司．汇雅电子书[EB/OL]．[2022-03-24]．http://www.sslibrary.com/.

[26] 方正阿帕比技术有限公司．方正阿帕比数字资源平台北京大学图书馆镜像站[EB/OL]．[2022-03-24]．http://apabi.lib.pku.edu.cn.

[27] CALIS 管理中心．DRAA 高校图书馆数字资源采购联盟[EB/OL]．[2022-03-24]．http://www.libconsortia.edu.cn/.

[28] 北京大学图书馆．北京大学图书馆数据库导航[EB/OL]．[2022-03-24]．http://dbnav.lib.pku.edu.cn/.

[29] MAIGO．品牌榜:2023 小说网十大品牌排行榜投票结果公布[EB/OL]．[2023--]．https://www.maigoo.com/news/482163.html.

[30] 北京爱如生数字化技术研究中心．中国基本古籍库[EB/OL]．[2022-03-24]．http://dh.ersjk.com/.

[31] 迪志文化出版有限公司．文渊阁《四库全书》电子版[EB/OL]．[2022-03-24]．http://162.105.138.196/downloads/clients/skqs_client.rar.

第七章 事实和数值型数据库

第一节 事实和数值型数据库概述

在现代化图书馆的电子资源建设中,各种类型数据库的发展已经为其服务手段带来了飞跃性的变革。数据库从存储的内容上可分为参考数据库、全文数据库、事实数据库、数值数据库等。在图书馆电子资源建设的初期,二次文献数据库曾发挥了全面快速检索文献的作用,是电子资源的主要组成部分。但随着文献信息的日益增多,以及面对 Internet 信息的纷繁庞杂,用户越来越需要准确、真实、适用、具体、能够直接回答问题的针对性强的信息。因此以一次信息(包括全文、事实、图形、数值信息)为主的源数据库已经成为数据库发展的主流,并将成为图书馆电子资源的发展重点。

在数字信息资源发展的初期(20 世纪 70 年代),事实数据库与全文数据库合并称为源数据库(Source Database),在数据库的划分上,也有些重复。但现在,事实数据库更多是强调最原始的事实、数字信息、图谱信息等,可以说是非文献型的数据库,与基于期刊论文、会议论文、学位论文的文献型的全文数据库、参考数据库不同。

前面第二章到第六章着重介绍了文献型的数据库、电子期刊、电子图书等,在本章中我们将对另外两种目前具有重要发展前途的事实型数据库及数值型数据库(也可合并称为事实数据库)做一个概述性的介绍。

1.1 事实和数值型数据库的含义与发展历史

第一章概述中讲了事实数据库的定义。所谓事实数据库(Factual Database),指包含大量数据、事实,直接提供原始资料的数据库,又分为数值数据库(Numeric Database)、指南数据库(Directory Database)、术语数据库(Terminological Database)等,相当于印刷型文献中的字典、辞典、手册、年鉴、百科全书、组织机构指南、人名录、公式与数表、图册(集)等。数值数据库,专门以数值方式表示数据,如统计数据库、化学反应数据库等;指南数据库,如公司名录、产品目录等;术语数据库,即专门存储名词术语信息、词语信息等的数据库,如电子版百科全书、网络词典等。

如果从利用计算机作数据处理的角度来讲,处理事实数据要比处理书目数据早得多。但作为数据集合的数据库来讲,书目数据库的发展要比事实数据库的发展早一些。第一个事实数据库是产生于 1967 年的美国俄亥俄法律法令全文检索系统(即著名的 Lexis 全文数据库的前身),在当时称为文本-数值型数据库(Textual-Numeric Database),由美国数据资源公司(Data Resource Inc,DRI)建立,收录有全美 50 个州的法律法令。1968 年,DRI 成为第一家重要的数值数据库服务公司。

在 20 世纪 70 年代初期,事实数据库发展比较缓慢,其速度远远不及文献数据库的发展速度。但由于事实数据库直接向用户提供原始情报,或经过加工存储的"纯情报",比如商业经济类数值数据库直接向用户提供物价、产品规格、产值等方面的数据,因此越来越深受用户的欢迎。自 20 世纪 70 年代中期以后,事实数据库迅速发展,没过多久其速度便赶上和超过了文献数据库的发展。据统计,在 1975 年欧洲只有 51 个事实数据库,但到 1985 年就猛增到 1 063 个,平均每两年增加一倍。1983 年,世界数据库的总数为 1 845 个,比 1975 年增加了 38 倍,其中文献型数据库增加 1.2 倍,而事实数据库增加了 20 倍。从 1985 年至 2009 年,数据库总量从 2 700 个增加到 25 541 个,其中数值型数据库(不包括文字型的事实库)从 972 个增加到 6 263 个。

事实数据库的发展是有学科性的。一般来讲,科学技术、法律、经济、商业、新闻等领域更适合于发展事实数据库。事实数据库最先发展的学科是法律,之后商业、工业及科研的需求促使了金融、物理、化学、新闻等方面的事实数据库的产生和发展,特别是商业金融方面发展迅猛。

从 20 世纪 70 年代存储在磁带上的事实数据库的产生,到后来光盘的出现,再到 20 世纪 90 年代随着数据库工业、计算机技术、存储技术特别是互联网的快速发展以及用户需求的增长,事实数据库无论从数量、类型、介质上,都有了飞跃性的进步,并表现出强劲的发展势头。其发展趋势表现在如下方面。

(1) 商业、金融类事实数据库仍是发展的主流。这主要是商业、金融界对事实数据库的大量需求所致,另外商业数据库生产的营利驱动也是一个重要原因。

(2) 互联网上各种各样的事实数据库将取得长足发展,特别是会有大量工具型的事实数据库在网上开放共享。

(3) 智能型、多媒体事实数据库将随着计算机技术的发展而大量产生,并可望成为主流。这种数据库把声音、图像、数据多种类型多种介质的信息结合在一起,不仅将使事实信息的再现更加生动,也使得查找事实、数据更加便利。

1.2 事实和数值型数据库的作用与特点

人们在从事生产、学习、科学实验、经济活动或其他日常事务中,都会碰到各种各样的事实和数据问题。我们研究问题查找资料,很多时候往往不需要长篇大论的论述或观点,而只是需要某一个信息、一个知识点或背景材料。比如说,某个英文缩写或代码表示什么含义,某种物质的物理化学特性是怎样的,马丁·路德·金的著名演说"I Have a Dream"发表在何时、何地、什么场合,钱学森有哪些重要的论著和贡献,上海和深圳股票市场每日变化,纽约和伦敦的黄金市场近期有什么波动,等等,这些都是具体的数据和事实问题。从有关的工具书、数据库或报纸、期刊等不同载体的文献集合中找出这些具体的事实和数据,都可以认为是事实和数据检索。

事实和数值数据库的作用就是提供对特定的事实或数值的检索与利用,从某种程度上说,事实及数值数据库的作用大致相当于传统的参考工具书。在计算机技术得到发展以前,我们通常会求助于传统的参考工具书来查找事实和数据。如电子元器件的技术特性数据,可用有关的电子元器件类手册、产品目录、样本或书查找;查过去某年度国内生产总值或国家的外汇储备概况,可使用有关年鉴或统计类资料;查国外某些学会、协会的背景材料、联系方式,可查相关的机构名录;查"UFO-不明飞行物"到底是什么以及有关这方面的研究情况,可用百科全书、学科术语类解释辞典和相关手册;查钱学森的主要论著和贡献,可用名人录;等等。但因参考工具书编写和出版周期长,许多正在发展中的最新事实和数据,如各类产品的最新产销数据、价格、股票和黄金市场每日升跌,世界上正在发生的重大事件等,是时刻变化的,不可能快速被工具书收录,用参考工具书查找也就不可能得到答案。此时,查询合适的事实和数值数据库或其他类型的信息源无疑是最适用的一条途径。有些事实与数值数据库本身就是某种参考工具书的计算机化,但它在内容、范围及功能上所具备的一些优势是参考工具书所不能比的,如:在检索上更加快捷方便,内容更新更加及时,存储的信息范围更加广泛,在信息资源的交互性和共享方面的功能都更加强大。

事实和数值数据库主要具有以下特点:

(1) 与传统参考工具书相比,事实和数值数据库用计算机检索,速度快,利用方便,还可以作远程的联机检索,实现信息资源的共享查询服务。

(2) 此类数据库的学科及行业范围非常广泛,从日常生活、事务处理、经济活动、再到科学研究,各个领域都有涉及。

(3) 数据库之间的差别大、各自特点不同。如:数据结构不同,有二元、三元和多元的参数结构;描述方式不同,有的仅有数字,有的还有文字、图形、图像、公式及计算程序;编排体例千差万别;数据库各有其特点和不同的应用领域。因此,数据库的检索方式也各有特性,没有一个统一的模式,也难以形成统一的标准。

(4) 相对于文献数据库,事实和数值数据库直接面向问题,总是以特定的事实或数字回答用户的查询。前者检索结果可能是上百条文献,而后者的检索结果往往可能只是单一的值、一组数据或某一个事实。

(5) 对数据的可靠性、真实性、客观性要求较高,有的科学数值库还列出了数据的误差估计、数据来源和实验条件。

1.3 事实和数值型数据库的主要类型与内容特征

1.3.1 从学科领域角度划分

(1) 事实数值型科学数据库。汇集与精选科学研究、实验、观测和工程开发中的多种类型数据,包含丰富的数值型、事实型数据,并可能以多种表述形式加以组织和保存,目的是提供对相关数据的再利用、再开发。此类数据库的主题都是单一性的,专业性极强。中国科学院"科学数据库"系统中有几十种科学数值数据库,例如:"中国珍稀濒危植物数据库""细菌名称数据库""天文星表数据库""中药信息数据库"等。这些数据库保存了生物、能源、天文、地理、化学化工、医药、材料等领域的实验数据、曲线、图谱、结构、物质命名与性能等各类事实数值型数据。

(2) 社会科学或综合参考类数据库。来源于对综合学科或专门学科知识的总汇，以及对各类社会资源的调查统计和历史记载，与之相对应的是传统的参考工具书，如：字典、词典、年鉴、百科全书、人物传记、机构指南等。如："中国大百科全书""世界年鉴"（World Almanac）等就属于这类数据库。

(3) 商情数据库。数据来源于全球范围内经济贸易活动中产生的各种类型的信息，既包括宏观的经济政策、市场动态、投资信息、金融信息、政府法规、可转化为生产力的重大科技成果，也包括各大中型企业、公司及各行业的微观经济数据如市场与产品信息、专利与标准信息、企业的规模、资本、产值、利润、生产、经营、管理、销售等多方面信息。如：ISI全球新兴市场商业资讯数据库等。

1.3.2 从具体内容和编排体例角度划分

(1) 电子字（词）典、辞典。字典与词典是以"说文解字"为目的，提供文字或词语拼写、读音、意义、用法等相关知识供人们查考的工具。电子字（词）典、辞典具有信息量大、使用方便、查检迅速的特点。目前，便携式的造型小巧的电子字（词）典非常普遍，如掌上型电子字典、钢笔形电子词典等，这种电子字（词）典类似于迷你型的电脑，不光具有查考文字、词语的作用，还往往兼具计算或换算、计时、游戏、存储名片和地址等个人资料的多种功能。另外还有大量电子字（词）典以光盘或网络的方式发行，提供查询服务。目前互联网上字典类数据库非常多，很难列举穷尽，下面几个是提供网上免费字典查询的比较有影响的站点：

http：//www.dictionary.com 网上免费字典；

https：//www.onelook.com/网站列出了1 000多种综合性及专用字典，并可实现多种字典一次性检索。

(2) 数值、公式、数表与表册数据库。这类数据库收录的对象为各种公式、数表、表册，并附以少量文字说明或解释。涉及的学科领域比较广泛，以自然科学及工程技术信息为主体，专业性强，适用的用户群也具有一定针对性或局限性，但却是相关专业必不可少的常备的参考工具。这类数据库很多都被放在网上，提供给相关领域的研究者随时随地查询，如"物质的物理化学参数数据库"（http：//physics.nist.gov/cuu/Constants/index.html）。

(3) 图像、图录数据库。图录包括地图、历史图谱、文物图录、艺术图录、科技图谱等，是主要用图像或附以简要的文字，反映各种事物、文物、人物、艺术、自然博物及科技工艺等形象的图谱性资料。其中，地图是按一定法则，概括反映地表事物和社会现象的地理分布情况，辅助地理科学的资料；历史图谱、文物图录、人物图录、艺术图录等，是以图形、绘画等揭示各种人、事、物形象的资料；科技工程类图谱包括有关科学技术或工艺流程的设计图、线路图、结构图和其他以图形表谱为主的信息。

(4) 电子百科全书。百科全书是人类一切或某一知识门类广泛的概述性著作，收录的内容包括各学科或专业的定义、原理、方法、基本概念、历史及现状、统计资料、书目和重大事件等各方面的资料。

电子出版物独特的超文本链接技术和树状数据结构最适合表达百科全书类大型工具书复杂的知识体系结构，表现知识之间的错综复杂的联系，并能提供方便快捷的检索方法，利用超链接直接实现相互交叉和关联的知识点之间的跳转。因此，随着各种类型的电子出版物的发展,电子百科全书应运而生。20世纪90年代,随着国际互联网的广泛普及与发展,电子百科全书开始提供联机服务。除了印刷版百科全书所拥有的条目内容外,它还提供丰富多彩的多媒体内容和方便快捷的查询服务,并链接许多相关知识的网址。

美国格罗利尔出版公司是世界上第一个提供电子产品的出版商,1982年该公司通过联机服务向读者提供美国学院百科全书内容,1985年制作了第一个以CD-ROM形式出版的电子百科全书。1993年,美国微软公司和芬克与瓦格纳公司,融合当时最新的多媒体技术,共同开发出《英卡塔多媒体百科全书》,并成为全球最畅销的多媒体百科全书。它有26 386篇文章,6 320幅图片,958段录音、111段录像和动画演示。1994年,《大英百科全书》成为世界上第一套有偿在互联网上查询的百科全书。

目前,比较流行的电子版百科全书包括多媒体光盘及互联网综合性百科全书站点,主要有:《大英百科全书》(Encyclopedia Britannica)、《格罗利尔多媒体百科全书》(Grolier Multimedia Encyclopedia)、《英卡塔多媒体百科全书》(Microsoft Encarta Encyclopedia)、《康普顿百科全书》(Compton's Interactive Encyclopedia)、《哈钦森多媒体百科全书》(Hutchinson Encyclopedia)、《世界百科全书》(World Book Encyclopedia)、《哥伦比亚百科全书》(Columbia Encyclopedia)等。而号称"自由的百科全书"——"维基百科"是一个基于Wiki技术的全球性多语言百科全书协作计划,同时也是一部在互联网上体现的网络百科全书网站,其目标及宗旨是为全人类提供自由的百科全书——用他们选择的语言书写而成的,一个动态的、可自由访问和编辑的全球知识体。"维基百科"自2001年1月15日创立以来,不断快速成长,现已成为最大的资料来源网站之一。

(5) 电子手册及专业手册数据库。手册也叫"指南""便览""须知",英文手册则有"Handbook"和"Manuals"两类。电子手册属于电子形式的简便的参考资料,往往汇集了经常需要参考的某一专业或某一方面最常用的资料。这种类型的参考资料具有类别分明、资料具体、叙述简练、小型实用、查阅方便等特点。如我们想查找解热镇痛的各种药剂,可以从专业性手册《药物书册》中去查找;又如我们想查询显影剂的成分,可以从《摄影手册》中去找答案。

另外,手册也可以是相关专业资料的"大全"。如有百年历史的德国《贝尔斯坦有机化学手册》(*Beilstein Handbuch der organischen Chemie*)和《盖墨林无机化学手册》(*Gmelin Handbuch der anorganischen chemie*)是查询化学资料的权威参考工具之一,截止到1998年,这两部参考工具书已积累了历年出版的上千册资料。1994年,集成了这两部庞大资料库的电子版Beilstein/Gmelin CrossFires数据库在欧美等国发行。数据库技术及应用对于大全型的专业手册很重要,过去要花几个月才能收集到的参考资料,现在只要几分钟就能够收集齐全,人们得以从翻查卷帙浩繁的厚重纸本的传统方式中解脱出来。类似的手册数据库还有《世界坦克装甲车辆手册数据库》,是我国出版的一部门类最全、篇幅最大的大型坦克装甲车辆参考指南,系统反映了世界坦克装甲车辆和主要部件的发展情况、结构特点和基本性能。《美国政府手册》(*United States Government Manual*)包含关于立法、司法和执行机构的大量信息,还包括准政府机构、美国参加的国际机构及委员会的信息。

(6) 组织机构指南。首选的内容是机构名称及其概况介绍,如机构的宗旨、组织结构、权限、业务或研究工作范围、地址、职能、人员、资信等。机构名录有学校名录、研究机构名录、工商企业名录、行政和组织机构名录、学协会名录等。如Gale公司出版的"社团大全"(Associations Unlimited)。

（7）传记资料。收选的内容是各学科、领域知名人士的个人资料介绍,主要内容包括姓名、生卒年月、学历、职称、所在国别、民族、工作单位、所从事的专业、论文和著作、主要科研活动及成就等生平传略。如Gale公司出版的"现代作家"(Contemporary Authors),后来和其他参考工具合并发展成为"传记资源中心"(Biography Resource Center)。

（8）年鉴、统计资料数据库。年鉴是收录某年内发生的事情和其他动向性问题的年度性资料库。其内容包含年内的各类事实、数据、统计资料、图表、图片及近期发展动向等。年鉴按学科有综合性和专科性之分,按其收录的地域范围不同,则有地区性年鉴和世界性年鉴等。

年度性的各类统计资料中,统计年鉴最为权威和详尽。如要查找某类工业企业的人员、各种产品的产销数据、重要研究成果或产品的进出口等各类事实和数据,可以在专业性年鉴或统计年鉴中检索。如：经济合作发展组织(Organisation for Economic Co-operation and Development,OECD)出版了许多这方面的数据库,包括"国际发展统计数据库"(OECD International Development Statistics)、"就业统计数据库"(OECD Employment Statistics)等。

第二节　英文商业经济类事实和数值型数据库举要

2.1　BvD系列数据库

BvD(Bureau van Dijk Electronic Publishing)是全球知名的财经专业实证数据库提供商,总部位于瑞士日内瓦。

公司网站：http://www.bvdinfo.com

BvD在欧美各国的政府经济监管部门、金融与证券投资机构、咨询公司、跨国经营企业、经济与管理类大学、大型公立图书馆等领域内拥有广泛的专业用户,这些用户均长期使用BvD的各类全球财经分析数据库。

2.1.1　数据库内容介绍

BvD数据库按专业子库划分,涉及全球范围内的跨国企业财务经营数据、银行与保险公司的分析报告、当前全球各行业内最新的并购交易分析数据、各国宏观经济指标数据等,所含信息量庞大并在线随时更新。同时,每个专业子库均为用户提供了多达200～300项的高级检索条件、快速跨国同业对比分析、数据图形转换以及多项统计分析等功能。其代表性专业子库如下(数据更新至2022年底)。

（1）全球企业数据库(ORBIS)：ORBIS是一个包含了全球超过3亿家企业的财务、管理层、董监高管、评级报告、原始财务报表、新闻与并购记录和行业信息的大型企业分析库。通过ORBIS数据库,用户可按地区各国家、所在城市、所在行业、产品类别、雇员人数、企业资产规模、企业盈利状况、企业在行业排名等指标快速查询、筛选出符合需求的目标企业,并详细了解目标企业的当前与历史经营状况、公司组织结构及背后的控股公司等商业信息。同时,ORBIS 在企业经营信息的基础上,还提供各国各行业最新的整体发展分析报告(Industrial Report),使用户及时了解关注行业的整体发展动态。

(2) 全球上市公司分析库(Osiris):Osiris 数据库是研究全球各国证券交易所内 8 万多家上市公司的大型专业财务分析库(含中国深/沪及海外上市公司数据),向专业用户提供深入分析各国上市公司所需的详细财务经营报表与分析比率、股权结构、企业评级数据、历年股价系列、企业行业分析报告等。与此同时,数据库中也收录了全球近 3 200 家重要的非上市公司的历年经营分析数据。Osiris 数据库是目前欧美各国针对各国上市公司证券投资分析、企业战略经营分析、跨国企业转让定价、公司财务分析等研究领域中广泛使用的知名实证分析数据库。

(3) 全球银行与金融机构分析库(BankFocus):BankFocus 是当今全球银行业颇具权威性的分析库,也是国际金融研究领域的学术论文中参考、引用频率较高的银行专业分析库。它由 BvD 与穆迪投资者服务公司合作开发,提供了全球超过 44 000 家银行的详细、标准化的报告和比率。BankFocus 中每一家银行的分析报告包含历年财务分层数据和各银行全球及本国排名、标普/惠誉的银行个体评级(长短期、外汇、独立性、支持力、商业债券等评级)、国家主权与风险评级、各银行详细股东与分支机构信息。BankFocus 亦为用户配置了高级财务分析功能,可开展同业对比分析、财务指标多年走势分析、自定义添加财务比率、自定义财务报表模板以及各项统计分析。对于上市银行与各类上市金融机构,则另外提供了其详细股票信息、股价阶段走势、收益率、市盈率、股息收入及相关贝塔系数等分析指标。

(4) 全球保险公司财务分析库(InsuranceFocus):InsuranceFocus 是一个动态更新的全球保险行业分析库,它包含 16 000 多家各国主要保险公司的详细财务信息,提供各公司的保险业务性质、业务描述、全球及本国排名、历年资产负债、损益表、现金流量表、信用评级、股价系列(上市保险公司)、管理层人员姓名、股东及附属机构、审计情况等综合信息。InsuranceFocus 是各国保险业管理与研究人员在开展全球与各国保险行业分析中不可或缺的重要工具,可支持开展各国保险公司间跨国对比分析、财务指标走势分析,用户也可创建自定义财务变量并进行统计分析。

(5) 全球并购交易分析库(ZEPHYR):ZEPHYR 是国际并购研究领域知名的 M&A 分析库,每天在线向用户发布全球并购、首发、计划首发、机构投资者收购、管理层收购、股票回购、杠杆收购、反向收购、风险投资、合资等交易的最新信息。快速更新的全球数据来自欧洲著名并购信息专业提供商 Zephus 公司。目前 ZEPHYR 收录了全球各行业 180 万笔并购记录,每年新增约 15 万笔。欧洲范围的交易数据可追溯至 1997 年,美国范围的交易则从 2001 年开始,并涵盖亚太地区及中国的交易记录。

(6) 国家数据(EIU CountryData):是全面获取全球各国宏观数据的分析工具,提供全球 204 个国家与地区宏观经济历史与预测数据,每个国家 320 个指标系列,含年度、季度、月度数值,数值的时间跨度为 1980 年到 2050 年(提供 5~25 年预测值)。同时,还提供全球 45 个地区和次地区的经济总量数据、各国近期经济展望综述报告。EIU Countrydata 内每个国家的数据分为 7 大类:人口统计和收入类(主要指标:人口及人均 GDP)、国内生产总值类(主要指标:GDP 增长和名义 GDP)、财政及货币指标类(主要指标:预算差额、消费价格、汇率、贷款利率和股市指数)、国际支付类(主要指标：经常项目差额、融资要求、对内直接投资及国际储备)、外部债务存量(主要指标：总外债及人均外债)、对外贸易(主要指标：总出口-离岸价、总进口-到岸价)、外债偿还类(主要指标：已支付的总外债偿还及支付的偿债率)。

(7) 各国竞争力指标分析库(EIU Market Indicators & Forecasts)：EIU MIF 提供全球 60 个最大国家内 500 多项市场规模与各行业竞争力的详细分析数据，并提供各项指标至 2030 年的预测值，包括关键宏观预测，如 GDP、人口统计与收入、私人消费开支、通胀、投资、贸易和外国直接投资，同时也包含 11 个主要地区，比如 7 国集团和转型经济体的地区汇总数据。此外该库还提供各国的风险评级，即国家信贷风险和商业风险，帮助用户分析目标国家的经济政策、流动性风险、监管和安全风险等因素。

BvD 数据库网址：
ORBIS：https://orbis.bvdinfo.com/ip
Osiris：https://osiris.bvdinfo.com/ip
BankFocus：https://bankfocus.bvdinfo.com/ip
InsuranceFocus：https://insurancefocus.bvdinfo.com/ip
Zephyr：https://zephyr.bvdinfo.com/ip
EIU Countrydata：https://eiu.bvdinfo.com/ip
EIU Market Indicators & Forecasts：http://eiumif.bvdinfo.com/ip

2.1.2 检索系统

BvD 包含的专业子库比较多，每一个子库都有单独的网址和检索界面。BvD 的检索功能因其专业性强的特点非常全面，每个专业子库提供 200～300 多项的高级检索条件、快速跨国同业对比分析、数据图形转换以及多项统计分析等功能。例如，Osiris 数据库提供同业组对比分析、各财务指标多年走势分析、自定义添加财务比值、自定义财务报表模板、自动生成合并后财务报表、各类统计功能、所有财务数值任意转换图表及曲线。下面以 BvD 的 Osiris 数据库的检索方法为例，介绍 BvD 检索系统。

1. 检索功能

Osiris 提供公司名称、公司代码、注册日期、所属区域、所属行业、审计信息、主要客户及竞争对手、财务数据、公司评级、股票数据等 20 多类检索条件，可以就单一检索条件或多个检索条件开展组合检索。用户可分步完成每项检索操作，并在检索摘要窗口中看到各检索式的列表以及检索结果，如图 7-1 所示。所有检索式之间的逻辑关系默认为"与"，也可以修改为"或"与"非"。

2. 检索技术

在文本型检索项中可以键入一个字母、一串字符或几串字符，多个字符串可以用 AND、OR 或者 AND NOT 连接。

在组合检索式时，默认的逻辑关系为"与"，也可以改为"或"或者"非"，可以加上括号来灵活组合。

系统提供多种索引如国家地区、交易代码、行业等。

图 7-1 Osiris 的检索页面

3. 检索结果

（1）显示公司列表。在设定好检索条件之后，单击"查看检索结果"，即可查看符合条件的公司列表。列表中默认显示的列变量有注册地址-国家代码、全球行业分类标准（GICS 代码）、最新的报表日期、报表模板（3 类）、合并报表代码、最新可用年份的总收入、最新可用年份的员工数量、BVD 公司独立性指标、ISIN 索引号等，可单击上方的"列变量"按钮添加或减少列表中显示的数据指标。若需打开公司组中某家公司的详细报告，只需直接单击公司名称。

（2）排序。在公司组列表状态下，可以按页面中显示的指标重新排序。

（3）浏览公司报告。单击公司名称，即可查看所选公司的财务报告和该公司的全部数据。在公司报告中，用户可选择阅读公司报告的某一个数据分区，分区菜单主要包括以下内容：

- 联络信息
- 识别代码
- 企业组织形式及报表概况
- 企业规模及主要经营范围
- 产业及介绍
- 财务数据
- 评级
- 经营细分数据
- 主要客户和竞争对手
- 未来展望

- 股票数据
- 公司行为及分红派息
- 盈利预测及投行评级
- 董监高管/联系人/中介
- 股权结构
- 无形资产协议
- 新闻及交易
- 同业分析报告

(4) 输出检索结果。Osiris 提供便捷的数据下载功能。可下载公司组列表、分析图表和公司报告。首先,用"报告"或"列表"形式显示检索结果;然后使用"导出"键,选择输出格式和要输出的数据范围,下载数据。

所选公司的报告可按多种格式显示并打印,并可直接下载到用户使用的应用软件中,如文字处理软件或电子工作表(Excel)。

4. 用户服务:数据定制及统计分析功能

(1) 创建自定义变量。使用"列变量"功能,用户可创建自定义变量,并在公司组列表中使用;也可用于同业分析与统计分析。

(2) 创建个性化报表。使用"用户自定义指标"功能,用户可以从报告中提取不同变量以创建自定义财务报告。

(3) 同业分析。可将一家公司的某个变量与一组公司该变量中的中位数值、平均数值等进行比较。

(4) 其他统计分析。主要用于同一国家、同一行业或其他类型同业组的一组公司而开展的分析。具体包括:数据透视、合并分析、统计分布、集中度分析及线性回归。

2.2 全球新兴市场商业资讯库

全球新兴市场商业资讯库(Emerging Markets Information Service,EMIS)由 Internet Securities,Inc.(ISI)公司出品。ISI 创建于 1994 年,是欧洲货币和机构投资者(Euromoney Institutional Investor)集团的全资控股子公司。除设在美国纽约的全球总部和设在英国伦敦的欧洲总部外,ISI 在亚洲、欧洲、南北美洲的新兴市场国家设立了 28 个分部。

目前,ISI 的业务所覆盖的市场有亚洲的中国、韩国、印度、新加坡、泰国、印度尼西亚、马来西亚、菲律宾、柬埔寨、老挝、越南等,另外还包括澳大利亚、南北美洲、中东、北非和中东欧的大部分新兴市场。

2.2.1 数据库内容介绍

EMIS 数据库提供亚太地区、欧洲、中东、北非和南北美洲的 173 个新兴市场国家/地区的市场动态和商务信息,所有信息内容均由当地信息供应商直接提供并以英语和当地语言同时表现。

EMIS 内容覆盖公司、行业、宏观经济、研究报告、金融市场、法律法规等,包括:全球近

30 000家上市公司和70 000家非上市公司的基本信息、财务数据、公司公告、公司分析、竞争对手分析等,按照NAICS分类标准分类的全行业信息数据,百万篇行业分析报告,各国宏观统计数据,海关进出口数据,金融证券市场分析,宏观经济形势分析。

EMIS数据库分成公司、行业、国家/地区三大版块(信息更新至2020年):

(1) 公司:全球新兴市场国家近30 000家上市公司、70 000家非上市公司相关信息,包括公司的基本信息、收并购交易、盈利预测等深度研究报告、可供对比的财务分析数据、竞争力分析、信用分析以及著名资信评估公司如Fitch、Moody's等提供的公司资信评估及行业综合分析报告等。

(2) 行业资讯:提供国民经济发展各行业的研究报告、市场分析与预测以及行业统计数据。

(3) 国家/地区:涵盖173个新兴市场国家/地区的宏观经济主要指标数据及图表、国家风险地图(数据来自邓白氏)、一致预测数据、最新新闻、相关分析报告。

数据库网址:https://www.emis.com/

2.2.2 数据库检索

(1) 检索功能。提供分类浏览和检索、高级检索等检索方式。

① 分类浏览和检索:数据库可以按照信息类型进行分类浏览和查询,例如:"新闻"栏目可按从报纸、从杂志、宏观经济新闻、行业新闻、负面新闻等分类浏览查询。不同信息类型的检索字段和途径不相同。

② 高级检索:登录后系统默认为高级检索界面,如图7-2所示,提供全文、标题、标题和摘要等检索字段,以及时间范围、国家/地区、语种、信息来源、行业、题目、文献类型、文件格式、页数等限定条件。

图7-2 EMIS高级检索

（2）检索技术。支持 AND、OR、NOT 逻辑运算符；支持"N"位置算符；检索词加半角引号表示精确检索；支持截词符和通配符。具体实例如表 7-1 所示。

表 7-1　EMIS 检索操作符及实例

操作符	实例
AND	使用"地产 AND 行业 AND 投资检索"将返回所有三个词均出现的文章。当搜索使用空格隔开的多个检索词时，搜索引擎默认在各检索词之间加上 AND 操作符，因此检索"地产 行业 投资"和检索"地产" AND "行业" AND "投资"的结果一致。 英文搜索不区分英文大小写，因此检索串"BPO Growth Employment"等同于"bpo growth employment"
OR	"国资委 OR 国务院资产管理委员会"：结果将返回包含国资委或国务院资产管理委员会或两个关键词都包含的文章
NOT	"网络 NOT 银行"：结果将返回所有包含网络，但不包含银行的文章
*	"bank *"：结果将返回所有包含以 bank 开头单词的文章，例如：banker, banking, banker 等
nearN	"网络 nearN 银行"（N 为整数）：结果返回所有出现关键词网络和银行，且两个关键词之间的距离小于等于 N 个字的文章。注：N 为可选项；如果 N 为空，则被视为 100
半角引号""	"房地产 行业"：精确搜索，返回所有包含房地产行业的文章。对于中文检索串，使用""后，系统自动将引号中的空格去除。（需要使用半角""）
半角圆括号()	使用括号来改变运算顺序。例如（房地产 OR 金融 OR 计算机）AND 行业，结果将返回所有包含括号中任意一词以及行业一词的文章
&	ISI 数据库搜索引擎将 & 视作一个可检索字符，而不是运算符 如果检索词中含有 &，例如 AT&T，& 前后请勿出现空格。如果关键词中的 & 前后必须有空格出现，请用半角引号""加以限定，例如"AT & T"，以及"P & G"。 如果直接使用 AT & T（未使用半角引号限定），则 & 将会从检索串中移除，执行的检索将等同于 AT AND T。简而言之，& 是一个字符而非布尔运算符
-	要检索包含连字符(-)的词语，例如 e-commerce，-前后不得出现空格。如果使用 e-commerce 检索，-将会从检索串中移除，执行的检索将等同 e AND commerce
?	半角问号(?)可用于代替任意一个字母，多用于在不确定英文单词拼法之时。例如检索 organi?ation，将返回包含 organization 或者 organisation 的文章

（3）检索结果。检索结果的排序，可选择按相关度从高到低、发表时间从新到旧、发表时间从旧到新排序。

（4）个性化服务。支持个性化的服务。如将本次检索条件保存到"我的查询"中，方便以后再次调用；或将本次检索条件加入 E-mail Alert 等。

2.3　国际货币基金组织数据库

国际货币基金组织（International Monetary Fund，IMF）是一个拥有 190 名成员国的世界组织，其成立宗旨是推动国际货币合作、汇率稳定和有序汇率安排，促进经济增长和提高就业率，向各国提供临时经济援助以维护贸易支付差额的调整。国际货币基金组织的业务包括金融监督、经济援助和技术支持，旨在满足成员国在世界经济飞速发展的情况下不断变化的需求。由于其与成员国长期而密切的关系，国际货币基金组织已提供了一些权威的宏观经济数据集,其融合度与历史深度是其他同类数据库无法相比的,国际货币基金组织因此被认为是宏观经济数据的权威资源。

IMF 电子资源包括:

(1) 世界经济展望(World Economic Outlook):汇总 IMF 正在进行的全球监测活动,呈现全球和地区预测、指标及分析。

(2) 全球金融稳定报告(Global Financial Stability Reports):分析全球资本流动,旨在辨认可能导致金融危机的潜在风险。

(3) IMF 研究手稿(IMF Working Papers):正在进行的研究手稿,涵盖当前经济发展与趋势的广泛热点问题。

(4) IMF 国家报告(IMF Country Reports):正规、官方顾问机构对各会员国的详细评估和预测,包括概要和总结、IMF 资源使用、金融部门稳定评估和当前问题。

(5) 地区经济展望(Regional Economic Outlooks):每年两次对地区和全球经济背景下地区重大事件的总结和分析,这些地区包括亚太、中东和中亚、欧洲、撒哈拉以南非洲和西半球。

统计数据库主要包括:

(1) 国际金融统计(International Financial Statistics):提供来自 200 个国家的 3.2 万个时间序列数据,包括汇率、基金、国际清偿能力、储备金、货币和银行账户、利率、商品价格、产品、政府财政、劳动力、国民核算、进出口和人口等方面。网址:https://www.elibrary.imf.org/subject/041

(2) 国际收支统计(Balance of Payment Statistics,BOP):BOP 概括了一个经济体与世界其他经济体之间的经济交易。从全球、区域和国家的角度,记录了商品、服务和金融的流通。BOP 涵盖了 170 个国家的数据,涉及数据有:当前账户余额和构成,包括商品、运输服务、旅行、政府服务、其他服务、员工薪酬、投资收入和当前转移项目的借贷。金融账户余额和构成,包括股票和再投资收益的债权债务、债务证券、金融主管当局、政府、银行和其他部门、金融衍生物、贸易、贷款、货币和存款的资产和负债。储备资产包括黄金储备、特别提款权和外汇。BOP 根据不同国家按季度、年度提供自 1967 年以来的数据。

网址:https://www.elibrary.imf.org/subject/044

(3) 贸易方向统计(Direction of Trade Statistics,DTS):DTS 是贸易价值当前最全面的信息来源。它为国家与贸易伙伴之间的进出口项目提供超过 10 万个时间序列。数据按国家组织来展示,并累计记入地区和全球表中。DTS 收录了 186 个国家的自 1980 年以来的年度和季度数据。

网址:https://www.elibrary.imf.org/subject/042

2.4 世界银行数据库

世界银行(World Bank)数据库电子资源由世界银行出版社出版发行。世界银行出版社拥有获取、生产、推广及发行世界银行出版物和电子产品的权利。此外,该出版社经营并管理银行发展书店,处理与世界银行知识产权有关的所有权利和许可,确定世界银行官方出物的标准。为了支持世界银行全球知识供应商的角色,出版社还与其他银行合作,向决策者、学术界、大众和其他顾客传播其出版物。

World Bank数据库内容包括如下5个子库。

(1) 世界银行公开知识文库(World Bank Open Knowledge Repository):提供了世界银行大部分的出版物、报告、论文等多种资源。

网址:https://openknowledge.worldbank.org/

(2) 世界发展指数(World Development Indicators,WDI):是对全球经济发展各方面基本经济数据的汇总。它包含了695种发展指数的统计数据,以及217个国家和地区从1960年至今的年度经济数据。数据包括了社会、经济、财政、自然资源和环境等各方面的指数。

网址:https://datacatalog.worldbank.org/dataset/world-development-indicators

(3) 全球债务统计(International Debt Statistics,IDS):包括122个国家的外债与金融流程数据资料,收录了从1970年以来的统计数据,这些国家定期向世界银行债权人报告系统通报该国国家债券和国家保证债券的情况。此数据库覆盖了外债总计和流向、全球主要的经济整合、基本的债务比率、新协议的常规条件、长期债务中的货币构成、债务重组等。

网址:https://datacatalog.worldbank.org/dataset/international-debt-statistics

(4) 全球经济监控(Global Economic Monitor,GEM):是早期世界银行为了便于银行成员内部监控和报告每日全球经济状态而建立的一个分析当前经济趋势以及经济与金融指数的"一站式"平台。它将几个早期的"内部"银行产品整合为单一的单界面产品,可链接至优质的高频率更新的(每日,每月)经济和金融数据资源。

网址:https://datacatalog.worldbank.org/dataset/global-economic-monitor

(5) 非洲发展指数(Africa Development Indicators,ADI):提供非洲53个国家1965年以来社会、经济、金融、自然资源、基础设施、政府管理、合股及环境等方面的1 000多种统计指数。

网址:https://datacatalog.worldbank.org/dataset/africa-development-indicators

2.5 经济合作发展组织在线图书馆

OECD iLibrary数据库是由经济合作发展组织(Organization for Economic Cooperation and Development,OECD)出品的一个在线图书馆,提供OECD的图书与报告、期刊、统计数据,是传播经合组织研究成果的重要工具。

数据库网址:http://www.oecd-ilibrary.org/

OECD是由36个市场经济国家组成的政府间国际经济组织,旨在共同应对全球化带来的经济、社会和政府治理等方面的挑战,并把握全球化带来的机遇。OECD包括澳大利亚、奥地利、比利时、加拿大、智利、哥伦比亚、丹麦、捷克、爱沙尼亚、芬兰、法国、德意志、希腊、匈牙利、冰岛、爱尔兰、意大利、日本、韩国、拉脱维亚、立陶宛、卢森堡、墨西哥、荷兰、新西兰、挪威、波兰、葡萄牙、斯洛伐克、斯洛文尼亚、西班牙、瑞典、瑞士、土耳其、英国、美国36个成员,国内生产总值占全世界的2/3。还包括国际能源组织、国际原子能组织、欧洲交通部长会议、发展中心、教育研究以及创新和西非发展中国家组织等6个半自治的代理机构。

OECD iLibrary的内容包括三大部分(数据更新至2022年):

(1) 18 000 多种图书、报告的 PDF 格式在线阅览,且每年增加 200 多种。这些图书按照领域分为 14 个类别:
- 农业和食品(Agriculture & Food)
- 发展学(Development)
- 经济(Economics)
- 教育(Education)
- 就业(Employment)
- 能源(Energy)
- 环境(Environment)
- 工业和服务业(Industry and Services)
- 核能源(Nuclear Energy)
- 科学和技术(Science and Technology)
- 社会问题/移民/卫生健康(Social Issues/Migration/Health)
- 税收(Taxation)
- 贸易(Trade)
- 交通(Transport)

(2) 65 种期刊,涵盖经济、金融、教育、能源、法律、科技等领域。

(3) 45 种在线统计数据库(包括国际能源组织的 9 个数据库),以下列出的是部分数据库:
- 基于商品统计的国际贸易(International Trade by Commodity Statistics)
- 主要经济指标(Main Economic Indicators)
- 农业统计(OECD Agriculture Statistics)
- 银行统计(OECD Banking Statistics)
- 经济前景(OECD Economic Outlook)
- 教育统计(OECD Education Statistics)
- 就业与劳动市场统计(OECD Employment and Labour Market Statistics)
- 环境统计(OECD Environment Statistics)
- 健康统计(OECD Health Statistics)
- 保险统计(OECD Insurance Statistics)
- 国际发展统计(OECD International Development Statistics)
- 国际直接投资统计(OECD International Direct Investment Statistics)
- 国际移民统计(OECD International Migration Statistics)
- 国际贸易季度统计(OECD Quarterly International Trade Statistics)
- 国民账户统计(OECD National Accounts Statistics)
- 科学、技术以及研发统计(OECD Science, Technology and R&D Statistics)
- 服务领域的国际贸易统计(OECD Statistics on International Trade in Services)
- 计量全球化统计(OECD Statistics on Measuring Globalisation)

- 结构分析数据库(OECD Structural Analysis Database(STAN))
- 结构和人口贸易统计(Structural and Demographic Business Statistics)
- 税收统计(OECD Tax Statistics)
- 电信与互联网统计(OECD Telecommunications and Internet Statistics)
- 燃烧物的碳排放统计(IEA CO_2 Emissions from Fuel Combustion Statistics)
- 煤炭信息统计(IEA Coal Information Statistics)
- 电力信息统计(IEA Electricity Information Statistics)
- 能源价格和税收统计(IEA Energy Price and Taxes Statistics)
- 天然气信息统计(IEA Natural Gas Information Statistics)
- 石油信息(IEA Oil Information Statistics)
- 可再生能源信息(IEA Renewables Information Statistics)
- 世界能源统计与平衡(IEA World Energy Statistics and Balances)

2.6 EMIS、BvD、OECD iLibrary 三个经济统计类数据库比较分析

2.6.1 内容比较分析

从收录的内容来看，三个数据库各有特色。其中 EMIS 目标是新兴市场的市场动态和商务信息，包含亚太地区、欧洲、中东、北非和南北美洲的 173 个国家和地区，内容涉及新闻、公司、行业、宏观经济、金融市场、法律法规。BvD 提供的是全球范围内的跨国企业财务经营数据、银行与保险公司的分析报告、当前全球各行业内最新的并购交易分析数据、各国宏观经济指标数据等，专业性比较强。OECD iLibrary 的内容主要是 OECD37 个成员国的数据文献，涉及的面比前两个数据库要广，除了经济金融行业的信息外，还包含行政管理、发展援助、工业、农林渔业、能源、医疗、教育、科技、就业等领域。从文献形式上看，EMIS 有数据和报告，以报告为重；BvD 有数据和报告，特点是原始数据比较多；OECD iLibrary 除了数据和报告，还有期刊、图书。

从内容的广度来看，EMIS 和 OECD iLibrary 所含的内容涉及面比较广。比如 EMIS 含有新闻资讯、法律法规等，OECD iLibrary 含有社会科学领域、国际能源组织的 10 个数据库的内容，而 BvD 主要在经济、金融银行领域。

从内容的深度来看，BvD 较其他两个数据有更深层次的内容。比如，EMIS 和 BvD 同样都有宏观经济数据库，EMIS 的宏观统计中的宏观指标分为 16 大类 120 多项指标，而在 BvD 的数据库中宏观指标分为 7 大类，总计 320 项变量系列，含年度、季度、月度数值，数值的时间跨度自 1980 年到 2050 年(提供 5~22 年预测值)。又如 OECD iLibrary 的保险统计数据库收集了经合组织成员国及新加坡的主要官方保险统计数字，而 BvD 的 InsuranceFocus 数据库是包含 1 万多家各国主要保险公司的详细财务信息，提供各公司的保险业务性质、业务描述、全球及本国排名、历年资产负债、损益表、现金流量表、信用评级、股价系列(上市保险公司)、管理层人员姓名、股东及附属机构、审计情况等综合信息。

从内容的其他角度分析，3 个数据库的情况如下。

(1) 数据来源。

EMIS 的数据来自当地信息供应商，如新闻资讯来自新闻通讯社、报纸、杂志社、在线新闻集团；行业研究报告和统计数据来自国内外咨询公司、研究机构、政府机构、行业协会等；宏观经济统计数据来自国内外研究机构和政府机构，如 EIU、OECD、各新兴市场国家/地区中央统计局、中央银行、海关等；公司资信评估、行业综合分析报告、宏观经济发展的预测、研究报告来自资信评估公司如惠誉、穆迪、花旗、高盛、汇丰、恒生等银行和金融研究机构等。

BvD 的数据来自 EIU、欧洲并购信息专业提供商 Zephus 公司、信用评级机构穆迪等提供的数据。

OECD iLibrary 的数据来自 OECD 成员国和部分非成员国。

从数据来源看，EMIS 的数据来源中有部分来自 EIU、OECD，而 OECD iLibrary 和 BvD 相对来说原始数据比较多。

(2) 收录的语种资源。EMIS 数据库中除了英文资源外，还有其他语种如俄语、西班牙语、中文、葡萄牙语等新兴市场国家/地区的官方语言。BvD 和 OECD iLibrary 收录的资源都是英文资源。

(3) 数据更新频率。EMIS 数据库根据出版商的不同，数据更新周期为实时更新至双月不等。BvD 的各个数据库更新频率不一，有每日、每周、每月更新。比如 BankFocus 每日更新，CountryData 每周更新。

2.6.2 数据库检索比较

3 个数据库的检索界面都比较友好，都支持全文检索、布尔逻辑检索，检索结果的显示、保存导出等功能都比较友好、灵活。对于数据输出，都可以采用 Excel 表格输出。

(1) 检索功能。

EMIS 提供分类浏览和检索、高级检索等检索方式，支持二次检索、多语种检索。

OECD iLibrary 的检索界面简洁，支持快速检索和高级检索。高级检索可以选择时间范围、语种、数据类型、主题、排序方式等。

EMIS 和 OECD iLibrary 的检索功能相对 BvD 来说比较简单、易用。BvD 的检索功能因其专业性强的特点，较其他两个数据库全面，每个专业子库提供了 200~300 项的高级检索条件、快速跨国同业对比分析、数据图形转换以及多项统计分析等功能。例如 OSIRIS 数据库的分析功能中用户可进行同业组对比分析、各财务指标多年走势分析、自定义添加财务比值、自定义财务报表模板、自动生成合并后财务报表、各类统计功能、所有财务数值任意转换图表及曲线。

(2) 检索结果的格式与处理。EMIS 检索结果显示比较友好，支持 Excel 数据导出。OECD iLibrary 的检索结果显示也比较简洁明了，用户可以自行创建自己所需要的表格，将数据整理并建成个性化的数据库格式。BvD 的检索结果显示比较复杂多样化，支持多文档格式输出、支持自动抓取数据到电子数据表中。

第三节　英文科技类事实和数值型数据库举要

3.1　贝尔斯坦/盖墨林化学数据库

3.1.1　内容与发展历史

《贝尔斯坦有机化学手册》(*Beilstein Handbuch der Organischen Chemie*)和《盖墨林无机化学手册》(*Gmelin Handbuch der Anorganischen Chemie*)为当今世界上最庞大的化合物数值与事实的资料源,编辑工作分别由德国贝尔斯坦学会(Beilstein Institute)和盖墨林学会(Gmelin Institute)进行,自19世纪中叶开始已持续了100多年。前者收集有机化合物的资料,后者收集有机金属与无机化合物的资料。

随着资料量的增加,查询纸版资料手册取得化合物的数值和事实资料已变得更加复杂烦琐,加上纸版资料手册的费用昂贵,储存占用相当大的空间,以及各种书籍保存维护上的问题等,使得这些手册已逐渐无法符合现代研究的需要。

多年前Beilstein Information System公司和IBM/Europe公司合作,开发化学数据库系统检索软件CrossFire,这套数据库系统于1993年左右发展完成,并在1994年以内装(in-house)方式在欧美发行。Gmelin Institute于1995年授权由Beilstein Information System公司发行Gmelin数据库,1996年9月完成Gmelin CrossFire数据库系统的开发。

CrossFire数据库又称为CrossFire Beilstein/Gmelin,包括了两套纸本手册的全部内容。CrossFire Beilstein数据来源为1779年至1959年Beilstein Handbook从正编到第四补编的全部内容和1960年以来的原始文献数据。CrossFire Gmelin数据库有两个信息来源,其一是1817年至1975年Gmelin Handbook主卷和补编的全部内容,另一个是1975年至今的111种涉及无机、金属有机和物理化学的科学期刊。

该数据库适用的研究领域包括:有机合成化学、无机化学、有机金属化学、天然物化学、药物化学、生物化学、农业化学、食品化学、工业化学、高分子化学、材料化学、海洋化学和环境化学。

2009年,CrossFire数据库由爱思唯尔公司代理经营,2010年升级为Reaxys系统,整合了CrossFire Beilstein、Gmelin数据库和Patent Chemistry(专利化学信息数据库),内容更加丰富。

Reaxys数据库包括:6 600万个反应式、2.83亿种物质和1.14亿篇文献。由于整合了Crossfire Beilstein、Crossfire Gmelin以及专利化学信息数据库,增加了20%的数据。Reaxys覆盖范围广泛,包括有机化学、有机金属化学、无机化学和相关学科研究的反应及化合物信息,涉及单一和多步反应数据、催化信息、实验性物质属性数据和反应过程文本。Reaxys的化学专利信息按照"历史数据"或"深度"分类:历史数据来源于Beilstein,包括1886年至1980年的数据。专利摘要包括物质及反应数据。专利引用信息包括专利号、专利年、国家代码。深度数据包括1976年至今的英文专利信息,分别来自世界专利局、欧洲专利局,以及美国专利局。

3.1.2 CrossFire 检索系统

CrossFire 以 IBM RISC 工作站的硬件架构为基础,以分子结构图形和文字、数字资料的方式进行数据库检索。数据库系统将数据库管理系统软件与数值资料整合在一起,安装在工作站级的计算机上,使用者以个人计算机上的图形接口联机使用,通过区域计算机网络连接到数据库服务器,检索结果传回远程的客户端。该系统另外一项重要的功能是提供各项资料间的超级链接,从任何一个化合物的反应资料可以轻易链接到参与化学反应的其他化合物,也可链接该化合物的文献资料,加上提供全结构和部分结构的检索功能,把化学资料的检索和应用提升到另一个层次。

(1) 检索功能。CrossFire 系统具备方便、灵活的查询功能,可以将多种检索运算符和数据类型进行组合以检索相关的结构、反应及文本数据。

① 数据库选择与跨库检索:从用户的客户端连接到 CrossFire 的服务器后,数据库选取栏为授权用户提供单个或多个数据库的检索。

② 文本检索(Text Search):文本检索方式是用关键词在文本资料中进行检索的方式,检索范围可以选择在所有文本字段里进行检索,也可以在选择的索引项里进行搜索。选择前者,系统将再次提示确定检索的范围是物质、反应还是题录,从而返回相应的记录。

③ 使用结构图检索(Structure Search):在进行系统客户端安装时,将同时安装绘制化合物结构图的软件,使用物质结构图检索,是 CrossFire 系统提供的一个功能强大的检索方式。比如从子结构查询开始,此时具有生物活性的物质将在结构显示窗口中以高亮度显示,单击这些物质将可以看到生成该物质的反应信息,如果再次单击相关链接,可以进一步看到描述这些反应的文献摘要。

④ 使用事实数据检索(Easy Data Search,EDS):使用事实数据检索,亦有两种方式供选择,其一是使用系统规定的标识符和运算符构造检索条件,类似专家检索;其二则是使用预设的多个提问表单的方式,用户只要在表单里填写数据或条件。每一种数据如书目数据、生物活性数据、物理性质、反应数据、环境数据都有相应的提问表单。

(2) 检索技术。在事实检索中,支持使用标识符和运算符表达检索条件,系统支持的逻辑运算符包括:PROXIMITY、AND、NOT、OR、NEAR、NEXT,PROXIMITY 是要求检索词必须在同一个子记录或同一个事实中出现,运算的级别是:PROXIMITY＞AND,NOT＞OR。同时可以使用括号嵌套检索。

(3) 检索结果。CrossFire Beilstein 的显示搜索结果窗口显示了所检索物质的详细信息,所有这些信息均可以通过区域列表中的超级链接来访问。同时它还会以结构方式呈现搜索结果,易于浏览,并且生物活性化合物均带有"Bio"标记,便于快速辨别。

CrossFire Beilstein/Gmelin 系统不支持将检索结果直接输出到本地,用户只能将记录保存在服务器上,或者使用复制拷贝的方式摘录数据。

3.1.3 Reaxys 检索系统

CrossFire 数据库由爱思唯尔公司(Elsevier)代理经营后,2010 年升级为 Reaxys 系统,是爱思唯尔开发的新型的辅助化学研发的工作流程工具。Reaxys 系统将 CrossFire Beilstein、Gmelin 和 Patent Chemistry(专利化学信息数据库)综合为一体,改变了原有 CrossFire 系统的客户端访问模式,以基于通用浏览器的网络访问方式向用户提供更方便的服务。

数据库网址:http://www.reaxys.com

升级后的 Reaxys 具有的优点包括:不需要安装客户端软件,使用方便;功能不仅强大,而且使用界面也符合大众使用习惯,容易上手;将 Beilstein/Patent/Gmelin 3 个数据库整合为一个;能把检索结果按照催化剂等条件进行二次过滤;能够智能生成一条或多条合成路线。

(1) 检索功能。

① 快速检索:快速检索可以用于各种类型(文献书目、物化性质、反应式等)的信息检索,输入某个检索词,可以检索到相关的文献、物质结构、化学反应等。快速检索界面如图 7-3 所示。

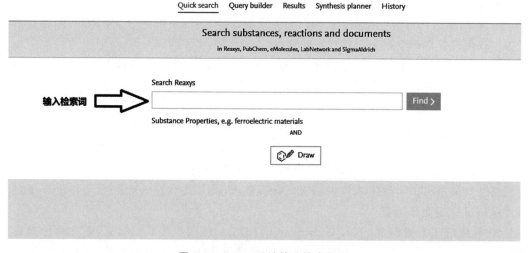

图 7-3　Reaxys 系统快速检索界面

② 结构式检索:Reaxys 系统可以使用画图工具很方便地画出结构式或化学反应,也可以通过输入物质名称直接导入结构式。结构式或化学反应画好后,转回到检索界面进行检索,也可以根据检索结果对结构式或化学反应进行编辑后再次检索。在检索化学反应时,可以在结构图的右侧限定结构式的其他检索条件。结构式画图界面如图 7-4 所示。

③ 组合检索(Query Builder):可以把化学结构、化学分子式、物质 CAS 登记号与输入的检索词组合起来进行检索。检索系统中还提供了多种检索条件进行选择,这些检索条件都以分类的形式在右侧列出,包括物理性质、药理学数据、化学反应等,都可以添加并进行组合检索。

④ 合成路线的智能设计:Reaxys 系统提供独特的合成线路规划设计工具(Synthesis Planner),辅助合成线路的评估,可精选各步反应,用以形成最佳的合成策略。

(2) 检索结果。

① 显示:Reaxys 系统把具有相同化学反应物和产物,但反应试剂、溶剂和反应条件不相同的反应信息,综合为单一的记录,并将所有的反应条件收集在一起,以下拉式菜单方式

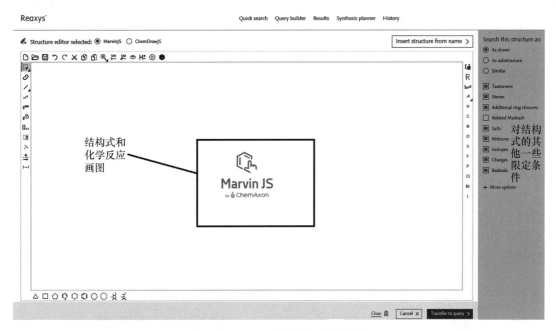

图 7-4　Reaxys 系统结构式画图界面

展示,可从这直接获得化合物的性能和评估最佳的合成线路。显示格式可以选择简单格式或详细格式,字体可以按照用户需要放大和缩小。排序根据检索结果的不同有多种方式可供选择。如:检索结果为化合物时,可以按照 Reaxys 登记号、分子量、化合物可得性、相关文献数量等来排序。

② 筛选:可以通过页面左侧的限定条件(包括物质类型、反应类型、文献类型、出版年、作者、专利授权人等),对检索结果进行筛选。

③ 输出:检索结果可以导出。选择导出到文件,可以选择 PDF、Word、Excel 及 XML 等格式保存到本地,也可以登录个人账号将检索历史保存到系统中。

3.2　Web of Science 化学数据库

3.2.1　内容介绍

"化学反应数据库"(Current Chemical Reactions(1985—   ))和"化合物索引数据库"(Index Chemicus(1993—   ))是美国汤森路透公司推出的事实型化学数据库,是专门为满足化学与药学研究人员的需求所设计的数据库,收集了全球核心化学期刊和发明专利的所有最新发现或改进的有机合成方法,提供翔实的化学反应综述和详尽的实验细节,提供化合物的化学结构和相关性质,包括制备与合成方法。

数据库网址:http://webofknowledge.com/wos

3.2.2　检索方法

Current Chemical Reactions 和 Index Chemicus 集成在 Web of Science 中(关于 Web of

Science 平台及相关数据库的介绍及使用,请详见本书第二章),既可以用化学结构或结构片段进行检索,也可以用书目信息和引文方式进行检索。其中书目与引文检索与 Web of Science 的其他数据库的检索方式完全一致,在此不再赘述。化学结构检索则是针对 Current Chemical Reactions 和 Index Chemicus 检索化学反应和化合物的特色检索:当查找最佳合成方法或某一特殊反应时,可使用这一检索,利用简单易用的结构绘图程序画出一个反应式或化合物,将其作为反应物、产物等角色进行检索。

(1) 结构绘图检索。使用"Dotmatics"画出化合物结构式。用反应物结构式或其子结构和反应式进行检索。例如:检索以苯为原料,生产苯乙烯的反应,首先要画出反应式,然后插入到检索框中。

反应式绘制过程如下:① 单击上方的"环"按钮,从中选择"苯环";② 单击上方的"反应方向"按钮选择"→";③ 单击上方的"环"按钮,从中选择"苯环";④ 单击上方中的"链"按钮,选择两个碳的链长,连接到画好的苯环上;⑤ 单击上方栏中的双键按钮,将鼠标移至相应位置点击。画出苯乙烯的结构式如图 7-5 所示。

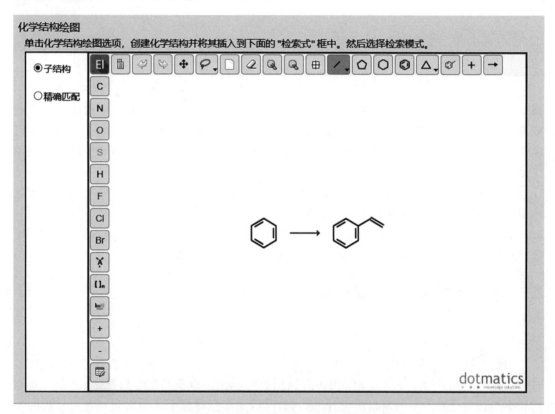

图 7-5 ISI 化学数据库反应结构画图示例

(2) 化合物数据检索。可以通过化合物名称、生物活性或分子量这些物质特征检索,同时可以将化合物在反应过程中的角色限定为① 作为反应物,② 作为产物,③ 作为催化剂,④ 作为溶剂展开检索。

(3) 化学反应数据检索。具有独特的通过反应条件展开检索的功能。反应条件包括气体环境、时间、反应产率、压力、温度等条件。反应关键词可以输入包括反应的关键词短语，或从检索框旁的索引词表中选相关的检索词或术语。可在检索中使用＞和＜符号，如在反应产率一项中输入"＞90"。每个检索途径的检索条件可相互组合，也可与结构绘图检索或化合物数据检索组合，默认为逻辑"与"运算。

3.3 实验室指南数据库

实验室指南是一种标准化的、可在实验室再现的"配方"或"方法"，即详细、精确的实验操作记录，包括按部就班的操作步骤、试验必需的原材料清单（原材料包括化学成分、硬件、软件）、注释和提醒（提醒实验员在实验过程中需要注意的事项，以及如何解决问题）等等，主要面向生物化学、分子生物学、生物医学等学科。

目前常见的实验室指南数据库主要由 Springer 公司和 John Wiley 公司出版。

3.3.1 施普林格·自然实验室指南数据库

"施普林格·自然实验室指南"（Springer Nature Experiment，原名 Springer Protocols）包含 5.9 万多种分子生物学和生物医学的实验室指南，其中很多都是来自经典的丛书系列，如《分子生物学方法》（Methods in Molecular Biology）、《分子医学方法》（Methods in Molecular Medicine）、《生物技术方法》（Methods in Biotechnology）、《药理学与毒物学方法》（Methods in Pharmacology and Toxicology）、《神经学方法》（Neuromethods）等，这些内容经过了非常严格的实践检验，备受研究人员信任和称赞。例如《分子生物学方法》，其作者 John M. Walker 是实验室指南的鼻祖，也是第一位通过生物医学实验室指南按部就班地介绍实验方法，并使其成为标准的人。

"施普林格实验室指南"内容涵盖广泛且有一定深度，同一个实验提供了最新和历史版本等多种操作指南，且可以通过移动设备随时随地访问，方便研究者从中找到最适合自己的指南。

数据库网址：https：//experiments.springernature.com/sources/springer-protocols

3.3.2 最新实验室指南数据库

John Wiley 公司《最新实验室指南》（Current Protocols）已出版有 20 多年，目前已有 19 册，收录了 2 万多种实验室技术与流程，主要针对生命科学领域，如生物信息学、细胞生物学、化学生物学、细胞计数法、实验室基本技巧、人类遗传学、免疫学、磁共振成像、微生物学、分子生物学、小鼠生物学、神经科学、核酸化学、药理学、蛋白质科学、干细胞生物学、毒理学等。

《最新实验室指南》的内容由生命科学领域的杰出科学家组成的编辑委员会精心挑选和评估，并由具有科研背景的专职人员严格编辑。所有实验室技术被 PubMed 和 Scopus 数据库收录，定期修订与更新，补充新资料，以保证对相关领域最新发展情况的体现。数据库特点是清晰、深入、易于使用，其实验流程采用高度详细且简单易懂的分步介绍形式，同时还提供有用的注释与评注，收录了重要参数与疑难解答提示，对流程做出进一步的解释。并可链接到 John Wiley 的电子图书和电子期刊的全文，也可以在移动设备上访问和下载。

数据库网址：http：//www.currentprotocols.com/

第四节　英文社科类事实和数值型数据库举要

4.1　盖尔参考资料数据库

盖尔(Gale)集团是一家著名的参考工具书出版商,多年来以出版人文和社科工具书著称,尤其是在文学及传记工具书以及机构名录方面颇具权威性。如《在版名录》(*Directories in Print*)、《社团百科全书》(*Encyclopedia of Associations*)、《现代作家》(*Contemporary Authors*)等都是其中的经典。2001年7月,Gale集团与Cengage Learning, Inc.(圣智集团)正式合并,现名圣智学习公司(Cengage Learning)。

Gale也是全世界第一个建立电子数据库的公司,产品包括"社团大全"(Associations Unlimited)、"盖尔数据库名录"(Gale Directory of Databases)、"世界商业名录"(World Business Directory)等,其网络检索系统Galenet汇集了多个参考资料库,整合了数百种出版物,覆盖人文社会科学、商业经济、国际市场、人物传记、机构名录等范畴,是重要的事实性数据的来源。

数据库网址：http://infotrac.galegroup.com

4.1.1　主要数据库及其内容

(1) 学会组织名录(Associations Unlimited)：数据来自《协会百科全书》系列,提供45.6万多个国际性及美国国税局认可的非营利性成员机构的名录资料,包括简介、宣传册、商标、会员申请表等信息。其中,有2.3万个美国国家级协会,3.3万个国际协会组织,9.7万个美国地区性、州及地方级协会名录。

(2) 传记与系谱索引(Biography and Genealogy Master Index)：为用户提供查找人物传记条目的线索。该索引包括2 000多万条传记信息,涉及600多万个来自不同历史时期、国家和领域的人物。

(3) 文学资源中心(Literature Resource Center)：收录119 000余篇选自Gale文学系列丛书的评论,200万余篇学术期刊和文学杂志全文,1 600多卷文学参考书的内容,155 000余篇作家传记,文学作品及运动的相关历史和社会背景,96万余篇书评、戏评及影评,41 000余篇当代诗歌、短篇小说和戏剧的全文内容;可按作家类型及作家之间的关联进行对比和研究。

(4) 盖尔电子参考工具书(Gale Virtual Reference Library)：收录盖尔60年来出版的1 700多种参考工具书,内容涵盖历史、文学、国家和世界、艺术、传记、商业、教育、环境、法律、宗教、科学等多个主题。可使用多种语言进行检索。

(5) 相反论点资源中心(Opposing Viewpoints in Context)：提供当今事件、社会问题、具争议性、最热门话题的事实讯息、参考讯息及支持者、反对的各种观点,资料来自300多份全球的期刊和报纸(包括《新闻周刊》《时代》等),以及盖尔出版的470本著名热点问题系列参考书(如《争议》《当代问题参考》《当前矛盾》《相反观点》)。

盖尔的每个数据库根据其存储信息的属性,提供了多个层次、多个入口的检索途径,以满足对特定事实的检索,这是它们共有的特征,如可提供名称检索(人名、地名、机构名、数据库名、出版物名称)、主题词检索、扩展检索(可同时检索多个检索字段)、专家检索等。需要注意的是,由于每个数据库收录的信息类型不同,检索项不同,其检索方式也存在差别。

下面4.1.2节和4.1.3小节以两个比较有代表性的数据库的检索为例来介绍其检索系统的使用。由于系统所包含的数据库使用一个检索平台,检索其他的数据库时基本上可以依照同一方法进行;需要注意的是,每个数据库由于收录的内容不同,检索字段会有所变化,这需要检索时根据实际情况灵活掌握。

4.1.2 学会组织名录

该数据库在盖尔名录大全平台(Gale Directory Library)上提供访问,包含"协会百科全书:国际组织""协会百科全书:美国国立机构""协会百科全书:美国地区、州立、地方机构""美国国家非营利组织名录"等四个子库。

(1) 检索功能。如图7-6所示,数据库提供跨库检索和单库检索两种方式。

跨库检索即在盖尔名录大全平台上进行一站式检索,同时返回各个子库的检索结果。又分成简单检索和高级检索:简单检索中可直接输入机构名称、所在地点或关键词等进行检索,高级检索提供基本检索、实体名称、描述、全文等检索字段,可选择一个或多个子库作为检索范围。

单库检索:在某一个特定子库中输入关键词进行检索。

图7-6 "学会组织名录"检索页面示例

(2) 检索技术。

布尔逻辑算符:系统支持AND、OR和NOT 3种布尔逻辑运算符。

位置算符:① W(WITHIN):限制两个检索词中可允许最大间隔数,并限制二者的出现顺序。例:在机构字段中键入American W2 Association,即可查到含有American和Association的机构,且机构名称中,American必出现于Association前面,二者之间的间隔不超过两个单词。② N(NEXT TO):限制两个检索词中可允许最大间隔数,但不限制二者之出现顺序。以上例来说，在 American N2 Association 的检索指令下，检索结果中必含有 American 和 Association 两个单词，且中间可包含至多两个单词，但 American 不一定出现在 Association 之前。

截断符：① ＊：用于右截断，查询相同词根的字，可无限截断，例：键入 faith＊，即可查询到 faith、faiths、或 faithful。② ！：用于右截断，为有限截断，即以此符号来代表一个空格或一个字符。例：键入 analog！！，则会查出包含 analog、analogs、或 analogue 的记录，但不会查出含有 analogous 的记录。③ ？：用于中截断（字内），用以查询同一个单词的不同拼法，为有限截断。例：键入 wom？n，即可查询到包含 woman 或 women 的记录。

（3）检索结果。

排序方式：可按照相关性、最新、最旧、文章标题、出版物标题、收入、员工数量、成员数量等进行排序。

筛选结果：可通过目录标题、州/省、国家、主题类别、版块标题、奖励类型、可抵扣状态、媒体/出版物类型、搜索范围等条件筛选检索结果。

4.1.3 文学资源中心

这里简单介绍与"学会组织名录"数据库相比，在使用方法上的特色之处。

（1）个人检索。可以直接输入人名，也可以通过限定性别、国籍、种族、职业、文学运动、流派、科目/主题、出生地点、逝世地点、出生日期、逝世日期、世纪等条件来查找某一类人物。

（2）作品检索。可以直接输入要找的作品的名称，也可以通过限定作品类型、作者、出版年份、世纪、原文语言、作者性别、作者国籍、作者种族等条件来查找某一类作品。以人物的姓名、职业、国籍、生卒地点作为检索字段。

（3）高级检索。可以任意添加检索框实现多重检索字段来组合检索，每一个检索框旁可以选择检索词字段，包括：关键词、题名、出版物名称、作者、主题、全文、人名、地名、作品、公司名等。也可以将查询结果限制在全文文献或专家评审期刊的范围内。高级检索还提供文献类型限制，多达 200 多种文献类型可以从选择框中选择。内容类型限定可以将查询出的结果限定为声音、图像、视频、网络资源、学术期刊文章和新闻等。

（4）检索结果。系统将检索结果按照内容类型进行分类，包括文学评论、传记、主题与作品概述、评论与新闻、原始来源与文学作品、多媒体等，直接点击相应分类就可以定位到想要的内容。检索结果可以保存下载，发送到邮箱，也可以用翻译工具直接翻译成多种语言。

4.2 《大英百科全书》网络版

4.2.1 《大英百科全书》简介

《大英百科全书》(*Encyclopedia Britannica*，*EB*)，是西方百科全书中享有盛誉的佼佼者。从 1768 年首次出版至今，该书的条目均由世界各国著名学者、各个领域的专家撰写，对主要学科、重要人物事件都有详尽介绍和叙述。两百多年来，全套共 32 册的《大英百科全书》一直是英语世界的知识宝库，其学术性及权威性已为世人所公认。

1994 年，在《微软英卡塔百科全书》(*Microsoft Encarta Encyclopedia*)的压力下，不列

颠百科公司出了光盘版。读者对这套光盘版的深度和广度推崇备至,却批评光盘版没有视觉效果可言,在使用技术方面也不如《英卡塔多媒体百科全书》光盘版。

而《大英百科全书》网络版(Encyclopedia Britannica Online,EB Online)作为第一部互联网上的百科全书,于1994年正式发布上网之后受到各方好评,并多次获得电子出版物或软件方面的有关奖项。《大英百科全书》网络版除包括印本内容外,还包括大量印本百科全书中没有的文章,可检索词条达到200 000个。2012年3月,《大英百科全书》宣布停止出版印本,只提供网络版。

目前EB Online网站上包含了所有不列颠百科公司出版的参考工具书,具体如下。

(1) 整合《大英百科全书》(*Encyclopedia Britannica*)和《大英简明百科全书》(*Britannica Concise Encyclopedia*)两部百科全书;

(2) 韦氏大学词典及英语同义词字典(*Merriam-Webster Dictionary & Thesaurus*);

(3) 大英精选网站(The Web's Best Sites):可连接至超过30万个不列颠百科专家编辑群精选推荐的优良网站。

(4) 大英知识博客(Britannica Blog):专为喜爱知识的用户建立的知识智能、互动分享空间。

(5) 动物保护站(Advocacy for Animals):替读者开启一扇通往动物世界的大门。以爱护动物,关怀动物为出发点,展开多个议题探讨。

(6) 视频资料库(Video Collection):按语言艺术、数学、科学、社会科学、地理、世界研究、美国历史、艺术等主题分类,提供各种长短的影音数据文件。

(7) 大事纪年表(Timelines):依照时间序列呈现所选主题的大事记录,主要包括以下主题类别:建筑、艺术、儿童时期、每日生活、生态学、探险、文学、医学、音乐、宗教、科学、运动、科技和女性历史。

(8) 全球资料分析(World Data Analyst):提供所选国家的简介及各类统计资料,例如地理状况、人口分析、官方语言、教育程度、政经情势、贸易类型、军队、交通和通信等。

(9) 国家比较(Compare Countries):提供超过215个国家的基本地理人口资料、地图、国旗、各类统计、相关文章、相关影像、多媒体数据、最近发生事件与相关网站资源等。

(10) 世界地图(World Atlas):与Google合作,提供世界各国人文、地理等概况。

(11) 名人格言(Notable Quotation):提供古今中外4 000多篇名人格言。

(12) 经典文献(Gateway to the Classics):提供140位作者的文学、科学、历史与科学等主题的200多篇经典文献。

(13) 大英主题数据库(Spotlights):提供从远古时代的恐龙、诺曼底登陆、泰坦尼克号,到奥斯卡、美国总统全集共20个主题的深度探讨。

此外,还专为高校师生和研究工作者设计了(Britannica Academic),其资源偏重学术,独具国际化视角,来源可靠丰富,使用界面简洁,信息内容全面,是学术研究用户检索权威全科参考资料的首选工具。

EB Online 网址:http://search.eb.com/

"大英百科学术版"网址:https://academic.eb.com/(国际版),http://academic.eb.cnpeak.com/levels/collegiate(国内镜像版)

4.2.2 检索系统

EB Online 界面友好,简单易用,具有浏览和检索功能。单击主页上的"文章浏览""媒体浏览",可以按主题和子主题浏览网站中的文章与媒体资源。单击"传记"标签,可以按性别、时代、国籍及其专业领域搜索和浏览名人传记。

(1)检索功能。EB Online 的检索方式包括简单检索和高级检索。高级检索界面(如图 7-7 所示)共有 5 个检索条件输入框:① 全部词出现;② 精确匹配;③ 任意词出现;④ 这些词不出现;⑤ 这些词邻近出现。检索条件之间默认为逻辑"与"组合。

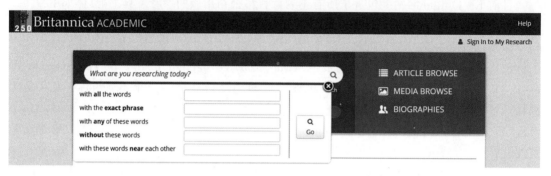

图 7-7　Encyclopedia Britannica Online 高级检索

系统的检索机制是关键词全文搜索,因此只要文章中出现检索词,便作为命中结果显示出来。连续输入两个或两个以上检索词,系统单独处理,单词之间的逻辑关系为逻辑与。

检索结果的排序基本按照相关性的原则,最相关的结果排在最前面。即检索词全部出现在标题中排在最前面,其次是检索词全部出现在文章中排在其后,再次是检索词部分出现在标题中,最后是检索词部分出现在文章中。

(2)检索技术。系统支持布尔逻辑运算符,算符用大写字母表示:AND(+)、OR 和 NOT(-),""用以表达词组或短语,比如词组:gifted children 在检索时的表达方式为"gifted children"。

系统对英文单词单复数、英国英语和美国英语不同拼法的词汇变化具有智能检索的功能,只要输入任何一个词,比如"theater"或"theatre",检索结果是一致的。

(3)检索结果。检索结果分成文章、图片、视频、字典、期刊、网站、原始文献与电子书、年度回顾等分类显示。

第五节　中文商业经济类事实和数值型数据库举要

5.1　中国资讯行数据库

"中国资讯行"(China InfoBank)是香港专门收集、处理及传播中国商业信息的企业,其中文数据库建于 1995 年,提供实时财经新闻、权威机构经贸报告、法律法规、商业数据及证券消息等。该数据库包含了各类统计数据、法律法规、动态信息等事实与数据信息,较为适合经济、工商管理、财经、金融、法律等专业使用。数据库包含14个子库,收录了中国内地从中央到地方1 000多种主流媒体的内容,包括报纸、杂志、学报、书籍和各类年鉴,以及部分海外综合类、财经类报纸,部分政府或民间专业信息机构的宏观经济分析或行业报告,反映了全国各地区、各行业的经济动态。

数据库网址:http://www.infobank.cn

5.1.1 数据库内容

(1) 中国经济新闻库:收录了中国范围内及相关的海外商业财经信息,以媒体报道为主。数据来源于中国千余种报纸期刊及部分合作伙伴提供的专业信息,内容按行业及地域分类,共包含19个领域197个类别。

(2) 中国统计数据库:大部分数据收录自1995年以来国家及各省市地方统计局的统计年鉴及海关统计、经济统计快报、中国人民银行统计季报等月度及季度统计资料,其中部分数据可追溯至1949年,亦包括部分海外地区的统计数据。数据按行业及地域分类。

(3) 中国商业报告库:收录了经济专家及学者关于中国宏观经济、金融、市场、行业等的分析研究文献及政府部门颁布的各项年度报告全文,主要为用户的商业研究提供专家意见的资讯。数据按行业及地域分类。

(4) 中国上市公司文献数据库:收录了中国上市公司(包括A股、B股及H股)的资料,内容包括深圳和上海证券市场的上市公司发布的各类招股书、上市公告、中期报告、年终报告、重要决议等文献资料。数据按股票简称及地域分类。

(5) 香港上市公司文献库:收集了香港上市公司1999年以来公开披露的各类公告及业绩简述。可按公司代码、行业分类、公告类型进行分类检索,为用户提供一个全面了解香港上市公司动态的途径。

(6) 中国企业产品库:收录了中国27万家制造业、邮电业及运输等公司的综合资料,如负责人、联络方法及企业规模等。

(7) 中国中央及地方政府机构库:收录了中国国务院机构及地方政府各部门资料,内容包括各机构的负责、机构职能、地址、电话等主要资料。

(8) 中国法律法规库:收录了中国自1949年以来的各类法律法规及条例案例全文(包括地方及行业法律法规)。数据源自中国千余种报纸与期刊、部分政府官网及政府部门公报专刊,按行业及颁文机构分类,共包含3个领域53个类别。

(9) 中国拟建在建项目数据库:收录了经国家计委、国家经贸委以及地方计(经)委批准建设的投资总额在人民币1 000万元以上的拟建和部分在建项目的详细资料,包括项目概况、项目规模、主要投资者简介、所需关键设备、负责人简历及联系方式等。行业的范围覆盖全国交通、能源、电信、市政、环保、原材料加工、石油、化工、医药、机械、电子、农林水利和旅游开发等领域。

(10) 中国医疗健康库:收录了中国内地权威平面媒体和互联网网站等近千家新闻机构发布的中国医疗科研、新医药、专业医院、知名医生研究成果、病理健康资讯,并根据中国国内疾病的科室及国内常见疾病将信息分类,共包含33个类别。

(11) 中国人物库:提供详尽的中国主要政治人物、工业家、银行家、企业家、科学家以及其他著名人物的简历及有关的资料。

(12) 名词解释库:提供有关中国所使用的经济、金融、科技等行业的名词解释,以帮助国外用户更好地了解文献中上述行业名词的准确定义。

（13）INFOBANK 环球商讯库：收录了 China INFOBANK 网站自 1998 年以来实时播发的"环球商讯"的全部新闻文献。INFOBANK 每日对中国、国际、金融、商业、科技、中国港澳、中国台湾等八个方面的重要资讯进行精选自主编辑，为用户提供精选资讯供参阅。

（14）英语出版物数据库：收录了部分英文报刊的全文数据及新华社英文实时新闻资料。

5.1.2 检索功能

（1）简单检索。可以指定在某一个数据库中进行检索，如"中国经济新闻库"或"商业报告数据库"；可输入一个或多个关键词检索，多个关键词之间用空格隔开；还可限定检索的时间范围。

（2）二次检索。可以选择：① 重新检索；② 同一检索命令在其他库中检索；③ 在前次结果中检索，如图 7-8 所示。

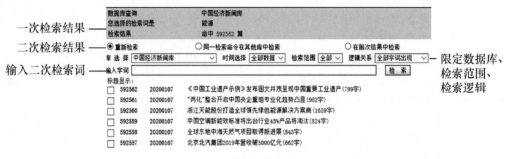

图 7-8　中国资讯行统计数据库二次检索示例

（3）高级检索。高级检索是在简单检索的基础上，增加了以下限定条件：行业选择、地域选择、参考资料来源选择、时间范围选择，如图 7-9 所示。

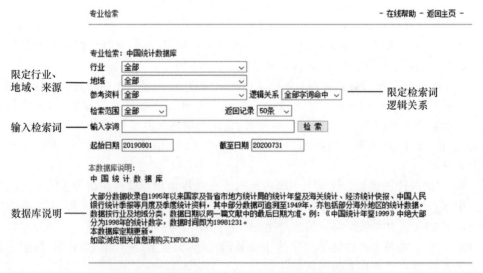

图 7-9　中国资讯行统计数据库专业检索示例

5.1.3 检索结果

在高级检索页面,可以调整每页显示的检索结果数。在检索结果页面,上方显示数据库名称、时间范围、检索词、命中结果数量,下方显示检索结果的列表。

简单记录格式:检索结果按时间顺序列出标题信息,单击标题可以浏览正文、信息发布时间和出处。

正文显示:在正文的抬头分别显示行业、地域、时间、参考资料、统计项目(标题信息),主体部分显示完整的各项统计数字。检索词在文中会以红色的字体高亮显示,如图 7-10 所示。

检索结果可以进行勾选标记,批量显示多个所选记录的全文。

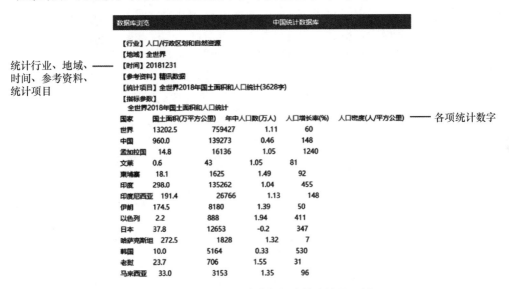

图 7-10 中国资讯行统计数据库检索结果示例

5.2 中国经济信息网(中经网)及中经网统计数据库

"中国经济信息网"(简称"中经网")成立于 1996 年,是国家信息中心组建的、以提供经济信息为主要业务的专业性信息服务网络。中经网依托国家信息中心丰富的信息资源和信息分析经验,利用自主开发的专网平台和互联网平台,为政府部门、金融机构、高等院校、企业集团、研究机构及海内外投资者提供宏观经济、行业经济、区域经济、法律法规等方面的动态信息、统计数据、研究报告和监测分析平台,帮助其了解经济发展动向、市场变化趋势、政策导向和投资环境,为其经济管理和投资决策提供信息支持。

"中经网统计数据库"是由国家信息中心凭借与国家发改委、国家统计局、海关总署、各行业主管部门以及其他政府部门的合作关系,经过长期数据积累并依托自身技术、资源优势,通过专业化加工处理组织而成的一个综合、有序的庞大经济统计数据库群。内容涵盖宏观经济、行业经济、区域经济以及世界经济等各个领域,是一个面向社会各界用户提供全面、权威、及时、准确的经济类统计数据信息的基础资料库。其内容包括"中国经济统计数据库"

和"世界经济统计数据库"。

数据库网址：http://db.cei.cn/

5.2.1 中经网统计数据库内容

（1）世界经济统计数据库：分为经济合作与发展组织（Organization for Economic Cooperation and Development，OECD）月度库和年度库，包括自1960年以来的年度、季度、月度数据，涵盖37个OECD组织成员国[①]、9个非成员国以及7个国际主要经济组织的宏观经济发展指标，部分数据可追溯至1948年。OECD统计数据分为国内生产总值GDP、就业与工资、金融、产销存、国际收支、对外贸易、价格指数、商业景气调查、消费者意向调查、先行指标等10大类，支出法GDP、资本形成总额、最终消费、人口数、消费者价格指数等60多个子类专题，按不同国别及专题分类提供详细指标名词解释。

（2）中国经济统计数据库：内容如表7-2所示。

表7-2 中国经济统计数据库内容

子库名称	内容和指标
宏观年度库（全国和分省）	进行宏观经济研究、全面了解中国经济的统计数据信息库； 自1949年以来我国社会、经济发展全貌共计29个大类专题：国民经济核算、固定资产投资、社会消费品零售总额、对外经济贸易、价格指数、财政、金融和保险、农业、工业、建筑业、人口、就业人员和工资、人民生活、城乡建设和行政区划、自然资源、环境保护、能源、交通运输、邮电和软件业、旅游、房地产、批发和零售业、住宿和餐饮业、教育、科技、文化体育、卫生、社会服务、公共管理和社会保障； 3 000多个指标：国内生产总值、分行业增加值、全社会固定资产投资、人民币汇率、货物进出口总额、中央财政债务余额等
宏观月度库（全国和分省）	反映宏观经济整体运行态势的月（季）度统计数据信息库； 涵盖国内经济核算、固定资产投资、国内贸易、对外贸易、物价、就业与工资、人民生活、财政、金融保险、经济景气指数、农业、工业、建筑业、能源、房地产、交通运输、邮电通信、旅游、科技共19个大类专题； 2 000多个指标：国内生产总值、国际收支平衡表（人民币）、消费者景气指数、中国制造业采购经理指数、国房景气指数、货币供应、国际储备与外币流动性等。 数据最早始于1990年
海关月度库	反映中国对外经济贸易状况的月度统计数据信息库； 涵盖进出口总值，进出口总值分贸易方式、国别分布、区域分布、境内目的货源地、关区分布、特定地区等12个大类； 涵盖3万多个指标：加工贸易设备进出口总额、一般贸易进出口总额、免税外汇商品进出口总额、租赁贸易进出口总额、边境小额贸易进出口总额、免税外汇商品进出口总额等； 自1995年以来的进出口月度统计数据

---

① 截至2023年，OECD成员国共38个，该数据库统计时未将2021年加入的哥斯达黎加纳入。

续表

子库名称	内容和指标
城市年度库	进行城市研究、全面了解中国城市经济情况和社会发展状况的统计数据信息库； 113个指标：GDP、GDP实际增速、第一产业增加值占GDP比重、人均GDP、社会消费品零售总额、城市户籍人口数、年均户籍人口数、规模以上工业企业应交增值税等； 自1990年以来全国300余个地级城市的城市经济发展状况主要统计指标
县域年度库	进行县域研究、全面了解中国县域地区经济情况和社会发展状况的统计数据信息库； 16个大类：地区生产总值、固定资产投资、社会消费品零售总额、财政及金融、对外贸易、农业、工业、人口就业和人民生活、行政区划、资源与环境、能源、邮电通信、教育、文化与体育、卫生、社会服务； 28个指标：投资完成额、财政收入、总播种面积、人就业人员、土地面积、产品产量、房地产开发、各项贷款等； 数据自2001年开始

5.2.2 检索系统

(1) 检索功能。"中经网统计数据库"有两种查询统计数据的方式：浏览和关键词检索（如图7-11所示）。

① 浏览：包括分库检索、名词解释两部分。分库检索目录节点下包含全部备选的数据子库，各数据子库根据统计频度、指标性质或地理范围进行科学有序地划分，是不同领域内经济统计数据的专业分类集合；名词解释目录下包含对应子库中相应的统计名词词典。确定需要查询的统计指标所属的分类，通过鼠标左键单击该分类名称可以实现节点的层层展开，当单击最后一层分类时，该分类下所有指标会出现在指标的备选区中。在备选区中再次对指标进行选择，即可显示数据内容。

图 7-11 中经网统计数据库检索界面

②关键词检索：通过关键词检索方式获得备选指标。在输入框中输入所需查询指标的关键字段，如"钢铁"，可将树状选择区中当前选定的指标节点下名称中包含"钢铁"字样的指标全部选入备选区。

③二次检索：当备选区中的指标数量过多时，可利用"二次检索"功能筛选。"二次检索"功能可循环使用，直至精确定位到用户所需指标上。

（2）检索结果。

显示：指标/地区查询条件全部选中后，使用"显示数据"功能按钮，即可进入结果显示界面。

输出：可以打印或导出到文件。将数据表格导出到 Excel 文件，导出文件包括序列信息和数据信息。

表格维度设置：针对每个数据具有"时间""地区""指标"三维属性的特征，在数据表格显示形式上，系统提供"指标-时间""时间-指标""时间-地区""地区-时间""指标-地区""地区-指标"等 6 种基于不同维度组合的数据表格显示模式。

序列信息显示：通过"结果：数据展示"功能，可显示指标序列信息。序列信息包括指标名称、地区、中文单位、序列起止时间、更新时间、数据汇总、序列口径注释等多项信息。可对序列进行排序。

作图：使用"结果：图形展示"按钮，可对选定区域作图。提供线图、柱图及饼图 3 种图形类型。

5.3 国务院发展研究中心信息网（国研网）

5.3.1 国研网简介

"国务院发展研究中心信息网"（简称"国研网"）创建于 1998 年，最初为国务院发展研究中心利用互联网、信息化手段为中央提供应对 1997 年亚洲金融危机策略所筹建的宏观经济网络信息平台。国研网以国务院发展研究中心的信息资源和专家阵容为依托，与海内外众多研究机构和经济资讯机构紧密合作，整合国内外经济金融领域的研究成果和经济信息，是集理论研究、形势分析、政策解读、数据发布、辅助决策于一体的专业经济信息平台。

国研网为各级政府部门、海内外投资机构、经济研究机构及其研究人员、高等院校等高级人才培养机构提供：关于中国经济、金融政策及其取向的研究成果，关于中国经济改革、开放、发展及其主要影响因素长期、系统的分析判断，关于国民经济支柱行业运行态势、发展趋势、产业政策动态、行业机会与风险的描述剖析，关于国民经济及其主要领域运行态势的财经数据等。

5.3.2 "国研网教育版"内容

"国研网教育版"是国研网针对高校用户设计的专版，旨在为全国各高等院校的管理者、师生和研究机构提供决策和研究参考信息。它由"专题文献库""统计数据库""研究报告数据库"和"专家库"4 个数据库组成。

网址：http://edu.drcnet.com.cn/www/edunew/

（1）国研网专题文献库：国研网基于与国内外知名研究机构、财经媒体、专家学者合作取得的信息资源，进行数字化管理和开发而形成的大型经济信息数据库集群，致力于从经济、金融、行业、教育等方面多角度、全方位地提供有价值的参考信息。该库包括国研视点、宏观经济、金融中国、行业经济、区域经济、企业胜经、世经评论、高校参考、职业教育、基础教育、领导讲话、宏观调控、创新发展、体制改革、财政税收、国际贸易、跨国投资、法治中国、国情民生、国内政府管理创新、乡村振兴、资源环境、智慧城市、新型城镇化、市场与物价、社会保障、人口与发展、农民工问题、基础设施建设、国外政府管理借鉴、聚焦"十三五""一带一路"、长江经济带、京津冀协同发展、经济形势分析报告、发展规划报告、经济普查报告、政府工作报告、政府统计公报、公共管理理论等40个子库。

（2）国研网统计数据库：国研网依托自身资源、技术、专业优势，广泛采集国内外政府、权威机构发布的各类经济和社会发展统计数据，通过专业化加工处理，按照科学的指标统计结构体系组织而成的大型数据库集群。"国研网统计数据库"由"世界经济数据库""宏观经济数据库""区域经济数据库""重点行业数据库"四大系列组成。

宏观经济数据库（包括15个独立数据库）：宏观经济、对外贸易、金融统计、工业统计、产品产量、国民经济核算、固定资产投资、资源环境、教育统计、人口与就业、居民生活、国有资产管理、价格统计、财政与税收、城乡建设；

区域经济数据库（包括3个独立数据库）：省级数据、市级数据、县级数据；

重点行业数据库（包括21个独立数据库）：信息产业、石油化工、医药行业、卫生行业、钢铁行业、有色金属、交通运输、机械工业、汽车工业、轻工行业、科学技术、旅游行业、能源工业、农林牧渔、纺织工业、建材工业、房地产业、建筑行业、批发零售、住宿餐饮、文化产业；

世界经济数据库（包括15个子库）：IMF、WorldBank、WTO、OECD、ADB、EuroArea、APEC、ASEAN、世界教育、世界科技、世界文化、世界邮政、世界卫生、世界能源、联合国统计月报。

（3）国研网研究报告数据库：通过持续跟踪、分析国内外宏观经济、金融和重点行业基本运行态势、发展趋势，准确解读相关政策趋势和影响，及时研究各领域热点/重点问题，致力于为客户提供研究和战略决策需要的高端信息产品。该数据库包括国研网自主研发的系列跟踪研究报告产品——周评（36种）、月报（31种）、季报（25种）、年报（56种）、热点报告（33种），同时还提供国研网围绕互联网金融、智慧城市、大数据、金融科技等经济社会热点问题开发的专题研究报告，以及国研网个性化定制报告，是用户全面了解国研网研究领域，获取国研网独家研究报告的窗口。

（4）专家库：提供国务院发展研究中心近200位专家的介绍、调研报告、学术论文、著作文献信息，并利用大数据、可视化技术展示专家研究领域、学术关系、发文趋势、发文渠道等信息，是用户了解国务院发展研究中心专家团队、研究领域、研究成果的重要窗口。

5.3.3 检索功能

（1）基本检索。首页提供基本检索入口，根据检索需求可以限定检索字段为标题、作者、关键词、来源或全文，在检索框中输入一个或多个关键词，进行检索。

（2）高级检索。高级检索提供数据库导航，可通过勾选数据库限定检索范围。检索字段包括标题、作者、关键词、来源和全文;通过选择检索时间段来限定检索的时间范围,如图7-12所示。

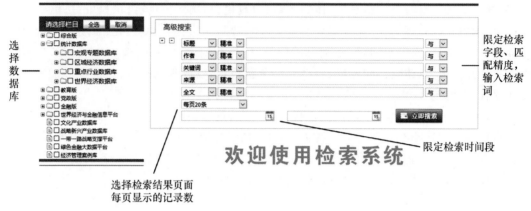

图 7-12 国研网统计数据库检索界面

5.3.4 检索结果

检索结果页面上方显示检索式,下方显示返回记录数和记录列表。

简单记录格式:检索结果按时间顺序列出标题、发布时间、作者、关键词和摘要信息,点击标题可以浏览信息正文。

正文显示:在正文的抬头显示信息所在的数据库及数据库下的子类别,主体部分显示标题、发布时间、全文的部分内容、信息来源和责任编辑。点击阅读全文,可以看到完整的全文信息。在正文的下方还显示相关文章列表及链接,包括标题和发布时间信息。

检索结果可以标记,设置标签和自动推送。

5.4 主要中文商业经济统计类事实数据库对比

中国资讯行、中经网、国研网等中文商业经济统计类事实数据库在数据类型分布、收录年限、统计数据覆盖的信息范围和数据来源等方面既有相同和重复之处,也有区别和各自特点,从表7-3至表7-6可见一斑。

表 7-3 中文商业经济统计类事实数据库的数据类型分布

数据库	统计资料(年鉴、月报等)	报刊新闻	期刊文章	商业报告	研究报告	机构名录	人物名录	术语解释	法律法规
中国资讯行	√	√	√	√		√	√	√	√
中经网	√	√	√	√	√				√
国研网	√	√	√	√	√		√		

表 7-4 中文商业经济统计类事实数据库的数据收录年限

数据库	收录年限
中国资讯行	大部分数据收录始于 20 世纪末,部分可追溯至 20 世纪中叶,如: 中国统计数据库:大部分数据收录始于 1995 年,部分可追溯至 1949 年; 香港上市公司文献库:收录数据始于 1999 年; 中国法律法规库:收录数据始于 1949 年; INFOBANK 环球商讯库:收录数据始于 1998 年
中经网	部分数据收录始于 20 世纪中叶,部分始于 20 世纪末或 21 世纪初,如: 世界经济统计数据库:大部分数据收录始于 1960 年,部分可追溯至 1948 年; 中国经济统计数据库:宏观年度数据最早始于 1949 年,宏观月(季)度数据最早始于 1990 年,工业行业月度库数据始于 1999 年,海关月度库数据始于 1995 年,城市年度库数据始于 1990 年,县域年度库数据始于 2001 年
国研网	大部分数据收录始于 20 世纪中叶或 20 世纪末,部分数据最早可追溯到 1861 年,如: 世界经济数据库:大部分数据始于 20 世纪中叶或 20 世纪末,部分数据最早可追溯到 1861 年; 宏观经济数据库:年度数据一般始于 1949 年,月(季)度数据始于 2001 年; 区域经济数据库:省级数据始于 1995 年、市级数据始于 1999 年、县级数据始于 2001 年; 重点行业数据库:数据始于 20 世纪末或 21 世纪初

表 7-5 中文商业经济统计类事实数据库的统计数据覆盖的信息范围

数据库	宏观经济	区域经济	行业经济	世界经济	企业公告	拟建在建项目资料	金融信息	医疗信息	教育信息
中国资讯行	√	√	√	√	√	√	√	√	
中经网	√	√	√	√			√		
国研网	√	√	√	√			√		√

表 7-6 中文商业经济统计类事实数据库的统计数据来源

数据库	数据来源
中国资讯行	数据来源于中国国家及各省市地方统计局、海关、中国人民银行的统计资料,中国千余种报纸期刊资料,上市公司信息披露媒体,部分政府官网及政府部门公报专刊,部分新闻媒体等,如: 中国经济新闻库:来源于中国千余种报纸期刊及部分合作伙伴提供的专业信息; 中国统计数据库:来源于国家及各省市地方统计局的统计年鉴及海关统计、经济统计快报、中国人民银行统计季报等月度及季度统计资料; 中国上市公司文献数据库:来源于在上海和深圳证券市场的上市公司,在中国证监会指定上市公司信息披露媒体上发布的各类招股书、上市公告、重要决议等文献资料; 中国法律法规库:来源于中国千余种报纸与期刊、部分政府官网及政府部门公报专刊; INFOBANK 环球商讯库:来源于 China INFOBANK 网站自 1998 年以来实时播发的"环球商讯"的全部新闻文献

续表

数据库	数据来源
中经网	数据来源于世界各大经济、贸易或货币等组织,以及中国国家及地方统计局、海关总署、财政部等部门,如: 世界经济统计数据库:来源于世界银行(WDI)、国际货币基金组织(IMF)、经济合作与发展组织(OECD)、世界贸易组织(WTO)、联合国粮食及农业组织(FAO)、联合国贸易和发展会议(CTAD)美国能源情报署(EIA)等; 中国经济统计数据库:来源于国家统计局、地方统计局、海关总署、中国人民银行、银保监会、国家外管局、证监会、中国外汇交易中心、深交所、上交所、财政部、交通运输部、中国民航局、工信部、国家邮政局、商务部、经济合作与发展组织(OECD)等
国研网	数据来源于世界各大经济、贸易或货币等组织,以及中国国家及地方统计局、海关总署、财政部、教育部、交通运输部等权威机构,如: 世界经济数据库:来源于联合国(MBS)、国际货币基金组织(IMF)、世界银行(WDI)、世界贸易组织(WTO)、经济合作与发展组织(OECD)、亚太经济合作组织(APEC)、东南亚国家联盟(ASEAN)、世界教科文组织(UNESCO)、世界卫生组织(WHO)、万国邮政联盟(UPN)、英国石油公司等; 宏观经济数据库:来源于国家统计局、国家外汇管理局、自然资源部、海关总署、中国人民银行、中国证监会、中国货币网、中国期货业协会、国家金融监督管理总局、教育部等; 区域经济数据库:来源于国家统计局; 重点行业数据库:来源于国家统计局、中国轻工业信息中心、海关总署、交通运输部、中国民用航空局、国家铁路集团有限公司、中国纺织工业联合会、中国石油和化学工业联合会、国家发改委、工业和信息化部、文化和旅游部、科学技术部、国家自然科学基金委员会、国家卫生健康委员会、国家广电总局、冶金工业信息中心、中国煤炭市场网等

中国资讯行注重及时收录公开发布的财经资讯,缺少专业的研究报告,提供术语解释、法律法规、企业和政府机构名录及信息、重要人物信息等查询;大部分数据收录始于20世纪末,部分可追溯至20世纪中叶;统计数据内容丰富,除宏观经济、区域经济、世界经济等其他库包含的内容外,还有中国拟建在建项目信息和医疗信息等特色内容;数据来源多样,但数据库的设计与组织缺乏系统性,适合作为资讯渠道和补充资料。

中经网收录的信息全面及时,独家渠道获取的各地方经济信息丰富,提供独立的行业季度报告和地区发展报告,但深度不如国研网;一部分数据收录始于20世纪中叶,另一部分始于20世纪末或21世纪初;统计数据方面系统的历史数据较少,地方数据较详尽,适合获取全国各地的经济动态和行业信息。

国研网提供国务院发展研究中心的内部研究报告和国内著名权威研究机构的内部研究报告,在专业性研究方面较有特色,不太注重收录时效性较强的新闻快讯;统计数据方面历史数据较多,地方数据较少,进出口数据、行业协会产业统计数据比较详尽;适合做宏观、行业深度研究使用。

5.5 其他

5.5.1 中国工业企业数据库

"中国工业企业数据库"全称为"全部国有及规模以上(企业每年主营业务收入(销售额)

在 500 万元以上,2011 年起为 2 000 万元以上)非国有工业企业数据",数据来源于国家统计局依据《工业统计报表制度》而进行的工业调查统计,其统计内容包含工业企业产销状况、财务状况、成本费用情况、主要工业产品销售、库存和生产能力以及企业生产经营景气状况等方面。可用于了解全国工业生产经营活动的基本情况,为各级政府制定政策和规划、进行经济管理与调控提供依据。

中国工业企业数据查询系统操作简单,包含单年查询、时间序列和统计描述三大功能模块。

单年查询:实现对某一年度的全部数据按一定的筛选条件进行筛选,用户可以便捷地下载到研究所需的数据内容。

时间序列:实现对固定时间段的全部数据按一定条件进行筛选,用户可以轻松获得1998—2013 年任意起止年份间的数据内容。

统计描述:围绕单年和时间序列数据给出基于重要指标的统计描述及可视化展现。

数据库网址:http://microdata.sozdata.com

5.5.2 巨灵金融数据库

巨灵财经是国内最早提供大中华金融信息服务和数据服务的专业机构,总部位于深圳福田金融中心。其数据库涵盖宏观行业经济库、股票、指数、理财、保险、基金、债券、港股、中华概念股、盈利预测及评级、新闻、公告和法律法规等内容,且收录国内各主要券商以及国外著名投行的各类研究报告和 130 余种海内外财经报刊。具体内容如下。

(1) 宏观与行业经济研究:包括景气指数、国民收支情况、国民经济指标、中国财政收支、对外经贸数据、工业数据、价格指数、国内宏观金融信息、香港宏观数据、全球宏观数据、人口统计信息、固定资产投资及完成情况,以及房地产、钢铁与金属、电力电气、交通仓储、旅游、煤炭与能源、食品与农资、汽车、石油化工等行业的情况。

(2) 上市公司研究:包括上市公司股东研究、上市公司概况、上市公司重大事项、上市公司经营分析、同行比较、上市公司研究报告、盈利预测、上市公司高管持股变动、公司在职高管简介、股本结构等。

(3) 股票市场研究:包括股票基础数据、股票发行、股票配股增发、股票分红数据、股票行情数据、股票收益数据、股票特殊处理、股票市值、高频数据、沪港通、深港通、沪伦通和科创板相关统计数据。

(4) 基金市场研究:包括基金档案库、基金基本资料、持有人结构、基金规模、基金分红数据、基金业绩评价数据、基金发行与上市、基金资产配置组合统计、基金净值、基金标签、基金评价数据、基金申购赎回数据、基金机会风险数据。

(5) 债券市场研究:包括债券基础资料、债券发行与承销、债券利率与付息、债券公告信息、含权债券研究数据、债券信用与估值数据、货币市场资料、债券托管统计、远期交易结算统计、发行量及交易量统计、交易结算排行榜等数据。

(6) 外资证券与证券行情研究:包括港股股票信息和公司信息、港股的三大报表、业绩报告、财务指标、衍生指标、市场表现与估值等数据、港股股本架构、港股融资分红数据、香港指数、港股公告、港股行情信息、美股基本信息、美股行情数据、中华概念股基本信息、沪深行情信息、外汇报价、"新三板"行情数据。

(7) "新三板"市场研究：包括"新三板"基础资料、"新三板"财务报表与业绩快报、"新三板"融投资与分红信息、"新三板"市场股本股东和人力资源相关数据。

数据库网址：http://www.genius.com.cn/

5.5.3 万得经济数据库和金融终端库

万得资讯（Wind 资讯）是中国领先的金融数据、信息和软件服务企业，总部位于上海陆家嘴金融中心。其数据库内容涵盖股票、基金、债券、外汇、保险、期货、金融衍生品、现货交易、宏观经济、财经新闻等领域，实时更新。

"万得经济数据库"整合全球宏观和行业统计数据，内容如下。

(1) 中国宏观数据库：涵盖国民经济核算、工业、价格指数、对外贸易、固定资产投资等近 20 个领域；包含大量特色数据，如：人民币国际化、利率市场化数据等。

(2) 全球宏观数据库：数据来源于 IMF、世界银行等国际组织及各国官方网站等；包括美国、日本、欧盟、港澳台、亚洲主要国家及 G20 国家深度宏观数据，涉及国民经济核算、国际收支、人口与就业、价格、金融、贸易、制造业、房地产等主题。

(3) 行业经济数据库：数据来源于国家统计局、海关总署、发改委、商务部、工信部、农业农村部等部委及众多行业网站；涵盖 21 个大类的行业数据，内容包括价格、产销量、进出口、库存、行业财务指标、重点上市公司经营业务等数据。

(4) 中国宏观预测库：汇集 20 多家国内知名机构及十多家海外机构的宏观预测数据；提供了近 20 项宏观指标月度和年度数据的机构预测值和实际公布值，可查看机构预测的明细数据和预测时间及多达未来四期的月度和年度预测。

(5) 全球经济日历库：可查看中国及全球重要经济数据公布时间和重大经济事件发生日期，选取的国家和地区覆盖面极广，能把脉世界主要经济体冷热动向。

"万得金融终端库"覆盖全球金融市场的数据与信息，内容包括：

(1) 股票系列库：涵盖沪深、香港、台湾、NYSE、NASDAQ、SGX、LSE 等上市股票实时行情，包括基本资料、IPO、再融资、分红、公司公告、盈利预测等数据。

(2) 债券系列库：横跨债券、资金、国债期货、票据、资产证券化、可转债、利率互换、债券指数、海外点心债等各品种，包括新闻研报、最热券、计算器、统计报表等。

(3) 商品系列库：提供国内外 14 家主要商品交易所行情，支持跨品种、跨市场套利监控，6 种强大分析工具，及时更新大宗商品数据库基本面数据。

(4) 外汇系列库：提供人民币外汇、离岸人民币、G20 货币的即期、掉期等产品的实时及历史行情；直连外汇交易中心，提供境外交易商第一手实况交投行情。

(5) 基金系列库：涵盖公募、私募、券商资管、银行理财、信托、保险等品种数据和资讯，基于现代组合理论深度分析数据。

(6) 指数系列库：涵盖中国及全球主流市场相关指数的实时行情，提供回报风险，估值预测，成分权重等指数分析数据，支持用户自定义指数计算。

(7) 投资组合系列库：用于组合管理与风险分析，支持全品种资产管理，提供丰富强大的组合监控与分析功能，实时动态监控组合盈亏与风险指标。

（8）宏观行业库：超过100万个指标的全球经济数据，覆盖全球200多个国家及地区、中国上千个市州盟县。

（9）新闻与研究报告库：实时跟踪180多个财经媒体、200多个行业网站，7×24小时更新，集合了中国近50家证券或行业研究机构的研报发布。

网址：http://www.wind.com.cn/

5.5.4　中国房地产信息数据库

"中国房地产信息数据库"是由国家信息中心主办，主要面向政府和社会单位提供宏观经济与房地产方面的数据内容。数据库由"信息资料库""政策法规库""统计数据库""房屋交易库""土地市场库""市场行情库""标杆企业库"等组成，提供与房地产和宏观经济有关的各方面信息与数据。

网址：http://www.crei.cn/

第六节　其他中文事实数值数据库

6.1　万方事实和数值数据库

万方数据资源系统是中国科技信息研究所、万方数据集团公司开发的网上数据库联机检索系统，该系统自1997年8月开始在互联网上对外服务，2010年升级为万方数据知识服务平台，目前整合数亿条全球知识资源，集成期刊、学位、会议、科技报告、专利、标准、科技成果、法规、地方志、视频等10余种知识资源类型，覆盖自然科学、工程技术、医药卫生、农业科学、哲学、政治、法律、社会科学、科教文艺等全学科领域，实现学术文献统一发现及分析，支持多维度组合检索。

网址：http://www.wanfangdata.com.cn/index.html

万方数据检索系统的使用方法详见本书第三章。

万方数据知识服务平台的事实数值资源内容如下。

（1）专利技术：收录始于1985年，目前共收录中国专利4 400余万条、国外专利1.1亿余条，收录范围涉及11国两组织，最早可追溯到18世纪80年代。该库可为科技机构和大中型企业开展专利信息咨询、专利申请、科学研究、技术开发等工作提供专利信息资源。

（2）标准：国内标准资源来源于中外标准数据库，涵盖了中国标准、国际标准以及各国标准等在内的240余万条记录，综合了由浙江省标准化研究院、中国质检出版社等单位提供的标准数据。国际标准来源于科睿唯安Techstreet国际标准数据库，涵盖国际及国外先进标准，包含超过55万件标准相关文档，涵盖各个行业。更新速度快，保证了资源的实用性和实效性。

（3）科技成果：源于中国科技成果数据库，收录了自1978年以来国家和地方主要科技计划、科技奖励成果，以及企业、高等院校和科研院所等单位的科技成果信息，共计65万余项，内容涉及自然科学的各个学科领域。

（4）地方志：简称"方志"，即按一定体例，全面记载某一时期某一地域的自然、社会、政治、经济、文化等方面情况或特定事项的书籍文献。通常按年代分为新方志、旧方志，新方志收录始于1949年，共计6万余册，旧方志收录年代为新中国成立之前，共计9 400余种，12万多卷。

（5）法律法规：收录始于1949年，涵盖国家法律法规、行政法规、地方性法规、国际条约及惯例、司法解释、合同范本等，其中包括全国各种法律法规约122万条。

6.2 中国科学院科学数据中心

中国科学院作为中国自然科学的研究中心，在长期的科学研究实践中，通过观测、考察、试验、计算等多种途径产生和积累了大量具有重要科学价值和实用意义的科学数据和资料。早在20世纪70年代初中国科学院就开始着手组织、协调建立了各种类型的科学数据库。2015年底，中国科学院建成了52 PB存储容量的数据资源中心，系统地整合了58家单位的科学数据库，可共享数据量达655 TB。数据库内容丰富，覆盖了化学、天文、空间、地球科学、生物、农田水利、材料科学、信息技术等众多学科领域，数据库种类包括数值库、事实库和多媒体库。

数据库网址：http://www.csdb.cn/

"中国科学院科学数据中心"包括若干数据子库，用学科分类的方式组织起来。数据子库的内容如下。

（1）化学：涉及有机化学、物理化学、医药化学、环境化学等门类，包括化合物结构数据库、化学反应数据库、碳-13 NMR谱图数据库、质谱谱图数据库、化学物质分析方法数据库、聚合物溶液气液平衡数据库等39个库。

（2）天文：包括LAMOST先导巡天数据、SDSS光谱巡天数据、南极AST3望远镜数据集、中国科学院天文科学数据主题库、南极CSTAR测光数据、MUSER太阳射电特色数据库等23个库。

（3）空间：包括全日面光球矢量磁场数据集、长春站磁通门磁力仪秒采样数据、邵阳站磁通门磁力仪秒采样数据、成都站感应式磁力仪秒采样数据、中山站磁场基线值、武汉站感应式磁力仪秒采样数据等253个库。

（4）地球科学：涉及地理、地质、冰川冻土、气象、水文、海洋、遥感影像等具体分类，包括遥感及地表参数子库、蒙古国500万比例尺气温分布图、海伦市1980年土壤全氮分布数据集、青藏高原东北部S波接收函数（2009—2016年）等837个库。

（5）生物：涉及分子生物学、动物、植物、微生物病毒、生态、心理健康等具体分类，包括等三江源国家公园植物采集记录、三江源国家公园2000年至2018年生长季平均NDVI变化趋势、抑郁症静息态功能磁共振成像、2017年三江源野生动物分布位点数据集等158个库。

（6）农田水利：涉及农业、土壤、水利、水土保持等具体分类，包括我国中低产田分布数据库、黄河流域水文泥沙数据集（1954—1990年）、黄河流域水文泥沙数据集（2002—2012年）、西北区土壤综合数据库等65个库。

(7) 材料科学：包括材料学科领域基础科学数据库-纳米材料子库、材料科学特色数据库金属材料节点、材料学科领域基础科学数据库-无机非金属材料节点、材料科学特色数据库纳米材料节点等 9 个库。

(8) 信息技术：包括安全漏洞数据库 1 个库。

6.3 新华社多媒体数据库

"新华社多媒体数据库"以新闻和社会信息为主要特色，利用新华社丰富的新闻信息资源，及时、全面地反映国内外各个领域的最新动态，不仅收录了大量的一次文献，还有经过精心组织和编写的二次文献。"新华社多媒体数据库"汇集新华社文字、图片、图表、视音频、报刊等全部资源和社会上其他有价值的新闻信息资源，是汇集多媒体、多文种新闻信息综合性数据库。不仅收录了新华社全部原创新闻信息，还汇集了大量的海内外媒体数据资源。主要栏目包括：新华社新闻、教育信息、财经信息、政法信息、新华社报刊、特供数据库、新华图片、新华视频等。除新闻以外，"新华社多媒体数据库"中的事实库主要集中在特供数据库里面，包括：人物库、法规库、译名库和组织机构库。

网址：http://home.xinhua-news.com/

【思考题】

1. 请梳理本学科常用的事实和数值型数据库，了解各个库的检索方式和技巧。
2. 请选择合适的事实数据库，查找中国、美国、俄罗斯近几年的黄金储备数据。
3. 以近期某一国内财经新闻报道为例，选择恰当的中文商业经济类事实和数值型数据库进行检索，找到报道中的经济数据来源，并核实该数据信息的准确性。

参考文献

[1] Williams M E. The State of Database Today：2006. In：Gale Directory of Databases，2006[J]. Detroit：Thomson Learning Gale，2006.

[2] Harter S P. Online Information Retrieval：Concepts, Principles, and Techniques[M]. San Diego，California：Academic Press，1986.

[3] Martyn J. Factual databases[J]. Aslib Proceedings，1985(5)：231-238

[4] 董晓英. 网络环境下信息资源管理与信息服务[M]. 北京：中国对外翻译出版公司，2000.

[5] 邵献图. 西文工具书概论[M]. 北京：北京大学出版社，1992.

[6] 朱天俊. 中文工具书基础[M]. 北京：北京图书馆出版社，1998.

[7] 谢新洲. 电子信息源与网络检索[M]. 北京：北京图书馆出版社，1998.

[8] 尹汉军. 事实数据库研究[J]. 图书情报知识，1994(1)：49.

[9] 中国科学院科学数据库中心. 科学数据库与信息技术论文集. 第二集[M]. 北京：中国科学技术出版社，1994.

[10] Bureau van Dijk. ORBIS [EB/OL]. [2022-03-20]. https://orbis.bvdinfo.com/ip.

[11] Bureau van Dijk. BvD Osiris[EB/OL]. [2022-03-20]. https://osiris.bvdinfo.com/ip.

[12] Bureau van Dijk. BvD BankFocus[EB/OL]. [2022-03-20]. https://bankfocus.bvdinfo.com/ip.

[13] Bureau van Dijk. BvD InsuranceFocus[EB/OL]. [2022-03-20]. https://insurance-focus.bvdinfo.com/ip.

[14] Bureau van Dijk. BvD Zephyr[EB/OL]. [2022-03-20]. https://zephyr.bvdinfo.com/ip.

[15] Bureau van Dijk. BvD EIUCountrydata[EB/OL]. [2022-03-20]. https://eiu.bvdinfo.com/ip.

[16] Bureau van Dijk. BvD EIU Market Indicators & Forecasts[EB/OL]. [2022-03-20]. http://eiumif.bvdinfo.com/ip.

[17] EMIS. EMIS全球新兴市场商业资讯库[EB/OL]. [2022-03-20]. https://www.emis.com/.

[18] IMF eLIBRARY. International FinancialStatistics[EB/OL]. [2022-03-20]. https://www.elibrary.imf.org/subject/041.

[19] IMF eLIBRARY. Balance of Payment Statistics[EB/OL]. [2022-03-20]. https://www.elibrary.imf.org/subject/044.

[20] IMF eLIBRARY. Direction of Trade Statistics[EB/OL]. [2022-03-20]. https://www.elibrary.imf.org/subject/042.

[21] The World Bank Group. The World Bank Open Knowledge Repository[EB/OL]. [2022-03-21]. https://openknowledge.worldbank.org/.

[22] The World Bank Group. World Development Indicators[EB/OL]. [2022-03-21]. https://datacatalog.worldbank.org/dataset/world-development-indicators.

[23] The World Bank Group. International Debt Statistics [EB/OL]. [2022-03-21]. https://datacatalog.worldbank.org/dataset/international-debt-statistics.

[24] The World Bank Group. Global Economic Monitor [EB/OL]. [2022-03-21]. https://datacatalog.worldbank.org/dataset/global-economic-monitor.

[25] The World Bank Group. Africa Development Indicators [EB/OL]. [2022-03-21]. https://datacatalog.worldbank.org/dataset/africa-development-indicators.

[26] Organisation for Economic Cooperation and Development. OECD iLibrary 数据库[EB/OL]. [2022-03-20]. http://www.oecd-ilibrary.org/.

[27] Elsevier. Reaxys 检索系统[EB/OL]. [2022-03-20]. http://www.reaxys.com.

[28] Clarivate Analytics Ltd. Web of Science 化学数据库[EB/OL]. [2022-03-20]. http://webofknowledge.com/wos.

[29] Springer Nature. Springer Nature Experiments 实验室指南[EB/OL]. [2022-03-20]. https://experiments.springernature.com/sources/springer-protocols.

[30] John Wiley & Sons, Inc. Current Protocols[EB/OL]. [2022-03-20]. http://www.

currentprotocols.com/.

[31] Gale Inc. Gale 参考资料数据库[EB/OL]. [2022-03-20]. http：//infotrac.galegroup.com.

[32] Encyclopædia Britannica，Inc. Britannica Academic[EB/OL]. [2022-03-20]. https：//academic.eb.com/.

[33] 中国资讯行(国际)有限公司. 中国资讯行数据库[EB/OL]. [2022-03-21]. http：//www.infobank.cn.

[34] 中经网数据有限公司. 中经网统计数据库[EB/OL]. [2022-03-21]. http：//db.cei.cn/.

[35] 北京国研网信息股份有限公司. 国研网教育版数据库[EB/OL]. [2022-03-21]. http：//edu.drcnet.com.cn/www/edunew/.

[36] 北京搜知数据科技有限公司. 中国工业企业数据库[EB/OL]. [2022-03-21]. http：//microdata.sozdata.com.

[37] 深圳巨灵信息技术有限公司. 巨灵财经数据库[EB/OL]. [2022-03-21]. http：//www.genius.com.cn/.

[38] 万得信息技术股份有限公司. 万得经济数据库[EB/OL]. [2022-03-21]. http：//www.wind.com.cn/.

[39] 万得信息技术股份有限公司. 万得金融终端库[EB/OL]. [2022-03-21]. http：//www.wind.com.cn/.

[40] 国家信息中心. 国信房地产信息数据库[EB/OL]. [2022-03-21]. http：//www.crei.cn/.

[41] 北京万方数据股份有限公司. 万方事实和数值数据库[EB/OL]. [2022-03-21]. http：//www.wanfangdata.com.cn/index.html.

[42] 中国科学院计算机网络信息中心. 中国科学院数据云[EB/OL]. [2022-03-21]. http：//www.csdb.cn/.

[43] 新华通讯社. 新华社多媒体数据库[EB/OL]. [2022-03-21]. https：//home.xinhuanews.com/.

第八章 特种文献资源

特种文献资源是指出版形式比较特殊、获得渠道不同于普通图书、期刊等正式出版物的科技文献资料。特种文献具有较高的科技价值，其内容广泛、数量庞大、类型复杂多样，涉及科学技术和生产生活的各个领域，是非常重要的文献信息资源。本章主要介绍学位论文、会议论文、专利文献、标准文献、科技报告等几种常见的特种文献资源。

第一节 学位论文

1.1 学位论文概述

学位论文是高等学校或研究机构的学生为获得学位，在导师指导下撰写完成的科学论文。其中，硕士和博士学位论文因具有专业性强、学科广泛、内容新颖、有一定的研究深度等特点，成为一类重要的学术信息资源。其主要特点如下：

（1）出版形式特殊。撰写学位论文的目的是供审查答辩之用，一般都未正式出版，仅存放于特定的收藏单位。

（2）内容具有一定的独创性。学位论文一般都要求具有一定的独创性，所探讨的科学问题相对比较专深，但也存在水平参差不齐的现象。

（3）数量巨大，培养单位分散，难以系统地收集和管理。随着科学技术的迅速发展，学位教育的规模也在不断扩大，以中国为例，从 1981—2011 年的 30 年间，授予的博士、硕士学位分别达到 33.5 万人、273.2 万人，自 2006—2015 年间，我国博硕士学位录取人数超过 476.3 万人。研究生的培养单位也比较分散，截止到 2019 年，我国研究生培养机构共计 828 个[①]，因学位论文一般只在各授予单位或少数指定机构收藏，为系统地收集、管理和利用学位论文造成困难。

纸本学位论文除了收藏于学位授予单位外，还要向国家指定的其他收藏单位提交复本。如中国国家图书馆主要收藏全国的博士论文，兼收部分硕士论文；中国科学技术信息研究所主要收藏全国的自然科学、工程技术类学位论文；中国社会科学院文献信息中心主要收藏全国的人文社科类学位论文。除少数以期刊论文和专著等方式出版外，博硕士学位论文大多数不公开出版，读者只能通过到图书馆阅览和文献传递服务等有限的途径获取。

---

① 教育部. 2019 年全国教育事业发展统计公报[EB/OL]. (2020-05-20)[2020-11-11]. http://www.moe.gov.cn/jyb_sjzl/sjzl_fztjgb/202005/t20200520_456751.html.

随着信息技术的发展,各学位授予单位兴起了建设学位论文数据库的热潮,要求硕博士研究生毕业时同时提交纸本和电子版学位论文,另外,还逐步对存档的纸本学位论文进行全文回溯扫描,不断扩大学位论文数据库的规模。其他学位论文收藏单位也对所收藏的学位论文进行数字化加工,建立学位论文文摘索引数据库,便于读者利用;此外,一些图书馆联盟如高等教育文献保障系统(China Academic Library & Information System,CALIS)、国家科技图书文献中心(National Science and Technology Library,NSTL)也依托各自的成员单位,建立起学位论文联合数据库;中国知网、万方数据等数据库商也纷纷通过各种途径收集学位论文,建立商业性的学位论文全文数据库。

随着学位论文数据库的建设和发展,学位论文的获取比以往更加便利。但需要注意的是,目前学位论文开发利用(尤其是商业性开发利用)中的版权纠纷问题较为突出;在我国《著作权法》中,对学位论文这一特种文献的著作权归属问题并无明确规定,不同研究生培养单位对研究生、导师、培养单位在学位论文著作权中的作用也有不同规定或解释,因此在实践中,只能根据学位论文不同的创作情况和创作时依靠的物质条件的不同,具体分析、界定学位论文著作权的归属,在开发利用中,要取得著作权人的直接授权,以免产生版权纠纷问题。

1.2 国外学位论文数据库

1.2.1 全球博硕士论文全文数据库

1. 数据库内容

"全球博硕士论文全文数据库"(ProQuest Dissertations & Theses,PQDT Global)是美国 ProQuest 公司出版的博硕士论文题录及文摘数据库,收录有全球 3 000 余所大学约 500 万篇学位论文的文摘信息,涵盖文、理、工、农、医等各个学科领域,每年新增论文条目约 20 多万篇,数据每周更新。PQDT Global 是目前世界上最大和使用最广泛的学位论文数据库,是学术研究中十分重要的参考信息源。PQDT Global 的主要特点包括:

(1)学位论文出版合作单位数量多:ProQuest 与全球数千所大学建立了学位论文出版合作关系,是美国国会图书馆指定的收藏全美博硕士论文的机构,也是加拿大国家图书馆指定的收藏全加博硕士论文的机构。

(2)收录年代长:PQDT Global 收录的学位论文时间跨度为 1743 年至今。

(3)更新频率快:数据每周更新,可及时收录最新的学位论文。

(4)提供的信息丰富:除收录每篇论文的题录信息外,1980 年后收录的博士论文信息中包含了作者本人撰写的 350 字的文摘,1988 年后收录的硕士论文信息中含有 150 字的文摘,1997 年以来的论文还可以浏览每篇论文前 24 页的全文,便于了解作者的研究思路和架构。

网址:https://www.proquest.com/pqdtglobal/dissertations/

2. 数据库检索

PQDT Global 所在的 ProQuest 系统平台的介绍参见本书第四章。

PQDT Global 提供完善的学位论文全文获取服务。如果读者需要完整的学位论文,一是在所属图书馆已购买"ProQuest 博硕士论文全文数据库"的前提下,到该库中直接下载;二是可以直接在 PQDT Global 的网站通过信用卡支付的方式购买;三是也可以通过读者所属机构图书馆的馆际互借与文献传递服务订购全文。

1.2.2 ProQuest 博硕士论文全文数据库

从 2002 年起,在北京大学图书馆牵头下,国内部分学校和研究机构图书馆组成了"PQDT 博硕士论文全文数据库"采购联盟,共同从 PQDT Global 数据库中挑选并订购电子版学位论文全文,并在国内建立了"ProQuest 博硕士论文全文数据库"服务器提供服务,联盟的成员馆均可共享"ProQuest 博硕士论文全文数据库"(ProQuest Dissertations & Theses Full Text,PQDT Full Text)中已购买的学位论文全文。目前已经有 300 多所图书馆参加了这个数据库的建设,数据库全文总量已达 90 万余篇,涉及文、理、工、农、医等多个学科领域。

"ProQuest 博硕士论文全文数据库"检索情况如图 8-1 所示。

图 8-1 "ProQuest 博硕士论文全文数据库"检索结果列表

网址:
CALIS(北京大学)服务器:http://pqdt.calis.edu.cn
上海交通大学服务器:http://pqdt.lib.sjtu.edu.cn
中国科学技术信息研究所服务器:http://pqdt.bjzhongke.com.cn
新版平台:http://www.pqdtcn.com/
"ProQuest 博硕士论文全文数据库"的检索系统由北京中科公司及 CALIS 共同开发,

2010年升级,数据库检索与PQDT Global平台基本相同,其特点如下:

(1)在数据更新及网络服务方面,3台服务器数据同步,并通过负载均衡,保障用户访问畅通。新平台通过断点续传及多线程下载技术,提高数据传输的稳定性。

(2)在检索功能方面,支持全文检索,提供简单检索及高级检索,以及学科导航。用户可以通过学科浏览以及论文发表年度等对检索结果加以限定。中文页面,易学易用。

(3)具备个性化服务功能,用户通过免费注册获取账号后,登录即可根据个人需要和爱好设置和定制个性化服务,包括设置和订阅兴趣学科、管理收藏夹、保存检索历史等。此外,新平台增加了中文繁体及英文检索页面。

(4)增加了管理员功能,图书馆通过管理员账号/密码,可查询使用统计,并可以自行下载所订购年度全部学位论文的导航数据及Marc数据。

1.2.3 NDLTD学位论文数据库

1. 数据库内容

"博硕士学位论文数字图书馆"(Networked Digital Library of Theses and Dissertations,NDLTD)是由美国国家自然科学基金会支持、由美国弗吉尼亚理工大学在1996年发起建立的网上学位论文共建共享项目,可浏览学位论文的题录和文摘信息,部分论文还可免费获取全文。

网址:http://search.ndltd.org/

NDLTD采取学位论文元数据集中建库、全文由参建机构本地建库(分布式)的发展模式。NDLTD通过OAI元数据收割协议收集各参建机构学位论文的元数据,并通过OpenURL技术链接到分布在各机构的论文全文,这种建设模式符合了网络环境下数字资源开放建设和分布服务的发展趋势。NDLTD在2003年成立了非营利性慈善组织,并制定了一系列规则,引入了会费机制以提高运营的稳定性。如今,NDLTD的成员已经涵盖全球数百所大学及其他合作伙伴组织,其中包括:Adobe、美国图书馆协会、研究图书馆协会、网络信息联盟、联合信息服务委员会、OCLC在线计算机图书馆中心、ProQuest/UMI和加拿大论文中心等。同ProQuest博硕士学位论文系列数据库相比,NDLTD的主要特点是开放获取,即参建单位共建共享、文摘公开、部分全文可以免费获取。此外由于NDLTD的成员馆来自全球各地,覆盖的范围比较广,可检索和获取德国、丹麦等欧洲国家和中国香港、台湾等地区的学位论文。

NDLTD联合目录(NDLTD Union Catalog)是由NDLTD、OCLC、VTLS和Elesevier等多家机构和公司共同创建的,其中包含了640多万条由成员单位和其他组织提交的电子学位论文题录信息,可为用户提供查找电子版学位论文的统一入口。

2. 数据库检索

NDLTD联合目录通过Global ETD Search检索平台实现统一检索,下面将重点介绍Global ETD Search的使用。

(1)检索功能。

① 简单检索:可以输入任意检索词,不限定检索字段。

② 高级检索:提供主题、标题、作者、摘要、学位授予机构、语言6类字段的限定检索,并

允许使用逻辑算符 AND 和 NOT 进行组配检索。还可以对检索结果进行时间范围和数据来源范围的限定。

（2）检索结果。检索结果显示每一个记录的题名、作者、完成日期、论文摘要和关键词标签，单击题名进入学位论文详细内容页面，并提供可跳转至学位论文电子版全文的原存档数据库或机构网站的链接。

检索结果默认按相关度排序，也可进行二次检索。

系统会自动将检索结果集中学位论文所包含的关键词标签以列表形式显示出来，并可进一步缩小检索结果的范围。

1.2.4　EThOS 学位论文数据库

1. 数据库内容

"EThOS 学位论文数据库"（The Electronic Theses Online System，EThOS）是英国在国家层面建立的论文服务系统，旨在最大限度地提高英国博士论文的知名度和可用性。目前参加的有英国的 120 多个机构。EthOS 提供了免费在线查找英国学位论文的服务，目前能够检索的学位论文超过 50 万篇，其中大约有 26 万篇提供了论文全文，这些论文全文可通过 EThOS 数据库下载，或是通过链接到该机构自己的存储库来下载。

数据库网址：https://ethos.bl.uk

2. 数据库检索

EThOS 提供有简单检索与高级检索两种检索方式。

（1）检索功能。

① 简单检索：可以输入任意检索词，并可限定只检索有全文的学位论文。

② 高级检索：可选择多达 10 余种字段进行限定检索，也提供 3 种逻辑关系 AND、OR、AND NOT 进行组配检索。

（2）检索结果。检索结果显示每一个记录的题名、作者、学位授予单位与完成年份，点击题名进入学位论文详细内容页面，如包含全文，则还列出可直接下载链接及跳转至学位论文电子版全文的原存档数据库的链接。

检索结果默认按相关度排序，也可按日期、作者字序、题名字序进行排序。

1.3　国内学位论文数据库

1.3.1　CALIS 高校学位论文数据库

"CALIS 高校学位论文数据库"面向全国高校读者提供中外文学位论文检索和获取服务。该数据库共收录博硕士学位论文数据约 550 万条，其中国内学位论文（中文数据）约 330 万条，国外学位论文（外文数据）约 220 万条，数据还在持续增长中。

中文学位论文部分收录了 1980 年至今 CALIS 各成员馆的博硕士学位论文的题录、文摘信息和章节试读，内容涵盖自然科学、人文社会科学、医学的各个学科领域，全文需通过 CALIS 的馆际互借系统获取。

外文学位论文部分包括"ProQuest 博硕士论文全文数据库"和 NDLTD"博硕士学位论文数字图书馆"的题录信息,全文需通过原数据库获得。

数据库网址:http://etd.calis.edu.cn

(1) 检索功能。

① 简单检索:只提供一个检索框,可以选择检索范围和检索字段。

② 复杂检索:允许输入三个检索条件,可以选择检索字段,检索框之间的逻辑组配关系为"与"。复杂检索也可以对检索范围、出版年、语种、论文来源以及检索结果的排序方式进行限定。

③ 导航浏览:可按学科类别、答辩年份和作者单位浏览学位论文。

(2) 检索技术。字段检索可对中英文题名、关键词、摘要、作者、导师、学科、作者单位、全面等字段进行检索。

(3) 检索结果。检索结果可按答辩年、语种、学位类型、学科、作者单位、数据来源、关键词等多种途径进行分面筛选。默认按相关度排序,还可选择按题名首字母或答辩年排序。检索结果还与中外文图书、期刊论文、特种文献等其他类型资源关联,方便读者快速找到相关信息。

检索结果显示每一条记录的中英文题名、作者、答辩日期、作者单位、关键词、导师和摘要,点击记录的题名可查看论文的详细信息。部分论文提供前 16 页预览,点击"文献传递"链接可以进入 CALIS 馆际互借系统发送获取全文请求。

(4) 用户服务。用户注册并登录系统后,可以在服务器上的"个人空间"保存已选记录等个性化信息。

1.3.2 万方"中国学位论文数据库"

"中国学位论文数据库"由北京万方数据股份有限公司开发,通过万方数据知识服务平台提供服务。收录自 1980 年以来我国各高等院校、研究生院以及研究所的硕士、博士以及博士后论文 650 万余篇。学科范围涉及哲学、经济学、法学、教育学、文学、历史学、理学、工学、农学、医学、军事学、管理学等学科,每年增加约 30 万篇。

提供简单检索、高级检索和浏览 3 种检索途径。可按学科、专业目录或授予单位分别进行浏览。万方数据知识服务平台的使用参见本书第三章相关介绍。

数据库网址:http://www.wanfangdata.com.cn

1.3.3 NSTL"中文学位论文数据库"

国家科技图书文献中心(National Science and Technology Library,NSTL)"中文学位论文数据库"主要收录了 1984 年至今我国高等院校、研究生院及研究机构所发布的硕士、博士和博士后的论文的文摘数据。学科范围涉及自然科学各专业领域,并兼顾社会科学和人文科学,截止到 2022 年,所收录的论文篇数为 580 余万条。在该数据库中检索到记录后,可通过文献传递服务获取原文。国家科技图书文献中心数据库系统的介绍参见本书第三章相关内容。

数据库网址:http://www.nstl.gov.cn/index.html

1.3.4 中国知网学位论文库

截止到 2022 年,"中国博士学位论文全文数据库"和"中国优秀硕士学位论文全文数据库"共收录来自全国 510 家博士培养单位和 790 家硕士培养单位的博硕士学位论文 560 多万篇,数据日更新。数据库与中国学术期刊网络出版总库均通过中国知网平台提供服务,其检索功能可参见本书第五章。

数据库网址:http://www.cnki.net

1.3.5 中文学位论文数据库的比较

上述 4 种中文学位论文数据库各有特色,表 8-1 将对其做一个简单的比较(数据截止到 2022 年 7 月)。

表 8-1 4 种主要中文学位论文数据库的比较(据 2022 年 7 月数据)

数据库名称	时间范围	文献来源	数量/篇	是否提供全文
CALIS 高校学位论文数据库	1980 年至今	高校 CALIS 成员馆	约 550 万	否,可通过馆际互借与文献传递服务获取全文。部分论文提供前 16 页预览
万方"中国学位论文数据库"	1980 年至今	依托国家学位论文法定收藏单位中国科技信息研究所的学位论文资源	约 650 万	提供全文
NSTL"中文学位论文数据库"	1984 年至今	依托包括中国科技信息研究所等成员单位的资源	约 580 万	否,可通过馆际互借与文献传递服务获取全文
中国知网学位论文库	1999 年至今	商业性购买	约 560 万	提供全文

第二节 会议文献

2.1 会议文献概述

会议文献是指在学术会议上宣读和交流的论文、报告以及其他有关资料。随着科学技术的迅速发展,世界各国的学会、协会、研究机构及国际性学术组织举办的各种学术会议日益增多,世界上每年举办的科学会议达数万个,产生几十万篇会议论文。

会议文献没有固定的出版形式,有些刊载在学会、协会出版的期刊上,作为专号、特辑或增刊,有些则发表在专门刊载会议录或会议论文摘要的期刊上;据统计,以期刊形式出版的会议录约占会议文献总数的 50%。一些会议文献还常常汇编成专题论文集或出版会议丛刊、丛书,还有些会议文献以科技报告的形式出版。此外,有的会议文献以录音带、录像带或缩微品等形式出版。许多学术会议还在互联网上开设了会议网站,或者是在会议主办者的网站上设会议专页,利用网站报道会议情况和出版论文。

会议文献具有以下一些特点:

(1) 专深性:各种学术会议,通常围绕一到多个主要议题举行研讨,参会者大多是该领域内的专家,或是从事相关工作的科技人员,他们对会议议题都有较深的了解,可以在较专深的水平上进行对话,因此,与其他类型的文献资源相比,会议文献的内容更专深一些。

(2) 连续性:会议文献是随着会议的召开而产生的,而大多数学术性、专业性会议又都具有连续性,会议文献也随之会连续出版下去。

(3) 新颖性:许多学科中的最新发现都是在科技会议上首次公布的,会议论文阐述的观点往往代表了作者的最新研究成果,通过会议的形式,可以及早在同行中迅速传播,通常要比在期刊上发表的论文早一年左右。会议文献反映了本领域的最新动态,代表了本领域的最新水平。

2.2 国外会议文献数据库

2.2.1 会议录引文索引数据库

"会议录引文索引数据库"(Conference Proceedings Citation Index,CPCI)由美国科睿唯安公司出版,CPCI汇集了以图书、科技报告、预印本、期刊论文等形式出版的各种国际会议文献,提供综合、全面、多学科的会议论文资料。收录了1990年以后涉及256个学科领域的22万余种会议录和会议论文集,每年会从所收录的1.2万余个会议中新增约40万条文献记录。

CPCI通过ISI Web Of Knowledge平台提供服务。

数据库网址:http://webofknowledge.com/wos

CPCI包含"科学会议录引文索引"(Conference Proceedings Citation Index-Science,CPCI-S)和"社会科学与人文科学会议录引文索引"(Conference Proceedings Citation Index-Social Sciences & Humanities,CPCI-SSH)两个子库。CPCI-S涵盖了所有科技领域的会议录文献,包括了农业、生物化学、生物学、生物工艺学、化学、计算机科学、工程、环境科学、内科学和物理学等学科。CPCI-SSH涵盖了社会科学、艺术及人文科学的所有领域的会议录文献,包括了艺术、经济学、历史、文学、管理学、哲学、心理学、公共卫生学和社会学等学科。

CPCI-S的前身是"科学技术会议录索引"(Index to Scientific & Technical Proceedings,ISTP),始创于1978年,先后发行印刷版、光盘版和网络版。CPCI-SSH则由"社会科学与人文科学会议录索引"(Index to Social Sciences & Humanities Proceedings,ISSHP)发展而来,曾先后发行光盘版和网络版。ISTP和ISSHP合称ISI Proceedings,属于"网络版科学技术会议录索引"(Web of Science Proceedings,WoSP)数据库。2008年,ISI Proceedings在扩充了会议论文的引文文献后,升级为CPCI。

CPCI是查询世界学术会议文献的最重要的检索工具之一,它所收录的国际会议水平高、数量多，收录的信息量大，且速度快，检索途径多，因此在同类的检索工具中影响最大，使用者最多，权威性最高，成为检索正式出版的会议文献的主要工具。CPCI升级后，不但可以检索会议论文的信息，还可以检索会议文献引用或被引的情况，是WoS平台上重要的引文索引数据库。

CPCI使用WoS平台检索，其检索功能参见本书第二章的相关介绍。

2.2.2 OCLC会议文献数据库

OCLC FirstSearch检索系统平台上包含"会议录索引数据库"（ProceedingsFirst）和"会议论文索引数据库"（PapersFirst）两个会议文献数据库，其数据皆来自大英图书馆文献提供中心（The British Library Document Supply Center，BLDSC）搜集到的世界各地出版的国会、研讨会、大会、博览会、研究讲习会等各种会议的会议资料。

数据库网址：http://firstsearch.oclc.org/FSIP

1. OCLC会议录索引数据库

ProceedingsFirst是OCLC为世界各地的会议的会议录所编纂的索引，可检索大英图书馆文献提供中心收藏的19.2万多种世界各地会议的会议录，每一条记录当中都包含了一次会议的相关信息，还包含了在本次会议上所提交的论文的清单，收录日期为1993年至今，更新频率是每周两次。其记录样例如表8-2所示。

表8-2 OCLC"会议录索引数据库"记录样例

题名	Library instruction: restating the need refocusing the response
会议	National LOEX conference；32nd（2004；May；Ypsilanti，MI）
出版	PP；2005
语种	English
丛编	LIBRARY ORIENTATION SERIES；2005；LIBRARY ORIENTATION SERIES；NO 37
目次	CN055635856 著者：Kuhlthau，C. 题名：Zones of Intervention in the Information Search Process：Vital Roles for Librarians 页：p. 1-4 CN055635868 著者：LaBaugh，R. T. 题名：Back to the Future：Musings from a Recovering Librarian 页：p. 5-10 CN055635870 著者：DeMey，K. 题名：How Do You Teach? Conversations and Collaborations 页：p. 11-16 CN055635881 著者：Diaz，K.；Roecker，F. 题名：Evolution of a Large Library Instruction Program：New Technologies，New Demands，and New Goals 页：p. 17-22 CN055635892 著者：Comer，C. H.；Grim，J.；Mitchell，M. S. 题名：IL Infusion：An Emerging Model for the Liberal Arts Curriculum 页：p. 23-28 CN055635904 著者：Davis-Kahl，S.；Palmer，C. 题名：Making the Case to Graduate Departments：Theory to Practice 页：p. 29-31 CN055635911 著者：Mizrachi，D.；Brasley，S. S. 题名：Sequential Steps to Information Literacy Nirvana 页：p. 37-42

续表

目次	CN055635922 著者：Liles,J. A.；Rozalski,M. E. 题名：Plagiarism and Using Style Manuals to Prevent It：Innovative Techniques and Technologies in the Instruction and Assessment of ACRL Standard Five 页：p. 43-44 CN055635934 著者：Neal,S.；Gonzalez,E. 题名：Success Has Its Challenges Too! 页：p. 47-50 CN055635946 著者：Sugarman,T.；Thaxton,M. L. 题名：Leveraging the Library Liaison Organizational Model to Provide and Manage an Effective Instruction Program 页：p. 59-64 CN055635958 著者：Matthies,B.；Helmke,J. 题名：Using the CRITIC Acronym to Teach Information Evaluation 页：p. 65-68 CN055635961 著者：Tunon,J. 题名：When Quality Assurance，Information Literacy，and Accreditation Issues Intersect 页：p. 71-74 CN055635971 著者：Cox,C. 题名：Using Blackboard to Extend One-Shot Library Instruction 页：p. 75-78
识别符	LOEX；Library instruction
BL 位置	DSC 的书架标记：5200.780000
资料类型	Book
内容类型	Papers
更新	20100124
登记号	PCFLibraryinstructionrestatingthePP20052005LIBRARYORIENTAT2004Ma
数据库	Proceedings

2. OCLC 会议论文索引数据库

PapersFirst 是 OCLC 为国际会议上所发表的会议论文所编纂的索引，可以检索到大英图书馆文献提供中心收藏的 650 多万篇世界各地学术会议的会议论文。始于 1993 年，每两周更新一次。记录样例如表 8-3 所示。

表 8-3 OCLC"会议论文索引数据库"记录样例

著者	Cox，C.
题名	Using Blackboard to Extend One-Shot Library Instruction
资料来源	登载：Library instruction：restating the need refocusing the response；p. 75-78；PP；2005
丛编	LIBRARY ORIENTATION SERIES 号码：2005；LIBRARY ORIENTATION SERIES；NO 37
语种	English
会议	National LOEX conference；32nd（2004；May；Ypsilanti,MI）
识别符	LOEX；Library instruction
BL 位置	DSC 的书架标记：5200.780000
内容类型	Papers
登记号	CN055635971
数据库	PapersFirst

OCLC ProceedingsFirst 和 PapersFirst 同属于 OCLC FirstSearch 检索系统平台，均为会议文献数据库，其最大的不同是：ProceedingsFirst 对会议录揭示到书目级别，而 PapersFirst 则深入到目次，揭示其具体内容，二者在对会议的覆盖上有大量交叉之处。

OCLC FirstSearch 平台的检索方法参见本书第二章。

3. OCLC 会议文献的获取

ProceedingsFirst 和 PapersFirst 的每条记录中都包含了大英图书馆相应的馆藏纸本会议文献的馆藏址，同时，OCLC 把 Worldcat 数据库中的数据与 OCLC 会议文献数据库整合在一起，可提供除了大英图书馆外的，世界范围内其他图书馆或文献提供机构收藏相应的纸本会议文献的情况。需要会议文献全文的用户可通过本机构图书馆的馆际互借与文献传递服务获取全文。

2.2.3 其他主要专业学会的会议录文献

1. 美国电气电子工程师学会/英国工程技术学会会议录文献

美国电气电子工程师学会（IEEE）和英国工程技术学会（IET）联合出版的"IEEE/IET 电子图书馆"（IEEE/IET Electronic Library，IEL）包含美国电气电子工程师学会（IEEE）和英国工程技术学会（IET）两个机构的出版物，其会议文献部分（Conferences）包括 750 余种 IEEE 会议录，20 多种 IET 会议录，可直接下载全文。IEL 的介绍和检索参见第四章。

数据库网址：http://ieeexplore.ieee.org/

2. 美国计算机学会会议录文献

"计算机学会数字图书馆"（Association for Computing Machinery Digital Library，ACM Digital Library）收录了美国计算机学会（Association for Computing Machinery，ACM）的 300 余种会议录文献，大多数可以获得全文。ACM Digital Library 的检索参见第五章的相关介绍。

数据库网址：http://portal.acm.org/dl.cfm

3. 国际光学工程学会会议文献

国际光学工程学会（The International Society for Optical Engineering，SPIE）每年召开大量国际会议，所形成的会议文献反映了相应专业领域的最新进展和动态。"SPIE 数字图书馆"（SPIE Digital Library）收录了自 1963 年以来由 SPIE 主办的或参与主办的会议论文全文，每年都会收集约 350 卷会议论文集，包含超过 1.6 万篇论文和演讲记录，汇集了光学工程、光学物理、光学测试仪器、遥感、激光器、机器人及其工业应用、光电子学、图像处理和计算机应用等领域的最新研究成果。SPIE Digital Library 的检索参见第五章的相关介绍。

数据库网址：http://spiedigitallibrary.org/

2.3 中文会议文献数据库

2.3.1 万方"中国学术会议论文数据库"

"中国学术会议论文数据库"是万方数据知识服务平台的一个子库，收录了由中国科技信息研究所提供的国家级学会、协会、研究会组织召开的各种学术会议论文，每年涉及上千个重要的学术会议，范围涵盖自然科学、工程技术、农林、医学等多个领域，内容包括：文献题名、文献类型、馆藏信息、馆藏号、分类号、作者、出版地、出版单位、出版日期、会议信息、会议名称、主办单位、会议地点、会议时间、会议届次、母体文献、卷期、主题词、文摘、馆藏单位等,截止到 2022 年,收录近 1510 余万条记录,为用户提供全面、详尽的会议信息,帮助读者及时了解国内学术会议动态和科学技术水平。

需要会议论文全文的读者,可通过所在机构图书馆的馆际互借与文献传递服务从中国科技信息研究所获取论文全文。

数据库的检索参见本书第三章的相关内容。

数据库网址:http://www.wanfangdata.com.cn

2.3.2 NSTL 中文会议论文数据库

国家科技图书文献中心(NSTL)"中文会议论文数据库"可提供 NSTL 成员单位国家科学图书馆、中国科技信息研究所、机械工业信息研究院、冶金工业信息标准研究院、中国化工信息中心、中国农科院农业信息研究所、中国医学科学院图书馆收藏的中文会议论文的题录和文摘数据,主要收录了 1985 年以来国内各主要学协会、出版机构出版的学术会议论文。学科范围涉及工程技术和自然科学各专业领域,共收录会议近 5 万种,每周更新。

数据库的检索参见本书第三章的相关内容。

数据库网址:http://www.nstl.gov.cn/index.html

2.3.3 中国知网会议论文库

"中国知网会议论文库"由中国知网出版,该数据库主要收录了 1999 年以来我国 300 个一级学会、协会和相当的学术机构或团体主持召开的国际性和全国性会议的会议论文全文,部分重点会议文献回溯至 1953 年。截止到 2022 年,已收录国内外学术会议文献 360 多万篇,且每日更新。

数据库的检索参见本书第五章的相关介绍。

数据库网址:http://www.cnki.net

第三节 专利文献

3.1 专利文献概述

专利权,简称"专利",是指由国家专利主管机关依法授予专利申请人在一定期限内实施其发明创造的专有权,属于知识产权的一种。专利文献是指记载专利信息的文献,专利文献的狭义范围主要包括专利说明书、权利要求书、说明书附图、说明书摘要等,专利文献的广义范围包括各种专利申请文件、专利证书、专利公报、专利索引、专利题录、专利文摘、专利分类表等。

3.1.1 专利文献的特点

专利文献在内容和形式等方面不同于一般的科技文献,它是一种集科技、法律、经济信息于一体的经过标准化的信息资源。其主要特点为:

(1) 报道迅速。世界上绝大多数国家实行先申请制,对内容相同的发明,专利权授予最先申请的人,因此,许多重大发明创造都是首先出现在专利文献中。通过阅读专利文献,可以快速掌握各个领域的最新动态和发展趋势。

(2) 内容广泛,准确可靠,详尽实用。专利的内容极其广泛,涉及了科技和生活的各个方面。专利申请文件大多是由专业人员按规定的格式撰写,并经过专利局的科学审查和公众的异议检验,所以具有较高的准确性和可靠性。另外,申请人必须按规定详细阐述发明的技术内容,除文字说明外,还包括各种图表和公式,其他科技人员可以根据专利说明书掌握一项技术或产品的具体细节,其内容详尽,具有较强的实用性。

(3) 重复报道量大。据世界知识产权组织(World Intellectual Property Organization,WIPO)统计,全世界每年有近2/3的专利文献是重复的。主要是因为专利的保护具有地域性限制,同一发明往往会向多个国家或地区申请专利,这样就会出现内容相同、语种不同的重复申请。此外,部分实行早期公开、延迟审查制的国家,在受理和审批专利申请的过程中,同一发明创造在不同阶段往往多次重复公布,这也会造成专利文献内容的重复。

(4) 内容有局限、说明书文字比较晦涩。专利文献的内容一般只限于应用技术,为了实现对自己专利的保护,专利文献很少阐明技术的原理和理论基础,不提供准确的技术条件和参数;同时,为了尽可能扩大对自己的保护范围而使用一些晦涩的法律术语,而不揭示真正的技术"诀窍",这些都使得专利文献的内容具有很大的局限性,在文字上晦涩难懂。

3.1.2 专利文献的类型与内容分类

根据发明创造的性质,我国将专利分为发明专利、实用新型专利和外观设计专利三类。发明专利是指对产品、方法及其改进所提出的新技术方案,实用新型专利是指对产品的形状、构造及其结合所提出的适于使用的新技术方案,外观设计专利是指对产品的形状、图案、色彩或其结合所做出的富有美感,并适于工业上应用的新设计。

为了便于管理和利用数量庞大的专利文献,可按一定的分类体系根据内容对专利文献进行分类。目前世界上主要的专利分类体系有《国际专利分类表》《美国专利分类法》和《欧洲专利分类法》等。《国际专利分类表》(International Patent Classification,IPC)为各国所通用,是进行专利文献检索的一种必不可少的、有效的检索工具。IPC诞生于1968年9月,目前使用的IPC为2018年修订。使用IPC时要注意其有效期限,要用与所查专利年代相应的分类表版本。IPC以等级结构形式,将与发明专利相关的全部知识领域按部(Section)、大类(Class)、小类(Subclass)、大组(Maingroup)、小组(Subgroup)逐级细分,共五级,组成了完整的分类系统。

3.2 西文专利文献数据库

3.2.1 德温特创新索引数据库

1. 数据库概况

"德温特创新索引"(Derwent Innovations Index,DII)数据库将原来的"德温特世界专利索引"(Derwent World Patents Index,WPI)与"专利引文索引"(Patents Citation Index,

PCI)加以整合,为研究人员提供世界范围内的化学、电子与电气以及工程技术领域内综合全面的发明信息,是世界上国际专利信息收录最全面的数据库之一。DII 数据库目前由美国汤森路透公司出版。

数据库收录起始于 1963 年,收录了全球超过 1 亿份专利文件,涵盖 30 种语言、62 处来源。数据每周更新。该数据库通过 WoS 平台提供服务。

数据库网址:http://webofknowledge.com/DIIDW

DII 数据库的特点为如下。

(1) 对专利文献进行了加工和整理,便于检索和使用。首先,DII 数据库收录的每条专利的标题和摘要都被专业人员用通俗易懂的英语按照技术人员常用词及行文习惯重新编写,便于用户快速、全面理解专利的技术内容;其次,对专利权人的名称进行了规范,并可通过专利权人代码有效地检索到特定机构拥有的专利;最后,还为每条专利文献添加了其独有的德温特分类号和德温特手工代码。

(2) 提供引文链接功能。DII 数据库提供独特的被引专利检索以及与 WoS 平台的双向链接,用户不仅可以检索到专利信息,还可检索专利的引用和被引用情况,通过专利及科学论文之间的引用关系,揭示技术之间以及基础研究与技术创新之间的互动与关联。

(3) 对同族专利信息进行了整合。"德温特创新索引"数据库中的一条记录描述了一族专利,称为同族专利。DII 数据库对收到的所有来自专利授予组织的专利说明,都要进行排查,以确定该项专利在 DII 数据库中是否属于新的发明。如果为全新的发明,在 DII 数据库中没有相关记录,那么该文献被设置成基本专利(Basic),即创建一个新记录,并给出一个德温特入藏登记号。如果文献所涉及的专利在其他国家已经发布,并作为基本专利已经进入 DII 数据库中,那么该文献被设置成为同等专利(Equivalent)加入基本专利记录中,相对应的基本专利记录由于添加了同等专利信息而被更新,这样的基本专利和同等专利就形成了一个同族专利,可以利用德温特入藏登记号获取同族专利信息。

(4) DII 数据库仅收录发明专利文献,不收录实用新型、外观设计等类型的专利文献。

2. 数据库检索

(1) 检索功能。

DII 将专利数据库分为 3 个子库:化学、电子电气、工程,可根据需要选择要检索的子数据库及检索的时间或年代。DII 数据库的检索功能包括一般检索、高级检索、化合物检索和被引专利检索 4 种。

① 一般检索:提供多个检索框,可选择检索字段(如表 8-4 所示),并输入检索词,不同检索框的检索式之间可以进行组配。提供有主题、专利权人、发明人、国际专利分类号、德温特分类代码、德温特手工代码等检索字段。

表 8-4 DII 数据库主要检索字段及其说明

字段名称	说明
主题(Topic)	可检索专利的标题、摘要
专利权人(Assignee)	指在法律上拥有专利全部或部分权利的个人或公司。可检索专利记录中专利权人名称(Patent Assignee Name(s))和代码 Code(s)字段

续表

字段名称	说明
发明人（Inventor）	可检索专利记录中发明人字段,输入方式为姓,后跟名的首字母。当用发明人姓名检索时,建议使用通配符"＊"以保证查全
专利号（Patent Number）	可检索专利记录中专利号字段,既可以输入完整的专利号,也可以利用通配符输入部分专利号进行查找
国际专利分类号（International Patent Classification）	IPC 是由世界知识产权组织（WIPO）按照层级分类体系建立的分类号。该检索字段可对专利记录中的 IPC 数据进行检索
德温特分类代码（Derwent Class Code）	专利按学科被划分为 20 个大类,这些大类被分为三组:化学（A～M,无字母 I）、工程（P～Q）、电子与电气（S～X）。这 20 个大类被进一步细分为类别,每个类别包括大类的首字母随后跟随两位数字。例如,X22 是 Automotive Electrics 的分类代码,而 C04 是 Chemical Fertilizers 的分类代码。当分类代码和其他检索字段如主题检索等组合使用时,可以精确有效地把检索结果限定在相关的学科领域
德温特手工代码（Derwent Manual Code）	手工代码是由德温特的专业人员为专利标引的代码,代码可用于显示一个发明中的新颖技术特点及其应用。利用手工代码进行专利检索可显著改进检索的速度和准确性。输入 H01-B＊ 可找到石油/钻井领域的专利记录,输入 H01-B01＊ 可找到所有关于海上石油钻探设备结构与仪器领域的专利
德温特入藏登记号（Derwent Primary Accession Numbers）	可检索专利记录中的德温特入藏登记号字段。入藏登记号是由德温特为每一个专利家族中的第一条专利记录指定的唯一标识号,从而也是为该专利家族所指定的唯一编号。每个号码的组成是一个四位数的年号,随后是一个连字符号"-",以及一个六位数的序列号。即 YYYY-NNNNNN 格式（例如,1999-468964）。入藏登记号后还有一个两位数的更新号用来标识德温特出版该专利文摘的日期。当使用通配符检索入藏登记号时,应将通配符放在 9 位号码之后。例如：1999-52791＊ 可检索到若干记录,而 1999-5279＊ 则检索不到记录
环系索引号（Ring Index Number）	可检索专利记录中的环系索引号字段。环系索引号是一个为化学有机环系统指定的五位数代码
德温特化学资源号（Derwent Chemistry Resource Number）	可检索专利记录中的化学资源号（DCR）字段。DCR 号是"德温特化学资源数据库"中为特定化合物指定的唯一标识号
德温特化合物号（Derwent Compound Number）	可检索专利记录中的德温特化合物号字段
德温特注册号（Derwent Registry Number）	可检索专利记录中的德温特注册号字段。德温特注册号对应了 WPI 数据库最常见的 2 100 多个化合物。德温特注册号索引自 1981 年以后在 WPI 中提供,用于检索从 B（医药）到 M（冶金）的化学专利的检索

② 高级检索:用户可以使用字段标识、布尔逻辑运算符、括号和检索式引用来创建检索式并进行检索。

③ 化合物检索:通过在化学数据字段中输入检索词来构建一个检索式并进行检索。

化学数据字段包括：化合物名称、物质说明、结构说明、标准分子式、分子式、分子量和德温特化学资源号。还可利用系统提供的化学结构绘图插件，创建化学结构并将其插入到"检索式"框中，与以上化学数据字段进行组配检索。

④ 被引专利检索：可以查找专利被其他专利的引用情况，检索字段包括被引专利的专利号、专利权人、发明人、德温特入藏登记号。

(2) 检索技术。参见本书第二章 WOS 平台相关内容。

(3) 检索结果。检索结果列表包括专利号、德温特改写过的专利标题、专利权人、专利发明人、施引专利数量和原文链接。进一步可看到该文章的详细记录，详细记录一般包含所有专利字段，部分记录具有全文和图像，并可以直接链接到本专利引用的其他专利或文献，也可以看到其他专利引用本专利的情况。

检索结果列表支持标记、排序，可对检索结果打印、保存或 E-mail 发送。系统提供在线帮助。

以上内容均见本书第二章 WoS 平台的相关内容，由于 SCI 和 DII 两个数据库使用相同平台，基本情况类似，这里不再赘述。

3.2.2 INNOGRAPHY 专利分析数据库

1. 数据库概况

"INNOGRAPHY 专利分析数据库"（INNOGRAPHY Advanced Analysis，INNOGRAPHY）由美国 Innography 公司于 2007 年推出，致力于在线的专利统计分析。2015 年，世界知名产权管理和技术公司思保环球（CPA GLOBAL）收购 INNOGRAPHY，对其进行进一步的开发和维护。

INNOGRAPHY 收录超过 100 个国家的 1 亿多篇专利文献和法律状态，其中包括了 40 余个国家的专利数据全文。进一步地，INNOGRAPHY 收录来自邓白氏商业情报数据库及美国证券交易委员会等的财务数据，并与专利权人进行关联。此外，INNOGRAPHY 可检索分析来自美国法院电子数据库系统（Public Access to Court Electronic Records，PACER）的专利诉讼案件、美国国际贸易委员会（United States International Trade Commission，ITC）337 调查以及美国专利审查与上诉委员会（Patent Trial and Appeal Board，PTAB）的专利无效复审案件，INNOGRAPHY 记录超过 700 万美国商标信息和海量科技文献。

INNOGRAPHY 专利分析数据库特色：

(1) 专利强度：INNOGRAPHY 基于加州大学伯克利分校及乔治梅森大学的研究成果，参考数十项指标，采用复合指标算法模型，对专利价值进行评价。能够帮助快速筛选出海量专利中的核心专利，实现专利的分级管理。

(2) 检索和分析：INNOGRAPHY 针对用户输入的信息，利用独有的相似度算法，查找专利，并生成相似度指标供用户参考。对检索结果，INNOGRAPHY 将专利信息与专利权人财务信息、法律信息关联，综合技术实力和发展潜力生成专利权人实例分析气泡图，帮助用户明晰市场态势。图 8-2 显示持有某项技术的各专利权人在行业中的竞争力。

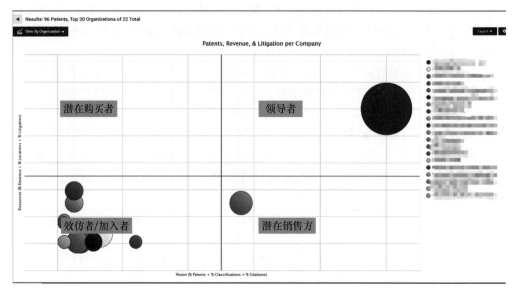

图 8-2　INNOGRAPHY 中专利权人竞争力气泡图

（3）专利聚类和专利地图：INNOGRAPHY 针对专利文献文本内容，对一组专利进行多维度的归并聚类，并可以根据用户需求进行停词、同义词等自定义设置。图 8-3 显示了不同公司（颜色）的研发关注点（区域）。

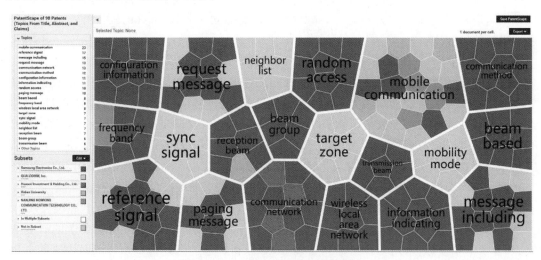

图 8-3　INNOGRAPHY 专利地图

2. 数据库检索

（1）检索功能。INNOGRAPHY 支持专利检索、公司检索、诉讼检索、商标检索及非专利文献检索，如图 8-4 所示。

图 8-4　INNOGRAPHY 主页面

① 一般检索：根据用户需求，在主页面检索框中选中相应检索的项目（如 Patent-Keyword），英文半角输入法状态下输入@后，根据出现的字段提示，选择相应的检索字段进行直接检索，例如@abstract，常见专利字段及诉讼字段代码如表 8-5 所示。公司、商标等的一般检索与专利检索类似，但输入@后出现的检索字段提示不同。如输入@后，未出现提示（如 Patent-Publication Number），则用户需要输入检索框中提示的项目。

表 8-5　INNOGRAPHY 专利检索主要检索字段及其说明

字段名称	说明
Abstract	摘要
Active States	专利生效国（欧洲专利局和 PCT 申请持有）
Application Number	申请号
Inventors	发明人
Litigation Count	诉讼数量
Patent Strength Range	专利强度范围
Publication Country	申请国家
Relevance	相关度
Status	状态
Status Reason	状态原因
Title	标题
First Claim	主权利要求
First Claim Word Count	主权利要求的字数
All CP Classifications	所有 CPC 分类号
All IP Classifications	所有 IPC 分类号
Assignee	专利权人
Normalized Assignee	标准化专利权人
Original Assignee	原始专利权人

续表

字段名称	说明
Ultimate Parent	母公司
Num Backward Citations	引用次数
Num Fwd Citations	被引次数
Expiration Date	失效日期
Filed Date	申请日期
Priority Date	优先权日期
Publish Date	公开日期/授权日期
First Page Clipping	首页附图
102-Rejected By Assignee	专利发明不具备新颖性而被驳回（102 指美国专利法的 102 条）
Final Rejection Date	最终驳回日期
Law Firm	诉讼律师事务所
Non Final Rejection Date	非最终驳回日期
Rejection Type 101	驳回理由：美国专利法的 101 条，专利发明不属于专利保护的客体，不具备可专利性（美国专利特有）

② 高级检索：用户可以使用字段标识、布尔逻辑运算符、括号和检索式引用来创建检索式并进行检索。在主页面中选中高级检索，跳转后可根据页面提示（如图 8-5 所示），由用户自行逐项进行限定，INNOGRAPHY 自动生成高级检索式。公司检索、非专利文献检索暂时无法跳转至高级检索页面。

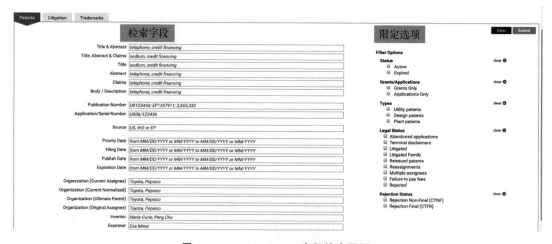

图 8-5　INNOGRAPHY 高级检索页面

除一般检索和高级检索形式，INNOGRAPHY 可以通过语义检索和化学结构式检索专利文献。语义检索支持输入一段自然语言，并可自由选择检索结果的相关度。化学结构式检索支持用户绘制特定的化学结构。

（2）检索技术。INNOGRAPHY 专利检索常用的检索技术及算符如表 8-6 所示。

表 8-6　INNOGRAPHY 专利检索常用检索技术及算符

运算符	说明
NEAR	限定关键词 A 与 B 之间相隔词距，NEAR 必须大写；A NEAR/N B，指检索词 A 与 B 之间最多有 $N-1$ 个单词
SENTENCE	检索在同一句子中包含限定关键词的专利，SENTENCE 必须大写
PARAGRAPH	检索在同一段落中包含限定关键词的专利，PARAGRAPH 必须大写
通配符 * 符号	替代词语结尾字母
精确检索＝符号	精确匹配检索词

（3）检索结果。在检索结果页面（如图 8-6 所示）可以对全部结果进行预览、查看单篇专利、排序、筛选、可视化展示。对检索结果中的（部分）专利进行进一步分析、保存、导出等操作。

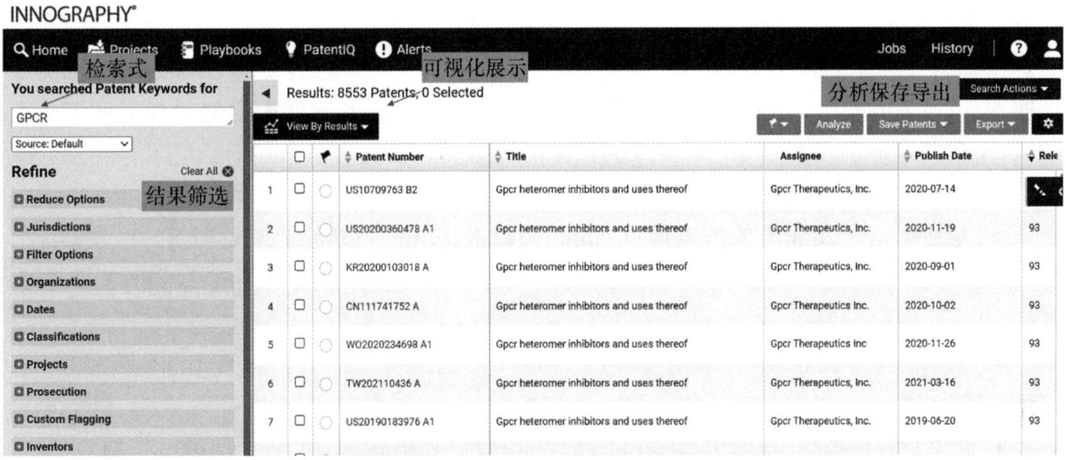

图 8-6　INNOGRAPHY 检索结果概览页

① 结果筛选：对检索结果进行进一步限定。可选限定条件包括：同族去重筛选、申请国别（来源）、筛选选项、专利权人（当前专利权人、原始专利权人、专利权人收益）、日期（申请时间/优先权时间/公开时间/过期时间）、分类号（CPC 分类/IPC 分类/UPC 分类）、项目、标签、发明人、发明人国别、专利强度、技术标准。

② 查看单篇专利：单击专利号，可进入单篇专利模式。查看该篇专利的概览、引证关系图、说明书、专利家族、法律状态和审查信息。

③ 可视化展示：对检索结果进行聚类，例如专利权人、CPC 分类、申请时间、发明人、发明人所属国家、专利强度等。并使用热力图、柱状图、饼状图、雷达图等方式呈现检索结果。

④ 分析：可对专利进行专利地图、文本聚类等分析。

⑤ 导出：根据需求导出选定检索结果，用户可个性化地设置导出字段。

3.2.3 其他西文专利数据库

1. 美国专利数据库

美国专利全文数据库由美国专利与商标局(The United States Patent and Trademark Office,USPTO)出版,包含了"专利全文和图像数据库"(Patent Full-text and Full-Page Image Database,PatFT)和"专利申请全文和图像数据库"(Application Full-text and Image Database,AppFT)等。

目前,PatFT 可以检索到 1790 年至最近一周美国专利与商标局公布的全部授权专利文献。该数据库中包含的专利文献类型有:实用专利(Utility Patent)、X 专利(X-patent,指从美国第一项专利开始的 1790—1836 年的专利,这些专利的记录曾毁于 1836 年的一场大火,后来恢复了一部分)、设计专利(Design Patent)、植物专利(Plant Patent)、再公告专利(Reissue Patent)、防卫性公告(Defensive Publication)、依法注册的发明(Statutory Invention Registration)和附加的改进(Additional Improvement)。AppFT 则可检索 2001 年至今的记录。

在 PatFT 中,1790—1975 年的数据只有全文图像页,只能通过专利号和美国专利分类号检索。1976 年 1 月 1 日以后的数据除了全文图像页外,还包括可检索的授权专利基本著录项目、文摘和专利全文(Full Text)数据(包括说明书和权利要求)。

2022 年 9 月 30 日 USPTO 专利平台改版升级,原有的"专利全文和图像数据库"(PatFT)和"专利申请全文和图像数据库"(AppFT)以及 PubEAST and PubWEST 等数据库合并,改名为"美国专利与商标局专利检索门户服务"(USPTO Search for Patents),其资源包括:

- 美国专利公共检索(Patent Public Search):包括原 PatFT、AppFT、PubEAST and PubWEST 等
- 全球专利档案(Global Dossier):欧洲专利局(European Patent Office,EPO)、日本专利局(Japen Patent Office,JPO)、韩国知识产权局(Korean Intellectual Property Office,KIPO)、中国国家知识产权局(China National Intellectual Property Administration,CNIPA)以及美国专利商标局(USPTO)合作推出的一站式单一门户/用户界面服务
- 专利申请信息检索(Patent Application Information Retrieval,PAIR)
- 公共检索设施(Public Search Facility)
- 专利与商标资源中心(Patent and Trademark Resource Centers,PTRCs)
- 专利公报(Patent Official Gazette)
- 公用专利引文(Common Citation Document,CCD)
- 检索国际专利局(Search International Patent Offices)
- 检索已发布专利序列(Search Published Sequences)
- 专利转让检索(Patent Assignment Search)
- 专利审批数据系统(Patent Examination Data System,PEDS)

数据库提供了快速检索、高级检索和专利号检索 3 种检索途径。

数据库网址:http://www.uspto.gov/patents/process/search/index.jsp

2. 欧洲专利数据库

欧洲专利局(European Patent Office, EPO)网站提供了自1920年以来世界上50多个国家公开的专利文献题录数据，以及20个国家的专利说明书，总共超过1.1亿件专利。对于1970年以后公开的专利文献，该数据库中每个专利同族都包括一件带有可检索的英文发明名称和摘要的专利文献。从1998年年中开始，可检索到欧洲专利组织各成员国、欧洲专利局和世界知识产权组织近两年公开的全部专利的题录数据。

按照收录范围不同，欧洲专利数据库主要包括2个数据库：

"欧洲专利文献数据库"(European Publication Server)收录EPO近24个月公开的专利全文，"欧洲专利检索数据库"(Espacene Patent Search)则收录世界范围内自1836年以来的超过1.1亿份专利文件。

数据库提供快速检索、高级检索、号码检索和分类号检索4种检索方式。

数据库网址：http://www.epo.org/searching.html

3. 世界知识产权组织专利数据库

"世界知识产权组织专利数据库"(WIPO PATENTSCOPE)由世界知识产权组织国际局创立于1998年，包含1978年以来首次出版公布的360多万份PCT国际专利申请，并可进行全文检索。

数据库提供结构化检索、高级检索、简单检索3种检索途径。

数据库网址：http://www.wipo.int/patentscope/en/

3.3 中文专利文献数据库

3.3.1 智慧芽全球专利数据库

1. 数据库概况

"智慧芽全球专利数据库"(简称"智慧芽")为智慧芽公司(PatSnap)旗下产品，致力于为政府、企业、律所、科研机构提供基础而全面的专利数据。截止到2022年底，智慧芽涵盖欧洲专利局、世界知识产权组织、美国、中国、德国、日本等164个国家、地区或组织的专利摘要数据。数据总量超过1.7亿条。

智慧芽根据用户习惯设计多种方式的检索和阅读模式。支持中、日、英、德、法等多语言全文检索，智慧芽支持图片检索。增加可视化形式，使用3D地图显示专利聚类及关联度分布，紧密相关的专利形成专利山峰，以显示热点研究领域及不同领域间的关联关系。

2. 数据库检索

（1）检索功能。智慧芽支持简单搜索、高级搜索、批量搜索、语义搜索、拓展搜索、分类号搜索、法律搜索、图像搜索及化学搜索等检索方式。并在首页展示工作空间中保存的检索行为如图8-7所示。

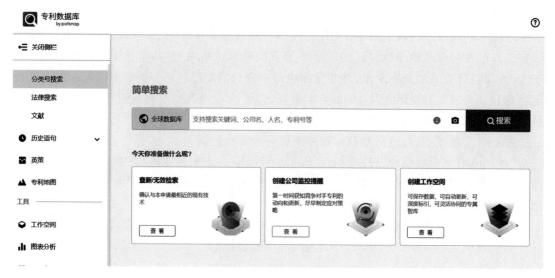

图 8-7　智慧芽主页面

① 简单检索：使用简单搜索（如图 8-8 所示），用户可根据检索需要选择个性化的检索范围，例如，仅检索中国专利。单击检索框，用户可通过选中下拉列表中的字段名限定检索字段，提高检索准确度。

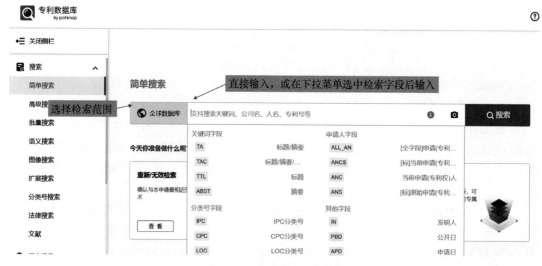

图 8-8　智慧芽简单搜索页面

② 高级检索：在高级搜索页面，用户根据检索目的限定检索的专利类型、选择检索数据库并对检索字段进行组合，生成检索式（如图 8-9 所示）。常用检索字段分类包括关键词、分类号、申请人/发明人/代理、日期、号码、地址、引用/同族、法律等。为帮助用户更加全面地检索到所需专利，智慧芽提供关键词助手、公司树、IPC 助手等辅助功能，丰富检索词。此外，通过设置按钮，能够实时地对结果显示方式、同族专利标签、结果列表显示语言等进行个性化设置。

428

图 8-9 智慧芽高级搜索页面

③ 其他检索方式举例：

批量检索：智慧芽能够对导入的一组数据进行批量处理。通过识别主流商业数据库号码格式，并自动匹配到智慧芽数据库进行检索，返回合适的检索结果。

语义检索：在检索框中输入一段中/英文文档进行检索。智慧芽根据文本内容，默认匹配最相关的 1 000 条专利返回进行展示。用户通常通过阅读相关度较高的前 20～100 条专利，明确检索目的，进一步构建检索式，通过高级搜索查找目标专利。

拓展检索：为帮助用户快速明确检索关键词，智慧芽通过分析用户输入的一段文字，提取并返回 10 个以内的相关主题词。针对每个主题词自动推荐相关的衍生关键词供用户选择。

图像检索：针对外观专利的检索，智慧芽根据上传的图片进行匹配，返回检索结果。

（2）检索技术。智慧芽支持通过检索语法构建检索式，如表 8-7 所示。

表 8-7 智慧芽常用检索词及检索符号

运算符	作用
AND	要求符号两边的关键词同时存在，对位置顺序没有要求； 或者要求符号两边的搜索条件同时满足
OR	要求符号两边的关键词至少出现任意一个； 或者要求符号两边的搜索条件至少满足一个
NOT	要求排除符号后面的关键词； 或者要求匹配符号后面搜索条件的结果从匹配符号前面搜索条件的结果中排除
*	代表 0 个或多个字符，可以用在关键词或号码的后面或中间； 可以用于所有文本和号码类型字段； 请在截词关闭时使用

续表

运算符	作用
?	代表1个字符,并可以用多个来表示指定数量的字符,可以用在关键词或号码的后面或中间;可以用于所有文本和号码类型字段;请在截词关闭时使用
( )	将括号内的逻辑优先运算
[ ]	限定日期的起止范围,包括起止日期当天/月/年
" "	要求引号内的关键词位置顺序均固定
$Wn	两个无位置顺序的关键词之间间隔不超过 n 个单词或 n 个中文字
$PREn	两个限定位置顺序的关键词之间间隔不超过 n 个单词或 n 个中文字
$WS	限定两个关键词之间间隔不超过 99 个单词或汉字

(3) 检索结果。在检索结果页面(如图 8-10 所示)可以预览检索结果,并按照用户需求按照申请日、公开日、被引用专利数量等进行排序。通过点击相应按钮能够实现结果筛选、查看单篇专利、可视化展示、3D 专利地图分析等操作。

图 8-10 智慧芽检索结果概览页

① 结果筛选:对检索结果通过修正检索式或增加过滤项进行进一步限定。可选过滤项包括:申请(专利权人)、分类号、申请年、当前申请(专利权)人类型、受理局、专利类型、国民经济行业分类号、公开年、法律状态、法律事件、引用专利数量、被引专利数量、扩展同族成员数量、专利价值等。

② 查看单篇专利:单击专利号或专利名称,可进入单篇专利模式。查看该篇专利的详情、引用信息、同族专利及法律信息。为用户能够更好地理解专利附图,智慧芽尝试通过人工智能技术,在附图上自动显示部件名称。

③ 可视化展示:对检索结果进行聚类,例如申请人、发明人、时间分析、分类分析、国家/

地区、代理机构、法律状态。

④ 3D专利地图分析：对检索结果进行文本聚类分析，展示热点研究领域。在分析页面能够修正并优化检索式。

⑤ 导出：根据需求导出选定检索结果，用户可个性化地设置导出字段。

3.3.2 其他中国专利数据库

1. 中国专利信息中心"中国专利数据库"

收录了中国自1985年以来的全部专利数据，以及全球105个主要国家/地区/组织1790年以来的专利数据，内容包括：中国专利文摘数据、全文图像数据、全文文本数据、外观专利图像数据、外观专利图片数据、法律状态数据、世界专利文摘数据、世界专利图像数据、专利同族、引证数据、中国专利全生命周期数据、中国专利申请机构库、翻译词库、科技术语库等。国内数据每周两次更新，国际数据月更新。

数据库网址：http://www.cnpat.com.cn/

2. 国家知识产权局专利检索及分析平台

国家知识产权局专利检索及分析平台收录内容为1985年9月10日至当前公布的全部中国专利信息，以及全球105个主要国家/地区/组织1790年以来的专利数据，包括发明、实用新型和外观设计3种专利。

数据更新频率：中国专利数据每周二、周五更新，滞后公开日3天；国外专利数据每周三更新；引文数据每月更新；同族数据每周二更新；法律状态数据每周二更新。

平台具备以下功能：一是检索服务，包括常规检索、高级检索、命令行检索、药物检索、导航检索、专题库检索等；二是分析服务，如维护分析、申请人分析、发明人分析、区域分析、技术分析、中国专项分析、高级分析等；三是工具服务，包括同族查询、引证查询、法律状态查询、国家/地区/组织代码查询、关联词查询、双语词典、分类号关联查询、申请人别名查询等。

数据库网址：http://pss-system.cnipa.gov.cn/

3. 香港知识产权署专利检索系统

香港知识产权署专利检索系统，数据库内容为已发布的专利申请及已批准的专利的记录，提供专利说明书全文，可免费使用。

数据库网址：http://ipsearch.ipd.gov.hk/patent/index.html

第四节　标准文献

4.1　标准与标准文献概述

标准是为了在一定的范围内获得最佳秩序，经协商一致制定并由公认机构批准，共同使用和重复使用的一种规范性文件。标准文件以科学、技术和经验的综合成果为基础，以促进最佳的共同效益为目的。

标准可从不同的角度进行分类。按适用范围划分,可分为国际标准、区域标准、国家标准、行业标准、地方标准和企业标准。国际标准是指国际标准化组织(ISO)、国际电工委员会(IEC)和国际电信联盟(ITU)制定的标准,以及国际标准化组织确认并公布的其他国际组织制定的标准,该类标准在世界范围内适用。区域标准是由区域标准组织制定的标准。国家标准是由国家标准机构通过并公开发布的标准。行业标准是在国家的某个行业通过并公开发布的标准,适用于当前没有国家标准而又需要在全国某个行业范围内统一的技术要求。在国家的某个地区通过并公开发布的标准,称为地方标准。企业标准是对企业范围内需要协调、统一的技术要求、管理要求和工作要求制定的标准。

按涉及的内容划分,可分为产品标准、过程标准、服务标准以及接口标准、信息技术标准等。产品标准、过程标准、服务标准是规定产品、过程和服务应该满足的要求,以确保其适用性的标准。接口标准是规定产品(或系统)在它与外界相互连接的部位和兼容性有关的要求的标准,接口标准的内容与产品有关。信息技术标准是以计算机与通信技术为核心,为信息的获取、加工、分析、存储、传递和利用而制定的标准。

按法律的约束性划分,可分为强制性标准和推荐性标准。保障人体健康、人身、财产安全的标准和法律、行政法规规定强制执行的标准是强制性标准,其他标准是推荐性标准。强制性标准必须执行,推荐性标准可自愿使用。

标准文献是指记录"标准"的文献。广义的标准文献包括与标准相关的一切文献,指由产品标准、过程标准、服务标准及其他具有标准性质的类似文件所组成的文献体系,以及标准化的书刊、目录和手册以及与标准化工作有关的文献等。狭义的标准文献是指带有标准号的标准、规范、规程等规范性技术文件。

标准文献的特点:① 制定、审批有一定的程序。② 使用范围非常明确专一。③ 有固定的编排格式,内容描述严谨、准确,具有法律效力和可执行性。④ 时效性强,有一定的有效时间,更新、修订和废除的周期短,利用时要注意引用最新的标准。

4.2 国外标准文献数据库

以美国电气电子工程师学会(IEEE)和英国工程技术学会(IET)标准文献为代表。

IEEE标准化委员会(IEEE Standard Association,IEEE-SA)隶属于美国电气电子工程师学会(IEEE),其标准制定内容涵盖信息技术、通信、电力和能源等多个领域。"IEEE/IET电子图书馆"(IEEE/IET Electronic Library,IEL)提供IEEE和IET出版的数千种IEEE标准,其中现行标准2 000余种。IEEE标准文献的表示方法为IEEE+STD+标准编号+发布(修订)年份。

IEL提供标准浏览、简单检索和高级检索3种检索方式。在数据库中选择Standards选项,即可进入标准浏览页面,可选择按标准顺序号浏览标准,也可输入关键词检索出符合检索条件的标准列表。还可按如表8-8所示的分类主题来浏览相应的标准。

表 8-8 IEEE 标准的主题类别

序号	主题名称
1	Aerospace(航空航天科学)
2	Bioengineering(生物工程)
3	Communication,Networking & Broadcasting(通信,网络和广播电视)
4	Components,Circuits,Devices & Systems(元件,电路,设备和系统)
5	Computing & Processing (Hardware/Software)(计算及数据处理——硬件/软件)
6	Engineered Materials,Dielectrics & Plasmas(工程材料,电解质和等离子体)
7	Engineering Profession(工程专业)
8	Fields,Waves & Electromagnetics(场,波和电磁)
9	General Topics for Engineers (Math,Science & Engineering)(工程师的一般主题——数学,科学和工程学)
10	Geoscience(地球科学)
11	Nuclear Engineering(核工程)
12	Photonics & Electro-Optics(光子学和电光学)
13	Power,Energy & Industry Applications(电力,能源和工业应用)
14	Robotics & Control Systems(机器人和控制系统)
15	Signal Processing & Analysis(信号处理和分析)
16	Transportation(运输)

IEL 相关数据库及其检索的介绍请参照本书第四章有关内容。

数据库网址：https://ieeexplore.ieee.org/

4.3 中国标准文献数据库

4.3.1 万方"中外标准数据库"

"中外标准数据库"由北京万方数据股份有限公司出版,收录了由国家市场监督管理总局等单位提供的相关行业的各类标准题录。包括中国国家标准、中国行业标准、国际标准化组织标准、国际电工委员会标准、欧洲标准、英国标准化学会标准、法国标准化学会标准、德国标准化学会标准、日本工业标准调查会标准、美国国家标准学会标准、美国机械工程师协会标准、美国材料试验协会标准、美国电气及电子工程师学会标准、美国保险商实验室标准等 230 万多条记录。每月更新,保证了标准文献资源的时效性。

在"中外标准数据库"首页,可直接输入检索词进行简单检索,也可按分类浏览标准。高级检索可按标准类型、标准编号、标题、关键词、国别、发布单位、起草单位、中国标准分类号、国际标准分类号、发布日期、实施日期、确认日期和废止日期等检索项进行检索。

万方数据知识服务平台的介绍参见本书第三章相关内容。

数据库网址：http://www.wanfangdata.com.cn

4.3.2 NSTL"中国标准数据库"

国家科技图书文献中心(NSTL)的"中国标准数据库"收录了国家科学图书馆、中国科学技术信息研究所、机械工业信息研究院、冶金工业信息标准研究院、中国化工信息中心、中国农科院农业信息研究所、中国医科院医学信息研究所、中国标准化研究院标准馆、中国计量科学研究院文献馆等单位收藏和提供的中国标准,共收录中国标准18余万条,其内容涉及科学研究、社会管理以及工农业生产的各个领域。中国国家标准的颁布以国家市场监督管理总局批准,国家标准化管理委员会发布为准,中国国家标准分为强制性标准和推荐性标准。

国家科技图书文献中心数据库检索平台的介绍参见本书第三章相关内容。

数据库网址：http://www.nstl.gov.cn/index.html

4.3.3 中国知网标准数据总库

"中国知网标准数据总库"包括：中国标准题录数据库、国外标准题录数据库、国家标准全文数据库、中国行业标准全文数据库、职业标准全文数据库。其中,"中国标准题录数据库"收录了所有的中国国家标准、国家建设标准、中国行业标准的题录摘要数据,共计标准约13万条;"国外标准题录数据库"收录了世界范围内重要标准的题录摘要数据,共计标准约31万条。

中国知网检索平台的介绍参见本书第五章相关内容。

数据库网址：http://www.cnki.net

4.4 国内外其他标准化机构网站

4.4.1 国际标准化组织

国际标准化组织(International Organization for Standardization,ISO)是目前世界上最主要的国际标准化机构,成立于1947年2月,总部设在瑞士日内瓦。其宗旨是在全世界范围内促进标准化工作的开展,以利于国际物资交流和服务,并扩大知识、科学、技术和经济方面的合作。其主要活动是制定国际标准,协调世界范围内的标准化工作,组织各成员国和技术委员会进行情报交流,以及与其他国际性组织进行合作,共同研究有关标准化问题。它在国际标准化中占主导地位,其工作领域涉及除电工电子以外的所有领域。

网址：http://www.iso.org

4.4.2 国际电工委员会

国际电工委员会(International Electrotechnical Commission,IEC)是从事电气工程和电子工程领域中的国际标准化工作的国际机构,成立于1906年,其宗旨是促进电气、电子工程领域中的标准化及相关问题的国际合作,增进相互了解。主要任务是制定电气、电子工程领域的国际标准和发行各种出版物。IEC通过其网站提供标准的检索及其他出版物的信息服务,并提供新的出版标准信息、标准作废替代信息等。

网址：http://www.iec.ch/

4.4.3 国际电信联盟

国际电信联盟(International Telecommunication Union,ITU)于1865年5月在巴黎成立,主要是为了全球各成员国或地区之间进行电信事业发展和通信合理使用的合作。1947

年成为联合国的专门机构,是世界各国政府的电信主管部门之间协调电信事务的一个国际组织,它研究制定有关电信业务的规章制度,通过决议提出推荐标准。通过其网站可以检索ITU制定的相关标准。

网址:http://www.itu.int

4.4.4 美国国家标准学会和美国国家信息标准协会

美国国家标准学会(American National Standards Institute,ANSI,https://www.ansi.org/)是非营利性的标准化组织,是实际上的美国国家标准化中心;ANSI负责协调并指导全国标准化工作,给标准制定、研究和使用单位以帮助,提供国内外标准化信息服务。它又起着行政管理机关的作用。授权各类组织制定不同领域的标准规范。ANSI使政府相关体系和民间系统相互配合,在联邦政府和民间标准化体系之间起到了桥梁作用。

美国国家信息标准协会(National Information Standards Organization,NISO),经ANSI授权认可,负责信息、文献、发现、出版发行、传媒等多个信息化领域标准规范的制定、创建、发布、维护、促进应用、开展相关教育活动、孵化技术创新,拥有150多个会员。

NISO负责制定的标准规范偏重技术性,在制定及达成共识的程度上包括两种级别:一种是相对基础性标准的高级别共识,称为标准(ANSI/NISO Standards),标准中的规范元素必须被遵循使用。标准的制定由NISO投票成员审批,最终经ANSI批准发布,具有ANSI/NISO Z39系列编号,如《标准化电子资源使用统计收割协议》(ANSI/NISO Z39.93 The Standardized Usage Statistics Harvesting Initiative (SUSHI) Protocol)。另一种是偏重技术事项和技术过程的低级别共识,通称为推荐规范(Recommended Practices)和技术报告(Technical Reports),主要是推荐在方法、数据或具体操作上的"最佳实践"或"指南",通常代表某前沿领域、优秀模式或公认的产业惯例。规范中所有元素都可以由用户酌情采用,既可全部采纳,又可为满足特定需要修改使用。NISO规范的制定审批无须经过ANSI批准,由NISO负责管理和修订。规范具有NISO RP系列编号,如《图书的需求驱动采购》(NISO RP-20-2014 Demand Driven Acquisition of Monographs)。技术报告提供有关特定专题的有用信息,但不提供有关遵循的做法的具体建议。因此它们是"描述性的"而不是"规定性的"。通常未达成共识的建议标准作为技术报告出版。技术报告具有NISO TR系列编号。

NISO的网站可以检索并下载其制定的标准、推荐规范和技术报告的全文。

网址:https://www.niso.org/

4.4.5 国家标准化管理委员会

国家标准化管理委员会是全国标准化工作的主管机构,主要负责组织国家标准的制定、修订工作,负责国家标准的统一审查、批准、编号和发布。该网站可通过"全国标准信息公共服务平台",获得标准的题录信息和部分全文,并了解标准化动态、国家标准制订计划、国标修改通知等信息,同时可以免费下载或阅览中国国家强制性标准的PDF全文。

网址:http://www.sac.gov.cn

4.4.6 中国标准服务网

中国标准服务网是中国标准化研究院下属的国家标准馆的门户网站。国家标准馆是国家标准文献中心,成立于1963年,收录了包括齐全的中国国家标准和66个行业标准,60多个国家、70多个国际和区域性标准化组织、450多个专业协(学)会的成套标准,160多种国内外标准化期刊及标准化专著。中国标准服务网自2005年开始建设,在整合已有标准文献资源的基础上,形成了标准文献题录数据库、全文数据库和专业数据库。

网址:http://www.cssn.net.cn

4.4.7 标准网

标准网是由国家发展和改革委员会产业协调司主办的我国工业行业的标准化门户网站。网站主要内容为国家发展和改革委员会负责管理的轻工、纺织、黑色冶金、有色金属、石油、石化、化工、建材、机械、汽车、锅炉压力容器、电力、煤炭、包装、制药装备、黄金、商业、物流和稀土等19个行业的行业标准管理与服务信息。该网站设置标准动态、标准公告、标准计划、工作平台、组织机构、信息查询、文章精选、标准书市、专题栏目、相关产品等栏目。可检索国内外标准目录。

网址:http://www.standardcn.com

第五节 科技报告

5.1 科技报告概述

科技报告是报道或记录研究工作和开发调查工作的成果或进展情况的一种文献类型,是由研究、设计单位向提供经费资助或支持的单位和组织提交的正式报告。

科技报告是现代科学技术发展的产物,起源于第二次世界大战,战后发展迅猛,目前已经发展成为科技文献的一大门类。科技报告真实详尽地记录了科研工作过程中的研究、考察、实验结果,报道了科学技术研究的最新进展,反映了科学技术问题的现状和发展趋势,具有很高的学术研究价值。

5.2 科技报告的特点和类型

5.2.1 科技报告的特点

(1) 出版形式比较特殊。每份报告都独立成册,篇幅不等,有连续编号,出版发行不规则。

(2) 内容详尽专深。科技报告的内容比较系统,专业性强。不但包括各种研究方案的选择与比较、成功和失败的体会总结,通常还附有大量的数据、图表、公式及实验原始记录。

(3) 时效性强。科技报告发表及时,报道新成果的速度一般快于期刊及其他文献。

(4) 发行范围受限。相当一部分技术报告具有保密性,仅有一小部分可以公开或半公开发表。

5.2.2 科技报告的类型

(1) 按技术内容划分,科技报告可分为:

① 技术报告(Technical Report),用来陈述科技工作者在某一方面研究的进展情况及科研成果,或者阐明某一项研究、制造、试验与评价的结果,或者论述科技问题的现状及发展趋势等。技术报告是研究单位或承包单位向提供经费的部门汇报研究过程、阶段成果和最终成果的正式技术文件,也是科技人员用来与同行交流研究成果的重要手段。

② 技术札记(Technical Notes),研究过程的记录和小结,内容不完整,属于试验研究的第一手资料。

③ 技术备忘录(Technical Memorandum),同一领域内科技人员沟通情况用的资料。

④ 技术论文(Technical Papers),准备在学术会议或期刊上发表的论文,着重于理论而删除了关键的技术内容。

⑤ 技术通报(Technical Bulletin),对外公布的摘要性文摘。

⑥ 技术译文(Technical Translations),外国有参考价值的翻译文献。

(2) 按研究进展划分,科技报告可分为:

① 初步报告,也叫研究计划,是科研人员在研究试验之前写的计划性报告。

② 进展报告,也叫进度报告,是科研人员向课题的主管部门或资助部门汇报工作进展情况而写的报告,又分为定期报告(季度报告,半年报告等)和不定期报告。

③ 中间报告,即对某项课题研究的若干阶段的工作小结以及对下一阶段的工作建议等报告。

④ 总结报告,即课题结束时撰写的总结性报告。

(3) 按流通范围划分,科技报告可分为:绝密报告、机密报告、秘密报告、非密限制发行报告、非密报告和解密报告。

5.3 美国政府科技报告及其检索

5.3.1 美国政府科技报告概述

美国在 20 世纪 40 年代就设立了专门的机构,从事科技报告的收集、整理、报道和发行工作,美国政府部门出版的科技报告历史悠久,数量巨大,据相关研究,目前全世界每年产生的科技报告在 100 万件以上,其中仅美国政府科技报告就达 80 多万份。美国政府科技报告成为世界范围内获取科技报告的重要来源。

美国政府的科技报告种类较多,按其内容及所属系统来划分,最主要的有 4 大报告:行政系统的 PB 报告,军事系统的 AD 报告,航空与宇航系统的 NASA 报告,原子能和能源管理系统的 DOE 报告。四大报告涵盖了数、理、化、生、地、天、农、医、工程、航空航天、军工、能源、交通运输、环境保护和社会科学等许多领域,系统全面地记载着美国科技发展的成就与经验,是美国科技信息的重要组成部分。另外,美国政府机构发行的研究报告还有其他许多系列,其中较重要的有 COM 报告(美国商务部的入藏报告)、E 报告(地球资源计划调查报告,多数兼有 NASA-CR 号)、ED 报告(美国教育资源情报中心入藏的报告)、EIS 报告(环境影响陈述报告)、HRP报告(健康资源规划报告)、JPRS报告(出版研究联合服务处翻译的苏联东欧的研究报告)、RAND报告(兰德公司的研究报告)等。

(1) PB报告:1945年,美国成立了商务部出版局(Office of the Publication Board)负责整理和公布二战中从战败国掠取的内部科技资料,其整理出版的每件资料,都编有顺序号,并在顺序号前冠以美国商务部出版局的英文名称(Publication Board)的缩写"PB"作为标识,故被人们称为"PB报告"。这部分资料编号到10万号为止,之后的PB报告,大部分来自美国国内各科研机构以及小部分国外科研机构的科技报告。PB报告的收集、整理、报道和发行机构几经变化,从1970年9月起,由美国商务部国家技术情报服务局(National Technical Information Services,NTIS)负责,并继续使用PB报告号。PB报告内容侧重于民用工程方面。PB报告的编号原来采用PB代码加上流水号,1979年底,PB报告编号到PB301431,从1980年开始使用新的编号系统,即PB+年代+顺序号,其中年代用公元年代后的末2位数字表示。

(2) AD报告:AD报告产生于1951年,为原美国武装部队技术情报局(Armed Services Technical Information Agency,ASTIA)收集、整理、出版的科技报告。该报告由ASTIA统一编号,称ASTIA Document(AD报告)。AD报告的文献来源包括了美国海、陆、空三军科研单位在内的与国防有关的各个领域,也涉及公司企业、大专院校,以及国外一些科研机构和国际组织。AD报告的密级分为机密(Secret)、秘密(Confidential)、非密限制发行(Restricted or Limited)、非密公开发行(Unclassified)4种,AD报告报告号均以AD开头,并根据密级和年代不同,采用不同的号码系列,1975年以后,AD报告数字号码之前加上A、B、C、D、E等字母,以表示AD报告的性质,并重新从000001号编起,AD-A表示公开发行报告;AD-B表示近期解密阶段报告;AD-C表示保密阶段报告;AD-D表示美国军事系统专利;AD-E表示美国海军研究所及合同户报告。

(3) NASA报告:NASA报告是美国国家航空和航天局(National Aeronautics and Space Administration,NASA)出版的科技报告。NASA报告的内容主要包括航空和空间科学技术领域,同时涉及许多基础学科和技术学科,属于综合性的科技报告,NASA报告号采用"NASA+报告出版类型代码+顺序号"的表示方法。

报告的出版类型及其对应的代码如下:

技术报告——TR　　　　技术简讯——Tech Briefs
技术札记——TN　　　　教学用出版物——EP
技术备忘录——TM　　　会议出版物——CP
合同单位报告——CR　　技术论文——TP
技术译文——TT　　　　参考性出版物——RP
专利说明书——Case　　 特种出版物——SP

(4) DOE报告:DOE报告是美国能源部(Department of Energy,DOE)及其所属科研机构、能源情报中心、公司企业、学术团体发表的技术报告文献。该报告因出版单位多次变化,先后由美国原子能委员会(Atomic Energy Commission,AEC)、能源研究与发展署(Energy Research and Development Administration,ERDA)和美国能源部出版,报告名称也从AEC、ERDA到DOE多次变化。自1981年开始,DOE报告都采用"DE+2位数字表示的年代＋6位顺序号"的形式,"DE＋年代＋500000"以上号码则表示从国外收集的科技报告,DOE报告内容包括能源、化学化工、材料、工程以及环境科学、地球科学等。

5.3.2 美国政府科学门户网站 Science.gov

1. 数据库内容

Science.gov是了解美国政府研究开发成果的门户网站,通过该网站,用户能够免费查看美国13个联邦机构公开的科学技术发现。该网站由美国政府部门组成的跨机构联盟共同管理,联盟包括农业部、商业部、国防部、教育部、能源部、健康和公共事业部、环境保护局、国家航空航天局和科学基金会等部门。Science.gov网站由美国能源部科学和技术信息办公室(DOE Office of Scientific and Technical Information)开发和维护,最突出的特点是汇集了来自美国政府各部门的大量科技信息资源,它可以同时搜索超过60个科技信息数据库,全文数量高达2亿页;此外,还链接了2 200多个精选的科学网站供用户查询。

2. 数据库检索

(1) 检索功能。

① 简单检索:输入检索词进行快速检索,不需要选择检索字段和进行检索限定。

② 高级检索:提供全字段、题名和作者3个检索框,检索字段间为逻辑"与"的关系。可对检索结果的时间范围进行限定,数据库被分为16个学科主题,可分别按学科主题选择,也可直接选择学科主题下一级的数据库。

(2) 检索技术。

① 字检索:输入多个检索词时,系统默认为字检索,即单词间的关系为AND;把词组用引号引起来,可实现词组的精确检索。如"nitrate cycling"。

② 截词符:"＊"号代表0到多个字符。例如"nucle＊"可检索出nuclear,nucleus,nucleoprotein;"?"号代表1个字符,例如DO?可检索出DOE、DOI、DOT、DOG等。

③ 不区分大小写。

④ 布尔逻辑算符:支持AND、OR、NOT算符。括号可改变逻辑运算符的运算顺序。

(3) 检索结果。

① 检索结果列表:包括题名、作者、文摘、日期和来源数据库。单击题名,可直接链接到来源数据库中的详细记录。

② 检索结果排序:默认按相关度排序,也可按题名、作者和日期来重新排序。

④ 检索结果聚类:在检索结果列表页面,可按学科主题和日期对检索结果聚类。

⑤ 检索结果下载:可选择检索所需的记录,通过电子邮件发送选中的记录,也可打印选中的记录。

(4) 用户服务。注册用户登录后,可保存检索式,设置定题文献通报服务。

5.3.3 NTIS 美国国家科技报告

美国商务部国家技术情报服务局(National Technical Information Service,NTIS)负责系统收集、报道和发行美国的科技报告,美国《政府报告通报与索引》(*Government Reports Announcements and Index*,GRA&I)是NTIS主办的连续出版物,创刊于1964年,以摘要形式系统报道美国政府研究机构及其合同单位提供的科技报告,同时也报道美国政府主管的科技译文及某些外国的科技报告。GRA&I 报道全部的 PB 报告、所有公开或解密的 AD 报告、部分的 NASA 报告、DOE 报告以及其他类型的报告。可以利用查到的相应记录的报告号和 NTIS 订购号,向 NTIS 订购该报告的全文。

国家科技报告图书馆(National Technical Reports Library,NTRL)提供了大量学术、公共、政府和企业图书馆中保存的历史和当前政府技术报告。通过 NTRL 可检索包含所有主题领域的超过 300 万条高质量政府技术报告题录和 80 多万篇全文内容。

数据库网址：https://ntrl.ntis.gov/NTRL/

5.4 中文科技成果报告及其检索

5.4.1 万方"中国科技成果数据库"

"中国科技成果数据库"是万方数据知识服务平台的组成部分,主要收录了国内的科技成果及国家级科技计划项目,包括高新技术和实用技术成果、可转让的适用技术成果以及获得国家科技奖励的成果项目,专业范围涉及化工、生物、医药、机械、电子、农林、能源、轻纺、建筑、交通、矿冶等,每月更新。也可在万方数据知识服务平台首页点击"科技成果"进入科技成果检索页面。

万方数据知识服务平台的介绍请参照本书第三章的相关内容。

数据库网址：http://www.wanfangdata.com.cn

5.4.2 中国科技项目创新成果鉴定意见数据库(知网版)

"中国科技项目创新成果鉴定意见数据库(知网版)"是中国知网平台中的科技成果数据库,主要收录正式登记的中国科技成果,按行业、成果级别、学科领域分类。每条成果信息包含成果概况、立项、评价,知识产权状况及成果应用,成果完成单位、完成人等,收录了从 1920 年至今的 111 万余项成果记录。其中,知网集成了与每项成果相关的最新文献、科技成果、标准等信息,可以完整地展现该成果产生的背景、最新发展动态、相关领域的发展趋势,可以浏览成果完成人和成果完成机构更多的论述以及在各种出版物上发表的文献。

中国知网平台检索介绍请参照本书第五章相关内容。

数据库网址：https://www.cnki.net

5.4.3 国家科技成果数据库(国家科技成果网)

国家科技成果网是由中华人民共和国科学技术部于 1999 年创建的国家级科技成果创新服务平台,2006 年由国家科学技术奖励工作办公室管理。旨在促进科研单位、科研人员、技术需求方的交流、沟通,加快全国科技成果进入市场的步伐,促进科技成果的应用与转化,避免低水平的重复研究、提高科学研究的起点和技术创新能力。

"国家科技成果数据库"是国家科技成果网的重要组成部分,提供全国科技成果查询服务,其内容丰富、权威性高,已收录全国各地区、各行业经省、市、部委认定的科技成果 60 余万项,库容量以每年数万项的数量增加,充分保证了成果的时效性,可免费查询。

数据库网址：http://www.tech110.net

【思考题】

1. 和期刊论文相比，学位论文具有哪些不同的特点？
2. 专利分类表的作用是什么？是哪些原因催生了专利分类表的出现？
3. 国家标准和行业标准间是否会有冲突？一个标准的不同版本中应该遵从哪一个？
4. 列举3个常用学位论文数据库，并比较其异同。
5. 如在检索中国发明专利时，发现利用相同的检索策略搜索德温特创新索引数据库和INNOGRAPHY专利分析数据库，返回的结果数量不一致，应该如何处理？

参考文献

[1] 杨莉. 研究生学位论文开发利用中的著作权归属问题研究[J]. 情报理论与实践，2010(1)：48-50.

[2] 陈传夫，唐琼，吴钢. 国际学位论文开发机构版权解决模式及其借鉴[J]. 大学图书馆学报，2009(2)：27-32.

[3] 宋剑祥. 专利文献检索与大学生创新能力的培养[J]. 现代情报，2009，29(4)：126-129.

[4] 江镇华. 怎样检索中外专利信息(第2版)[M]. 北京：知识产权出版社，2007.

[5]《国内外标准、专利概要》编写组. 国内外标准、专利概要[M]. 北京：中国标准出版社，2006.

[6] 陈陶，夏立娟. ISO、IEC、ITU标准文献的网上检索[J]. 图书馆学研究，2004(8)：75-77.

[7] 肖珑，马陈碧华，邓石. 中美电子资源标准发展比较研究：方法与现状[J]. 图书情报工作，2018，62(6)：6-14.

[8] ProQuest. ProQuest Dissertations & Theses Global[EB/OL]. [2022-03-18]. https://www.proquest.com/pqdtglobal/dissertations.

[9] ProQuest, 高等教育文献保障系统, 北京中科公司. ProQuest博硕士论文全文数据库[EB/OL]. [2022-03-18]. http://pqdt.calis.edu.cn.

[10] NDLTD. NDLTD博硕士学位论文数据库[EB/OL]. [2022-03-18]. http://search.ndltd.org.

[11] The British Library Board. EThOS学位论文数据库[EB/OL]. [2022-03-18]. https://ethos.bl.uk.

[12] 高等教育文献保障系统. CALIS高校学位论文数据库[EB/OL]. [2022-03-18]. http://pqdt.calis.edu.cn.

[13] 北京万方数据股份有限公司. 万方中国学位论文数据库[EB/OL]. [2022-03-18]. http://www.wanfangdata.com.cn.

[14] 国家科技图书文献中心. NSTL中文学位论文数据库[EB/OL]. [2022-03-18]. http://www.nstl.gov.cn/index.html.

[15] 中国知网(CNKI). 中国知网学位论文库[EB/OL]. [2022-03-18]. http://www.cnki.net.

[16] Clarivate Analytics. Conference Proceedings Citation Index[EB/OL]. [2022-03-18]. http：//webofknowledge.com/wos.

[17] OCLC. OCLC ProceedingsFirst[EB/OL]. [2022-03-18]. http：//firstsearch.oclc.org/FSIP.

[18] IEEE. IEEE/IET Electronic Library[EB/OL]. [2022-03-18]. http：//ieeexplore.ieee.org/.

[19] ACM. ACM Digital Library[EB/OL]. [2022-03-18]. http：//portal.acm.org/dl.cfm.

[20] SPIE. SPIE Digital Library[EB/OL]. [2022-03-18]. http：//spiedigitallibrary.org/.

[21] 北京万方数据股份有限公司. 万方中国学术会议论文数据库[EB/OL]. [2022-03-18]. http：//www.wanfangdata.com.cn.

[22] 国家科技图书文献中心. NSTL 中文会议论文数据库[EB/OL]. [2022-03-18]. http：//www.nstl.gov.cn/index.html.

[23] 中国知网(CNKI). 中国知网会议论文库[EB/OL]. [2022-03-18]. http：//www.cnki.net.

[24] Clarivate Analytics. Derwent Innovation Index[EB/OL]. [2022-03-18]. http：//webofknowledge.com/DIIDW.

[25] Clarivate Analytics. INNOGRAPHY[EB/OL]. [2023-03-18]. https：//app.innography.com/.

[26] NITED STATES PATENT AND TRADEMARK OFFICE(USPTO). 美国专利数据库[EB/OL]. [2022-03-18]. http：//www.uspto.gov/patents/process/search/index.jsp.

[27] European Patent Office(EPO). 欧洲专利数据库[EB/OL]. [2022-03-18]. http：//www.epo.org/searching.html.

[28] World Intellectual Property Organization(WIPO). WIPO PATENTSCOPE[EB/OL]. [2023-05-10]. https：//www.wipo.int/patentscope/en/.

[29] 智慧芽信息科技(苏州)有限公司. 智慧芽全球专利数据库[EB/OL]. [2022-03-18]. https：//analytics.zhihuiya.com/search/input/simple.

[30] 中国专利信息中心. 中国专利数据库[EB/OL]. [2022-03-18]. http：//www.cnpat.com.cn/.

[31] 国家知识产权局. 国家知识产权局专利检索及分析平台[EB/OL]. [2022-03-18]. http：//pss-system.cnipa.gov.cn/.

[32] 香港特别行政区政府知识产权署. 知识产权署专利检索系统[EB/OL]. [2022-03-18]. http：//ipsearch.ipd.gov.hk/patent/index.html.

[33] 北京万方数据股份有限公司. 万方中外标准数据库[EB/OL]. [2022-03-18]. http：//www.wanfangdata.com.cn.

[34] 国家科技图书文献中心. NSTL 中国标准数据库[EB/OL]. [2022-03-18]. http：//www.nstl.gov.cn/index.html.

[35] 中国知网(CNKI). 中国知网标准数据库[EB/OL]. [2022-03-18]. http://www.cnki.net.

[36] ISO. International Organization for Standardization[EB/OL]. [2022-03-18]. http://www.iso.org.

[37] IEC. International Electrotechnical Commission[EB/OL]. [2022-03-18]. http://www.iec.ch.

[38] ITU. International Telecommunication Union[EB/OL]. [2022-03-18]. http://www.itu.int.

[39] NISO. National Information Standards Organization[EB/OL]. [2022-03-18]. https://www.niso.org.

[40] 国家标准化管理委员会. 国家标准化管理委员会[EB/OL]. [2022-03-18]. http://www.sac.gov.cn.

[41] 中国标准化研究院. 中国标准服务网[EB/OL]. [2022-03-18]. http://www.cssn.net.cn.

[42] 机械科学研究总院中机生产力促进中心. 标准网[EB/OL]. [2022-03-18]. http://www.standardcn.com.

[43] DOE Office of Scientific and Technical Information. Science.gov[EB/OL]. [2022-03-18]. https://www.science.gov.

[44] NTIS. National Technical Reports Library[EB/OL]. [2022-03-18]. https://ntrl.ntis.gov/NTRL/.

[45] 北京万方数据股份有限公司. 万方中国科技成果数据库[EB/OL]. [2022-03-18]. http://www.wanfangdata.com.cn.

[46] 中国知网(CNKI). 中国科技项目创新成果鉴定意见数据库[EB/OL]. [2022-03-18]. https://www.cnki.net.

[47] 中华人民共和国科学技术部火炬高技术产业开发中心. 国家科技成果数据库[EB/OL]. [2022-03-18]. http://www.tech110.net.

第九章 多媒体学术资源

第一节 多媒体学术资源概述

1.1 多媒体学术资源的历史与发展

多媒体学术资源是多媒体技术发展的重要产物之一。多媒体技术兴起于 20 世纪 80 年代末期,是近几年来计算机领域中最热门的技术之一,它集计算机、声像和通信技术于一体,采用先进的数字记录和传送方式。多媒体技术受到世界各国和各相关领域的重视,已经形成了多个相关的国际标准,技术的发展也非常迅猛,多媒体技术及其产生的多媒体学术资源日益受到用户的青睐。

人们通常以苹果(Apple)公司在 1984 年推出的引入了位图(Bitmap)概念的麦金塔(Macintosh)机器作为多媒体技术产生的标志;在那之后的 20 世纪 80 年代中期苹果(Apple)公司、菲利普(Philips)公司和索尼(Sony)公司、美国无线电公司(RCA)先后推出了处理多媒体信息的计算机、交互式紧凑光盘系统和交互式数字视频系统;随后,从 20 世纪 90 年代中期开始,多媒体的关键技术标准——数据压缩标准和其他各种多媒体技术标准先后制定和应用,极大地推动了多媒体产业的发展;目前,多媒体技术的发展趋势是逐渐把计算机技术、通信技术和大众传播技术融合在一起,建立更广泛意义上的多媒体平台,实现更深层次的技术支持和应用,使之与人类文明水乳交融。

在多媒体技术的发展进程中,多媒体资源始终作为其重要产物之一而不断发展壮大。多媒体技术的主要应用领域包括通信系统、编著系统、工业领域、医疗影像诊疗系统和教学领域等,其中编著系统的应用主要表现为多媒体电子出版物、软件出版和多媒体数据库等,这些都是我们现在正在使用的多媒体资源。多媒体资源从最初的只读光盘(CD-ROM)出版,到集成了多媒体资源、多媒体检索技术和服务应用技术的多媒体数据库,仅仅经历了十几年的时间。多媒体数据库有非常广阔的应用领域,给人们带来极大的方便。近 10 年来,多媒体技术有了很大的进展,使得多媒体学术资源更加地丰富。

1.2 多媒体学术资源的概念与特点

所谓多媒体(Multimedia),通俗地说就是将多种媒体,包括文本、图片、动画、视频和声音组合成的一种复合媒体。我们把基于学术需求的、能够成为教学科研或语言学习辅助的多媒体资源称为多媒体学术资源。当然多媒体学术资源也包含满足学生素质教育和文化需求的多媒体资源。

多媒体学术资源涉及学科广泛、内容丰富、形式生动,具体的特点如下:

(1) 集成性:多媒体学术资源多是综合性资源,不仅内容覆盖面广,形式方面更是综合了文本、图形、图像、声音和动画等多种媒体,应用到的技术也非常广泛,包括计算机技术、超文本技术、光盘存储技术及影像绘图技术等。从内容的综合性而言,多媒体学术资源涉及语言、艺术、建筑、历史、生物、医学等各个学科;从形式的综合性而言,多媒体学术资源包括学术报告、教学录像、庭审案例、医学实验等各种类型。

(2) 交互性:所谓交互就是使参与信息传播的各方都可以对信息进行编辑、控制和传递等。通过交互性信息,使用者不再是单纯地接收信息,而是能对信息处理的全过程进行完全有效的控制,并把结果综合地表现出来。交互性给用户提供更加有效地控制和使用信息的手段和方法。例如,"新东方多媒体学习库""口语伙伴""MyET"等语言学习类的多媒体数据库,用户可以通过调整播放进度、回答问题、跟读、连线咨询等方式进行交互式学习。

(3) 非线性:多媒体资源的非线性特征表现为其借助超文本链接的方法,把信息内容以一种更灵活、更具变化的方式呈现给用户,改变了人们传统循序性获取信息的模式。例如"知识视界视频教育资源库"有灵活的中/英文字幕,用户可以从文本,也可以从视频、声音获取信息;"KUKE数字音乐图书馆"有乐器图片,也有对应的专辑曲目;有原音朗读,也有对应的文本显示,用户可以从图片找到音乐,从朗诵找到文章,获取信息的方式更加灵活。

(4) 信息载体多样性:多媒体学术资源的传播载体非常多样,可以用光盘作为传输载体,也可以用网络为传输载体,不但使存储容量大增,而且为信息的获取、使用、保存和再利用的提供了方便。

1.3 多媒体学术资源的类型与内容

1.3.1 按照数字资源的性质和功能划分

多媒体学术资源均为一次文献,包括单体的多媒体资源例如光盘或磁带,也包括多媒体资源库例如音频库、视频库、课程网站、讲座资源库、考试题库等。

1.3.2 按照数字资源的生产途径和发布范围划分

多媒体出版物和数据库:包括CD-ROM、CD、DVD等载体的多媒体出版物和各类多媒体型数据库,例如"KUKE数字音乐图书馆""新东方多媒体学习库""知识视界视频教育资源库"等;

网络分享资源:包括各种基于公开网络提供的共享多媒体网站和资源,例如视频/音乐分享网站、知名大学的公开课件、免费的课程学习平台、软件学习平台等;

特色资源:包括各种在大学校园网范围内或其他有限的范围内提供共享的多媒体资源,例如北大讲座、各学校的精品课程、教育部精品课程网、各学校的MOOC网等。

1.3.3 按照数字资源的载体与格式划分

按载体分:除了常见的光盘、磁带、硬盘外,数字多媒体资源的载体还有安全数码卡(SD

卡）、闪存卡（CF 卡）等。

按文件格式分：数字多媒体资源的音频/视频格式可归纳为普通的媒体格式（或称影像格式、影音格式）和流媒体格式。

一般而言，普通的媒体格式是"源"格式，是经由多媒体采集设备例如录音机、摄像机等直接录制拍摄并未经压缩的，常常用于广播电视系统的播出；而流媒体格式是经过压缩和编码的，其主要目的在于网络传输。

（1）媒体格式根据出处可以划分为 3 大种。

① AVI 格式：微软（Microsoft）的音频视频交错格式（Audio Video Interleaved，AVI），可用 Windows 的媒体播放器播放。AVI 格式调用方便、图像质量好，但缺点就是文件体积过于庞大，不适合作为网络流式传播的文件格式。

② MOV 格式：苹果（Apple）公司的视频格式（MOVIE），可用 QuickTime 播放器播放。

③ MPEG/MPG/DAT：动态图像专家组（Motion Picture Experts Group，MPEG）是 ISO 与 IEC 联合开发的一种编码视频格式，是运动图像压缩算法的国际标准，现已被几乎所有的计算机平台共同支持。这类格式包括了 MPEG-1、MPEG-2 和 MPEG-4 在内的多种视频格式。MPEG-1 广泛地应用在 VCD 的制作（刻录软件自动将 MPEG-1 转为 DAT 格式）和一些视频片段下载的网络应用上面，使用 MPEG-1 的压缩算法，可以把一部 120 分钟长的电影压缩到 1.2 GB 左右。MPEG-2 主要应用在 DVD 的制作、高清晰电视广播（High Definition Television，HDTV）和一些高要求的视频编辑、处理方面，使用 MPEG-2 的压缩算法可以把一部 120 分钟长的电影压缩到 5～8 GB，而且图像质量更加清晰。MPEG-4 是网络视频图像压缩标准之一，特点是压缩比高、成像清晰、容量小。

流媒体（Streaming Media）不同于传统的多媒体，它的主要特点就是运用可变带宽技术，以"视音频流（Video-audio Stream）"的形式进行数字媒体的传送，使人们在从很低的带宽（14.4 kbps）到较高的带宽（10 Mbps）环境下都可以在线欣赏到连续不断的较高品质的音频和视频节目。流媒体简单来说就是把连续的影像和声音信息经过压缩处理后放到服务器上，让用户一边下载一边观看、收听，而不需要将整个压缩文件下载到自己的机器后才可以观看的网络传输技术。该技术先在用户端的计算机上创造一个缓冲区，在播放前预先下载一段资料作为缓冲，当网络实际连接速度小于播放消耗的速度时，播放程序就会取用这一小段缓冲区内的资料，避免播放的中断，也使得播放品质得以维持。流媒体就是将普通的多媒体，如音频、视频、动画等，经过特殊编码，使其成为在网络中使用流式传输的连续时基媒体，适用在网络上边下载边播放的播放方式，通常压缩比比较高，文件体积比较小，播放效率比较高，同时在编码时还要加入一些附加信息，如计时、压缩和版权信息等。

（2）流媒体格式可以划分为多种。

① RA/RM/RAM/RMVB 格式：Real Networks 公司开发的一种新型流媒体格式，可用 Real Player 播放。这些格式一开始就是定位在视频流应用方面的，也可以说是视频流技术的始创者。在用调制解调器（Modem）拨号上网时，它可以实现不间断的视频播放，但其图像质量较差。

② ASF 格式：微软公司开发的流媒体格式，可以用 Windows 媒体播放器（Windows Media Player，WMP）播放。ASF 使用了 MPEG-4 的压缩算法，压缩率和图像的质量都很

不错。

③ WMA/WMV 格式：微软公司的音频和视频格式文件，是一种独立编码方式的在网络上实时传播多媒体的技术标准，微软公司希望用其取代 QuickTime 之类的技术标准以及 WAV、AVI 之类的文件扩展名。WMV 的主要优点在于：可扩充的媒体类型、本地或网络回放、可伸缩的媒体类型、流的优先级化、多语言支持、扩展性等。

④ MOV 格式：苹果公司开发的音频、视频文件格式，也可以作为一种流文件格式，用于存储常用数字媒体类型。

⑤ 动画格式 SWF 和 Real Flash 格式：SWF 是由宏媒体公司（Macromedia 公司，现属于 Adobe 公司）的动画设计软件 Flash 生成的矢量动画图形格式，占用空间很小，被广泛应用于网络，用 Adobe Flash Player 播放；Real Flash 是 Real Networks 公司与 Macromedia 公司合作推出的新一代高压缩比动画格式。

⑥ MTS 格式：由 MetaCreations 公司的网上流式三维技术 MetaScream 实现，是一种新兴的网上三维动画开放标准。

⑦ AAM/AAS 格式：由制作多媒体教学课件的 Authorware 工具生成的文件，可以压缩为 AAM 或 AAS 流式文件格式。

⑧ RP 和 RT 格式：Real Networks 公司 RealMedia 格式的一部分，分别是将图片文件和文本文件以流媒体的形式发放到客户端，通过将其他媒体如音频等绑定到图片或文本上，制作出多种用途的多媒体文件。

关于不同的流媒体格式之间的区别，人们对常见的 WMA/WMV（基于 Windows Media 生成）、RM/RA/RMVB（基于 RealMedia 生成）和 MOV（基于 QuickTime 生成）格式在压缩和解压缩、互动性、文件大小和费用成本等方面做过比较，结论是：如果使用 Windows 平台，Windows Media 的费用最少，QuickTime 在性能价格比上具有优势，而 RealMedia 则在支持的用户数量上有优势。

第二节　多媒体学术资源的使用

2.1　多媒体学术资源的浏览

多媒体学术资源内容丰富，但描述信息相对简单，因此都非常重视浏览功能的设计。多媒体学术资源的浏览体系主要有两种，即类别浏览和热门浏览。

关于"类别"，各个多媒体学术资源库的定义各不相同——有些是参照某个学科分类体系，例如中图法；或者在学科基础上进行大类归并形成新的分类体系，例如知识视界视频教育资源库就将其多媒体学术资源分为经济管理学、工学、理学、医药学、农学、文史哲学、政法学、社会科学、艺术学、体育学、军事学、公开课程 12 个大类，再如爱迪科森网上报告厅将其资源分为理工系列、经管系列、文史系列、医学系列、综合素质、法律视点、营销系列等；还有些是结合多媒体学术资源的内容和体裁形成综合的类别体系，例如上面提到的北京大学图书馆多媒体学术资源库分为影视、音乐、戏曲、学习参考、讲座、节目、语言学习和其他 8 个类别的。

关于"热门",各个多媒体学术资源库的功能设计也各有不同,有的叫作排行榜,例如知识视界视频教育资源库中的经典热播;有的是热门关键词或热点主题,例如爱迪科森网上报告厅中的最多播放、热搜关键词,北京大学图书馆多媒体学术资源服务中的热门排行;也有些设计的是精品推荐或最新资源推荐,例如爱迪科森网上报告厅中的最近更新,北大图书馆多媒体学术资源服务中的"最新资源"等。

2.2 多媒体学术资源的检索

多媒体学术资源的检索技术有 3 种:一是文本检索;二是基于多媒体资源即图像、音频和视频的内容检索;三是语义检索。

2.2.1 图像检索

基于文本的图像检索,即对每一幅图像进行标注,或搜集图像本身及其周围的文本信息,然后通过组织这些标注或文本信息,通过对文本的检索来定位图像,本质上是一种基于关键词的匹配查找。这种方法出现在数字图像刚刚普及,图像数据规模并不大的早期,目前已不能适应海量的图片资源。

基于内容的图像检索是基于图像颜色、纹理、形状、空间关系等不同图像特征的图像检索技术,通过每种图像特征的表达方式、索引的建立和特征匹配来实现图像检索。例如基于图像颜色特征的检索,首先需要选取合适的颜色空间描述颜色特征,其次需要把颜色特征表示成向量的形式,以便建立索引和进行相似性匹配,最后需要定义不同颜色特征向量之间的距离(即特征向量对应图像间的相似程度),系统先把用户的查询表示成一个向量特征,再根据相似性准则从特征数据库中找出与该特征向量距离最近的那些特征向量,并把这些特征向量对应的图像作为检索结果。由于该技术具有一定的客观性和稳定性,而且图像特征的提取可以大规模自动化实现,该技术近些年有了很大的发展。

基于语义的图像检索通常是指基于目标和高级语义的图像检索方法,是让计算机检索图像的能力尽可能接近甚至达到人们的理解水平,该技术涵盖了传统的图像检索技术和自然语言处理技术。如何克服"语义鸿沟"是基于语义图像检索的核心问题。

2.2.2 音频检索

基于文本的音频检索技术实现原理是通过查找音频文件中的标注关键字来定位匹配的音频文件。目前,这种技术已经非常成熟,仍然是音频资源主要的检索方式。

基于内容的音频检索技术,是利用音频的幅度、频谱等物理特征,响度、音高、音色等听觉特征,词字和旋律等语义特征实现的检索。通用的方法是首先把音频归结到一些常见的类型(比如语音、音乐和噪音等),然后根据不同的音频类型分别用不同的方法处理和索引(比如音频类型是语言,就使用语音识别方法),查询输入的音频片段也进行类似的分类、处理和索引,最后比较查询索引和数据库中的音频索引,返回最为相似的音频片段。音频的本质是信息的载体,人耳听到的音频是连续模拟信号,当要利用计算机代替人对音频进行自动分析处理时,首先要使用音频采集设备将连续的音频信号离散化,变成数字化的信息,此后音频还需要经过特征提取、音频分段、音频识别分类和索引检索这几个关键步骤,此时音频已经变成了不同形式的分类规则,这些分类规则常常表现为"特征向量+类别"的查找表即索引,因此最终基于内容的音频检索变成了一个模式匹配的问题,对于输入的一段音频到音频数据库中和已有的特征向量进行比较以返回最相似的音频例子,这就是通用音频内容检索的过程。音频检索对于某些领域是非常重要的,例如新闻及音乐产业,或者输入演讲的某个片段来定位到整个演讲录音。基于内容的音频检索技术通常又被分为两个层次:一是表示级的音频检索,即不识别理解音频的内容细节,而是利用一般的声学特征,按照某种测度计算查询音频与数据库之间的相似度;二是语义级的音频检索,通常是先从音频形式中提取语义内容,或者查询请求本身就是语义内容的描述,然后在语义特征层上从检索源中搜索和查询与请求语义相似的音频数据。用户可以哼唱或弹奏一曲来找出系统中相似的歌曲。

2.2.3 视频检索

基于文本的视频检索技术即检索视频相关的文本和关键词注释如文件名、标记文本、标签、字幕等,目前大部分的商业视频搜索引擎都是使用这种方式。

基于内容的视频检索技术是视频内容检索对结构化的视频数据的场景、镜头、视频帧等各层次单元进行有效的分析并提取底层视觉特征以及高层语义描述特征,然后通过视频特征间的相似度进行匹配,从大规模的视频数据源中检索出需要的内容。基于内容的视频检索来源于图像检索,从图像的检索到视频的检索,其明显的差异在于数据从单幅静止图像变成了连续的图像帧的形式。基于内容的视频检索技术也分为两个层次,一是基于视频底层物理特征的样例检索,它利用用户给出的查询样例,分别提取样例视频和数据库视频的底层物理特征,并按照一定的相似度来计算两者之间的相似性,从而返回检索结果。第二种是基于语义的视频检索,它是通过对视频库中的视频数据进行语义分析以获得高层的语义特征,并通过对高层语义特征构建索引,检索时提取查询中的语义信息与索引库相匹配,基于某种相似度返回结果。其中,高层语义包括利用文字识别技术提取的关键帧中的文字,利用人脸检测技术获取的人脸特征,利用语音识别技术获取的语音特征等。目前基于内容的视频检索技术仍然是关注的热点和难题。

2.2.4 多媒体数据库检索

多媒体数据库的检索包含两个层面的技术:一是基于元数据信息的文本检索;二是基于多媒体资源即图像、音频和视频的内容检索。

(1) 内容检索。虽然近 10 年来多媒体内容检索技术飞速发展,但目前可支持内容检索的数据库还比较少。如百度的图片库允许用户拖拽图片到搜索框,依据图片内容进行检索,Midomi 音乐搜索引擎允许用户哼唱检索等。

(2) 元数据检索。元数据检索即对多媒体资源的名称、责任者、内容摘要、类型、体裁等信息的检索,因此其检索相对于文本型数据库而言非常简单,一般不涉及检索技术,只涉及简单的检索词或检索条件组配。同时由于多媒体资源种类繁多,不同类型多媒体资源的可检字段差别较大,所以检索时需要根据用户自身需求选择合适的检索方式。

多媒体资源的检索方式包括简单检索和高级检索两种方式：简单检索可以输入任意的检索词对全部相关字段进行检索；高级检索则可以区分类别，并可选择合适的字段以及进行组配检索。常用检索技术包括：

① 字段选择：不同多媒体资源库字段设定不同，但必备的可选字段一般只有3个，即资源名称（课程名称、节目名称……）、主题词/关键词、学科/类别，有些资源库还支持责任者（导演/主演、作曲/演奏、演讲人……）等的检索。

② 匹配方式：多媒体资源库一般支持前方一致、模糊查询和完全匹配3种检索词匹配方式，"前方一致"相当于英文检索技术中的"无限截断"，只要前方匹配就算命中；"模糊查询"相当于英文检索技术中的"通配符"，查询的内容有部分匹配就算命中；"完全匹配"相当于"精确检索"，检索字词必须全部命中且字词顺序不可改变。

③ 组配检索：一般有"并且"和"或者"两种组配关系。

④ 限定检索：可能包括语言/语种、地区/国别、出版/发行年代、类型/体裁、资源服务状态等限定检索条件，不过很多多媒体资源库并不支持限定检索，这主要和多媒体资源的著录信息比较简单(很多限定字段没有"值"、不具备检索条件)有关。

2.3 多媒体学术资源的播放及服务

多媒体学术资源由于其压缩和发布的格式不同，所以需要不同的媒体播放器支持。常用的媒体播放器包括万能播放器和 Windows Media Player、RealPlayer、QuickTime、Adobe Flash Player 以及个别多媒体数据库使用的专用播放器等。

万能播放器是指支持多种媒体格式、主要是视音频格式的播放器，目前常见的万能播放器有暴风影音、影音风暴(MYMPC)、超级兔子快乐影音、超级解霸2010，韩国的开源播放器 K-Lite 和 Kmplayer 等。

万能播放器程序小，资源占用少，支持多种多媒体格式，但它也存在很多问题，比如兼容性不好、耗电、耗内存，关键是对于某些格式文件的播放效果很差，远远不如与其格式相匹配的媒体播放器，例如常见的 Windows Media Player、RealPlayer、QuickTime、Adobe Flash Player 等几款专用的媒体播放器。

无论万能播放器还是专用播放器，对于其界面、兼容格式、更新速度以及功能等方面，很多用户都有使用的体验，当然最终选择哪一款播放器还取决于用户的个人习惯、操作系统和网络环境等。以万能播放器而言，有的用户认为暴风影音和 Kmplayer 界面好、兼容格式多，使用方便；但也有用户认为暴风影音暗藏很多流氓软件而推荐超级兔子快乐影音，认为 Kmplayer 界面差，同时作为独立软件在某些电脑上可能会影响操作。以专用播放器(这里的专用播放器是相对于万能播放器的，其实专用播放器也常常直接或通过插件等兼容其他格式)而言，较多用户推荐 RealPlayer，认为其兼容的格式多、传输速度快、比较实用，但也有用户认为其播放带有弹出窗的文件时很麻烦、播放质量不清晰，不建议使用；关于 Windows Media Player，很多用户认为其支持格式少、界面华而不实，但它是 Windows 系统绑定的多媒体播放器，很多用户也都在使用；关于 QuickTime，很多用户并不熟悉和经常使用，但苹果偏好者则必备这款播放器，有些终端数码设备例如松下数码相机也仅支持 QuickTime。这几款专用播放器的具体特点和功能还可以参考下面的详细介绍。

Windows Media Player 是微软公司出品的一款播放器,通常简称 WMP。它是一款 Windows 系统自带的播放器,支持通过插件增强功能,在版本 7 及以后的版本,支持界面定制(换肤)。1992 年微软在 Windows 3.1 当中捆绑了 WMP1.0,使 Windows 3.1 成为第一代支持多媒体的 Windows 系统;后来在 Windows 98 中内置了 WMP6.4,在 Windows Me 中捆绑了 WMP7,Windows XP 中升级到 WMP8,在 Windows XP SP2 中捆绑了 WMP9;2005 年发布了 10.0 版,2006 年发布了 11.0 版并集成到 Windows Vista 中。Windows Media Player 的功能包括:可以播放 MP3、WMA、WAV 等音频文件,如果安装了解码器,RM 文件可以播放(8.0 版以后);视频方面可以播放 AVI、MPEG-1,安装 DVD 解码器以后可以播放 MPEG-2、DVD。用户可以自定义媒体数据库收藏媒体文件;支持播放列表;支持从 CD 读取音轨到硬盘;支持刻录 CD。9.0 版开始支持与便携式音乐设备同步音乐;整合了 Windows Media 的收费以及免费服务。10.0 版更整合了纯商业的在线商店商业服务;支持界面定制(换肤);支持 MMS 与 RTSP 的流媒体。

RealPlayer 是 RealNetworks 公司的媒体播放器。RealPlayer 是一个在网络上通过流技术实现音频和视频的实时传输的在线收听工具软件,使用它不必下载音频/视频内容,只要线路允许,就能完全实现网络在线播放,极为方便地在网上查找和收听、收看自己感兴趣的广播、电视节目。主要功能包括:支持播放各种在线媒体视频,包括 Flash、FLV 格式或者 MOV 格式等,并且在播放过程中能够录制视频。同时还加入了在线视频的一键下载功能到浏览器中,支持 IE 和 Firefox 等浏览器,这样便能够下载多个视频网站如 YouTube、MSN、Google Video 等在线视频到本地硬盘里离线观看。而且还加入了 DVD/VCD 视频刻录的功能。

QuickTime 是苹果公司提供的视频处理软件,也是其 MOV 格式文件的媒体播放器。QuickTime 是一个完整的多媒体架构,可以用来进行多种媒体的创建、生产和分发,并为这一过程提供端到端的支持:包括媒体的实时捕捉,以编程的方式合成媒体,导入和导出现有的媒体,还有编辑和制作、压缩、分发以及用户回放等多个环节。QuickTime 的主要功能包括:跨平台特性,可以运行在 Mac OS 和 Windows 系统上;播放电影和其他媒体,比如 Flash 动画或者 MP3 音频;对电影和其他媒体进行非破坏性的编辑;转换各种多媒体文件格式,录制并剪辑视频/音频作品;通过第三方插件多方向扩展 QuickTime 技术;通过流媒体解决方案和以流传输方式在互联网上传播媒体内容。

Adobe Flash Player(由 Macromedia Flash Player 更名而来)是 Macromedia 公司(后归入 Adobe 公司)的一款播放器。Adobe Flash Player 能够播放小又快速的多媒体动画,以及交互式的动画、飞行标志和用 Macromedia Flash 做出的图像。这个播放器非常小,对于在网页上体验多媒体效果是个很好的开始。Adobe Flash Player 也支持高品质的 MP3 音频流、文字输入、交互式接口等很多东西。最新版本可以观看所有的 Flash 格式。

重要的商用多媒体数据库专用的播放器或插件例如"新东方多媒体学习库"的专用插件等。

除了需要安装适合的播放器以支持多媒体学术资源的点播阅览之外,很多多媒体数据库还提供交互式学习、个性化服务以及资源下载、资源链接等服务,将在下一节中结合具体的数据库进行介绍。

第三节　重要多媒体学术资源库及其使用

3.1　图片资源及其利用

3.1.1　图片资源概述

本文提到的图片资源主要是指商业公司、高校图书馆或其他官方机构运用信息技术和多媒体技术建设的,收录世界各地丰富多样的图片资源的数据库。这些数据库充分发挥图片鲜明、生动、形象、明确、清晰、真实、细腻的特点,展示国内外各种艺术品、特色馆藏和宇宙空间的作品资料,为教育、研究和欣赏提供高质量的艺术图像。

3.1.2　雅昌艺术教育课堂

1. 数据库内容

"雅昌艺术教育课堂"是雅昌集团推出的专业艺术教育服务平台,作为全球最大的中国艺术品图片资源数据库之一,收录中华文明自古至今大部分的艺术品信息资源,旨在为艺术教育领域的学者、教师和学生等用户提供高质量的艺术信息服务、图片素材查找、艺术品鉴赏,以及定制化教学辅助服务。

"雅昌艺术教育课堂"资源总量 638 527 条,包括中国画 241 762 条、书法 91 822 条、陶瓷 98 560 条、玉石珠宝 68 560 条、古董珍玩 87 513 条、古典家具 26 470 条、民间艺术 2 979 条、邮品钱币 20 861 条等。数据库还提供了精品库导航,包括郎世宁宫廷画精品库(231 个相关图片)、齐白石精品库(6 552 个相关图片)、青花瓷精品库(27 046 个相关图片)、青铜器精品库(577 个相关图片)、和田玉精品库(1 119 个相关图片)、银元精品库(234 个相关图片)、唐卡精品库(753 个相关图片)。

数据库网址:http://www.artbase.cn/home/index

2. 数据库检索

(1) 检索功能。"雅昌艺术教育课堂"提供了一框式检索功能,输入关键词可以对数据库中的所有图片资源进行检索,并在检索结果页面提供了分类、题材、主题关键词、技法、技法关键词、形制、创作年代和作者等二次筛选功能。

浏览:"雅昌艺术教育课堂"提供非常强大的分类浏览功能,可以对中国画、书法、陶瓷、玉石珠宝、古典家具、民间艺术、邮品钱币等主题的图片按照不同的分类进行筛选和浏览;针对中国画和书法等图片,还提供了按艺术家导航功能。

① 中国画分类浏览:按题材分为全部、人物、山水、花鸟、花卉、蔬菜、瓜果、飞禽走兽、草虫、鱼虫、吉祥如意、升官发财、福禄寿喜、富贵、长寿、平安、镇宅辟邪、多子多福、五谷丰登、年年(连)有余、百年好合、宗教、体育运动、政治历史、民情风俗、神话传说、清供、小品画、抽象、卡通、建筑、场景和其他等题材;按技法分为全部、工笔、写意和白描;按形制分为全部、立

轴、手卷、对联、屏条、横批、册页、斗(方)、扇面、成扇、团扇、镜心(片)和圆光等。

② 书法分类浏览:按种类分为全部、书法、碑帖、写本写经和书札文牍等;按书体分为全部、篆书、隶书、楷书和草书等。

③ 陶瓷分类浏览:按种类分为全部、元代以前陶瓷、明代青花瓷器、明代彩瓷、明代单色釉瓷器、清代青花瓷器、清代青花釉里红瓷器、清代斗彩瓷器、清代五彩瓷器、清代粉彩瓷器、清代单色釉瓷器、清代其他彩釉瓷器、民国瓷器、紫砂器和现当代及其他瓷器等;按题材分为全部、人物、山水、花鸟、花卉、蔬菜瓜果、飞禽走兽、草虫、鱼虫、纹饰、吉祥如意、升官发财、福禄寿喜、富贵、长寿、平安、多子多福、五谷丰登、神话传说和其他等;按器型分为全部、碗、杯、盘、罐、瓶、壶、炉、花觚、盒、盏和鼎等;按色彩分为全部、白釉、绿釉、青釉、哥釉、红釉、黄釉、蓝釉、紫釉、黑釉、窑变釉、炉钧釉、茶叶末釉、珐琅彩、素三彩、唐三彩和彩瓷等。

④ 玉石珠宝分类浏览:按种类分为全部、玉石佩件、玉石摆件和玉石礼器和珠宝翡翠等;按题材分为全部、人物、山水、花鸟、花卉、蔬菜瓜果、飞禽走兽、草虫、鱼虫、吉祥如意、升官发财、福禄寿喜、富贵、长寿、平安、镇宅辟邪、多子多福、五谷丰登、年年(连)有余、百年好合、宗教、体育运动、政治历史、民情风俗、神话传说、抽象、卡通、建筑和其他;按材质分为全部、玉石、翡翠珠宝、金、银、铜、铁和锡等;按器型分为全部、把玩、扳指、杯、璧、琮、刀剑、鼎、戈、觥、罐、簋(簠)、盒、壶、花觚、璜、炉(熏)、牌、盘、佩饰、珮(佩)、屏风、瓶、碗、盏、枕、镯子和尊等。

⑤ 古董珍玩分类浏览:按种类分为全部、青铜器、铜铁器、金银器、珐琅器、铜镜、古琴、漆器、织绣、钟表、宗教艺术、竹木牙角、鼻烟壶、文房用品和工艺品及其他;按题材分为全部、人物、山水、花鸟、花卉、蔬菜瓜果、飞禽走兽、草虫、鱼虫、吉祥如意、升官发财、福禄寿喜、富贵、长寿、平安、镇宅辟邪、多子多福、五谷丰登、年年(连)有余、百年好合、宗教、体育运动、政治历史、民情风俗、神话传说、抽象、卡通、建筑和其他;按材质分为全部、玉石、翡翠珠宝、金、银、铜、铁、锡、竹、木、紫檀、黄花梨、铁力木、鸡翅木、榉木、红木、花梨木、楠木、沉香、黄杨木、酸枝木、其他木料、牙、角、料、葫芦、核桃、漆、陶瓷和锦帛绸缎等;按器型分为全部、碗、杯、盘、罐、瓶、壶、尊、炉、花觚、盒、枕、渣斗、盏、鼎、簋(簠)、罍、觥、钟、钩镶、戈、刀剑、璧、琮、琥、璜、珮(佩)、扳指、镯子、牌、佩饰和把玩等;按技法分为单色釉、五彩、斗彩、粉彩、青花和釉里红等。

⑥ 古典家具分类浏览:按种类分为全部和古典家具;按材质分为全部、紫檀、红木、楠木、其他木材、玉石、金、银、铜和铁等;按器型分为全部、凳、椅、桌、箱、柜、床榻、屏风和案几等。

⑦ 民间艺术分类浏览:按种类分为全部、年画、剪纸艺术、塑作艺术、编织艺术和民间艺术其他。

⑧ 邮品钱币分类浏览:按种类分为全部、邮品和钱币。

⑨ 推荐专题和最新上传:中国画、书法、陶瓷、玉石珠宝、古典家具、民间艺术、邮品钱币等主题都有最新推荐专题、最新上传专题和最新上传艺术品图片等功能模块,每个专题都有专题简介和专题相关艺术品图片。

(2) 检索技术。"雅昌艺术教育课堂"只支持输入关键词进行精确匹配检索,匹配范围包括图片元数据的所有字段。

(3) 检索结果。如图9-1检索结果页面呈现的艺术品缩略图、作品名称、作品作者、作品题名、作品尺寸和更多详情(包括其他题名信息、作品简介、作者简介、馆藏单位、印鉴题识、铃印、收藏印和作品尺寸等),还具有查看高清大图、生成PPT、生成Word、添加到收藏夹、分享到微信、微博、QQ、邮件等功能和关联信息(包括同作者相关作品、看过此图的人还看过以及所有评论)。

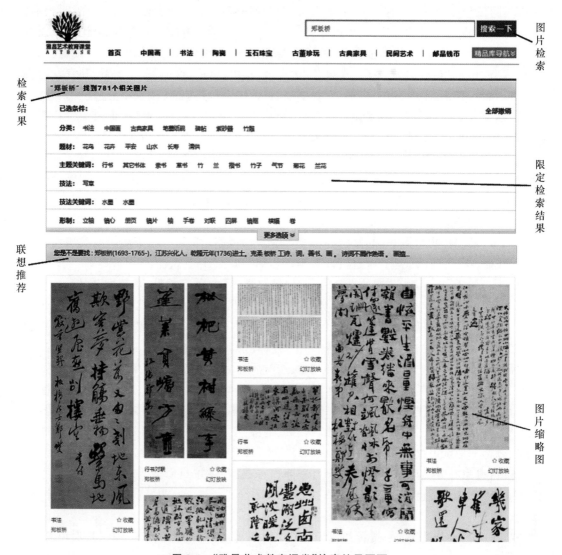

图9-1 "雅昌艺术教育课堂"检索结果页面

(4)用户服务。"雅昌艺术教育课堂"允许用户注册个人账户,并在个人账户下面创建分组,收藏图片,进行幻灯片放映,生成PPT,生成Word等操作。

3.1.3 哈佛大学HOLLIS图片库

1. 数据库内容

哈佛大学HOLLIS图片库(HOLLIS Images)是哈佛大学图书馆的专用图片影像目录,包括来自哈佛大学档案馆、博物馆、图书馆和其他馆藏的内容,具体内容如下。

阿诺德植物园/园艺图书馆(牙买加平原)(Arnold Arboretum/Horticulture Library (Jamaica Plain))：该图书馆记录自 1889 年以来植物园景观和生物演变的图像，还包括中国、韩国、日本和世界其他地区的照片。

哈佛商学院贝克图书馆特别收藏(Baker Library Special Collections，Harvard Business School)：主要收藏美国商业和工业发展的图像。

贝伦森图书馆，塔提别墅图片画廊(Biblioteca Berenson, Fototeca, Villa I Tatti)：由美国艺术评论家 Bernard Berenson(1865—1959 年)提供的材料，以及记录 1974—1983 年阿西西圣弗朗西斯科大教堂壁画的 1 500 多张照片。

植物学图书馆(Botany Libraries)：提供灰色草药馆的档案、爱德华·帕尔默(Edward Palmer)的照片和 Farlow 植物馆的档案。

卡博特科学图书馆(Cabot Science Library)：保存着加德纳收藏，照片记录了 19 世纪 80 年代末至 20 世纪 10 年代新英格兰景观的地质特征。

希腊研究中心(Center for Hellenic Studies)：包括古代地中海艺术、考古以及 20 世纪初希腊和罗马考古遗址和博物馆文物的图像。

哈佛医学院医学史中心医学历史资料库(Countway Library of Medicine,Center for the History of Medicine,Harvard Medical School)：包括哈佛医学院校园的历史图像、理查德·皮尔逊收藏集的图片以及 18 世纪和 19 世纪医学主题的讽刺版画。

埃恩斯特·迈尔图书馆，比较动物学博物馆(Ernst Mayr Library，Museum of Comparative Zoology)：路易斯·阿加西的主要艺术家雅克·伯克哈特从塞耶展览到巴西(1865—1866 年)的资料。

冯氏图书馆(Fung Library)：该图书馆保存着记录苏联农业、工业、日常生活和文化习俗的照片；记录俄罗斯一位著名妇女权利领袖生活的照片；描绘了政府赞助的 20 世纪 80 年代德黑兰宣传壁画的图片。

Artemas Ward House 博物馆：目前和历史上对 Artemas Ward House 博物馆的外部和内部看法，以及 Ward 家族拥有的军事、农业和家庭物品的图像。

哈佛艺术博物馆(Harvard Art Museums)：来自欧洲、北美、北非、中东和东南亚，从古代到现在的艺术图片资源。

哈佛神学院(Harvard Divinity School)：藏品中有 30 多年来前往地中海地区考古遗址和博物馆的图片。

哈佛美术图书馆数字图像和幻灯片(Harvard Fine Arts Library，Digital Images & Slides Collections)：收藏了美洲、欧洲、亚洲、非洲以及从史前到现在的古代和伊斯兰世界的艺术和建筑作品。

哈佛美术图书馆特藏(Harvard Fine Arts Library Special Collections)：存放有照片、灯笼幻灯片、明信片和记录艺术和建筑的拓片，以及大量亚洲和中东的历史照片。

哈佛电影档案(Harvard Film Archive)：包括来自档案的运动图片和海报。

哈佛森林图书馆(Harvard Forest Library)：1908 年至今的新英格兰的景观、植物群和动物群图像。

哈佛肯尼迪学院图书馆和知识服务(Harvard Kennedy School Library & Knowledge

Services)：图书馆藏有丰富的政治图片，呈现美国州、地方和全国的政治活动，以及重要的投票倡议和社会问题。

哈佛法学院图书馆(Harvard Law School Library)：包括哈佛法学院班级照片、法官奥利弗·温德尔·霍姆斯有关的物品和两次纽伦堡审判的照片。

哈佛美术博物馆哈佛肖像/时钟收藏(Harvard Portrait/Clock Collections, Harvard Fine Arts Museum)：教师、校长、杰出的毕业生和捐助者的照片以及81个计时器。

霍顿图书馆哈佛剧院特藏(Harvard Theatre Collection, Houghton Library)：表演艺术历史上的材料，包括表演以及在表演艺术中工作的机构和人的文件和照片档案。

哈佛大学档案馆(Harvard University Archives)：照片收藏时间从19世纪50年代到20世纪末，提供了有关大学生活和摄影史的丰富信息来源。

哈佛-燕京图书馆(Harvard-Yenching Library)：收藏了大量东亚地区传统和现代照片以及中国拓片。

霍顿图书馆(Houghton Library)：收藏了新英格兰作家和他们的家人的照片，包括亨利·詹姆斯、拉尔夫·沃尔多·爱默生和奥利弗·温德尔·霍姆斯。

图像收藏与实地工作档案馆、邓巴顿橡树研究图书馆和收藏(Image Collections & Fieldwork Archives, Dumbarton Oaks Research Library and Collection)：收藏了拜占庭时期的欧洲、亚洲以及古代和伊斯兰世界的艺术和建筑图像。

韦德纳图书馆犹太分部(Judaica Division, Widener Library)：收藏了记载犹太人在世界各地，特别是在以色列土地上的过去百年生活的图像。

哈佛设计研究院 LOEB 设计(Loeb Design, Harvard Graduate School of Design)：收藏包括代表建筑、景观建筑和城市规划和设计的图像。

韦德纳图书馆中东分部(Middle Eastern Division, Widener Library)：收藏了大量的电影、文学、非政府组织、政府、宗教、旅行、教育海报和来自不同时期和国家的日历。

米尔曼·帕里口头文学集(Milman Parry Collection of Oral Literature)：收藏了来自哈佛大学教授米尔曼·帕里和阿尔伯特·洛德20世纪30年代前往南斯拉夫的800多张照片和明信片，他们在那里学习并录制了南斯拉夫英雄歌曲。

皮博迪考古学和民族学博物馆(Peabody Museum of Archaeology and Ethnology)：存放着华盛顿卡内基研究所(CIW)收藏的数字图像，记录了1929—1957年在中美洲进行的考古研究。

雷德克里夫学院档案馆，施莱辛格图书馆(Radcliffe College Archives, Schlesinger Library)：收藏与拉德克利夫学院、学生、校友、捐献者、哈佛大学教员和哈佛大学妇女有关的物品。

施莱辛格美国妇女历史图书馆，拉德克利夫研究所(Schlesinger Library on the History of Women in America, Radcliffe Institute)：收藏19世纪和20世纪的妇女生活图片，包括选举权、社会改革、妇女在政府服务和劳工运动等。

韦德纳图书馆 Slavic 分部(Slavic Division, Widener Library)：收藏了保加利亚、克罗地亚、捷克共和国、波兰、俄罗斯、乌克兰等国家从20世纪最后一个季度到现在的海报。

西奥多·罗斯福特藏(Theodore Roosevelt Collection)：记录了罗斯福的生活和职业，包括正式的肖像、新闻摄影和家庭相册等。

托泽图书馆(Tozzer Library)：馆藏涉及人类学、生物学、物理学、考古学和语言学。

韦德纳图书馆(Widener Library)在线馆藏：包括19世纪末和20世纪初的非洲、东亚和印度的图片、报纸和海报。

哈佛大学HOLLIS图片库的网址是 https：//images.hollis.harvard.edu

2．数据库检索

(1) 检索功能。一框式检索：在哈佛大学HOLLIS图片库的图片检索框中键入主题、标题或创建者关键字进行搜索，搜索不区分大小写，可以通过带引号的精确短语进行检索，如"Garden of Eden"；也可以使用带有布尔运算符的检索词进行检索，如 Matisse NOT flowers；使用通配符进行检索，如 feminis?、child*等；使用括号进行组合检索，如("equal rights amendment" OR feminism) AND posters。

高级检索：使用"高级检索"页面构造复杂检索，可以将检索条件限制在一个或多个特定字段(索引)上，并可以选择搜索范围和检索字段等信息。检索字段包括全部字段、题名、作者/创建者、主题、形式/体裁、地点、出版/制作地点、图像存储库、HOLLIS♯等。

限定检索结果：通过右侧限定检索结果面板，可以选择显示的排序方式(相关性、时间、作者、标题等)；是否只显示在线资源；限定日期、主题、作者/创作者、地点、形式/体裁、图像存储库和哈佛馆藏等。

(2) 检索技术。哈佛大学HOLLIS图片库支持一框式检索、高级检索和限定检索结果。在一框式检索中，支持使用带引号的短语进行精确检索，也支持使用布尔运算符和通配符进行组合检索，在高级检索中，可以构造复杂检索式进行检索。

(3) 检索结果。哈佛大学HOLLIS图片库检索结果页面如图9-2所示，包括图片缩略图、标题、作者/创作者、描述、主题、形式/体裁、相关工作、相关信息、使用约束、创建日期、仓储、HOLLIS编码、永久链接、数据源等信息，并可以通过复制图像链接、发送邮件、引用、导出RIS、导出Bibtex、打印和添加到列表等方式使用或获取图像资源。

(4) 用户服务。哈佛大学HOLLIS图片库提供咨询馆员(Ask a Librarian)服务，并在该页面汇总了读者使用HOLLIS图片库遇见的常见问题及解决方案。如果你是哈佛大学的学生，可以与图书馆馆员进行预约，由专业馆员就你的主题、制定的研究策略、定位和使用资源等方面进行交流并提出建议。

3.1.4 戈达德太空飞行中心图片库

1．数据库内容

"戈达德太空飞行中心"(Goddard Space Flight Center)是美国国家航空航天局(NASA)的一个主要研究中心"戈达德太空飞行中心"的官方网站，提供哈勃望远镜和詹姆斯·韦伯空间望远镜数据，包括图片、视频和多媒体资源3个子库。

网址：https：//www.nasa.gov/goddard

图 9-2　哈佛大学 HOLLIS 图片库检索结果页面

2. 数据库检索

(1) 检索功能。戈达德太空飞行中心支持输入关键词进行一框式检索。

按主题(Topics)浏览：人在太空(Humans in Space)、月球到火星(Moon to Mars)、地球(Earth)、航天技术(Space Tech)、飞行(Flight)、太阳系及其他(Solar System and Beyond)、STEM 参与(STEM Engagement)、历史(History)、福利(Benefits to You)和所有主题(All Topics A～Z)。

按使命(Missions)进行浏览：商业船员(Commercial Crew)、哈勃太空望远镜(Hubble Space Telescope)、詹姆斯·韦伯太空望远镜(James Webb Space Telescope)、朱诺：木星任务(Juno：Mission at Jupiter)、国际空间站(International Space Station)、帕克太阳探测器(Parker Solar Probe)、发射和着陆(Launches and Landing)以及所有使命(All Missions A～Z)。

(2) 检索技术。支持对所有字段信息进行一框式检索,匹配方式是模糊匹配。

(3) 检索结果。检索结果页面如图 9-3 所示,包括图片名称、图片分享、图片简介、图片缩略图、相关图片推荐等,并可以通过邮件、Facebook、Twitter 和打印等方式进行获取图片和分享图片。

(4) 用户服务。为媒体提供了美国宇航局新闻发布、美国宇航局公报视频和最新新闻简报等资源的订阅服务,还针对采访需求提供了联系方式；为不同年级的教育者和学生开发了航空航天相关的 APP、课程、活动以及书签、彩页、海报、日历等资源。

第九章　多媒体学术资源

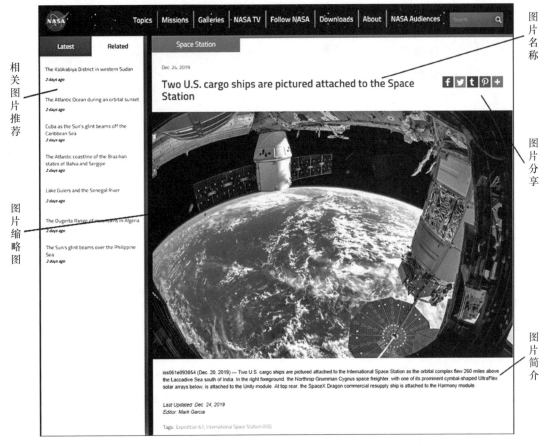

图 9-3　戈达德太空飞行中心图片库检索结果页面

3.1.5　Bridgeman 艺术图书馆

"Bridgeman 艺术图书馆"（Bridgeman Education）提供高品质艺术图片资源，收藏来自全球博物馆、美术馆以及私人收藏、摄影家和艺术家的作品，内容包括壁画、油画、雕刻品、版画及印刷品、手稿、陶瓷品、照片、雕刻、建筑图片、地貌及地势图片、肖像等，涉及艺术、医学、文学、设计、音乐、摄影、宗教研究、时尚界、哲学、历史、政治、地理、社会研究、科学、考古学、建筑等主题。数据库共收录超过 100 万张图片。

"Bridgeman 艺术图书馆"的具体内容包括：

(1) 1 600 个博物馆、美术馆、机构和私人收藏品；

(2) 8 000 个地理位置；

(3) 30 000 名艺术家；

(4) 3 000 幅壁画；

(5) 1 800 幅油画；

(6) 32 000 件雕刻、平版和印刷品；

(7) 7 000 篇手稿；

(8) 22 600 个陶瓷；

(9) 17 000 张照片；

(10) 11 000 座雕塑；

(11) 16 000 张建筑图片；

(12) 18 000 幅景观和地形图像；

(13) 28 000 张肖像；

(14) 6 000 个设计和图案；

(15) 2 100 幅珠宝和宝石图片。

数据库网址：http://www.bridgemaneducation.com/

3.1.6 ARTstor 数字影像图书馆

ARTstor 是 2011 年由梅隆基金会发起创立的、2003 年成为独立的非营利性公益组织。"ARTstor 数字影像图书馆"(ARTstor Digital Library)收录超过 250 万张艺术、建筑、人文和科学的影像。运用先进的影像浏览软件以及不断增加的影像内容，帮助博物馆研究员、教育工作者、学者和学生利用影像数据进行教学、研究和学习。ARTstor 的藏品来自一流博物馆、专业摄影师、图书馆、学者、照片档案馆、艺术家和艺术家的收藏。

"ARTstor 数字影像图书馆"可授权非营利机构将影像用于非营利性和非商业性的教育、研究和学术研究活动，并利用可信赖的技术平台与设备，通过密码保护和加密的软件环境，在校园、博物馆和图书馆间分享高分辨率的影像。

数据库网址：http://www.artstor.org/

3.1.7 大不列颠百科图片库

"大不列颠百科图片库"(Britannica Image Quest)收藏了芝加哥历史博物馆、伦敦国家肖像画廊、伦敦国家博物馆、国家地理杂志、盖蒂图片社、《不列颠百科全书》出版社等著名博物馆、画廊、权威杂志和出版社的 300 多万张高质量的图片，涵盖科学、地理、历史、人文风情等主题。由《不列颠百科全书》出版社出版。

数据库网址：http://quest.eb.com/

3.1.8 百度图片

百度图片是百度从数十亿网页中提取各类图片，建立的一个拥有近亿张图片的图片库，并使用世界前沿的人工智能技术，用更流畅、更快捷、更精准的搜索体验，帮助用户进行图片搜索。颇具特色的子产品"百度识图"，可以让用户通过上传或输入图片地址，通过图像识别技术和检索技术，为用户展示该张图片的详细相关信息，同时也可得到与这张图片相似的其他海量图片资源。

数据库网址：http://image.baidu.com/

3.2 音乐资源及其利用

3.2.1 音频资源概述

本文提到的音频资源主要是指收录世界各地丰富多样的古典音乐、民族风情音乐和有声读物等具有学术价值的音频资源的数据库。这些数据库通常会配有详细的唱片介绍、歌剧故事大纲、作曲家及演奏家生平介绍等丰富的文字资料介绍，以满足不同层次的研究者和欣赏者的需求，为教育、研究和欣赏提供高质量的音频资源。

3.2.2 KUKE 数字音乐图书馆

1. 数据库内容

"KUKE 数字音乐图书馆"由北京库客音乐股份有限公司提供内容和技术支持。内容主要包括两部分：其一是经典在线音乐，其二是配乐英语原声读物。经典在线音乐部分收藏古典音乐和中国、美国、西班牙、日本、瑞士、南非、伊朗等多个国家独具特色的民族风情音乐，包括爵士音乐、电影音乐、新世纪音乐等多种体裁、品种，汇聚了从中世纪到现代约 90 000 位艺术家、2 000 多种乐器的音乐作品，总计超过 280 万首曲目。除了唱片外，还有丰富的文字资料介绍，配备了详细的唱片介绍，提供歌剧故事大纲、作曲家及演奏家生平介绍等，以满足不同乐器、不同层次的音乐学习者和欣赏者的需求。配乐英语原声读物部分有小说、诗歌、哲学、艺术、历史、传记等经典美文，由美国哥伦比亚广播公司（Columbia Broadcasting System, CBS）和英国广播公司（British Broadcasting Corporation, BBC）专业播音员朗读，配有经典的古典音乐背景。

"KUKE 数字音乐图书馆"在包括 Naxos、马可波罗（Marco Polo）以及中国唱片总公司等多家国际知名唱片公司的版权支持下，较好地解决了在线音乐的版权问题，其在线音乐具有较高品质。

数据库网址：http://www.kuke.com/artcenter

1. 数据库检索

（1）检索功能。"KUKE 数字音乐图书馆"针对古典音乐和世界民族音乐提供了一框式检索和高级检索，针对乐谱提供了一框式检索。古典音乐的高级检索提供了作曲家、改编者、作词家、艺术家、乐队（合唱团、合奏团、管弦乐队）、厂牌、名称、分类、乐器、时期、国家/地区、创作年代、发行日期和时长等检索字段。世界民族的高级检索提供国家/地理区域、作曲家、改编者、作词家、艺术家、厂牌、文化群体、名称、分类、乐器、乐队（合唱团、合奏团、管弦乐队）和时长等检索字段。

浏览："KUKE 数字音乐图书馆"有非常强大的浏览功能。首页可以选择艺术家、类别（管弦乐、协奏曲、歌剧、器乐、室内音乐、声乐、宗教合唱、声乐合唱、世俗合唱、芭蕾舞剧、轻歌剧和管乐合唱团等）和推荐厂牌进行浏览；另外还在菜单栏"艺术中心"下面提供按古典音乐、视频、有声读物、剧院、乐谱和 K+现场等类别进行浏览。

① 古典音乐：主页有精选专辑推荐；在人物页面，可以按照姓名首字母顺序选择作曲家或艺术家进行浏览；在分类页面，可以按类别进行分类浏览，共提供了中国音乐、当代爵士、

流行与摇滚、宗教合唱、世俗合唱、当代器乐、管乐合奏团、歌剧、轻歌剧、声乐合唱、协奏曲、芭蕾舞剧、管弦乐、室内音乐、声乐作品、影视音乐、器乐曲和世界等 18 类别；在厂牌页面，可以按照厂牌首字母的顺序选择厂牌进行浏览；在资源页面，可以按照特定资源汇总进行分类浏览，包括拿索斯音乐字典、考级音乐播放列表（英皇音乐考级、俄亥俄州音乐教育发展协会、英国圣三一音乐考试）、浏览指南（巴洛克时期、古典音乐的故事、浪漫主义时期、浪漫主义时期的民族乐派、20 世纪音乐）、学习指南（澳大利亚、爱尔兰、北美、韩国、英国）、初级部分（古典音乐的故事、儿童音乐、有声读物录音文本、初识管弦乐、世界儿童音乐）、歌剧（剧本摘要、艺术家、作曲家、音乐术语）。

② 视频：有新上架、歌剧精选、音乐会精选、舞蹈精选和经典大师授课等浏览方式。

③ 有声读物：可以按照全部、唐诗、传记、宋词、儿童文学、青少年文学、莎士比亚、其他作家、经典文学、诗词、哲学、音乐家传记、艺术、史诗、历史、文集/诗集、选辑、初级历史、非小说类、文学、初级非小说类、广播剧和宗教等类别进行分类浏览。

④ 剧院：有直播日历和点播推荐两种浏览方式。

⑤ 乐谱：提供顺序浏览。

⑥ K+现场：主页显示直播演出信息。

（2）检索技术。"KUKE 数字音乐图书馆"的一框式检索是在音频元数据的各个字段中进行检索，检索方式是精确检索；高级检索是通过高级检索页面上的各个字段构建检索式进行检索，检索方式也是精确检索。

（3）检索结果。检索结果如图 9-4 显示命中的专辑条数，其中专辑结果列表包括专辑名称、专辑曲目、专辑封面和专辑信息（分类、作曲家、艺术家、厂牌、专辑号、发布日期等），勾选曲目名称可以在线播放、添加到唱片夹、添加到我的喜欢；添加到单曲夹、分享和添加到播放列表等。

图 9-4 "KUKE 数字音乐图书馆"检索结果页面

(4) 用户服务。"KUKE 数字音乐图书馆"允许用户注册个人账户,在个人账户下面有我的喜欢、我的订阅和我的唱片夹等功能,帮助用户收藏喜欢的音频资料。另外,"KUKE 数字音乐图书馆"针对公共文化艺术领域、大学及高等院校、中小学、学前教育和商品等提供整套解决方案,包括使用艺术资源,搭建数字音乐资源平台,打造音乐视听室及体验空间,提供音乐艺术数字资源建设,打造多媒体共享空间和专业智能音乐教室等服务,实现经典唱片收听、高清影音观赏、HIFI 欣赏、音视频自助体验、多媒体自助编辑等功能。

3.2.3 ASP 音乐资源

1. 数据库内容

美国亚历山大出版社(Alexander Street Press)的在线音乐(Music Online)数字资源,由电子与音乐公司(Electric and Musical Industries Ltd,EMI)、圣殿经典(Sanctuary Classics)、亥伯龙(Hyperion)等几十家国际著名唱片公司提供完全版权,全部内容可以在线欣赏,并提供约 130 万页的音乐参考资料。ASP 在线音乐的具体内容如下。

(1) 美国音乐:收录乡村音乐、民间音乐、爵士乐、蓝草音乐、西部音乐、旧时代音乐、美国印第安音乐、布鲁斯音乐等一系列在线音频,以支持美国传统音乐的教学。

(2) 古典音乐:收录从中世纪到当代的所有主要流派和时期的古典音乐,包括合唱作品、交响乐、歌剧和先锋音乐等,以支持古典音乐的教学和研究。

(3) 爵士乐:收录大量在线录音,包括爵士乐、大乐队音乐、现代爵士乐等,以支持爵士乐和相关音乐类型的教学和研究。

(4) 流行音乐:收录包括流行音乐主要流派的数十万首曲目,比如乡村、基督教、电子、嘻哈、金属、朋克、新时代、摇滚、配乐等。

(5) 戏剧:以美国、欧洲、亚洲和其他几个世纪以来世界各地剧作家的作品为主,还提供数十部关于戏剧的纪录片和访谈。

(6) 世界音乐:涵盖近 170 个国家和 1 000 多个文化团体的音乐。除了收录大量的民间音乐,还包括嘻哈、说唱、电子、口语和歌剧等其他类型音乐。

ASP 在线音乐的网址:https://search.alexanderstreet.com/music-performing-arts

2. 数据库检索

(1) 检索功能。ASP 音乐资源提供一框式检索和高级检索功能。高级检索根据不同的音乐种类提供不同的检索字段。比如,美国音乐的检索字段包括任何文本(Words Anywhere)、全文/手稿(Fulltext/Transcripts)、标题及系列(Title and Series)、主题(Subject)、目录号(Catalog Number)、出版/发布日期(Date Published/Released)、写作/记录日期(Date Written/Recorded)等。

(2) 检索技术。ASP 音乐资源的检索方式包括一框式检索和高级检索。一框式检索是在音频资源元数据的各个字段中进行检索,匹配方式是模糊匹配;高级检索是通过检索页面的各个字段进行组合检索,匹配方式也是模糊匹配。

(3) 检索结果。ASP 音乐资源的检索结果页面如图 9-5 显示命中的检索结果数量和结果列表。结果列表显示音频资源缩略图、标题和简介,单击缩略图或标题可以播放音乐。

(4) 用户服务。ASP 音乐资源允许注册个人账户,登录个人账户后可以收藏音乐资源,并可以对收藏的音乐资源进行格式化引用、邮件发送、导出收藏列表、保存收藏列表、分享收藏列表和播放列表音乐等。

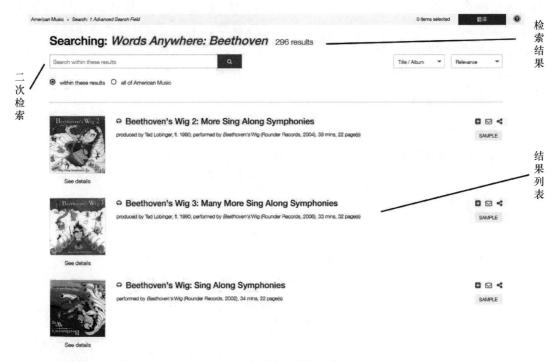

图 9-5　ASP 音乐资源的检索结果页面

3.2.4　拿索斯音乐图书馆

"拿索斯音乐图书馆"（Naxos Music Library）是最全面的古典音乐收藏图书馆之一，可在网上提供超过 290 万首包含古典音乐、爵士乐、世界、民间和中国音乐等的优质录音，并且每月增加 600 多张专辑。它包括如随想曲（Capriccio）、大钢琴（Grand Piano）、纽约爱乐乐团（New York Philharmonic）等 940 多个标签，另外还有近 1 000 部歌剧概要，超过 4 万名作曲家和艺术家的传记，澳大利亚、加拿大、爱尔兰、韩国和美国的互动音乐课程，英国皇家音乐学院、三一学院、伦敦市政厅的音乐考级播放列表和音乐笔记、艺术作品封面、器材和出版商信息等资源。

数据库网址：https://www.naxosmusiclibrary.com/

3.2.5　Midomi 音乐搜索数据库

"Midomi 音乐搜索数据库"是基于声音的乐曲搜索工具。唱歌、哼唱或者吹口哨就可以立即找到目标乐曲，并连接到与目标音乐兴趣相同的社区。该库允许用户使用任何语言或以任何流派在 Midomi 的在线录音棚内唱歌来为数据库贡献歌曲，其他人搜索这首歌时，该用户的演唱可能会成为首条搜索结果。并且 Midomi 允许用户建立自己的档案，演唱自己喜爱的歌，分享这些歌曲，与其他 Midomi 用户交流，聆听其他用户的演唱，为他们打分，观看他们的图片，给他们发送消息，购买原创乐曲等。另外 Midomi 有一个大型数字乐曲商店,提供了两百多万首合法乐曲,并且正在不断增多。用户可以试听并购买原创录音,并在计算机或其他兼容音乐播放器上播放。

数据库网址:http://www.midomi.com/

3.3 视频节目资源及其利用

3.3.1 视频节目资源概述

视频教育是一种新的教育方式,早在20世纪80年代,澳大利亚、美国、德国、法国等发达国家就成立了专业的科教节目制作中心,他们针对不同年龄段的学生,按不同的学科,制作了一系列的科教节目。这些节目应用到各级学校的教学和学习中后,取得了非常好的效果。视频内容直观、形象,具有很强的说服力,更易使人理解和接受片中的知识。本文提到的视频节目资源主要是指商业公司为满足不同需求、不同层次的研究者和欣赏者的需求,运用信息技术和多媒体技术建设的,收录世界各地丰富多样的具有学术价值的视频节目资源的数据库。

3.3.2 爱迪科森网上报告厅

1. 数据库内容

"爱迪科森网上报告厅"是由北京爱迪科森信息技术有限公司提供内容和技术支持,该库整合中央电视台、清华大学、中华医学会、中国经济50人论坛等权威学术机构的专家报告资源,构建出学术报告和学术鉴赏两大视频报告群,涵盖了经济、政治、法律、历史、文学、艺术、医学、科技、体育、心理、战争等多个学科。

学术报告视频报告群包括"综合素质""营销系列""医学系列""心理健康""文史系列""外语学习""体育系列""农林系列""理工系列""就业择业""经管系列""教育培训""法律视点"和"党政系列"等14个专家报告系列。"综合素质"可以帮助学生提高心理素质、商务礼仪,拓展知识面,提高综合素质;"营销系列"对营销本身和营销人员的要求进行了较为全面的分析,为从一名普通大学生成长为营销人员提供了一套完整的教材;"医学系列"包括健康常识、医学专家对各疑难杂症的学术讲座和手术录像等,可以帮助医学专业的学生提高专业技能,增强非医学专业学生的健康意识;"心理健康"包括心理与职业发展、校园专题、两性关系、教育心理学、家庭心理学和沟通与交流等主题的课程视频;"文史系列"是提升广大师生文化素质的教材,既可以品读《水浒》《红楼梦》,也可以通过《清十二帝疑案》了解真正的历史;"外语学习"包括外语入门、语言与交流和高级外语等课程视频;"体育系列"包括中国武术、舞蹈健身、体育运动、球类运动和棋牌等课程视频;"农林系列"包括种植养殖、政策形势、农林科技、农村建设和民生科普等课程视频;"理工系列"主要来源于中央电视台、清华大学,包括杨振宁、丁肇中、李政道等诺贝尔奖获得者,也包括周光召、白春礼、戴汝为等一大批两院院士的报告;"就业择业"包括职业规划、职场生活、商务礼仪和创业求职等课程视频;"经管系列"包括了一大批专家(如林毅夫、周小川、龙永图、成思危等)针对目前经济领域的热点问题所作的深度报告,涵盖的经济理论、财政金融、企业管理等范围;"教育培训"包括图书馆学、素质修养、考研学习、教育改革、技能培训、计算机培训和出国留学等课程视频;"法律视点"来源于中央电视台,内容以新闻事件切入,让百姓参与讨论,并有法律专家评点,寓法理和观点于案例;"党政系列"包括政策指导、应急管理、文化中国、前沿观察、领导艺术、理论学习、科学发展观、改革开放、党员学习和党的建设等课程视频。

学术鉴赏视频报告群整合了中央电视台多个栏目,提供人物访谈、科普类视频资料。目前已推出旅游地理、军事系列、探索发现和对话等4个专家报告系列。

数据库网址:http://wb.bjadks.com/home

2. 数据库检索

(1)检索功能。可选择主题、课程、视频和讲师4个字段进行检索。

浏览:可以通过首页的"推荐课程""推荐专家"和"猜你喜欢"进行浏览,也可以通过菜单栏"学术报告""学术鉴赏"和"讲师推荐"进行分类浏览。

"学术报告"包括"综合素质""营销系列""医学系列""心理健康""文史系列""外语学习""体育系列""农林系列""理工系列""就业择业""经管系列""教育培训""法律视点"和"党政系列"等14个专家报告系列。每个报告系列又可以通过二级分类和时间进行筛选和浏览。"综合素质"包括全部、中国记忆、文化礼仪、生活百科、名人轶事、美食天下、鉴宝欣赏、环球视野、华夏文明、国学、个人修养等二级分类;"营销系列"包括全部、资源整合、营销管理、商务谈判、企业创新和国际贸易等二级分类;"医学系列"包括全部、中医教学、医疗自救、临床教学和健康科学等二级分类;"心理健康"包括全部、心理与职业发展、校园专题、两性关系、教育心理学、家庭心理学和沟通与交流等二级分类;"文史系列"包括全部、文学艺术、名人经传和历史长廊等二级分类;"外语学习"包括全部、外语入门、语言与交流、雅思闯关、商务英语和高级外语等二级分类;"体育系列"包括全部、中国武术、舞蹈健身、体育运动、球类运动和棋牌等二级分类;"农林系列"包括全部、种植养殖、政策形势、农林科技、农村建设和民生科普等二级分类;"理工系列"包括全部、现代科技、科技前沿、科技讲堂、建筑设计和环境科学等二级分类;"就业择业"包括全部、职业规划、职场生活、商务礼仪和创业求职等二级分类;"经管系列"包括全部、企业管理和经济讲堂等二级分类;"教育培训"包括全部、图书馆学、素质修养、考研学习、教育改革、技能培训、计算机培训和出国留学等二级分类;"法律视点"包括全部、法律讲堂和法规解读等二级分类;"党政系列"包括全部、政策指导、应急管理、文化中国、前沿观察、领导艺术、理论学习、科学发展观、改革开放、党员学习和党的建设等二级分类。

"学术鉴赏"包括"旅游地理""军事系列""探索发现"和"对话"等4个专家报告系列,也可以通过二级分类和时间进行筛选浏览。"旅游地理"包括全部、走遍亚洲、著名景点、中国名寺古刹、异国风情、世界地理、民族文化、魅力城市、历史名城和华夏风情等二级分类;"军事系列"包括全部、战役事件、军事人物、军事纪实、军事分析、兵种讲解和兵器装备等二级分类;"探索发现"包括全部、自然探秘、宇宙探索、人文万象、科学探秘和科普生活等二级分类;"对话"包括全部、名家访谈、高端访问和对话等二级分类。

"讲师推荐"包括全部、旅游地理、军事系列、探索发现、对话、综合素质、营销系列、医学系列、心理健康、文史系列、外语学习、体育系列、农林系列、理工系列、就业择业、经管系列、教育培训、法律视点和党政系列等分类,并可以通过各报告系列的二级分类进行分类浏览。

（2）检索技术。"爱迪科森网上报告厅"提供一框式检索，可以选择主题、课程、视频和讲师等 4 个字段进行精确检索。

（3）检索结果。如图 9-6 检索结果包括视频缩略图、视频名称、主讲人、课程名称、所属系列和时间等，点击缩略图或主题可以在线播放该视频。其中"演讲人"可以检索该演讲人的全部视频；"所属系列"可以查看该系列的所有视频。

视频播放：可以播放、暂停和全屏播放，另外视频播放界面还有选集、简介和作者等信息。

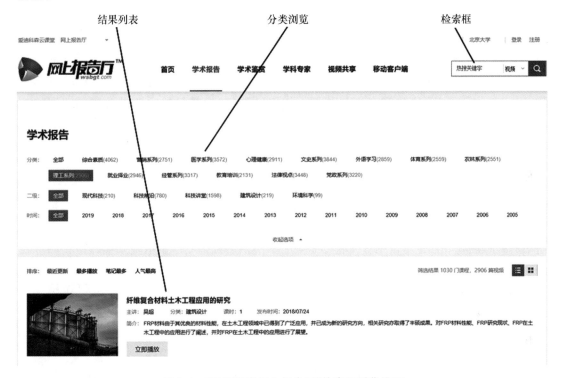

图 9-6 "爱迪科森网上报告厅"检索和浏览界面

（4）用户服务。"爱迪科森网上报告厅"提供 Android 版和 iPhone 版移动客户端 idea 课堂，该平台服务于大学生的整个学习生涯，课程涵盖：四六级、考研、出国留学、就业创业、专业技能、职场、文化生活等数千门优质实用内容，致力于为用户的整个学习生涯提供一站式学习服务。

3.3.3 知识视界视频教育资源库

1. 数据库内容

"知识视界视频教育资源库"是由武汉缘来文化公司提供内容和技术支持。"知识视界视频教育资源库"是在大量引进国外视频教育节目基础上，结合国内各大科教节目制作中心的科教片，为高校量身打造而成。所收录的国外视频节目大多为双语字幕，外语发音纯正，适合观赏及综合学习。

"知识视界视频教育资源库"中的内容包罗万象：有介绍科学技术的，有阐释专业的科学现象及其原理的,有追忆悠远的历史事件的……涵盖文学艺术、历史文化、社会经济、生命科学、材料化学、医学保健、物理科学、电子通信、工业设计、天文航天、建筑装饰、体育探险等类别,共有科教影片约 10 000 小时。

数据库网址:http://www.libvideo.com/

2. 数据库检索

(1) 检索功能。

① 快速检索:在关键词文本框中输入任意关键词可实现快速检索。

② 分类检索:可以选择经济管理学、工学、理学、医药学、农学、文史哲学、政法学、社会科学、艺术学、体育学、军事学和名校公开课等类别进行检索。

③ 画面检索:共有 3 个可检字段,分别是分类、国别和关键字,除了关键字其他字段都是下拉菜单形式,分类包括经济管理学、工学、理学、医药学、农学、文史哲学、政法学、社会科学、艺术学、体育学、军事学和名校公开课等类别;国别包括节目的主要来源国如欧洲的英国、法国、德国、意大利、匈牙利、西班牙、瑞典和荷兰,美洲的美国和加拿大,澳洲的澳大利亚和新西兰、亚洲的中国、日本和韩国等;画面检索可以限定"节目"和"画面",其中"画面"是细化到"帧"的检索。

④ 浏览:可以按资源分类和排行榜进行浏览。资源分类浏览可以从 12 个大类 47 个子类中任选一个类别;"热点专题"可以显示热点专题相关的视频;"最新视频"可以显示最新增加的视频节目;"经典热播"可以显示点播率居高的视频节目;"近期热播"可以显示近期点播率居高的视频节目;"本月推荐""精品推荐"和"佳片推介"可以显示重点推荐的视频节目(推荐可以由系统管理员根据搜集的推荐信息随时发布和更换)。

(2) 检索技术。支持字段检索和画面检索,但只有"关键词"(画面检索中为"关键字")一个可检字段,匹配方式是精确匹配。

检索限定:可以对分类和国别等进行限定选择。

(3) 检索结果。

① 检索结果列表:检索结果包括标题、简介、时长和人气等,单击标题或可以播放该视频。

② 在线播放:该库视频为专有格式,首次播放时需安装专用的播放器,按系统提示完成"知识视界 player"的安装后可在线观看视频节目。该库的播放页面如图 9-7 所示。

除了视频播放器共有的播放/暂停、停止、进度条拖动、声音调整等功能外,增强的播放功能如下:

● 字幕切换:外挂中、英文字幕框,一中一英同步显示,读者可以任意选择隐藏/显示中文字幕、隐藏/显示英文字幕,给学生在专业课开展的双语教学上提供一定的帮助和灵活的外语学习形式;

● 章节导航和片段搜索:视频节目如有章节区分,可在剧集列表中选择相应的章节直接点播,或对片段进行检索后进行收看;

● 相关资源:为了让用户在观看节目的同时能更多地获取与节目相关的知识,系统提供了"节目信息""最近观看的历史""相关视频"和"排行榜"等内容;

● 全屏观看模式切换:根据节目观看者的不同特点,提供"全屏"观看模式,该模式下仍可切换中/英文字幕,调整播放进度和声音,并保障了最大的可视面。

图 9-7 "知识视界视频教育资源库"视频播放界面

（4）用户服务。"知识视界视频教育资源库"支持用户注册，登录后用户可将浏览过的视频、知识点相关的视频片段等保存到个人用户中心，再次使用或观看视频片段时可从个人用户中心调用，更加方便快捷。

3.3.4 ASP 学术视频在线数据库

"ASP 学术视频在线数据库"（Academic Video Online）由美国亚历山大出版社（Alexander Street Press，ASP）于 2011 年 10 月发布，整合了来自 BBC、PBS、Arthaus、CBS、Kino International、Documentary Educational Resources、California Newsreel、Opus Arte、The Cinema Guild、Pennabaker Hegedus Films、Psychotherapy net 等数百家出版社的视频内容。视频类型包括：新闻片、获奖纪录片、考察纪实、访谈、讲座、培训视频以及独家原始影像等，共收录 75 000 余部视频。

数据库按以下专题提供：建筑与艺术、医疗与卫生、咨询与心理疗法、护理学教育、心理学、自然科学、人文科学、犯罪与法律、商业与经济、教育学、语言与文学、美国历史、世界历史、歌剧、戏剧、舞蹈、区域 领域研究、民族志学、女性 性别研究等。适合各类学校与专业广泛使用。

数据库网址：https://video.alexanderstreet.com/channel/academic-video-online

3.3.5 万方视频数据库

"万方视频数据库"是以科技、教育、文化为主要内容的学术视频知识服务系统,现已推出高校课程、学术讲座、学术会议报告、考试辅导、就业指导、医学实践、管理讲座和科普视频等适合各类人群使用的精品视频 39 000 余部。

数据库网址:http://video.wanfangdata.com.cn/

3.3.6 JoVE 视频实验期刊及其 SE 科教视频

"JoVE 视频实验期刊"(Journal of Visualized Experiments,JoVE)是全球首例视频实验期刊,于 2006 年 10 月正式创刊,是致力于以视频方式展现生物学、医学、化学、物理等学科研究过程和成果的期刊;同时也是经同行评审,并被 PubMed/MEDLINE、Scopus、ChemAbstracts 和 SciFinder 等收录索引的视频数据库。"JoVE 视频实验期刊"已发表来自生物、医学、化学和物理等学科的 18 000 多个实验视频,来源于哈佛大学(Harvard University)、麻省理工学院(MIT)、斯坦福大学(Stanford University)、耶鲁大学(Yale University)、加利福尼亚大学伯克利分校(UC Berkeley)、哥伦比亚大学(Columbia University)等世界著名高校以及学术研究机构的实验室等。"JoVE 视频实验期刊"最大的特色在于综合多种媒体的优势,利用视频技术使知识的传递更加生动直观。与传统的承载文本和静态图片的纸质期刊相比,JoVE 利用视频技术清晰而直观地展现生命科学实验的多方面和复杂细节。JoVE 每月出版一期,每期约 80 个视频(每个视频配有一篇文章),可回溯至 2006 年,视频每日更新,保证用户能够获取最新的实验成果,了解最新的学科发展动态。

数据库网址:https://www.jove.com/

"JoVE 视频实验期刊"之 SE 科教视频是 JoVE 专门为实验教学制作的一系列教学视频,涉及生物学、医学、化学、心理学、物理学、工程学、环境科学等多个分支及交叉学科领域,旨在通过简单易懂的视频展现基础实验教学,为实验室教学提供解决方案。

数据库网址:https://www.jove.com/science-education-library

3.4 课程类资源及其利用

3.4.1 课程类资源概述

本章提到的课程类资源指的是多媒体课程类资源,即人们运用信息技术和多媒体技术进行课程创新而开发出的课程,也称为网络课程、在线课程等,是把多媒体技术、信息资源、信息方法、人力资源和课程内容有机结合,共同完成课程教学任务的一种新型教学方式。这种方式打破有围墙的大学和时空的限制,可以实现随时随地学习全球的课程资源。2001 年自美国麻省理工学院开始发起开放课程计划以来,在线课程飞速发展。在线课程具有多学科、地域广、受众广等特性,对教育具有极大的推动作用。课程类多媒体资源主要有两种:一种是数据库商提供的课程类数据库,一类是开放的多媒体课程如 MOOC 等。

3.4.2 新东方在线语言应用百科

1. 数据库内容

"新东方在线语言应用百科"是新东方教育科技集团旗下的一款以视频为核心资源的微学习型平台产品,课程内容包括:"畅学口语""活学商务""乐学外语""行业攻略""语言应试""留学直通车""悦知欧美""践行职场""家庭课堂""其他"10个大类。截止到2022年,共有课程550多个,每个课程由多个独立的知识点组成。每个知识点的学习时间不超过10分钟,学生可以自由安排学习进度,有效避免重复学习,提高学习效率。满足学生随时、随地、随心学习的需求。

"新东方在线语言应用百科"具体内容包括:

(1) 畅学口语:旅游出行、日常口语、电影口语、趣味英语。

(2) 活学商务:商务英语、商务西班牙语、商务德语。

(3) 乐学外语:新概念英语、法语、西班牙语、意大利语。

(4) 行业攻略:酒店英语、医学英语、旅游英语。

(5) 语言应试:英语四六级、考研英语、学历英语、日语N1/N2级、英语专四八级。

(6) 留学直通车:托福、雅思、GMAT、GRE。

(7) 悦知欧美:西方文学、欧美文化。

(8) 践行职场:职业素养、形象礼仪、职业技能、个人发展、创业。

(9) 家庭课堂。

(10) 其他。

数据库网址:http://vl.koolearn.com/index#page1

2. 数据库检索

(1) 检索功能。课程可按照课程名称进行检索,在检索框中输入关键词可以搜索到名称中含有该关键词的所有课程。

浏览:课程可按照"畅学口语""活学商务""乐学外语""行业攻略""语言应试""留学直通车""悦知欧美""践行职场"等大类或子类进行浏览。

(2) 检索技术。只支持检索词的精确匹配检索,只有"课程名称"一个检索字段。支持跨类检索和单独大类检索。

(3) 检索结果。检索结果按课程更新时间排序,最新更新的课程排在最前面,包括课程名称和知识点个数,单击"课程名称"或者课程图片可以查看该课程的课程表、课程介绍以及师资的介绍;单击"开始学习"可以开始在线听课。

"新东方在线语言应用百科"的课程结构是由课时和小节构成,即每门课程分为若干个课时,例如托福白金版备考指南为8个课时,每个课时分为若干个知识点,单击其中的任一个知识点可以开始听课。

听课插件的主要功能包括:快进、快退、暂停、下一知识点等(如图9-8所示)。

(4) 用户服务。每门课程为方便读者在线学习和交互,都提供有学习资源、学习笔记、答疑等功能,可以下载补充教材,不仅支持电脑学习,也支持APP学习。

图 9-8 "新东方在线语言应用百科"在线听课

3.4.3 edX

1. 平台内容

edX 是麻省理工和哈佛大学于 2012 年 4 月联手创建的大规模开放在线课堂平台，免费为全世界的教育者和学习者提供顶尖的课程资源，促进教育公平，缩小教育鸿沟。edX 提供超过 4 000 门课程，分为建筑（Architecture）、艺术与文化（Art & Culture）、生物与生命科学（Biology & Life Sciences）、商业与管理（Business & Management）、化学（Chemistry）、通信（Communication）、计算机科学（Computer Science）、数据分析与统计（Data Analysis & Statistics）、设计（Design）、经济与金融（Economics & Finance）、教育与师资培训（Education & Teacher Training）、电子（Electronics）、能源与地球科学（Energy & Earth Sciences）、工程（Engineering）、环境科学（Environmental Studies）、伦理（Ethics）、食品与营养（Food & Nutrition）、健康与安全（Health & Safety）、历史（History）、人文科学（Humanities）、语言学（Language）、法学（Law）、文学（Literature）、数学（Math）、医学（Medicine）、音乐（Music）、慈善事业（Philanthropy）、哲学与伦理学（Philosophy & Ethics）、物理（Physics）、科学（Science）、社会科学（Social Sciences）31 个大类，涵盖了分析、架构、艺术、生物学、经济、化学、通信、计算机、数据、教育、电子、工程、环境、伦理、财务、食品、健康、历史、人文、语言、法律、生命、管理、数学、医学、音乐、营养、哲学、物理、社会、统计、建筑等 40 多个领域；资源的语种包括英语、西班牙语、法语、意大利语、中文、俄语、日语、葡萄牙语、荷兰语、阿拉伯语、土耳其语德语、韩语等；全球有超过 120 个合作伙伴，包括哈佛大学、牛津大学、伯克利大学、波士顿大学、康奈尔大学、北京大学、清华大学、香港理工大学、澳大利亚国立大学、京都大学等世界顶尖高校。此外，还有一些教育集团也为 edX 提供课程，如 ETS 集团。

平台网址：https://www.edx.org/

2. 平台检索

（1）检索功能。edX 平台的课程可按照课程名称进行检索，在检索框中输入关键词可以搜索到名称中含有该关键词的所有课程。

浏览：edX 平台的课程可按照以下大类浏览：建筑（Architecture）、艺术与文化（Art & Culture）、生物与生命科学（Biology & Life Sciences）、商业与管理（Business & Management）、化学（Chemistry）、通信（Communication）、计算机科学（Computer Science）、数据分析和统计（Data Analysis & Statistics）、设计（Design）、经济和金融（Economics & Finance）、教育和教师培训（Education & Teacher Training）、电子（Electronics）、能源和地球科学（Energy & Earth Sciences）、工程（Engineering）、环境研究（Environmental Studies）、伦理学（Ethics）、食品与营养（Food & Nutrition）、健康与安全（Health & Safety）、历史（History）、人文（Humanities）。进入各大类后可以进一步选择子类浏览，如经济和金融大类，可选择的子类有：行为经济学（Behavioral Economics）、经济政策（Economic Policy）、博弈论（Game Theory）、全球化（Globalization）、国际贸易（International Trade）、宏观经济学（Macroeconomics）、微观经济学（Microeconomics）、企业金融（Corporate Finance）、金融（Finance）、危险管理（Risk Management）等。

（2）检索技术。edX 平台只提供一个快速检索框，可以对资源进行全文检索，即如果"课程题名"或"课程描述"中包含全部检索词或部分检索词，就返回检索结果。支持跨类检索和单独大类检索。

（3）检索结果。可按照可获得性（Availability）、学科（Subjects）、课程和项目（Courses & Programs）、课程提供方（Schools & Partners）、级别（Level）、语种（Language）分面浏览检索结果。

检索结果展示：检索结果的展示包括图标形式和列表形式两种。检索结果按课程更新时间排序，最新更新的课程排在最前面，包括课程名称、课程类型、更新时间。单击"课程名称"或者课程图片可以查看该课程的课程名称、课程提供方、课程介绍以及点播人数等信息。点击"Enroll"可以注册听课。

在线听课：edX 平台只提供油管（YouTube）方式的播放。在线课程主要由教学视频、交互式问题、图片指示型问题、特殊信息输入、交互式工具、在线实验工具和在线评价方式等七大基本元素组成。如果教学视频的在线观看存在问题，可以下载到电脑上继续学习；交互式问题一般规定了完成的期限；特殊信息输入需要提前熟悉文本、符号及公式等输入方式；在线实验工具拥有较强的模拟性和操作性；在线评价方式主要包括自我评价、自动反馈与智能评分、同伴评分和综合性评分。

（4）用户服务。edX 在线学习平台为方便课程交流与共享提供了课程论坛和社交网站。

3.4.4 学堂在线

1. 平台内容

"学堂在线"是清华大学于 2013 年 10 月发起建立的慕课平台，是教育部在线教育研究中心的研究交流和成果应用平台，是国家 2016 年首批双创示范基地项目，是中国高等教育学会产教融合研究分会副秘书长单位，也是联合国教科文组织（UNESCO）国际工程教育中心（ICEE）的在线教育平台。截止到 2022 年，"学堂在线"运行了来自北京大学、清华大学、复旦大学、中国科技大学，以及麻省理工学院、斯坦福大学、加州大学伯克利分校等国内外一流大学的约 6 000 门优质课程，覆盖计算机、外语、管理学、哲学、经济学、法学、教育教学、文学文化、历史、理学、工学、农林园艺、医药卫生、艺术设计、其他 15 大学科门类。

平台网址：https：//www.xuetangx.com/

2. 平台检索

(1) 检索功能。"学堂在线"的课程可按照课程名称和院校名称进行检索，在检索框中输入关键词可以搜索到名称中含有该关键词或者机构中含有输入机构的所有课程。

浏览："学堂在线"的课程只提供浏览全部课程。

(2) 检索技术。"学堂在线"平台提供一个快速检索框，可以对资源进行全文检索，有"课程名称"和"院校名称"两个检索字段。支持跨类检索和单独大类检索。

(3) 检索结果。可按照"上课状态""学科分类""课程类型""学校"分面浏览检索结果。

检索结果列表：检索结果按课程加入人数排序，加入人数最多的课程排在最前面，包括课程图片、课程名称、师资、学校、加入人数和简介，单击任何一个字段都可以查看该课程的主界面；单击"加入学习"可以开始学习在线课程。

在线听课："学堂在线"的课程结构是由章节构成，即每一门课都包含若干的章，每一章又包含若干节。例如"信息素养——学术研究的必修课"这门课有"信息素养与学术研究""庖丁解牛——认识文献信息检索""拨开云雾见月明——查找文献的方法(1)""拨开云雾见月明——查找文献的方法(2)""拨开云雾见月明——查找文献的方法(3)""拨开云雾见月明——查找文献的方法(4)""你应该掌握的数据与事实检索(1)"和"你应该掌握的数据与事实检索(2)""开放数据资源与搜索引擎""学术交流与学术规范""您的知识需要管理""您的工具需要换代(1)"和"您的工具需要换代(2)"13章，每章又包含4～7节不等。

可以通过浏览课程目录选择自己感兴趣的章节，对具体章节的课程视频可进行如下操作：快进、快退、暂停、下一节等，如图9-9所示。

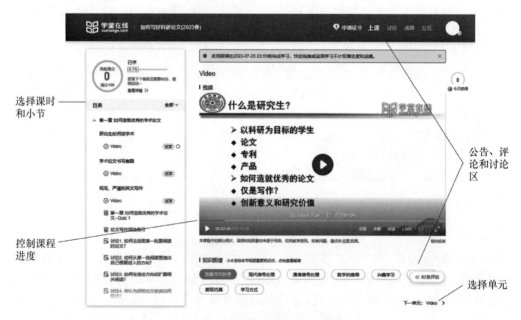

图9-9 "学堂在线"在线听课

(4) 用户服务。"学堂在线"的每门课程为方便读者在线学习和交互，在学习过程中，学生可以随时进行讨论、查看讲义等。在讨论区页面可以发起与同学的讨论，回答和关注同学的问题。还可以查看老师发布的公告,查看自己的作业及成绩等。

此外,为了更加方便学生学习,平台提供移动端学习功能,学生在移动端能够完成在线学习、作业、考试、查看公告、查询课程成绩、观看直播、接收课程相关推送消息等功能,同时支持学生将视频离线下载至本地,在无网络情况下进行学习,相关学习记录在联网后可同步至云端。

3.4.5 开放链接的国外多媒体课件资源

北京大学图书馆整理的国内外(主要是国外)提供免费开放链接的、各个学科的290多门课程的多媒体课件,其中国外多媒体课件均来源于国外知名大学例如麻省理工、哈佛大学、斯坦福大学等,无论是课程质量还是课程选择都非常清晰实用,是非常具有价值。但是仅供校园网播放。

数据库网址:

http://media.lib.pku.edu.cn/index.php?m=content&c=index&a=lists&catid=30&header_id=57

3.4.6 国家精品课

2003年4月,教育部下发了《教育部关于启动高等学校教学质量与教学改革工程精品课程建设工作的通知》(教高〔2003〕1号),精品课程建设工作正式启动。国家精品开放课程包括精品视频公开课与精品资源共享课,是以普及共享优质课程资源为目的、体现现代教育思想和教育教学规律、展示教师先进教学理念和方法、服务学习者自主学习、通过网络传播的开放课程。国家精品课主要开课平台包括:爱课程(中国大学MOOC)、学堂在线、智慧树、融优学堂(北京高校优质课程)、人卫慕课、edX、华文慕课、超星尔雅、好大学在线、优课联盟、Coursera、摩课书院(浙江省高等学校精品在线开放课程平台)、会学(安徽省网络课程学习中心平台)、网易云课堂、学银在线等。各平台网址如下:

- 爱课程(中国大学MOOC):http://www.icourses.cn/home/,参见本章3.10节
- 学堂在线:https://www.xuetangx.com/,参见本章3.4.4节
- 智慧树:https://www.zhihuishu.com/,参见本章3.10节
- 融优学堂(北京高校优质课程):

http://www.livedu.com.cn/ispace4.0/moocMainIndex/mainIndex.do,参见本章3.10节

- edX:https://www.edx.org/,参见本章3.4.3节
- 人卫慕课:http://www.pmphmooc.com/
- 华文慕课:http://www.chinesemooc.org/,参见本章3.10节
- 超星名师讲坛:https://ssvideo.superlib.com/PC/home/index,参见本章3.7.2节
- 好大学在线:https://www.cnmooc.org/home/index.mooc
- 优课联盟:http://www.uooc.net.cn/league/union
- Coursera:https://www.coursera.org/,参见本章3.10节
- 摩课书院(浙江省高等学校在线开放课程共享平台):

http://zjedu.moocollege.com/

- 会学（安徽省网络课程学习中心平台）：http://www.ehuixue.cn/
- 网易云课堂：https://study.163.com/
- 学银在线：http://www.xueyinonline.com/

3.5 考试类学习库

3.5.1 新东方多媒体学习库

1. 数据库内容

"新东方多媒体学习库"原名"新东方网络课程数据库"，是新东方经典培训课程的在线展示，由隶属于新东方教育科技集团的北京新东方迅程网络科技有限公司提供技术支持。"新东方多媒体学习库"的课程包括国内考试、出国留学、小语种、应用外语、职业认证、求职指导、实用技能7大类，2022年课程数量为400多门。"新东方多媒体学习库"的课程由新东方面授班原课堂录制下来并经过后期多媒体技术制作而成，互动性强，采用音频/视频形式，由新东方名师讲授，能满足读者不同层次的不同学习需求。

"新东方多媒体学习库"的具体课程包括：

（1）国内考试类：大学英语四级、大学英语六级、考研英语、专四、专八、考研政治、考研数学、考博英语、PETS、成人英语三级、英语 AB 级、工商管理硕士、专业硕士、职称英语。

（2）应用外语类：商务英语、口译、实用英语、基础英语、新概念。

（3）出国考试类：TOEFL 课程、雅思课程、GRE 课程、GMAT 课程。

（4）小语种类：日语、韩语、法语、德语、西班牙语、意大利语、俄语。

（5）职业认证/考试类：医学、司法、金融、公务员。

（6）求职指导。

（7）实用技能。

数据库网址：http://library.koolearn.com/index

2. 数据库检索

（1）检索功能。"新东方多媒体学习库"的课程可按照课程名称进行检索，在检索框中输入关键词可以搜索到名称中含有该关键词的所有课程。

浏览："新东方多媒体学习库"的课程可以按照"国内考试""出国留学""小语种""应用外语""职业认证""求职指导""实用技能"等大类或子类进行浏览。

（2）检索技术。只支持检索词的精确匹配检索，只有"课程名称"一个检索字段。

（3）检索结果。检索结果列表：检索结果按课程更新时间排序，最新更新的课程排在最前面，包括课程名称、师资、课时、简介和听课，单击"简介"可以查看该课程以及师资的介绍；单击"听课"可以开始在线听课。

在线听课：首次听课前需要安装听课插件（播放器）。听课插件有两种：非口语类课程需要安装 Adobe Flash Player 9（或以上版本）和 Plug-in 两个插件；口语类课程需要安装 Adobe Flash Player 9（或以上版本）和语音识别插件。听课插件安装完成后应重启浏览器。

插件安装完成后就可以选择任一课程的某个课时进行在线听课。

新东方多媒体学习库的课程结构是由课时和小节构成,即每门课程分为若干个课时,例如 GRE 写作精讲精练——Issue 为 19 课时,每个课时分为 1~11 个小节不等,单击其中的任一个小节可以开始听课。

听课插件的主要功能包括:快进、快退、暂停、下一节等(如图 9-10 所示)。

图 9-10 "新东方多媒体学习库"在线听课

(4) 用户服务。为方便读者在线学习和交互,每门课程都提供有学习资源、学习笔记、资料库、公开课、笔试仿真、论坛、大师讲堂等功能的链接,可以下载补充教材和在线咨询。

3.5.2 VERS 维普考试资源系统

"VERS 维普考试资源系统"(以下简称"VERS")是一套专门为高等院校开发的集日常学习、考前练习、在线无纸化考试等功能于一体的教育资源库软件,试卷量达到 40 多万套,内容分为三大块:职业资格模块涉及语言、专业技术资格、计算机、金融会计、公务员、考研、职业技能资格、医学、工程学、学历类、党建思政类 11 大专辑,共计 40 余万套真题/模拟试卷;高教题库模块涉及哲学、经济学、法学、教育学、语言文学、历史学、理学、工学、农学、医学、管理学、艺术学 12 个学科大类,几百门高教课程考试,共 4.5 万套试卷,100 多万道试题;移动应用模块提供了两种移动服务解决方案——"维普考典"和"维普掌上题库",前者通过 APP 应用提供服务,后者针对机构提供微信公众号的嵌入服务。学生可通过 VERS 获得如下主要服务:

① 模拟自测:包括 10 大专辑热门考试的历年全真试卷以及全国 10 余所著名高校教育专家编写整理的模拟预测试卷,供学生进行考前模拟自测。测试结束之后,学生可以查看每道试题的正确答案和知识点讲解,并可将试卷保存到"我的题库"中,以便日后重新测试和自我总结。

② 随机组卷:通过随机组卷功能,学生可以根据系统默认模板或自定义模板,在特定的题库中随机抽取试题组合成模拟试卷进行自我测试。模拟试卷中的全部试题均为历年考试真题或者相关科目教学专家最新编写的模拟试题,具有很强的针对性和很高的模拟练习价值。

③ 专项练习：学生可以通过该功能对自己比较薄弱的某类题型进行有针对性的强化练习。选定某种类型考试的某类题型之后，系统将自动在海量题库中进行随机抽题。

④ 我的题库：学生在"模拟自测""专项练习"或"随机组卷"功能下进行自测练习时，可中途退出练习并将试卷保存到"我的题库"中，方便学生下次登录时继续作答。测试结束后，学生也可将试卷或做错的试题保存到"我的题库"中，以便以后进行自我总结和强化训练。

VERS 在英语、公务员和研究生考试类试题颇有长处，在组织在线考试、随机组卷、测试成绩记录、自动退出保存等个性化功能方面较强。

数据库网址：http://libvip.calis.edu.cn:8083/UI/index.aspx（北大图书馆镜像站）
http://vers.cqvip.com/（远程版）

3.5.3 新东方在线四六级学习实训系统

"新东方在线四六级学习实训系统"是新东方教育科技集团旗下的产品，主要提供针对大学英语网考四六级学习、备考的平台，内容主要包括下列五大模块："精品课""单项练习""资料库""仿真实训"和"公开课"。形式上和内容上参照教育部正式的四六级网考模式，剖析网考各个题型，是集辅导、练习、模考、大量学习资料于一体的学习平台。"精品课"由新东方资深四六级教师主讲，针对词汇、听力、阅读、写作、翻译、真题精讲、新题型等大项进行分项讲授；"单项练习"是对四六级的词汇、听力、阅读、写作、翻译进行针对性的练习、巩固和强化；"资料库"时时发布四六级笔试、口试最新、最热的复习资料，确保复习有"料"可循；"仿真实训"是完全依照四六级考试委员会推出的网考模式及流程开发的高仿真模考系统；"公开课"发布一些指导老师和高分学员的经验介绍，提供大量大学英语听力、词汇、阅读、写作、指导等。

数据库网址：http://nibcet.koolearn.com/ibcet/index/

3.5.4 银符考试题库 B12

"银符考试题库 B12"（以下简称"银符"）是一款侧重于资源的新型在线考试模拟系统，以各种考试数据资源为主体，以自建多媒体库和银符考试资讯网组成的数据库辅助使用环境为基础，为用户搭建的一个集考试练习、交流、教学、资源于一体的综合性在线模拟试题库。

"银符考试题库 B12"涵盖 11 大类考试专辑（语言、计算机、经济、研究生、公务员、法律、医学、综合、工程类、自考类和党建类）、91 大类二级考试科目、900 多种考试资源、截止到 2021 年 8 月达到 21 万余套试卷。银符在计算机、工程和医学考试类领域有所建树，在提供试卷下载功能等方面有一定优势。

数据库网址：http://www.yfzxmn.cn/

3.5.5 正保远程教育多媒体资源库

正保集团提供的课程视频库，涵盖外语考试、研究生入学考试、会计考试、公务员考试、司法考试、医学考试、各类从业资格考试等多门网络课程，内容主要分为 4 大部分：基础能力类，包括大学外语考试（包括英语四六级、口语、雅思、小语种、法律英语、医学英语、财务英语）、研究生入学考试（数学、政治、英语）、国家计算机考试等课程；专业能力类，针对大学生起点的专业类考试，包括注册会计师（Certified Practising Accountant，CPA）、国家司法考试、国家公务员、地方公务员、报关员、建造师、造价师、监理工程师等培训课程；从业能力类，包括证券从业资格、会计从业资格、银行从业资格、新会计准则等各类课程；医学考试类，包括执业医师、助理医师、药学、临床检验、主治医师、护士资格等培训课程。

数据库网址：http://library.chnedu.com

3.6 语言学习类多媒体资源

3.6.1 MyET

MyET 是一个 2002 年创立的口语学习平台，中国大陆地区的技术支持是北京金艾尔科技有限公司。产品以听说训练法为基础，专门为解决听说障碍而设计，以语音分析技术为核心，并与国内外著名的英语教学出版社和期刊社合作，通过选择适合不同学习水平、不同行业的学习者的课程，让学习者既可以快速提高口语水平，也能够通过长期使用真正有效提高英语的实际应用能力。

数据库网址：http://cnedu.myet.com/

3.6.2 在线英语学习资源

"在线英语学习资源"（Online English Learning Resource）是英国文化教育协会提供的英语学习网站，有 Flash、音频资料，内容以语言学习为主，对英国文化及教育亦有涉及。其中的连载音频故事"大城市小世界"（Big City Small World）很有趣味。

数据库网址：https://www.britishcouncil.cn/english/online

3.7 学术讲座/报告/科技文化类多媒体资源

3.7.1 北大讲座/学术报告

北京大学图书馆拍摄并制作发布的北京大学校内各类讲座，已拥有讲座资源 9 000 余个。"北大讲座"名人名家荟萃，学术与民生并重，一向受到校内外读者的广泛欢迎。部分讲座通过北大讲座网面向全社会提供在线点播服务。

数据库网址：

http://162.105.138.115/index.php?m=content&c=index&a=lists&catid=33&sserial=3713

3.7.2 超星尔雅学术视频数据库

是由北京世纪超星信息技术发展有限责任公司独立拍摄制作的学术视频数据库，将国内众多知名专家学者、学术权威的学术研究成果制作成视频，供在线点播使用。超星尔雅学术视频数据库内容涵盖哲学、经济学、法学、教育学、文学、历史学、理学、工学、农学、医学、军事学、管理学和艺术学 13 大学科，同时也包含文化艺术、时事热点、国计民生、安全养生、职场就业、创新创业等学生通识素养与能力培养所需的各类教育视频。主讲人大多来自著名高校和中国社会科学院，都是相关领域的学术权威和学科带头人。

数据库网址：https：//ssvideo.superlib.com/

除上述资源外，"世纪大讲堂"等学术报告类节目、前面重点介绍的"爱迪科森网上报告厅"等也属于学术讲座/报告类多媒体资源。

3.7.3 万方视频数据库

是以科技、教育、文化为主要内容的学术视频知识服务系统，与中央电视台、教育部、凤凰卫视、中国科技信息研究所、中华医学会、中国科学院、北大光华、中国气象影视制作中心等机构合作，推出高校课程、学术讲座、学术会议报告、考试辅导、就业指导、医学实践、管理讲座、科普视频等适合各层次人群观看的精品视频。学科涉及哲学与宗教、历史与考古、文学、艺术、经济、管理、法律、政治、社会、教育、天文、地球科学、生物、人文地理、数理科学、工程技术、中国医学、医药卫生、农学与农业、国防军事。除了中国的视频外，还提供有美国、法国、英国、澳大利亚、加拿大、德国、瑞典、荷兰、比利时、新加坡等多个国家的视频节目。

数据库网址：http：//video.wanfangdata.com.cn/

3.8 新闻报纸类多媒体库

3.8.1 新华社多媒体数据库

1. 资源内容

提供新华社实时播发的文字、图片、图表、视音频、报刊等全部资源及各类新闻信息的历史资料，主要栏目包括新华电讯、新华报刊、教育信息、名校浏览、特供数据库、学术论文、人才市场、环球财经、新华图片、新华视频。语种包括中文、英语、法语、俄语、西班牙语、阿拉伯语及中文繁体在内的7个文种，涵盖政治、经济、文化、生活等各个领域，各行各业。学科包含：政治、法律、军事、社会、天气、环保、灾害和事故、科学和技术、教育、宏观经济、行业经济、市场信息、文化、艺术及娱乐、医药卫生、体育和中央领导人。新华社多媒体库的具体内容如下：

（1）文字系统："新华社多媒体数据库"的文字系统不仅汇集了从1948年以来新华社播发的所有中文电讯稿，而且全天24小时实时播发新华社各路电讯稿、各条种经济信息专线产品，以及新华社社办报刊和精选稿件。此外文字系统中还增加了实时播发的英文、法文、西班牙文、阿拉伯文、葡萄牙文、俄文等外文电讯稿。

（2）图片系统：新华社新闻发稿照片和留资照片数据量以及从社会摄影师图片中精选的图片，其内容涉及政治、经济、外交、文化、体育、教育及风土人情。图片系统庞大的底片资料库涵盖了中国近百年历史和世界重大新闻事件，聚焦国内、国际最新时事的新闻照片滚动入库。

（3）图表新闻：集新闻性与艺术性于一图，具有很强的表现力与感染力。

（4）视音频系统：视音频库每天播发新华社采编的国内外时政新闻、财经新闻、体育新闻、娱乐新闻。

数据库的网址：http：//info.xinhua-news.com/

2. 资源检索

(1) 检索。"新华社多媒体数据库"搜索简单方便。您只需要在搜索框内输入需要查询的内容,敲回车键,或者鼠标单击检索按钮,就可以得到最符合查询需求的网页内容。同时,为了保证更准确地查找,检索词可以和其他限定条件如:播发时间、稿件类型、完全匹配等组合检索。支持对资源进行二次检索。

"新华社多媒体数据库"支持跨库检索和单库检索。

① 单库检索:可以先选择图片、视频、音频、人物等子库,然后再输入检索词。

② 跨库检索:可以选择所有库,然后输入检索词。

"新华社多媒体数据库"支持用户定制检索,用户可以设置检索条件并保持,用户只需要点击已经定制好的条件,即可按照已经定制好的检索条件进行对应检索。

(2) 浏览。"新华社多媒体数据库"提供多种浏览方式。

① 按学科类别浏览:可选择政治、经济、文化、生活等各个领域,各行各业。学科包含:政治、法律、军事、社会、天气、环保、灾害和事故、科学和技术、教育、宏观经济、行业经济、市场信息、文化、艺术及娱乐、医药卫生、体育和中央领导人 17 个大类或者某个大类下的子类进行浏览。

② 按资源时间浏览:"新华社多媒体数据库"提供最近三周或四周的内容,用户可以选择特定的日期浏览。对于每个特定日期的资源,用户还可以选择特定日期下的 17 个大类及子类进行进一步的浏览。

③ 按照资源类型进行浏览:"新华社多媒体数据库"的资源分为图片、音频、视频、图表等,可以选择特定类型的资源进行浏览。

3. 检索结果

检索结果列表显示稿件标题、播发时间、稿件类型,系统将检索结果按照播发时间或者相关度进行排序。

3.8.2 相反论点资源中心

Gale Scholar 平台的"相反论点资源中心"(Opposing Viewpoints in Context,OVIC)提供当今事件、社会问题、具争议性、最热门话题的事实信息、参考信息及各种观点,资料来自 300 余份全球全文期刊和报纸的丰富信息,包括全球社会的各种热点问题的文章。与探索教育频道(Discovery Education)合作,提供大量音频资料。此外,还提供大量的图片资源和视频资源。用户可以通过高级检索功能,选择按内容类型里的图片、视频、音频类型,对检索结果进行限定。

有关 Gale Scholar 平台的使用及其他相关数据库介绍,详见本书第四章和第七章。

数据库的网址:

https://go.gale.com/ps/dispBasicSearch.do? userGroupName = peking&prodId = OVIC

3.9 北京大学图书馆的多媒体资源服务平台

多媒体资源内容丰富、种类繁多,用户也可以通过大学图书馆或其他网站提供的整合的多媒体学术资源服务平台一站式访问相关的多媒体资源。这里介绍北京大学图书馆的多媒体资源服务平台(如图 9-11 所示)。

图 9-11　北京大学图书馆多媒体资源服务平台

3.9.1　资源内容

北京大学图书馆多媒体资源服务平台的资源包括 9 个类别:

(1) 学术讲座/报告:主要是图书馆自主采集的、在北京大学发生的所有学术讲座、演讲、报告等;此外还包括图书馆与凤凰卫视签署协议采集的《世纪大讲堂》栏目的所有节目,以及《中华传统文化》《生物信息学》《明日科技》等专题系列的讲座。总量 9 000 多个,增量约 400 个/年。

(2) 电影:国内外经典电影。总量约 10 000 余部。

(3) 戏曲:经典的中国戏曲包括昆曲、京剧等。总量 800 多部。

(4) 课程参考:主要包括各学科的知识、学习类的光盘或是百科知识以及知识性栏目的光盘等。总量 3 000 多种。

(5) 音乐:主要包括国内外经典的音乐专辑。总量 1 000 多种。

(6) 百科:主要包括一些知名的电视栏目或科教文化节目。总量 1 万多个(含外购的在线视频库中的节目资源)。

(7) 其他:包括跨学科、跨类型的在线多媒体资源库,国内外多媒体教学课件及其他综合性资源。总量 3 000 多个。

(8) 分馆资源:总量 148 个,主要一些小语种的学习资源。

(9) 网上报告厅:总量 30 000 多个。

3.9.2 平台检索

(1) 检索功能。

① 检索：北京大学图书馆的多媒体资源服务平台只有简单检索一种检索方式。支持跨库检索和单库检索。

● 单库检索：选择某个子库例如"电影"，输入检索词，只检索包含该检索词的电影资源。

● 跨库检索：在北京大学图书馆自有的 8 个类别资源（见内容介绍，以 8 个"子库"的形式存在）以及正式购买的部分商用多媒体库（爱迪科森、知识视界、《新东方多媒体学习库》）之间实现跨库检索，只支持题名、主要责任者和关键词 3 个通用字段的检索。

② 浏览：可以进行以下 4 类浏览。

● 按类别浏览：见内容介绍中的 8 个类别，可选择某个类别进行浏览，各个类别下还有子类。

● 按学科浏览：多媒体资源的学科总共有 27 个大类，用户可选择某个学科进行浏览。

● 按语种浏览：多媒体资源的语种浏览栏目设置的语种有西班牙语、葡萄牙语、意大利语、阿拉伯语、希腊语、波兰语、瑞典语、越南语、印尼语、蒙古语、缅甸语、拉丁语、德语、汉语、日语、法语、英语、泰语、韩语、俄语等 20 多个语种，可选择某个语种进行浏览。

● 按播放方式浏览：多媒体资源有 3 种播放方式：中控资源、开架自取、在线播放，用户可选择资源播放方式进行浏览。

(2) 检索技术。

① 字段选择：可选择的检索字段包括标题、关键词、作者、责任者。

② 匹配方式：支持模糊查询和完全匹配两种匹配方式。

③ 组配检索：支持"不含"和"或者"两种组配关系。

(3) 检索结果。

① 检索结果列表：包括资源名称、资源类型、资源播放方式、浏览次数、关键词、资源描述等信息。

② 详细记录：显示资源的全部元数据信息，与结果列表相比主要增加了责任者、物理状态、馆藏号等信息。

③ 资源播放：可以根据资源状态（在线资源、中控资源和开架自取资源）选择资源的播放方式。

● 在线资源：即已经数字化的多媒体资源，包括外购的多媒体资源库、北大讲座和部分电影、音乐和节目资源等，在详细记录显示页面点击"播放"可直接在线收听或收看。除了外购的多媒体数据库有其指定的播放器外，北京大学图书馆所有自建的多媒体资源都可以直接播放，用户在多媒体资源页面上单击"播放"按钮即可使用。

● 中控资源：即未数字化、但通过多媒体播放中央控制系统可以实现网络播放的资源，包括绝大部分的电影、戏剧和部分音乐资源，用户需要在图书馆多媒体中心点播使用，在详细记录显示页面点击"播放"后，稍后几分钟即可收听、收看（目前由于场地现状，北大图书馆的中控资源需要联系图书馆员自行播放）。

● 开架自取资源：包括绝大部分学习参考和部分节目资源，用户需要在图书馆多媒体中心自助使用——直接在书架上浏览挑选，或在多媒体资源平台检索并在详细记录显示页面查看这些资源的馆藏号(排架号)，选中后自行在电脑上单机播放。有些学习软件或是CD-ROM学习光盘还需要即时安装才能使用(目前由于场地现状，北大图书馆的开架资源需要联系图书馆员自行播放)。

3.10 其他多媒体资源

除了上面介绍到的各类多媒体资源外，还有很多的慕课(MOOC)平台、视频素材库、教学资源素材库等素材类多媒体资源，此外还有更多、用户更常使用的网络共享多媒体资源(主要是视频资源)，这里简单列举一些网络共享视频资源及其网址，作为学术多媒体资源的补充。

① 智慧树：智慧树网隶属于上海卓越睿新数码科技有限公司，是全球大型的学分课程运营服务平台。内容涉及国家精品课程、军事学、文学艺术学、管理学、历史学、哲学、工学、理学、医学、教育学、经济学、农学、法学、历史、人文、摄影摄像、心理学、艺术设计、英语、小语种、计算机、大学公开课等多个类别。

网址：https://www.zhihuishu.com/

② 爱课程(中国大学 MOOC)："爱课程"网是教育部、财政部"十二五"期间启动实施的"高等学校本科教学质量与教学改革工程"委托高等教育出版社建设的高等教育课程资源共享平台。承担国家精品开放课程的建设、应用与管理工作。自 2011 年 11 月 9 日开通以来，相继推出三项标志性成果——中国大学视频公开课、中国大学资源共享课和中国大学MOOC，是国内最具影响力的高等教育在线开放课程平台。

网址：http://www.icourses.cn/home/

③ 北京高校优质课程研究会：北京高校优质课程研究会是高校间优质课程共享平台，由北京赢科天地电子有限公司运营，课程内容涉及：教育学、哲学、经济学、医学、工学、文学、法学、艺术学、理学、农学、历史学、管理学、军事学。

网址：http://www.livedu.com.cn/ispace4.0/moocMainIndex/mainIndex.do

④ 华文慕课：华文慕课是一个以中文为主的慕课服务平台，旨在为全球华人服务。平台由北京大学与阿里巴巴集团联合打造。这是继北京大学在 edX 上开课之后，对慕课的进一步推动。涉及学科有计算机、理学、工程、法与社会、文学、历史、哲学、经营管理、教育、艺术、医学、对外汉语、就业创业。

网址：http://www.chinesemooc.org/

⑤ Coursera：Coursera 是由美国斯坦福大学牵头的 MOOC 平台，在线提供网络公开课程。

网址：https://www.coursera.org/

⑥ 优达学城(Udacity)：是由前 Google X Lab 创始人、斯坦福大学人工智能教授、全球无人车发明者 Sebastian Thrun 在 2011 年创立的在线前沿科技教育平台。目前，优达学城在中国、印度、欧洲、巴西、迪拜 5 个国家设立分部。优达学城与全球行业领袖共同设计教育内容，让每个人都有机会学习并掌握人工智能、数据科学、自动驾驶、自然语言处理、计算机

视觉、AI 量化投资、区块链、云计算等前沿科技与热门信息与开发技术。

网址：https://cn.udacity.com/

⑦ 油管（YouTube）：是设立在美国的一个视频分享网站，让使用者上载观看及分享视频短片。它是一个可供网民上载观看及分享视频短片的网站，至今已成为同类型网站的翘楚，并造就多位网上名人和激发网上创作。

网址：http://www.youtube.com

⑧ 优酷网：优酷网 2006 年上线，是中国领先的视频分享网站，倡导"微视频"概念，欢迎一切以微视频形式出现的视频收藏、自创与分享。

网址：http://www.youku.com

⑨ 土豆网：是国内起步较早的视频分享类平台。平台于 2005 年 4 月开始运营。土豆网为用户创造一个容易发布或收集个人音频和影像作品的平台。2012 年，优酷网和土豆网宣布合并。

网址：http://www.tudou.com

⑩ 酷 6 网。

网址：http://www.ku6.com/

⑪ 新浪视频。

网址：http://video.sina.com.cn/

⑫ 琥珀网。

网址：http://www.hupo.tv/

⑬ 激动网。

网址：http://www.joy.cn/

⑭ 搜狐视频（高清影视）。

网址：http://tv.sohu.com/hdtv/

⑮ 网络电视直播。

中国网络电视台 http://www.cctv.com/；凤凰网凤凰宽频，网址：http://v.ifeng.com/

⑯ 哔哩哔哩（bilibili）。

网址：https://www.bilibili.com/

⑰ 视频搜索引擎：Google Videos 和 Google 视频。

网址：http://video.google.com/ 或 http://video.google.cn/；好看视频，网址：https://haokan.baidu.com/……

【思考题】

1. 大二同学小张在做 PPT 的时候，需要一段背景音乐，突然想起一段很合适的旋律，但是他记不清具体是哪首歌曲了，小张可以通过哪种方式找到并获得该音乐？

2.《舞乐百戏》对于研究我国汉代艺术具有重要的作用，请查找《舞乐百戏》相关图片，并列举出查找的途径和方法。

3. 英语 6 级考试要着手准备了，除了知识点的数理外，还需要提升下应试的技巧及熟悉下考试的氛围，请列举可供学习参考的多媒体资源。

参考文献

[1] 庄捷. 流媒体原理与应用[M]. 北京：中国广播电视出版社，2007.

[2] 马修军. 多媒体数据库与内容检索[M]. 北京：北京大学出版社，2007.

[3] 刘三满. 多媒体技术发展趋势及应用领域展望[J]. 山西统计，2003(2)：43-44.

[4] 李晓静. 计算机多媒体技术的应用现状与发展前景[J]. 科技情报开发与经济，2007，(36)：146-148.

[5] 张春红，梁南燕，左玉波. 网络环境下多媒体服务的重新定位[J]. 大学图书馆学报，2008(2)：45-50.

[6] 雅昌艺术网.雅昌艺术教育课堂[EB/OL].[2023-05-10].http：//www.artbase.cn/home/index/.

[7] HARVARD LIBRARY. HOLLIS Images[EB/OL].[2023-05-10]. https：//images.hollis.harvard.edu/.

[8] NASA. Goddard Space Flight Center[EB/OL].[2023-05-10]. https：//www.nasa.gov/goddard/.

[9] Bridgeman Education. Bridgemaneducation[EB/OL].[2023-05-10]. http：//www.bridgemaneducation.com/.

[10] ITHAKA. ARTSTOR[EB/OL].[2023-05-10]. http：//www.artstor.org/.

[11] Encyclopædia Britannica，Inc. Britannica EDUCATION[EB/OL].[2023-05-10]. http：//quest.eb.com/.

[12] Baidu. Baidu 图片[EB/OL].[2023-05-10]. http：//image.baidu.com/.

[13] 北京库客音乐股份有限公司. KUKE 数字音乐图书馆[EB/OL].[2023-05-10]. http：//www.kuke.com/artcenter.

[14] AlEXANDER STEEET. Music & Performing Arts[EB/OL].[2023-05-10]. https：//search.alexanderstreet.com/music-performing-arts.

[15] Naxos Digital Services US，Inc. NAXOS Music Library[EB/OL].[2023-05-10]. https：//www.naxosmusiclibrary.com/.

[16] SoundHound AI Inc. Midomi[EB/OL].[2023-05-10]. http：//www.midomi.com/.

[17] 爱迪科森. 网上报告厅[EB/OL].[2023-05-10]. https：//wb.bjadks.com/home.

[18] 武汉缘来文化传播有限责任公司. 知识视界[EB/OL].[2023-05-10]. http：//www.libvideo.com/.

[19] Alexander Street，LLC. Academic Video Online[EB/OL].[2023-05-10]. https：//video.alexanderstreet.com/channel/academic-video-online/.

[20] 北京万方数据股份有限公司. 万方视频数据库[EB/OL].[2023-05-10]. https：//video.wanfangdata.com.cn/s/ly/D14.html/.

[21] MyJoVE 公司. Jove[EB/OL].[2023-05-10]. https：//www.jove.com/.

[22] MyJoVE 公司. Jove Science Education[EB/OL].[2023-05-10]. https：//www.

jove. com/cn/science-education-library.

[23] 新东方教育科技集团. 新东方在线语言应用百科 [EB/OL]. [2023-05-10]. http：//vl. koolearn. com/index#page1/.

[24] edX LLC. edX [EB/OL]. [2023-05-10]. https：//www. edx. org/.

[25] 蒋平. 美国高校网络课程两大在线学习平台的特征比较分析——以 Coursera 与 edX 为例[J]. 高等财经教育研究, 2018, (2)：11-18, 27.

[26] 北京慕华信息科技有限公司. 学堂在线 [EB/OL]. [2023-05-10]. https：//www. xuetangx. com/.

[27] 北京大学图书馆. 北京大学图书馆多媒体资源服务平台-课程参考 [EB/OL]. [2023-05-10]. http：//media. lib. pku. edu. cn/index. php？m＝content&c＝index&a＝lists&catid＝&kcckzy＝3766/.

[28] 新东方教育科技集团. 新东方多媒体学习库 [EB/OL]. [2023-05-10]. http：//library. koolearn. com/index/.

[29] 重庆维普资讯有限公司. 维普考试服务平台 [EB/OL]. [2023-05-10]. http：//vers. cqvip. com/.

[30] 新东方教育科技集团. 新东方在线四六级学习实训系统 [EB/OL]. [2023-05-10]. http：//nibcet. koolearn. com/ibcet/index/.

[31] 北京银符信息技术有限公司. 银符考试题库 [EB/OL]. [2023-05-10]. http：//www. yfzxmn. cn/.

[32] 正保远程教育集团. 正保远程教育 [EB/OL]. [2023-05-10]. http：//library. chnedu. com/.

[33] L Labs Inc. MyET [EB/OL]. [2023-05-10]. http：//cnedu. myet. com/.

[34] British Council. Online English Learning Resource[EB/OL]. [2023-05-10]. https：//www. britishcouncil. cn/english/online/.

[35] 北京大学图书馆. 北京大学图书馆多媒体资源服务平台. 讲座 [EB/OL]. [2023-05-10]. http：//media. lib. pku. edu. cn/index. php？m＝content&c＝index&a＝lists&catid＝33&sserial＝3713/.

[36] 北京世纪超星信息技术发展有限责任公司. 超星名师讲坛 [EB/OL]. [2023-05-10]. https：//ssvideo. superlib. com/.

[37] 北京万方数据股份有限公司. 万方视频数据库[EB/OL]. [2023-05-10]. https：//video. wanfangdata. com. cn/.

[38] 新华通讯社. 新华社历史资料库 [EB/OL]. [2023-05-10]. https：//home. xinhuanews. com/.

[39] Gale Inc. Opposing Viewpoints in Context[EB/OL]. [2023-05-10]. https：//go. gale. com/ps/dispBasicSearch. do？userGroupName＝peking&prodId＝OVIC/.

[40] 北京大学图书馆. 北京大学图书馆的多媒体资源整合服务平台 [EB/OL]. [2023-05-10]. http：//media. lib. pku. edu. cn/index. php.

第十章　网上免费学术资源的利用

本书前面各章节介绍了各种数据库、电子期刊、电子图书等，这些大都属于商业学术资源，只有用户或者用户所在的机构购买以后才能访问这些资源。事实上，除此之外，互联网上还有大量的免费学术资源和开放获取资源值得利用，如何有效地寻找、检索和利用互联网上的免费、开放的学术资源并从中获取用户所需要的教学科研信息，也是一个需要研究和解决的问题。

综合本书之前章节的分类方法，本章总结出网上免费学术资源结构体系及其构成，如图10-1所示，下面将要对其中的重点资源分节进行介绍。

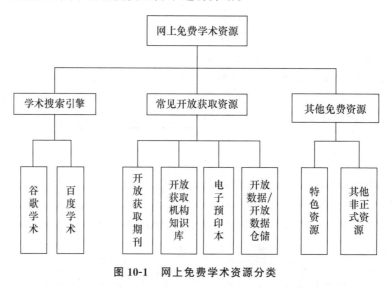

图 10-1　网上免费学术资源分类

第一节　搜索引擎

互联网上的信息是无序的，信息量越大，越难被利用。没有人对互联网上信息的有效性和有序性负责，因此如何获取和利用互联网上的信息就成了一个大问题。目前解决这一问题的最佳途径是利用搜索引擎。搜索引擎是指通过网络搜索软件或网站登录等方式，将互联网上大量网站的页面收集到本地，经过加工处理而建库，从而能够对用户提出的各种查询做出响应，提供用户所需的信息。

与前面所讲的各类数据库、电子期刊和图书等学术性资源相比，搜索引擎本身及其检索结果在有效性、有序性、可检性、学术性、专业性等方面均有不足之处，但它仍然是目前利用互联网信息和资源的最佳工具，它的主要特点在于：面向互联网广泛收集信息，比较全面；实时更新，信息的时效性非常强。在这种情况下，如果用户需要了解某一学科或专业的最新发展情况，比较好的方式是把前面所说的资源和搜索引擎的使用结合起来。

搜索引擎是伴随着互联网爆炸式的发展而诞生的，主要是帮助网络用户在"信息的海洋"里找到所需的资料。现代意义上的搜索引擎的先驱是 1990 年在蒙特利尔大学开发的基于文件传输协议（File Transfer Protocol，FTP）的文件查询系统 Archie，1993 年发布了其 HTTP 版本 ALIWEB，ALIWEB 根据网站主动提交的信息建立自己的链接索引，类似于现在的雅虎 Yahoo。而最早的真正意义上的搜索引擎是 Lycos，创建于 1994 年的春天，雅虎 Yahoo 也是在当年成立的。

按照工作原理的不同，搜索引擎可分为 3 种：关键词搜索引擎、主题分类指南、元搜索引擎。按照搜索引擎收录的内容来分，可以分为网络搜索引擎、图像搜索引擎、新闻搜索引擎、视频搜索引擎、学术搜索引擎等。而在搜索引擎的服务商之间，也有了分工协作的趋势，出现了专业的技术提供商和数据库服务提供商，专业的技术提供商主要是提供搜索引擎的内核软件，数据库服务提供商则向最终用户提供服务，如 Inktomi、必应 Bing、Overture（原 GoTo）、LookSmart、MSN、HotBot 等其他搜索引擎提供全文网页搜索服务，国内的百度公司则为国内多家知名搜索引擎提供技术支持，并同时兼技术提供商和服务提供商两种角色于一身。

按照收录的内容来分，搜索引擎可以分为很多种，如：网络搜索引擎、图像搜索引擎、新闻搜索引擎、视频搜索引擎、学术搜索引擎等，随着互联网的发展和用户新需求的不断产生，不同类型的搜索引擎会不断出现，如视频、音频等搜索引擎于近些年开始发展。搜索引擎是伴随着互联网的发展而不断发展的，由于互联网已经成为人们学习工作和生活中不可缺少的平台，几乎每一个上网的人都会使用搜索引擎。

搜索引擎最初的发展模式有多种，如：Yahoo 注重的是网站分类汇总服务（主题分类指南），而如 Alta Vista、Excite 等则注重提供庞大的搜索数据库。发展到今天，搜索引擎的核心逐步转变成为网络导航服务，作为网络门户，他们提供新闻、在线图书馆、词典以及其他网络资源，同时提供网站搜索以外的多项服务。在技术上，很多搜索引擎的功能不再单一化，更多的是将关键词搜索引擎、主题分类指南、元搜索引擎的功能融为一体。

本节重点介绍搜索引擎的工作流程和工作原理，以及以学术搜索引擎为例介绍搜索引擎的使用。学术搜索引擎是专门用于检索互联网上的学术信息的专业搜索引擎，通常包括图书、论文、期刊、文档、题录、开放数据库等学术资源和学术站点，对学习和科研有很大的帮助。

1.1 搜索引擎的工作流程与工作原理

搜索引擎的实现首先应具备从互联网上自动收集网页的能力，即通常所说的"蜘蛛"（Spider）系统（俗称爬虫），以及实现所收集网页内容信息发现的全文检索系统，还包括检索结果的页面生成系统，就是把检索结果高效地借助网络页面展示给用户。即：搜索引擎的实现是由搜索器、索引器、检索器和用户接口 4 个部分共同完成的。

搜索器根据既定的检索策略在互联网中发现和搜集各种类型的新信息,同时定期更新原有信息,采用分布式和并行计算技术实现。索引器则从搜索器搜索的信息抽取信息生成索引倒排表,并赋予表示文档区分度和查询结果相关度的权值,方法一般有统计法、信息论法和概率法。短语索引项的提取方法有统计法、概率法和语言学法。索引器可以采用集中式索引算法或分布式索引算法,在数据量很大时,应支持即时索引(Instant Indexing),搜索引擎的成功与否很大程度上取决于索引的质量。检索器根据用户的查询要求在索引库中快速匹配文档,对将要输出的结果进行排序,并实现某种用户相关性反馈机制。用户接口界面供用户输入查询,并显示匹配结果,用户接口的设计和实现应适应人类的思维习惯。

搜索引擎首先由搜索器的"蜘蛛"程序周期性或者按照既定算法分布式并行在互联网中搜索和发现信息,同时将新发现的或者需要更新的页面存到数据库服务器;然后索引器将提取数据库中的有用信息,重新组织后建立索引库;最后则是检索器从用户接口得到用户的检索命令,快速从索引库中检索出文档,按照默认的评价体系评价匹配结果,并将结果排序后借助用户接口反馈给用户。

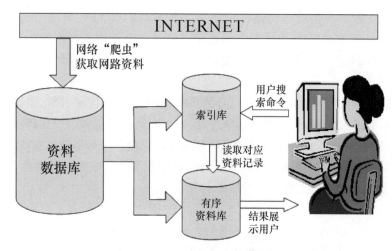

图 10-2　搜索引擎工作流程

从搜索引擎的工作流程可以看出,搜索引擎并不是真正搜索实时的互联网,它搜索的实际上是预先整理好的网页索引数据库;而搜索引擎的工作是分成三步来进行的:从互联网上抓取网页→建立索引数据库→在索引数据库中搜索排序。

(1)从互联网上抓取网页。

利用能够从互联网上自动收集网页的 Spider 系统程序,自动访问互联网,并沿着任何网页中的所有统一资源定位系统(Uniform Resource Locator,URL)爬到其他网页,重复这一过程,并把爬过的所有网页收集回来。

(2)建立索引数据库。

由索引分析系统程序对收集回来的网页进行分析,提取相关网页信息(包括网页所在URL、编码类型、页面内容包含的所有关键词、关键词位置、生成时间、大小、与其他网页的链接关系等),根据一定的相关度算法进行大量复杂计算,得到每一个网页针对页面文字和超

第十章　网上免费学术资源的利用

链接中每一个关键词的相关度(或重要性),然后用这些相关信息建立网页索引数据库。

(3) 在索引数据库中搜索排序。

当用户输入关键词搜索后,由搜索系统程序从网页索引数据库中找到符合该关键词的所有相关网页。因为所有相关网页针对该关键词的相关度早已算好,所以只需按照现成的相关度数值排序,相关度越高,排名越靠前。

1.2　国内外常用学术搜索引擎

学术搜索引擎是专门用于检索因特网上的学术信息的专业搜索引擎,通常包括图书、论文、期刊、文档、题录等学术资源和学术站点,对学习和科研有很大的帮助。

1.2.1　谷歌学术搜索(Google Scholar)

在全球性的数字图书馆研究的热潮中,Google 也推出了一系列关于数字图书馆的举措。2004 年底,Google 在不到一个月的时间里先后推出 Google Scholar(学术搜索引擎)和 Digitize Libraries(数字图书馆,后来改成 Google Books),大张旗鼓地进军学术信息领域。Google Scholar 与许多科学和学术出版商、专业团体、预印本库、大学图书馆合作,并从网络上获得学术文献。最开始 Google Scholar 只支持英文学术文献的查询,到 2005 年 12 月,Google Scholar 扩展至中文学术文献领域。

学术搜索引擎在搜索一些学术文章的线索的时候也非常有用,对于一些只知道作者或者只知道部分线索的文献来说,就可以使用搜索引擎先查找文献的详细情况,比如来源、作者、出版社等,然后再进一步查找是否能有本地馆藏。

Google Scholar 的功能特点包括:从一个入口搜索全部学术文献;查找相关作品、文献引用、作者和出版物;通过网络定位所在学校或机构图书馆上的完整文献;持续跟进各研究领域的最新发展;查找追踪文献引用情况。谷歌学术搜索首页如图 10-3 所示。

网址:https://scholar.google.com/

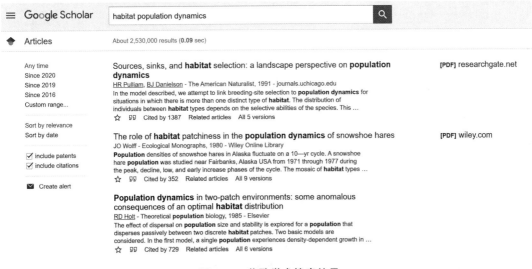

图 10-3　谷歌学术搜索结果

1.2.2　百度学术

百度学术于2014年6月上线,是百度搜索引擎旗下的免费学术资源搜索平台,将资源检索技术和大数据挖掘分析能力应用于学术研究。百度学术收录了包括知网、维普、万方、Elsevier、Springer、Wiley、NCBI等的120多万个国内外学术站点,索引了超过12亿学术资源页面,涵盖了包括学术期刊、会议论文、学位论文、专利、图书等类型在内的6.8亿多篇学术文献。在此基础上,构建了包含400多万个中国学者主页的学者库和包含1万多个中外文期刊主页的期刊库。目前每年为数千万的学术用户提供近30亿次服务。

百度学术目前提供以下两类服务:一类是学术搜索,支持用户进行文献、期刊、学者三类内容的检索,高校、科研机构图书馆定制版学术搜索;另一类是学术服务,支持用户"订阅"感兴趣的关键词、收藏有价值的文献、对所研究的方向做"开题分析"、进行毕业论文查重、通过单篇购买或者文献互助的方式获取所需文献。目前,百度学术的学术首页服务也不断完善,目前已实现提供站内功能及常用数据库导航入口,推送"高被引论文""学术视界"等学术资讯,开放用户中心页面等功能。百度学术搜索首页如图10-4所示。

图10-4　百度学术搜索首页

学术搜索是百度学术提供的基础功能,也是用户使用频率最高的功能,主要包括文献检索、期刊频道、学者主页三个维度。通过百度学术进行文献检索能够识别并且满足多种不同表达方式的检索需求,并提供一系列精细化小功能进一步打磨用户体验。文件检索模块用户可使用的功能包括基本检索、高级检索、文献下载、文献引用、排序筛选、结果分析等功能(图10-5)。

1. 基本检索

用户可在检索框输入关键词或主题词即可快速检索。也可使用标题检索,如果输入的论文标题准确,则会直接链接到检索结果页,如果同一标题对应多篇文献,则会聚合同时展示。输入 DOI 检索文献,则实现精确匹配检索。当用户输入词为参考文献格式表示的一串内容时,搜索结果能够自动分析该格式,找到用户寻找的目标文献。

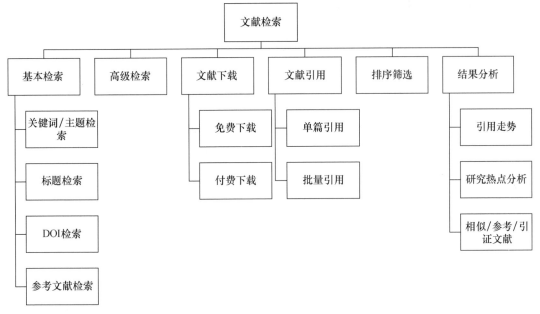

图 10-5　百度学术搜索"文献检索"功能一览

2. 高级检索

除以上基本检索外,百度学术还支持用户进行高级检索,可以在百度学术首页和搜索结果页的搜索框的右侧进入高级检索界面,也可以利用高级语法直接进行检索,如图 10-6 所示。

图 10-6　百度学术搜索"高级搜索"功能

若以关键词"人口增长"为例,除在百度学术高级检索界面中的不同输入框内直接输入外,读者若要用语句进行搜索,则需要关注以下高级语法的区别来使用不同的检索:
- 包含全部检索词:仅输入词本身,无特殊语法,示例:人口增长
- 包含精确检索词:使用双引号""语法,示例:"人口增长"
- 包含至少一个检索词:使用小括号(),示例:(人口增长)
- 不包含检索词:使用-()语法,示例:-(人口增长)
- 出现检索词的位置:包含文章任何位置和位于文章标题两种检索范围,默认前者,使用 intitle()语法,示例:intitle(人口增长)
- 作者:使用 author:()语法,示例:author:(动作识别)
- 出版物:包含期刊和会议两种出版刊物,可分别使用 journal:()和 conference:()语法,也可以统一使用 publish:()语法

3. 文献下载

文献下载是用户使用搜索引擎检索文献的本质需求,百度学术搜索收录了同一篇文章的多个来源,为用户提供了多个下载入口,包括维普期刊专业版、万方、知网、百度文库等来源,若未有合适来源,也可通过文献互助平台发起求助,成功后即可免费获取论文全文。用户在文献详情页,查看全部下载来源及其中的全部免费来源进行选择。

4. 文献引用

百度学术搜索为方便用户引用文献做参考文献等使用,在文献功能区提供了单篇引用和批量引用功能,用户可根据情况来选择使用。目前主要支持 GB/T 7714、MLA、APA 三种常见引用格式,以及 BibTeX、EndNote、RefMan、NoteFirst、NoteExpress 5 种导入链接。若用户需要对一批文献同时导出,可使用批量使用功能。

5. 排序筛选

在检索结果页面,百度学术搜索提供筛选、排序功能。用户可点击左侧列表和右上角中/英文转换进行结果筛选。用户可按照相关性、被引量、时间进行排序,默认排序方式为相关性,并按照时间、领域、来源期刊是否是核心、获取方式、关键词、类型、作者、期刊名称、机构名称等字段进行筛选精炼。

6. 结果分析

如图 10-7 所示,从检索结果页面点击某一条检索结果即可进入详情页面,如图 10-8 所示,该页面主要展示来源期刊、引用走势、研究点分析、文献关系等内容,具体来说:
- 来源期刊:展示来源文献来源期刊信息,点击可跳转至期刊详情页;
- 引用走势:可视化方法展示文献引用走势,支持拖动查看全时间轴数据;
- 研究点分析:基于语义分析和知识图谱分析文献研究点,点击跳转查看该研究领域发展情况;
- 文献关系:支持相似文献、参考文献、引证文献链接。

与图书馆合作是百度学术提供的连接用户和图书馆的个性化服务,即提供知识发现服务,它将图书馆已购和自建数据库信息与百度学术海量元数据对接,为机构用户提供了一个统一的文献检索入口,方便用户检索的同时优化图书馆资源的利用,进一步彰显图书馆的

价值。

网址：https://xueshu.baidu.com/

图 10-7　百度学术搜索检索结果页面

图 10-8　百度学术搜索检索结果分析页面

第二节　开放获取资源(OA)

2.1　开放获取资源概述

开放获取(Open Access,OA)于 20 世纪 90 年代末在国际学术界、出版界和图书情报界兴起。按照布达佩斯开放存取先导计划(Budapest Open Access Initiative)中的定义,OA 是指某文献在互联网公共领域里可以被免费获取,允许任何用户阅读、下载、拷贝、传递、打印、检索、超级链接该文献,并为之建立索引,用作软件的输入数据或其他任何合法用途。用户在使用该文献时不受财力、法律或技术的限制,而只需在存取时保持文献的完整性。对其复制和传递的唯一限制,即版权的唯一作用是使作者有权控制其作品的完整性及作品被接受和引用。

根据美国图书馆协会（The American Library Association, ALA）发布的"2018年美国图书馆状态报告"（The State of America's Libraries Report 2018），2017年与2016年相比，美国各类学术图书馆的馆藏购置经费出现了不同程度的下降，平均下来，学术图书馆用在订阅期刊方面的经费占到了馆藏经费总额的69.8%。如此可预见，面对期刊订购费用的高涨，以及学术图书馆馆藏购置经费不断被削减，未来势必难以继续维持研究所需资源，图书馆供应学术研究的资源将相对减少，进而影响到教学科研人员对学术资源的获取，以及教学与研究的质量。在这种情况下，OA出版应运而生。

与基于订阅的传统出版模式不同，OA出版是一种学术信息共享的自由理念和出版机制，是一种新的学术信息交流的方法，作者提交作品不期望得到直接的金钱回报，而是为了使公众可以在公共网络上利用这些作品。在这种出版模式下，学术成果可以无障碍地进行传播，任何研究人员可以在任何地点和任何时间，不受经济状况的影响，平等地获取和使用学术成果。OA是国际科技界、学术界、出版界、信息传播界为推动科研成果利用互联网自由传播而发起的运动，以此促进科学信息的广泛传播，促进学术信息的交流与出版，提升科学研究的公共利用程度，保障科学信息的长期保存。

OA的特征是：

（1）投稿方便，出版快捷。以OA方式出版研究成果，科学家与学者将可以提升研究领域的进步及专业生涯的发展。

（2）出版费用低廉。OA去除了价格与使用的限制，让研究成果更容易被使用，兼顾了作者的权益与所有潜在读者的利益。

（3）便于传送或刊载大量的数据信息，带来了史无前例的公众利益，尤其表现在同行评审的期刊文献可在线免费获取。

（4）检索方便，具备广泛的读者群和显示度。其传播方式可以扩大读者群，扩大知识的分享范围，以及促进研究的进行。OA的典藏与期刊文献都是实用且合法的。目前在世界各地的实施都证明了OA可以超越传统的订购导向的期刊而服务于整个科学及学术领域。

目前，OA出版最为主要的实现途径则是开放获取期刊（Open Access Journal）和开放获取机构库（Open Access Repositories）两种类型，所谓开放获取期刊，是指任何经过同行评审，以免费的方式提供给读者或机构使用、下载、复制、打印、分享、发行或检索的电子期刊。开放获取机构库则是收集、存放由某一个或多个机构或个人产生的知识资源和学术信息资源、可供社会共享的信息资源库，创建者可以独立地或联合其他创建者组成联盟一起创建开放获取机构库。

2.2 开放获取期刊

如前所述，开放获取期刊作为一种新型的、免费的学术电子期刊，发展至今涵盖了几乎全部的学科领域，期刊数量达万种。在部分学科，开放获取期刊的学术价值逐渐为科研人员所承认。下面介绍一些开放获取期刊的平台，其中重点介绍开放获取期刊目录和国家哲学社会科学学术期刊数据库。

2.2.1 开放获取期刊目录

开放获取期刊目录(Directory of Open Access Journals,DOAJ)是由瑞典隆德大学图书馆(Lund University Libraries)、学术出版和学术资源联盟(The Scholarly Publishing and Academic Resources Coalition,SPARC)联合创建。它设立于2003年5月,最初仅收录300种期刊,目前共收录来自134个国家的20 000多种期刊,其中接近80%的期刊可以检索到文章级别,文章总量超过1002万篇,其中还包含一部分中文论文。该系统收录的均为学术性、研究性期刊,一般都是经过同行评审,或者有编辑做质量控制的期刊,具有免费、全文、高质量的特点,对学术研究具有参考价值。

DOAJ将所收录期刊按学科进行划分,参考依据为美国国会图书馆图书分类法(the Library of Congress Classification),一级学科包括农业等20个学科。开放获取期刊目录首页如图10-9所示。

网址：http://www.doaj.org/

图10-9 DOAJ首页

DOAJ支持查找开放获取期刊和文章。期刊检索支持按照题目、ISSN、主题、出版者等,图10-10以检索著名开放获取期刊BMC Psychiatry为例,进行说明。

若按照文章进行检索,以文章"Association between sedentary behavior and depression among South Korean adolescents"为例,DOAJ支持按照全部字段、标题、摘要、关键词、主题、作者、ORCID、DOI、语种等字段进行检索,并在检索结果显示页面提供文章的更多信息。

第十章　网上免费学术资源的利用

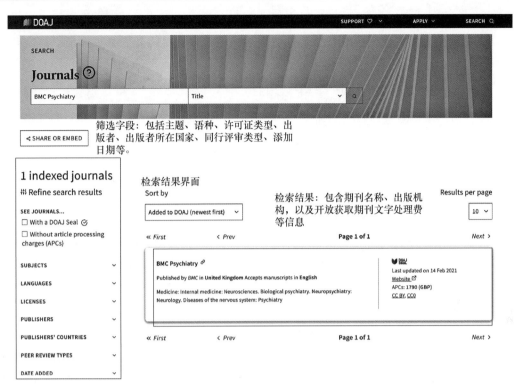

图 10-10　按照期刊检索结果页面

图 10-11　按照文章检索结果页面

在 DOAJ 数据库中有少部分期刊获得了 DOAJ 印章(DOAJ Seal)的认证,如图 10-11 中按照文章检索出现的筛选字段。按照 DOAJ 官网介绍,该印章只授予那些实现了高度开放性、遵守行业最佳实践并具备良好出版标准的期刊,只有约 10% 的期刊获得了该印章。要想获得 DOAJ 印章,期刊必须符合以下 7 个条件:

(1) 使用 DOI 作为永久标识符;
(2) 提供文章元数据(Metadata);
(3) 通过长期数字保存或存档程序存放内容;
(4) 在文章中嵌入机器可读的 CC 许可信息;
(5) 允许根据 CC BY、CC BY-SA 或 CC BY-NC 许可大量重复使用和混合内容;
(6) 有保存政策,并在保存注册机构进行注册;
(7) 允许作者无限制地保留版权。

从上面的条件中我们可以看出,DOAJ 对于期刊的开放获取程度以及公开性、透明性有着十分严格的要求,只有符合行业最佳实践且具有一定质量的开放获取期刊才有机会被 DOAJ 收录,因此用户可从该网站获取 OA 期刊文章以及向经过筛选认证的期刊投稿,具有较好的便利性,DOAJ 数据库目前在全球范围内获得了学者们的较多认可。

2.2.2 国家哲学社会科学学术期刊数据库

国家哲学社会科学学术期刊数据库(National Social Science Database,NSSD),简称为"国家期刊库",是由全国哲学社会科学规划领导小组批准建设,中国社会科学院承建的国家级、开放型、公益性哲学社会科学信息平台,具体责任单位为中国社会科学院图书馆。"国家期刊库"系统平台于 2013 年 7 月 16 日上线开通,为公益性期刊数据库。

"国家期刊库"秉持公益、开放、协同、权威的定位,其建设目的在于成为公益性社会科学精品期刊数据库和社会科学开放获取平台。"国家期刊库"收录学术期刊 2 200 多种,论文超过 2 300 万篇以及超过 100 万位学者、2 万家研究机构相关信息,涵盖哲学、宗教、经济管理、社会学、文学、历史地理、语言文学、政治法律、文化科学、艺术等学科。此外,"国家期刊库"回溯到创刊号期刊 1 350 多种,最早回溯年份为 1920 年。"国家期刊库"首页如图 10-12 所示。

网址:http://www.nssd.cn/

目前,"国家期刊库"提供免费在线阅读和全文下载,并具有多种论文检索和期刊导航方式。支持题名、作者、机构、刊名、关键词、摘要、发表时间等字段的单一和联合检索,提供检索结果的二次筛选、多种排序、聚类显示等功能。个人用户使用方式为注册后在任何地点都可以登录使用。机构用户则在签署机构用户授权使用协议后,机构成员在机构 IP 范围内无须登录,直接使用。有"全文下载"和"阅读全文"图标的,即为可以在线浏览和下载的论文,如果没有以上图标,即表示论文所属期刊还未被数据库收录或者数据仍在上传中,单击论文标题可进入论文详细页面。图 10-13 为"国家期刊库"论文检索界面。

按照期刊检索所需要的资源我们可以利用期刊导航,期刊导航为"国家期刊库"划分的期刊索引类别,包括同步上线期刊导航、学科分类导航、核心期刊导航、社科基金资助期刊导航、中国社科院期刊导航、地区分类导航等方式,用户也可以按照期刊名称、主办单位、ISSN、主编姓名、邮发代号等字段进行检索。我们以检索中文期刊《中国社会科学》为例进行说明。

图 10-12 "国家期刊库"首页

图 10-13 "国家期刊库"论文检索界面

如图 10-14 所示,可在内容筛选窗口输入期刊名"中国社会科学",并按照刊名检索,或按照 ISSN 检索,可获得精确检索结果。若知道期刊主办单位、主编姓名、邮发代号等也可按照该字段检索,检索结果见图 10-15。

图 10-14 "国家期刊库"期刊检索界面

图 10-15 "国家期刊库"期刊检索结果

点击期刊名称,打开该期刊主页后,用户可查看期刊信息、期刊评价等数据。

年份	发文量	被引次数	影响因子	立即指数	被引半衰期	引用半衰期	期刊他引率	平均引文率
2003	110	571	1.6455	0.3273	2.5699	5.4737	0.986	11.9636
2004	122	808	1.843	0.2951	2.8018	4.0469	0.9901	24.9016
2005	100	1370	2.2198	0.69	3.3633	4.5161	0.9891	31.44
2006	107	1818	2.5901	0.3364	3.9835	4.3929	0.9879	32.8785
2007	101	2269	3.1208	0.4059	4.3225	5.3906	0.9828	32.7822
2008	95	2462	2.7163	0.4421	4.8647	6	0.9935	39.8
2009	89	2624	2.3776	0.4157	5.4351	5.3077	0.9897	42.7978
2010	92	3757	3.1793	0.6848	6.0906	5.5513	0.9917	41.2065
2011	95	3895	3.6077	0.5789	6.4734	6.3718	0.9902	37.1789

图 10-16 "国家期刊库"期刊评价报告

2.2.3 中国科技论文在线

中国科技论文在线(Sciencepaper Online)是经教育部批准,由教育部科技发展中心主办的科技论文网站。设立目的主要在于解决科研人员普遍反映的论文发表困难,学术交流渠道窄,不利于科研成果快速、高效地转化为现实生产力等现实困难。该数据库利用现代信息技术手段,打破传统出版物的概念,免去传统的评审、修改、编辑、印刷等程序,给科研人员提供一个方便、快捷的交流平台,提供及时发表成果和新观点的渠道,从而使新成果得到及时推广,科研创新思想得到及时交流。

中国科技论文在线的检索分为基本检索和高级检索。基本检索可根据所知信息输入检索词,按题目、关键字、作者和摘要在全库、在线发表论文库和优秀学者论文库中进行检索。同时为了适当的限制检索范围,要求对检索的论文进行时间指定。高级检索是在基本检索的基础上增加了逻辑组配功能。中国科技论文在线还提供丰富的浏览模式。可按照首发论文、同行评议、首发精品、优秀学者、名家推荐、学者自荐、科技期刊、博士论坛、专题论文、热度视界、多维论文等类别浏览论文。比较有特色的是同行评议的论文可以看到学科专家的评语。

"中国科技论文在线"网站期刊论文总数超过120万篇,首发的科技论文超过10万篇,刊登论文主要侧重于科技文献。

网址:http://www.paper.edu.cn/

2.2.4 汉斯出版社中文学术期刊

汉斯出版社(Hans Publishers)中文学术期刊聚焦于国际开放获取中文期刊的出版发行,覆盖以下领域:数学物理、生命科学、化学材料、地球环境、医药卫生、工程技术、信息通信、人文社科、经济管理等。汉斯出版社主办的期刊约160本,均被维普、万方、超星等数据库收录。

网址:https://www.hanspub.org/

2.2.5 日本科技信息集成门户

日本科技信息集成门户(Japan Science and Technology Information Aggregator, Electronic, J-STAGE)是由日本科学技术厅(Japan Science and Technology Agency, JST)在1999年10月创建的学术期刊网络平台,收录了日本各科技学会出版的文献(文献多为英文,少数为日文)。该平台有3 990多种期刊、超过567万篇论文,涵盖25个学科领域。收录的学科包括数学、通信与信息科学、综合、物理、自动化、化学与化工、地质、农业、地理、环境科学、电子及生物等。

网址:http://www.jstage.jst.go.jp/browse/

2.2.6 开放获取资源一站式检索服务平台(SOCOLAR)

随着网络技术的更新迭代,OA资源得到了空前的发展。OA期刊和OA仓储为研究人员获取学术资源提供了一条崭新的途径。但是,许多OA资源是分散存放在世界各地不同的服务器和网站上的,因此用户很难直接全面地检索到这些资源。基于此种情况,中国教育图书进出口公司开发了"开放获取资源一站式检索服务平台"(SOCOLAR),该平台收录了大量开放获取期刊、开放获取机构仓储等学术资源,并向最终用户提供一站式文章级检索和全文链接服务。

SOCOLAR平台现有1.1万多种OA期刊和1千多个OA机构仓储,超过1 700万篇外文开放获取文章,资源按周更新。涵盖学科较为广泛,主要包括:人文社科、商学与经济学、数学与统计、生物学与生命科学、工业技术、化学、地球与环境科学等。同时提供这些文献的全文链接,其中90%以上的链接期刊通过同行评审:如BMC、SAGE、OUP、HighWire等。此外,平台还收录了非常具有影响的OA机构仓储库:如arXiv电子预印本、PubMed、RePEc、认知科学电子预印本CogPrints等。

网址:http://www.socolar.com/

2.2.7 美国国家航空和宇航局电子期刊

美国国家航空和宇航局电子期刊系统(SAO/NASA Astrophysics Data System, ADS)由美国国家航空和宇航局支持的史密森天体物理天文台(Smithsonian Astrophysical Observatory, SAO)维护,系提供免费学术论文全文的网站,涵盖的学科内容主要为物理学、天文学和天体物理学。该网站提供了约3 000种期刊的文摘,共有1 500万条记录,部分期刊提供免费全文。美国国家航空和宇航局电子期刊网站首页如图10-17所示。

网址:http://adswww.harvard.edu/

2.3 开放获取机构知识库

机构知识库(Institutional Repository, IR)是基于开放存取的理念,学术研究机构依托互联网,将本机构成员所产生的各种数字化内容进行收集、整理、组织、标志、索引,以开放性和互操作性为原则,实现对数字学术资源的永久保存和广泛传播而运行的一种信息资源管理和服务系统。2002年,学术出版与学术资源联盟(Scholarly Publishing and Academic Re-

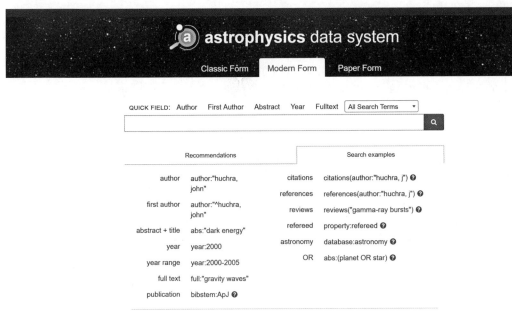

图 10-17　美国国家航空和宇航局电子期刊网站及检索页面

sources Coalition)明确指出 IR 是学术机构在两个战略问题上的应对举措,一是通过出版形式创新为学术交流变革提供核心组成;二是作为衡量学术机构质量的一项特征指标,提升机构的可见度、学术声誉和公共价值。该观点总结了 IR 建设的两大本质特征,即机制转型和开放共享。

中国科学院文献情报中心将机构知识库定义为研究机构实施知识管理、有效管理其知识资产的工具,也是机构知识能力建设的重要机制。下文仅列举几个国内外典型的开放获取机构知识库,以及重点以中国科学院机构知识库网格做介绍。

2.3.1　剑桥大学机构知识库

剑桥大学机构知识库(Apollo)保存了剑桥大学成员的研究成果,由剑桥大学图书馆(Cambridge University Library)和学校计算服务中心(University Computing Service)维护,提供剑桥大学相关的期刊、学术论文、学位论文等电子资源。剑桥大学机构知识库支持按照作者、题名、关键词、文献类型、合集等字段进行分类检索。

网址:https://www.repository.cam.ac.uk/

2.3.2　麻省理工学院存储库

麻省理工学院存储库使用的系统 DSpace 是由美国麻省理工学院图书馆和美国惠普公司实验室合作开发并于 2002 年 10 月开始投入使用的,是以内容管理发布为设计目标,并遵循伯克利软件套件(Berkeley Software Distribution,BSD)协议的开放源代码数字存储系统。该系统可以收集、存储、索引、保存和重新发布任何数字格式、层次结构的永久标识符研究数据。麻省理工学院存储库用 DSpace 构建,用来获取、传播和保存该校教师和研究人员的知识成果,包括开放获取论文、学位论文等,并以科研社区为基础设计用户界面,方便用户访问整个机构的数字化知识成果。

该存储库保存了麻省理工学院的电子资料,包括:预印本、学位论文、工作论文、会议文献等。支持按照发表日期、作者、文章名称、学科、合集等字段进行分类检索。

该存储库保存了包括19世纪中叶以来的部分学位论文共5.4万余篇,以及自2004年以来所有的博硕士学位论文。其中,大部分都可以免费下载全文,数据实时更新。麻省理工学院存储库首页及检索界面如图10-18所示。

网址:http://dspace.mit.edu/

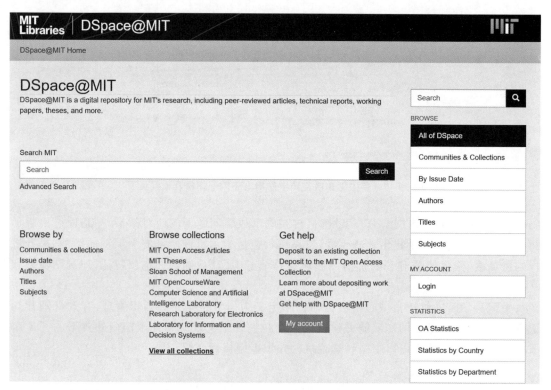

图10-18　麻省理工学院存储库首页及检索界面

2.3.3　南安普顿大学机构库

南安普顿大学机构库(e-Prints Soton)是英国南安普顿大学TARDis项目的成果,该项目受到英国联合信息系统委员会(Joint Information Systems Committee,JISC)的资助,目的是促进学术成果的存储与发表。e-Prints Soton目前收有自20世纪70年代以来该校科研人员撰写的学术文献,并不断有新的内容加入。

网址:http://eprints.soton.ac.uk/

2.3.4　中国科学院机构知识库网格

中国科学院机构知识库网格(Chinese Academy of Sciences Institutional Repositories Grid)由中国科学院开发,中国科学院兰州文献情报中心/中国科学院西北生态环境资源研究院运行维护。该平台属于机构知识库集群平台，即集成中国科学院系统内的主要科研学术机构知识库，建成共享网络网格平台和科研学术机构知识库云网平台，如图10-19所示。

中国科学院机构知识库网格建设目标为发展机构知识管理能力和知识服务能力，致力于实现对中国科学院机构知识资产的收集、长期保存、合理传播利用，并建设对知识内容进行捕获、转化、传播、利用和审计的能力。其特色功能包括支持对节点或其他机构知识库数据自动采集汇总，构建知识网络集成服务系统；基于汇总数据提供统一检索发现、知识分析等增值服务；提供OAI收割、iSwitch采集等方式的数据采集更新；提供学术机构科研知识能力评价与分析服务。

网址：http://www.irgrid.ac.cn/

图 10-19　中国科学院机构知识库网格主页

截止到2021年底，该平台除了已经实现对中国科学院系统知识资产的收集和长期保存外，其知识内容分析、关系分析和能力审计在内的知识服务能力和综合知识管理能力也逐步建立完善。该平台服务框架主要包括成果浏览与检索、机构导航、学者检索以及知识统计与分析。目前，中国科学院机构知识库网格系统中收录有期刊论文、会议论文、学位论文、专利、专著、获奖成果、研究报告等90余种文献类型的知识成果，覆盖物理学、化学、心理学、天文学、光学等40多个学科类别，涵盖中国科学院部署在全国各地的114家单位，超过2.4万位学者，存储的知识成果条目数达过154万条，大部分资源已实现开放获取，如图10-20所示。

机构知识库集群平台能够实现对科学学术机构进行科研知识能力评价与分析服务，一定程度上可以够促进成果共享和机构与机构之间、区域与区域之间的学术交流，促成机构战略目标的实现。中国科学院机构知识库网格提供的知识分析与统计功能，可对中国科学院系统内机构进行科研成果汇总分析、分布排行、趋势分析、利用排行等知识审计，也可利用科研评价模块进行科研产出能力、科研论文生产力、科研论文影响力、机构对比分析，如图10-21所示。

图 10-20 中国科学院机构知识库检索页

图 10-21 中国科学院机构知识库知识审计及科研评价功能

2.3.5 北京大学机构知识库

北京大学机构知识库由北京大学图书馆及 CALIS 基于 DSpace 开发,作为支撑北京大学学术研究的基础设施,收集并保存了北京大学教师和科研人员的学术与智力成果,为北京大学教师、科研人员和学生的学术研究和学术交流提供系列服务,包括存档、管理、发布、检索和开放共享。

北京大学机构知识库中包含元数据 70 万余条,文章作者 68 万多个,论文全文 301 356 篇。北京大学机构知识库首页如图 10-22 所示。

网址:https://ir.pku.edu.cn/

图 10-22　北京大学机构知识库首页

2.3.6 厦门大学学术典藏库

厦门大学学术典藏库用来存储厦门大学教学和科研人员的具有较高学术价值的学术著作、期刊论文、工作文稿、会议论文、科研数据资料以及重要学术活动的演示文稿等。用于长期保存厦门大学的学术成果,方便校内外及国内外同行学者之间的学术交流、评议、知识共享等,展示厦门大学学术成果,加快学术传播,提高学术声誉,促进电子出版(e-Publishing)和开放获取运动。

网址:http://dspace.xmu.edu.cn/

2.3.7 香港大学学术库

作为大学机构知识库的香港大学学术库,是香港大学基于知识交流政策而建立的知识管理系统。香港大学学术库建立于 2005 年,基于 DSpace 开发,起初主要运用承载元数据的关系表描述出版物信息,后与意大利卡萨莱基奥计算中心(CINECA)合作,将 DSpace 的功能进行了拓展,加入了对其他研究对象的描述,例如学者资料和机构信息及其相关属性,以及专业会员、文献计量信息等。

网址：http://hub.hku.hk/

2.3.8 香港科技大学机构库

香港科技大学机构库是由香港科技大学图书馆用 DSpace 开发的一个数字化学术成果存储与交流知识库，收有该校教学科研人员和博士生提交的论文(包括已发表和待发表的)、会议论文、预印本、博士学位论文、研究与技术报告、工作论文和演示稿等。香港科技大学机构知识库已存储该校 1100 多个学者的近 13 万个学术作品。

网址：http://repository.ust.hk/dspace/

2.3.9 农科机构知识库联盟

农科机构知识库联盟由中国农业科学院农业信息研究所整体策划及实施，目的是帮助各农业领域的研究机构及高等院校建立科研成果存储、科研数据收集、成果认领、人员管理的知识服务系统，确保科研人员的研究工作和科技成果可以被识别，提高机构的知识生产和知识管理能力，提升全院科学研究和科研管理的信息化水平。农科机构知识库联盟已拥有机构会员 35 个，专家学者 7 900 余名，科研成果 69 万余篇。农科机构知识库联盟主要功能包括数据收集、成果上传、作品认领、资源查看及下载、公告发布，促进机构内部科研知识交流与信息共享等。

网址：http://www.agriir.cn/

2.4 电子预印本

电子预印本是指科研工作者的研究成果还未在正式出版物上发表，而出于和同行交流的目的自愿通过互联网等方式传播科研论文、科技报告等文献。与电子预印本同类的文献有：工作论文(Working Papers, Research Papers)、电子印本(E-Prints)、科技报告(Technical Reports, Technical Notes)等。与刊物发表的论文相比，预印本具有交流速度快、利于学术争鸣等特点。下文列举两个国内外典型的电子预印本网站。

2.4.1 arXiv.org 电子预印本

arXiv.org 是由美国国家科学基金会和美国能源部资助，在美国洛斯阿拉莫斯(Los Alamos)国家实验室建立的电子预印本文献库，始建于 1991 年 8 月，由 Ginsparg 博士发起，旨在促进科学研究成果的交流与共享。2001 年后转由康奈尔大学(Cornell University)进行维护和管理。arXiv 是最早的电子预印本库，目前在世界各地有 17 个镜像站点。目前 arXiv.org 已经发布涉及物理学、数学、计算机科学和定量生物学方面的学术论文 240 多万篇。

网址：http://arxiv.org/(美国主站点)，http://cn.arxiv.org/(中国科学院理论物理所镜像站点)

arXiv.org 有检索和浏览功能，全文文献有多种格式(例如 PDF、DVI 等)，需要安装相应的全文浏览器才能阅读，还提供 RSS feeds 订阅最新文章。arXiv.org 电子预印本检索首页如图 10-23 所示。

第十章 网上免费学术资源的利用

图 10-23 arXiv.org 检索首页

arXiv 首页主要展示不同的研究专题及其细分领域，最重要和最常用的为右上角的简单搜索框，可以按照多个字段进行检索。输入检索内容后，可选择按照标题、作者、摘要、评论、期刊、ACM 分类等 16 个检索字段进行检索，以搜索"nonlinear complementarity problems"非线性互补问题为例，在首页右上对话框搜索后即进入搜索结果页面，如图 10-24 所示。

图 10-24 arXiv.org 检索结果页面

在检索结果页选择一篇文章进入它的文章详情页，页面左侧展示文章最初提交的时间和最后提交的时间，文章名称、作者、摘要以及所属领域、引用、提交的历史版本。页面右侧展示文章下载选项、切换当前浏览文章、参考文献和引用等信息，如图10-25所示。

图10-25　arXiv.org检索结果文献详情页面

页面下方为功能区"书目和引用工具"（Bibliographic and Citation Tools）。Bibliographic Explorer为书目浏览器，打开后可以按一定的排序规则和过滤规则，分别展示当前文章的参考文献，以及引用当前文章的文献，按照影响力排序，可迅速关注到当前领域的质量较高的文章，如图10-26所示。

图10-26　arXiv.org检索结果的书目浏览器

第十章　网上免费学术资源的利用

Litmaps 功能可以可视化当前文章的参考文献之间的引用关系，并且可以关注某一篇参考文献的引用关系，其关联的网站为 https：//www.litmaps.com/，用户在该网站也可以创建自己的 Litmaps，如图 10-27 所示。

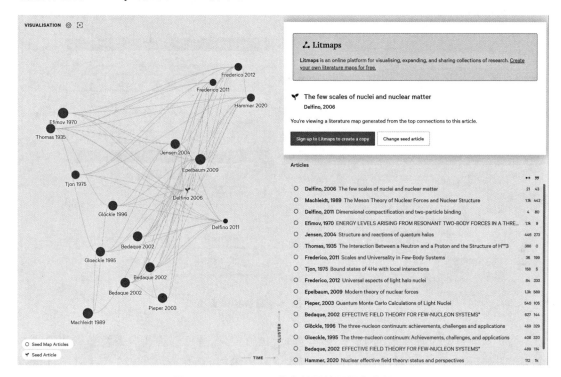

图 10-27　arXiv.org 检索结果的可视化分析

预印本网站多数文章还未正式发表，且未有 DOI 编号，因此若要确定当前文章的引用情况则存在困难，arXiv.org 提供了"Scite Smart Citations"分析功能，关联网站为 https：//www.scite.ai/，可以对文章做进一步追踪。

以上通过简单检索方式检索关键词并对检索结果进行分析，若想要细化检索结果可以使用高级检索，字段可选择按照标题、作者、摘要、评论、期刊、ACM 分类等 16 个检索字段进行检索，并支持使用 AND、OR、NOT 等语句，如图 10-28 所示。

2.4.2　中国预印本服务系统

"中国预印本服务系统"是由中国科学技术信息研究所与国家科技图书文献中心联合建设的以提供预印本文献资源服务为主要目的的实时学术交流系统，是科学技术部科技条件基础平台项目的研究成果。该系统由国内预印本服务子系统和国外预印本门户（SINDAP）子系统构成。

国内预印本服务子系统主要收藏国内科技工作者自由提交的预印本文章，可以实现二次文献检索、浏览全文、发表评论等功能。

国外预印本门户（SINDAP）子系统是由中国科学技术信息研究所与丹麦技术知识中心合作开发完成，可实现全球预印本文献资源的一站式检索。通过 SINDAP 子系统，用户只需

513

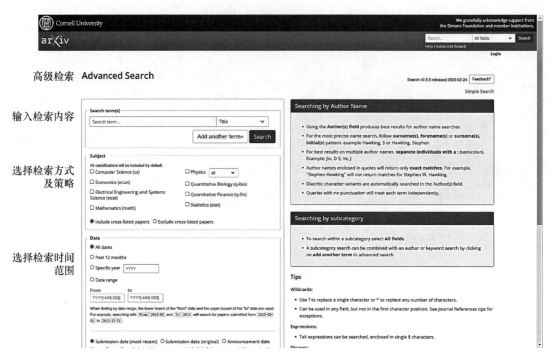

图 10-28 arXiv.org 高级检索页面

输入检索式即可对全球知名的 16 个预印本系统进行检索，并可获得相应系统提供的预印本全文。目前，SINDAP 子系统含有预印本二次文献记录约 80 万条，自 2023 年 4 月 1 日该系统已停止接收稿件与论文审核发布服务。

网址：https://preprint.nstl.gov.cn/preprint/browse

2.5 开放数据/开放数据仓储

开放数据（Open Data）就是公开获得可以免费使用的数据。这意味着某人或某组织已经处理好数据使用上的技术问题、法律问题从而能允许用户可以遵循一定规则使用或分享。随着信息技术的发展和互联网的普及，数据的发布、传播变得越来越容易，科学出版界对研究数据的可获得性和出版发行也越来越重视。著名的 Digital Science 组织在 2016 年开始实行开放数据调查，《The State of Open Data 2021（2021 年开放数据状况报告）》揭示，来自 192 个国家的约 21 000 名研究人员中，约有 73% 的研究人员支持"由国家授权开放研究数据"的观点，大约 1/3 的受访者表示，"他们比以前更多地重复使用自己或别人的可公开获取的数据"。研究人员对于共享数据、重复使用和重新分配数据的态度，也揭示人们对于开放数据或开放研究数据重视程度在上升。

以往的科学研究出版过程中，只重视科研过程的最终产出——科学论文，忽视了支撑科学结论的研究数据。然而研究数据的利用不仅能够对原论文论点做真伪鉴定，更重要的是它能够促进更多科学产出。在这种由下而上的需求和由上而下的政策共同推动下，以及研究数据存储、管理、共享带来的挑战，许多大学、研究机构和出版商开始建立开放科学数据仓储,将开放科学数据按一定的方式组织并提供利用与复用,目的在于促进开放数据的交流及共享,越来越多的研究数据从逐渐开放到开放仓储被建立起来。本节将介绍国内外的几个开放数据和开放数据仓储平台。

2.5.1 科学数据仓储注册系统

科学数据仓储注册系统(Registry of Research Data Repositories, re3data)由德国研究基金会资助构建,是专门性的汇集全球不同学科的科学数据仓储的注册平台。re3data 中的 re3 分别代表 registry、research、repositories 三个单词,即科学数据仓储注册系统。该系统旨在对所有领域的科学数据仓储基于注册机制进行索引化和结构化描述,采用信息图标来描述每个科学数据仓储的基本特征,可创造快速和容易使用系统的附加价值。re3data 中数据仓储数量超过 3 600 个,仓储数据按照主题分为人文社会科学、生命科学、自然科学及工程科学四大类。目前,re3data 由德国洪堡大学柏林图书情报学院、德国波茨坦地学研究中心和德国卡尔斯鲁厄理工学院共同维护。

网址: https://www.re3data.org/

2.5.2 宾夕法尼亚大学世界数据库

宾夕法尼亚大学世界数据库 10.0 版(Penn World Table version 10.0, PWT 10.0)包含有关收入、产出、投入和生产力的相对水平的数据信息。该数据库收录时间始于 1950 年,涵盖世界上 183 个国家提供的 CSV、dta 等格式的数据。宾夕法尼亚大学世界数据库由美国国家科学基金会(National Science Foundation)、斯隆基金会(The Sloan Foundation)和跨大西洋平台挖掘数据计划(Transatlantic Platform's Digging into Data program)的资助。

网址: https://www.rug.nl/ggdc/productivity/pwt/

2.5.3 世界贸易组织数据库

世界贸易组织数据库(World Trade Organization Data, WTO Data)提供了有关经济和贸易政策问题的量化数据。它的数据库和出版物提供访问者对贸易流量、关税、非关税措施(NTM)和增值贸易数据的访问,其数据来源自国际组织和多个国家的政府部门,是国际上较为权威的商业贸易数据库。世界贸易组织数据库检索界面如图 10-29 所示。

网址:https://data.wto.org/en

2.5.4 北京大学开放研究数据平台

北京大学开放研究数据平台由北京大学图书馆与北京大学管理科学数据中心联合主办并分工建设。目前成为发布高品质研究数据、传播学术影响力的开放式平台。北京大学图书馆于 2014 年初启动了研究数据管理项目,基于 Dataverse 开发了研究数据管理系统,于 2015 年底发布了北京大学开放研究数据平台测试版。开放研究数据平台共存储 135 个数据空间和 396 个数据集。

网址: https://opendata.pku.edu.cn/

北京大学开放研究数据平台作为服务于各学科研究者开展研究数据的保存、分享与再利用活动的信息网络平台,注重安全性与规范性。该平台主要保存研究数据,主要形态

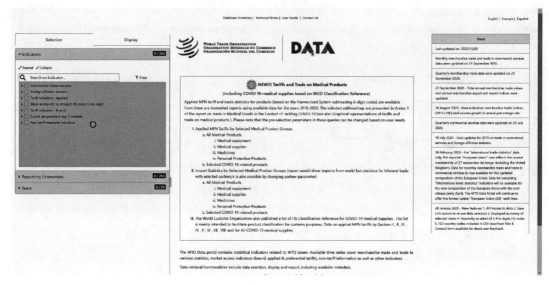

图 10-29　世界贸易组织数据库检索界面

为包含数据信息的电子文件,即数据文件。数据文件包括通常意义上含有一条或多条数据记录的电子表格或数据库文件,也包括相关的源代码、流程图、说明文档等文件。数据集是北京大学开放研究数据平台中的基本数据单位之一,必须从属于一个数据空间,用户的数据集不能直接在平台根数据空间中创建,必须先创建自己的数据空间,再在其中继续创建数据集。

该平台既支持用户利用他人的数据,也包括分享用户自己的数据。利用他人的数据功能涉及浏览和搜索、引用和下载、完善账户信息、申请数据权限、在线分析浏览数据等步骤;分享自己的数据功能则包括创建数据空间和数据集、编辑数据空间和数据集、公开发布数据、控制访问权限、查询使用统计等模块。

1. 利用他人的数据

若用户没有打算使用北京大学开放研究数据平台发布自己的数据,但至少可以从利用他人的数据开始,了解平台的基本构成和用户界面,注册账号并完善用户信息,为利用北京大学开放研究数据平台、提升个人研究工作水平做好第一步准备。平台网页右上角提供了切换中英文用户界面的链接。用户界面语种的选择,不影响平台的功能,也不影响数据的中英文内容信息。只要选择自己容易阅读的语种即可。北京大学开放研究数据平台主页如图 10-30 所示。

北京大学开放研究数据平台的主页下方展示着一系列"精品数据空间"。点击其中任何一个,即进入该数据空间的信息视图。在此可阅读该空间的说明介绍文字、浏览(或进一步搜索)空间内的数据集,或者点击平台主页上方蓝色背景中的"浏览平台数据"链接,浏览(或进一步搜索)北京大学数据平台上的全部数据空间和数据集,如图 10-31 所示。

第十章 网上免费学术资源的利用

图 10-30 北京大学开放研究数据平台主页

			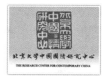
北京大学中国调查数据资料库	中国家庭追踪调查（CFPS）	中国健康与养老追踪调查（CHARLS）	北京大学中国国情研究中心
			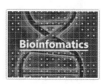
中国老年健康与家庭幸福调查（CLHLS-HF）	综合型语言知识库（CLKB）	北京大学可视化与可视分析研究组	北京大学生命科学学院生物信息学中心

北京大学数据与信息管理研究组	北京大学中国古代史研究中心	北京大学软件与微电子学院自然语言处理研究组	科学评价与大数据应用实验室

图 10-31 北京大学开放研究数据平台精品数据空间

进入数据空间后,可以使用排序和翻页功能,迅速浏览数据空间内的所有数据集。在精品数据空间和数据集清单的左侧,提供了多种筛选工具,可以限定是否显示数据空间、是否显示数据集、是否显示文件(默认未选中),以及根据分类、单位、发布时间、作者、学科、关键词、提交日期等元数据项目进行快速筛选,如图10-32所示。

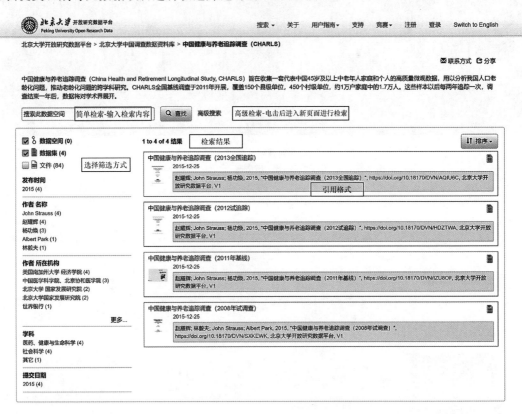

图 10-32　北京大学开放研究数据平台数据空间页面展示

若要对数据空间进行搜索,使用简单搜索方式会在数据空间、数据集、数据文件的所有元数据字段范围内展开搜索,并返回相关的搜索结果。执行过一次简单搜索后,在搜索结果页面,搜索框的右侧会出现"高级搜索"的链接。点击后进入高级搜索页面。高级搜索页面提供在数据空间、数据集或文件的个别元数据字段中根据指定的搜索词执行的搜索功能。字段之间的逻辑关系为＊＊"与"(and)＊＊,即返回的每一条搜索结果都应匹配所有填写了内容的搜索输入框,如图10-33所示。

图 10-33　北京大学开放研究数据平台高级搜索页面

在查看数据集的信息页面时，数据集标题下方浅蓝色背景的一段文字为该数据集的引文格式，包含多种元数据信息，需要引用时，应遵守学术写作规范。北京大学开放研究数据平台可供匿名访客浏览并利用部分完全开放的数据，但如需利用其他数据或发布自己的数据，就必须登录到平台中。用户可以主动向数据管理员申请加入用户组，获得数据的使用权，在查看数据集的信息页面时，浅蓝色背景的引文右侧有一个"下载"按钮。点击后，下拉菜单提供 EndNote XML 和 RIS 格式两种常见的参考文献管理软件引文著录格式，如图 10-34 所示。

2. 分享自己的数据

若在研究过程中取得了有价值的数据，希望在可靠的设备上长期保存，以及在一定范围内与学术社群分享，或在团队内部设立数据共建机制，北京大学开放研究数据平台可供保存、分享、发布和协作研究数据。目前，北京大学开放研究数据平台处于 Beta 测试阶段，数据平台只支持北京大学的认证用户创建和发布数据，在此不做具体介绍。

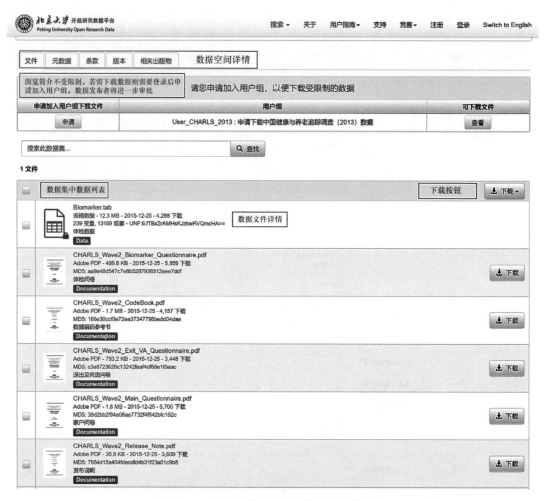

图 10-34　北京大学开放研究数据平台数据集

2.5.5　国家人口与健康科学数据共享服务平台

国家人口与健康科学数据共享服务平台提供国家科技重大专项、科技计划、重大公益专项等项目的数据仓储，提供多个学科元数据的查询，包括基础医学、临床医学、公共卫生、中医药学、药学、人口与生殖健康等多个节点。国家人口健康科学数据中心共拥有项目 1 241 个，数据集 18 511 个，数据总量达 1.2 PB，数据记录超过 182 亿个。

网址：https://www.ncmi.cn/

2.5.6　国家基因组科学数据中心

国家基因组科学数据中心（National Genomics Data Center，NGDC）依托中国科学院北京基因组研究所建设，主要面向中国人口健康和社会可持续发展的重大战略需求，建立生命与健康大数据储存、整合与挖掘分析研究体系。国家基因组科学数据中心拥有 437 万亿次/秒的计算能力，约 11 200 个计算核心，46 PB 的存储资源，1.6 Gbps 网络带宽，形成了国内领先的生物大数据云计算平台。目前存储有国家重点研发计划、国家自然科学基金、中国科学院战略先导专项等超过 60 个科研项目,该数据库关注中国基因组学数据"存管用"的实际需求以及"数据孤岛""数据主权"的问题,围绕人、动物、植物、微生物等基因组数据,开展数据库体系及数据资源建设。

网址:https://bigd.big.ac.cn

2.6 开放获取资源的利用

开放获取资源作为现有商用电子资源等的有利补充形式,对文献购置经费日渐紧张的图书馆和数字信息资源利用者而言有着十分重要的现实意义。在出版业垄断并购严重、资源使用费用居高不下的情形下,开放获取资源(OA 资源)的出现是希望用户可以通过网络无障碍地使用科研成果,这种无障碍体现在用户可以免费获得使用开放获取资源,并且可以得到所有或者部分版权许可。

与最早在 16 世纪学术出版期刊主要由学会和学院运营不同,当前在《布达佩斯开放获取计划》(Budapest Open Access Initiative,BOAI)成立 20 年后的 2022 年,开放获取资源的出版格局发生翻天覆地的变化,如上文所述的开放获取资源类型纷繁出现,包括开放获取期刊、机构知识库、电子预印本、开放数据/开放数据仓储等常见类型及若干半开放/半正式出版物和其他非正式出版资源类型,运营主体也呈现多元化,例如包括出版集团、高校、学会、政府及其所属机构等。而用户对于开放获取资源的利用状况及认可状况是开放获取资源发展及"推动科研成果自由传播、提高科学研究效率"远大理想实现的关键一环,基于此,开放获取资源的利用和如何利用开放获取期刊投稿对用户来说尤为重要。

2.6.1 开放获取的分类和使用条件

除上文按照开放获取资源的类型分类外,按照资源开放的时间,开放获取可分为金色开放获取(Gold OA)和绿色开放获取(Green OA)。金色开放获取包括即时完全免费开放和作者自存档两种形式,例如 arXiv.org 电子预印本、开放获取期刊目录(Directory of Open Access Journals,DOAJ)等。绿色开放获取会被称为延迟开放获取(Delayed OA),其资源的版权通常保留在出版商或社会组织中,并且有特定的条款和条件决定如何以及何时可以在存储库中公开访问该文章,作品发布后用户获取时间可能要推后,如国家哲学社会科学学术期刊数据库。

同时,还有学者和机构将开放获取分为青铜开放获取(Bronze OA)、白金/钻石开放获取(Platinum/Diamond OA)和黑色开放获取(Black OA)。对于用户使用条件来说,不同开放获取方式限定了用户不同的使用权限。例如,青铜开放获取类型的资源作者不为开放获取支付费用,而是出版社主动选择向公众免费开放资源,但版权依旧在出版方手中。白金/钻石开放获取类型的资源发布作者或其所属机构可以不为开放获取支付费用,而是由出版社支付,这种出版社通常隶属于政府、大学机构或基金会,并将"科研成果的自由传播"作为其使命。最后一种则是黑色开放获取,即可能违背作品的版权和知识产权规定,以"非法"的站点来开放文章。

2.6.2 开放获取期刊投稿

在 21 世纪初随着互联网的兴起,当学者发现他们不再需要通过期刊发布就能让自己的作品被人们获取和访问,"开放获取"的概念随之广泛传播,而最早的开放获取期刊如"EJC"等开始涌现,人们对于开放获取和将作品投稿至开放获取期刊寄予厚望。

但在现实中,国际知名老牌出版社如 Elsevier 等纷纷及时转型,如通过"将期刊文献等资源电子化再出售",从而顺利适应了学术在线访问的趋势。而另外一批出版社则把自己的电子产品和数据全部授权给集成商去运营,造成了一批数据集成商的崛起,如科睿唯安等。学术界期盼中的学术资源"自由传播"却被认为是"侵犯版权"而步步受限,OA 期刊目前也仅作为一个传统出版方式的补充手段。目前,OA 创刊数量逐年增加,但是更多是作为出版社收取文章处理费的手段。

对于投稿人来说,开放获取期刊投稿与传统订阅期刊相比,具有录用概率高、拥有著作权、文章影响力更易上升、审稿和在线发表周期短等优点,但同样存在 OA 期刊审稿不严格、出版社文章处理费过高等不利的条件。总体来说开放获取期刊的投稿依旧具有较多优点,也具有较多方法可避免以上不利条件。我们以投稿收录于 DOAJ(开放存取期刊目录)的期刊为例。

DOAJ 共收录来自 134 个国家的 15 000 多种期刊,其中接近 80% 的期刊可以检索到文章级别,收录的均为学术性、研究性期刊,一般都是经过同行评审,或者有编辑做质量控制的期刊,具有免费、全文、高质量的特点,涵盖科学技术、医学、社会科学、艺术和人文科学等领域,投稿人若想投稿开放获取期刊,可在该网站进行检索,如果能查到 DOAJ 编号,则对于该开放获取期刊质量有背书,也可避免投稿至既收取高额文章处理费又不进行同行评审的期刊。DOAJ 开放获取期刊检索如图 10-35 所示。

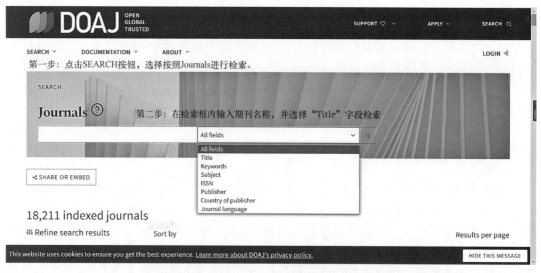

图 10-35 DOAJ 开放获取期刊检索

在全部期刊检索结果页面,投稿人可以按照文章是否归属于 DOAJ 收录、是否拥有文章处理费、学科领域、语种、出版商、所属国家和地区、同行评审类型等条件对开放获取期刊进行筛选,选定期刊后可以进一步查看期刊名称、语种、最近出版日期、文章处理费、DOAJ 编号等信息,从而筛选出最适合自己的文章投稿期刊,如图 10-36 所示。

第十章　网上免费学术资源的利用

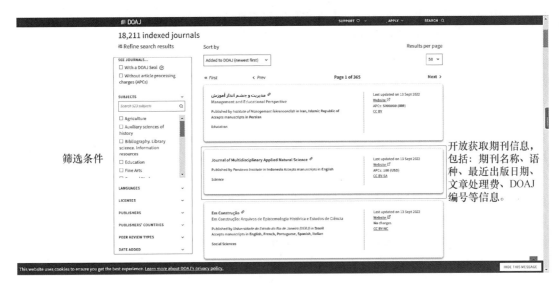

图 10-36　DOAJ 期刊检索结果

除此之外，如果计划投稿于混合开放的期刊，例如 Nature 或 Lancet 等期刊，则可以去想要发表的出版社官网上查询，较为大型的学术出版社都有专门的 OA 期刊介绍，甚至专门的网站，例如 Springer 的 BMC。在开放获取期刊上投稿，除对口碑和期刊质量进行选取外，还需要和投稿于非开放获取期刊一样，考虑期刊定位、研究方向、拒稿率等因素。

第三节　其他免费资源

开放获取作为一种新型的学术交流理念和机制，这些年来得到了长足的发展，开放获取的信息资源类型已经从最开始的学术期刊发展到电子印本、电子图书、学位论文、会议论文、研究报告、专利、标准、多媒体、数据集、工作论文、课程与学习资料等。下面我们对本章前两节未介绍到的资源做一简要介绍。

3.1　特色资源

依据前文数字信息资源结构体系对于特色资源的划分，特色资源主要为半开放/半正式出版物，包括古籍特藏、学位论文、教学课件、会议论文、科技报告、科学数据等资源。以下对以上方面的重点资源做简要介绍。

3.1.1　古登堡项目

古登堡项目（Project Gutenberg）由迈克尔·哈特（Michael Hart）于 1971 年启动，是网络上出现较早的公益性数字图书馆。它致力于以自由的和电子化的形式，提供版权过期的书籍，将收集的书籍免费提供给读者，项目依靠志愿者的劳动和捐款来维持和发展。目前藏书数量已经超过了 7 万本，用户也可以把下载的书方便地放到 iPad、Kindle、Nook、Sony

523

Reader、iPhone、iPod Touch、Android 或者其他版本的手机上。

网址：http://www.gutenberg.org/

3.1.2 纽约大都会集合

纽约大都会集合(The Met Collection)是纽约大都会艺术博物馆(The Metropolitan Museum of Art)于2018年宣布推出了名为"大都会集合"的应用程序编程接口(API)。该程序接口基于开放获取计划，使任何第三方都能够将该集合可持续地整合到其网站中，以确保用户们可以获取最新的图像和数据信息。

目前该开放获取项目使得大都会集合中所有的"知识共享"数据(Creative Commons Zero,CC0,即标有"CC0"的内容无版权方面的限制)和超过20.5万CC0对象中40.6万张的图像可供人们不受限制地使用。

网址：https://www.metmuseum.org/art/collection

3.1.3 法国国家图书馆的数字图书馆

法国国家图书馆的数字图书馆(Gallica)是可在网上访问的最大的数字图书馆之一，是一个遗产图书馆和百科全书式的图书馆，它的数字资源主要来源于法国国家图书馆，截止到2020年10月30日，拥有超过7万部电子图书、8万多张图片和有声资料可供使用。Gallica从法国国家图书馆挑选的藏书包括优秀的版本图书、字词典和期刊，这些藏书涉及历史学、文学、自然科学、哲学、法学、经济学和政治学等诸多学科。

网址：http://gallica.bnf.fr/

3.1.4 大学数字图书馆国际合作计划

大学数字图书馆国际合作计划(China-America Digital Academic Library,CADAL)是一个由国家投资，作为公共服务体系一部分的数字图书馆项目，同时得到"中美百万册书数字图书馆合作计划"美国合作方给予的软硬件系统支持。该数据库里有中文古籍图书24万余册、民国图书17万余册、民国期刊15万余册、当代图书83万余册；英文图书71万余册；另外还有满铁资料、地方志、侨批、书法绘画、敦煌画卷等。资源量共计274万余件。CADAL已实行借阅模式，要求认证读者身份，中文古籍、英文图书依旧全部开放，CADAL参建单位的注册用户允许借阅部分民国、现代出版物。

网址：https://cadal.edu.cn/index/home

3.1.5 中国高校人文社会科学文献中心

中国高校人文社会科学文献中心(China Academic Humanities and Social Sciences Library,CASHL)是教育部根据高校人文社会科学的发展和文献资源建设的需要而设立的项目，该项目引进专项经费，其宗旨是组织具有学科优势、文献资源优势和服务条件优势的若干高等学校图书馆，借助现代化的服务手段，有计划、系统地引进国外人文社会科学期刊，为全国高校的人文社会科学教学和科研提供高水平的文献保障。目前CASHL可供服务的人文社科核心期刊和重要期刊达到6.2万余种、印本图书达345万余种、电子资源数据库达16种，累计提供文献服务近2 200万件，其中手工文献服务已突破130万件，特色资源包括特色资源大型特藏、哲社期刊、民国期刊、CASHL前瞻性课题报告、区域国别文献、高校古文献资源。CASHL揭示的全球可开放获取的数据库达225个。

网址：http://www.cashl.edu.cn/kfhqzy

3.1.6　HathiTrust 数字图书馆

HathiTrust数字图书馆项目是美国高校图书馆建立的一个旨在将其成员馆所收藏的纸质文献进行数字化存储，为用户提供数字服务的数字图书馆项目。HathiTrust是一个大规模的研究型图书馆数字内容协作存储库，项目整合资源来自4个渠道，分别是成员馆、Google图书、微软和Internet Archive，资源类型包括数字化扫描图书、电子照片、特色馆藏以及一些原生数字资源等，涵盖了100多种语言。HathiTrust项目已经数字化文献超过1 700万册，包括约810万册的图书和46万册的连续出版物等。

网址：https://www.hathitrust.org/

3.2　其他非正式学术资源

随着互联网上的开放信息越来越多，其他如网站、社群论坛、新闻公众号、博客、个人视频（播客）、网络百科等，也可以给用户提供一些免费有用的知识或动态信息。以下对科研工作相关的非正式学术资源做简要介绍。

3.2.1　CSDN 专业开发者社区

CSDN为中文IT技术交流平台，创建于1999年。内容包含原创博客、精品问答、职业培训、技术论坛、资源下载等产品服务，提供原创、优质、完整内容的专业IT技术开发社区。其中博客和社区公开交流平台，为用户提供免费注册，对于技术开发者研究和学习具有参考意义。

网址：https://blog.csdn.net/

3.2.2　研究门户（ResearchGate）

ResearchGate是一个供科学家和研究人员分享论文、提出和回答问题以及寻找合作者的社交网站，由Ijad Madisch博士和Sören Hofmayer博士以及计算机科学家Horst Fickenscher于2008年5月创立。科研工作者在该网站可以随时了解最新的研究，或发布关于特定主题的研究结果。用户也可以在网站上传自己发表的文章，或下载别人上传的正式发表或未发表的文章；寻找感兴趣科研人员，寻找合作导师；获取同行对研究者所做工作的评价；提出问题，寻求帮助；寻找工作机会及了解最新同行或其他学科研究进展。目前已有来自世界各地的2 500多万名会员使用该网站来分享、发现和讨论研究。

网址：https://www.researchgate.net/

【思考题】

1. 什么是开放获取资源（Open Access，OA）？它有哪些发布方式、获取方式？OA资源未来发展趋势会是怎样的？
2. 开放获取资源与免费资源有什么区别？

3. 随着开放获取资源的使用在学术领域逐步普及,你认为高校用户使用开放获取资源的意愿受到哪些因素影响?

参考文献

[1] Google Inc. 谷歌学术搜索[EB/OL]. (2004-11-01)[2022-10-13]. http://scholar.google.com/schhp?hl=zh-CN.

[2] Infrastructure Services for Open Access C. I. C. About DOAJ[EB/OL]. [2022-10-13]. https://doaj.org/about/.

[3] 百度时代网络技术(北京)有限公司. 百度学术[EB/OL]. [2022-10-13]. https://xueshu.baidu.com.

[4] 程维红,任胜利,等. 国外科技期刊开放存取网络平台[J]. 中国科技期刊研究,2009(1):36-43.

[5] 中国社会科学院图书馆. 国家哲学社会科学学术期刊数据库[EB/OL]. [2023-05-14]. http://www.nssd.cn/.

[6] Smithsonian Astrophysical Observatory. About ADS[EB/OL]. [2022-10-13]. https://ui.adsabs.harvard.edu/about/.

[7] MIT Libraries. DSpace@MIT[EB/OL]. [2022-10-13]. http://dspace.mit.edu/.

[8] 中国科学院兰州文献情报中心,中国科学院西北生态环境资源研究院. 中国科学院机构知识库网格[EB/OL]. [2022-10-13]. http://www.irgrid.ac.cn/.

[9] 北京大学图书馆. 北京大学机构知识库使用指南[EB/OL]. [2023-05-14]. https://ir.pku.edu.cn/guide.

[10] 杨勇. 基于高校数字图书馆的机构知识库建设与服务模式[J]. 图书情报导刊,2009(12):13-14.

[11] Cornell University. About arXiv[EB/OL]. [2022-10-13]. https://info.arxiv.org/about/index.html#funding-membership-giving.

[12] World Trade Organization. The WTO Stats portal[EB/OL]. [2022-10-13]. https://data.wto.org/en.

[13] 北京大学图书馆. 北京大学开放研究数据平台[EB/OL]. [2022-10-13]. https://opendata.pku.edu.cn/.

[14] 刘瑞瑞. 我国学科信息门户建设的研究[D]. 保定:河北大学,2006:7-37.

[15] 罗鹏程,朱玲,崔海媛,聂华. 基于Dataverse的北京大学开放研究数据平台建设[J]. 图书情报工作,2016(3):52-58.

[16] 李武,刘兹恒. 一种全新的学术出版模式:开放存取出版模式探析[J]. 中国图书馆学报,2004(6):66-69.

[17] 张红扬. 扬文化传统 彰显个性特色——试论近年来高校图书馆特藏的发展[J]. 大学图书馆学报,2007(2):83-87.

第十一章 数据素养与数据分析处理

第一节 数据素养

1.1 数据素养概述

大数据时代,数据作为一种信息资源,其作用和影响力越来越大,数据素养的出现是大数据时代的必然要求。2007年,计算机最高奖项图灵奖获得者 J. Grey 第一次提及研究的"第四范式",即以海量数据计算为基础的密集数据范式。2009年,《第四范式:数据密集型科学发现》(The Fourth Paradigm: Data Intensive Scientific Discovery)一书出版,标志着数据密集型科研范式的确立。2011年《科学》杂志针对大数据的搜集、整理、利用刊载了系列文章。受此影响,科学研究活动正发生改变,搜集和整理数据、科学管理数据、运用数据分析和解决问题,已经成为科研工作者的必备素养和创新能力之一。2017年发布的《新媒体联盟地平线报告(2017图书馆版)》(NMC Horizon Report(2017 Library Edition))中,着重强调了提升用户数字素养已成为新时期图书馆面临的一项重要挑战。美国东北大学校长 Joseph E. Aoun 在著作《对抗机器人:人工智能时代的高等教育》(Robot-Proof: Higher Education in the Age of Artificial Intelligence)中提出"新素养"(New Literacy)概念,将数据素养(Data Literacy)理念涵盖其中并提升至格外突出的地位。他认为,传授和培育数据素养是高等教育教学的重要任务之一,有助于受教育者应对瞬息万变的社会环境和市场需求。随着时间的推移,数据素养的重要意义和价值日益凸显。

关于数据素养的概念,学界并没有形成共识。常见的提法包括"数据素养"(Data Literacy)、"数据信息素养"(Data Information Literacy)、"数据与信息素养"(Data and Information Literacy)、"数据管理素养"(Data Management Literacy)、"信息和数据管理素养"(Information and Data Management Literacy)、"科学数据素养"(Science Data Literacy)、"研究数据素养"(Research Data Literacy)等。孟祥保等在《数据素养研究:起源、现状与展望》[①]一文中对2016年以前有代表性的定义进行了总结,如表11-1所示。

---

① 参考文献[2]。

表 11-1 数据素养的代表性研究

视角	作者	时间	对"数据素养"的定义
数据管理	Qin Jian 等	2010	科学数据素养是指科学研究中搜集、加工、管理、评价和利用数据的知识与能力。科学数据素养虽然与信息素养、数字素养类似，但是科学数据素养主要关注数据收集、加工、管理、评价与使用的多种能力，而非基于文献价值，强调在科研过程中研究者对数据产生、操作和使用数据集的能力
	Gray 等	2012	数据素养是消费知识的能力、连贯性产生和批判性思考数据的能力，包括统计素养，以及理解数据集如何处理、如何生产、如何关联各种数据集和如何阐释
数据利用	Carlson	2011	数据素养是理解数据的意义，包括如何正确地读取图表，从数据中得出正确的结论，以及能够指出数据被错误或不恰当地使用
	Calzada Prado 等	2013	作为信息素养的组成部分，数据素养促使个体能够获取、解释、评估、管理、处理和合理利用数据
	孟祥宝 等	2014	具有"数据"意识，具备数据基本知识与技能，能够利用数据资源发现问题、分析问题与解决问题
	沈婷婷	2015	数据素养就是对数据的"听""说""读""写"的能力，也是对数据的理解、交流、获取、运用的能力，同时也要具备批判性的思维
	张艳梅	2015	数据素养就是数据行为主体在符合社会伦理和道德伦理的基础上，能对面对的数据进行辩证、科学、正确地认识、操作和管理，进而使数据为我所用，以挖掘其蕴含的巨大价值的能力

2016 年以后，对数据素养的定义探讨依然在持续，如胡卉[1]等认为数据素养是以合法渠道发现和搜集数据、以批判性思维选择和评价所获得的数据、以正式的流程管理和处理数据、以合理的方式使用和分享数据的一种意识与能力。黄如花[2]等认为数据素养包括数据意识、数据能力、数据伦理三个方面。张晓阳[3]等认为数据素养是指拥有数据意识和批判性思维，选择恰当的工具对数据进行表征和分析，并能够评估、解释、保存和共享数据，同时掌握基于数据进行讨论和决策的能力。曹树金[4]等认为数据素养是人们能够掌握获取不同来源和类型的数据的方法，并在批判性认识数据的基础上，合理地管理和利用所得的数据获得知识，在不违背伦理的前提下使得数据向特定学术科研目标或科研成果进行转化，并愿意进行数据分享。

本章把数据素养定义为：数据素养是一种获取、解释、评估、管理、处理和合理利用数据的能力。

---

① 参考文献[4]。
② 参考文献[5]。
③ 参考文献[6]。
④ 参考文献[7]。

1.2 数据素养能力

对数据素养能力的研究是数据素养研究的一项重要内容,关于数据素养能力目前比较有影响的论述包括2011年Jake R. Carlson等提出的数据素养能力体系和2013年Calzada-Prado和Marzal提出的数据素养核心能力体系[1]。Jake R. Carlson等提出的数据素养能力体系包括8个维度:① 数据管理;② 数据的转化与互操作(能处理由数据格式的变化而导致的数据丢失或损坏);③ 元数据;④ 数据治理与重用;⑤ 数据保护;⑥ 数据分析;⑦ 数据可视化;⑧ 数据伦理(包括数据的引用)。CalzadaPrado和Marzal提出的数据素养核心能力体系包括:① 明确所生成或重用数据的数据生命周期;② 识别源数据的价值、类型、格式;③ 明确何时需要数据,根据所需信息访问适合的信息源;④ 批判性的评估数据及其来源;⑤ 确定和使用适当的研究方法;⑥ 处理和分析数据;⑦ 提供定量化的信息(如具体的数据、表格、图表、报表等);⑧ 将结果应用于学习、决策和问题的解决;⑨ 在整个过程中进行计划、组织和自我评估。

数据素养能力是近些年随着大数据的发展而产生的一种新的能力需求,由于学者对数据素养的界定不统一,数据素养研究的对象不同,导致对数据素养能力理解得不同。吴晶娥[2]认为包含以下5点:① 通过项目实践,善于从生活和学习中收集有用数据,整合自己需要的数据,具有良好的数据意识,有敏锐的数据触觉;② 能读懂基本统计数据和图表,绘制基本数据图表,通过各种数据分析工具,从数据中挖掘和获取有用信息,提高工作和学习的效率;③ 会用基本数据统计、分析和图表工具去分析数据,发现数据间的关联,能讲述数据间的故事,具有良好的描述、写作和表达能力,助力科研;④ 具有一定的数据辨别能力,能形成对事物独立和客观的判断,不被错误数据误导;⑤ 有利用数据预测和发现问题的能力,从数据中发现新的价值,洞察趋势,具有批判性思维。董薇[3]等认为数据素养能力包含以下6个方面:① 数据意识:大数据思维意识,认为数据是科研过程中的重要因素,认为科学数据具有生命周期,对待科研过程中的数据态度严谨认真、细化、具化地表达数据需求;② 数据获取能力:全面准确地从数据源处收集各类数据,熟练使用数据收集方法及工具,准确解读各类显性、隐性数据;③ 数据分析处理能力:选择有效的数据分析方法,掌握学科领域数据分析工具,数据结果多角度呈现及建模,对数据分析结果的认定、质疑、改进;④ 数据转换能力:熟练了解并运用本学科领域数据标准,熟练使用数据转换平台及工具,利用数据分析结果支撑研究结论,复用数据并实现其使用最大化,利用数据分析提供决策支持;⑤ 数据评价能力:验收数据正确性,剔除错误、无效数据,确保数据的敏感、可信,认识到数据的局限性并合理质疑数据;⑥ 数据伦理:对数据真实性负责,规范数据著录格式,遵守学术道德及法律准则。邓李君[4]等认为数据素养能力包括12个方面:① 数据意识;② 数据收集;③ 数据管理;④ 数据分析;⑤ 数据操作;⑥ 数据理解;⑦ 批判思维;⑧ 数据利用;⑨ 数据评价;

---

[1] 参考文献[8]。
[2] 参考文献[9]。
[3] 参考文献[10]。
[4] 参考文献[11]。

⑩ 数据表达；⑪ 数据交流；⑫ 数据伦理。

数据素养教育的对象非常广泛，包括本科生、硕博士研究生，教师与科研人员，各种职业的从业者、中小学生、社会大众[①]。由于研究对象不同而导致的数据素养能力的不同例举如下：杨文建[②]认为教师的数据素养能力包括以下 6 个方面：① 数据意识：良好的数据意识能够使教师更为清晰地了解自己所掌握的数据资源的运用方式和适用对象；② 数据采集能力：对学生基础数据的分析和采集能力，对学生行为的规范描述能力，教学过程中反馈数据的辨识能力，家长等教学辅助个体的数据收集能力，来自教学环境要素（学校、上级主管机构、社会等）的特定数据采集能力；③ 数据处理能力：掌握相应的数据分析和处理软件理解教学相关数据，辅助教学；④ 数据批判能力：即通过对教学数据的批判性思考，从突变数据和特殊现象入手，分析教学效果的影响因素，从而促进教学内容和教学方式的调整，适应学生的个性化学习需求；⑤ 数据重用能力：它不仅包括了对于传统教学资源的重新整合与思考，也包含对于不同时期数据差异性的思考能力，并将这种差异性用于理解教学环境的转变和学生学习需求的变化；⑥ 数据伦理：教师应当尊重数据来源的法律法规和道德规范，保证数据的完备性，不得恶意截取篡改和歪曲数据，尊重隐私等。徐刘靖[③]等认为高校图书馆员的数据素养主要包含 4 部分：① 数据意识：包括数据资源的获取意识，用户数据需求的识别意识，数据传播意识；② 数据知识：包括数据管理基础知识，现代信息技术及数据处理与分析相关知识；③ 数据技能：包括数据需求分析能力，数据获取能力，数据评估能力，数据处理和开发能力，数据保存能力和数据展示能力；④ 数据伦理：包括数据法律、数据规范、数据道德、数据安全。张晓阳[④]等认为研究生的数据素养能力包括 6 个方面：① 数据意识：包括数据敏感和数据需求；② 数据收集与评估：包括数据获取、数据格式、数据检验；③ 数据组织与管理：包括数据更新、数据利用、数据管理平台、数据安全；④ 数据处理与分析：包括分析软件、数据建模、数据解释、数据对比；⑤ 数据利用与归档：包括数据应用，数据创新，数据共享，数据保存；⑥ 数据伦理：包括数据政策、数据引用、数据规范。

此外比较有影响的还有 2011 年，由普渡大学图书馆牵头，康奈尔、明尼苏达和俄勒冈大学协同参与的数据信息素养项目（Data Information Literacy Projects，DIL）给出基于数据生命周期的 12 项核心数据素养能力[⑤]：① 数据库和数据格式：理解数据库的概念以及如何查找相关数据库，熟悉相关学科的数据类型及格式，针对不同的问题求解选择合适的数据类型和格式；② 数据的发现和获取：查找、利用学科数据储存库，包括识别数据源、数据导入和格式转换，以便进行数据处理；③ 数据组织和管理：理解数据生命周期，制订数据管理计划，跟踪保存子集或处理数据与原始数据集的关系，学会创建标准的数据管理流程和文档；④ 数据转换和互操作：精通数据从一种格式转化成另一种格式的操作，了解数据格式转化的风险和可导致的信息损失，了解以标准格式提供数据的好处；⑤ 数据质量保证：可识别和解决一切虚假的、不完整的和损坏的数据集，学会使用元数据来应对数据集利用过程中可能出现

---

① 参考文献[5]。
② 参考文献[12]。
③ 参考文献[13]。
④ 参考文献[6]。
⑤ 参考文献[3]。

的问题;⑥ 元数据:理解元数据的合理性并会利用元数据对数据进行描述与记录,以便自己和他人正确理解和使用数据,能够理解和阅读学科外部数据源的元数据,了解本体的概念和结构以便于数据共享;⑦ 数据监管和重用:认识到数据可能超出原始目的和价值,如支持研究验证或供其他人再利用,认识的数据监管虽是一项复杂而且耗费精力的工作,但对数字科研环境下的协作研究至关重要,数据管理应该根据数据生命周期制订数据管理计划,能明确实现数据管理所需的条件;⑧ 数据实践:了解特定学科及其子领域在数据管理、治理、保存方面的实践做法、价值观和规范,识别相关领域的数据标准(如元数据、数据质量、数据格式)以及知道如何运用这些数据标准;⑨ 数据保存:认识数据保存的价值,了解数据保存的技术、资源和组织部分,数据存储考虑怎么可实现数据的最大价值;⑩ 数据分析:熟练学科数据分析工具,使用适当的工作流管理工具来完成自动重复的数据分析工作;⑪ 数据可视化:熟练使用基本的学科数据可视化工具,在使用图、表、视频等进行数据可视化呈现时,避免数据误导或模糊的表示;⑫ 数据伦理,包括数据引用:了解知识产权、隐私权、保密等相关问题,遵守数据共享法律,适当引用外部数据。

综合以上分析,数据素养能力最基本应包含以下几个方面:

(1) 数据意识:了解数据、数据素养、数据素养能力的概念内涵及其重要性,认识到数据是重要的资源,对学科数据敏感。

(2) 数据获取能力:了解常用的数据源、数据类型、数据检索途径等。

(3) 数据评价能力:了解常见的数据污染、数据错漏及不完整的成因和应对策略,可对数据的批判性思维。

(4) 数据分析能力:熟练使用数据分析工具,熟悉常用的数据分析方法。

(5) 数据利用能力:能够读懂可视化数据图表,会制作可视化数据图表,了解常用的可视化工具,会利用数据解决问题、支撑决策等。

(6) 数据组织管理能力:了解数据管理平台,了解数据相关元数据。

(7) 数据共享与保存能力:了解数据标准格式,熟悉数据保存和共享平台等。

(8) 数据伦理:包括数据的合理利用,熟悉包括数据引用格式、相关法律规定等。

第二节　数据分析处理

2.1 数据和数据源

2.1.1 数据

数据是我们耳熟能详的一个词,比如报纸、杂志经常看到的经济数据、统计数据,比如我们关注的自身的健康数据和医疗数据,我们做科研时需要的支撑数据,国家做决策时需要的参考数据等。大数据时代,我们也时刻生产着数据,比如去超市购物会留下交易记录数据,我们在网上查找资源时留下的浏览和检索痕迹,我们出门打车时的呼叫记录等。

到底什么是数据? 韦氏词典的定义:数据是作为计算、分析或规划时常常使用的事实或信息，或者指被计算机存储和计算的信息。现代汉语词典的定义：数据是进行各种统计、科学研究、技术设计等所依据的数值。牛津数学词典的定义：数据是从实验、调查或观测得到的观测值。牛津计算机词典的定义：数据是计算机可处理的信息，比如文本、图片、图像、语音等。现代数学的描述：数据是随机变量（事物）的观测值，是用来描述对客观事物观察测量结果的数值。百度百科给出的定义：数据（data）是事实或观察的结果，是对客观事物的逻辑归纳，是用于表示客观事物的未经加工的原始素材。数据可以是连续的值，比如声音、图像，称为模拟数据。也可以是离散的，如符号、文字，称为数字数据。数据是指对客观事件进行记录并可以鉴别的符号，是对客观事物的性质、状态以及相互关系等进行记载的物理符号或这些物理符号的组合。它是可识别的、抽象的符号。它不仅指狭义上的数字，还可以是具有一定意义的文字、字母、数字符号的组合，图形、图像、视频、音频等，也是客观事物的属性、数量、位置及其相互关系的抽象表示。例如，"0,1,2…""阴、雨、下降、气温""学生的档案记录、货物的运输情况"等都是数据。数据经过加工后就成为信息。在计算机科学中，数据是指所有能输入到计算机并被计算机程序处理的符号的介质的总称，是用于输入到计算机进行处理，具有一定意义的数字、字母、符号和模拟量等的通称。计算机存储和处理的对象十分广泛，表示这些对象的数据也随之变得越来越复杂。在计算机系统中，数据以二进制信息单元0,1的形式表示。可以看到，尽管关于数据的描述有广义和狭义之分（狭义的数据是指数值，广义的数据是指包括数值、文字、符号、图像、图形、音频、视频等各种信息），但是都认为数据是客观的、最基本的对事物或现象的描述。

罗素·阿科夫提出的数据—信息—知识—智慧层级关系模型，如图11-1所示，更有助于我们对数据的理解。数据处于金字塔的底端，是信息和知识的符号表示，它代表了客观事物的基本特征。如表11-2所示，客观描述了超市的商品流水。我们被大量的数据充斥着，数据只有经过解释才具有意义。信息是人们对数据进行收集、整理、管理和分析的结果，是数据经过加工分析后形成的。如对表11-2进行分析，得知超市里一共卖出的商品有多少种，每种卖出的具体数量等，如表11-3所示。知识是对信息的提炼、比较、分析、挖掘、概况和判断而形成的，是对信息进行深思的结果，知识可以辅助决策。如表11-3所示，就可获得知识：啤酒是超市卖得最好的商品，进货时可以增加进货量等。智慧是知识和人的经验相结合而产生的。是需要价值观和判断力的锤炼。让读者具备基本的数据素养，就是帮助读者从数据中获得知识。

图11-1 数据—信息—知识—智慧金字塔

表 11-2　数据表

custom_id	产品名称
1	freshmeat
1	dairy
1	confectionery
2	freshmeat
2	confectionery
3	cannedveg
3	frozenmeal
3	beer
3	fish
4	dairy
4	wine
6	freshmeat
6	wine
6	fish
7	fruitveg
7	softdrink
8	beer
9	fruitveg

表 11-3　信息表

custom_id	产品名称
1	freshmeat
1	dairy
1	confectionery
2	freshmeat
2	confectionery
3	cannedveg
3	frozenmeal
3	beer
3	fish
4	dairy
4	wine
6	freshmeat
6	wine
6	fish
7	fruitveg
7	softdrink
8	beer
9	fruitveg

2.1.2　数据源

数据源按照不同的分类标准可分为不同的类型，如按照数据源的载体可分为纸质数据、磁带数据、光盘数据、网络数据等。本章通过例举部分易获取的、常用的网络数据，介绍以下几类数据源。

1. 国际组织和国家、地区等的官方网站

（1）联合国统计数据库。数据来自 30 多个国际专业统计数据信息源，包括联合国统计司、人口司、联合国经济与社会问题研究部、粮农组织、教科文组织等。涵盖农业、教育、就业、能源、环境、卫生、犯罪、工业、人口、旅游和贸易等多学科主题。大部分的数据始于 20 世纪 70 年代或 20 世纪 80 年代，提供 CSV 和 PDF 格式的数据下载。

网址：http://data.un.org/

（2）美国的统计数据。

商务部人口普查局：提供人口调查、消费支出、经济普查、医疗调查、市场调查、消费支出、收入和储蓄等主题的数据。

网址：https://data.commerce.gov/

美国的经济分析局：提供国内生产总值、消费支出、收入与储蓄、行业、国际贸易与投资、物价与通货膨胀、固定资产投资等主题的数据。

网址：https://www.bea.gov/data

卫生部健康统计中心：提供饮酒、关节炎、哮喘、孤独症谱系障碍、出生缺陷、母乳喂养、癌症、慢性病、慢性肾病、死亡和死亡率、糖尿病、环境卫生、食源性疾病、基因组学、心脏病、健康衰老、疫苗接种、伤害与暴力、预期寿命、口腔健康、超重与肥胖、体力活动、生殖健康、吸烟和烟草、性病、结核病等主题的统计数据。

网址：https://www.cdc.gov/nchs

劳动部劳工统计局：提供包括通货膨胀与物价、就业、失业、薪酬与福利、生产力、工作场所伤害等主题的数据。

网址：https://www.dol.gov

国家科学基金国家科学与工程统计中心：提供研发数据和科技人力资源数据，美国在科学、工程、技术与研发方面的国际竞争力的数据，关于美国STEM（科学、技术、工程与数学）教育的现状与进展的数据。

网址：https://www.nsf.gov/statistics/

国家教育统计中心：提供美国教育状况的完整统计数据。

网址：https://nces.ed.gov/

农业农村部农业统计局：数据来源主要是农民、牧民、牲畜馈线、屠宰场经理、粮食流水线操作员及其他农业综合企业，提供关于美国农作物、农业人口统计、农业经济和价格、农业环境、家畜等相关主题的数据。

网址：https://www.nass.usda.gov/Data_and_Statistics/index.php

能源部能源信息处：提供涵盖能源储量、生产、需求、价格、相关财务资料和能源技术等方面的统计数据。

网址：https://www.eia.gov/

社会保障部研究、评估和统计局：提供包括社会安全、工作和收入、残障福利金、福利项目、医疗保险等数据。

网址：https://www.ssa.gov/data/

财政部收入统计处：提供关于利率、收支、国债、经济监测、不良资产等相关主题的数据。

网址：https://home.treasury.gov/data

司法部司法统计局：提供包括执法、司法、犯罪等相关主题的数据。

网址：https://www.bjs.gov/index.cfm?ty=dca

交通运输部交通统计局：提供包括航空信息、边境数据、商品流动调查、呼叫报告、货运分析、货运事实与数字、GIS应用、政府运输金融统计、本地区域运输特性、轮渡运营商普查、交通统计、运输图集、运输数据档案、乘客旅行、港口性能运费统计、安全、坦克车数据、转运货物数据、运输经济趋势、运输统计年度报告等相关的统计数据。

网址：https://www.bts.gov/browse-statistical-products-and-data

以上网站提供相关的统计数据涵盖国家、地区、行业等层级的数据,大部分网站提供CSV、XML和pdf至少其中一种格式的数据下载,部分网站还提供一些统计图。

(3) 中国官方统计数据。

中国国家统计局:提供全国性的综合数据,包括经济普查、人口普查、农业普查、R&D普查、工业普查,三产普查等数据。

网址:http://www.stats.gov.cn/tjsj/tjgb/ndtjgb/

各部委网站:如中华人民共和国教育部网站上可查找1997—2018年的教育统计数据,全国哲学社会科学工作办公室网站查找国家社科基金立项的名单等。

地方统计信息网:如广东省统计信息网可查找广东省及广东各地市国民经济核算、农业、工业、运输邮电业、建筑业、固定资产投资、房地产开发、批发零售贸易业、对外贸易、利用外资、旅游业、劳动等各种统计数据。

2. 学术团体、行业协会或研究机构网站

(1) 中国汽车工业协会统计信息网:提供汽车销量、出口量、汽车工业总量等相关统计数据。

网址:http://www.auto-stats.org.cn/

(2) 美国经济协会(The American Economic Association):提供美国的一些宏观经济统计数据。

网址:https://www.aeaweb.org/resources/data

(3) 中国皮书网:"皮书"主要指官方或社会组织正式发表的重要文件或报告,按颜色分有白皮书、蓝皮书、绿皮书、黄皮书等。白皮书一般特指政府文告;蓝皮书通常代表的是学者或研究团队的学术观点;绿皮书带有可持续的意思,与农业、旅游、环境等有关;黄皮书主要同世界经济、国际问题研究有关。内容涉及经济、社会、文化、金融、法制、医疗、房地产、旅游、教育等方面,具有极强的现实针对性和原创性。

网址:https://www.pishu.com.cn/skwx_ps/database?SiteID=14

3. 民间权威调查机构的数据

(1) 皮尤研究中心(Pew Research Center):是美国的一间独立性民调机构,该中心对那些影响美国乃至世界的问题、态度与潮流提供信息资料。提供的数据主题涉及美国政治与政策、新闻与媒体、互联网与科技、科学与社会、宗教与公共生活、西班牙裔趋势、全球态度和趋势、社会和人口趋势、美国趋势、方法论等。

网址:https://www.pewresearch.org/download-datasets/

(2) 中国互联网络信息中心:提供互联网发展报告、互联网用户调查等方面的数据和报告。

网址:http://www.cnnic.net.cn/

(3) 艾瑞咨询:提供包括媒体营销、网络服务、文化娱乐、医疗、教育、云服务、人工智能、体育、工具及技术、房产、智能硬件、金融、零售、B2B、物流、旅游等主题的研究报告和数据。

网址:https://www.iresearch.com.cn/report.shtml

4. 评估排行类机构的数据

(1) QS世界大学排名(QS World University Rankings):QS世界大学排名是由英国一家国际教育市场咨询公司夸夸雷利·西蒙兹公司(Quacquarelli Symonds,QS)发表的年度世界大学排名,是参与机构最多、世界影响范围最广的排名之一。提供大学或者学科的学术声誉(Academic Reputation)、雇主声誉(Employer Reputation)、师生(Faculty Student)、教师平均被引次数(Citations per Faculty)、国际教师(International Faculty)、留学生(International Students)数据。

网址：https://www.topuniversities.com/qs-world-university-rankings

(2) 瑞士国际管理发展学院《世界竞争力年鉴》：瑞士国际管理发展学院的《世界竞争力年鉴》(World Competitiveness Yearbook)自1989年开始出版发行，根据331项指标对59个经济体的竞争力进行比较，是全球最负盛名的研究报告之一。2003年推出在线版，部分数据可免费获取。

网址：https://www.imd.org/wcc/world-competitiveness-center/

5．事实和数值型数据库

参见第七章。

6．其他

(1) 个人或机构通过问卷调查获得的数据。
(2) 科研人员通过科研实验获得的数据。
(3) 用户浏览数据库产生的浏览数。
(4) 科研论文基于引用关系产生的引文数量、篇均被引数等。

选择数据时要对信息源进行比较，辩证地分析信息来源。

2.2 数据分析处理步骤

从数据源获得了数据以后，接下来就是对数据进行分析处理。对数据分析处理的流程如图11-2所示。

图 11-2　数据分析处理流程

2.2.1 建立数据文档

从数据源获得的原始数据，首先要导入数据分析工具，才能对数据进行进一步的处理、分析，从数据中获得知识。

首先要了解数据源的格式。常见的数据格式有以下几类：① CSV 格式，参见本章2.2.2节介绍的部分数据源提供的数据，第七章第二节 BvD 等数据库输出格式；② TXT 格式，参见第二章第二节介绍的 WOS 数据库导出的数据；③ CIW 格式：EndNote 等文献管理软件支持的格式，参见第十二章第四节；④ PDF 格式：参见本章2.2.2节介绍的部分数据源提供的数据；⑤ SAV 格式：SPSS 软件生成的文件格式；⑥ DTA 格式：Stata 软件生成的文件格式；⑦ MDB 格式：Access 生成的文件格式；⑧ JSON 文件等。

其次要了解基于数据属性的数据类型，不同类型的数据对应的分析方法不同。分析数据一般分为四种类型：① 定类数据：表现为类别，不区分顺序。只有类别的差异，不能进行加减乘除等运算，如性别、年级、姓名等。② 定序数据：表现为类别，但有一个顺序上的差异，如对员工评价的优秀、合格、不合格等。③ 定距数据：表现为数值，可进行加减运算等，如身高、

GDP、收入支出等。④定比数据：表现为数值，可进行加减乘除运算等，由定比尺度计量形成。有些统计软件如SPSS等把数据分为三种类型：①名义变量(Nominal Variable)：只有类型上的差异，不能进行加减乘除运算，没有顺序上的差异，对应定类数据。②顺序变量(Ordinal Variable)：通常也称为有序分类变量，表示变量的值是离散的，相对有限个数的，表现为类别，但是有顺序上的差异，对应定序数据。③尺度变量(Scale Variable)：通常也称为连续变量，表示变量的值通常是连续的，无界限的，如员工收入，企业销售额等。对应定比数据和定距数据。

了解分析工具所支持的格式：参见第十一章第三节。

2.2.2 数据预处理

对导入的数据要先进行预处理，包括对数据进行评估，检查数据的完整性；对数据进行清洗以确保质量；对数据进行拆分、合并、排序、加权、汇总、转置、转化等操作以满足数据分析需要等。

1. 评估数据

从数据源获得数据文件后，要对数据进行评估，包括评估数据结构，数据属性，数据是否直接满足分析的需要，有什么缺失值，缺失值是否影响结果，是否需要连接多个数据源才能满足分析的需要，数据是否有异常值等。

2. 数据清洗

数据清洗是指发现并改正不完整、不正确和不一致的数据，从而提高数据质量的过程。数据清洗从名字上也可以看出就是把"脏"数据"洗掉"，是发现并纠正数据文件中可识别错误的最后一道程序，包括检查数据一致性、处理无效值和缺失值等。把零散、重复、不完整、不需要的数据清洗干净，得到准确、完整、一致、有效的新数据。数据清洗的方法有很多种，比如针对不同的数据库采用唯一标识符去重法、检测并消除异常值、数据集成合并、删除不需要的数据、补充数据保证完整性等。下面列举几个常见的数据清洗方法。

(1) 去重。用Excel软件，选择工具条里的"删除重复项"，会弹出删除重复项的窗口，单击"删除重复项"，然后全选需要检测的字段(属性)就可以删除重复记录。

(2) 消除异常值。消除异常值的方法和工具有很多种，如"年龄"大于200的值，可使用SPSS软件，"选择个案"的功能，把年龄>200的记录筛选出来，统一处理。再如"知网"数据库由于题名包含下划线(_)、括号(())、波浪号(~)、分号(;)、逗号(,)、问号(?)等异常符号，导致导出的文献记录数据里两条记录，题名"基于agent的两区域旅游系统非均衡动态模拟"，和题名是"基于agent的两区域旅游系统非均衡动态模拟-优先出版"的记录，实际上是一篇文献，但是软件处理的时候作为两篇文献处理，使用"去重"也无法识别是重复值，这所以要先去掉"-优先出版"然后再去重。

(3) 删除不需要的数据。有些数据源会提供一些和分析无关的干扰数据，如"知网"学科数据下载时，会下载包括通知、通告、奖励、讣告、招生简章、庆典通报、启事、展览广告等数据。和分析无关的数据要通过排序等方式找到，然后删除。

(4) 补充数据保证完整性。有些数据源提供的数据，由于各种原因可能会有缺失，其中一条记录数据不全，需要补充数据以保证数据完整性。如从WOS数据库下载数据时，由于某些文章记录会出现几百位的合作者，所以导入Excel或者Access软件时候会出现溢出，即信息缺失的现象，这时，可以换一种工具如使用WPS或者Tableau等以保证信息的完整。

3. 对数据预处理

对于干净、完整的数据，一般还不能满足直接分析的需要，还要进行诸如拆分、合并、排序、加权、汇总、重构、转置等操作。

（1）数据拆分。可对数据文件进行拆分，如可对数据文件中的定类变量进行分组，同一组的个案集中到一起，可使用 SPSS 的"数据"-"拆分个案"功能来实现；可对某个数据属性进行拆分，如 WOS 数据库导出的作者关键词字段，可以把作者给出的不同关键词拆分为一个个的关键词，可用 Excel 的"数据"-"分列"功能来实现。

（2）数据合并。有时候需要将多张表格合并为一张表格，比如"员工工资数据表"包含员工代码、当前薪金、起始薪金三个字段；"员工统计数据表"包含员工代码、性别、教育水平、雇佣类别、雇用时间、经验、是否少数民族等字段，现在需要分析员工的薪金与性别、教育水平等关系，就需要将两个数据表进行合并。可以使用 Excel 的 VLOOKUP 函数，也可以使用 SPSS 的"数据"-"合并文件"-"添加变量"功能，还可以使用 Tableau 的数据表连接的功能。

（3）数据加权。数据分析时，不同个案的重要性不同，会给不同个案赋予不同的权重，以改变个案在统计分析中的重要性。如论文的引用数据，被引用次数多的论文会认为是比较重要或基础的论文，为了区别这个重要性，一般用引用次数加权。

（4）数据汇总。如表 11-2 和表 11-3 所示，就是 SPSS 使用"数据"-"汇总"后的结果。

（5）数据重构。数据重构就是对数据的结构进行调整，如对行列互换，部分个案转置成变量等。如表 11-2 所示，是一个超市的流水数据表。如果想要了解顾客在购买其中一种商品时，是否会同时购买另一种或几种商品，基于表 11-2 的结构就无法满足分析的需要，这时就需要对表 11-2 进行重构处理，生成表 11-4 的结构。可使用 SPSS 的"数据"-"重构"功能来实现。

表 11-4 数据重构中转置后的数据表

2.2.3 数据分析

对数据进行预处理后,可以选择合适的分析方法和分析工具对数据进行分析,以探索问题的求解或者对事物发展进行预测。常用的分析方法如下:

(1) 样本数据的描述性分析。主要描述数据的基本特征,包括均值、方差、标准差、全距、偏度和峰度等,通过描述性分析,可对数据的特征有一个整体的认识和全面的了解,可精确把握变量的总体分布状况,包括集中趋势、离散趋势、对称程度、陡峭程度。

(2) 频数分析。频数也称频率,表示一个变量在不同取值下的个案数。频数分析可以对数据的基本分布趋势进行初步地分析,粗略地把握变量值的分布状况。可研究被调查者的特征分布、对某事物的态度、对某问题的总体看法等。

(3) 列联表分析。列联表分析是将观测数据按照不同属性进行分类时列出的频数表,是对非数值型变量进行相关性分析的方法。可了解不同变量在不同水平下的数据分布情况,如学习成绩与性别是否相关。

(4) 均值比较与 t 检验。包括均值过程、单样本 t 检验等。检验某变量的总体均值与指定的检验值之间是否存在显著差异,如检验周岁儿童的平均身高是否为 75 厘米;检验配对样本对两个总体均值是否有显著差异,如某种减肥茶是否有效;或者检验两个样本来自的整体是否具有显著差异,如检验男生和女生的计算机平均成绩是否有显著差异。

(5) 方差分析。包括单因素方差分析、多因素方差分析、多变量方差分析、协方差分析。

(6) 相关分析。相关分析研究现象之间是否存在某种依存关系,并对具有依存关系的现象探讨其相关方向及相关程度。

(7) 回归分析。回归分析是研究一个因变量与一个或多个自变量之间的线性或非线性关系的一种分析方法。回归分析通过规定因变量和自变量来确定变量之间的因果关系,建立回归模型,并根据实测数据来估计模型的各个参数,然后评价回归模型是否很好地拟合实测数据,并根据自变量做进一步的预测。包括线性回归分析、曲线回归分析、非线性回归分析和 Logistic 回归分析等。

(8) 聚类分析。聚类分析是根据研究对象的特征按照一定标准对研究对象进行分类的一种分析方法。包括层次聚类方法、快速聚类方法等。聚类分析是统计学中研究"物以类聚"的一种方法,属多元统计分析方法。如市场细分、消费者行为划分。聚类分析是建立一种分类,是将一批样本(或变量)按照在性质上的"亲疏"程度,在没有先验知识的情况下自动进行分类的方法。其中,类内个体具有较高的相似性,类间的差异性较大。

(9) 判别分析。判别分析是指先根据已知类别的事物的性质,建立函数式,然后对未知类别的新事物进行判断以将之归入已知的类别中。

(10) 主成分分析和因子分析。在现实研究过程中,为尽可能完整的描述一个事物,往往需要对所反映的事物、现象进行多角度的观测,因此研究者往往设计了许多指标、多个观测变量,从多个变量收集大量数据以便进行分析,寻找规律。多变量大样本虽然会为我们的科学研究提供丰富的信息,但却也增加了处理的难度,更重要的是,很多变量之间存在一定的相关关系,导致信息的重叠。主成分分析和因子分析就是将大量的彼此可能存在相关关系的变量,转换成较少的彼此不相关的综合指标的多元统计方法。并且这些新指标能综合反映原来的信息。主成分分析是利用"降维"的思想,利用原始变量的线性组合组成主成分,在信息损失较小的情况下,把多个指标转化为几个综合指标。因子分析是主成分分析的扩展和推广,通过对原始变量的相关系数矩阵内部结构的研究,导出能控制所有变量的少数几个不可观测的综合变量,通过这几个综合变量去描述原始的多个变量间的相关关系。

(11) 对应分析。对应分析也称关联分析,通过分析由定性变量构成的交互汇总表来揭示变量间的联系。对应分析可以揭示同一变量的各个类别间的差异,以及不同变量各个类别间的对应关系。

(12) 时间序列分析。时间序列分析是一种动态数据处理的统计方法,该方法基于随机过程理论和数理统计学方法,研究随机数据序列所遵从的统计规律,以解决实际问题。

更多的分析方法以及对分析方法进行详细的了解,请参考《SPSS统计分析从入门到精通(第三版)》和《统计学:从数据到结论》等著作。

2.2.4 分析结果可视化呈现

数据可视化借助图形、地图、动画等生动直观的方式来展现数据的大小、诠释数据之间的关系和发展趋势,以期更好地理解和使用数据分析的结果。生理学研究表明,人的大脑皮层当中,40%是视觉反应区。由此可见,可视化信息对于人接受和理解信息的重要性。从最早的点线图、直方图、饼状图、网状图等简单结构的二维图表,发展到以数据监控为主的仪表盘、雷达图、三维地图、动态模拟及动画技术等更具表现力的可视化工具。数据可视化,越来越常见。常用的可视化图表如下:

(1) 条形图。条形图是最常见的数据可视化之一。条形图用线条的长短高低来表现分类变量的特征。可以使用条形图跨类别快速比较数据,突出差异,显示趋势和异常值,并一目了然地发现历史高点和低点。如果数据可以拆分成多个类别,那么条形图将能够大显身手。包括简单条形图、堆积条形图、复式条形图、三维条形图和误差条形图等。条形图对汇总分类变量数据非常有用。如图11-3所示,可以使用条形图显示每年的通胀率。

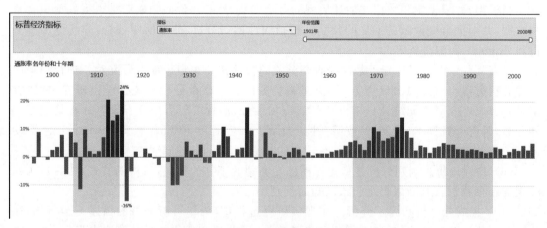

图 11-3 条形图

(来源:https://www.tableau.com/zh-cn/solutions/gallery/economic-indicators)

(2) 线图。线图是用线段的升降在坐标系中表示某一变量的变化趋势和某变量随时间变化的过程。线图适用于连续变量,用来表示两个变量间的关系,即当一个变量变化时,另一个变量对应的变化情况。也可以使用线图汇总分类变量,这时线图类似于条形图,包括简单线图、多重线图等。如图11-4所示,美国收入随时间变化图。

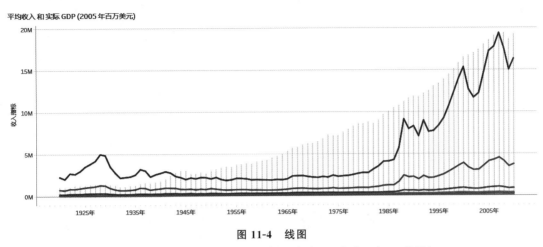

图 11-4 线图

(来源：https://www.tableau.com/zh-cn/solutions/gallery/great-divide)

（3）面积图。面积图与条形图和线图具有一些相同的功能。面积图可用于汇总分类数据，这一点与条形图类似。面积图还可用于表示时间序列数据，这一点与线图类似。决定使用面积图而不是其他图表通常是为了美观。面积图包括简单面积图、堆积面积图等。如图 11-5 所示，网站浏览趋势图。

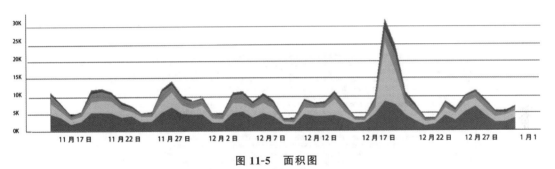

图 11-5 面积图

(来源：https://www.tableau.com/zh-cn/solutions/gallery/website-traffic-trends)

（4）饼图。饼图又称为饼形图或圆形图，通常用来表示整体的构成部分及各部分之间的比例关系。饼图对于比较比例非常有用。如图 11-6 所示，可以使用饼图表明美国各州的零售店种类及个数比（部分数据）。

（5）直方图。直方图是用无间隔的直条的长短，表示连续变量的取值分布特点的统计图像。各直条面积表示各组段的频数，直条面积的总和为总频数。直方图对于显示单个刻度变量的分布情况非常有用。数据使用计数或百分比统计量进行离散化和汇总。频率多边形图是直方图的一种变体，它与典型直方图类似，但使用的是面积图形元素而不是条状图形元素。人口金字塔是直方图的另一种变体。顾名思义，它最常用于：汇总人口数据。在用于汇总人口数据时，它按性别分割，以提供两个紧挨着的有关年龄数据的水平直方图。在人口为年轻型的国家/地区中，所产生的图形呈现倒金字塔形状，如图 11-7 所示。

541

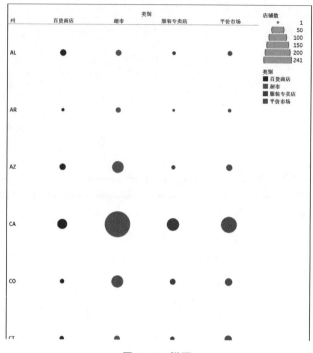

图 11-6 饼图

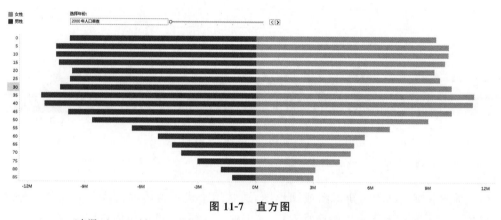

图 11-7 直方图

(来源：https://www.tableau.com/zh-cn/solutions/gallery/population-pyramid)

（6）散点图和点图。散点图是以点的分布情况反映变量之间的关系的一种统计图形，散点图适用于描绘测量数据的原始分布情况，用户可以根据点的位置判断观测值的高低、大小、变动趋势和变化范围。散点图对于绘制多变量数据非常有用。它们可帮助您确定各刻度变量之间的潜在关系。简单散点图使用二维坐标系绘制两个变量。三维散点图使用三维坐标系绘制三个变量。如果需要绘制更多的变量，则可以尝试重叠散点图和散点图矩阵（SPLOM）。重叠散点图显示 x-y 变量的重叠对，其中每一对都以颜色或形状加以区分。SPLOM 创建一个二维散点图的矩阵，在 SPLOM 中每个变量都参照另外一个变量进行绘制，包括简单散点图、重叠散点图、矩阵散点图等。点图与直方图类似，点图对显示单刻度变量的分布情况非常有用。数据是离散化的,但不是为每个块(与计数类似)显示一个值,而是显示并堆积每个块中的所有点。点图有时称为密度图。如图 11-8 客户销售额与利润的散点图。

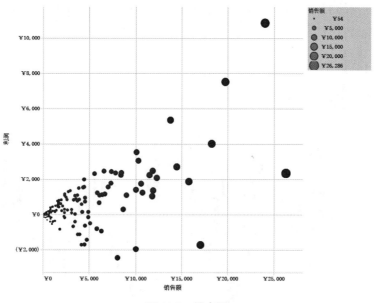

图 11-8　散点图

（7）箱图。箱图又称箱丝图,是一种描述数据分布的统计图。箱图显示五个统计量(最小值、第一个四分位、中位数、第三个四分位和最大值)。该图对于显示刻度变量的分布情况并确定离群值的位置非常有用。可以创建为分类变量中的每个类别汇总的二维箱图,也可以创建为数据中的所有个案汇总的一维箱图。如图 11-9 所示,大学招生成绩分布箱图。

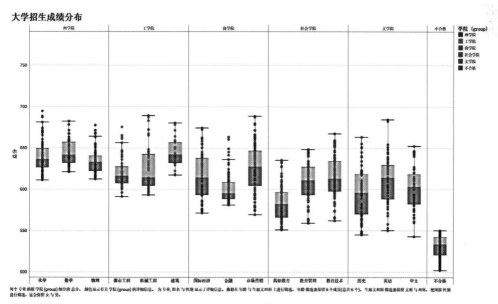

图 11-9　箱图

(来源：软件 Tableau10.4 自带示例"中国分析")

(8) 高低图。高低图可以形象地呈现出单位时间内某变量的最高值、最低值和最终值，它是专门为观察股票、期货、外汇等市场波动情况而设计的。高低图类别涵盖了数据范围显示在两个值之间的所有图。范围条形图和高低闭合图，如图 11-10 所示。

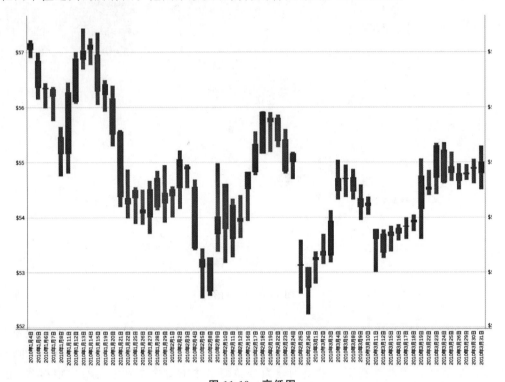

图 11-10　高低图

(来源：https://www.tableau.com/zh-cn/solutions/gallery/stock-charts)

(9) 热图。热图是一种使用颜色显示数据的地图。热图用于根据颜色比较数据,用于在不同的度量上以大小和颜色的形式可视化数据。为了直观地比较某一类数据,经常以热图的方式进行展示,这样可以更加快速地显示出数据集的比较视图,如图 11-11 所示。

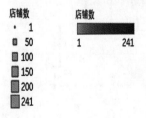

图 11-11　热图

（10）气泡图。虽然从理论上说，气泡图本身并不是一种可视化，但可将其作为一种技巧，为散点图或地图添加详细信息，以显示三个或更多度量值之间的关系。将圆圈设置为不同的大小和颜色，使图表极具视觉吸引力，并能一次性呈现大量数据。如图 11-12 所示，互联网和手机人均使用量图。

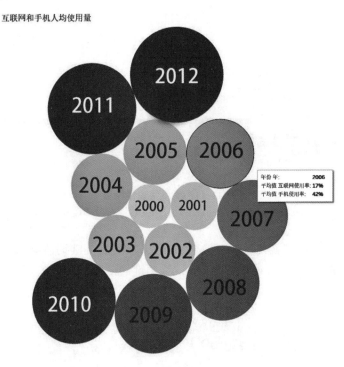

图 11-12　气泡图

（11）树状图。树状图显示数据各个部分与整体的关系。正如该图表的名称所示，根据在整体中所占的比例，树状图中每个大的矩形会被细分为更小的矩形或子分支。它们能有效地利用空间，显示每个类别所占的总比例。如图 11-13 所示，互联网和手机人均使用量图。

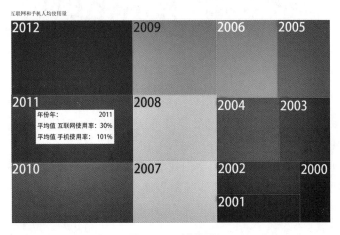

图 11-13　树状图

（12）甘特图。甘特图显示项目计划或显示一段时间内的活动变化情况。甘特图显示需要在执行其他操作前完成的步骤以及资源分配。但甘特图并不仅限于项目。可以使用此图表类型表示与时间序列相关的任何数据，例如机器使用的持续时间或球队队员的闲忙状态。如图 11-14 所示的项目管理甘特图。

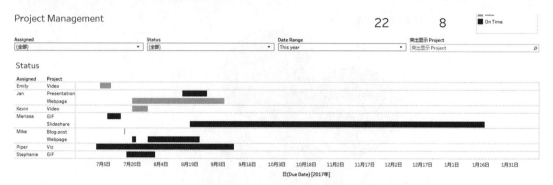

图 11-14　项目管理甘特图

（来源：https://public.tableau.com/profile/technical.product.marketing＃！/vizhome/Gantt Chartin Tableau/ProjectManagement）

（13）词云图。"词云"就是通过形成"关键词云层"或"关键词渲染"，对出现频率较高的关键词在视觉上的突出显示。如图 11-15 所示，关键词云图。

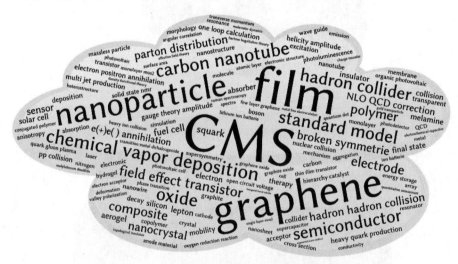

图 11-15　关键词云图

（14）知识图谱。被图书情报界称为知识域可视化或知识领域映射地图，是显示知识发展进程与结构关系的一系列不同的图形，如图 11-16 所示。

（15）其他。如雷达图、甘特图等。要创建效果出色的可视化，最重要的一步是明确想要表述的内容，即明确目标。然后考虑哪些图表能满足目标，选择正确的图表类型进行分析，然后不断完善图表的细节，使得图表更美，表达更清晰。

第十一章　数据素养与数据分析处理

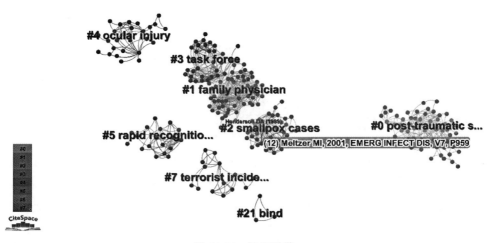

图 11-16　知识图谱

（来源：软件 CiteSpace6.1.3 示例）

2.3　数据分析常见问题

在数据分析时要注意避免以下问题：

（1）唯数据论。数据分析是解决问题的一种方式，不可过分地夸大其作用，或者视数据为唯一解决问题的途径。

（2）数据分析目标不明确或者无目标。"海量的数据其实并不能产生海量的财富"，许多数据分析人员由于没有制定清晰的分析目标，常常在海量数据中混乱，要么是搜集了错误的数据，要么搜集的数据不够完整，这会导致数据分析的结果不够准确。但如果一开始就锁定了目标，就知道要通过数据分析解决什么问题，要通过哪些分析可解决问题。再以结果为导向去思考，就会知道需要用什么样的数据去支撑分析，从而确定数据的来源、收集方式以及分析指标。

（3）数据拿来就用。收集数据时不问数据来源，不考虑其是否准确，不考虑其是否能够解决所要解决的问题，拿来就用，导致分析结果的错误。首先重视数据来源，识别权威数据。关注数据的正确性，明确数据的背景、单位、误差范围等。在进行数据分析时，一定要有可信的数据样本，这是确保数据分析结果靠不靠谱的关键，如果数据样本不具代表性，最终分析的结果也就没有价值。因此，对于数据样本，也要求完整和全面，用单一的、不具代表性的数据来代替全部数据进行分析，这种片面的数据得到的分析结果有可能完全是错误的。

(4) 对分析方法生搬硬套。不了解分析方法的原理、前提条件等,看到有人用了一个方法解决了相似的问题,然后把别人的方法生硬地搬过来使用,导致分析结果的不正确。要了解统计分析背后的方法、选择正确的数据分析方法。把分析方法和具体的学科、业务等结合起来,确实适用并能够解决问题。

(5) 不能正确解读数据分析结果。"一图胜千言",数据分析人员不仅要熟悉自己常用的数据可视化工具,也要理解数据有效可视化的原理。

第三节 常用的数据分析工具

3.1 数据分析工具简介

常用的数据分析工具有很多种,不同的工具基本都具有数据清洗、预处理和分析的功能,但是在功能上有不同的偏重和优势,比如在数据清洗阶段比较好用的工具是 OpenRefine,在数据预处理阶段比较好用的工具是 Excel,在数据分析阶段比较好用的工具是 SPSS,在数据可视化展示方面比较有优势的软件是 Tableau,在知识图谱识别上比较好用的工具是 CiteSpace,用于文本数据挖掘的 DDA 等。为了更好地比较不同工具的功能,本文用相同的示例对这几个数据分析软件进行介绍。用户可以根据自己的需要及特长,评价各种工具并选择合适的工具或最佳的技术方案。

3.2 常用的数据分析工具介绍

3.2.1 Microsoft Office Excel

1. Microsoft Office Excel 简介

Microsoft Office Excel 是一款是微软公司推出的、允许用户自定义界面的电子表格软件,诞生于 1985 年,当时它只用于苹果操作系统;1987 年 11 月,第一款适用于 Windows 苹果操作系统的 Excel 也产生了(与 Windows 环境直接捆绑,在 Mac 中的版本号为 2.0)。1993 年 Excel 第一次被捆绑进 Microsoft Office,是微软办公软件(Microsoft Office)的组件之一,是微软办公套装软件的一个重要组成部分。它集数据采集、数据编辑、数据图表化、数据管理和数据分析等功能于一体,可以进行各种数据的处理、统计分析和决策支持,广泛应用于管理、统计财经、金融等众多的领域。从 1985 年到目前,历时 10 多个版本,功能不断完善,被公认为是功能最完整、技术最先进和使用最简单的电子表格软件。截止到 2023 年,最新版本是 2021 版,支持 Windows、MacOS、iOS 和 Android 设备的安装使用,其基本功能如下。

(1) 数据预处理功能:包括数据新建、存储、数据格式的转化、数据筛选、查询、排序、数据的计算、查重、分类汇总、数据分列和数据合并等操作。

(2) 数据分析功能：可进行回归分析、方差分析、抽样和假设检验等。

(3) 可视化展示功能：可生成线图、条形图、饼图、面积图、雷达图、箱图等以及各种组合图。

2. 使用方法

(1) 建立数据文档。打开 Excel 软件后，看到是一个空白的二维电子表格。建立数据文档有以下 3 种方式：① 手动录入数据；② 通过"文件"菜单打开 xls 或 xlsx 格式的文件；③ 对很多从各个数据源获得的外部数据，可直接导入，如图 11-17 所示。

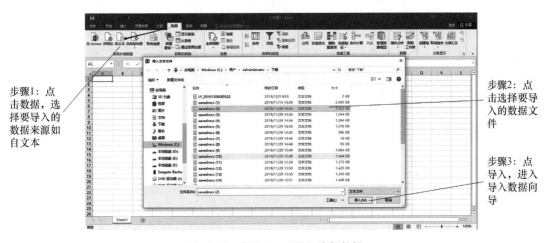

图 11-17 使用 Excel 导入外部数据

(2) 数据预处理。Excel 有较为便捷和强大的数据预处理功能，通过"数据"菜单实现数据的排序、筛选、分列、删除重复项、分类汇总等；可通过"公式"菜单实现求和、计算平均数、最大值、最小值等运算，通过各种函数实现数据的汇总、合并、查找、移动等。下面以"数据"菜单下的"筛选"功能和"公式"菜单下面的部分函数来介绍其操作。

① 数据筛选：Excel 提供了 3 种数据筛选功能，即"自动筛选""自定义筛选"和"高级筛选"。"自动筛选"实现如图 11-18 所示，想要筛选出法学院的论文的操作步骤：第一步，单击"筛选"；第二步，点击 F 列"院系"单元格的下拉菜单，可以看到所有的院系列表，单击"全选"，取消所有选项，然后单击"法学院"前面的方框，即可查看"法学院"的所有论文。"自定义筛选"实现如图 11-19 所示，想要筛选出 2015 级研究生的论文的操作步骤：第一步，单击"筛选"；第二步，单击"学号"单元格的下拉菜单，弹出自定义自动筛选方式，将筛选条件设置为：学号"开头是""15"，选出 15 级研究生的论文。

② 使用 VLOOKUP 函数合并数据文件：例如有两个数据文件，一个文件有"员工代码""性别""教育水平""雇佣类别""雇佣时间""经验""少数民族"7 个变量，另一个数据表有"员工代码""起始薪金""当前薪金"3 个变量，使用函数＝VLOOKUP（＄A1,员工工资数据.xlsx！＄A：＄C,COLUMN(B1),0)将两个数据表合并为一个数据表，如图 11-20 所示。

图 11-18　使用 Excel 进行数据筛选（方式一）

图 11-19　使用 Excel 进行数据筛选（方式二）

第十一章　数据素养与数据分析处理

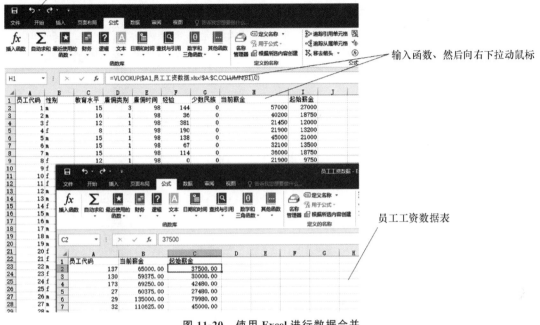

图 11-20　使用 Excel 进行数据合并

③ 使用多个函数查找析出特定值的单元格：如对 WOS 导出的数据，想要了解北京大学各院系对某个学科的贡献度，对 C1 字段（作者、作者机构字段）进行分列，可拆分出作者、作者单位若干列，如图 11-21 所示，想要把北京大学的院系筛选出来汇总，可使用函数＝IFERROR(OFFSET($B2,,MATCH("*Peking*",$B2：$DA2,0)−1,,),"")，把地址里包含"Peking"的单元格全部都集中到一列，然后再进行分析。

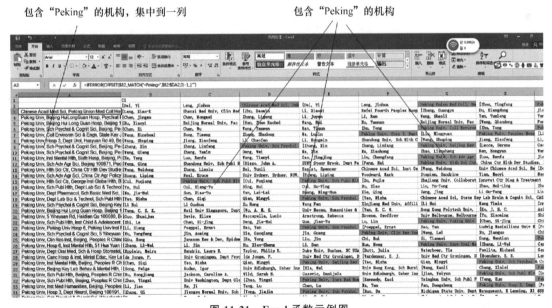

图 11-21　Excel 函数示例图

(3) 数据分析。选择"文件"—"选项"—"加载项"—"管理加载项"—"分析工具库"—"确定"可加载 Excel 的数据分析功能。包括：方差分析、相关系数、描述统计、F 检验、回归、抽样、t 检验等。如图 11-22 所示，计算当前薪金与起始薪金的相关系数，单击"数据分析"，选择"相关系数"，设置"输入区域"（即当前薪金与起始薪金的所有数据单元格）和"输出选项域"，单击"确定"，就会在输出选项设置的输出区域中显示分析结果。

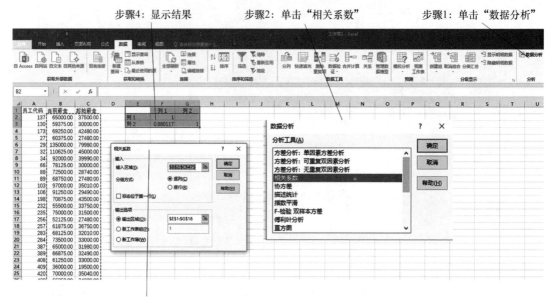

图 11-22 使用 Excel"相关系数"进行数据分析

(4) 数据可视化。Excel 提供了功能强大且使用灵活的图表功能，通过"插入"菜单下的"图表"和"迷你图"来实现，如图 11-23 所示。提供了柱形图、条形图、折线图、饼图、XY（散点图）、面积图等多类型图表。支持① 创建图表：运用图表向导创建图表，图表向导由四个对话框构成，分别询问有关图表的各种设置，如图表类型、图表标题、坐标轴、是否显示图表的数据标志以及图表放置的位置等。② 对图表进行修饰：设置图形区、图表区格式，设置网格线、给图表增加新数据系列、添加趋势线等。

优点：简单易学，用户覆盖面广，在数据预处理上具有优势，能满足基本和常规的数据处理需求。

缺点：不适用大数据分析，对比较复杂的数据进行深入分析功能有所欠缺。

3.2.2 IBM SPSS Statistics

1. SPSS 简介

SPSS 是世界上最早的统计分析软件，迄今已有 50 多年的发展历史。由美国斯坦福大学的三位研究生 Norman H. Nie、C. Hadlai (Tex) Hull 和 Dale H. Bent 于 1968 年研究开发成功，同时成立了 SPSS 公司，并于 1975 年成立法人组织、在芝加哥组建了 SPSS 总部。1984 年，推出用于个人电脑的 SPSS/PC，SPSS 最初的全称是 Statistics Package for Social

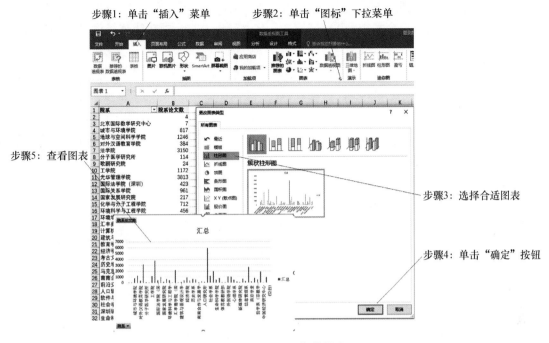

图 11-23　Excel 可视化图表

Sciences,即"社会科学统计软件包",可见最初其应用的学科领域主要应用在社会科学领域。随着信息技术的发展,1992 年,SPSS 推出 Windows 版本,同时全球自 SPSS 11.0 起,SPSS 全称为"Statistical Product and Service Solutions",即"统计产品和服务解决方案",除了人文社会科学外,还应用在医药、农林、生物、医疗卫生、商业金融等广泛领域。2009 年,被 IBM 公司收购并宣布重新包装旗下的 SPSS 产品线,定位为预测统计分析软件(Predictive Analytics Software,PASW),包括 4 个部分:① 统计分析(PASW Statistics,formerly SPSS Statistics);② 数据挖掘(PASW Modeler,formerly Clementine);③ 数据收集(Data Collection family,formerly Dimensions);④ 企业应用服务(PASW Collaboration and Deployment Services,formerly Predictive Enterprise Services)。2010 年,随着 SPSS 被 IBM 公司并购,各子产品家族名称前面不再以 PASW 为名,修改为统一加上 IBM SPSS 字样。从被 IBM 收购之后,SPSS 的更新都是一年一个版本,目前已经历 29 个版本,最新版是 2022 年发布的 IBM SPSS Statistics 29.0 版本。可见,随着 SPSS 的发展,其服务的领域不断拓宽,功能不断拓展,服务深度不断增加。SPSS 的基本功能如下。

(1) 建立数据文档。SPSS 支持多种方式建立数据文档,通过"文件"菜单来实现。

(2) 数据预处理。可对数据进行排序、加权、拆分、合并、由已有变量生成新的变量、标识重复个案、标识异常个案、转置、重构、汇总等处理,可通过菜单"数据"和"转换"来实现。

(3) 数据分析。SPSS 提供了从简单的统计描述到复杂的多因素统计分析方法,比如数据的探索性分析、统计描述、列联表分析、双相关、秩相关、偏相关、方差分析、非参数检验、多元回归、生存分析、协方差分析、判别分析、因子分析、聚类分析、非线性回归、Logistic 回归等,在"分析"菜单下可找到常用的分析方法。

(4)可视化结果展现。SPSS 提供可视化图形,包括条形图、折线图、面积图、高低图、箱图、散点图、直方图、人口金字塔图等。除了"图形"菜单,一些分析功能也提供可视化的图形输出。

2. 使用方法

(1)建立数据文档。打开 SPSS 软件后,看到一个类似于 Excel 的二维电子表格,与 Excel 的不同之处在于,在 SPSS 的界面下面有两个窗口:数据视图窗口和变量视图窗口,数据视图窗口用来录入数据,变量视图窗口用来定义变量。建立数据文档有以下 3 种方式。

① 手动录入数据,有些非电子版的数据,如发放纸本问卷而得到的数据,可以手动地录入 SPSS,在 SPSS 手动录入数据前,一般先打开变量视图窗口定义好需要用到的变量,然后切换到数据视图窗口录入数据;

② 通过"文件"菜单打开 SAV 格式的文件;

③ 对很多从各个数据源获得的外部数据,可直接导入。SPSS 有很好的数据导入向导,指引用户一步步去完成数据的导入,如图 11-24 所示。

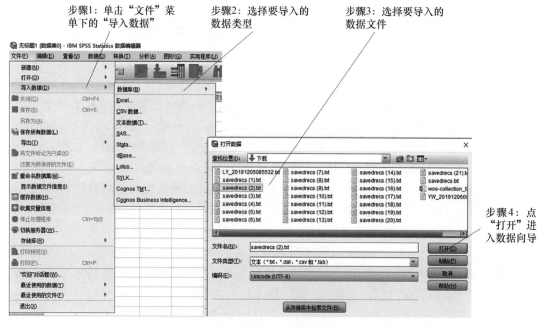

图 11-24　SPSS 数据导入

(2)数据预处理。数据预处理的功能基本上通过"数据""转换"这两个菜单实现的,但是不仅仅局限于这两个菜单。比如,如果要把某个变量 Z 标准化得分作为一个新的变量,就要用到"分析"菜单下面的功能。数据预处理的功能包括"数据"菜单下的转置、个案排序、变量排序、转置、合并文件、重构、倾斜权重、汇总、拆分文件、选择个案、个案加权;"转换"菜单下的计算变量、对个案中的值进行计数、标识重复个案、标识异常个案、重新编码为相同变量、重新编码为不同变量、自动重新编码、可视化分箱、个案排秩等。

① 数据筛选:SPSS 的数据筛选功能比较简单,允许条件格式地筛选,想要筛选出法学

院的论文的操作步骤:选择"数据"菜单下的"选择个案",然后单击"如果"设定条件"院系＝'法学院'",设置输出(如存储)文件名,单击"确定"即可,如图 11-25 所示。

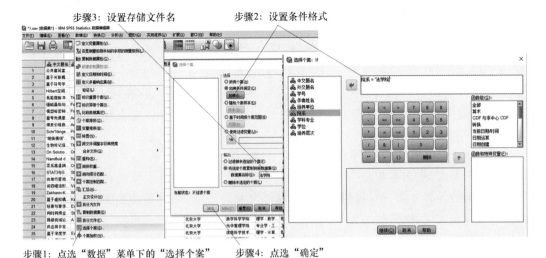

图 11-25 SPSS 数据筛选

想要筛选出 15 级研究生的论文,实现起来则不如 Excel 简单,要先对变量"学号"的值进行处理,然后用简单的条件筛选功能实现。

② 合并数据文件:同样用 Excel 示例的两个数据文件,员工统计数据表("员工代码""性别""教育水平""雇佣类别""雇佣时间""经验""少数民族"7 个变量),和员工工资数据表("员工代码""起始薪金""当前薪金"3 个变量),操作如图 11-26 所示。

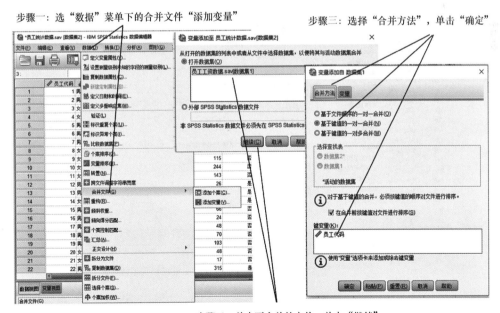

图 11-26 SPSS 数据文件合并

③ 查找析出特定值的单元格：同样使用 Excel 示例的数据文件，SPSS 需要对数据进行分列操作，简单操作则较难实现。

（3）数据分析。SPSS 的数据分析功能可以说是 SPSS 软件最核心的模块，通过软件的"分析"菜单功能来实现。

① SPSS 提供了从简单的统计描述到复杂的多因素统计分析方法，比如数据的探索性分析、统计描述、列联表分析、双相关、秩相关、偏相关、方差分析、非参数检验、多元回归、生存分析、协方差分析、判别分析、因子分析、聚类分析、非线性回归、Logistic 回归等。

② 大多数操作可通过鼠标拖曳、单击"菜单""按钮"和"对话框"来完成。操作简单，不需要知道后台的具体算法。

如 Excel 示例的相关系数，操作步骤如图 11-27 所示，选择"分析"—"相关"—"双变量"，然后把要分析的变量"当前薪金"和"起始薪金"从左边方框通过箭头挪到右边"变量"方框，选择相关系数的计算方法，单击"确定"，即可查看结果。SPSS 的分析功能通过点击鼠标、选择需要的功能来实现，操作简单。

（4）数据可视化结果展示。SPSS 有很强的绘图功能，可以通过 SPSS 的"图形"菜单来实现。此外，在"分析"菜单下面，也集成了一些绘图功能，如"聚类分析"功能下面可实现绘制树形图，"描述统计"功能下面的 P-P 图、Q-Q 图等。SPSS 可绘制的图形包括条形图、折线图、面积图、饼图、高低图、箱图、散点图、直方图、人口金字塔图等。图形在"输出"结果窗口展示，双击弹出"图形编辑器"窗口，可以对生成图形的字体、字号、颜色、标签等进行修改，如图 11-28 所示。

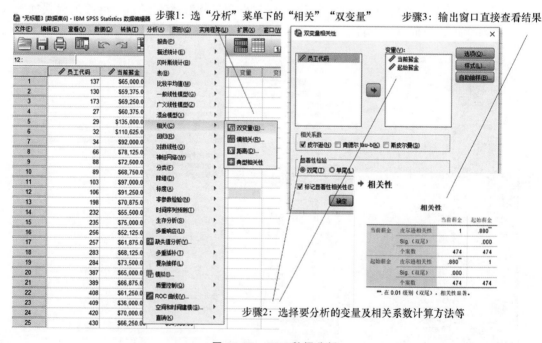

图 11-27　SPSS 数据分析

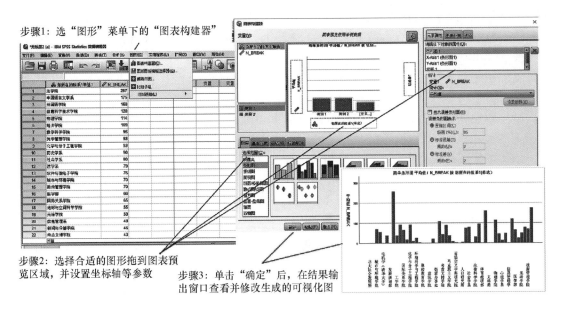

图 11-28　SPSS 数据可视化

优点：SPSS 是世界上最早采用图形菜单驱动界面的统计软件,它最突出的特点就是操作简便,操作界面极为友好,输出结果美观漂亮。它将几乎所有的功能都以统一、规范的界面展现出来,使用 Windows 窗口的方式展示各种管理和分析数据方法,对话框展示出各种功能选择项。除了少数输入工作需要键盘输入外,大多数操作可通过鼠标拖曳、单击"菜单""按钮"和"对话框"来完成。用户只要掌握一定的 Windows 操作技能,精通统计分析原理,就可以使用该软件为特定的科研工作服务。适用于大数据分析,不需要编程基本就可以实现用学术中常使用的各种分析方法分析问题。

缺点：对数据结构要求比较高,对变量值,尤其是中文长字符串的支持不太好。

3.2.3　Tableau Desktop

1. Tableau 简介

Tableau 是一款简单的商业智能(Business Intelligence,BI)分析软件,致力于帮助人们查看并理解数据。Tableau 孵化于 2003 年斯坦福大学计算机图形学实验室的项目"Polaris",商业版本 Tableau1.0 于 2004 年问世。目前 Tableau 的产品包括：Tableau Desktop、Tableau Server、Tableau Online、Tableau Public、Tableau Mobile、Tableau Data Management、Tableau Server Management、Tableau Prep 等。Tableau 是目前市面上较为成功的 BI 工具。产品既有针对性,又有普适性。拖放式界面,操作简单。数据兼容性强,适用于多种数据文件与数据库,同时也兼容多平台,Windows、Mac、Online 均可使用。而且重要的一点是免费为用户安排现场培训或按需求进行在线培训。Tableau 是一款提供数据可视化的软件,其功能如下。

(1) 连接数据文件。支持导入的数据文件格式包括 Excel、文本文件、Access、JSON 文件、PDF 文件、空间文件、SAV 统计文件等;支持导入的数据库包括 MySQL、Oracle、Mi-

crosoft SQL Server 等;还支持连接到示例数据。

(2) 整合数据文件。Tableau 具有数据整合能力,可以通过拖拽很好地整合两个或多个数据源的数据。

(3) 数据预处理。Tableau 具有简单的数据预处理功能,如对数据进行拆分、分组、计算、排序、筛选等。

(4) 数据分析。Tableau 数据分析的功能主要通过可视化图表来实现。数据不能满足创建可视化图表的需要时,需要对数据进行一些计算,如使用函数等。

(5) 数据可视化分析。可视化分析功能是 Tableau 的核心功能,除包括基本的图表如条形图、饼图、直方图、折线图、散点图、气泡图、高低图、箱图、面积图、甘特图、地图等外,还包括一些复杂的图形如雷达图、仪表盘、漏斗图、桑基图、南丁格尔玫瑰图、径向图、时空卦象图、旭日图、维恩图等。

2. 使用方法

(1) 连接数据文件。操作步骤如图 11-29 所示,打开 Tableau 软件,在"连接"区域下选择要连接的数据文件类型,找到要导入的数据文件,直接导入,Tableau 支持连接多个数据文件。

图 11-29 使用 Tableau 连接数据文件

(2) 整合数据文件。Tableau 可以很方便地整合 2 个或多个文件,整合的方式有 4 种,如图 11-30 所示。

① 内部:整合后的表只包含两个表中相匹配的值;

② 左侧:整合后的表包括左侧表的所有值以及右侧表中所有的匹配值,没有匹配项的成员将在右侧显示为空值;

③ 右侧:整合后的表包括右侧表的所有值以及左侧表中所有的匹配值,没有匹配项的成员将在左侧显示为空值;

④ 完全外部:整合后的表包括两个表的所有值,没有匹配项的成员将显示为空值。

第十一章 数据素养与数据分析处理

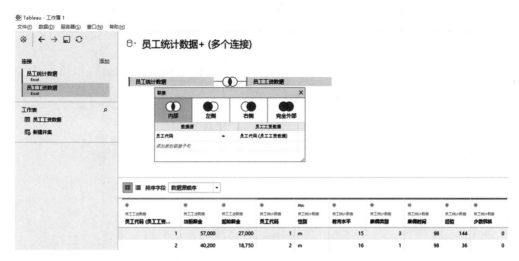

图 11-30　使用 Tableau 整合数据文件

（3）数据预处理。Tableau 的数据预处理包括对数据值的操作、对表的操作等。

① 数据筛选：Tableau 的数据筛选功能比较简单，Tableau 在工作表上嵌有筛选器，筛选方式包括常规、通配符、条件、顶部 4 种方式，以满足不同的筛选需要。操作比较简单，把要筛选的变量拖入筛选器，选择要筛选的内容即可，想要筛选出法学院的论文的操作步骤如图 11-31 所示。将"维度"（也叫变量、属性，不同软件叫法不同）下的"院系"拖入筛选器，在筛选器里设置筛选条件：即只保留院系值是法学院的论文，确定即可；想要筛选出 2015 级研究生的论文的操作步骤如图 11-32 所示。把学号拖入"筛选器"，编辑筛选器，选择"通配符"方式，设置筛选条件为："开头为"匹配值框输入"15"，单击"确定"即可。

步骤1：选择"院系"拖入筛选器，设置筛选器的筛选反式　　步骤2：设置筛选器的筛选方式

图 11-31　使用 Tableau 进行数据筛选

559

图 11-32 Tableau 数据筛选

② 合并数据文件：Tableau 提供的数据文件的连接整合功能，可非常简单方便地实现数据文件的合并，同样用 Excel 示例的两个数据文件，员工统计数据表（"员工代码""性别""教育水平""雇佣类别""雇佣时间""经验""少数民族"7 个变量），和员工工资数据表（"员工代码""起始薪金""当前薪金"3 个变量），操作步骤如图 11-33 所示：第一步，在"连接"下选择"员工统计数据"数据源，在工作表区域双击选择"员工统计数据"数据表；第二步，在"连接"下选择"员工工资数据"数据源，在工作表区域双击选择"员工工资数据"数据表；第三步，选择两个表的匹配方式是"内部"和用以匹配的字段"员工代码"，确定即可。

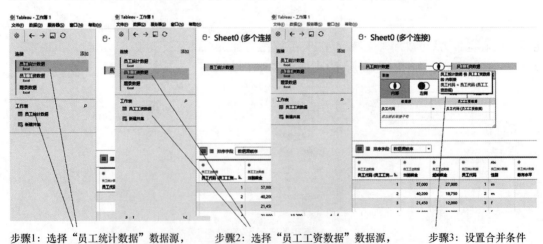

图 11-33 使用 Tableau 合并数据文件

③ 查找析出特定值的单元格：同样使用 Excel 示例的数据文件，Tableau 不对数据进一步处理，则较难实现。

（4）数据分析。Tableau 数据分析功能通过聚合数据、使用函数等来实现。计算当前薪金与起始薪金的相关系数，Tableau 的操作步骤如图 11-34 所示，首先要通过皮尔逊相关系数的计算函数来创建聚合计算，然后再使用该聚合计算来查看结果。过程复杂，需要查找或者熟记各种计算函数。

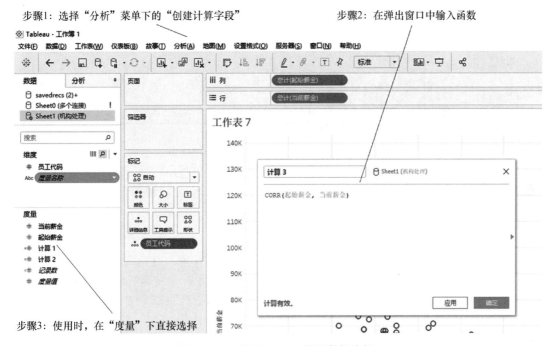

图 11-34　使用 Tableau 进行数据分析

（5）数据可视化。Tableau 是一款定位于数据可视化的智能展现工具，Tableau 号称是"最优秀的数据可视化软件""人人可用的数据可视化分析工具"，强大的数据可视化分析功能是其核心竞争力，可以用来实现交互的、可视化的分析和仪表板应用，从而帮助用户快速地认识和理解数据。如图 11-35 所示，内嵌了多种图形。

优点：比较简单，使用者不需要精通复杂的编程和统计原理，只要把数据直接拖到工作簿中，通过一些简单的设置就可以得到想要的可视化图形；数据整合能力强，很容易实现将数据表合并；新产品开始支持云端展现，但是需要客户端支持。

缺点：数据前期处理能力欠缺；处理不规范数据、转化复杂模型比较难；无法处理大量数据。

3.2.4　CiteSpace

1. CiteSpace 简介

CiteSpace 是一款主要用于文献计量和分析科学文献数据的可视化软件。它诞生于 2004 年，是由美国德雷赛尔大学信息科学与技术学院陈超美博士与大连理工大学

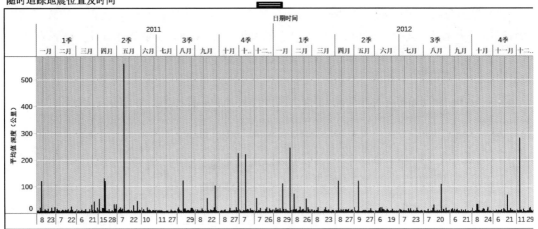

图 11-35 Tableau 可视化分析

Wiselab 实验室联合开发的科学文献分析工具。CiteSpace 是通过可视化的手段来呈现科学知识的结构、规律和分布情况，因此也将通过此类方法分析得到的可视化图形称为"科学知识图谱"。它主要基于共被引分析（Co-citation Analysis）理论和寻径网络算法（Pathfinder Network Scaling，PF-NET）等，对特定领域的文献集合进行计量，以找出学科领域演化的关键路径和知识转折点，并通过一系列可视化图谱的绘制来形成对学科演化潜在动力机制的分析和学科发展前沿的探测，可用来识别并显示科学发展新趋势和新动态，其功能如下。

（1）数据导入。由于 CiteSpace 是一款知识图谱分析工具，因此其可导入的数据主要数据源是各个学术成果数据库，包括 Web of Science 数据库导出的文本数据，CNKI 导出的 RefWorks 格式的数据，CSSCI 导出的 UTF-8 编码的文本数据等。

（2）数据可视化功能。形成的图形包括聚类图、时间图谱、时区图谱等，可用来分析作者、地区及机构合作网络，主题、关键词和学科分类的共线，分析文献、作者及期刊共被引、文献的耦合分析等。可识别学科重要的转折点，识别文献的引用年份等。

2. 使用方法

（1）导入数据文档。对于 WOS 的数据可直接导入，如图 11-36 所示，第一步，选择数据（Data）菜单下的导入/导出（Import/Export）；第二步，选择要导出的数据类型，而对于来自 CNKI 和 CSSCI 等数据库的数据，要进行格式转换再导入；第三步，选择数据存放的位置。

（2）数据可视化。CiteSpace 的数据可视化操作比较复杂，需要了解各个参数以及对各个参数进行调整和设定。如图 11-37 所示，第一步，设置新建项目的名称，选择项目和数据所在的位置，对时间范围、节点类型、阈值、网络裁剪方式等各个参数进行设置，然后单击"Go!"；第二步，在弹出窗口单击"Visualize"进入可视化分析功能区域；第三步，对可视化结果进行调整，以更清晰地展示，如图 11-38 所示。

第十一章 数据素养与数据分析处理

优点：可通过可视化揭示学科的发展脉络，对英文支持较好。

缺点：软件安装及操作复杂，数据预处理功能欠缺，仅仅用来绘制学科知识图谱，应用的范围比较狭窄。

图 11-36 使用 CiteSpace 软件导入数据

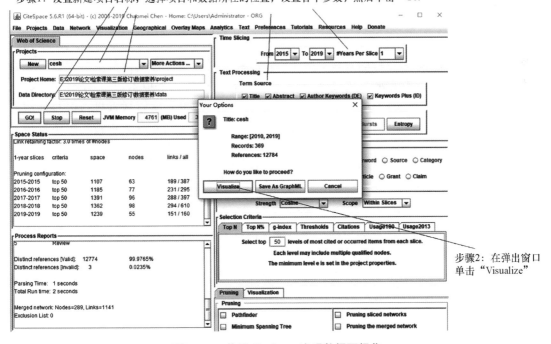

图 11-37 使用 CiteSpace 实现数据可视化

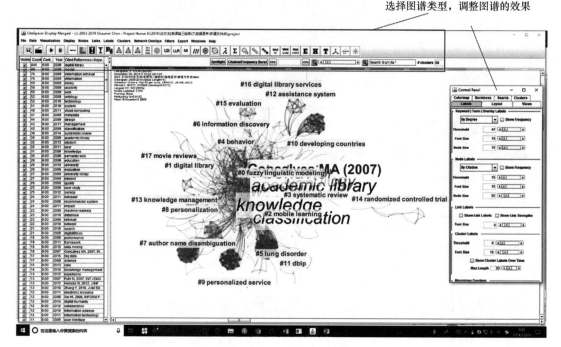

图 11-38 CiteSpace 关键词聚类图谱

3.2.5 德温特数据分析工具

1. 德温特数据分析工具的介绍

德温特数据分析工具(Derwent Data Analyzer,DDA),曾用名 Derwent Analytics、Thomson Data Analyzer(TDA),最早起源于美国军方三大机构资助的海量数据分析工具研发项目,以帮助提高数据的分析效率,降低沉重的数据分析人力成本,是一个具有强大分析功能的文本挖掘软件。DDA 于 2002 年首次投放市场,用以对文本数据进行多角度的数据挖掘和可视化的全景分析。DDA 能够帮助用户从大量的专利文献或科技文献中发现竞争情报和技术情报,为洞察科学技术的发展趋势、发现行业出现的新兴技术、寻找合作伙伴、确定研究战略和发展方向提供有价值的依据。DDA 的基本功能如下。

(1) 数据导入。支持文本、Excel、Access、XML 等格式的数据导入,支持从 WOS、Derwent Innovation、STN 等数据库导出的数据导入。

(2) 数据清理和融合。可以对文献中的各个属性字段(作者、机构、主题)进行分析和计算,包括匹配、去重等,可以对多个数据文件进行合并。

(3) 可视化分析。可以对文献数据进行多角度的挖掘和可视化的分析,包括聚类、比较等,可生成柱状图、条形图、线图、词云、甘特图、地图等可视化图形,帮助用户从大量的专利文献或科技文献中发现竞争情报和技术情报,为洞察科学技术的发展趋势、发现行业出现的新兴技术、寻找合作伙伴、确定研究战略和发展方向提供有价值的依据。

(4) 生成报告。可以导出包含各种图表的机构分析报告和技术分析报告等。

2. 使用方法

(1) 导入数据文档。

① 对于来自 Derwent Innovation 的数据,可直接导入。双击从 Derwent Innovation 导出的.PDTF 文件,DDA 将会打开并运行导入功能。

② 导入 WOS 文档,其操作步骤如图 11-39 所示:第一步,单击"主页",选择"新建分析"下的"使用导入过滤器";第二步,选择要导入的数据文件及来源库(过滤器);第三步,选择要导入的数据字段,单击"完成"。

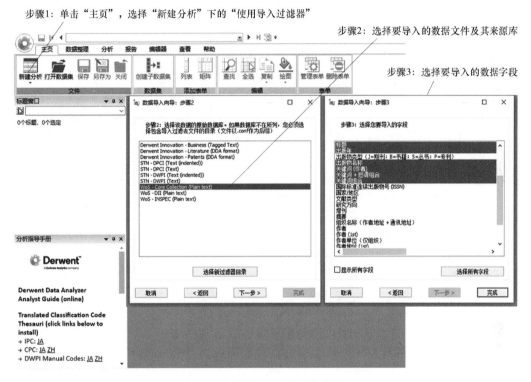

图 11-39 使用 DDA 实现数据导入

③ 导入 Excel(Access 等)文档,操作步骤如下:第一步,单击"主页",选择"新建分析"下的"导入 Excel 文件";第二步,选择要导入的文件,导入即可。

④ 导入 XML 文档,操作步骤如下:第一步,单击"主页",选择"新建分析"下的"智能数据交换";第二步,选择 XML 数据文件导入即可。

(2) 数据预处理。DDA 对数据的预处理通过"数据整理"菜单实现,包括创建新的数据集、数据和数据集去重、移除或合并冗余记录、复制或删除字段、新增字段,对组的比较、移动等。

① 数据筛选:DDA 的数据筛选可以通过"创建子数据集"实现。想要筛选出法学院的论文的操作步骤如图 11-40 所示:第一步,选择"总览"表的"院系"字段,生成"院系"列表;第二步,在"院系"列表,找到并选择"法学院",选择"创建子数据集";第三步,选择"选定记录",确定即可。想要筛选出 15 级研究生的论文,操作也比较简单,双击选择"学号"字段,生成

"学号"列表,创建一个名为"15级"的组,在学号列表选择"15"开头的所有记录,点击添加至组"15"级即可,也可以把组"15级"通过"由组创建为字段"的功能转化为字段。

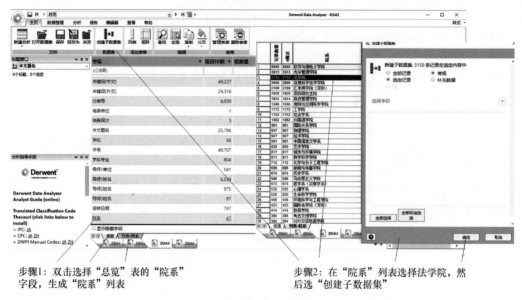

图 11-40 使用 DDA 实现数据筛选

② 合并数据文件:同样用 Excel 示例的两个数据文件,员工统计数据表("员工代码""性别""教育水平""雇佣类别""雇佣时间""经验""少数民族"7 个变量),和员工工资数据表("员工代码""起始薪金""当前薪金"3 个变量),操作如图 11-41 所示:第一步,选择"数据整理"菜单下的"数据去重合并"功能;第二步,选择要合并的数据集和要合并的字段;第三步,选择匹配类型和匹配字段,完成即可。

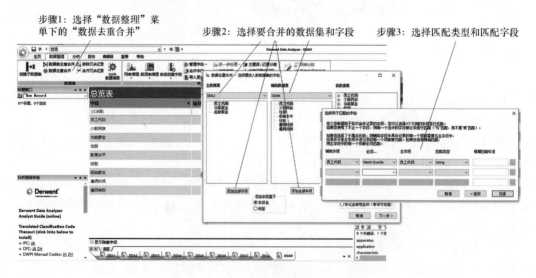

图 11-41 使用 DDA 实现数据文件合并

第十一章 数据素养与数据分析处理

（3）可视化分析。DDA 提供数据可视化分析功能，包括"分析"菜单下的图谱、新兴趋势、专利生命特征、分类树等和"报告"菜单的柱状图、条形图、饼图、线图、词云、圆环图、气泡图、甘特图、散点图、集群图谱、世界地图等实现，如图 11-42 所示。

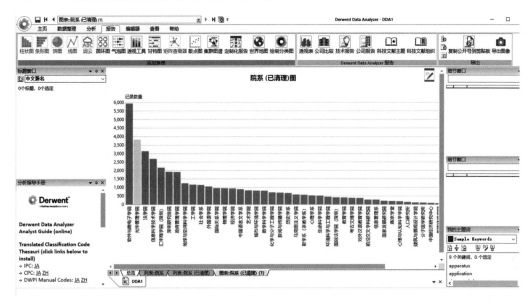

图 11-42　DDA 可视化分析

优点：对于大批量的数据清洗，DDA 是非常不错的选择，比较灵活，支持自定义叙词表对数据集进行清洗，可以对文献数据进行多角度的挖掘和可视化的分析，从大量的专利文献或科技文献中发现竞争情报和技术情报。

缺点：DDA 是收费软件且费用昂贵。

3.2.6　其他工具

数据分析工具有很多，除了前面介绍的常用的数据分析工具外，其他分析工具列举如下。

（1）WPS 表格：WPS 表格是北京金山办公软件股份有限公司提供的办公软件组件之一，诞生于 1988 年，功能和 Excel 类似，但是也有一些独特的功能。如用 Excel 打开的 WOS 导出的数据，当作者很多时，会存在数据不全的情况。用 WPS 则完全可以解决这个问题。

（2）SAS：SAS 是美国 SAS 软件研究所研制的一套大型集成应用软件系统，把数据存取、管理、分析和展现有机地融为一体。提供的主要分析功能包括统计分析、经济计量分析、时间序列分析、决策分析、财务分析和全面质量管理工具等。SAS 软件主要应用在金融领域，近几年有更广泛的应用，但由于 SAS 系统的操作以编程为主，人机对话界面不太友好，需要编程语言功底，系统地学习和掌握 SAS，需要花费一定的时间和精力。图形功能比较单一。相较于 SPSS 和 Stata，可以处理海量数据。

（3）Stata：Stata 是一个比较轻便的统计分析软件，最初由美国计算资源中心（Computer Resource Center）研制，目前的最新版本是 Stata16，是一套提供其使用者数据分析、数据管理以及绘制专业图表的完整及整合性统计软件。由于其分析功能偏重于计量,所以在计量经济学有广泛的应用。Stata 可以自己编程,也可以用一些命令。相比于 SAS,操作良好、简单,但较 SPSS 相对复杂。

(4) QlikView:是一个完整的商业分析软件,使开发者和分析者能够构建和部署强大的分析应用。QlikView 应用使各种各样的终端用户可以通过高度可视化、功能强大和极具创造性的方式,互动分析重要的业务信息。QlikView 是一个具有完全集成的 ETL 工具的向导驱动的应用开发环境,是一个考虑到无限钻取的强大 AQL 分析引擎,是一个高度直觉化的、使用简单的用户界面。QlikView 让开发者能从多种数据库里提取和清洗数据,建立强大、高效的应用,而且使它们能被移动用户和每天的终端用户修改后使用。

(5) BibExcel:BibExcel 是一款十分出色的文献分析工具,它拥有简洁的界面,可以帮助用户更好地进行文献分析,包含了计量分析、引文分析、共词分析等。BibExcel 比较简单,可视化的功能欠缺,可结合 SPSS、Pajek 等进行分析。

第四节 数据创新:利用数据开展学术研究

4.1 案例 1:数字图书馆十年(1999—2009 年)发展趋势与热点分析

4.1.1 课题目的

通过文献调研,了解 1999—2009 年数字图书馆领域的研究内容及其热点和研究机构的情况,了解和掌握数字图书馆研究现状,为数字图书馆进一步地发展提供参考。

4.1.2 数据来源

(1) 外文文献:选取了 3 个具有代表性的参考数据库、全文数据库和电子期刊数据库,其中在 Web of Science(SCI 和 SSCI)选取"主题=digital library"的高被引率文献(被引次数高于 10,文献量占总命中数的约 10%),在 Emerald 数据库中选取前 1 000 篇文献,在 Science Direct(Elsevier)数据库中选取全部文献(Science Direct),总计约 6 700 篇。

(2) 中文文献:首先,在"中国知网学术期刊库"的"信息科技"专辑中,首先确认中国大陆地区在数字图书馆研究和实践领域具有影响力的重点机构——即在"主题=数字图书馆"并且被引达到 10 次以上的 1 758 篇文献中(称为高被引率文献)排序出 30 个机构,并在此基础上最终依据各机构总发文数确定了排名前 20 位的 21 个机构(有两个机构并列)。其次,用这 21 个机构的名称查询该机构署名发表的全部文献(即不限于"信息科技"专辑),然后对其人工进行筛选,排除了所有非数字图书馆主题的文献以及跟数字图书馆相关但属于报道、通知、书评等的非研究性文献,还排除了非图书馆领域例如档案/出版等方面的文献。中文样本文献总计约 9 800 篇。

全部数据来源于中外文期刊数据库的格式化的期刊论文数据共 1.65 万条。

4.1.3 统计分析方法

(1) 选取样本中的关键词字段,将所有关键词作为唯一变量导入 SPSS。

(2) 选择 SPSS 分析功能中的"描述分析",选择"频率",对所有关键词进行频率汇总,得到频率最高的前 100 个关键词。

(3) 为了体现不同年代以及不同地区的高频率关键词的变化,"描述分析"针对外文文献、1999—2002 年中文文献、2003—2006 年中文文献、2007—2009 年中文文献分别进行分析,并因此分别得出了不同的关键词频率统计结果,再对统计得出的高频关键词进行人工归并汇总。

4.1.4 结论

通过分析,最终得出了国内外数字图书馆 1999—2009 年研究热点,如表 11-5 所示。

表 11-5 国内外数字图书馆十年研究热点(1999—2009 年)

总研究热点		1999—2002 年研究热点	2003—2006 年研究热点	2007—2009 年研究热点
中国	国外			
信息服务	Information retrieval	信息服务	信息服务	信息服务
信息检索/信息技术	Information services	信息检索	信息检索	信息检索/信息技术
信息资源	Publishing	网络	元数据	Web2.0
元数据	Reference services	元数据	信息资源	信息资源
知识管理	Information technology	信息资源	参考咨询	本体
资源共享	User studies	资源共享	网络	知识管理
参考咨询	Knowledge management	图书馆自动化	本体	开放存取
本体	Metadata	电子图书馆/虚拟图书馆	知识管理	个性化服务
信息组织	Personalization	信息技术	信息组织	资源共享
知识产权	Collection development	信息资源建设	资源共享	知识产权
个性化服务	Information systems	知识管理	知识产权	参考咨询
数字化	Library management	图书馆员	数字化	信息组织
Web2.0	Cataloguing/Catalogue	引文分析	CALIS	数据挖掘
数据挖掘	Digital rights management/Copyright	发展趋势	个性化服务	网络信息计量学
信息资源建设	Standards	读者服务	数据挖掘	比较研究
引文分析	Information literacy/Training	信息组织	长期保存	长期保存
比较研究	Information management	比较研究	信息资源建设	元数据

4.2 案例2:北京大学科学研究前沿

4.2.1 课题目的

梳理北京大学当前的研究热点,研究分析其发展态势,明确北京大学与国内外其他大学相比,具有竞争优势的基础研究方向,为北京大学"双一流"建设提供智力支持。

4.2.2 数据来源

(1) Web of Science 平台核心合集数据(WOS);

(2) Scopus 数据平台(Scopus);

(3) 中国知网学术期刊库(中国知网)核心期刊论文(CNKI);

(4) Elsevier Science(Science Direct)学术数据库(Elsevier);

(5) 学术资源发现系统 Summon(Summon);

(6) 国家社会科学基金;

(7) 教育部社会科学基金;

(8) 国家自然科学基金。

数据年代范围:2013—2017 年。

数据下载时间:2018 年 4—5 月。

数据下载机构:北京大学(Peking University)。

4.2.3 统计分析方法

(1) 关键词分析方法。

① 使用 Tableau 软件对来自 CNKI 的数据文件进行合并,然后对关键词进行分列,通过 SPSS 加权、汇总等析出各个学科的高频关键词。如表 11-6 所示,对心理学中文论文成果分析出的高频关键词。

表 11-6 心理学领域研究热点关键词的词频一览——中文

关键词	词频(CNKI下载量加权)	词频(CNKI被引量加权)
心理理论	5 199	42
性别/性别差异	5 008	54
中介效应/中介作用	4 420	66
注意	3 544	0
共情	3 508	27
心理健康	3 268	23
效度	2 983	24
信度	2 983	24
心理咨询/心理咨询师	2 904	0
适应/适应性	2 731	31
知觉学习	2 650	0
横断面研究	2 635	28
生命意义感	2 614	0
执行功能	2 561	20
社会排斥	2 447	0

续表

关键词	词频（CNKI下载量加权）	词频（CNKI被引量加权）
需求/威胁模型	2 447	0
自我关注	2 447	0
信任	2 429	0
眼动	2 371	0
神经机制	2 354	0
社交焦虑	2 241	0
拥有意义/拥有意义感	2 183	0
元分析	2 179	0
伦理	2 142	0
发展性阅读障碍	2 128	0
视觉搜索	2 128	0
心理资本	1 977	0
职业倦怠	1 977	0
冲动购买	1 963	0
解释偏差/解释偏向	1 924	0
情绪	1 923	22
干预研究		64

② 通过 CiteSpace 软件进行关键词共线分析，如图 11-43 所示，北京大学物理学领域论文成果数据关键词共线知识图谱。

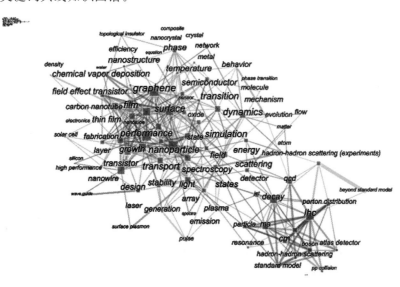

图 11-43 北京大学物理学领域论文关键词共线知识图谱

（2）可视化分析方法：使用 CiteSpace 软件进行关键词的共线分析，如图 11-43 所示；使用 Tableau、WordArt、词表秀等软件的词云揭示北京大学用户使用数据的高频关键词，如图 11-44 所示。使用 Excel 软件柱状图揭示用户搜索热点关键词情况，如图 11-45 所示。

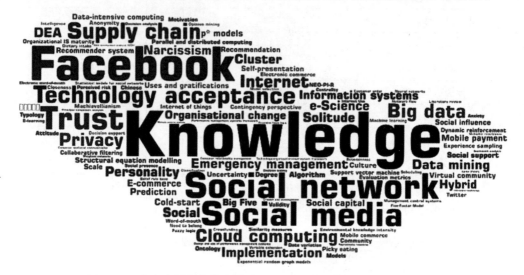

图 11-44　北京大学用户关注的 Elsevier 图书情报领域关键词词频云图

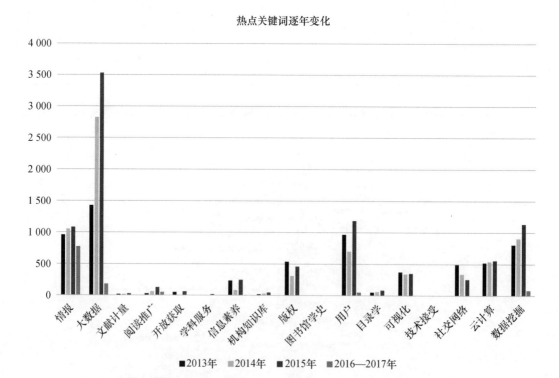

图 11-45　17 个前沿领域 2013—2017 年被 Summon 搜索情况图

4.2.4 结论

经过前述数据下载、整理、计算和分析,可以得出北京大学12个科学学科的研究前沿,如表11-7所示。

表11-7 北京大学12个科学学科的研究前沿

序号	学科领域	前沿数量	学科前沿名称
1.	材料科学与工程领域	10	石墨烯、化学气相沉积、氧化还原反应、生物相容性、锂电池、碳纳米管、纳米粒子、水分解、氮化碳、腐蚀
2.	大气科学领域	10	气候变化、全球变暖、气溶胶、大气污染、降水、碳循环、环流、大气遥感、季风、强对流
3.	地理学领域	10	土地利用、空间(包括城市空间和产业空间)、城市化(城镇化)、气候变化、职住平衡、生态系统、轨道交通、3S(包括GIS、GPS和RS)、时间地理学、景观格局
4.	地球物理学领域	8	遥感图像分类、地震破裂过程反演、地球动力学演化过程、壳幔结构、地震层析成像、太阳风、太阳圈层结构、地幔柱假说
5.	化学领域	8	纳米材料、催化、电池、精密测量、环境化学、生命功能分子、理论与计算、C-H键活化
6.	环境科学与工程领域	12	细颗粒物、多环芳烃、气候变化、钛盐酸纳米管、重金属、城市化、挥发性有机物、碳循环、土地利用/覆盖变化、黑碳、源解析、臭氧
7.	计算机科学与技术领域	8	机器学习、计算机视觉、多智能体系统、数据挖掘、高性能计算、无线传感网络、网络安全、稀疏表示
8.	生物学领域	10	转录调控、核糖核酸、炎症、表观遗传修饰、癌症、高血压、细胞凋亡、结构生物学、NF-kB、p53
9.	数学领域	11	动力系统、有限元、玻尔兹曼、博弈论、流形、统计学、流体、索伯列夫空间、复杂网络、特征值、云计算
10.	图书情报与档案管理领域	12	大数据、情报、信息素养、阅读推广、开放获取、机构知识库、版权、用户、可视化(学科热点)、社交网络、云计算、数据挖掘
11.	物理学领域	12	紧凑μ子螺线管探测器、石墨烯、薄膜、希格斯粒子、NLO计算、化学气相沉积、碳纳米管、二硫化钼、强子散射、光致发光、场效应管、锂电池
12.	心理学领域	14	功能磁共振成像(认知加工过程的神经机制的功能磁共振成像研究)、脑电研究(言语加工、注意力和社会行为方面的脑电研究)、跨文化研究(社会行为和人格特质的跨文化研究)、共情(共情的神经机制和功能)、心理理论(心理理论的机制和功能)、心理健康(国人心理健康的现状及影响因素)、抑郁症(国内抑郁症的现状及干预)、孤独症(孤独症的诊断、症状表现及干预)、心理咨询(心理咨询中的伦理议题)、领导风格(领导风格对员工行为的影响)、职业探索和职业适应力(职业探索和职业适应力的影响因素)、工作投入(工作投入的作用和影响因素)、眼动研究(言语加工和面孔识别的眼动研究)、元分析研究(临床领域的元分析研究)

【思考题】

1. 遇到微博或微信上广泛传播的消息，可以通过哪些方式判断真假？

2. 经济学院的小张同学带领一个团队通过发放纸本问卷、问卷星和问卷网页收集到了某科研课题的数据，团队同学分头用 Excel、SPSS 和 Tableau 对这 3 个渠道的数据进行整理，并且各个同学整理出来的数据格式并不相同（变量名不同，设置的变量的数量不等），请问小张团队怎么做才能汇总这些数据并实现进一步的分析？

3. 请查找 2018—2022 年国家社科基金的数据，对比九校联盟（C9）的国家社科基金申请情况，并用简洁美观的图形展现您的分析结果。

参考文献

[1] 张晨. 大数据时代的图书馆与数据素养教育[J]. 图书与情报, 2014(4): 117-119.

[2] 孟祥保, 常娥, 叶兰. 数据素养研究: 源起、现状与展望[J]. 中国图书馆学报, 2016(2): 109-126.

[3] Carlson J, Fosmire M, Miller C C, Nelson M S. Determining Data Information Literacy Needs: A Study of Students and Research Faculty[J]. Portal-Libraries and the Academy, 2011, 11(2): 629-657.

[4] 胡卉, 吴鸣. 嵌入科研工作流与数据生命周期的数据素养能力研究[J]. 图书与情报, 2016(4): 125-137.

[5] 黄如花, 李白杨. 数据素养教育: 大数据时代信息素养教育的拓展[J]. 图书情报知识, 2016(1): 21-29.

[6] 张晓阳, 李楣. 基于胜任特征的研究生数据素养能力测评量表研究[J]. 图书情报工作, 2017, 61(8): 89-95.

[7] 曹树金, 刘慧云, 王维佳. 从信息素养到数据素养[J]. 图书情报研究, 2017, 10(1): 19-24.

[8] 魏来, 王思明. 我国高校图书馆数据素养课程内容构建研究[J]. 情报资料工作, 2018, 39(6): 90-95.

[9] 吴晶娥. 高校图书馆大学生数据素养教育探析[J]. 图书馆理论与实践, 2015(12): 73-77.

[10] 董薇, 姜宇飞, 张明昊. 基于灰色多层次评价模型的数据素养能力评价研究[J]. 图书馆学刊, 2017, 39(11): 22-29.

[11] 邓李君, 杨文建. 个体数据素养评价体系及相关指标内涵研究进展[J]. 图书情报工作, 2017, 61(3): 140-147.

[12] 杨文建. 大数据环境下的教师数据素养研究[J]. 图书馆理论与实践, 2017(11): 102-107.

[13] 徐刘靖, 沈婷婷. 高校图书馆员数据素养内涵及培养机制研究[J]. 图书馆建设, 2016(5): 89-94.

[14] [美]戴维·赫佐格(David Herzog). 数据素养：数据使用者指南[M]. 沈浩,李运译. 北京：中国人民大学出版社,2018.

[15] 吴喜之. 统计学：从数据到结论(第四版)[M]. 北京：中国统计出版社,2013.

[16] Tracy Rodgers. 哪种图表或图形是您最理想的选择？[EB/OL]. [2020-11-13]. https：//www.tableau.com/sites/default/files/whitepapers/which_chart_or_graph_is_right_for_youwp_zh-cn.pdf.

[17] 点金文化. Excel2016数据处理与分析从新手到高手[M]. 北京：电子工业出版社,2016.

[18] 王国平. Tableau数据可视化从入门到精通[M]. 北京：清华大学出版社,2017.

[19] 张志龙. Tableau Desktop可视化高级应用[M]. 北京：人民邮电出版社,2019.

[20] 唐勇. 图书馆大数据视角下的学科前沿分析[M]. 北京：海洋出版社,2018.

[21] 李杰. CiteSpace中文版指南[EB/OL]. [2020-11-13]. http：//cluster.ischool.drexel.edu/~cchen/citespace/manual/CiteSpaceChinese.pdf.

[22] 陈悦,陈超美,胡志刚,等. 引文空间分析原理与应用：CiteSpace实用指南[M]. 北京：科学出版社,2014.

[23] 北京大学图书馆. 北京大学科学研究前沿2018版[EB/OL]. [2020-11-13]. https：//www.lib.pku.edu.cn/portal/cn/fw/kyzc/zhishichanquan.

[24] 张春红,唐勇,肖珑. 我国数字图书馆研究十年发展回顾[J]. 大学图书馆学报,2011,(7)：18-24.

第十二章　文献管理与学术论文撰写规范

第一节　了解学术论文基本规范

在上面的章节中，我们了解了各种类型学术信息的获取与利用，充分合理地利用这些信息是人们开展各学科研究工作的重要基础。而在科学研究活动中有所进展和创新时，则需要通过一定形式的文字来将研究成果有效记录下来，方便后续的查询、获取、传播和交流，学术论文便是其中一类重要的载体形式。

学术论文是指对某个学术问题进行研究后记录研究成果的理论文章，是某一学术课题在实验性、理论性或预测性上具有的新的科学研究成果、创新见解和知识的科学记录，或是某种已知原理应用于实际上取得新进展的科学总结。学术论文通常用来在学术会议上宣读、交流、讨论或在学术刊物上发表，或是用作学位授予评审等其他用途的书面文件，是探讨学术问题、针对问题进行学术交流的重要手段和工具。论文写作水平也逐渐成为衡量个人学术水平和科研能力的重要指标。

学术论文具有学术性、创新性、规范性等特点，因而了解学术论文撰写规范，熟练掌握论文格式要求，知晓如何写出符合规范的论文，则是写出好论文必要的基础之一。

1.1　论文的学术规范

学术规范主要是指开展学术活动的基本章法和规则，包括在研究、写作、发表等过程中，学者应遵守的道德准则、专业要求和行为规则。学术规范的建立和完善，是学术科学性的重要保证，不仅有利于形成良性的学术生态，也有利于提高学术界的研究效率。我国的学术规范工作在改革开放后也逐渐发展和强化起来，特别是在高等学校方面，教育部不仅制定了《高等学校预防与处理学术不端行为办法》等，用以规范健全学术不端行为的预防体系，还先后编写了《高等学校科学技术学术规范指南》《高校人文社会科学学术规范指南》等指导性范本，用以加强引导、推动学术道德和学风建设，同时，各个高校也都逐步制定了相关的管理制度，如北京师范大学的《北京师范大学学术行为规范》、北京大学的《北京大学教师学术道德规范》、复旦大学的《复旦大学学术规范及违规处理办法》、南开大学的《南开大学处理学术不端行为暂行办法》等。

例 1：《高校人文社会科学学术规范指南》[①]的主要内容
1 基本概念
2 学术伦理
3 选题与资料规范
4 引用与注释规范
5 成果呈现规范
6 学术批评规范
7 学术评价规范
8 学术资源获得与权益自我保护

例 2：《高等学校科学技术学术规范指南(第二版)》[②]的主要内容
一、基本概念
（一）学术共同体
（二）学术规范
（三）学风
（四）学术成果
（五）学术评价
（六）学术不端
二、科技工作者应遵守的学术规范
（一）基本准则
（二）查新和项目申请规范
（三）项目实施规范
（四）引文和注释规范
（五）参考文献规范
（六）学术成果的发表与后续工作规范
（七）学术评价规范
（八）学术批评规范
（九）人类及动物做实验对象的规范
三、学术规范中的相关规定
（一）引用
（二）注释
（三）参考文献
（四）综述
（五）编、编著和著
四、学术不端行为的界定
（一）抄袭和剽窃

---

① 参考文献[2]。
② 参考文献[3]。

（二）伪造和篡改

（三）一稿多投和重复发表

五、学术不端行为的社会与个人因素分析

六、学术不端行为案例剖析

由此可见,学术论文的写作作为学术活动中的一个重要部分,也需要遵从相应的规范,其中既包含内容方面的专业要求,也包括道德方面的行为准则和法律规定。

1.1.1 论文写作内容的规范要求

从内容方面,学术论文有学术性、创新性等规范要求。

（1）学术性。学术论文必须具有学术性,其体现在内容的科学性、理论性和专业性上。

科学性是指论文表述的研究内容准确、概念明晰、思维缜密、逻辑充分、论据确凿,文中概念的外延和内涵也应明确、准确且具有确定性。科学性是学术论文的根本所在。因此,以严谨的治学态度、实事求是的探索精神,从大量的实践与真实的材料出发,用科学合理的方法来开展学术研究,才能为学术论文的科学性奠定扎实的基础。

理论性是指学术论文应在大量的事实与资料分析研究基础上,提炼与总结其中的本质与规律性结论,不能仅仅停留在对于现象、资料与数据的罗列层面,而应通过抽象、概括、推理、辨析与逻辑论证,将一般事实上升到一定的理论高度。学术论文的理论性通常体现在论文的论证思维、论证结论和论述表达几个方面。

专业性是指学位论文研究内容应具有一定的学科特征。学术论文的研究对象应是在某一专业领域内,只有在一定专业知识基础上,对本学科研究领域、研究方法、理论体系等有充分的认识,才能提出的学术问题,并且论文中能够准确使用专业术语和专业图标符号来表达论述内容。

（2）创新性。学术论文写作的出发点便是记录在科学研究活动中获得的新观点、新思路或新方法等,因而内容的创新性也就成为学术论文的价值所在。所以,在研究选题时,就应切忌选题陈旧,而应突出新意,注重创新性和独创性。学术创新通常包含以下几个方面:填补空白的新理论、新发现;在已有研究基础上的拓展、完善;在已有众多观点中提出新见解;推翻现有的结论或提出新的质疑;结合已有资料做出创造性归纳,引导更多研究者继续前行解决问题。

1.1.2 学术道德方面的规范要求

此外,撰写学术论文时还应注意严守学术道德,遵守相关法律规定。

（1）杜绝学术不端行为。在科学研究和学位论文撰写过程中,应重视和遵守学术道德规范,杜绝一切学术不端行为。在不同的文件中,对于学术不端均有各自的定义,如在《高校人文社会科学学术规范指南》中,定义学术不端行为是指学术共同体成员违反学术准则、损害学术公正的行为,包括抄袭、剽窃、侵吞他人学术成果,篡改他人学术成果,伪造或篡改数据文献,捏造事实,伪造注释,对学术批评者进行打击报复等;在《科技工作者科学道德规范（试行）》中,给出的明确定义是,学术不端行为是指在科学研究和学术活动中的各种造假、抄袭、剽窃和其他违背科学共同体惯例的行为,包括故意做出错误的陈述、侵犯损害他人著作权、成果发表时一稿多投、采用不当手段干扰和妨碍他人研究活动、参与他人的学术造假等多种表现形式;而在《高等学校预防与处理学术不端行为办法》中,学术不端行为是指高等学校及其教学科研人员、管理人员和学生,在科学研究及相关活动中发生的违反公认的学术准则、违背学术诚信的行为。综合来看,在学术论文写作过程中,最为常见的学术不端行为包括教育部在2009年制定的《关于严肃处理高等学校学术不端行为的通知》中所提及的:篡改、抄袭、剽窃他人学术成果(如案例一);伪造或篡改数据文献(如案例二、三)。这些急功近利的不良行为,不仅将给个人未来发展埋下不可回避的隐患,也会极大地伤害身边的学术氛围,影响整个研究团队、研究机构甚至整个学科领域的学术研究发展,甚至会涉及违反相关法律规定。

【案例一】

高校通报论文抄袭事件[①]

据厦门理工学院研究生处网站7月25日消息,厦门理工学院学位评定委员会25日发布《关于撤销李某勋硕士学位的公告》称,经厦门理工学院学术委员会查实,认定学校电气工程与自动化学院电气工程领域毕业生李某勋的硕士学位论文《配网故障指示器供电电源的研究与设计》抄袭他人学术成果,已经构成学术不端行为。

根据相关规定,经厦门理工学院学位评定委员会审议表决,决定撤销李某勋的硕士学位,并将处理结果上报国务院学位办备案,注销其硕士学位证书。

【案例二】

韩国黄禹锡克隆造假案[②]

韩国首尔大学调查委员会1月10日公布了对黄禹锡造假事件的最终调查结果。调查委员会认定,黄禹锡研究小组2004年和2005年发表在美国《科学》杂志上的有关培育出胚胎干细胞的数据属伪造,黄所谓的"独创的核心技术"无法得到认证。

调查委员会同时拒绝了黄禹锡此前提出的对其科研成果进行验证的要求,认为这是造假的科学家惯用的拖延时间的手法。调查委员会说,黄禹锡欺骗了科学界和整个国家,首尔大学将严惩参与造假的有关人员。

目前,韩国检察机关已全面介入了调查黄禹锡小组科研经费的使用情况及黄所说的"胚胎干细胞被调包问题"。韩国政府11日出台了"黄禹锡事件综合对策",决定剥夺黄禹锡"最高科学家"称号。首尔大学也已于11日将有关调查材料移交给了检察机关。

https://www.chinanews.com.cn/news/2006/2006-01-14/8/678388.shtml

---

① 吕新文.论文抄袭他人成果,中国矿大、厦门理工两毕业生被撤销硕士学位[EB/OL].[2022-09-05].https://www.thepaper.cn/newsDetail_forward_19211265.

② 尘埃落定 神话破灭:韩国黄禹锡克隆造假案始末[EB/OL].[2022-09-05].https://www.chinanews.com.cn/news/2006/2006-01-14/8/678388.shtml.

【案例三】

日本女科学家小保方晴子造假案①

日本早稻田大学 11 月 2 日宣布,正式取消小保方晴子的博士学位。早稻田大学去年认定小保方晴子的博士论文存在盗用图片等问题,要求其在 1 年内进行修改,重新提交符合学术规范的论文。但早稻田大学最终认定小保方晴子修改后的论文未能达到审查要求,故正式撤销其博士学位。

小保方晴子曾要求延长论文修改的期限,但被早稻田大学以无法长期搁置问题论文为由所拒绝。小保方晴子 2011 年毕业于早稻田大学,获得该校博士学位。

小保方晴子 2014 年初在英国《自然》杂志上发表论文,声称成功培育出了新型"万能细胞"——"STAP 细胞",引起科学界轰动。但很快,重复实验的科研团队指出其论文存在多处疑点。经过严格的调查,日本理化学研究所于 2014 年 4 月宣布这篇论文存在"捏造"和"篡改",并于今年 9 月宣布确定所谓新型"万能细胞"实际上是来自该所保存的胚胎干细胞。

这一学术造假事件影响深远。小保方晴子本人从日本理化学研究所辞职,事件所涉美国科学家查尔斯·瓦坎蒂也辞去了哈佛附属医院的职务。更为悲剧的是,小保方晴子的导师笹井芳树因此自缢身亡。

https://news.sciencenet.cn/htmlnews/2015/11/330854.shtm

(2) 避免学术失范行为。学术失范一般指在技术层面违背学术规范的行为、犯下技术性过失,通常是由于缺乏必要的知识或学术不严谨而出现违背行为准则的失误。学术失范和学术不端的区别在于前者是因为缺乏必要的知识而出现违背行为的准则,后者是有意识地明知故犯、企图不劳而获或侵占他人劳动成果。因此,除了严格遵守学术道德规范外,在论文撰写过程中也要注意避免以下行为失范。

① 行文失范:包括学术论文撰写中缺乏必要的格式构件;论文表达中使用太多非书面语言;专业术语使用不当;过度引用等。其中,在引用他人作品时,应遵守《中华人民共和国著作权法实施条例》第十九条规定:"使用他人作品时,应当指明作者姓名、作品名称;但是,当事人另有约定或者由于作品使用方式的特性无法指明的除外",以及第二十一条规定:"依照著作权有关规定,使用可以不经著作人许可的已经发表的作品的,不得影响该作品的正常使用,也不得不合理地损害著作权人的合法利益。"

② 引注失范:包括学术论文撰写中对于重要引用内容不引注、少引注或引注格式不合规范,以及因疏忽造成的伪注等。

③ 批评失范:包括学术论文撰写中恶意歪曲对方的观点,批评观点不能就事论事,进行人身攻击等。

④ 署名失范:包括未按照实际进行作者署名、作者排序等。

---

① 梅进. 日本女科学家小保方晴子博士学位被正式取消[EB/OL]. [2022-09-05]. https://news.sciencenet.cn/htmlnews/2015/11/330854.shtm.

1.2 论文的撰写规范

学术论文撰写规范通常包括：论文内容框架格式，即论文应包含哪些必要和主要的组成部分；论文各组成部分格式要求，即论文各组成部分应遵循的格式要求和撰写方式；论文注释与参考文献著录规范，即论文中注释与参考文献的标注方式与格式要求。

学术论文按写作目的，可分为交流性论文和考核性论文。其中，交流性论文中较有代表性的是期刊论文，而考核性论文中较有代表性的是学位论文，以下本章第二节、第三节以期刊论文和学位论文为例，详细介绍其各自的论文格式撰写规范。

第二节 期刊论文的撰写规范

学术期刊（Academic Journal）是一种经过同行评审的期刊，其通常展示特定学科研究领域的成果，并主要以原创研究、综述文章、书评等形式的文章为主。期刊论文则是指发表在学术期刊上的学术论文，一般字数要求在 6 000 字以内。

2.1 期刊论文的基本结构

期刊论文的基本结构主要包括以下几个组成部分：
- 标题（副标题）
- 作者
- 摘要
- 关键词
- 英文标题、摘要、关键词
- 正文
- 参考文献
- 作者简介及联系方式（ORCID）

对于期刊论文而言，附录非论文必要组成部分，主要是指论文的附件或补充数据，一般列于参考文献之后。除确有特殊需要外，一般期刊论文以不设附录为宜。

2.2 各组成部分的详细要求

2.2.1 标题

标题是学术论文的点睛之处，特别是对于期刊论文，由于篇幅有限，更需要慎重措辞，通常要求做到：

（1）准确得体：要能准确表达论文所论述的核心内容，恰当反映论文研究问题的范围和深度。同时，应避免"大题小做"和"题左右而言他"的问题，也不要使用可能产生歧义的表达方式。

（2）简短精炼：由于篇幅限制，用词应尽量精选，一般一篇期刊论文的题目不要超出20个字。

（3）醒目明确：虽然标题用词需要精简，但是标题的表现力同样不能忽视，不能过分省略。

2.2.2 作者

学术论文的署名，一是为了表明文责自负，二是记录劳动成果，三是便于读者与作者的联系及文献检索（作者索引）。

在进行作者署名时，要坚持实事求是，按对研究工作与论文撰写实际贡献，来进行作者署名。在多个作者署名时，国内期刊论文一般顺序为根据作者实际贡献列为第一作者、第二作者……此外，部分学术期刊还要求标注通讯作者，选择时一般可选课题的总负责人，其承担课题的经费、设计、文章的书写和把关，并承担文章可靠性的责任。

2.2.3 摘要

摘要是对论文内容的简短陈述。

摘要的内容一般包含：研究的目的及重要性；研究的主要内容，指明完成了哪些工作；获得的基本结论和研究成果，突出论文的新见解；结论或结果的意义。虽然包含的内容较多，但摘要部分的文字依然要求简练，一般限制其字数不超过论文字数的5%。例如，对于5 000字至6 000字的一篇期刊论文，其摘要篇幅一般要求在250字至300字左右。

【案例四】

基于实验结果的摘要，通常按照研究背景、观察到的实验现象及机制、实验结论或研究意义三个方面行文，例如 Koopal B 等的论文 *Short prokaryotic Argonaute systems trigger cell death upon detection of invading DNA*[①] 做了如下摘要：

Argonaute proteins use single-stranded RNA or DNA guides to target complementary nucleic acids. This allows eukaryotic Argonaute proteins to mediate RNA interference and long prokaryotic Argonaute proteins to interfere with invading nucleic acids. The function and mechanisms of the phylogenetically distinct short prokaryotic Argonaute proteins remain poorly understood. We demonstrate that short prokaryotic Argonaute and the associated TIR-APAZ (SPARTA) proteins form heterodimeric complexes. Upon guide RNA-mediated target DNA binding, four SPARTA heterodimers form oligomers in which TIR domain-mediated NAD(P)ase activity is unleashed. When expressed in Escherichia coli, SPARTA is activated in the presence of highly transcribed multicopy plasmid DNA, which causes cell death through NAD(P)(+) depletion. This results in the removal of plasmid-invaded cells from bacterial cultures. Furthermore, we show that SPARTA can be repurposed for the programmable detection of DNA sequences. In conclusion, our work identifies SPARTA as a prokaryotic immune system that reduces cell viability upon RNA-guided

---

① KOOPAL B, POTOCNIK A, MUTTE S K, et al. Short prokaryotic Argonaute systems trigger cell death upon detection of invading DNA[J]. CELL, 2022, 185(9)：1471.

detection of invading DNA.

摘要的内容要求不要列举例证,不讲研究过程,不用图表,不标化学结构式,也不作自我评价。为了能够更有条理地体现论文内容,方便文献信息统计分析时能够更加准确地对论文研究内容进行提取,部分期刊现在要求作者采用结构式的摘要撰写形式,例如通过目的/意义、方法/过程、结果/结论三部分的固定结构来撰写摘要的内容。

【案例五】

很多期刊对于摘要的体例有明确的要求。《图书情报工作》建议摘要按照[目的/意义]、[方法/过程]、[结果/结论]陈述。例如张春红等的论文《学科前沿分析的方法与实践——以北京大学图书馆为例》[①]做了如下摘要:

[目的/意义]通过对比已有的前沿分析方法与实践,梳理和总结前沿分析常用方法的利弊及效果,厘清学科前沿的概念,对图书馆开展基于多源数据的学科前沿分析服务进行探索。[方法/过程]通过文献和案例调研,运用对比分析、案例分析等方法,对已有前沿分析报告的方法与成果进行比较,并重点以北京大学图书馆的《北京大学科学研究前沿》及《中国高校研究前沿》为案例,介绍高校图书馆基于多源数据进行学科前沿分析服务的内涵、特色、指标、研究方法等,为高校图书馆开展学科前沿分析服务提供借鉴。[结果/结论]高校图书馆的学科前沿分析服务应精准对标学科发展需求、多方位获取和多维度挖掘数据,综合运用前沿分析的各种方法,明确各学科具有竞争优势的研究领域和研究方向,评估和判断各学科研究的未来发展态势,为一流学科建设的布局及资源投入提供参考。

2.2.4 关键词

关键词是用于标示论文中关键的主题内容,但未经规范处理的主题词,一般是为了建立便于分类检索的文献索引所用。关键词可以是单词或术语,一篇论文通常可选取 3~8 个词作为关键词。赋予关键词时,要尽力选用比较规范的词语,也可以借鉴现有的综合性或专业性主题词表,以保证用户查询论文时,检索的查准率和有效性。

在关键词之后,很多国内学术期刊还要求标注分类号,一般要求根据论文主要内容涉及的学科领域,选取对应的中图法分类号,同样也是用于建立文献索引。

2.2.5 英文标题、摘要、关键词

为了便于国际交流,目前国内大部分期刊都要求提供外文(多用英文)标题、摘要、关键词。此部分内容撰写时一方面应注意与中文部分的对应;另一方面也应注意英文的表达习惯。

2.2.6 正文

不同学科的学术论文有各自不同的撰写习惯和要求,对于理工学科而言,国内外学术界和期刊编辑界最常见的正文结构是"IMRAD",即引言、方法、结果和讨论(IMRaD Stands

---

① 张春红,肖珑,贺飞,等.学科前沿分析的方法与实践——以北京大学图书馆为例[J].图书情报工作,2020,64(16):36-44.DOI:10.13266/j.issn.0252-3116.2020.16.005.

for Introduction, Methods, Results and Discussion)。其中：
- 引文：主要介绍和引出研究的问题；
- 方法：亦包括使用的材料,主要论述论文是如何开展对于这个问题的研究；
- 结果：主要介绍在研究中对于这个问题发现了什么,得到了什么样的数据结果；
- 讨论：也包括结论,主要论述发现的结果具有何种研究意义,经验的总结以及对后续研究的探讨。

对于人文社科而言,常用的正文结构则是：

(1) 绪论。主要用来陈述问题、研究目的、范围,以及方法与步骤。

(2) 文献综述。介绍之前的研究基础,将密切相关的研究文献作重点说明,并点出研究主题所在。

规范的文献综述对作者梳理研究思路以及撰写论文具有重要的提示作用：其一,通过文献综述能够有效地梳理研究背景,提炼既有的研究线索,总结既有研究的贡献,发现既有研究的不足或疑点；其二,通过文献综述能够帮助研究者梳理研究方法和研究思路,为整体研究确立学术基础；其三,规范的文献综述一定程度上代表了作者的信息检索与分析能力,反映了作者的学术研究水平。通过阅读文献综述,能够帮助读者了解文献相关的研究背景和经典文献,生成文献地图。

撰写文献综述,通常需要如下步骤：

① 确定研究方向,明晰研究重点；

② 检索、整理和分析相关的参考文献；

③ 将参考文献分类,编写文献综述大纲；

④ 分析参考文献中的重要观点,从中发现新的研究成果或观点,如无新的发现则需扩大检索范围或更改检索策略,获得新的一组文章；

⑤ 阐述自己的主要观点；

⑥ 整理及润色文献综述。

撰写文献综述的过程中注意该部分的重点是对已发表的文章进行分析评价并得出新的结论,以服务研究本身。应尽力避免将文献综述撰写成文献列表或注释；撰写时应注意对文章进行分类总结,避免写成编年体。

【案例六】

吴爱芝等在《高校图书馆数据素养教育体系设计研究——以北京大学图书馆为例》[①] 中的文献综述：

数据素养概念的出现,较早可追溯到 2004 年,与信息素养和统计素养存在一定的区别与联系[8]。随着大数据时代的到来,学者对数据素养的研究逐年增加,有从理论上分析数据素养的内涵或基于科研生命周期的理论基础[9,10]；也有从实践角度给出数据素养的概念内涵,更加强调数据管理或数据使用技巧[11]。到目前为止,数据素养尚未形成一个统一的界定,比较接近的术语有数据信息素养（Data Information Literacy）[12,13]、科学数据素养（Sci-

---

① 吴爱芝,王盛.高校图书馆数据素养教育体系设计研究——以北京大学图书馆为例[J].大学图书馆学报,2020,38(06):96-103.DOI:10.16603/j.issn1002-1027.2020.06.013.

ence Data Literacy)[14]、研究数据素养(Research Data Literacy)[15]、数据科学素养(Data Science Literacy)[16]等,数据素养可分为关注数据管理和关注数据利用两种类型[17]。目前学者对数据素养的定义主要分为两类:一类观点认为数据素养是大数据时代信息素养的泛化或延伸,如"数据素养"是"信息素养"的一个子集或者核心内容[18],"信息素养"是信息时代普通大众应具备的能力,而"数据素养"指科研人员开展科学研究时应具备的能力[19];或者"数据素养"是"信息素养"在大数据时代的延伸与深化[20-21],信息素养的概念和内容正在泛化[22]。另一类观点则强调理解和应用数据的能力,除数据意识与道德外,还包括数据处理、数据分析、数据共享、数据再利用等内容[23-25]。本研究认为,高校图书馆数据素养教育应以提高用户使用和分析科研数据的能力为主要目的,帮助用户解决在发现与收集、数据转换与融合、数据处理与可视化分析、数据解读等过程中面临的困难,并在数据质量评价、数据引用与道德等方面提高认识。

随着出版文献与研究数据的界限越来越模糊,图书馆员借助自己的专业知识进行信息资源整合[26],借助技术进步和专业技能成为知识创造的合作伙伴[27],图书馆完全有能力提供数据素养教育服务。英美高校图书馆在数据素养教育方面积累了较为丰富的实践经验,围绕科研生命周期开展数据发现与收集、数据处理与存储、数据发表与共享等全过程服务[28],建立起比较完善的数据素养教育体系,满足了不同层次的需求。例如,美国普渡大学为不同学科与基础的学生开设了多样化的数据素养课程,其中针对人文学科的研究生开设了"数字伦理"课程,学习基本的数据道德理论并将其应用于互联网、算法和人工智能等领域;"地理信息系统和人文社科研究"课程重点介绍地理数据的采集、管理、可视化和空间分析技术;"健康科学系统评价"课程帮助医学专业的学生掌握对医学领域相关文献检索下载后管理和系统评估的技能;为有意愿从事科研活动的本科生开设"研究实验"课,教授如何进行研究数据的收集、演示和交流[29]。英国剑桥大学在2019年6月由数字人文研究人员和计算机博士组成数据学院教学团队,课程围绕数据的生命周期进行构建,涉及数据伦理、数据收集、数据提取、数据结构化、数据清洗、数据验证和社交网络可视化分析等方面,内容可量身定制[30]。美国雪城大学的"研究数据培训"帮助研究者思考如何有条不紊地高效处理数据,包括规划研究、处理变量、记录研究、收集数据、清洗数据和分析数据,引导学生思考每个操作的目的[31]。美国斯坦福大学图书馆的数据素养培训涉及查找和使用数据、制定数据管理规划、指导数据共享等基本方法和理念,以及使用Cytoscape、GitHub、Python、R、Tableau等工具软件进行文本分析、数据组织及可视化、机器学习等[32]。

我国高校图书馆数据素养教育研究主要集中在2010年以来,研究涉及概念的认识与理解[33]、需求调研分析[34]、教育模式[35]、评价体系[36]、模型构建[37]、对策及发展路径等,服务群体分为大学生、研究生、学科馆员和教师等。目前对数据素养教育体系的研究相对较少,大多是对国外高校图书馆数据素养实践案例的介绍,或在此基础之上与国内实际发展状况相结合给出发展策略或经验借鉴的建议[38-43]。整体来看还处于理论研究层面,无法满足当今大数据时代和科研范式变化下用户的需求,在数据素养教育的完整科学体系设计上仍需要进行深入研究。

(3) 研究设计或调查结果分析。主要论述对于主题如何开展研究和具体研究过程;
(4) 结论与建议。主要对研究结果进行观点性总结,论述研究最终的发现和其意义。

2.2.7 参考文献

参考文献是学术论文的重要组成部分,其作用体现在多个方面:用来体现论文作者严肃的科学态度和论文具有真实、广泛的科学依据,也可反映论文的起点和深度;便于将论文作者与前人的成果区别开来,也是对他人劳动成果的尊重;方便读者检索和查找有关资料;有助于科技情报人员进行情报研究和计量学研究。

常用的参考文献格式有:

(1) 著者-出版年体系(Harvard 体系)。文中引用标注格式是在提及成果时,在其后用圆括号同时标注著者姓(名)和出版年,二者间用逗号隔开,如:"在总结新中国成立十年来的冶金科技发展一文(李薰,1964)中指出";文后参考文献列表中则是首先按文种集中,可分为中文、日文、西文、俄文、其他文种 5 个部分,然后按著者姓名的字母顺序和年代排列参考文献表,中文著者按拼音或笔画排列。这种格式引用信息较为直观,便于阅读但不易整理。

(2) 顺序编码体系。文中引用标注格式是在引用文献的著者姓名或成果内容的右上角,用方括号标注阿拉伯数字编排序号,依正文中出现的先后顺序编号列出。如:"文献[2]指出,早期的研究结果[2,4,6-9]表明,此高度已低到 2 500 m。"文后参考文献列表则是按文章中引用的顺序号排列参考文献,不按著者,不分语种。这种格式在中文学术期刊中最为常用,较为简洁且易于整理。

在著录期刊论文的参考文献时,并不需要将研究过程中所有看过和用到的文献全部列出,只需要将引用的最重要和最关键的那些文献资料列出即可。参考文献的选择在一定程度上体现了论文作者在进行该领域研究时的资料阅读情况,是期刊编辑初审和同行评议时重要的考量因素之一,因而需要从引用量、语种、出版时间、来源和著者等几个方面综合考虑,合理地选择所要列出的参考文献。此外,也要认真核实参考文献的来源信息,避免产生错误引用等问题。

参考文献的数量应根据论文所在领域的研究状况、学科发展情况而定。一般而言,新兴研究领域论文的参考文献数量相对有限,而成熟或基础学科,若参考文献数量有限,则难以说明作者对学科发展状况进行过深入的了解。此外,综述、评论类论文的参考文献应更加全面。

2.2.8 作者简介及联系方式

作者简介及联系方式主要用于介绍作者,便于论文的读者联系作者,就论文所讨论研究问题进行进一步学术交流。

一般此部分内容包含作者单位、所在城市、联系地址、E-mail 等。不同期刊排版要求不同,一般列在参考文献后或论文首页脚注中(基金项目后)。此外,由于同名现象对检索和统计准确性的影响越来越大,目前很多学术期刊开始要求作者注册并提供全球通用的学术身份认证 ID(Open Researcher and Contributor ID,ORCID),通过专属的唯一 ID 来准确标识每个作者的学术成果,国内可通过 iAuthor 中国科学家在线平台(http://iauthor.cn/)来注册和管理 ORCID。

2.3 参考文献著录规则

对于学术论文的参考文献著录规则,我国先后实施过三个国家标准:
- 中华人民共和国国家标准《文后参考文献著录规则》(GB 7714—1987);
- 中华人民共和国国家标准《文后参考文献著录规则》(GB/T 7714—2005);
- 中华人民共和国国家标准《信息与文献 参考文献著录规则》(GB/T 7714—2015)。

此外,对于不同学科,还有众多国内外著录格式规则。但并非所有期刊都严格按照国家标准或上述知名著录格式规则来进行格式要求,因此在撰写期刊论文时,还应注意所在学科、拟投期刊的格式要求说明,以实际要求为准(如例3)。本节将以中华人民共和国国家标准《信息与文献 参考文献著录规则》(GB/T 7714—2015)为例,简要介绍期刊论文撰写中参考文献的著录规范。

例3:

《大学图书馆学报》投稿格式说明[①]

学术规范首先表现在学术成果形式上的规范,同时形式上的规范也是学术研究行为规范的必然产物。除了形式上的整齐划一之外,学术规范更重要、更本质的是学术研究行为的规范、成果内容的规范。我们希望本刊论文的作者严格遵守学术研究的准则,并将之体现在论文格式的规范中:

- 诚实劳动。研究成果是作者独立完成的原创性成果,不存在他人捉刀代笔、挂名虚署等现象,不剽窃他人成果。论文一经投出后,不得以任何原因抽换作者姓名或顺序。
- 尊重他人劳动,严格区分自己的成果与他人的成果。在文章中,所有引用他人的材料和观点均需明确注出,不掠人之美。尤其编译、引用国外文献时,要特别注意不要漏注。为便于核实,凡引用印刷型文献必须注明页码,引用网络文献必须注明责任者、题名、访问或引用日期。凡所引用,必须是作者本人亲自查阅核实的,只有在文中引用过的文献方列入参考文献表。
- 避免重复劳动。在选择研究课题和开展研究之前进行全面的文献检索,尽量搜集前人对于本选题的相关成果,不做重复无用之劳动。本刊鼓励作者在前言或注释中就文章选题做简短的学术史回顾,以明确自己的作品的创新之处。
- 治学态度严谨。文中凡重要事实和数据必须说明其确切来源,有可靠出处,便于读者追索。论点持之有故,言必有据。提倡扎扎实实的实证性研究。论文选题当从问题出发,而不是凭想当然,为写文章而写文章。
- 实事求是,持论平允。一切从学术出发,勿掺杂个人杂念。文中涉及学界名家和自己的师长,不曲意奉承;对与自己观点不同的人,不恶意中伤。在学术争鸣和书评的写作中尤其要注意这一问题。

为加强作者自律,我们在制定投稿格式的同时,还将要求本刊论文的作者出具承诺书,对自己的研究行为和成果的版权问题做出明确的保证。我们在此敬祈作者给予理解和配

---

① 教育部高等学校图书情报工作指导委员会.《大学图书馆学报》投稿格式说明[EB/OL]. [2022-09-05]. http://www.scal.edu.cn/dxtsgxb/1305130249.

合。相信在作者和编者的共同努力下,一定能够使本刊的学术规范建设做得更好。

投稿给《大学图书馆学报》的论文的行文顺序:

一、标题、作者、中英文摘要、关键词

(1) 中文题名

(2) 作者名称

(3) 作者单位

格式为"单位名称,所在城市,邮政编码,电子邮箱"。电子邮箱另起一行书写。

(4) 中文摘要

● 摘要是具有独立性和自明性的一篇完整的短文,应使读者不阅读文献全文,就能获得必要的信息。

● 字数限定为100～300字,不宜过短或过长。

● 研究论文要求写成报道性摘要,内容须包括研究目的、方法和结论,着重反映论文的创新之处和作者特别强调的结论。内容应具体,诸如"对有关问题进行了研究""获得了几点有益的结论"等,均是不具体的表现。

● 综述类论文不便于写成报道性摘要时,可写成报道－指示性摘要或指示性摘要,简要地介绍论文的论题,概括阐述论文的目的和主要内容。

● 语气用第三人称。不要出现"我们""本文"等字样。

● 结构严谨、语义确切、表述简明,不发空洞的评语,不进行自我评价。

(5) 中文关键词

● 每篇文章选择3～8个关键词。

● 关键词的标引应按 GB/T 3860—1995《文献叙词标引规则》的原则和方法,参照各种词表和工具书选取;未被词表收录的新学科、新技术中的重要术语以及文章题名的人名、地名也可作为关键词(自由词)标出。

● 不应出现无检索意义的关键词,如"研究""论文""概述""展望"等。

(6) 英文题名

● 除冠词、字母少于55个的介词和连词外,其他的词应大写第一个字母。

(7) 英文作者名

● 中国作者姓名的汉语拼音采用如下写法:姓前名后,中间为空格。姓名的首字母大写,如:Zhang Ying(张颖),Wang XiLian(王锡联),Zhuge Hua(诸葛华)。

● 外国作者的姓名写法遵从国际惯例。

(8) 英文单位名称

● 格式同中文。但如系国内文章,末尾应加"China"。

● 应使用该单位对外公布的正式英文名称,不能私自硬译。

(9) 英文摘要

● 与中文摘要对应。

(10) 英文关键词

● 与中文关键词对应。

● 词首字母大写,各词之间以分号";"相隔。

第十二章　文献管理与学术论文撰写规范

二、正文

- 凡研究性论文,提倡进行简要的学术史回顾,在引言或注释中说明前人的研究成果和目前的研究状况。
- 字数最好在 8 000 字以内,研究性论文不超过 15 000 字。用 A4 纸打印,正文用 5 号字。
- 文中小标题应尽量简短、明确。
- 文中尽量减少图、表的数量。如必须使用图、表,则应简洁、紧凑。图、表应为黑白色,彩色图、表应进行转换。图、表分别顺序编号,且均要有标题,明确注明资料来源。如引自外文文献,应将内容翻成中文。
- 对正文内容需作说明的,可使用脚注。脚注序号用数字加圆圈标注(如①,②…)。课题项目编号、致谢等内容可在题名右上角加一注号,在脚注中说明。

三、参考文献

- 所有参考文献都必须是在文中引用和标注过的。
- 参考文献与注释(脚注)的区别:参考文献是作者写作论著时所参考和利用的文献书目,集中列于文末;注释(脚注)则是作者对论著正文中某一特定内容的进一步解释或补充说明,列于该页地脚。参考文献序号按其在正文中出现的先后顺序排列,用数字加方括号表示,如[1],[2]…在文中标于句末标点符号之前。
- 各类参考文献著录格式遵循《文后参考文献著录规则》(GB/T7714—2015)。
- 多次引用同一文献时,需使用同一文献序号,也就是说在正文中以脚注形式标注首次引用的文献序号,并在序号的"[]"外著录引文页码,如[2](11-13)、[2](15-18)。
- 印刷型文献须注明起讫页码,电子型、网络型参考文献必须注明责任者、题名、检索及引用日期。
- 专著和连续出版物名称除冠词、连词、介词外,词首字母大写。
- 内部文件、尚未发表的稿件、私人通信等读者无法查证的文献不要列入参考文献。

四、联系方式

(1) 作者通信地址
(2) 作者电话(编辑部与作者联系用,不登在刊物上)
(3) 作者 E-mail 地址(请列在文前作者单位下。编辑部与作者联系用,是否公开由作者决定,建议公开)

2.3.1　常见文献类型的文后参考文献列表著录格式

(1) 专著。此类型文献是指以单行本形式或多卷册(在限定的期限内出齐)形式出版的印刷型或非印刷型出版物。包括普通图书、古籍、学位论文、技术报告、会议文集、汇编、标准、报告、多卷书、丛书等。

著录项目:主要责任者、题名项(包括题名、其他题名信息、文献类型标识)、其他责任者(任选)、版本项、出版项(包括出版地、出版者、出版年、引用页码、引用日期)、获取和访问路径(电子资源必备)、数字对象唯一标识符(电子资源必备)。

著录格式:主要责任者.题名:其他题名信息[文献类型标识/文献载体标识].其他责任

者.版本项.出版地:出版者,出版年:引文页码[引用日期].获取和访问路径.数字对象唯一标识符.

著录示例:王吉庆.信息素养论[M].上海:上海教育出版社,1999.

(2) 专著中析出的文献。此类型文献是指从整本专著中析出的具有独立篇名的文献,如以专著形式出版的研究论文集中的某一篇论文。

著录项目:析出文献主要责任者、析出文献题名项(包括析出文献题名、文献类型标识)、析出文献其他责任者(任选)、出处项(包括专著主要责任者、专著题名、其他题名信息)、版本项、出版项(包括出版地、出版者、出版年、析出文献的页码、引用日期)、获取和访问路径(电子资源必备)、数字对象唯一标识符(电子资源必备)。

著录格式:析出文献主要责任者.析出文献题名[文献类型标识/文献载体标识].析出文献其他责任者//专著主要责任者.专著题名:其他题名信息.版本项.出版地:出版者,出版年:析出文献的页码[引用日期].获取和访问路径.数字对象唯一标识符.

著录示例:贾东琴,柯平.面向数字素养的高校图书馆数字服务体系研究[C].中国图书馆学会.中国图书馆学会年会论文集:2011年卷.北京:国家图书馆出版社,2011:45-52.

(3) 连续出版物。此类型文献是指载有卷期号或年月顺序号、计划无限期地连续出版发行的出版物,包括以各种载体形式出版的期刊、报纸等。如期刊、报纸和年刊(报告、年鉴等),各学会的杂志、纪要、会议录、学会会报,以及有编号的专论丛书等。

著录项目:主要责任者、题名项(包括题名、其他题名信息、文献类型标识)、年卷期或其他标识(任选)、版本项、出版项(包括出版地、出版者、出版年、引用日期)、获取和访问路径(电子资源必备)、数字对象唯一标识符(电子资源必备)。

著录格式:主要责任者.题名:其他题名信息[文献类型标识/文献载体标识].年,卷(期)-年,卷(期).出版地:出版者,出版年[引用日期].获取和访问路径.数字对象唯一标识符.

著录示例:中国科学院文献情报中心.图书情报工作[J].2019(1)-.北京:科学出版社,2019-.

(4) 连续出版物中析出的文献。此类型文献是指从整本连续出版物中析出的具有独立篇名的文献,如学术期刊中的某一篇期刊论文。

著录项目:析出文献主要责任者、析出文献题名项(包括析出文献题名、文献类型标识)、出处项(包括连续出版物题名、其他题名信息、年卷期标识与页码、引用日期)、获取和访问路径(电子资源必备)、数字对象唯一标识符(电子资源必备)。

著录格式:析出文献主要责任者.析出文献题名[文献类型标识/文献载体标识].连续出版物题名:其他题名信息,年,卷(期):页码[引用日期].获取和访问路径.数字对象唯一标识符.

著录示例:崔智敏,宁泽逵.定量化文献综述方法与元分析[J].统计与决策,2010(19):166-168.

(5) 专利文献。此类型文献包括专利申请、专利说明书等。

著录项目:专利申请者或所有者、题名项(包括专利题名、专利号、文献类型标识)、出版项(包括公告日期或公开日期、引用日期)、获取和访问路径(电子资源必备)、数字对象唯一标识符(电子资源必备)。

著录格式:专利申请者或所有者.专利题名:专利号[文献类型标识/文献载体标识].公告日期或公开日期[引用日期].获取和访问路径.数字对象唯一标识符.

著录示例:徐月苗.一种图书馆用书籍保护装置:CN204950060U[P/OL].2016-01-13[2019-12-12].https://kns.cnki.net/kcms/detail/detail.aspx?dbcode=SCPD&dbname=SCPD2016&filename=CN204950060U.

(6)电子资源。此类型文献是指以数字方式将图、文、声、像等信息存储在磁、光、电介质上,通过计算机、网络或相关设备使用的记录有知识内容或艺术内容的文献信息资源,包括电子公告、电子图书、电子期刊、数据库等。除电子专著、电子专著中的析出文献、电子连续出版物、电子连续出版物中的析出文献、电子专利外的电子资源根据本规则著录。

著录项目:主要责任者、题名项(包括题名、其他题名信息、文献类型标识)、出版项(包括出版地、出版者、出版年、引用页码、更新或修改日期、引用日期)、获取和访问路径、数字对象唯一标识符。

著录格式:主要责任者.题名:其他题名信息[文献类型标识/文献载体标识].出版地:出版者,出版年:引文页码(更新或修改日期)[引用日期].获取和访问路径.数字对象唯一标识符.

著录示例:贾清水.职业院校师生的信息素养[EB/OL].(2018-07-22)[2019-12-01].https://wenku.baidu.com/view/8ac42e78a22d7375a417866fb84ae45c3a35c265.html.

2.3.2 各项题录信息具体要求

(1)主要责任者或其他责任者。

个人著者一般采用姓在前名在后的著录形式。欧美著者的名可以用缩写字母,缩写名后省略缩写点,用汉语拼音书写的人名,姓全大写,名取首字母。著作方式相同的责任者不超过3个时,全部照录。超过3个时,只著录前3个责任者,其后加",等"或与之相应的词。

对文献负责的机关团体名称通常根据著录信息源著录。用拉丁文书写的机关团体名称应由上至下分级著录。

无责任者或者责任者情况不明的文献,"主要责任者"项应注明"佚名"或与之相应的词。凡采用顺序编码制排列的参考文献可省略此项,直接著录题名。

(2)题名项。

同一责任者的多个合订题名,著录前3个合订题名。对于不同责任者的多个合订题名,可以只著录第一个或处于显要位置的合订题名。在参考文献中不著录并列题名。

其他题名信息可根据文献外部特征的揭示情况决定取舍,包括副题名,说明题名文字,多卷书的分卷书名、卷次、册次等。

文献类型标识依据《信息与文献 参考文献著录规则》(GB/T 7714—2015)附录B"文献类型与文献载体代码"著录。著录电子资源不仅要著录文献类型标识,而且要著录文献载体标识,如表 12-1 与表 12-2 所示。

表 12-1　文献类型和标识代码

参考文献类型	文献类型标识代码
普通图书	M
会议录	C
汇编	G
报纸	N
期刊	J
学位论文	D
报告	R
标准	S
专利	P
数据库	DB
计算机程序	CP
电子公告	EB
档案	A
舆图	CM
数据集	DS
其他	Z

表 12-2　电子资源载体和标识代码

电子资源的载体类型	载体类型标识代码
磁带	MT
磁盘	DK
光盘	CD
联机网络	OL

（3）版本项。一般如文献为第 1 版则不著录,其他版本说明则需进行著录。版本统一用阿拉伯数字、序数缩写形式或其他标志表示,其中古籍的版本可著录"写本""抄本""刻本""活字本"等。

（4）出版项。按照出版地、出版者、出版年顺序著录。

● 出版地著录出版者所在地的城市名称。对同名异地或不为人们熟悉的城市名,应在城市名后附省名、州名或国名等限定语;如果存在多个出版地,只著录第一个或处于显要位置的出版地;如无出版地信息,中文文献著录"出版地不详",外文文献著录"S.I.",并置于方括号内;如果通过计算机网络存取的联机电子文献无出版地,可以省略此项。

● 出版者可以按著录信息源所载的形式著录,也可以按国际公认的简化形式或缩写形式著录。如果存在多个出版者,只著录第一个或处于显要位置的出版者;如无出版者信息,中文文献著录"出版者不详",外文文献著录"s.n.",并置于方括号内;如果通过计算机网络存取的联机电子文献无出版者,可以省略此项。

● 出版年采用公元纪年,并用阿拉伯数字著录。如有其他纪年形式时,将原有的纪年形式置于"()"内;报纸和专利文献需详细著录出版日期,其形式为"YYYY-MM-DD";如出版年无法确定时,可依次选用版权年、印刷年、估计的出版年,其中估计的出版年需置于方括号内。

(5) 连续出版物析出文献的出处项。

凡是从期刊中析出的文献,应在刊名之后注明其年份、卷、期、部分号、页码。对从合期中析出的文献,要在圆括号内注明合期号。在同一刊物上连载的文献,其后续部分不必另行著录,可在原参考文献后直接注明后续部分的年份、卷、期、部分号、页码等。

凡是从报纸中析出的文献,应在报纸名后著录其出版日期与版次。

(6) 数字对象唯一标识符。

获取和访问路径中不含数字对象唯一标识符时,可依原文如实著录数字对象唯一标识符。否则,可省略数字对象唯一标识符。

2.3.3 题录信息著录的文字规范

文后参考文献原则上要求用文献本身的文字著录。著录数字时,须保持文献原有的形式,但卷期号、页码、出版年、版次等用阿拉伯数字表示。个人著者,其姓全部著录,而名可以缩写为首字母,如用首字母无法识别该人名时,则用全名。

2.3.4 文中引用的标注方法

(1) 顺序编码制。按正文中引用的文献出现的先后顺序连续编码,并将序号置于方括号中(如图 12-1 所示)。同一处引用多篇文献时,只需将各篇文献的序号在方括号内全部列出,各序号间用","。如遇连续序号,可标注起讫序号。多次引用同一著者的同一文献时,在正文中标注首次引用的文献序号,并在序号的"[ ]"外著录引文页码。

> 信息素养普遍被认为是大学生学习中不可或缺的能力,在信息发达的时代越来越受到重视,支撑和服务着大学生的学习。目前国内高校大都开设有文献检索相关的课程或讲座,近几年来更是逐渐发展出面向社会公众的视频公开课[1]或慕课类课程[2],堪称是与时俱进。但总的来看,由于大学生的学习环境在不断发生变化,认知方式也在逐步改变,现有的高校信息素养教育体系不足以应对这种发展,亟需创新与优化,以充分保障大学生高度适应信息化社会发展的要求。

图 12-1　顺序编码制文中标引示例①

(2) 著者-出版年制。各篇文献的标注内容由著者姓氏与出版年构成,并置于"( )"内(如图 12-2 所示)。倘若只标注著者姓氏无法识别该人名时,可标注著者姓名。集体著者著述的文献可标注机关团体名称。倘若正文中已提及著者姓名,则在其后的"( )"内只需著录出版年。

---

① 肖珑,赵飞. 面向学习环境的大学生信息素养体系研究[J]. 大学图书馆学报,2015,33(5):50-57,38.

在正文中引用多著者文献时,对欧美著者只需标注第一个著者的姓,其后附"et al";对中国著者应标注第一著者的姓名,其后附"等"字,姓氏与"等"之间留适当空隙。多次引用同一著者的同一文献,在正文中标注著者与出版年,并在"( )",外以角标的形式著录引文页码。

> 作为青藏高原南东向"挤出逃逸"的重要通道,青藏高原东缘中南部具有大型走滑断裂广泛发育和地震活动强烈而频繁的特征(Tapponnier et al.,1982;Peltzer et al.,1989;李坪等,1993;徐锡伟等,2003;闻学泽等,2011)。地震的孕育、发生及地震灾害的影响与断层活动密切相关,活动断层分段及其长期滑动速率研究一直是地震研究的前沿,同时也是进行中长期强震危险性研究的重要依据(丁国瑜等,1993)。

图 12-2　著者-出版年制文中标引示例[①]

第三节　学位论文的撰写规范

本书在第八章已经详细介绍了学位论文的定义,其作为申请授予相应学位时评审用的学术论文,相较于期刊论文具有篇幅限制更加宽松、对课题的论述更加完备等优势。通常硕士研究生论文一般会要求 2 万～3 万字或以上,博士研究生论文一般要求在 6 万～10 万字或以上,因此,学位论文的组成部分也与期刊论文存在一定的差别。本节将以北京大学博硕士学位论文通用格式为例,简要介绍学位论文的撰写规范。

3.1　学位论文的基本结构

学位论文的基本结构主要包括以下几个组成部分:
- 论文封面
- 版权声明
- 中文摘要、关键词
- 英文标题、作者、指导老师、摘要、关键词
- 目录
- 正文
- 注释、参考文献
- 附录
- 致谢

[①] 李煜航,郝明,季灵运,等. 青藏高原东缘中南部主要活动断裂滑动速率及其地震矩亏损[J]. 地球物理学报,2014,57(04):1062-1078.

- 原创性声明与使用授权说明

3.2 各组成部分的详细要求

3.2.1 论文封面

学位论文的封面一般包含以下内容（如图 12-3 所示）：
- 校徽、校名
- 学位名称
- 论文题目（副标题）
- 姓名
- 学号
- 院系
- 专业
- 研究方向
- 导师姓名
- 论文完成时间

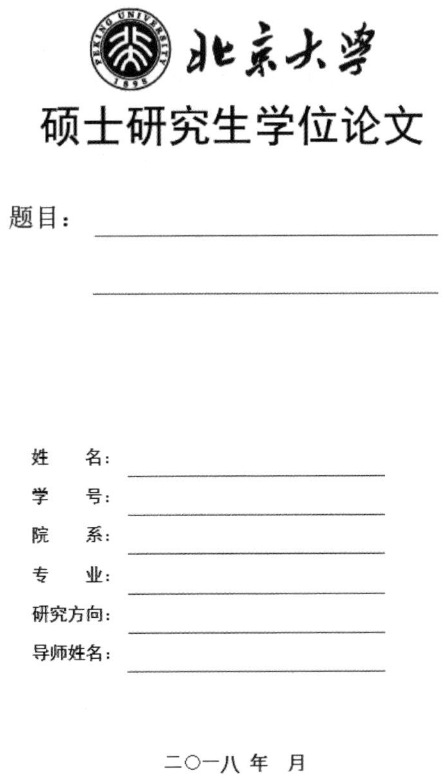

北京大学
硕士研究生学位论文

题目：_____
　　　_____

姓　　名：_____
学　　号：_____
院　　系：_____
专　　业：_____
研究方向：_____
导师姓名：_____

二〇一八 年　月

图 12-3　北京大学研究生学位论文封面模板

3.2.2 版权声明

用以标明版权所有,告知读者合理使用范围(如图 12-4 所示)。

版权声明

任何收存和保管本论文各种版本的单位和个人,未经本论文作者同意,不得将本论文转借他人,亦不得随意复制、抄录、拍照或以任何方式传播。否则,引起有碍作者著作权之问题,将可能承担法律责任。

图 12-4 学位论文版权声明页示例

3.2.3 摘要与关键词

摘要在字数方面同样根据论文整体篇幅长短而定,博士学位论文摘要一般要求在 3 000 字以内,硕士学位论文一般在 500~1 000 字,在内容方面主要用以简要说明论文的目的、内容、方法、成果和结论,突出论文的创新之处。

关键词在摘要的最下方另起一行进行撰写,一般要求 3~5 个。

英文摘要在中文摘要之后,如图 12-5 所示,此部分包括论文的英文题目、作者的英文姓名、专业的英文名称、导师的英文姓名、英文摘要和英文关键词。专业的英文名称用括号括起置于作者的英文姓名之后,作者的姓名下面一行写导师的英文姓名。

Study on Personal Document Management Based on Interaction Context Ontology

Qin Sheng (Information Science)
Directed by Associate Professor Wenguang Chen

Abstract

Personal document management is one of the critical issues in the Personal Information Management (PIM) field, aimed to help people organize their personal documents in an efficient way and retrieval the documents they need rapidly. In the age of "information explosion", the study of personal document management is of great theoretical significance and application value.

Currently, personal document management systems can be divided into two categories: one adopts the hierarchial approach such as the file management system in the operating system; the other adopts the content-based approach such as the desktop search tools. It is proved that these approachs both have some drawbacks. In the hierarchial approach a document can only be put into one category. As the hierarchial structure gets more and more complicated, searching documents in it also will be more difficult. If the user knows little about the content of the document, he cannot find it using the content-based approach.

图 12-5 学位论文英文摘要示例[1]

---

[1] 盛勤. 基于交互上下文本体的个人文档管理研究[D/OL]. 北京:北京大学,2011[2022-03-18]. https://drm.lib.pku.edu.cn/pdfindex.jsp?fid=7a5840b02aa36d8706884bb21af5e45.

3.2.4 目录

由于学位论文的篇幅较大,为方便阅读和内容查询,一般都要求添加目录。

学位论文目录一般列至二级标题,标号格式通常没有明确要求,可用"章、节""一、(一)""1、1.1"等形式。

目录部分的页码要与正文的章节以及附录的内容相符合,正文页码应从第1页开始,正文以前的部分(不包括封面)应使用罗马字母(Ⅰ,Ⅱ,…)进行页码编注(如图12-6所示)。

目　录

摘　要	I
Abstract	III
表目录	IV
图目录	V
1 绪论	1
1.1 研究背景与意义	1
1.2 相关概念界定	4
1.2.1 电子书	4
1.2.2 业务模式	6
1.3 研究现状	6
1.4 研究方法	10
2 全球电子书发展概况	11
2.1 全球电子书发展现状	11
2.2 美国电子书市场	15
2.3 欧洲电子书市场	16
2.3.1 英国	17
2.3.2 德国	18
2.3.3 法国	20
2.4 日本电子书市场	20

图 12-6　学位论文目录示例[①]

[①] 李佳. 图书馆电子书借阅模式研究[D/OL]. 北京:北京大学,2014[2022-03-18]. https://drm.lib.pku.edu.cn/pdfindex.jsp? fid=9ea9781e03cf02c63b9a12e62c2cf661.

3.2.5 正文

学位论文正文结构与本章第二节介绍的期刊论文正文结构基本相同。此外,学位论文正文中一般均需增加章节编号与页眉、页脚,其格式规范应参考所在学科与所在学校和院系的习惯与要求(如图12-7、图12-8所示)。

北京大学硕士学位论文

第1章 绪论

1.1 研究背景

1995年上海诞生第一家经营性上网场所,通过15年时间,其作为一种新型的消费娱乐场所得以广泛普及并成为了信息产业中令人瞩目的角色[1]。如今的经营性上网场所,从计算机硬件配置、场所环境、营销策略等各方面都有了飞跃性发展,成为广大百姓吸收优秀的网络文化、获取知识、进行网络娱乐、通讯交流的基础平台,并为我国国民经济和社会发展做出了不可忽视的贡献。根据文化部发布的《中国经营性上网场所产业调查报告》的统计,截至2009年4月,我国共有各类在册经营性上网场所13万家,经营性上网场所所拥有的各类计算机设备共计达到828.4万台。经营性上网场所行业容纳了约105.6万名就业人员,年产值达到256.8亿元,如果按照国家统计局1:7的比例来统计经营性上网场所对周边产业贡献,则经营性上网场所给周边的产业所带来的效益更是巨大,预计可以达到约1800亿元[2]。经营性上网场所的快速发展和积极作用,已经引起了全社会的广泛关注。

经营性上网场所为社会作出巨大的经济和文化贡献的同时,也承载着许多负面效应,青少年身心扭曲、黄赌毒犯罪、网络诈骗、有害信息肆意传播等都使人们不由自主地与经营性上网场所联系在一起。2002年6月2名未成年人在我国蓝极速网吧纵火,造成24人死亡,13人受伤的事件;2004年12月27日,天津市塘沽区13岁的少年张潇艺因上网玩魔兽游戏成瘾而跳楼自杀;2006年3月22

图12-7 学位论文正文页眉示例[①]

---

① 周志亮. 网络管理平台市场可行性探讨——以惠州市经营性上网场所为例[D/OL]. 北京:北京大学,2010[2022-03-18]. https://drm.lib.pku.edu.cn/pdfindex.jsp?fid=c7f3bdb34c9ee84f31be13f98ad80dde.

> 第三，着重指出女性的地位是如何在资本主义社会中逐渐变化的。"只有现代的大工业，才又给妇女——只是给无产阶级的妇女——开辟了一条参加社会生产的途径。但在这种情形之下，如果他们仍然履行自己对家庭中的私人事务的义务，那么就不能履行家庭中的义务了。"进一步地说，在资本主义生产的时代背景下，女性实际上成为了后备劳动力：在经济上行的时候，她们参加劳动只能获得比男性工人低得多的物质回报；而在经济紧缩的时候，她们首当其冲地面临失业。这股后备劳动力一面受到资本家的严重压榨，一面又帮助将男性工人的报酬维持在较低水平。此外，妇女在家庭中负责生育、照顾子女、打理家务等，也是男性得以安心工作的坚强后盾。³
>
> 第四，得出结论：女性的发展与整个社会的政治经济制度的变革息息相关，只有废除私有制，才能真正解放女性。正如恩格斯所言："现代的个体家庭建立在公开或隐蔽的妇女的家庭奴隶制之上，而现代社会则是纯粹以个体家庭为分子而构成的一个总体。"这样的家庭的一个基本职能就是，为财产占有者提供男性继承人；而由这样的家庭组成的社会赋予了男性养家者一种特殊的统治地位。由此，男性通过一夫一妻制和各种关于贞操的道德规范把女性束缚在家庭之内，而这些道德对男性自己来说却没有任何实际上的约束力。
>
> 当代马克思主义的女性主义通过不断的借鉴、批判与自我批判，在关于两性参政不平等的根源问题上，呈现出两条相对立的发展主线。第一条主线批判传统马克思主义的女性主义理论对社会性别的盲视，其主要依据是后者无法解释在社
>
> ---
> 1 叶苗：《略论当代西方马克思主义女权主义》《江西社会科学》，2002 年第 5 期。
> 2 恩格斯：《家庭、私有制和国家的起源》，北京：人民出版社，1972 年，第 71 页。
> 3 唐士其：《西方政治思想史（修订版）》，北京：北京大学出版社，2008 年，第 548 页。
>
> 22

图 12-8　学位论文正文页脚示例①

3.2.6　注释、参考文献

注释可采用脚注或尾注的方式，按照本学科国内外通行的范式，逐一注明本文引用或参考、借用的资料数据出处及他人的研究成果和观点。

参考文献按不同学科论文的引用规范，列于文末（正文之后）。其著录格式既可参考本章第二节介绍的国家标准《信息与文献参考文献著录规则》(GB/T 7714—2015)中的格式规

---
① 出处同图 12-7。

范,也应参考本学科的惯例与要求。

3.2.7 附录

包括正文内不便列入的公式推导,便于读者加深理解的辅助性数据和图表,论文使用的符号意义、缩略语、程序全文和有关说明,其他对正文的必要补充等。一般而言能不用附录尽量不用。

3.2.8 致谢

致谢、后记或说明等一律列于论文末尾。

3.2.9 原创性声明与使用授权说明

一般在封底之前,指导老师和作者本人均须签名(如图12-9所示)。

北京大学博士学位论文

北京大学学位论文原创性声明和使用授权说明

原创性声明

本人郑重声明:所呈交的学位论文,是本人在导师的指导下,独立进行研究工作所取得的成果。除文中已经注明引用的内容外,本论文不含任何其他个人或集体已经发表或撰写过的作品或成果。对本文的研究做出重要贡献的个人和集体,均已在文中以明确方式标明。本声明的法律结果由本人承担。

论文作者签名:　　　　日期:　　年　月　日

学位论文使用授权说明

(必须装订在提交学校图书馆的印刷本)

本人完全了解北京大学关于收集、保存、使用学位论文的规定,即:

- 按照学校要求提交学位论文的印刷本和电子版本;
- 学校有权保存学位论文的印刷本和电子版,并提供目录检索与阅览服务,在校园网上提供服务;
- 学校可以采用影印、缩印、数字化或其它复制手段保存论文;
- 因某种特殊原因需要延迟发布学位论文电子版,授权学校□一年/□两年/□三年以后,在校园网上全文发布。

(保密论文在解密后遵守此规定)

论文作者签名:　　　　导师签名:
　　　　　　　日期:　　年　月　日

图 12-9　原创性声明与使用授权说明模板

第四节　学术资料管理和文献管理软件的使用

4.1　学术资料的管理

随着电子资源的蓬勃发展,查到的资料越来越多,如何分类管理这些资料？如何在撰写论文时有条理地使用这些资料？如何继续方便地获取相同学科和主题的资料？如何利用已有数据对科研的成果、发展状况、水平进行分析和评估？

面对收集来的海量文献全文文件、题录信息以及内容信息这三个层面,传统的计算机文件管理和文档工具只能分别对其进行保存和管理,而无法很好地将这些信息关联起来进行分析和利用。针对这一日益凸显的需求,文献管理软件、数据统计分析软件、科研评估软件便应运而生,为科学、快捷地管理文献信息提供了解决方案。

4.2　文献管理软件介绍

4.2.1　文献管理软件的定义

文献管理软件又叫书目管理软件,是一种具有文献检索与整理、引文标注、按格式要求生成参考文献列表等强大功能的软件;早期只是为研究者管理个人文献资料,而且都是以软件的形式安装在个人计算机上使用,如被大家熟悉的 Endnote、Reference Manager、NoteExpress 等。随着网络资源不断地丰富以及用户需求的不断增长,文献管理软件的功能越来越强大,特别是网络版的推出,使文献管理软件逐步发展成为建立个人图书馆(或者说个人文献信息库)的一条有效途径。

文献管理软件可分为在线形式、单机形式以及二者相结合的形式等类型,而所有类型的文献管理软件均能实现对文献的有效管理、高效利用,在线形式与单机形式文献管理软件的主要区别如下：

(1) 安装和更新。单机形式文献管理软件是将软件安装到个人计算机上,主要供个人使用,随着版本的升级需要经常连线下载更新;在线形式文献管理软件无须在个人电脑上安装和部署软件,所有文献信息均存放在网络服务器上,只需通过网络浏览器便可在任何一台联网的计算机上使用,不受空间和时间的限制,其版本的升级也是在服务器端自动完成,用户不需要任何操作。

(2) 实现的功能。单机形式文献管理软件由于安装容量较大,且不受网络访问速度限制,因此能够实现更多在线形式文献管理软件未能提供的强大功能。

(3) 离线/连线使用。单机形式文献管理软件可以在没有网络条件的情况下使用;而在线形式文献管理软件则严重依赖网络连接和传输速度。

(4) 文件分享。在线形式文献管理软件能够更加方便地通过网络分享个人或者团队收集的文献信息,并能够建立起文献信息的合作与分享组。

综上所述,可以看出在线形式与单机形式文献管理软件均有各自的优势与不足。因此,目前较为主流的文献管理软件也均开始采用二者相结合的形式,如 EndNote、Mendeley 等,融合两种形式各自特有的功能和优势,为用户提供更加优秀的使用体验。

4.2.2 文献管理软件的主要功能

(1) 建立并维护个人的文献信息库。用户按照自己的学科或者主题需求,通过手工输入、批量导入或利用文献管理软件直接检索文献数据库并导出后,就可以在参考文献管理软件中建立个人的参考文献数据库,或者说书目库。

用户可以按字段对个人书目库进行检索,例如用关键词、作者、标题等以布尔逻辑查询记录,并有数据库的一般管理功能如排序、增删记录等。

用户也可以不断增加、删除、编辑数据,对数据排序、去重,来维护并更新数据库。

用户还可以将数据库内的数据进行自动分组、统计分析、形成统计图表等,并可管理子文件夹和用户的各种附件。

(2) 在文字处理软件中自动生成格式化的论文参考文献索引。文献管理软件能减轻排版工作量、加快产生研究报告的速度。再如微软办公软件 MicroSoft Office Word 可以按照各种期刊的要求自动完成参考文献引用的格式化。对于利用文献管理软件编辑完成的论文,仅需一键式地更换参考文献格式,即可实现将同一篇论文按照多种期刊的格式要求多次输出,而不需要手工逐一调整参考文献格式。

(3) 可以直接检索网络数据库。大多数的文献管理软件都可以直接检索网络数据库,并将检索结果保存到用户自建的数据库中。

(4) 个人知识管理。大多数的文献管理软件可以带附件和个人笔记,这样就可以管理硬盘上的所有文件,可以作为强大的个人知识管理系统,对用户的显性知识进行整理,对知识结构做自我评估,还可以加强个人隐性知识的管理与开发。

(5) 提供了合作共享的科研社区功能。随着文献管理软件特别是在线形式的广泛应用,越来越多的研究团队、组织利用这类软件建立自己的科研社区,共享资源,开展学术交流,建立基于网络的科研社区,促进了知识的创新和发展。

4.2.3 文献管理软件的使用流程

当前,多家公司开发了数种文献管理软件,用户可基于自身的使用习惯自由选择,本书将在 4.2.4 节介绍不同文献管理软件的特点。综合不同文献管理软件的使用流程,可归纳为检索、导入、管理和阅读、生成参考文献等步骤。本节以 EndNote 为例进行介绍。

(1) 检索。用户根据实际需要,应用本书中提到的检索技术,选中适当的检索结果,导出适合文献管理软件的格式。如图 12-10 所示,在 WoS 检索平台,将选中的检索结果直接导出为"EndNote Desktop"(本地格式)或"EndNote Online"(在线格式)。

(2) 导入。安装后打开 EndNote,选择"File"-"New",输入该个人数据库名称,选择数据库存放位置。用户可根据需要建立多个个人数据库。

EndNote 支持检索结果的批量下载,选择"File"-"Import"将第一步生成的检索结果导入个人数据库。此外,EndNote 支持手工录入单篇文章信息"References"-"New References",如图 12-11 所示。

第十二章　文献管理与学术论文撰写规范

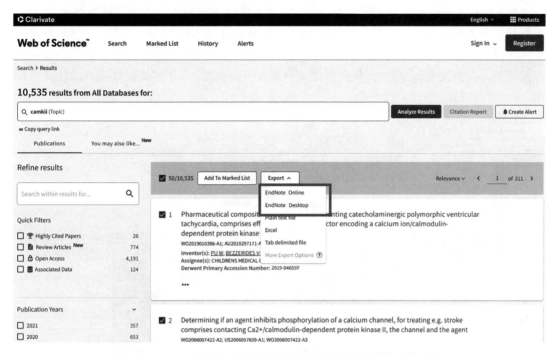

图 12-10　WoS 检索平台批量导出适合文献管理软件的文献列表

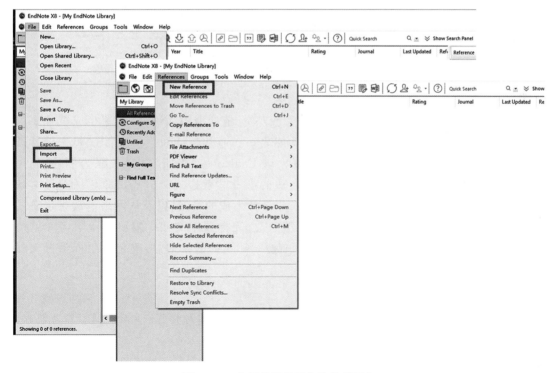

图 12-11　文献的批量导入和单篇录入

（3）管理和阅读。通过 Group 选项卡，能够实现对该数据库的分组。按照需要选中个人数据库中的指定文章，可将其导入特定分组，如图 12-12 所示。

通过文献管理软件可将题录信息与本地原文文件关联，或通过文献管理软件直接在线查找原文。在阅读中，文献管理软件帮助用户记录下阅读想法，并可依据重要程度将文章排序，方便后续阅读。

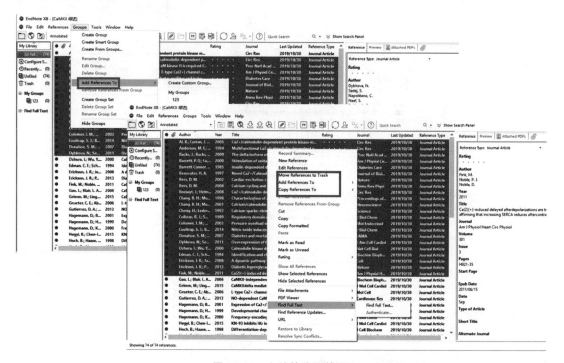

图 12-12　文献的分组管理

（4）生成参考文献。将参考文献题录信息方便、精准地插入论文，快速生成符合要求的参考文献格式，是文献管理软件的主要功能之一。通常包括如下步骤：① 将文献管理软件与 MicroSoft Office 办公组件进行关联。以 EndNote 和 Word 文档关联为例，成功关联后即可显示 EndNote 选项卡。② 选中合适的参考文献格式。格式来源包括参考文献软件安装包中默认包含的格式、根据需求自主设计生成的格式，以及从网络下载指定格式的文件导入软件在本地计算机中的安装位置。③ 光标置于文档中需要插入参考文献的位置，选择"插入参考文献"，在指定数据源中搜索需要的题录信息，确定后生成参考文献部分，如图 12-13 所示。

【案例七】

利用 EndNote 对 2021 年中国大陆地区心血管疾病基础高水平论文研究进行分类整理，揭示该领域的研究前沿。

分析：该项目需要检索具有高影响力的学术论文，优先考虑选择使用 WoS 数据检索文章。通过调研走访科研工作者，确定本项目所指高水平论文的具体定义，并对检索结果进行筛选，获得一组文献后，利用 EndNote 进行进一步的整理。

第十二章 文献管理与学术论文撰写规范

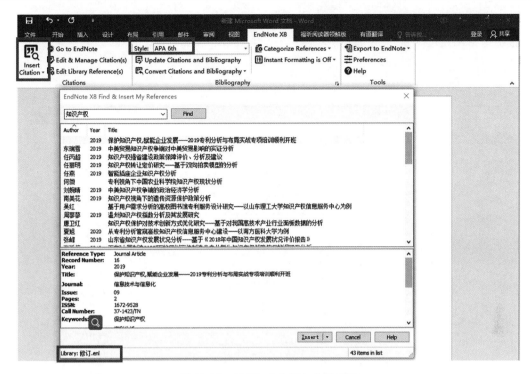

图 12-13 在 Word 中插入参考文献

步骤：

（1）通过前期调研分析，在 WoS 中获得一组符合要求的文献。

（2）选中所有文献，导出为"EndNote Desktop"格式，如图 12-14 所示。

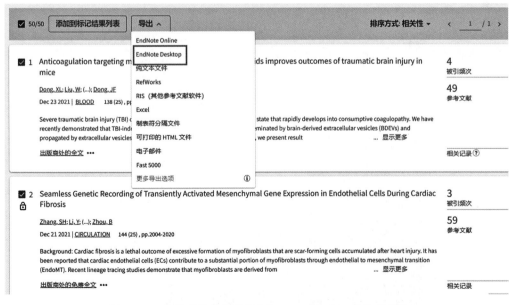

图 12-14 将选中的文献导出为"EndNote Desktop"格式文件

605

（3）如前文所述的步骤，建立个人图书馆，并命名为"高水平基础研究"。将此前获得的一组论文导入，如图 12-15 所示。

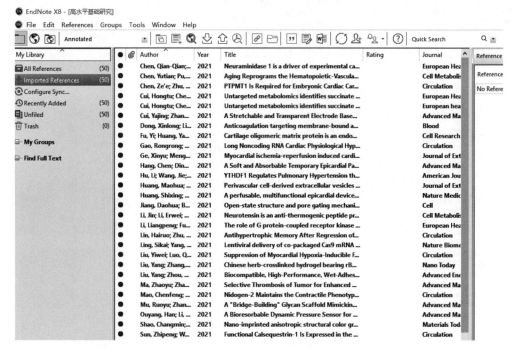

图 12-15　将一组文献导入到 EndNote

（4）利用 EndNote 批量获取全文的功能，查找该组文献的全文，如图 12-16 所示。

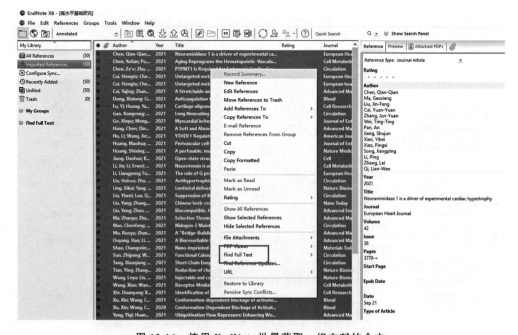

图 12-16　使用 EndNote 批量获取一组文献的全文

（5）通过阅读全文，对文章进行分类。使用 EndNote 将论文分为心肌梗死与缺血再灌注损伤、心肌肥厚心脏重构与心力衰竭、血管疾病、心律失常、材料学和方法学以及其他，共计 6 组，并将论文保存到相应主题的分组中，如图 12-17 所示。

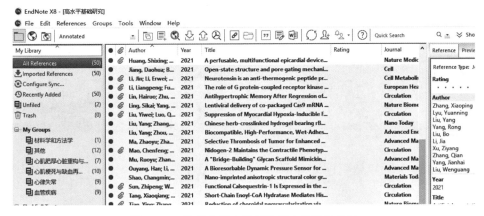

图 12-17　按照文章内容对该组文章进行分类

（6）撰写文章，并利用 EndNote 插入相应的参考文献。

4.2.4　常用文献管理软件介绍

（1）EndNote：EndNote 一直占据着文献管理软件引领者的地位，软件界面如图 12-18 所示。EndNote 最初只是单机版，为了适应互联网时代的发展，抢占网络客户，EndNote 推出了在线版——EndNote Web，由汤姆森科技公司（Thomson Scientific）和 Thomson 软件研究中心一起推出的，主要定位于为各种校园用户提供服务。用户可以通过个人的网上账户输入并编辑参考文献，在论文中引用这些参考文献或建立书目。用户间能够通过网络传递文献信息。

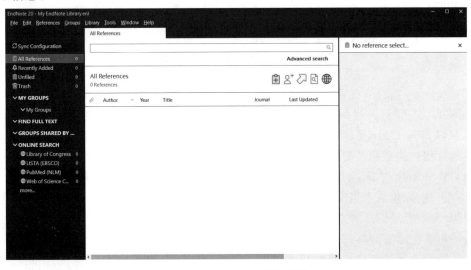

图 12-18　EndNote 软件界面

（2）NoteExpress：NoteExpress 是单机形式的参考文献管理软件，由北京爱琴海软件公司开发，软件界面如图 12-19 所示。NoteExpress 提供了以文献的题录为核心的科研模式，读者可以先阅读题录、文摘后，再有针对性地下载有价值的全文。这样既提高了电子数据库的利用率，避免了恶意下载，又节约了读者的时间。NoteExpress 更加关注中文用户的使用习惯，涵盖更加丰富的中文参考文献格式，并能够直接提取中英文 PDF 格式文献的题录信息。

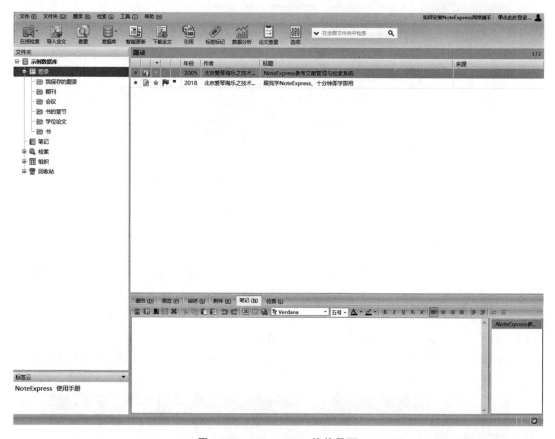

图 12-19　NoteExpress 软件界面

（3）Zotero：Zotero 是一款开源的免费文献管理软件，由独立的非营利组织开发，软件界面如图 12-20 所示。使用 Zotero 能够方便地收集、整理、共享文献并生成参考文献。Zotero 早期是基于 Firefox 浏览器运行的扩展程序，最大的特点是能够直接抓出 Firefox 浏览器中网页里的文献题录信息，并能自动识别提取浏览器下载的题录导出文件。

（4）Mendeley：Mendeley 是一款可免费使用的多平台文献管理软件，能够实现文献的管理、阅读、传递、生成参考文献，软件界面如图 12-21 所示。Mendeley 是较早实现识别提取英文 PDF 文献题录信息的文献管理软件之一，同时也是为多种平台特别是移动平台提供良好支持的一款文献管理软件。此外，Mendeley 也致力于为科研工作者提供更加通畅的交流平台。注册用户通过创建自身的研究资料，经由 Mendeley 将自己的研究工作推广到同行中，通过 Mendeley 提供的交流平台，注册用户能够发现与自己有相似研究兴趣的科研人员，并展开讨论。

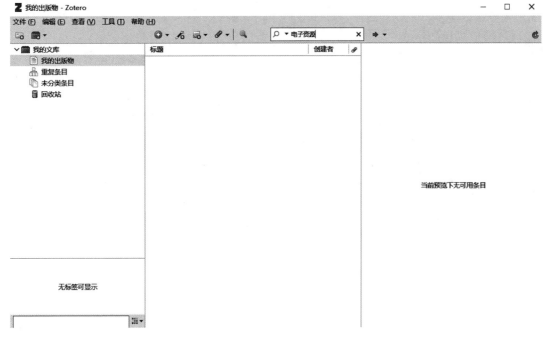

图 12-20　Zotero 软件界面

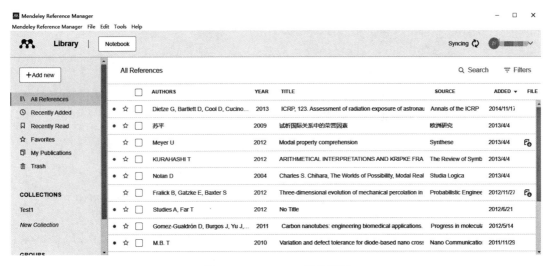

图 12-21　Mendeley 软件界面

（5）JabRef：JabRef 是一款基于 Java 的桌面应用程序，具有跨平台的特点，能够在 Windows、Linux 和 Mac OS X 等多种平台上很好地运行，软件界面如图 12-22 所示。JabRef 不仅能实现对文献的管理，同时可以生成 BibTeX 文献数据库，非常适合 LaTeX 用户使用。

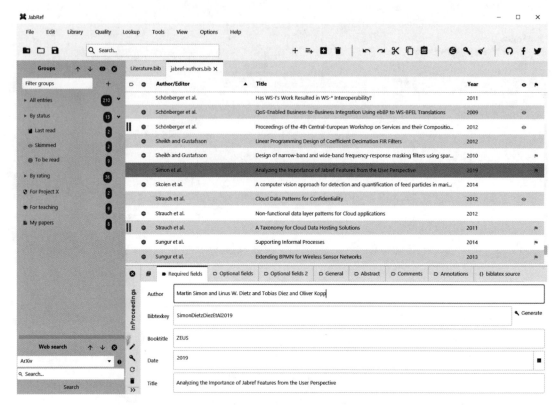

图 12-22　JabRef 软件界面

【思考题】
1. 为什么一稿多发的做法会被认为是学术不端行为？
2. 作者署名一般要遵循哪些原则，形成这些原则的原因是什么？
3. 文献管理软件的查重功能在收集整理文献时有什么作用？

参考文献

[1] 童之侠. 学术研究与论文写作[M]. 北京：人民日版出版社，2016.
[2] 教育部社会科学委员会学风建设委员会. 高校人文社会科学学术规范指南[M]. 北京：高等教育出版社，2009.
[3] 教育部科学技术委员会学风建设委员会. 高等学校科学技术学术规范指南（第二版）[M]. 北京：中国人民大学出版社，2017.
[4] 印波. 科研伦理与学术规范[M]. 北京：法律出版社，2018.
[5] 杨萍. 高校学术道德与学术诚信体系建设问题研究[M]. 成都：西南财经大学出版社，2015.
[6] 何得桂，高建梅. 学术规范与创新[M]. 北京：科学出版社，2020.

[7] 中华人民共和国国家质量监督检验检疫总局,中国国家标准化管理委员会. 文后参考文献著录规则 GB/T 7714—2005[S]. 北京：中国标准出版社,2005.

[8] 中华人民共和国国家质量监督检验检疫总局,中国国家标准化管理委员会. 信息与文献 参考文献著录规则 GB/T 7714—2015[S]. 北京：中国标准出版社,2015.

[9] 北京大学研究生院. 北京大学研究生手册(2022版)[EB/OL]. [2022-08-31]. https：//www.grs.pku.edu.cn/pygz/xigl/zxsxjgl/zdzc233/365619.html.

[10] 北京大学. 北京大学学位论文数据库[EB/OL]. [2022-03-18]. https：//thesis.lib.pku.edu.cn/.

[11] Clarivate Analytics (UK) Ltd. Web of Science 检索平台[EB/OL]. [2022-03-18]. https：//www.webofscience.com/.

第十三章 数字信息资源的综合利用

第一节 资料利用基本需求与方法

一般来说,大学教育阶段是从事专业性课题研究的开始。在进行科研活动时,一方面要借鉴前人和同行的研究成果,或解决问题,或在此基础上有所创新;另一方面要避免课题的重复研究,浪费无谓的精力和时间。文献及其他形式的信息资料是科学研究成果的载体,查询、了解、搜集特定的信息资料对于科学研究具有举足轻重的意义,并在研究活动中占用相当的时间和精力。在当今信息量激增、信息载体形式多样化的发展趋势下,信息资料的含义和范围也在日益延伸和扩大,这给用户查询和搜集资料既带来了方便,也带来了困难。

随着数字信息资源的极大丰富及学术生态环境的变化,人们在学习、教学、科研领域中对数字信息资源的需求越来越多,主要的需求包括但不限于论文开题选题、文献调研、文献综述、追踪学科热点和研究动态、完成作业和报告、学术论文写作、文献计量分析、学科评估、人才评估、学科竞争力分析、学科前沿研究、期刊评价、学术成果发表和出版等。本节重点从文献搜集与获取、论文投稿、科研成果评价等角度分析介绍数字信息资源综合利用的需求与方法。

1.1 文献搜集与获取

无论是为课题研究寻找答案,还是为学术论文写作积累资料,都涉及一个怎样运用科学的方法进行课题查询、怎样搜集和运用资料的问题。掌握信息检索的知识,特别是运用现代化的技术手段,利用丰富的数字化的信息资源,借助于有效的资料检索方法,便可以以最少的时间和精力获得最有用的资料,起到事半功倍的效果。具体地说,能够有效地利用现有的资源,熟悉各种检索方法和重要工具,进而具备检索信息、评估信息、组织信息及运用信息的能力,同时依照学术论文的格式撰写报告,是一个大学生进行独立学习及研究的重要能力与信息素养。

为什么需要搜集和查找文献?查找哪些文献?到哪里查找?如何利用查到的文献支持自己的学习与科研?这些问题可以通过特定的或多种数字信息资源得到解决,解决问题的步骤和方法如下:第一步,课题分析和研究;第二步,选择检索资源,确定检索范围;第三步,确定检索策略,选择检索方法;第四步,评估检索结果,优化检索策略;第五步,搜集、整理、评价和获取文献。课题有大有小,有深有浅,因此检索的难度和耗费的精力以及时间也不一样,上述步骤为比较系统地进行课题查询的过程。不同的课题需要获得的信息类型和信息量都不一样,运用的研究策略也不同,用户可以在实践中灵活使用,其中的步骤也可以根据需要简化,或者循环重复,不断调整。

1.1.1 课题分析和研究

在进行资料检索之前,必须对要检索的课题进行分析,明确检索目的,界定主题范围。通常我们可以从课题类型、信息的深度与广度、主题的时效性、资料的数据类型等方面进行分析。

课题的类型主要包括下面几种情况:

(1) 寻找针对具体问题的准确答案,或解决问题,或作为论据和引证。查找事实或数值型信息大多属于此类。

(2) 查找特定文献,根据某一篇文献的线索查找原文;或已知某一作者,查询其所有发表的文章。

(3) 对某一问题做大致的了解,并就问题的一个方面,表述自己的观点,撰写小型论文。

(4) 查阅某一专题的前沿和最新资料,了解研究动态、发展趋势。

(5) 对某一课题做全面的调查研究,了解该课题的整个发展过程。全面而细致地了解国内外有关的所有出版物的情况,不仅包括书籍、期刊、报纸、报告、政府出版物,还包括声像、多媒体等新兴的载体形式。年代范围不仅包括现期的资料,也要对过期的资料进行回溯,撰写综述或研究报告。

(6) 对某一课题做深入的专题研究,在充分掌握材料和该领域重要研究成果的基础上,提出创新性的具有一定学术水平的观点或论断,撰写研究报告或学术论文。

在确定了检索课题的类型之后,用户可以在此基础上考虑:该课题需要多少信息?查找信息的深度与广度如何?对主题的时效性有什么要求?对资料的数据类型是否有所限定或侧重?

第(1)、(2)种检索课题的类型很简单,只要正确选择了检索工具和参考资源,便可以一步到位查到所需要的信息,很快达到检索目的。有的课题(如第(3)种类型)可能只需要浏览一些简短的摘要或者参考几篇概论性文章就可以了。有的课题则需要搜罗各种翔实、深入的信息,才能圆满完成。

从主题的时效性讲,第(4)种类型的检索课题,需要最原始、最新颖的第一手资料,需要参考最新的期刊、会议资料、未发表的预印本文献;有些课题如第(5)种类型要讲求系统、全面,必须以时间为轴做纵向、深度的考察。

从参考的数字信息资源类型上讲,创新性的课题项目、研究成果或要求较高的学位论文必须保证取材的数量和学术质量达到一定的深度和广度,因此第(6)种类型应着重参考各种学术品质较高的期刊论文、会议论文、研究报告、学位论文、重要专著;而有的课题则可以参考一般的图书、教材、杂志、报纸甚至视听资料。

检索课题分析的另外一项主要任务就是明晰检索的主题范围,提取主题概念,确定中文及相应的英文检索词。同时注意挖掘隐含的主题概念,将表达同一概念的同义词一一列出,并确定主题词之间的逻辑关系。例如查找"计算机"这个概念的信息,也要查询"电脑",而二者之间是逻辑"或"的关系。

1.1.2 选择检索资源，确定检索范围

根据课题分析的结果确定了自己的检索目的和欲查找的内容之后，下一步就是选择适用的参考资源作为检索的工具。参考资源选对了，便可以花很少的时间获得丰富有价值的资料；相反，参考资源选得不合适，就如同大海捞针，最后的结果是所获无几。对检索工具的正确选择必须建立在对图书馆可利用资源的全面了解的基础上，同时充分认识各种参考资源的类型、内容、意义和功能。

使用参考资源的原则：

(1) 一般来讲，学科属性是考察参考资源是否适用的首选因素。首先要保证所选择的资源与检索课题的学科一致，其次应考虑所选参考资源在该学科领域的权威性如何，尽量使用权威性的专业数据库作为检索工具。如：学化学的一定要查 SciFinder Academic Web，学生物的一定离不开 BIOSIS Preview(BP)。

(2) 了解参考资源收编的范围和特色收藏。包括：资源收录的资料跨越的历史年代，覆盖的地理范围，是单语种还是包括多种语言，信息类型是什么等。

(3) 参考资源的检索方法和系统功能。

(4) 了解并有效利用检索系统的助检手段和辅助工具，如检索帮助、培训课程等。

课题的检索范围包括时间范围、地理范围、文献形式和资料类型的范围。在实际的检索过程中，课题检索的范围实际受两个因素的制约，一是检索课题本身提出的要求，二是可利用资源的数量。对于前者，用户可以参照上述的课题类型、检索课题的信息量、深度及时间要求来决定，后者则依赖于图书馆资源建设的状况。

另外，检索的范围与该课题的学科特点也有很大关系，人文社会科学方面的课题受地域因素的制约，在资料的检索范围上也应当有所侧重，如有关中国社会问题的研究应着重参考有关的国内文献。对于科学技术特别是高科技领域如计算机或通信方面的课题，仅仅查阅国内的文献是不够的，必须重点查阅先进国家在该领域的研究文献。

1.1.3 制定检索策略，选择检索方法

检索策略是指为实现检索目标而制定的检索计划和方案。检索策略的编制，往往要涉及各方面的知识和技能。例如，是否了解检索系统的特点与功能；是否熟悉所检数据库的结构、标引规则及词表结构；是否掌握了必要的检索方法及检索策略的优化技术；还要对课题的专业知识有深入的了解和分析。

不同的课题，不同的检索目的，有不同的检索方法和策略。在进行检索的过程中，如何有效地制定检索策略呢？以下将就几种常用的检索策略：关键词检索、检索技术、指定字段检索 3 个方面来讨论。

1. 关键词检索

关键词是最常用的检索策略，可以利用单字或词组找到在书刊名称、篇名、和其他检索字段中出现相同单字或词组的资料。在制定检索策略的时候，用户首先要把头脑中的概念用关键词的形式表达出来。在支持自由关键词的检索系统里，关键词检索等于是在数据中找出所有字段包括正文出现关键词的记录，因此选用的关键词就决定了检索结果

的好坏。

用关键词检索要得到满意的结果,必须注意下面几个原则:

(1) 选用涵盖主要主题概念的词汇,要能正确传达研究主题的中心概念。关键词必须能清楚地界定研究主题。

(2) 选用意义明确的词汇,如图书馆利用教育或信息素养,而不要用一般的、共通性的字汇,如"教育"或"信息"之类省略描述的意义太广的概念词。

(3) 选用实质意义的概念词,不要使用过长的词组或短语。检索时,系统是到资料库中去比对用户所输入的词汇,输入的短语或词组越长,找到完全匹配结果的概率就越小,因为作者并不见得就刚好用所输入的短语或词组来表达。例如:不要用"课题查询和论文收集资料的方法"来检索,而应该抽取主要概念,去除非实质意义的概念,以"课题查询"和"搜集资料"来进行检索。

(4) 选用各学科的专门用语来检索各学科的资料库。当检索专科资料库时,不能用一般性的词或通俗用语来作关键词,此时必须参考资料库里的专门术语。例如用"management"(管理)来查商业、经济管理方面的专门数据库 ABI/INFORM 的话,检索出来的资料肯定会非常庞大的。而在医学数据库 MEDLINE 里查有关肾病的文献,用"kidney disease"(肾疾病)和医学术语"nephropathy"(肾病)检索的结果也是差别很大的。

(5) 确定关键词的检索范围:有些数据库专门设计有关键词字段,使用关键词查询时,系统只检索这个字段;有些数据库的关键词查询的范围是题名,或包括摘要等几个主要字段;这些都会影响检索结果。关键词的检索范围可通过查看"帮助"文件找到答案。

除此之外,用户还可以利用布尔逻辑运算符来组合关键词,以扩大或缩小检索范围。

2. 检索技术

布尔逻辑组合关键词用以扩大或缩小检索范围的技巧,是最常被读者使用的检索方法,同时也是大多数据库都有提供的检索运算方式。常见的运算算符有下面三种:AND、OR、NOT。用若干关键词和逻辑运算符相连接,就可以组成一个完整的检索式,表达一个检索策略。目前比较成熟的检索系统除了保留了命令检索(Command Search)的检索方式外,还设计了为大多数的读者欢迎的菜单式的检索界面,用户通过例如下拉菜单等方式直接选择,而不必手工键入检索命令和逻辑运算符,即可以构造复杂的检索表达式。

位置算符(WITH,NEAR)可以设定检索词之间的邻近关系,其功能与 AND 相似,但比 AND 更精确。其详细用法在第一章及各数据库的使用方法中都有介绍。

有些数据库允许利用截词检索(Truncation)来检索结尾不同的字汇,以扩大检索范围。例如,用户只要输入"depress?"或"depress*"就可以一次找到下列这一组字的结果:depress、depressed、depression、depressive 等,大部分的数据库都提供这种检索技巧,但是每个数据库所使用的截词符号都不尽相同,使用时必须参考检索说明或手册。更重要的是要谨慎使用截词检索,确定所选的字根是最适当的,不确定时应查阅英文字典。试想,如果查检 com? 将会得到什么样的结果?

有些资料库系统默认词根检索(Steming),会自动找出同样词根的词汇。因此查看"帮助"文件,了解数据库的设定方式,可以帮助构建更有效的检索策略。

3. 指定字段检索

指定字段检索可节省时间,提高文献的查准率。常用的检索字段有:题名(TI)、作者(AU)、出处(SO)、摘要(AB)、出版年(PY)、文献类型(PT)、主题(SU)等。不同类型的数据库系统所包括的字段不尽相同,字段标识也不一样。

如:在 OCLC FirstSearch 系统 MEDLINE 数据库中,检索式"heroin in AB"表示摘要中含有 heroin 的记录;"rat brain in TI"表示题名中含有 rat brain 的记录;"Smith-j in AU"表示作者名为 Smith-J 的记录;"review in PT"表示文献类型为综述的记录。

注意使用标题词或题名检索:题名检索除了具有查找特定文献的便捷功能外,还可以在搜集某一专题资料的时候,提高检索资料的相关性和精确性。这是因为文章的标题往往反映文章中心内容的焦点,符合人们的思维习惯。

1.1.4 评估检索结果,优化检索策略

在确定检索策略和检索方法之后,即开始检索。同时要不断评估检索结果,优化检索策略再检索,反复进行这几个步骤。

1. 评估检索结果

在实施检索之后,用户对检索结果有一个大致的浏览,便可以确定初步的检索策略是成功还是失败。对检索结果的评价应该包括 5 个方面:查全率、查准率、检索时间、检索成本及用户满意度(参见本书第一章),据此观察系统的检索结果:

记录是否使你对所研究的课题有全面的认识和了解?

记录是否涵盖部分或某些部分的研究课题?

记录是否涵盖你的研究课题所包括的国家或地方的情况?

记录是否涵盖其他国家或地方的情况?

当用户检查了数据库显示的记录后,若发现以下 3 种情况:① 显现太多和研究课题不相关的记录;② 显现太少和研究课题相关的记录;③ 没有和研究课题相关的记录,则必须重新思考并建立检索命题,对检索策略进行优化,进行缩检或扩检。

2. 优化检索策略

(1) 检索的细化:即缩小检索范围,大致有以下几种细化方式。

① 主题细化,如:中等教育-教学法,就是在"中等教育"主题下根据不同的次主题细分,使资料更为精确。或者用主题词表、索引词表选择更专指的主题词或关键词。

② 通过浏览结果选择更专指的词。

③ 运用算符 AND、WITH、NEAR、NOT 等加以限制或排除。

④ 指定字段检索。

⑤ 从年代和地理及语言、文献类型上限制。例如:限定检索结果为书本或期刊等,大致会以下面这种形式呈现:美国-历史-连续性出版物;某个主题在特定地点的资料,如:哲学-德国;某地的特定主题,如:阿根廷-历史等。

(2) 检索的扩展:即扩大检索范围,大致有以下几种扩展方式。

① 对已确定的检索词进行其同义词、同义的相关词、缩写和全称检索,可保证文献的检全率,防止漏检。例:查找有关"计算机"的文献,其检索词也可以是"微机""电脑"。查"环境污染"除了输入检索词"环境污染"直接进行查询外,还可从"大气污染""水污染""化学污染""工业污染"等相关方面着手查询。

② 利用系统的助检手段和功能,有的系统提供树形词表浏览,使我们可以用规范词、相关词、更广义的上位词进行扩展。有的系统如 Elsevier 的 SciVerse,可以直接提供相关文献查找的功能,只要在检索结果列表中点击"相关文献"按钮(Relevant Reference),系统便自动搜索与选中结果主题最相关的文献。

③ 利用论文所征引的参考文献,当找到和课题相关的论文时,可参考其所征引的参考文献。同样还可以利用引文数据库,由找到一篇的相关文献开始,从文献引用与被引用的关系入手,采用"滚雪球"方式找到更多相关的参考资料。

④ 使用运算符"OR"、截词符" * "或"?"。

1.1.5 搜集、整理、评价和获取文献

1. 搜集积累资料

搜集积累资料是写作论文的基础。资料的类型包括两大类:一类是直接的、原始的,是有关研究对象的数据、事实甚至是活材料;另一类是间接的,前人或同行对研究对象的论述,是第二手资料。

原始的资料是研究的主要来源和依据,如科学实验的数据、经济商业指数、档案资料等,这些资料最大的特点就是具备客观性。

同时,间接的资料也是很重要的,可以帮助从他人的研究中受到启发,还可以引用一些经过考证的事实资料作为旁证,或者从他人的论点中找出漏洞加以批驳,树立自己的观点。在搜集旁人的论述时,要充分利用发表的图书、论文、报告。

2. 整理资料

当利用数据库、数字化期刊和其他资源找到一些信息之后,可以看到有的可以直接获得全文,有的只有二次文献线索,还需要据此查找到原始文献。但必须认清这样一个事实,即并非所有资料都适合研究课题使用,并非所有找寻的资料都是可信的。因此有必要对所找寻的资料加以科学地分析、比较、归纳和综合研究,进行去粗取精,去伪存真的工作,以决定是否符合研究需要,从中筛选出可供学术论文作依据的材料。

对于大量的文献资料的整理,以及数据的分析,还可以利用个人参考文献管理工具和数据统计分析软件对所积累的资料进行分类、标注(添加笔记)和保存,以方便随时查找和利用(详见本章第三节)。

3. 评价文献

资料的评估是一个持续的过程,也是一个复杂而又艰苦的思考过程,可能需要在检索和资料运用的过程中再认识、再评估、再调整。选择适用的资料时,可以考虑下列问题:

(1) 是不是与研究主题相关?大部分的索引都附有摘要,可以帮助用户了解文章的内

容。大部分的索引和目录也都有标题或关键词,是了解图书和论文的重要线索。此外,文章长度也是判断的依据。

(2) 是学术性文章？还是通俗文章？参考文献的学术质量和深度,是必须要考量的因素之一,高水平的文章可以大大提高人们对事物认识的深度、拓宽视野,成为支持课题研究成果的有力论据,而水平一般或较差的文章,则会折损课题成果的说服力和撰写论文的品质,在这方面,刊载文献的原始出版物的质量也很重要,例如是否是核心期刊等。

(3) 是不是够新颖？要注意文献的出版年,引文数据库里可以浏览文章的参考书目,确定一下作者是不是参考引用了最新的信息。有些领域进步神速,一两年前的信息就已经过时了。例如：如果用户要做的是生物科技的研究,就得注意所参考的最好是两三年内出版的资料。相反地,如果是研究数学等理论科学,那么旧一点的资料也是可以接受的。想想要研究的主题变化速度有多快,再决定所需要的信息的新颖程度,然后再从所找到的资料中,检查作者所引用参考的资料是否适用。

(4) 资料权威性如何？是否可信？考察一下作者的所属机构和学术经历,这些信息通常出现在作者的联系地址里面。

4. 获取原始文献

在对检索的资料分析筛选之后,如何获取原始文献在现实中是一个普遍存在的问题。因此要对可以利用的资源有全面的了解,例如：有哪些电子文献可以直接利用？有哪些文献可以在图书馆找到？图书馆有哪些服务可以帮助你获取全文？可以按照以下基本的步骤试试看：

(1) 先电子后印刷,数字化出版物一般更新快、出版快,查询输出非常方便。

(2) 先近后远,可以先查所在图书馆的馆藏,如果没有,之后可以利用联合目录数据库,查到附近的图书馆或其他信息机构是否有收藏。

(3) 利用馆际互借及原文传递服务,许多图书馆设立有此项服务,难以获取的外文文献可以向国外的图书馆和文献提供机构求助。

这方面的相关数据库和服务介绍,参见本书第四章第七节"互联网上的全文服务"。

1.2 期刊选择与论文投稿

为学术论文选择合适的、高质量的期刊,尽量发表学术文章和尽可能地提升学术文章的可见度和影响力,是期刊投稿的首要原则。如何了解期刊以及判定期刊的质量？可以通过常见的期刊评价指标或国际国内通行的期刊评价指标体系加以了解、判定和选择。此外,论文投稿要认真了解期刊的办刊宗旨、收稿范围、格式规范、审稿流程和出版伦理等,这些一般可从期刊投稿指南中获得详细说明。

1.2.1 评价和选择期刊

常见的期刊评价指标和查询途径如表 13-1 所示。

表 13-1 常见的期刊评价指标和查询途径

指标	算法或描述	遴选/查询网站或系统
IF(JCR)	Journal Impact Factor,期刊影响因子,简称 IF,某期刊前两年发表的论文在第三年中的平均被引次数,每年更新	JCR 数据库中可查询,数据基于 Web of Science
Cite Score	衡量期刊所发表文献的平均被引次数,计算时间为三年(之前三年出版的文献在一年中受到期刊引用的次数,除以这三年出版的编入 Scopus 检索的文献数量),每年更新	Scopus 数据库中可查询,数据基于 Scopus
SJR	SCImago Journal Rankings,衡量经过加权后的期刊被引次数。引用次数的加权值由施引期刊的学科领域和声望决定	http://www.scimagojr.com 网站可查询,数据基于 Scopus
SNIP	Source Normalized Impact per Paper,是在三年引文窗中某一来源出版物中每篇论文的平均被引次数与该学科领域的"引文潜力"之间的比值,其中"引文潜力"是指一篇文章估计在指定的学科领域中所达到的平均被引次数。不用考虑期刊分类,依据作者引用其他论文的频次、引用影响的成熟速度和数据库在领域内的文献覆盖率,对不同学科领域的期刊进行比较。SNIP 一年更新两次	http://www.journalindicators.com/ 网站可查询,数据基于 Scopus
收录	被 SCI 数据库所收录,约 9 000 种期刊	SCI 数据库中可查询
收录	被 SSCI 数据库所收录,约 3 400 多种期刊	SSCI 数据库中可查询
收录	被 A&HCI 数据库所收录,约 1 800 种期刊	A&HCI 数据库中可查询
收录	被 EI 数据库所收录,约 2 600 种期刊	https://www.elsevier.com/solutions/engineering-village/content 网站可查询
收录	被 CSCD 数据库所收录,约 1 200 种期刊	CSCD 数据库中可查询
收录	被 CSSCI 数据库所收录,约 600 种期刊	CSSCI 数据库中可查询
综合遴选指标	约 2 000 种期刊,选用多种指标,根据不同的权重系数对期刊进行综合评价,核心版每年 11 月由中国科学技术信息研究所发布	CJCR《中国科技期刊引证报告》(纸版,科学技术文献出版社)
综合遴选指标	近 2 000 种期刊,北京大学图书馆发布,每 3~4 年一期,最新的是 2020 版	《中文核心期刊要目总览》(纸版,北京大学出版社出版)

投稿首先要关注期刊。自己的研究领域有哪些期刊,尤其是核心期刊?期刊的质量或历年的发文数据怎样?基于上面介绍的常见期刊评价指标和查询系统可以快速找到所需要期刊的基本信息和评价信息等。那么为什么要优先选择核心期刊进行投稿呢?核心期刊由文献分布的"核心效应"而衍生。1934 年著名文献学家布拉德福(Samuel Clement Bradford)提出了文献集中与分散规律,发现某时期某学科 1/3 的论文刊登在 3.2% 的期刊上;1967 年联合国教科文组织研究了二次文献在期刊上的分布,发现 75% 的文献出现在 10% 的期刊中;1971 年,SCI 的创始人尤金·加菲尔德(Eugene Garfield)统计了参考文献在期刊上的分布情况,发现 24% 的引文出现在 1.25% 的期刊上,等等,这些研究都表明期刊存在"核

心效应",从而衍生了"核心期刊"的概念。由此可见,核心期刊对于论文投稿的价值表现在如下三个方面:

(1) 核心期刊是期刊中学术水平较高的刊物,在其中检索并阅读相关文献,可用最少的精力获得最大信息量;

(2) 将科研成果发表在核心期刊上可以增加自己的成果被同行看到的概率和被引用的概率,有利于提升文章的学术影响力;

(3) 诸多鉴定/评估领域关注核心期刊,例如研究生毕业、教师职称评定、项目申请、人才引进、学术评估等情形,需要核心期刊发表论文或期刊评价体系/权威数据库中论文被核心期刊收录/引用的证明。

选择投稿期刊,应依据论文内容去匹配期刊的收录范围以及评价信息等,主要有两种方法:其一是到大型的综合数据库或学科专业数据库中检索和筛选,其二是利用 EndNote Web 等工具自动匹配。利用案例参见本章2.6节。

1.2.2 期刊投稿

期刊投稿是一个较长的过程,在这个过程中要应对很多问题:投稿前应做好哪些准备工作?在哪里投稿?期刊的审稿流程是怎样的?如何应对退稿改稿?在投稿过程中应该遵守哪些学术道德规范和出版伦理?

1. 选择投稿期刊应该考虑的因素

(1) 了解期刊的办刊宗旨和范围,包括读者对象、侧重点以及研究兴趣等,包括:

论文主题是否在刊物征稿范围内或论文内容是否符合刊物要求?

预投期刊是否经常被同行阅读?

期刊接收的文章类型?

期刊当前的热门话题? 减少投稿的盲目性。

(2) 论文审阅时间和论文发表周期。

(3) 期刊质量评价,包括:

是否核心期刊? 查看影响因子或其他评价指标。

你引用的参考文献主要发表在哪些期刊? 根据引用的文献,可以判定该期刊对你讨论的问题是否感兴趣。

(4) 期刊是否收费,包括版面费、彩色图片印刷费;是否是开放获取期刊?

(5) 根据论文内容选择合适的期刊。

2. 查找投稿指南的渠道

(1) 搜索引擎:通过搜索引擎查找通过认证的期刊官方网站,查看官网上的期刊投稿指南。

(2) 印刷版期刊:一般在印刷版期刊的每年第一期或最后一期的封二、封三可以找到投稿指南,但由于有些期刊只有电子版,或者随着图书馆等期刊收藏服务机构订购的印刷型期刊越来越少,纸本的投稿指南查找越来越不方便。

(3) 电子版期刊目录:专用的期刊指南数据库或者网站,常见的如"乌利希国际期刊指南"(Ulrich's Periodicals Directory,网络版简称 Ulrichsweb)。Ulrichsweb 包括 300 000 多种各种类型的期刊(连续出版物),如学术期刊、电子期刊、同行评审期刊、流行杂志、报纸、新闻简报等。Ulrichsweb 覆盖 900 多个学科领域。其记录内容包括 ISSN、出版商、语言、主题和网站,还有各种可用性信息如各个数据库收录该刊的情况、期刊名称变更、目录和图书馆员所写评论等。通过 Ulrichsweb 提供的网站链接或本地资源链接可以查看期刊投稿指南。

(4) 专业期刊数据库或电子期刊服务系统:大中型出版商的电子期刊服务或集成商提供的全文数据库系统中有电子期刊的卷期目次、全文、期刊介绍、投稿系统和作者指南等信息,例如国外爱思唯尔(Elsevier)电子期刊系统、斯普林格(Springer)电子期刊,国内的"中国知网学术期刊库"等。

(5) 期刊新媒体平台:通过关注期刊新媒体平台,例如期刊投稿指南微信公众号等,可以查找国内期刊的介绍和投稿网址等信息。

3. 投稿前的准备工作

(1) 阅读期刊投稿指南:了解期刊各项信息和投稿流程、审稿流程、开放获取政策等。

关于开放获取(Open Access,OA)期刊:投稿前应先了解拟投稿期刊的开放获取政策,期刊本身是 OA 期刊、还是只是部分论文支持 OA?开放获取意味着学术文章的出版费用(论文处理费(Article Processing Charge,APC))是由作者支付、读者免费在线阅读。OA 论文对作者的好处,是提高可发现性、获得自己研究领域以外的更广泛群体的关注,研究成果和所有权属于作者而非出版社;对于读者的好处,以"知识共享许可协议"(Creative Commons Attribution,CC-BY)为例,包括允许分享和复制整篇文章,允许对全文或部分内容进行提炼、摘要、衍生或编入其他合集,允许数据和文本挖掘等,哪怕是基于商业目的、但只要注明原作者且不伤害作者的学术声誉就可以无限制地使用、改编和传播等。发表 OA 论文对作者造成的问题是 APC 比较昂贵,此外还容易造成论文被不恰当使用、引发重复发表等学术道德问题。APC 与 OA 期刊采用的版权许可协议有关、也与出版商有关,例如根据爱思唯尔 OA 期刊采用 CC-BY 或 CC-BY-NC-ND(知识共享许可协议-非商业性-非衍生性),化学期刊 *Advances in Colloid and Interface Science* 的 APC 为 3 500 美元。当然 OA 论文的 APC 可以由基金或机构、机构众筹等方式来支付,作者也可以向出版商申请减免 APC 或向支持开放获取的基金或机构申请资助。

(2) 确认投稿指南中提示的各项信息,主要是关于论文格式规范、作者署名、版权和学术道德等方面的事项,以前面提到的 *Advances in Colloid and Interface Science* 期刊为例,包括:

确认文档格式、图表和图片处理、参考文献格式等是否符合期刊投稿要求;避免提交不完整稿件。

确认版权问题:文档中使用的数据或图表是否已获得第三方授权(一次或多次授权);数据集引用必须获得所有作者允许;提及文章资金来源。

确认作者署名:所有作者是否都知道并同意署名及署名顺序;保证共同作者的知情权;确认作者的贡献度。

确认涉及学术道德和投稿技术的相关问题:确认文稿内容真实、无伪造;警惕自我抄袭(合法引用);避免一稿多投。

(3) 按要求准备稿件份数、格式、长度、配图。

(4) 投稿方式：查找期刊在线投稿系统地址，完成作者注册并投稿。

4. 审稿

(1) 编辑部初审。初审一般技术检查，包括内容完整性和规范性，例如文件形式、图表、格式和参考文献等，再如作者联系方式，等等；检查论文的英文是否基本过关；此外还要审查论文有无一稿多投等情形。

初审结果一般有三种：接受、修改后再审和拒绝，直接拒稿的原因一般是论文水平不符合期刊要求和论文内容不符合期刊宗旨和范围等。

(2) 编辑部送审/同行评审。同行评审有单盲评审、双盲评审、公开评审和发表后评审等方式，前两种形式居多。

同行评审专家审稿的主要标准包括：是否适合刊物范围；是否提出新问题和新解决方案；是否具备原创性；主要结果或结论是否充分；使用的方法和技术是否恰当；是否具备新颖性；是否具备一致性等。

同行评审专家拒稿的原因主要包括：对学科研究和发展没有明确的贡献；无情境化；理论框架薄弱；排版散乱；论文观点或言论涉及诽谤、不道德、粗鲁或缺乏主见；不是真正的研究文章；太长或太短；不符合写作习惯（中英文）；语法表达等存在严重问题等。

作者可以推荐或限制同行评审审稿人，推荐审稿人可以选择如下渠道：稿件中参考文献的作者；拟投稿期刊的编委；重要的研究群体或个人，如就职于期刊主办单位的科研人员、经常在拟投稿期刊发表论文的作者、在本领域具较高知名度的学者等。

(3) 回应审稿意见。对于审稿意见需要逐一回复和修改。审稿人认为阅读不清的地方，应修改直至文义清晰；对于审稿人提出补充的数据、实验和案例等，要尽量完整地补充提供；对审稿人意见不赞同时，可以慎重争辩、有理有据地探讨；对审稿人提出的修订意见未做修改或不能予以修改的，应合理说明理由。

(4) 要求更换审稿人的情形。当退稿原因是一位审稿人对论文评价较差、而另外一位审稿人评价较好时，可以要求更换评价较差的审稿人。编辑会另外选择一位审稿人，如果新的审稿人仍对作者论文评价较差，则不再支持更换审稿人、而应考虑改投其他期刊。

5. 出版伦理

投稿应尊重知识产权、遵守相关的学术道德规范，在向期刊投稿的过程中应认真阅读和遵守期刊的涉及出版伦理的各项政策，主要事项如下：

(1) 避免重复发表与一稿多投。不可多渠道、重复或同时发表，作者一般不应在一个以上的期刊或主要出版物上发表对基本相同的研究进行描述的原稿。

不属于重复/同时发表的情形包括：以摘要的形式发表；发表学位论文；作为电子预印本发表（但关于预印本发表的政策，不同期刊的规定可能不同，具体需要查询期刊投稿指南）等；不属于一稿多投的情形包括：会议报告转为学术论文的；补充50%以上数据再投稿的；会议综述等。

需要特别说明的是，不同语言但内容相同的论文同时向不同语种的期刊投稿属于一稿多投的行为，因为期刊规定只接受原创的、未以任何形式公开发表过的论文进行投稿，这里的"任何形式"必然包含语言。关于将学术论文翻译成其他语言再次投稿的行为，在很多作者甚至编辑那里都被默认许可,这其实是一个重大的误解。

(2) 遵守版权规定。以爱思唯尔期刊为例,版权规定涉及作者身份认定、内容和数据等,具体规定包括:

论文作者的身份认定:论文的作者应该仅限于那些对研究的概念、设计、执行或解释做出重大贡献的人。应对所有共同作者的贡献进行详细说明和公开。

学术创作原则和规范:作者应确保自己所写的作品完全是原创的,如果作者使用了他人的作品和/或文字,则应按照学术规范的相关规定合理引用并注明出处及引用方式;应对研究进行准确和客观的描述,不应伪造和夸大;当作者发现自己发表的作品有重大错误或不准确之处时,应及时通知期刊编辑或出版者,并配合编辑撤回或更正。

数据提供和公开:对于学术论文涉及的调查、分析或实验数据等,作者可能被拟投稿期刊要求提供原始数据以供编辑审查,并应准备好向公众提供这些数据。

尊重他人的工作:必须始终对他人的工作给予适当的确认。

(3) 遵守伦理。以爱思唯尔期刊为例,投稿应遵守如下出版伦理:

披露利益冲突:所有提交的文件如果存在,或可能被视为存在潜在利益冲突的,应如实披露。

声明危害:如果研究工作涉及化学品、程序或设备,且在使用过程中存在任何固有的异常危害,或者当研究工作涉及动物或人类受试者时,需要声明并遵守声明。

记录使用患者图像或病例的详情:研究涉及患者或志愿者时,相关信息的使用需要伦理委员会的批准和知情同意,这些信息应记录在论文中。

6. 论文相似性检测

很多期刊在作者投稿时进行论文相似性检测,因此也有很多技术公司和资源提供商开发了论文查重系统、相似性检测系统等,国内的维普公司、万方公司、中国知网等均提供了类似的系统和检测服务,从文本对比分析的角度避免不规范的写作和投稿行为。但学术论文写作和投稿还是应该从认真学习学术规范、遵守学术道德规范做起。关于学术规范的内容参见本书第十二章。

1.3 科研成果评价

1.3.1 常见的科研管理和评价资源

利用海量的数字信息资源,尤其是各种数据库可以开展文献计量分析,基于期刊论文、会议论文和专利等科研成果可以对人员、机构、国家/地区、期刊等的学术水平进行各种分析和评价。随着数据库的发展,很多大中型数据库的数据越来越完善、检索结果分析功能越来越强大,并在此基础上衍生出了专门支持科研成果分析与评价的数据库产品、平台或工具,著名的科研管理与成果评价类数据库产品如:科睿唯安公司基于 Web of Science 数据库研发的 InCites 和"基本科学指标数据库"(Essential Science Indicators,ESI),爱思唯尔公司基于 Scopus 数据库研发的 SciVal;平台如:CPA Global 公司的专利检索分析平台(INNOGRAPHY)、科睿唯安公司的专利检索和分析平台(Derwent Innovation,DI);工具如:科睿唯安公司的德温特数据分析工具(Derwent Data Analyzer,DDA)等。

(1) InCites。InCites 数据库是科睿唯安公司在汇集和分析 Web of Science 三大引文数据库的基础上建立起来的科研评价工具,综合各种计量指标和最近 30 年各学科各年度的国际标杆数据。InCites 数据库可以用来全面了解学科的发展态势:从人员、国家、机构、研究方向、期刊等角度和发文数、引文数、引文影响力、h 指数、平均百分位、论文被引百分比、国际合作论文百分比、热点论文百分比、高被引论文百分比等指标进行多元化评价。InCites 数据库能够实时跟踪机构的研究产出和影响力;对机构的研究绩效进行机构之间和全球范围的对比,还可与学科领域的平均水平进行对比;发掘机构内具有学术影响力和发展潜力的研究人员,监测机构的科研合作活动等。

(2) ESI。ESI 数据库是由世界上著名的学术信息出版机构美国科学信息研究所(ISI)于 2001 年推出的衡量科学研究绩效、跟踪科学发展趋势的基本分析评价工具,是基于 SCI 和 SSCI 所收录的全球 8 500 多种学术期刊的 1 000 多万条文献记录而建立的计量分析数据库,其服务由科睿唯安公司的 InCites 平台提供。

ESI 从引文分析的角度,针对 22 个专业领域,分别对国家、研究机构、期刊、论文以及科学家进行统计分析和排序,主要指标包括:论文数、引文数、篇均被引频次等。ESI 可以分析特定研究机构、国家、公司和学术期刊的研究绩效;可以在 22 个专业领域内分别对国家、研究机构、期刊、论文、科学家进行统计分析和排序;可以跟踪自然科学和社会科学领域内的研究发展趋势;可以评估潜在的合作者、评论家、同行和雇员;可以测定特定研究领域的研究产出与影响等。

(3) SciVal。SciVal 是爱思唯尔公司研发的科研及科研管理数据库,它基于全球最大的同行评审摘要和引文数据库 Scopus 进行开发,其中涵盖了 22 000 余种同行评审期刊、7 500 万篇学术期刊论文、约 800 万个国际学术会议记录以及 2 500 万个国际专利。SciVal 指标包括学科标准化的引文影响力(Field Weighted Citation Impact,FWCI)、篇均被引频次、总被引频次、h 指数等。SciVal 可以用来梳理全球大学的科研产出情况、查找高水平文章和期刊、开展学科评估、了解和分析国际合作情况等;SciVal 还推出了主题(Topic)服务,可以研究和分析各领域的热点研究主题。

其他常见的科研成果评价类数据库和工具平台中,DI 和 INNOGRAPHY 的介绍见本书第八章,DDA 的介绍见本书第十一章。

1.3.2 科研成果评价的作用与方法流程

1. 科研成果评价的作用

利用前面提到的科研管理与评价资源,可以解决如下方面的问题。

(1) 人员评估:了解某位作者或研究人员在某一研究领域内的学术水平和国际排名;找到某个研究领域中表现卓越的研究人员,例如该领域全球前 1% 的作者,或者影响力最大的中国作者等。

(2) 机构评估:了解某个机构有多少学科成为全球前 1% 的学科,或者距离成为全球前 1% 的学科还有多远(通过查找相关的阈值,并与之进行对比分析),了解这个机构中各个学科在全球的学术水平和国际排名等。

(3) 学科评估：了解某个学科的全球机构的表现与分布、机构的排名；了解某学科最具有学术影响力的机构有哪些；了解该学科/领域的研究前沿和热门文献、热点研究主题等。

(4) 期刊评价：了解期刊的发文量、被引篇次及其他各种评价指标。

2. 科研成果评价的方法与流程

科研成果评价一般有如下要素：数据源、指标体系、对标机构、分析框架和方法、完成和发布分析报告等，有些科研评价项目例如学科评估中学科是最基本的要素，此外有些大型的科研评价项目还会预先设计复杂的评价模型或算法。

(1) 数据源及其数据获取。从文献类型来看，数据源包括图书、期刊、会议、学位论文、专利等各种成果数据，也包括学生人数、师资、教学质量、雇主声誉、基金、人才、项目、获奖、排名等各种调查或评审数据；从数据获取渠道来看，数据源包括商用数据库中的数据，也包括各种可公开获取的数据。本书前面章节中介绍到的 Web of Science、Scopus、中国知网等成果类商业数据库和本章介绍到的 InCites、ESI、SciVal 等科研管理和评价类商业数据库，都是常用的数据源。

(2) 指标体系。科研成果评价须先构建合适的指标体系，指标可从各个已有的评价体系例如国际知名的大学排行榜、教育部学科评估体系中选取，也可从各个数据源中选取，也可自定义。

广为人知的科研评价指标体系有很多种，最有国际影响力的是号称四大权威世界大学排名的 QS 世界大学排名(QS World University Rankings，QS，英国 Quacquarelli Symonds 国际教育市场咨询公司发布)、泰晤士高等教育世界大学排名(Times Higher Education，THE，英国《泰晤士高等教育》发布)、U.S. News 全球最佳大学排名(U.S. News & World Report Best Global Universities Rankings，《美国新闻与世界报道》发布)和软科世界大学学术排名(Shanghai Ranking's Academic Ranking of World Universities，ARWU，上海软科教育信息咨询有限公司发布)所采用的指标体系。此外还有很多种指标体系也是广受关注的，例如武汉大学中国科学评价研究中心的"中国高校竞争力评价"指标体系、中国教育部学科评估指标体系等。这些指标体系中涉及多种类型的指标，以 QS 为例，跟科研评价相关的指标包括学术声誉、论文篇均被引、h 指数等，其中论文篇均被引和 h 指数指标的数据来源于爱思唯尔的 Scopus 数据库；以 ARWU 为例，与科研评价相关的指标包括教师获权威奖项数(Award)、论文总数(PUB)、全球最高被引科学家数量(HiCi)、Nature 和 Science 上发文的折合数(N&S)等，其中 PUB 和 HiCi 指标的数据来源于科睿唯安公司的 Web of Science 和 InCites 等数据库；以教育部第四轮学科评估为例，与科研评价相关的指标包括学术论文质量(A 类期刊论文和高水平论文)、出版专著、出版教材、科研获奖(教育部和省级科研成果奖)、科研项目(国家自然科学基金、国家社科基金、全国教育科学规划课题、教育部人文社科研究计划、省部级和重要横向科研项目等)。

数据源中的指标更为丰富，常见的和重要的如：论文数(发文数)、高被引论文数、专利数、会议论文数、篇均被引/引文影响力、国际合作论文百分比/高被引论文百分比/热点论文百分比、学科基准值/地域基准值、h 指数、学科规范化的引文影响力(Category Normalized Citation Impact，CNCI，源自 InCites)、学科归一化引文影响力(Field-Weighted Citation Impact，FWCI，源自 SciVal)、期刊规范化的引文影响力(Journal Normalized Citation Impact，

JNCI,源自 InCites)、相对于全球平均水平的影响力(Impact Relative to World,IRW,源自 InCites)、平均百分位(Average Percentile,源自 ESI)、显著性指标(Prominence Percentile,PP,也称显著性指数,源自 SciVal)。有些指标有特定来源和使用限制,要充分了解指标的内涵和适用范围,才能客观有效地开展科研成果评价。

以 h 指数为例:h 指数是一个展现科研工作者终身成就的计量学指标,当作者发表的多篇文献中,其中至少 n 篇文献的被引频次不低于 n,则该作者的 h 指数为 n。可以看出,h 指数这个指标鼓励作者大量发表有影响力的成果,成果越多且成果中被引频次高的文献越多,h 指数则越大,单纯一、二篇高被引论文并不能影响 h 指数的数值。h 指数还与作者职业生涯或科研寿命的长度相关,通常资深的科研工作者有更多的时间发表更多成果和获得更多的引用次数。

(3)对标机构。对标机构的确定取决于科研成果评价的类型和需求,以学科评估为例,对标机构选取时国内应重点参照教育部最新一轮学科评估结果和教育部、财政部、国家发展改革委最新联合发布确认的"双一流"学科,考虑学科发展规划要求和学科对口院系的需求,还要考虑对标机构的学科发展状况以及多个国际和国内学科排名体系的全方位对比。

(4)分析框架和方法。需求调研与沟通:明确科研成果评价的目标与定位,厘清目标客户,确定分析框架。

数据查找和下载:从选定的数据源检索与下载、筛选数据。

数据清洗与处理:按照分析需求对数据进行清洗与规范,包括去除冗余、数据格式处理、数据准确性清理、数据规范、机器智能学习(数据管理平台)等;对清洗过的数据进行积累与保存。

学科映射:开展学科评估类的科研成果评价,需要建立数据源与拟评估学科之间的映射表,常见的数据源如 Web of Science、Scopus 等数据库均已建立了其文献类别/二级学科/期刊与教育部《学科授予与人才培养学科目录》[①](InCites 数据库中显示为 China SCADC Subject)之间的对应关系。但具体的学科映射表的建立还需要根据评估的目标和范围等进行具体的定义。

撰写分析报告:根据需求和分析结果确定分析报告的框架与体例,并按相关规范撰写分析报告。

反馈与修改:科研成果评价报告应依据其需求与目标面向用户及专家征询反馈意见,充分沟通和反复修改。

(5)完成和发布分析报告。分析报告应结构完整、格式规范,结构包括名称、研究或发布单位/团队、前言、目录、术语(指标和方法等)、数据源和相关说明、分析结果和建议、致谢或声明等;格式规范包括文字字体字号、图表规范等;在报告的分析与建议撰写过程中还应遵守客观、严谨、适度等要求,保证分析报告的专业性。

---

① 教育部.学位授予和人才培养学科目录[EB/OL].[2022-06-30]. http://www.moe.gov.cn/s78/A22/xwb_left/moe_833/201804/t20180419_333655.html.

第二节 资源综合利用案例

2.1 如何查找特定事实或文献

2.1.1 特点分析及相应的解决方法

前面已经提到,此类课题是针对具体问题查询准确的答案,答案也许是一个数字、一个图表、一个词语、一句话、一个事实或者一篇文献,这类课题的特点是:

(1) 课题范围广泛,可能涉及任何学科及领域,但以常识性问题为主;
(2) 课题单一,而且一般具有唯一的答案;
(3) 对课题答案的准确度要求高,而且必须来源可靠。

针对上述特点,解决此类课题需要注意以下事项:

(1) 要选择适合的检索工具。根据问题的学科、类型属性等寻找适当的检索工具是解决问题的关键步骤,常常找对了检索工具,就解决了问题,事实和数值型数据库、电子工具书、搜索引擎等数字信息资源是解决此类问题常用的工具。例如,查找诗文名言出处可选《四库全书》电子版、《全唐诗索引》电子版、搜索引擎等;查找缩略语、术语可以选择在线的缩略语词典、术语词典、术语库;查找字词可以选择电子字典词典,经济类名词可以选择"中国资讯行名词解释库";查找各类统计数据可以选择"中经网统计数据库""国研网统计数据库"、BvD系列数据库等;查找地名人名、公司机构、人物传记可以选择"新华社多媒体数据库"、万方数据知识服务平台、中国资讯行系列数据库、Gale数据库等;查找事件事实可以选择历史数据库、新闻资料库、科学数据库系统、搜索引擎等。

(2) 要选择版权可靠、版本权威、质量好的检索工具,优先选择正式出版的电子工具或商用数据库,找不到正式出版物或其他特定情况下选择搜索引擎或网络免费资源。

(3) 用于引证、需要注明准确来源的课题,应尽量提供合法、可靠的引证来源;利用搜索引擎和其他网络资源获得的检索结果需要通过相关线索进行验证。举例来说,同样是查找人物传记资料,利用搜索引擎可能可以快速搜索到很多、很详细的资料,但可能因其来源不清、链接不稳定而导致用户无法引证,这样的答案对于用户而言显然并不理想,因此可以通过数据库或网络查询线索,在提供答案之余,还要提供合法的来源。

2.1.2 查找特定事实或文献的案例

【示例一】

查找字句或诗文出处。有新闻报道说2016年两会期间,习近平总书记参加黑龙江代表团审议。当地企业龙煤集团正面临转型升级的时代课题。对这场改革生存攻坚战,习近平总书记强调:"临渊羡鱼不如退而结网",要"瞄准方向、保持定力、一以贯之、久久为功,急躁是不行的,浮躁更不行。"①这段报道中引用的"临渊羡鱼不如退而结网",想知道它的准确出处。

分析:该题目是要查询字句/古文出处,应优先考虑选择支持全文检索的典籍电子书进行查找,可选择的资源包括"中国基本古籍库""中华经典古籍库"、《四库全书》电子版、"雕龙古籍数据库"等。字句/古文出处需要考据和验证,利用合适的古籍资源检索后,还需要认真阅读上下文,理解文义和查看注释,并且需要反复比对验证以最终得出确切的出处。

步骤:(为保持古籍书名和内容的呈现效果,以下步骤中涉及的查询结果使用繁体字)

(1) 选择"中华经典古籍库";

(2) 进入高级检索界面,选择"文章内容"字段,输入:临渊羡鱼,可得到数十条检索结果,来源于不同的典籍。结果显示项目包括题名(卷名或文章标题)、来源、书目、摘要等,检索词以红色突出显示,点击题名可以查看上下文。

(3) 浏览检索结果发现该句多为引用汉代董仲舒之言,据此线索先点击查看检索结果中《漢書·董仲舒傳》中的内容,汉武帝问策于贤良文学之士,董仲舒对曰:"……故漢得天下以來,常欲善治而至今不可善治者,失之於當更化而不更化也。古人有言曰:'臨淵羨魚,不如(蛛)〔退〕而結網。'〔八〕今臨政而願治七十餘歲矣,不如退而更化;更化則可善治,善治則災害日去,福祿日來。"(出自《漢書》卷五十六 董仲舒傳第二十六)可以发现,这段话也并非董仲舒所原创,而是他所引用的古人之言,同时字句中有衍字,需要核验。《漢書·禮樂志第二》中该句被引为:"臨淵羨魚,不如歸歸而結網",同一书中的两处引用有一字之差;清人蘇輿所撰《春秋繁露義證》附錄一 董子年表中有关于这个引用字句的线索,不同人物书籍引用时有所出入:"然疑册中語有衍字,其文當云:'古人有言,臨政願治,不如退而更化。'皆古語也。淺人妄加數字,則不成文理。(禮樂志引亦同)"多个出处互相验证,基本可以确认"臨淵羨魚,不如退而結網"的说法源自《漢書·董仲舒传》。

(4) 鉴于该字句是董仲舒所引古人之言,所以需要核验有否更早的出处。根据检索词突出显示浏览全部检索结果的上下文,可发现如下条目:"臨河羨魚,不如歸家織網"《淮南子·說林訓》语。又《漢書·董仲舒傳》:"臨淵羨魚,退而結網"(出自[清]翟灝 撰《通俗編附直語補證》卷二十九 禽魚),可知在《漢書·董仲舒傳》之前有类似的说法,查询《淮南子》或重新以"临河羡鱼"进行全文检索可确认该字句出处。因此可确认新闻报道中所引字句最早出自《淮南子》,但广为流传且字句完全一致的用法出自《漢書·董仲舒傳》。如果为该字句注明完整的引证出处信息,可注为:[漢]班固 撰,[唐]顏師古 注.漢書.北京:中華書局,1962年6月。

(5)《汉书·董仲舒传》中关于该句有颜师古的注释:"言當自求之",准确地表达了应脚踏实地实现目标的含义,和新闻报道中习近平总书记发言表达的愿望是完全一致的。

---

① 新华社. 习近平参加黑龙江代表团审议[EB/OL]. (2016-03-07)[2023-05-16]. http://xinhuanet.com/politics/2016-03/07/c_128780106.htm.

【示例二】

查询一位作家的生平传记。目前知道该作家为捷克人（后入法国籍），名为 Milan，不能确知姓的拼法但知道中文译为昆德拉，代表作有《生命中不能承受之轻》（曾改编为电影《布拉格之恋》，丹尼尔·戴-刘易斯和朱丽叶特·比诺什主演）。根据这些信息，选择一种合适的数据库，用最有效率的方法检索出相关信息。

分析：该题目是要检索某一事实，具体来说是要查找作家传记资料，我们就可以考虑直接选用 Gale Literature 或 Gale Primary Sources 数据库，运用系统所提供的可以使用词截断的模糊查询技术，同时使用系统的高级检索方式，进行多个检索条件的组合，很快查检到准确信息。

步骤：

（1）选用 Gale Literature 数据库。

（2）使用个人检索（Person search），在姓名框内输入 Milan，在下面的人物身份选项中选择国籍（Nationality）为捷克（Czech，选择法国也可以）。其实还可以选择性别、种族、职业（作家）、生存年代（20 世纪）等信息。

（3）仅用名字和捷克国籍检索后得到 4 位名人的索引信息：Fryscak，Milan 1932；Richter，Milan；Ryzl，Milan 1928；Stepka，Milan，根据姓名判断没有符合检索要求的，改选国籍为法国可检索到唯一符合要求的姓名，Kundera，Milan 1929。

（4）在 Gale Literature 中有他的 6 篇传记，可以直接选择查看。也可以再到 Biography Resource Center 中查找该作家的详细传记资料。

（5）根据课题中的代表作及电影改编等信息，选择了 6 篇传记中的一篇："Milan Kundera. Gale Literature：Contemporary Authors，2016"，该资料中详细介绍了作家生平、作品和媒体改编情况，可认为是符合检索需求的文献之一，另外一篇 2001 年的源自 Twentieth-Century Eastern European Writers：Third Series 的传记也符合检索要求。

（6）作为引用资料提供该篇传记资料的可靠来源：Gale Literature：Contemporary Authors. Milan Kundera[EB/OL]. [2022-05-21]. http://link.gale.com/apps/doc/H1000056356/LitRC? u=peking&sid=bookmark-litkc&sid=662d4aba.

2.2 如何进行课题查询

2.2.1 特点分析及相应的解决方法

与其他数字信息资源利用的项目相比，课题查询项目具有如下特点和解决方法：

（1）课题灵活多样，可能涉及不同学科和领域，规模也是可大可小——有的只是简单的讨论性题目例如课堂讨论，找到一些代表性文献支持观点即可；有的是了解最新动态；也有大型的、综合性题目例如论文开题或选题，需要全面查询资料并能对资料进行整理、筛选和分析。

（2）需要对题目的检索要求、目标等进行仔细的分析，以便有针对性地和高效地解决问题。对于讨论性题目和小型课题查询,解决的步骤可以精简,分析课题后选择合适的检索工具,密切结合论点查找资料,不必查全,但一定要具有代表性,并且要尽量采用新颖性、权威性比较好的文献,一般不需要多次重复检索步骤;对于综合性查询课题,则需要查全并需要对资料进行分析,解决的步骤可能需要多次重复——首先检索工具的选择就要充分求全,不仅要考虑本学科、还要考虑交叉学科以及跨学科性质的资源,获得检索结果之后还要充分筛选分析,并根据分析的结果以及选题的确定重新进行检索策略调整以及深化检索。

(3) 检索与搜集资料一定要有必要的知识和技能上的储备,其中包括学科专业知识,也包括对图书馆资源的认知及用现代化的检索手段搜集资料的技能。在做课题查询的时候,要注意:对同一个检索课题的查询可以有不同的途径,要多做尝试。有的时候可能不能直接达到检索目标,要采用迂回的方式,逐渐逼近答案。

2.2.2 课题查询案例

【示例一】小型课题查询

了解一些西方媒体关于哥本哈根气候变化大会与中国减排承诺的有关论点和报道。

分析:该课题是对某一问题做大致的了解,不求查全,最好是能够比较快速准确地获取有代表性的文章,并且可以直接获取全文。因此可以使用 ProQuest Research Library 全文库,该库收录有西方许多重要媒体报章,如美国《纽约时报》(*New York Times*)、英国《金融时报》(*Financial Times*)等。另外,该系统的检索功能与主题查询方式可以满足准确查询的要求。

检索时间:2009 年 12 月

步骤:

(1) 用 ProQuest Research Library 全文库。

(2) 使用高级检索方式(Advanced Search),输入检索式:

所有字段-NOFT(不含全文):emissions AND climate change;

文献题名字段(Document Title):China;

两个检索条件之间的组配关系为:AND。

限定检索条件为:last 30 days;only full text(只检索最近 30 天的文献;只检索有全文的文献)

(3) 高级检索共查出 9 篇全文(检索时间 2019-12-27),浏览结果,显示有多篇相关文献。

(4) 也可以使用主题检索,主题检索是一种全面或准确检索的有效检索方式。利用 Topics 确定检索主题:emissions AND climate change;Emissions AND Emissions control;Emissions AND Emission standards 等;在高级检索方式(Advanced Search)设定主题检索字段和检索式:

主题(Subject):emissions;

主题(Subject):climate change(或选择其他主题);

文献题名字段(Document Title):China;

检索限定同上。

(5) 上述相关文献显示西方媒体对于中国为应对世界气候变化而做出的减排承诺看法复杂,但也显示西方媒体对于中国态度的重视。很多西方媒体强调中国是世界上碳排放量最大的国家,给全球气候变化带来威胁(相关文献的来源和标题:*China Economic Review*—China falls back on coal; *Federal Government Documents and Publications*—China's New Coal Plants Raise Climate Threat; *Weblog post*—Phil's Stock World: Greta Thunberg Enraged After Climate Strikes "Achieved Nothing", Has Yet To Visit China);有媒体关注和肯定中国碳减排方面的现状和努力,例如投资和国际合作项目,也客观报道中国与其他国家/地区的对比情况(相关文献的来源和标题:*MENA Report*—China: AIIB Invests USD500M for Low-Carbon Energy, Air Quality Improvement in China; *Targeted News Service*—University of Chicago: EPIC Launches Groundbreaking Research Effort in China; *Weblog post. Climate Home* [BLOG]—European Union climate investment lags behind US and China),也有媒体报道中国的声音和举措,中国越来越重视全球气候变化问题,从维护经济发展转变为积极地走上低碳道路,且将这种转变作为一种国家战略。

【示例二】综合性课题查询[①]

对有关尖晶石结构巨磁电阻材料的研究进展做全面的调查研究。

分析:该课题涉及的专业为化学和物理学的交叉学科。由于调查的对象是学科领域的前沿进展,创造性是科技信息的生命,因此查找的文献应当突出新颖性。同时要全面调查国际范围的研究状况,注意系统性,在文献地域方面要注意全面,兼顾国内和国外的研究成果。另外,由于是有关新材料、新方法的科技成果,在查资料的时候不能只查期刊论文,专利和科技成果数据库是科技课题查询的重要信息源。

检索策略:

(1) 年限:2010—。

(2) 中文检索式:尖晶石 AND(巨磁电阻 OR 巨电阻 OR GMR)。

(3) 英文检索式:spinel * AND (magneto-resistance OR magnetoresistance OR "giant magneto resistive" OR GMR)。

(4) 数据库:

参考数据库:Web of Science、EI、Scopus、INSPEC、SciFinder;

全文数据库及电子期刊:Elsevier 电子期刊、Springer 电子期刊、IOP(英国物理学会)电子期刊、APS(美国物理学会)电子期刊、维普"中文期刊服务平台"和"中国知网学术期刊库";

专利及科技成果数据库:德温特创新索引数据库(DII)、INNOGRRAPHY、中国知网专利库、万方"中外专利数据库"和"中国科技成果数据库";

博硕士学位论文库:ProQuest 全球博硕士学位论文全文数据库(PQDT Global)、北京大学学位论文数据库、万方"中国学位论文数据库"、NSTL"中文学位论文数据库"。

---

① 选自北京大学"电子资源的检索与利用"课程学生作业。

(5) 检索时间：2019 年 12 月。

查出主要的参考文献如下：

① 期刊论文索引：来源于 Web of Science 核心合集中的 SCI 数据库，字段限定为标题，按被引频次从高到低排序后，只列举前 4 条文献。

标题：Tunnel magnetoresistance with improved bias voltage dependence in lattice-matched Fe/spinel $MgAl_2O_4$/Fe(001) junctions

作者：Sukegawa, H (Sukegawa, Hiroaki); Xiu, HX (Xiu, Huixin); Ohkubo, T (Ohkubo, Tadakatsu); Furubayashi, T (Furubayashi, Takao); Niizeki, T (Niizeki, Tomohiko); Wang, WH (Wang, Wenhong); Kasai, S (Kasai, Shinya); Mitani, S (Mitani, Seiji); Inomata, K (Inomata, Koichiro); Hono, K (Hono, Kazuhiro)

来源出版物：APPLIED PHYSICS LETTERS 卷：96 期：21 文献号：212505 DOI：10.1063/1.3441409 出版年：MAY 24 2010

被引频次合计：66

标题：Enhanced tunnel magnetoresistance in a spinel oxide barrier with cation-site disorder

作者：Sukegawa, H (Sukegawa, Hiroaki); Miura, Y (Miura, Yoshio); Muramoto, S (Muramoto, Shingo); Mitani, S (Mitani, Seiji); Niizeki, T (Niizeki, Tomohiko); Ohkubo, T (Ohkubo, Tadakatsu); Abe, K (Abe, Kazutaka); Shirai, M (Shirai, Masafumi); Inomata, K (Inomata, Koichiro); Hono, K (Hono, Kazuhiro)

来源出版物：PHYSICAL REVIEW B 卷：86 期：18 文献号：184401 DOI：10.1103/PhysRevB.86.184401 出版年：NOV 2 2012

被引频次合计：45

标题：Anomalous magnetoresistance in the spinel superconductor $LiTi_2O_4$

作者：Jin, K (Jin, K.); He, G (He, G.); Zhang, X (Zhang, X.); Maruyama, S (Maruyama, S.); Yasui, S (Yasui, S.); Suchoski, R (Suchoski, R.); Shin, J (Shin, J.); Jiang, Y (Jiang, Y.); Yu, HS (Yu, H. S.); Yuan, J (Yuan, J.); Shan, L (Shan, L.); Kusmartsev, FV (Kusmartsev, F. V.); Greene, RL (Greene, R. L.); Takeuchi, I (Takeuchi, I.)

来源出版物：NATURE COMMUNICATIONS 卷：6 文献号：7183 DOI：10.1038/ncomms8183 出版年：MAY 2015

被引频次合计：32

标题：Colossal electroresistance and colossal magnetoresistance in spinel multiferroic $CdCr_2S_4$

作者：Sun, CP (Sun, C. P.); Huang, CL (Huang, C. L.); Lin, CC (Lin, C. C.); Her, JL (Her, J. L.); Ho, CJ (Ho, C. J.); Lin, JY (Lin, J. -Y.); Berger, H (Berger, H.); Yang, HD (Yang, H. D.)

来源出版物:APPLIED PHYSICS LETTERS 卷:96 期:12 文献号:122109 DOI:10.1063/1.3368123 出版年:MAR 22 2010

被引频次合计:29

② 期刊论文全文:西文文献来源于 Elsevier 电子期刊库,题名检索,只列出前 3 条文献;中文文献来源于维普"中文期刊服务平台",题名或关键词检索:尖晶石*(巨磁电阻+GMR),只列出 1 篇文献。

作者:S. Divya,K. Jeyadheepan,J. Hemalatha,题名:Magnetoelectric P(VDF-HFP)-CoFe2O4 films and their giant magnetoresistance properties,出处:Journal of Magnetism and Magnetic Materials,Volume 492,2019

作者:K. Dey,A. Indra,A. Karmakar,S. Giri,题名:Multicaloric effect in multiferroic sulpho spinel MCr_2S_4(M=Fe & Co),出处:Journal of Magnetism and Magnetic Materials,2019

作者:Kaixuan Fang,Yingqi Zhang,Zhengjun Zhang,Na Chen,题名:Crystallization-induced semiconductor-metal transition in an amorphous CoFeTaBO magnetic semiconductor nanocomposite,出处:Journal of Alloys and Compounds,Volume 797,2019

卢晓羽,贾楠,方必军,杨昭荣,张裕恒.巨磁电阻材料 $A_{0.05}Co_{0.95}Cr_2S_4$(A=Zn,Ni,Cd,Fe)的输运行为及磁性能研究.无机材料学报,2016,31(7):699-704

③ 学位论文:来源于国家科技图书文献中心 NSTL"中文学位论文数据库",选择摘要字段,巨磁电阻 and 尖晶石,只有 1 篇符合检索条件。

作者:沈希,题名:La<,0.67>Ca<,0.33>MnO<,3>/Sr<,2>FeMoO<,6>复合材料的制备和物性及 Zn<,2>SnO<,4>的高压结构研究,兰州理工大学,凝聚态物理专业,硕士论文,导师杨华、禹日成,2010

④ 专利:来源于"中国知网专利库",选择主题检索,输入:尖晶石结构巨磁电阻材料,得到 501 篇专利,经过阅读筛选均不符合检索要求。

检索分析:该研究在 2002—2003 年期间曾经进行过国内外相关资料调研,并得到如下结论:从目前的研究整体来看,这些文献还只是论述某一种尖晶石的结构及性质,或者只是偶尔地提及尖晶石的磁电阻性质;但还缺乏更深刻的探讨和全面的理论分析,也没有对整体尖晶石结构的磁电阻性质的综述及其可预测的新的改善的性能。2011 年 12 月通过对上述数据库、期刊、专利等的查询,得到一些新的相关文献,可以发现该课题的研究已经进入到一个新的阶段,开始进行磁性纳米材料的制备,并也出现了一些相关的专利,说明该课题已从理论研究向实践方面进展。2019 年 12 月再次通过上述数据库进行查询,更新了文献信息,可以发现该领域研究越来越深入,出现较多关于复杂结构、复合材料制备、输运行为和磁性能研究的文章。

2.3 如何完成科技查新

科技查新是伴随我国科技发展过程而产生的,这项工作是国家对科技研究与科研成果实施科学化管理的一项重大改革措施,为了公正、公平、准确地评价科研课题和科技成果,借鉴专利查新的经验,20世纪80年代末,开始对科研成果实行查新。为了加强对查新工作的管理,1990年10月,原国家科委印发了《关于推荐第一批查新咨询科技立项及成果管理的情报检索单位的通知》(〔90〕国科发情字800号)[①],授权11家查新工作单位成立科技查新站,科技查新工作开始正式成为科技管理中的一个重要环节,也标志着我国科技查新工作步入正规化。

此后又有更多的咨询机构加入到查新队伍中来。为规范查新工作,原国家科委起草了《科技查新咨询工作管理办法》和《科技查新咨询工作管理办法实施细则》。2000年12月,科学技术部颁发了《科技查新机构管理办法》和《科技查新规范》(国科发计字〔2000〕544号),标志着查新工作走向了法治化,也是落实国家"大力发展科技中介服务机构,尽快制定和完善关于科技中介服务组织的法规,规范其行业行为"的一项举措,同时为保证查新工作的公正性、准确性、独立性和规范性提供了法律依据。

教育部部属高校的科技查新工作隶属教育部科技发展中心管理。2003年1月和5月教育部分别颁布《科技查新机构管理办法》和《科技查新规范》,2003年11月根据《教育部办公厅关于认定教育部部级科技查新工作站的通知》(教技发厅函〔2003〕1号)要求,在北京大学等29所直属高校设立首批"教育部科技查新工作站",标志着高校科技查新工作进入系统化、规范化发展阶段。教育部此后又于2004年、2007年和2009年设立了三批查新工作站,目前总共设立了七批。

2.3.1 科技查新的定义

据2015年发布的国家标准《科技查新技术规范》(GB/T 32003—2015),科技查新是指查新机构根据查新委托人提供的需要查证其新颖性的科学技术内容,独立开展科技查新业务,提供科技查新服务。科技查新的最终结果,是针对查新项目向委托人提供一份包括查新过程陈述和新颖性论证结论的书面报告,即科技查新报告。这里所提到的查新机构是指具有查新业务资质的信息咨询机构。

由此可以看出,查新关键在于新颖性,所谓新颖性就是指查新委托日以前,查新项目的科学技术内容部分或者全部是否在国内外出版物上公开发表过。查新报告是查新机构根据查新委托书的要求,通过查新项目的查新点与所查文献范围内的文献信息进行比较分析,对查新点作出新颖性判别后,以书面形式撰写的客观、公正的技术文件。

《科技查新规范》对整个查新工作进行了全面的规范,包括基本术语、基本原则、查新委托人、查新机构、查新合同、查新人员、查新咨询专家、检索、查新报告、查新争议、档案、查新

[①] 程昌富. 医科院情报所被国家科委推荐为北京第一批查咨询科技立题及成果管理的情报检索单位[J]. 医学信息学杂志, 1991(2): 1.

程序、附则等共13个部分,《科技查新规范》中对查新过程中涉及的基本术语进行了定义和规范化,规定各方的相应权利和义务及行为规范,为维护查新各有关方的合法权益提供了法律依据。

科学技术部认定或授权认定(教育部部属高校查新工作站的认定就由科学技术部授权教育部科技发展中心进行)查新机构的资质,并根据查新机构的综合情况和特点,规定了各查新机构所能受理的专业范围。教育部查新工作站分为综合类查新站、理工类查新站、农学类查新站和医学类查新站等,例如北京大学查新站为综合类查新站,基本认定条件之一是理、工、医类学科齐全,且文献资源丰富。

2.3.2 科技查新的意义和作用

科技查新工作的服务范围包括:科研立项、成果鉴定、评估、验收、转化、奖励等,查新报告是作为上述工作的鉴定资料的一部分,由此可以看出,查新在我国的科学研究和技术开发过程中扮演着十分重要的角色。

(1) 为科研提供立项的依据。立项是科研过程中至关重要的第一步,查新可以作为科研立项的前期工作,为立项是否恰当提供客观依据,可以表现在以下几个方面:有效避免低水平科研项目的重复,节省人力、物力以及科研资金;有助于科研人员了解国内外相关研究领域和同类技术的现状,明确要建立的科研项目在论点、研究开发目标、技术路线、技术内容、技术指标等方面是否具有新颖性,并根据所掌握的情况调整、修订自己的研究和开发方向,保证科研开发在立项时就处于高起点、高水平,为获得科研经费提供有力的支持。

(2) 为科研成果的处理提供依据。科研成果是科技工作者辛勤劳动的结果,查新可以使他们的劳动成果得到客观的确认,用文献检索的方法找出查新课题的新颖之处,给科研立项课题或科研成果一个独立、客观、公正的结论。

2.3.3 科技查新与一般课题查询的异同

科技查新是为科学研究和开发提供信息服务,它与一般的课题查询的相同点在于:以文献信息资源为基础,根据用户的文献需求,运用各种检索手段,为用户提供相关信息。但两者之间又存在着很大差异,具体表现为:

(1) 目的:一般文献检索只是用户利用检索工具查找与某项专题相关的文献记录的一个过程,只提供文献和原始资料,而科技查新是要作为鉴定资料为科研立项、科研成果鉴定、评估、验收、转化、奖励等提供客观依据,不但要对相关文献进行检索,还要对检索出的文献和数据的结果进行综合加工、分析,再与查新课题相比较,通过对比来判别查新项目的新颖性。

(2) 标准:科技查新更强调文献检索的准确性,以查到密切相关文献为目的,只要出现一篇与查新课题内容相似、主要技术指标相近或优于查新课题的文献,即对查新课题构成否定作用,其他检索就不是很重要了,而一般文献检索则要注重于查全。

(3) 时限:一般文献检索没有特定的检索范围和时间限制,只需委托人提出要求即可,对于科技查新,《科技查新规范》中规定一般应从查新委托之日起向前推10年,但也可根据不同的学科特点和技术产品、工艺和专利的成熟程度,缩短和延长检索年限。

(4) 查新责任:一般文献检索向用户提供检索到的文献信息即可,检索人员没有什么法律责任可言,而科技查新报告作为科技鉴定资料,查新人员要对查新结论所产生的一切后果负相应的法律责任。

2.3.4 科技查新与专家鉴定

科技查新作为科技鉴定的资料与专家评审有相同之处,但也不同于专家评审,专家评审是专家根据自身对专业知识的掌握和实践经验,从主观上对评审对象作出结论,而科技查新是信息工作人员对已出版的文献信息进行有针对性的检索,并将检索结果进行综合分析,从而判别查新项目的新颖性,同时也为专家的评审从文献方面提供一个客观的事实依据,使科技评价更加公平、公正。

2.3.5 查新程序

科技查新工作是一项专业性强、难度大、要求也高的信息服务工作,为保证这项工作的高质量完成,科学技术部在制定《科技查新规范》时,根据以前的经验总结了一套查新程序供人们参考:查新委托→受理委托→检索准备→选择检索工具→规范检索词→确认检索方法和途径→实施检索→完成查新报告→提交查新报告。

1. 查新委托

查新委托的单位或个人在提出查新项目之前,首先自我判断一下查新项目是否属于查新范围,再根据查新项目的专业内容、科学技术特点、查新目的和查新机构所能受理的专业范围自主选择查新机构,并据实、完整地向所选择的查新机构提供查新必需的相关技术资料和有关材料,包括项目的科技资料、技术性能指标、中英文对照的检索词、参考文献、国内外同类科学技术和相关学科的背景资料等。

2. 受理委托

现行的《科技查新机构管理办法》和《科技查新规范》规定了科技查新机构的查新范围,因此查新机构在受理查新时要首先考虑委托课题是否属于自己的受理范围,而后根据委托人提供的相关资料确定是否可以受理;如果符合受理条件,再根据查新人员的个人状况,如所具备的专业知识等来确定查新人员和审查人员;查新人员要确认委托人提交的材料是否齐全,确认是否能满足委托人的查新要求,确定完成查新的时间;如果可以接受委托,就要根据《科技查新规范》关于查新合同的要求与委托人签订查新合同。

查新委托人与查新机构所签订的查新合同是具有法律效力的,也就是说,一旦合同成立,双方就要为此承担相应的法律责任,因此查新人员不仅要熟练掌握有关查新方面的技术,而且要熟悉相关的科技法律制度,如国家科技进步法、科技组织方面的相关法律、关于科技成果方面的立法、科技奖励法律制度、关于科技人员管理方面的立法、技术合同与技术市场的立法、关于国际科技合作与交流方面的相关法律制度等。

3. 检索准备

检索准备应包括根据查新课题的主题选择确定相应的工具书。在实施查新之前,查新人员要进行课题分析,仔细阅读委托人提供的相关资料,了解委托人查新的目的和对查新的具体要求,并尽可能多地了解课题的研究情况,这对制订检索策略和文献对比很重要,必要时还要进行专家咨询。

4. 选择检索工具

检索工具选择得是否恰当会直接影响检索结果,选择数据库要本着能够全面覆盖查新课题范围为原则。从内容上要兼顾以下方面。

（1）首先要选择综合性的数据库,如"科学引文索引"（SCI）、"工程索引"（EI）、"科学文摘"（INSPEC）等,这些数据库不仅收录的学科全、范围广、年限长,且收录的期刊及其他类型的文献资料均为各学科领域的研究前沿出版物,尤其是对一些跨学科的查新项目最重要。

（2）专业数据库的特点是收录本学科的资料全,因此在必查之列。另外现在各研究领域之间相互交叉与渗透,理论和应用涉及多学科,因此内容相关的其他专业数据库也要列入检索的范围。

（3）国内外专利数据库。

（4）针对重大课题,也有必要对一些重要期刊（如《自然》（*Nature*）和《科学》（*Science*））进行专门检索。

（5）其他网络资源。

从检索工具的类型上要兼顾目录型、题录型、文摘型、全文型；从检索手段上要以计算机检索为主,而手工检索作为机检的补充不能忽略。

5. 规范检索词

检索结果是否准确与全面,是关系检索报告结论的决定性因素,而检索词准备得如何是影响着检索结果的查准率和查全率的关键,因此检索词的选择就显得十分重要。

检索词一般由委托人先来提供,但有些委托人不能准确提供主题词,许多情况下提供的是自然语言,查新人员应对照查新课题的内容,对委托人提供的主题词进行逐一核对,必要时查新人员要与委托人员反复面谈,然后对主题词加以完善,使自然语言变成计算机可以识别的规范语言,以便根据主题制定检索策略。

6. 确认检索方法和途径

查新中使用最多的是描述文献主题内容的词（如主题词、关键词或者分类号（词）等）；在特定情况下（如已知某人有与查新课题相同的研究）,也会使用描述文献外部特征的词（如著者、出处、专利号等）进行专指性检索。互联网检索要注意选择适用的搜索引擎。

7. 实施检索

完成上述所有工作后,就要制定完整、确切表达查新委托人要求和查新课题主题内容的检索策略,检索策略中要慎重使用新的概念词,尤其是委托人提供的新概念词。一个检索式中参与检索的概念或检索词要适当,检索结果要适中,既不能为"零",也不能过多,因为科技领域的任何工作或多或少都是建立在前人的研究基础之上的,可以没有相同文献,但不会没有相关文献,而检索到的文献过多会给分析对比增加许多困难。

不同检索工具都有各自的使用方法和检索特征,这是因为每个数据库标引存在着差异,制定检索策略时要符合数据库的索引体系,检索时注意数据库的使用方法:逻辑算符、截词符、单复数等,要考虑到词序的变化,正确使用位置算符。尤其是跨数据库检索时,要注意每个数据库的操作方法、字段的定义、字段标识是否一致。

当制定好检索策略后,根据课题学科特点确定检索年限,实施检索。在实际工作中,很难做到一次检索成功,经常会遇到检索结果太多或为零、检索到的结果与查新课题不相关等情况,这样就要用增加、减少、调整、修改检索词的方法来优化检索策略,有时要反复多次,才能得到满意的结果。如果有条件,最好的办法是利用 Dialog 数据库总索引进行试检索,该总索引既可以检测检索策略是否恰当,还可以帮助选择数据库,另外还可以根据某个概念词在各个数据库中的词频来判断该词正确性。

随着计算机技术和网络技术的发展,全文数据库越来越多,需要注意的是:文本型的全文数据库可以做到全文检索,而图像型全文数据库(如全文为 PDF 格式)的全文检索只是对元数据部分——书目、题录、文摘等进行检索。

8. 完成查新报告

包括相关文献分析和编写检索报告。对检索出的文献进行全面分析,筛选出与查新课题内容相关的文献,这些文献要能反映其研究水平、技术指标、参数要求,与查新课题有较高的可比性。

查新报告是查新机构用书面形式就查新事务及其结论向查新委托人所做的正式陈述,也是体现整个查新工作质量和水平的重要标志,查新人员要对查新课题内容及查新点与检索到的结果(即相关文献反映出的现有研究或技术水平)进行比较,实事求是地做出文献评述论证结论。报告应包括以下内容:

(1) 基本信息:查新报告编号,查新项目名称,查新委托人名称,查新委托日期,查新机构的名称、地址、邮政编码、电话、传真、电子信箱,查新员和审核员姓名,查新完成日期。

(2) 内容信息:查新目的,查新项目的科学技术要点,查新点和查新要求,文献检索范围,检索策略,检索结果,查新结论,查新员与审核员声明,与查新课题密切相关的原文在内的各种附件。

9. 提交查新报告

查新机构完成报告后,按照查新合同的约定向查新委托人提交查新报告和相应的附件。

鉴于查新人员对各种科技领域发展的了解有一定的局限,即使是专业非常对口的查新人员,对本专业研究情况及发展趋势也难做到了如指掌,在查新过程中很多时候需要找有关专家咨询,以便了解与课题相关的领域目前的研究与开发状况;委托人可以提出适合做本次查新咨询的专家的名单,作为查新人员的参考;而查新人员对查新咨询专家的意见及咨询结果也不予公开。

2.3.6 查新实例

【示例】农村饮用水水源地水质安全保障关键技术及应用[①]

首先仔细阅读"课题研究报告",抓其特点。本次查新的目的为申报奖励,希望对国内外有关农村饮用水源地精准定界与生物毒性多维监测预警技术、水源地集水区生物功能组协作共生污染物层级防控技术等,进行专利和文献查询,以证明拟立项课题的研究水平。

本课题从学科上分类应归属于环境科学领域,但所涉及的技术和应用非常广泛,因此在选择数据库时既要选择专业数据库,还要特别注意一些综合性数据库以及跨学科数据库,从技术上讲,该课题的实用性非常强,检索专利数据库必不可少,会议论文常常会报道一些前沿技术,也应在检索之列。中英文数据库也应涉及全文库。

其次是根据委托人提供的检索词和课题的主题内容制定检索策略。本次查新过程中,委托人所提供的检索词有:农村饮用水水源地、rural drinking water sources、水质安全、water safety、保障、ensuring、安全定界、safe demarcation、多维生物毒性监测、multi-dimensional biotoxicity monitoring、生物功能组、biological functional groups、层级防控、hierarchical prevention、土著微生物、indigenous microorganisms、培植、culture、原位激活、activation in site、修复、repair。课题采用了多种关键技术解决水质安全的监测预警和防控问题,两个查新点也分别对应监测预警和防控,因此委托人初步提供的检索策略为(只列举中文,英文检索策略详见后查新报告):

农村饮用水水源地 and(全链条水质安全保障关键技术体系 or 安全精准定界 and/or 多维生物毒性监测预警);

农村饮用水水源地 and(集水区生物功能组 and/or 协作共生层级防控 or 土著微生物定向培植 and/or 原位激活修复);

但在预检索时发现该策略基本没有匹配的检索结果,一来因为是报奖课题,委托人所采用的技术具有其独特性,所以采用同样技术拥有同样关键细节的文献原则上是应该没有;二来由于委托项目的关键技术具有特定的应用领域即农村饮用水水源地的水质安全,加上这个应用限定后也导致几乎没有检索结果或检索词之间难以匹配。应该是搜索同类技术,或是同类应用的相关文献,或只单独搜索相关技术而非限定领域的相关文献。据此与委托人商定的两个检索策略如下(只列举中文,英文检索策略详见后查新报告):

((农村饮用水 * 水源地)and(水质安全 * 保障))or(水源地 and((安全定界)or(生物毒性监测 * 预警))or(多维生物毒性监测 * 预警)

((农村饮用水 * 水源地)and(生物功能组 or 防控))or(水源地 and(原位修复 or 土著微生物))

用调整并确定的检索策略在选定的数据库中实施检索,并对检索结果进行分析,与查新委托课题进行技术方面的比较,最后编制出相应的查新报告如下:

[①] 选自北京大学查新工作站查新课题,报告编号2019××××Z01××××,完成时间2019年7月。

报告编号：×××××××

科 技 查 新 报 告

项目名称：农村饮用水水源地水质安全保障关键技术及应用
委 托 人：×××

委托日期：××××年××月××日
查新机构：×××查新工作站×××

完成日期：××××年××月××日

教育部科技发展中心
二〇一三年制

查新项目名称	中文：农村饮用水水源地水质安全保障关键技术及应用				
	英文：The Essential technology and application of rural water source quality and security				
查新机构	名　称	×××查新工作站×××			
	通信地址	×××		邮政编码	×××
	负责人	×××	××××××	传　真	×××
	联系人	×××	××××××	传　真	×××
	电子信箱	×××			

一、查新目的

申报奖励（×××奖）

二、项目的科学技术要点

主要技术要点：
(1) 创建农村饮用水源地××××××监测预警技术。率先提出基于××××××。
(2) 创立水源地××××××防控技术。创新建立×××××××。
(3) 创制水源水体××××××修复技术装备。自主研发×××××××。

三、查新点

1. 建立了农村饮用水水源地"×××"全链条水质安全保障关键技术体系，××××××。
2. 创立了×××技术，创制了×××技术装备，包括：××××××。

四、查新范围要求

要求查新机构对查新项目分别或综合进行国内外（或国内）文献对比分析，证明有无相同或类似的报道。

五、文献检索范围及检索策略[①]

检索的中文数据库：
1. 中文科技期刊数据库　　　　　　　　　　　　　　1989—2019 年 7 月
2. 中国知网　　　　　　　　　　　　　　　　　　　1994—2019 年 7 月
3. 万方数据资源系统　　　　　　　　　　　　　　　1985—2019 年 7 月
4. 国家科技图书文献中心　　　　　　　　　　　　　1984—2019 年 7 月
5. 中国专利数据库　　　　　　　　　　　　　　　　1985—2019 年 7 月
6. 国家科技成果网　　　　　　　　　　　　　　　　1978—2019 年 7 月
7. 中国博士学位论文全文数据库　　　　　　　　　　1984—2019 年 7 月
8. 中国优秀硕士学位论文全文数据库　　　　　　　　1984—2019 年 7 月
9. CALIS 高校学位论文库　　　　　　　　　　　　　1998—2019 年 7 月
10. CALIS 学术会议论文库　　　　　　　　　　　　　1998—2019 年 7 月

续表

检索的英文数据库：	
1. Sci Expended—科学引文索引网络版	1900—2019/Jul
2. CPCI-S—科学会议录索引网络版	1996—2019/Jul
3. EI CompendexWeb—工程索引数据库网络版	1969—2019/Jul
4. Derwent Innovations Index—德温特专利索引数据库	1963—2019/Jul
5. INSPEC—科学文摘	1969—2019/Jul
6. Elsevier ScienceDirect—学术期刊数据库	1995—2019/Jul
7. ArticleFirst—OCLC 期刊索引数据库	1990—2019/Jul
8. ContentsFirst—OCLC 期刊目次库	1990—2019/Jul
9. Current Contents(6 months)—现刊篇名目次数据库网络版	1999—2019/Jul
10. Ingenta 期刊索引数据库	1990—2019/Jul
11. PapersFirst—OCLC 会议论文数据库	1993—2019/Jul
12. Proceedings—OCLC 会议论文数据库	1993—2019/Jul
13. ProQuest Dissertations and Theses—PQDT 博硕士论文数据库	1861—2019/Jul

检索词
农村饮用水水源地 rural drinking water sources
水质安全 water safety
保障 ensuring
安全定界 safe demarcation
多维生物毒性监测 multi-dimensional biotoxicity monitoring
生物功能组 biological functional groups
层级防控 hierarchical prevention
土著微生物 indigenous microorganisms
原位激活 activation in site
修复 repair

检索式
1. ((SU='农村饮用水'*'水源地') and (SU='水质安全'*'保障')) or (SU='水源地') and ((SU='安全定界') or (SU='生物毒性监测'*'预警')) or (SU='多维生物毒性监测'*'预警'))
2. ((SU='农村饮用水'*'水源地') and (SU='生物功能组' or SU='防控')) or (SU='水源地' and (SU='原位修复' or SU='土著微生物'))

1. ("rural drinking water source" and (source safety or "safety demarcation * " or "biotoxicity monitoring")) or ("water source" and ("source safety" or "safety demarcation * " or "biotoxicity monitoring"))
2. "drinking water source" and ("biological functional group * " or "hierarchical prevention * " or "indigenous microorganism * " or repair)

六、检索结果

中文文献检索结果：
依据上述文献检索范围和检索式，共检索出相关文献××篇，其中密切相关文献××篇，文献信息如下：

第十三章 数字信息资源的综合利用

续表

1. 作 者	李文攀,周密,白雪,姚志鹏,陈亚男.	
机 构	中国环境监测总站国家环境保护环境监测质量控制重点实验室;	
题 名	集中式饮用水水源地水质预警指标体系构建	
出 处	中国环境监测,2016,(01):128-132.	
关键词	饮用水水源地,水质预警,指标体系	
摘 要	系统分析了××××××。	

英文文献检索结果:

依据上述文献检索范围和检索式,共检索出相关文献××篇,其中密切相关文献××篇,文献信息如下:

1. 作者:Ou,B (Ou,Bin); Gong,AM (Gong,Aimin); He,CX (He,Chunxiang); Fu,SY (Fu,Shuyan)
   标题:Dynamic evaluation of water source safety based on fuzzy extension model
   来源出版物:MEMBRANE WATER TREATMENT,卷:10,期:2,页:149—154,出版年:MAR 2019
   摘要:The××××××××。

七、查新结论

中文文献分析:

第1篇文献对饮用水水源地水质提出了建立以常规理化-生物毒性在线监测相结合,遥感监测与人工巡查相统筹的一体化水源地水质预警指标体系。本查新项目创制了×××××××

第2篇文献×××××××

英文文献分析:

第1篇文献建立了水源安全评价信息物元系统,通过物元变换建立了评价水资源动态的模糊物元模型,可对水文地质资料、生态环境、水污染、地表扰动等进行综合处理。根据定量结果的发展趋势,可以用定性和定量的方法来描述水源安全行为,可以动态地表达水源安全行为。本查新项目基于××××××

在上述检索范围内,通过对检索到的相关文献进行分析对比,第××××篇、第××××篇对应本查新项目第××个查新点,通过对比分析发现:
(1)××××××
(2)××××××
(3)××××××

本次检索在国内外公开发表的中英文文献中,未见××××××技术、××××××技术、××××××技术,以及"××××"全链条水质安全××××技术体系的报道。

       查新员(签字)××× 查新员职称:×××

       审核员(签字)××× 审核员职称:×××

             (科技查新专用章)
             ××××年××月××日

续表

八、查新员、审核员声明
1. 报告中陈述的内容均以客观文献为依据； 2. 我们按照科技查新规范进行查新、文献分析和审核，并做出上述查新结论； 3. 我们获取的报酬与本报告中的分析、意见和结论无关，也与本报告的使用无关； 4. 本报告仅用于申报奖励。 　　　　查新员(签字)：　　　　　　　　　　　　审核员(签字)： 　　　　××××年××月××日　　　　　　　　××××年××月××日
九、附件清单
附件：密切相关文献(二次文献全记录格式)
十、备注
1. 本查新报告无查新机构的"科技查新专用章"、骑缝章无效； 2. 本查新报告无查新员和审核员签名无效； 3. 本查新报告涂改无效； 4. 本查新报告的检索结果及查新报告结论仅供参考。

（注①：本科技查新报告示例中的数据库名称与报告原文一致，本章未按最新名称修改。）

2.4 如何进行学位论文开题和写作

2.4.1 学位论文的特点

学位论文开题及写作是本科生和研究生从事科学研究活动的主要内容，也是检验其学习效果、考察其学习能力、科学研究能力和学术论文写作能力的重要参照。学位论文开题及写作对于接受高等教育的大学生，尤其是硕士以上的研究生具有极其重要的意义，而我们所介绍的数字信息资源的检索与利用的知识和技能最终是要为该类科研活动服务的。

学位论文写作不同于一般的论文写作，它的要求更多、更为严谨；而且学位论文写作已经形成一套完整的、规范化的操作程序，比如论文写作之前要做开题报告；写作中应注意结构、观点、措辞等诸多方面；著者对其学位论文拥有绝对的版权，其论文的传播、复制均有相应规定等。具体说来，学位论文写作的特点或称要求，可概括为如下几点。

（1）具备一定规模与学术性：学位论文不同于一般的学术论文，一般的学术论文只要有一定的创见，达到几千字的规模即可成文。学位论文则是对本科生或研究生多年学习成果及科研能力的检验，是要体现多年积累的学术科研水平的，所以其选题和规模均有相关规定，当然这些规定视院校不同而有所差别，不过对学术性的要求是共同的、第一位的；而在规模要求方面，首要的衡量指标即是论文字数。以国内大学为例，一般本科生论文应达到1万字左右，硕士研究生论文2万～4万字，博士研究生论文则应达到5万字以上，当然根据学科不同字数要求也有差别。

(2) 结构严谨、观点明确：学位论文一般是经过较长时间的资料收集、经过慎重的选题而确定的观点较为成熟的作品，它不是概况介绍或调查报告、总结以及争鸣一类的文章，而一定是作者深思熟虑之作，因而要求学位论文一定要观点明确、结构严谨。观点明确并不是要求观点一定是正确的、无懈可击的，只要鲜明、独立即可；而严谨的结构则体现在章节安排、段落层次以及上下文衔接等各方面。

(3) 语言规范、措辞得当：学位论文虽属非正式的出版物，但其用语要求却等同于正式的出版物，即一定要规范。对于数字、标点、章节编号等均要求符合书写标准；要尽量使用书面语言，摒除口头用语；要避免出现敏感字眼和避免毫无根据的绝对性判断词句等。

(4) 装订、版式等要求：各院校的学位论文均有相对统一的装订和版式等方面的要求，如北京大学的学位论文有统一的装订封面，不同学位等级的论文采用不同颜色的封面。

2.4.2 学位论文开题和写作的注意事项

(1) 选题：要正确地和适当地选题，应注意以下原则。

其一，是选题应密切结合自身的专业特长，要选择自己有把握的、平时资料积累较多的领域。对具体的某一门专业课而言，甚至对整体的专业方向而言，都会有某个专题或者某个领域是自己平时较为感兴趣且掌握了部分资料的，比如研究生学习的第一年都会有一项专业调研的任务，一般是由导师根据学生的专业情况和基础指定一个大概的范围，然后由学生针对该范围进行全面的资料搜集，最后形成一份对该课题的综述性文章，即对搜集到的资料进行整理和分析。这样的一项工作是非常有意义的，很多同学的研究生毕业论文都是与其最初的专业调研有着或多或少的联系的，从那时开始奠定了毕业论文的写作基础。可见一个选题绝不是凭空产生的，它必定是有一定的资料积累和研究基础才能够很顺利地进行下去的。

其二，要注意选题大小适当，这一点也十分重要。选题太大容易将论文写得空泛无味；选题太小则不容易有发挥的空间，这两者均会制约著者的写作水平[1]。

(2) 资料搜集：资料搜集是科学研究活动的基础，只有掌握了充足的且有说服力的论据资料，才能顺利地和较好地完成论文写作或开题。资料搜集应注意以下事项。

其一，在学位论文进程的不同阶段有不同的资料查询要求。学位论文必须先进行开题，开题的主要目标是确认论文选题是否恰当、新颖、不重复以及是否具有学术研究价值等，所以开题时的资料查询更多要求全和新，获取文献以文摘型为主，这个阶段的要求和一般性的课题查询的要求类似；正式开始学位论文写作后，资料查询则要求翔实、深入，获取文献以全文型为主。

其二，在检索工具的选择方面，除了按学科选择各种类型的资源外，一定要查询国内外的学位论文库和一些重要的专著。学位论文不同于一般的学术论文，一般的学术论文只要在观点或阐述等方面有所创新或突破即可成文或发表，但学位论文要求学术性，如果一个学位论文的选题是他人已经作为学位论文写作过的，或他人已在学位论文写作中发挥得极为

---

[1] 参考文献[1]。

充分的,则极不利于后来者的论文的学术性体现。所以写作学位论文之前,一定要尽可能地查询相关的学位论文数据库,尤其是本校或本国其他设立该专业的院校的学位论文,尽量避免相同或相近的选题,保证论文的新颖性。因学位论文属于半公开的出版物,所以学位论文很难查全。目前世界上较为著名、收录各国学位论文较多的数据库是 ProQuest"全球博硕士论文全文数据库"(ProQuest Dissertations and Theses,PQDT Global,见本书第八章"特种文献资源")。我国目前较大型的学位论文库有中国知网"中国博士学位论文全文数据库"和"中国优秀硕士学位论文全文数据库"、万方"中国学位论文数据库"等(见本书第八章"特种文献资源"),均可作为查询工具。

其三,在检索结果的选择方面,对资料的学术性要求较高,而且更多要求一次文献(即全文)。当通过检索不能获取全文时,还需要采取各种方法和途径进行索取,尤其是国外的学位论文和一些重要的会议论文、期刊论文和专著等,可通过图书馆或其他文献提供单位的馆际互借和文献传递机构请求订购国外学位论文或复制文献等(参见本书第四章第七节"互联网上的全文服务")。

其四,应用研究或实验性、实践类的学位论文一定要查询事实型数据库。这一点是非常重要的。某个学位论文选题,比如关于数字照相机的成像原理探讨的论文,在搜集资料时就一定要考虑到相关产品的查询,要查找有没有相关的专利、成果、产品等。如果只是纸上谈兵地讨论原理、机制、前景,却忽略事实型资料的查找,那论文是不可能成功的。自然科学类的学位论文,除纯粹的基础研究或理论研究课题外,均有可能涉及事实型数据库的查询。

(3)论文开题:学位论文和一般学术论文的重要差别之一是开题报告,这其实是对论文选题进行检验和评估认定的过程。学位论文的选题是否具有学术价值和新颖性、选题大小是否适当、是否能够反映写作者的专业科研水平以及其论文论点是否成熟等均是要通过开题报告来考察的。以北京大学的硕士研究生学位论文开题为例,写作者要在规定时间内将论文开题报告交给指导老师,由包括指导老师在内的本专业的相关教师组成审查小组,确认后方可正式开始论文写作。博士论文或某些专业的硕士论文开题时还要召开报告会,向院系的学术小组做正式的报告,接受相关教师的质询。

(4)编写提纲:开题之后、正式写作论文之前应先搭建论文提纲,提纲反映了论文构思的过程,它显示了论文的层次和内容安排以及论文的各级论点,对论文整体风格的把握及论文的顺利完成均有重要的规划意义。

(5)定稿:提纲编写完成后即可进行初撰、修改直至最后定稿。这里应特别提出的是,在论文的写作过程中,可能会出现一些重大的修改,比如思路的扩展,或者对材料详加分析和利用后所产生的论点的变化等,此时常常需要针对这些变化进行第二次的资料搜集,以便更好地适应写作的要求。另外,论文修改应尽量征求指导老师的意见,修改过程中要注意论文写作格式的规定、注意文字的精练、注意避免大段的抄袭,引用他人文字一定要注明出处。

(6)写作格式:学位论文一般包括序跋、文摘、目录、正文和参考文献等几个部分。

序跋指的是学位论文最前面和最后面的一些关于论文写作说明、鸣谢之类的文字,这一部分内容不是所有的学位论文都有的,视写作者个人的意愿而设,有的只有序、有的只有跋。有些论文写作者愿意将整个论文的选题、资料积累等的过程形成文字放在论文之前,作为对论文的一个补充说明;大多数论文作者在序跋中表达谢意,对在论文资料搜集、写作等过程中所得到的帮助,尤其是对指导教师表达感激之情。

文摘是学位论文中必须提供的,一般放在目录页之前,包括中英文的论文摘要以及中英文的关键词,均由论文著者提供。

目录是整个论文的章节导航,在正文之前。目录一般提供到第三级,规定要标明章节的题目及页码。

正文是论文的主体,一般按章节、条款、项等排列和组织,现在多采用阿拉伯数字分级系列编号法,即:

第一章
第一节
1.1
1.1.1
1.1.2
……
1.2
1.2.1
……
第二节
2.1
2.1.1
2.1.2
……
2.2
2.2.1
……

参考文献包括正文中的注释或引文,以及论文著者推荐的参考文献两种。注释或引文包括夹注、脚注和尾注,夹注即写作过程中在需注释的文字后加括号说明的;脚注一般写在当前页的下方,用以注明文字出处,可连续编号,也可每页单独编号;尾注一般是和著者推荐参考文献一起写在论文的最后,通常较大段的引文采用尾注,尾注有时也写在章节的最后,篇幅较小的论文只有脚注,而专著或学位论文等常常采用尾注。

著者推荐的参考文献可以全部写在学位论文的最后,也可以写在各章节的最后。参考文献有统一的著录格式,论文的著录格式是:

序号.著者.论文题名.期刊刊名,出版年,卷期数,起止页码

图书的著录格式是:

序号.著者.书名.出版地：出版社,出版年

2.4.3　学位论文开题和写作案例

【示例一】基因治疗帕金森病的临床研究①

（1）开题报告

帕金森病是一种常见于中老年人的中枢神经系统变性疾病，对于此病的研究应该说已经比较成熟。但目前的研究方法一般都是建立一个生物模型，有的甚至是进行单纯的行为学研究，大部分尚未取得实质性的研究成果，并且仅仅应用于低等动物上，没有进行临床检验，即其是否能在临床真正治愈帕金森病还未确定。上述论述均是通过初步的文献查询而获得的，因此"基因治疗帕金森病的临床研究"是个值得探索的课题。

（2）课题分析和检索策略

学科：生物科学、医学；

查询的年代范围：1996年至今；

语种：主要是英文和中文；

检索式：该选题的主要检索词即为"基因治疗"和"帕金森病"，英文表达分别为gene therapy和Parkinson's disease、Parkinson disease；通过预检索及初步检索结果分析，可发现近年来干细胞移植治疗帕金森病是该领域的研究热点，因此增加干细胞移植作为检索点，检索式如下：

主题=（基因 OR 干细胞 * 移植）AND 题名=帕金森 AND 主题=（治疗＋疗法）；

(gene therapy or stem cell and transplantation) in SU AND Parkinson * disease in TI。

（3）参考资源和检索工具

根据该选题的学科范围，应选择生物学、医学类的相关数据库。

参考数据库：BP、MEDLINE等专业数据库和SCI、CSA等综合性数据库；另外医学研究的成果极有可能在各种国际会议上进行交流，所以也应查询相关的会议论文，如CPCI以及万方"中国学术会议论文数据库"等。上述均属参考数据库，从中只能获取二次文献，可用于学位论文开题及论文提纲的搭建等。

根据学位论文写作的注意事项，应查询各个学位论文库，如PQDT Global或万方"中国学位论文数据库"等。

尽量查询电子期刊和全文数据库以便获取一次文献，如Science、Nature、PRL、ASP、Elsevier电子期刊以及"中国知网学术期刊库"等。最后还应查询一些事实型的数据库如医学病历库。（检索资源清单略）

（4）检索结果

通过以中英文检索式在上述数据库中查询，得到了一些参考文献，现列举如下：

吕颖,白琳,秦川. 干细胞治疗帕金森病的研究进展[J]. 中国比较医学杂志,2019,29(08):142-148.

李统帅,王晓璞,杜廷福,鲁帅尧,陈天星,马开利. 骨髓间充质干细胞移植治疗帕金森病的研究进展[J]. 医药导报,2018,37(10):1227-1233.

---

① 选自北京大学"电子资源的检索与利用"课程学生作业中的学位论文开题案例，检索数据根据教材最新修订时的资源变化情况进行了更新。

康霞. 神经干细胞移植治疗帕金森病的效果观察[J]. 中国实用神经疾病杂志,2018,21(11):1233-1237.

刘佳,段春礼,杨慧. 帕金森病发病机制与治疗研究进展[J]. 生理科学进展,2015,46(03):163-169.

汪锡金,张煜,陈生弟. 帕金森病发病机制与治疗研究十年进展[J]. 中国现代神经疾病杂志,2010,10(01):36-42.

Effect of stromal cell-derived factor-1/CXCR4 axis in neural stem cell transplantation for Parkinson's disease.

Xu,Jiao-Tian; Qian,Yuan; Wang,Wei; Chen,Xiao-Xiang; Li,Yang;等. Neural regeneration research Vol. 15,Iss. 1,(January 2020):112-119.

Stem cell therapy for Parkinson's disease:safety and modeling.

Stoddard-Bennett,Theo; Pera,Renee Reijo; National Library of Medicine. Neural regeneration research Vol. 15,Iss. 1,(January 2020):36-40.

Emerging concepts of mitochondrial dysfunction in Parkinson's disease progression:Pathogenic and therapeutic implications.

Rani,Linchi; Mondal,Amal Chandra; National Library of Medicine. Mitochondrion Vol. 50,(January 2020):25-34.

通过分析上述检索结果,发现所得文献多为干细胞移植或基因治疗帕金森病的作用、意义、进展等情况,还缺少临床治疗方面的描述与分析、疗效等,可以重点补充查询有关"临床治疗"或疗效方面的文献以及病历等。具体检索结果略去。

【示例二】杜威的知识论研究[①]

(1) 开题报告

研究杜威的文献很多,但目前还很少有专门研究杜威的知识论的,因此该选题具有新颖性。通过初步的资料查询发现这方面的研究只有较少的英文文献可供参考,且多是研究杜威而顺带提及其知识论的,所以该选题有较大的写作空间。

(2) 课题分析和检索策略

学科:哲学;

查询的年代范围:所选数据库的全部年限;

语种:主要为中文和英文;

检索式:该选题的主要关键词包括杜威、知识论、认识论、知识、认识;Dewey,John、knowledge theory、knowledge,检索式可进行如下表达:

杜威 * (知识论+认识论);

杜威 * (知识+认识);

Dewey,John AND knowledge theory;

Dewey,John AND knowledge 等。

---

① 选自北京大学"电子资源的检索与利用"课程学生作业中的学位论文开题案例,检索数据根据教材最新修订时的资源变化情况进行了更新。

(3) 参考资源和检索工具

参考数据库：CALIS高校学位论文数据库、A&HCI、北京大学学位论文数据库、全国报刊索引数据库、中国人民大学书报资料中心参考数据库等；

全文数据库和全文电子期刊系统：如ProQuest的PRL、ASP、Elsevier电子期刊、中国人民大学书报资料中心复印报刊资料全文数据库、文史哲全文数据库、中国知网学术期刊库等；

北京大学图书馆馆藏书目记录。

(4) 检索结果

蒋晓东.行动、探究与知识——论杜威对传统知识论的改造[J].长沙大学学报,2016,30(04):78-81.

谭舒薰.《杜威实用社会知识论及其现代价值研究——基于新实用主义的视角》由光明日报出版社出版[J].自然辩证法研究,2016,32(06):46.

李安琪."经验"视域下的杜威知识论解读[J].赤峰学院学报(汉文哲学社会科学版),2016,37(03):87-89.

Ryan, FrankX. Dewey's Empirical Theory of Knowledge and Reality[J]. Journal of the History of Philosophy, Baltimore Vol. 39, Iss. 2, (Apr 2001): 312-314.

Hickman, LarryA. Dewey's Empirical Theory of Knowledge and Reality[J]. The Review of Metaphysics, Washington Vol. 54, Iss. 3, (Mar 2001): 684-685.

(5) 调整检索结果

通过分析检索结果，发现确如开题报告中所指出的，在这个选题中可供参考的资料不多。其中最主要的原因是因为这是一个社会科学的课题，应该基于对历史和思想史的研究进行，因此应更多地阅读与研究原著和其他一些专著。

调整检索策略，重点在北京大学图书馆馆藏书目记录中查询杜威及其研究者的专著。下面列出一些专著目录：

希尔(美,Hill,Thomas English)著;刘大椿等译.现代知识论(Contemporary theories of knowledge Contemporary theories of knowledge)[M].北京:中国人民大学出版社,1989.

Casey Haskins, David I. Seiple. Dewey Reconfigured: Essays on Deweyan Pragmatism[J]. Eds. State University of New York Press, 2001.

杜威(美,Dewey,J.)著;姜文闵译.我们怎样思维 经验与教育[M].北京:人民教育出版社,1991.

杜威著.杜威五大讲演[M].北京:晨报社,1920.

杜威著,许崇清译.哲学的改造[M].北京:商务印书馆,1958.

杜威著,付统先译.经验与自然[M].北京:商务印书馆,1960.

2.5 如何设计教学方案并组织教参资料

2.5.1 特点分析及相应的解决方法

教学方案设计和教参资料组织项目需要密切配合教学需求，教师对于课程的目标、教学形式等一般都有明确的想法,只需要结合数字信息资源的内容和形式有效地展现老师的课程设计并提供相关的参考资料即可。具体来说要注意如下事项:

(1) 要注意资料形式的多样性、生动化,一定要充分利用多媒体资料以展现教学效果。与课程内容相关的教学录像、演示和实验视频、节目视频,甚至是相关的影视戏剧音乐资料等都可以作为教学环节的参考资料,可以更加激发学生的兴趣和加深学生的记忆。

(2) 教参资料一定要提供全文,并且要易于选课同学获取,当然同时也应注意知识产权的保护。电子版的期刊论文、学位论文、电子书、在线视频等,原本具有访问权限的(例如开放给校园网的资源或是网络上公开的资源),需要提供有效的最终链接,即同学通过链接可以直接定位到文献本身,而不是定位到来源数据库(这个功能有的可以通过来源数据库本身的发送链接功能实现,有的可以通过教参系统实现,或者也可以通过自己开发小程序、写参数等方式实现);印刷型的图书或期刊文献、物理载体的录像带或光盘等根据需要可以加工为数字化版本,通过学校的网络教学平台等进行权限控制,供选课同学在线浏览或下载使用。

2.5.2 教学方案设计和教参资料组织案例

【示例】英语视听课程的多媒体、多模态教学设计和资源[①]

(1) 教学设计

数字时代的英语教育目标是多元读写能力(multiliteracies);多媒体、多模态互动转换。老师引入建构主义学习理论"从做中学"(learning by doing)(杜威)、支架式教学理论(Scaffoldings)(维果斯基),并为学生设计建构主义学习环境,要求学生完成有意义的多媒体、多模态互动转换学习任务,充分利用图书馆和网络上的各种资源。

(2) 课题分析

老师希望选择一部英文原版影片,进行配音表演和影评讨论,并要阅览相关的文化拓展资料等,来完成学习任务、同时也实现老师的教学目标。

(3) 全文教参资料获取

① 电影:《春风化雨》(Dead Poets Society,也译作《死亡诗社》):这是1989年获得奥斯卡最佳剧本奖的影片,讲述的是50年代末的美国,青年学生受到他们爱戴的老师的启发,重建了老师在学生时代曾经主持过的一个诗歌团体——死亡诗社(Dead Poets Society),经常在山洞里举行诗歌朗诵活动。基汀(John Keating)老师独特的教学方式,使学生们耳目一新。基汀大胆挑战狭隘的教学方法,启发学生的学习积极性和对生活的热爱,受到学生们的拥戴。但这些是为崇尚"传统、荣誉、纪律、卓越"的校方所不允许的,尤其当热爱戏剧的尼尔因理想在"传统"的压力下幻灭而自杀时,校方与尼尔父母将责任推之于基汀的影响,基汀被迫辞职,在基汀离校时,诗社成员不顾一切,充满感情地向老师表示爱戴与友情。(影片由图书馆转换为流媒体,在该课程开设的学期面向选课同学开放点播)

② 影评:Shaking Up a Boys' School With Poetry. CANBY, VINCENT. New York Times. (Late Edition (East Coast)). New York, N.Y.: Jun 2, 1989. pg. C.8(《纽约时报》

---

① 示例题目源自北京大学外国语学院英语系教师的选修课。

上刊载的影评。来源数据库：Gale in Context。

③ 文化拓展：电影中死亡诗社的"宝书"扉页上有一段话：I went into the woods because I wanted to live deliberately. I wanted to live deep and suck out all the marrow of life...; and not, when I came to die, discover that I had not lived，源自梭罗的《瓦尔登湖》，可以说梭罗的人生哲学是这部电影的灵魂，所以老师要求学生拓展阅读下列相关资料。

● （美）亨利·戴维·梭罗（Thoreau, Henry David）著；徐迟译. 瓦尔登湖. 上海：上海译文出版社，1982.（该著作有很多中文版本，网友评价显示徐迟的译文比较受到肯定；该书再版多次，年代版本同学可以根据文献借阅状态自由选择。也可直接选择英文原版。北大图书馆均有收藏）

● 来自旷野的激励，美国的 AIMA MultiMedia 拍摄的视频短片，摘录了梭罗的作品片段，细致地表现了梭罗的生活哲学，使人惊叹于梭罗思想的经久不衰。（来源：知识视界视频教育资源库，北京大学图书馆订购，校园网访问）

● The Thoreau Reader：Annotated works of Henry David Thoreau，关于梭罗的注释读物网站，有梭罗的所有作品、相关的研究和评论文献等，https://www.onacademic.com/detail/journal_1000038831784610_97bb.html（国际网公开资源，2019-12-31 访问）

● William Hope 朗读. 梭罗：湖滨散记（THOREAU：Walden），NAXOS AudioBooks 发行，专辑号：NA423212，发行时间：12/06/2001。（来源："KUKE 数字音乐图书馆"-有声读物，http://www.kuke.com/spoken/NA423212，北京大学图书馆购买，校园网访问）

● ……

教参资料涉及形式多样，来源众多，需要根据教学要求全面地搜集原始资料并准确、合法地提供资源访问渠道。

2.6 如何找到适合的期刊去投稿

2.6.1 特点分析及相应的解决方法

根据论文内容匹配合适的期刊，需要利用数据库的检索结果分析功能/精练功能或专门的工具，这两种渠道都有相应的限制，前者对数据库平台的功能要求较高，需要选择大型综合性数据库、检索系统比较成熟、功能比较齐全的，例如 Web of Science、Scopus、EI 等，后者对数据源有要求，例如 EndNote Web 只能匹配 JCR 数据库中的期刊。

2.6.2 查找适合期刊并投稿的案例

【示例】为一篇已经完成的论文选择适合投稿的期刊

写了一篇题为"科研评价服务中归一化指标的应用情境与实效分析"的论文，主要关键词包括：Research support services、Research evaluation、Normalized Indicators、Discipline evaluation、CNCI、FWCI、IRW、Prominence percentile(PP)，文章英文摘要如下：This paper focuses on the selection, application and value of the evaluation indicators in the Research evaluation and discipline evaluation of university libraries. Through the comprehensive comparison of the connotation and application situation of the absolute quantitative indicators, the relative quantitative indicators and the normalized indicators, and the case analysis of the project of the discipline international evaluation of Peking University and the project of national natural science award, the selection principle and analysis effect of the normalized indicators in the process of Research evaluation are expounded and evaluated. 这篇文章适合投稿到哪些期刊？如何找到适合期刊的投稿地址和投稿指南？

(1) 选择 Web of Science 或 Scopus 数据库，用作者关键词或摘要中的关键词进行主题检索，例如组成如下检索式：(research support services or research evaluation or discipline evaluation) and (normalized Indicators or CNCI or FWCI) and py=2014—2019，在 Web of Science 检索后按来源出版物名称精炼可发现发表该主题最多的两个期刊分别是：SCIENTOMETRICS 和 JOURNAL OF INFORMETRICS。

鉴于这两个均为计量学期刊，偏重于指标，而从摘要可以看出本文更偏重于图书馆学情报学领域的案例研究，所以调整检索策略为(research support services or research evaluation or discipline evaluation) and (library or libraries or case studies or case analysis or comparison)，检索的年代范围不变，检索后发现发表该领域文章较多的来源出版物除了前面的两种，又增加了 RESEARCH EVALUATION、JOURNAL OF DATA AND INFORMATION SCIENCE、JOURNAL OF ACADEMIC LIBRARIANSHIP 和 LIBRARY MANAGEMENT 等科研管理、信息科学和图书馆学领域的期刊。

(2) 选择这些期刊对检索结果进行精炼后，查看这些文章的详细信息，可以找到期刊的出版商信息，例如 RESEARCH EVALUATION 由牛津大学出版社出版、JOURNAL OF INFORMETRICS 和 JOURNAL OF ACADEMIC LIBRARIANSHIP 由 Elsevier 出版、LIBRARY MANAGEMENT 由 Emerald 出版，这 3 家出版社都有电子期刊服务系统，可以直接进入查询期刊投稿信息。

(3) 以 Elsevier 电子期刊服务系统为例，进入系统后点击 Journals & Books 可查找期刊信息，可按学科领域或字母顺序浏览，也可直接检索期刊，找到期刊后点击期刊名称进入期刊信息页面，可以浏览该刊全部可访问卷期的内容以及使用期刊目次订阅等服务，在 Find out more 栏目下提供了 Submit your article、Guide for authors、About the journal 的链接，点击后可以直接注册/登录投稿、查看投稿指南和期刊其他相关信息，包括期刊的评价信息、订阅信息、相关链接等。

(4) 也可以使用 EndNote 网络版工具直接匹配适合投稿的期刊，具体的步骤是：进入 Web of Science 数据库，登录(需先注册个人账号)后点击"工具"中的 EndNote，选择"匹配"，按信息栏中输入文章标题和摘要，点"查找期刊"，则系统自动根据输入的标题和摘要等信息到 JCR 中匹配适合该主题的期刊，匹配分数最高的前 4 种期刊分别是：SOCIAL INDICATORS RESEARCH、SCIENTOMETRICS、QUALITY & QUANTITY、EVALUATION，可查看匹配度最高的关键词的评级，每个匹配期刊的影响因子、JCR 分区和期刊出版商、ISSN 等信息，相似论文等，点击"期刊信息"可进入期刊主页，例如 SCIENTOMETRICS 期刊由 Springer 平台提供服务，可从该平台查看该刊的投稿地址和投稿指南。关于 EndNote 的详细介绍参见本书第十二章。

2.7 如何进行情报分析和研究

2.7.1 特点分析及相应的解决方法

与其他数字信息资源利用项目相比,情报分析和研究项目在对资料的获取、深度研究和利用、整理分析方面有更高层次的要求,具体表现在如下方面:

(1) 课题规模一般较大,决策性课题居多,需要全面并深度地搜集资料,还需要对资料进行充分的整理分析。由于此类课题一般具有较强的时效性和决策性,所以搜集资料除了包括常见图书、期刊、学位论文和会议文献外,一定要查询相关的统计数据、研究报告、新闻报道等资料。

(2) 课题一般有明确的委托单位或需求,有明确的分析研究目标,因此需要建立研究评估的方法、模型,建立指标体系,规范流程,持续沟通反馈才能高效完成。

(3) 课题需要基于多种数据源和工具完成,一般常用的数据源包括大型科研成果类数据库如 Web of Science、Scopus 等,也包括科研评价类数据库和平台工具如 InCites、ESI 等,还包括各种事实类数据如国家自然科学基金、国家社科基金项目申请和经费、教育部学科评估、中国科学院院士、国家重点实验室、国家自然科学技术奖等数据。

(4) 需要提交咨询报告、研究报告、评估报告或决策支持报告之类的深度研究成果。这类课题需要在对文献充分分析研究的基础上,撰写报告。报告必须以事实和数据为基础,还要论证充分、结构严谨。课题要在资料调研、搜集和分析的基础上得出明确的结论,供相关评审或决策部门/人员参考。例如,北京大学图书馆曾经承接的国家发展和改革委员会的关于护工劳务输出的课题,是要通过调研国内短期培训上岗护工的人数和技能、培训机构和资质以及国外对这种护工的需求等情况,做出是否对国外进行护理人员劳务输出的决策。这个决策一定要有事实依据,要经过充分的分析和论证;再如北京大学图书馆完成的北京大学学科竞争力分析报告、北大科学前沿报告、国际评估第三方评价报告等,是基于多种数据源、基于多维度的指标和多角度的分析而完成的分析报告和研究报告,并根据需求和目标与用户多次沟通反馈修改,最终形成了客观结论和分析建议。

2.7.2 情报分析和研究案例

【示例一】世界各国高等教育毛入学率的比较分析[①]

委托单位:××××

委托时间:2007 年 2 月

关键词:高等教育,毛入学率

要求:需要查找世界主要国家毛入学率情况,并完成分析报告。报告应评析世界各主要国家的高等教育发展水平及相关问题,以供中国高等教育相关的发展决策参考。

课题分析和检索策略:由于委托单位提供的关键词比较简单,预检索后增加了"高教"

[①] 选自北京大学图书馆课题咨询案例,数据以课题委托时间为准,2019 年 12 月再现该案例时补充了论文和研究报告等新的相关文献。

"高校"等同义词或近义词,"招生规模"等相关词,"美国""发达国家"等扩展检索词。

参考资源和检索工具:需要查询全文数据库和电子期刊等;还应重点查询统计数据库、收录研究报告的事实数据库和相关网站(例如联合国教科文组织网站)等。(检索资源清单略)

检索结果和全文获取:略。

比较分析报告:该课题完成的比较分析报告分为四个部分。

第一部分:相关概念。阐释了毛入学率(GER)、高等教育毛入学率、性别平等指数(GPI)等相关概念,并提供了概念的来源。例如毛入学率参引联合国教科文组织《全球教育要览2004:全球教育统计数据比较》,其定义为:某一级教育的在校学生总人数(不限年龄)占该级教育的理论年龄组总人口的百分比。

第二部分:世界主要国家高等教育毛入学率。列出1999—2004年世界主要国家中国、美国、德国、英国、俄罗斯、日本等的高等教育毛入学率和性别指数。

第三部分:2004年20个国家高等教育在校生数和毛入学率。列出20个主要国家2004年的高等教育在校生数(男女)及1999年、2004年分别的男女毛入学率和性别指数。并据此表数据分析指出:2004年的高等教育毛入学率中,韩国的高等教育毛入学率最高,依次是美国、英国、日本等;发展中国家比发达国家低,而且相差较大;至于毛入学率的性别均衡指数,美国、英国、俄罗斯和加拿大得比较高,女生数量超过男生,日本的男生数量比女生少一些。发展中国家也普遍偏低。发展中国家有阿根廷、巴西、菲律宾接近发达国家并超过一些发达国家平均水平,最低的是埃及和印度。

根据文献分析,高等教育毛入学率的提高,与国家的GNP密切相关,应加强教育投资,以提高国家提供高等教育机会的整体水平。

第四部分:相关文献和数据。列出了主要参考的全文文献的题录。节选8篇如下:

[1] 岳昌君.改革开放40年高等教育与经济发展的国际比较[J].教育与经济,2018(6):9-17.

[2] 马宇航,杨东平.高等教育女性化的国际比较研究[J].江苏高教,2016(5):7-11.

[3] 蒋晓东.行动、探究与知识——论杜威对传统知识论的改造[J].长沙大学学报,2016,30(4):78-81.

[4] 马陆亭,刘红宇.高教财政投入和社会投入占GDP比例的政策价值[J].华中师范大学学报(人文社会科学版),2015,54(1):150-160.

[5] 张丽.教育指标的国际比较与教育强国政策框架的昭示[J].临沂大学学报,2011,33(2):72-75.

[6] 邱雅.高等教育毛入学率的国际比较[J].中国统计,2006(4):61.

[7] Global Education Digest 2006:Comparing Education Statistics Across the World,UNESCO。

[8] 中国高等教育毛入学率达40%高于全球平均水平[N].兰州晚报,2016-04-08.

由此可见,研究分析报告除了需要准确援引相关概念和数据(同时注重资料的权威性),还要对数据进行充分分析后给出相应的判断或提出有价值的建议。

【示例二】学术产出与影响力分析报告——经济学与管理科学[①]

委托单位：××××

委托时间：2018年9月

关键词：学科国际评估，学术产出，影响力，院系贡献度

要求：需要对××大学经济学与管理科学涉及的院系单位的学术成果产出和影响力、研究领域分布、国际合作和研究热点等进行文献计量分析与评估，同时对××大学经济学与管理科学学科的整体学术产出和影响力与相关的国际机构进行对标分析与评估、院系贡献度分析等，给国际评估专家评估学科和学科建设发展部门决策提供参考。

课题分析和实施流程：其一与委托单位沟通确定分析框架，分别从机构的角度和学科的角度进行分析——机构的角度以院系为基础、依据作者地址进行文献获取，学科的角度以学科领域/类别为基础，选取数个国际对标机构，依据机构名称和学科类别获取文献；其二建立评估指标体系，在机构分析部分重点选取归一化指标；其三选定数据源，考虑到学科的国际化水平以及对标机构的表现，确定Web of Science核心合集中的期刊论文和会议论文为主要分析数据；其四是获取数据并进行数据处理，导入InCites或利用其他工具进行文献分析；其五是根据文献分析结果、与委托单位及相关院系沟通后形成评价报告。

参考资源和检索工具：Web of Science核心合集、InCites、ESI等。

学科映射：经济学对应Web of Science中的ECONOMICS、URBAN STUDIES、AGRICULTURAL ECONOMICS & POLICY、AREA STUDIES、PLANNING & DEVELOPMENT等5个类别；管理学对应BUSINESS、BUSINESS-FINANCE、Hospitality-Leisure-Sport & Tourism、INDUSTRIAL RELATIONS & LABOR、MANAGEMENT、ENGINEERING-INDUSTRIAL、OPERATIONS RESEARCH & MANAGEMENT SCIENCE、ERGONOMICS等8个类别。

对标机构：综合国际学科排名、地域/国家以及学科发展水平等因素，经济学选择Harvard University、Cornell University、Brown University、University of Oxford、Australian National University、National University of Singapore、University of Toronto 7所高校；管理学选择Harvard University、University of Southern California、University of Washington、University of Connecticut、London Business School、National University of Singapore、Hong Kong University of Science & Technology 7所高校为对标机构。

分析报告：报告分为五个部分，其中"指标"前置、未纳入编号体系。

指标：报告共解释了10个重要指标，分别是引文影响力（Citation Impact，CI）、相对于全球平均水平的引文影响力（Impact Relative to World，IRW）、基准值（Baselines，也可称基线）、学科规范化的引文影响力（Category Normalized Citation Impact，CNCI）、前1%和前10%的文献百分比（% Documents in Top 1% and % Documents in Top 10%，Top 1% and Top 10%）、国际合作文献数（International Collaboration，IC）、国际合作文献百分比（% of International Collaborations，% IC）、高被引文献数（Highly Cited Papers，HCP）、高被引文献百分比（% Highly Cited Papers，% HCP）、发表在Q1期刊的文献数（Documents in Q1，

[①] 选自北京大学学科国际评估经济与管理学科第三方评价报告，北京大学图书馆2018年10月完成。

in Q1)、发表在 Q1 期刊上的文献百分比(％ Documents in Q1,％ in Q1),其中 IRW 和 CNCI 是归一化指标。

第一部分:基于机构的学术产出与影响力分析。本部分对××大学经济学与管理科学涉及的 4 个院系单位××管理学院、经济学院、××商学院、××经济研究中心最近 5 年的学术产出数量和引文影响力分年度进行对比分析,引文影响力选用了 IRW 和 CNCI 两个指标;然后对比了 4 个单位的高被引论文数和百分比;4 院系学术产出的研究领域分布;期刊分布——高发文量的期刊名称及发文数量、Q1 期刊发文数及百分比;国际合作分析——国际合作产出及年度趋势、国际合作机构及其产出表现、国际合作的热点研究主题。

第二部分:基于学科/研究领域的学术产出与影响力分析——经济学。对××大学及选定的 7 家对标机构进行经济学学科的各项对比分析,包括学术论文产出量及发文趋势对比、学科规范化的引文影响力(CNCI)对比、发表在 Q1 期刊上的论文表现对比、在领域权威期刊上的论文表现对比、被引次数 Top 1％和 Top 10％的论文表现对比、高被引论文表现对比、国际合作论文表现对比等。此外对××大学经济学科的研究领域分布和院系贡献度进行分析,分析显示,××大学经济学学科的主要研究领域包括:ECONOMICS、HEALTH POLICY & SERVICES、HEALTH CARE SCIENCES & SERVICES、ENVIRONMENTAL STUDIES、URBAN STUDIES、PLANNING & DEVELOPMENT、BUSINESS-FINANCE、SOCIAL SCIENCES-MATHEMATICAL METHODS、AREA STUDIES、GEOGRAPHY、INTERNATIONAL RELATIONS、BUSINESS、ENVIRONMENTAL SCIENCES、MATHEMATICS-INTERDISCIPLINARY APPLICATIONS、AGRICULTURAL ECONOMICS & POLICY、ENERGY & FUELS、STATISTICS & PROBABILITY、TRANSPORTATION、MANAGEMENT、ENGINEERING-CIVIL 等;××大学经济学学科贡献度排名前 10 的院系分别是:××研究院、××管理学院、城市与环境学院、经济学院、××商学院、现代农学院、深圳研究生院城市规划与设计学院、建筑与景观设计学院、国际关系学院、数学学院。

第三部分:基于学科/研究领域的学术产出与影响力分析——管理科学。分析项目和内容同经济学。

第四部分:经济学与管理科学的研究前沿分析。通过对 ESI 全球经济与商业(Economics and Business)领域的研究前沿与××大学经济与管理科学领域的高被引论文进行对比分析,发现参与××大学的经济学和管理科学的前沿问题与全球研究前沿基本一致,经济学研究前沿主要包括:大数据消费者分析、政府经济政策不确定性、原油价格变动、潜在类分析、2008 全球经济危机、公示创新、比较经济发展、全球多区域投入产出数据库、农业生产多样性、金融网络、国际虚拟水贸易、宏观经济模型;管理科学研究前沿主要包括:在线酒店评论、在线品牌社团、共享经济型住宿租赁、基于方法的绿色供应链选择、2016 全民投票、社企、智能可持续城市、股权融资、超前战略管理研究、中小企业的创新绩效、一致偏最小二乘路径建模、鼓励企业成长投入、项目管理绩效的链接、移动购物者营销、社会启发式、家族企业创新、移动购物影响顾客购买行为、可持续供应链管理。

【思考题】

1. 想了解自己的研究领域有哪些核心期刊、其影响力怎么样?有哪些渠道可以查询?

2. 筛选了几个适合投稿的期刊,如何准确地找到这些期刊的投稿指南,以便在投稿前做好相应的准备工作?

3. 选修了一门课,结课时要写一篇学术论文,有哪些途径可以帮助你确定选题?选题后如何尽量准确全面地查找到有用的参考文献?

参考文献

[1] 赵燕群,等. 文献信息检索与利用[M]. 广州:广东高等教育出版社,1997.

[2] 蒋永新,叶元芳,蒋时雨. 现代科技信息检索与利用[M]. 上海:上海大学出版社,1999.

[3] 方正,廖梅,杨琼,等. 社会科学信息检索与利用[M]. 长沙:中南大学出版社,2000.

[4] 《科技查新教程》编写组. 科技查新教程[M]. 北京:机械工业出版社,2001.

[5] 张焕. 概论科技查新工作[J]. 山东图书馆季刊,2001(1):18-21.

[6] 陈定权,刘颉颃. 参考文献管理软件评析与展望[J]. 现代图书情报技术,2009(7-8):80-84.

[7] 张春红,唐勇,肖珑. 我国数字图书馆研究十年发展回顾[J]. 大学图书馆学报,2011(4):18-24.

[8] [美]金坤林. 如何撰写和发表SCI期刊论文[M]. 2版. 北京:科学出版社,2016.

[9] 张春红,郑英姿. 科研评价服务中归一化指标的应用情境与实效分析[J]. 情报理论与实践,2019(9):64-68.

[10] Elsevier. Advances in Colloid and Interface Science 期刊信息页[EB/OL]. [2022-03-24]. https://www.sciencedirect.com/journal/advances-in-colloid-and-interface-science.

[11] 新华社. 习近平参加黑龙江代表团审议[EB/OL]. (2016-03-07)[2023-05-16]. http://xinhuanet.com/politics/2016-03/07/c_128780106.htm.

关键词和案例索引

关键词

AAM/AAS 格式　447
AD 报告　438
ASF 格式　446
AVI 格式　446
BibExcel　568
CiteScore　619
CiteSpace　561
CrossRef 引文链接　263
Derwent Data Analyzer（DDA）　564
DOE 报告　438
EBSCO Discovery Service（EDS）发现服务系统　198
Embargo　182
EndNote　607
h 指数/高被引指数　84，626
IBM SPSS Statistics　552
JabRef　609
Journal Impact Factor（JIF）　619
Mendeley　608
MeSH 叙词表　138
Microsoft Office Excel　548
MOV 格式　446
MPEG 格式　446
MTS 格式　447
NASA 报告　438
NoteExpress　608
PB 报告　438
QlikView　568
RA/RM/RAM/RMVB 格式　446
RP 和 RT 格式　447
RSS 订阅服务　68，113
SAS　567
SJR　619
SNIP　619

Stata　567
SWF 格式　447
Tableau Desktop　557
WMA/WMV 格式　447
WPS 表格　567
Zotero　608
便携式电子报纸　308
标题词语言　38
标准网　436
标准文献　431
布尔逻辑检索　48
参考数据库　13，68
参考文献著录规则　587
查全率　57
查准率　57
出版伦理　622
词根检索　51
大小写敏感　54
代码检索语言　40
单元词　38
电纸书　323
电子报纸　13，307
电子墨水　323
电子期刊　13，259
电子期刊导航系统　263
电子书阅读器　323
电子图书　13，319
电子预印本　510
电子纸　323
多媒体检索　47
多媒体资源　14，444
二次检索　47
二次文献　11
分类检索语言　36

封装型电子图书　322
复杂检索　45
高等教育文献保障系统(CALIS)　170
高等教育信息素养框架　6
个性化服务　59,269
国际标准化组织(ISO)　434
国际电工委员会(IEC)　434
国际电信联盟(ITU)　434
国际货币基金组织(IMF)　372
国家标准化管理委员会　434
国家科技图书文献中心(NSTL)　145,173,407,411
国务院发展研究中心　394
核心期刊　262,619
化合物数据检索　382
化学反应数据检索　382
话题查找器(Topic Finder)　202
会议录　413
会议文献　412
机构知识库　504
检索　28
检索功能　42
检索技术　48
检索系统　29
检索语言　34
简单检索　45
结构式检索/结构图检索/化学结构检索　121,379,380
截词检索　50
禁用词表　54
经济合作发展组织(OECD)　374
聚类检索　52
开放获取　496
开放获取期刊　497
开放获取资源　14
开放数据　514
科技报告　436
科技查新　634
科研成果评价　623
可视化检索　47
离线电子图书　323
联机数据库检索　23
浏览　42

流媒体　446
美国电气电子工程师学会(IEEE)　290,416,432
美国国家标准学会(ANSI)　435
美国国家信息标准协会(NISO)　435
美国政府科技报告　437
美国专利与商标局(USPTO)　426
命令检索　46
内容检索(多媒体资源)　449
欧洲专利局(EPO)　427
嵌套检索　53
情报分析和研究　654
全文检索　52
全文链接服务　58,251
全文数据库　13,180
人工语言　36
三次文献　11
商用电子资源　11
世界银行　373
世界知识产权组织(WIPO)　427
事实数据库　13,361
视频检索　449
视频节目资源　465
术语检索频率(Term Frequency)　202
数据　531
数据分析　539
数据可视化　540
数据清洗　537
数据素养　527
数据素养能力　529
数据预处理　537
数据源　533
数值和数量检索　133
数值数据库　13,361
数字信息资源　9
搜索引擎　14,488
索引　44
特色资源　11
特种文献　14,406
推送服务/通报服务/邮件推送　60,270
同行评审期刊　262
图片资源　452
图像检索　448

万能播放器 450
网络版电子报纸 308
网络公开学术资源 11
网络型电子图书 322
位置算符 49
文本检索 379
文献管理软件 601
文献综述 584
物质检索 121
限制检索 53
谢泼德引文(Shepard's Citations) 70
信息素养 6
叙词(Descriptor) 39
叙词表(Thesaurus) 39
学术不端行为 578
学术规范 576
学术论文 576
学术失范行为 580
学术搜索引擎 491
学位论文 406,644
学位论文的撰写规范 594
亚马逊 Kindle 323
钥匙码检索系统(West Key Number System) 235
一次文献 11
音频检索 448
音频资源 461
引文索引 69
英国工程技术学会(IET) 416,432
元数据检索(多媒体资源) 449
原文传递服务/全文传递服务 253,59
知识图谱 546
指标体系(科研成果评价) 625
中国高校人文社会科学文献中心(CASHL) 147
中国科学院科学数据中心 402
中国人民大学书报资料中心 177
主题词表 39
主题词表检索 187
主题检索语言 38

专利文献 417
撰写规范 581
自然语言 40
自然语言检索 46
字段检索 51
最新目次推送/推送服务 60,261

案例

查新课题：农村饮用水水源地水质安全保障关键技术及应用 639
查询一位作家的生平传记：目前知道该作者为捷克人后入法国籍，名 Milan，不能确知姓的拼音但知道中文译为昆德拉 629
查找字句或诗文出处："临渊羡鱼不如退而结网" 627
教参资料组织：英语视听课程的多媒体、多模态教学设计和资源 651
课题查询：对有关尖晶石结构巨磁电阻材料的研究进展做全面的调查研究 631
课题查询：了解一些西方媒体关于哥本哈根气候变化大会与中国减排承诺的有关论点和报道 630
情报分析和研究：世界各国高等教育毛入学率的比较分析 654
情报分析和研究：学术产出与影响力分析报告—经济学与管理科学 656
数据分析：北京大学科学研究前沿 569
数据分析：数字图书馆十年(1999—2009年)发展趋势与热点分析 568
为一篇已经完成的论文选择适合投稿的期刊：写了一篇题为"科学评价服务中归一化指标的应用情境与实效分析"的论文，主要关键词包括 Research support services、Research evaluation、Normalized Indicators、Discipline evaluation、CNCI、FWCI、IRW、Prominence percentile(PP) 652
学位论文开题和写作：杜威的知识论研究 649
学位论文开题和写作：基因治疗帕金森病的临床研究 648

数据库名称索引

中文电子资源

CADAL 电子图书 346
CALIS 高校教学参考资源库 347
CALIS 高校学位论文数据库 410
CALIS 书刊联合目录(CALIS 联合目录公共检索系统) 171
e 读 170
NSTL"中国标准数据库" 433
NSTL"中文会议论文数据库" 417
NSTL"中文学位论文数据库" 411
VERS 维普考试资源系统 477
爱迪科森网上报告厅 465
百度图片 460
百度学术 492
北大法宝 242
北大讲座 479
北京大学机构知识库 509
北京大学开放研究数据平台 515
北京大学图书馆多媒体资源服务平台 482
《参考消息》电子版 313
超星尔雅学术视频数据库 479
超星数字图书馆/超星读书/汇雅电子书 345
大成老旧刊数据库 306
《大明会典》电子版 356
《大明实录》电子版 356
雕龙古籍数据库 353
鼎秀古籍全文检索平台 353
读秀知识库 344
"二十五史"全文电子版 356
法意科技 244
方正 Apabi 数字图书馆 346
方正中华数字书苑电子图书 347
高等教育文献保障系统(CALIS)数据库 170,254
国家基因组科学数据中心 520

国家精品课库 475
国家科技成果数据库(国家科技成果网) 440
国家科技图书文献中心(NSTL)数据库 173,255
国家人口与健康科学数据共享服务平台 520
国家哲学社会科学学术期刊数据库(NSSD) 500
国家知识产权局专利检索及分析平台 431
国务院发展研究中心信息网(国研网) 394
汉斯出版社(Hans Publishers)中文学术期刊 503
瀚文民国书库 358
籍合网 353
《经济日报》电子版 313
巨灵金融数据库 399
科学文库电子书 347
历代别集库 358
民国时期期刊全文数据库 306
民国图书馆学文献数据库 358
农科机构知识库联盟 510
皮书数据库 346
清代档案文献数据库—大清五部会典 357
全国报刊索引数据库 162
《人民日报》电子版 313
厦门大学学术典藏库 509
《十通》电子版 356
《四部丛刊》电子版 354
宋元版古籍在线 355
晚清期刊全文数据库 306
万得经济数据库和金融终端库 400
万方事实和数值数据库 401
万方视频数据库 470,480
万方数据知识服务平台 168
万方"中国科技成果数据库" 440
万方"中国学术会议论文数据库" 416
万方"中国学术期刊数据库" 304
万方"中国学位论文数据库" 411

数据库名称索引

万方"中外标准数据库" 433
维普中文期刊服务平台 304
文渊阁《四库全书》电子版 353
香港大学学术库 509
香港科技大学机构库 510
香港知识产权署专利检索系统 431
新东方多媒体学习库 476
新东方在线四六级学习实训系统 478
新东方在线语言应用百科 471
新华社多媒体数据库 480
学堂在线 473
学苑汲古——高校古文献资源库 44,352
雅昌艺术教育课堂 452
银符考试题库 478
在线英语学习资源 479
正保远程教育多媒体资源库 478
知识视界视频教育资源库 467
智慧芽全球专利数据库(PatSnap) 427
中国丛书库 355
中国方志库 357
中国房地产信息数据库 401
中国高校人文社会科学文献中心(CASHL)数据库 147,255
中国工业企业数据库 398
中国国土资源知识库 347
中国基本古籍库 351
中国金石总录 357
中国近代中英文报纸全文数据库 314
中国经济信息网 391
中国科技论文在线 503
中国科技项目创新成果鉴定意见数据库(知网版) 440
中国科学引文数据库(CACD) 154
中国科学院机构知识库网格 506
中国科学院科学数据中心 402
中国类书库 355
中国历代石刻史料汇编 356
中国历史文献总库·近代报纸数据库 314
中国历史文献总库·民国图书数据库 358
中国人民大学书报资料中心复印报刊资料全文数据库 249
中国人民大学书报资料中心参考数据库 177
中国俗文库 357
中国优秀硕士学位论文全文数据库(中国知网) 412
中国预印本服务系统 513
中国知网标准数据总库 434
中国知网会议论文库 417
中国知网检索系统 53
中国知网学术期刊库 37,301
中国知网"中国重要报纸全文数据库" 314
中国专利信息中心"中国专利数据库" 431
中国资讯行数据库 251,388
中华经典古籍库 352
中华数字书苑之数字报纸 314
中经网统计数据库 391
中文社会科学引文索引(CSSCI) 158
中文在线"书香中国"电子书 346
资治通鉴知识服务系统 357

外文电子资源

2ebook 电子书 341
AAS Historical Periodicals 227
ABI/INFORM Complete(ABI) 42,183
Academic Search Complete(ASC) 191
Academic Search Elit(ASE) 191
Academic Search Premier(ASP) 191
Academic Search Ultimate(ASU) 191
Access World News 311
ACM Digital Library 290,416
AMD-American History,1493—1945 212
AMD-China,America and The Pacific 211
AMD-China:Culture and Society-The Wason Pamphlet Collection 211
AMD-China:Trade,Politics and Culture 210
AMD-East India Company 212
AMD-Empire Online 212
AMD-Foreign Office Files for China,1919—1980 210
America's Historical Newspaper 312
American Chemical Society(ACS)电子期刊 288
American Geophysical Union(AGU)电子期刊 293
American Institute of Aeronautics and Astronautics(AIAA)电子期刊 292
American Institute of Physics(AIP)电子期刊 287

American Mathematical Society（AMS）电子期刊 285
American Physical Society（APS）电子期刊 287
American Psychological Association（APA）电子期刊 289
American Society for Testing and Materials（ASTM）电子期刊 291
American Society of Civil Engineers（ASCE）电子期刊 291
American Society of Mechanical Engineers（ASME）电子期刊 292
America's Historical Imprints（AHI） 226
Annual Reviews 278
Apollo 505
Article First 95
Arts and Humanities Citation Index（A&HCI） 87
ARTstor Digital Library 460
arXiv.org 510
ASP Music Online 463
ASP Academic Video Online 469
Association for Computing Machinery（ACM）电子期刊 290
Association for Computing Machinery（ACM）会议录文献 416
BankFocus 367
Beilstein Handbuch der Organischen Chemie/Gmelin Handbuch der Anorganischen Chemie 378
Biological Sciences 91
BIOSIS Priview（BP） 135
Bridgeman Education 459
Brill 电子书 336
Britannica Image Quest 460
Business Expert Press 电子教材 339
Business Source Complete（BSC） 192
Business Source Premier（BSP） 191
Business Source Ultimate（BSU） 192
Business Source Elite（BSE） 191
CADAL 电子图书 346
CALIS 外文期刊网 104
Cambridge Scientific Abstracts 91
Cambridge University Press(CUP)电子期刊 278
Cambridge University Press（CUP）精选电子教材 339
Carin 法语电子书 340
CEB Library 340
Cell 284
Chemical Abstracts(CA) 113
ClasePeriodica 96
Clinical Publishing 电子图书 338
Computer Abstracts International Database(CAID) 150
Computer and Communications Security Abstracts（CCSA） 150
Conference Proceedings Citation Index（CPCI） 413
CRC Press 电子教材 339
Credo 全球工具书大全 336
CrossFire 检索系统 379
Current Awareness Abstracts(CAA) 150
Current Protocols 383
Database of International Science Citation（DISC） 255
De Gruyter 电子图书 340
Derwent Innovations Index(DII) 145,418
Digital National Security Archive(DNSA) 223
Digitalia 西班牙语电子书 341
Directory of Open Access Journals(DOAJ) 498
DSpace @ MIT 506
Early Arabic Printed Books from the British Library 343
Early English Books Online(EEBO) 342
Early European Books(EEB) 343
East View 阿拉伯语电子书 341
East View 俄语电子书 342
EBSCO eBook Collection 327
EBSCOhost 检索系统 46,190
EBSCO 报纸数据库 312
EconLit 145
EconLit with Full Text 193
EBSCO Discovery Service(EDS)发现服务系统 198
Educational Resources information Center（ERIC） 146
edX 472
Eighteenth Century Collection Online（ECCO） 342
EIU CountryData 367

数据库名称索引

EIU Market Indicators & Forecasts 368
Electronic Books (Ebooks) 96
Electronic Collection Online Database(ECO) 95
Elsevier 电子期刊 265
EMBASE 139
Emerald 电子期刊 294
Emerald 电子书 335
Emerging Markets Information Service 370
Encyclopedia Britannica(EB) 365
Engineering IndexCompendexWeb, Ei Compendex 106
e-Prints Soton 506
Espacenet Patent Search 427
Essential Science Indicators, ESI 623
European Publication Server, EPO 427
FirstSearch 检索系统 96
Gale Directory Library 385
Gale NewsVault 311
Gale Primary Sources 202
Gale Virtual Reference Library 384
Gale World Scholar: Latin America and the Caribbean 205
Gale-(Slavery and Anti-Slavery: A Transnational Archive 206
Gale-Archives Unbound 206
Gale-Associated Press Collections Online 205
Gale-Associations Unlimited 384
Gale-Biography and Genealogy Master Index 384
Gale-Brazilian and Portuguese History and Culture 206
Gale-British Library Newspapers 205
Gale-China and the Modern World 203
Gale-Literature Resource Center 384
Gale-Opposing Viewpoints in Context 384
Gale-Sabin Americana: History of the Americas, 1500—1926 205
Gale-Sources in U.S. History Online 204
Gale-State Papers Online 205
Gale-The Times Digital Archive, 1785—2014 205
Gale-U.S. Declassified Documents Online, USDDO 204
GALE 电子图书馆 337
Gallica 524
GeoBase 144
GeoRef 144
Goddard Space Flight Center 图片库 457
Google Scholar 491
Government Reports Announcements and Index 439
Harvard University HOLLIS Images 454
HathiTrust 525
HeinOnline 299
IEEE Xplore 检索系统 247
IEEE/IET Conferences 416
IEEE/IET Electronic Library, IEL 45, 246
IEEE/IET Standards 432
Illinois Digital Newspaper 312
InCites 624
Ingenta 105, 253
INNOGRAPH Advanced Analysis 421
INSPEC 128
Institute of Physics (IOP) 电子期刊 286
Institute of Physics (IOP) 电子书 338
InsuranceFocus 367
International Civil Engineering Abstracts (ICEA) 151
International Monetary Fund(IMF)数据库 372
International Society for Optical Engineering (SPIE) 电子期刊 292
John Wiley 电子期刊 272
Journal Citation Reports (JCR) 88
Journal of Visualized Experiments (JoVE) 470
J-STAGE 504
JSTOR 期刊 295
JSTOR 电子书 335
Karger 医学电子丛书 337
KUKE 数字音乐图书馆 461
LexisNexis Academic 228
LexisNexis Advance 231
LexisNexis 检索系统 232
Library and Information Science Abstracts (LISA) 146
Linguistics and Language Behavior Abstracts (LLBA) 147
Literature Online 340

MathSciNet　142
MEDLINE　137
Midomi 音乐搜索数据库　464
MyET　479
National Technical Reports Library（NTRL）　440
Nature 及其系列电子期刊　282
Naxos Music Library　464
Networked Digital Library of Theses and Dissertations　409
NSTL 外文期刊目次数据库　145
NTIS 美国国家科技报告　439
OCLC PapersFirst　415
OCLC ProceedingsFirst　414
OECD iLibrary　374
ORBIS　366
Osiris　367
Ovid 电子书　337
Ovid 平台电子教材　340
Oxford University Press，OUP　278
Pean World Table Version 10.0，PWT10.0　515
Periodicals Archive Online（PAO）　298
Philosopher's Index with Full Text　192
PressDisplay　311
Project Gutenberg　523
Project MUSE 电子期刊　299
Project MUSE e-book　335
ProQuest Dissertations & Theses Full Text（PQDT Full Text）　408
ProQuest Dissertations & Theses（PQDT Global）　407
ProQuest Ebook Central　327
ProQuest Research Library（PRL）　183
ProQuest 报纸数据库　312
ProQuest 检索系统　184
Psychology and Behavioral Sciences Collection　193
PsycINFO　142
Reaxys　379
Registry of Research Data Repositories（re3data）　515
Royal Society of Chemistry（RSC）电子期刊　288
Safari Tech Books Online　336
SAGE 电子期刊　276

SAO/NASA Astrophysics Data System　504
Science Citation Index Expanded（SCI-Expanded；SCIE）　74
Science Citation Index（SCI）　71
ScienceDirect　265
Science Online　279
Science.gov　439
SciFinder　118
SciVal　624
Scopus 数据库　61,101
Society for Industry and Applied Mathematics（SIAM）电子期刊　286
SocINDEX with Full Text　193
SocioFile　150
SOCOLAR　504
South Asia Archive　227
SPIE Digital Library　416
Springer Protocols　383
Springer 电子期刊　270
Springer Link 电子图书　334
SSCI　86
Taylor & Francis 电子期刊　275
Taylor & Francis 电子书　335
The Electronic Theses Online System　410
The Met Collection　524
The New York Times　309
The OAIster Database　96
The Times　311
The Washington Post　310
Thieme Clinical Collections 电子图书　337
U.S. Congressional Serial Set（USCSS）　227
USPTO Search for patents　426
Westlaw　233
Wiley E-Textbook　339
WIPO PATENTSCOPE　427
Wolters Kluwer China HR Reference　240
Wolters Kluwer China Law & Reference　236
World Bank 数据库　373
World Library　327
World Trade Organization Data（WTO Data）　515
World Almanac　95
WorldCat　94

WorldCat Dissertations and Theses　96
WorldSciNet　293
WOS Core Collection　74
WOS-Current Chemical Reactions　381
WOS-Index Chemicus　381
ZEPHYR　367
外国教材中心共享版电子教材(itext爱教材)　338

香港大学学术库　509
香港科技大学机构库　510
香港知识产权署专利检索系统　431
在线英语学习资源　479
中国高校人文社会科学文献中心(CASHL)数据库　147,255

数据库学科索引

数学

Academic Search Complete，ASC 191
Academic Search Elit，ASE 191
Academic Search Premier，ASP 191
Academic Search Ultimate，ASU 191
Access World News 311
American Physical Society，APS 电子期刊 287
Article First 95
ARTstor Digital Library 460
ASP Academic Video Online 469
CADAL 电子图书 346
CALIS 高校教学参考资源库 347
CALIS 高校学位论文数据库 410
CALIS 书刊联合目录（CALIS 联合目录公共检索系统） 171
CALIS 外文期刊网 104
Cambridge Scientific Abstracts 91
Cambridge University Press(CUP)电子期刊 278
Cambridge University Press（CUP）精选电子教材 339
CEB Library 340
ClasePeriodica 96
Conference Proceedings Citation Index（CPCI） 413
CRC Press 电子教材 339
Credo 全球工具书大全 336
Database of International Science Citation（DISC） 255
De Gruyter 电子图书 340
Derwent Innovations Index(DII) 145,418
Directory of Open Access Journals(DOAJ) 341
DSpace @ MIT 506
EBSCO eBook Collection 327
EBSCO 报纸数据库 312
Electronic Books(Ebooks) 96

Electronic Collection Online Database(ECO) 95
Elsevier 电子期刊 265
Engineering IndexCompendexWeb Compendex，Ei） 106
e-Prints Soton 506
Espacenet Patent Search 427
European Publication Server 427
e 读 170
Google Scholar 491
Ingenta 105，253
INNOGRAPHY Advanced Analysis 421
INSPEC 128
John Wiley 电子期刊 272
Journal Citation Reports(JCR) 88
J-STAGE 504
JSTOR 期刊 295
MEDLINE 137
National Technical Reports Library(NTRL) 440
Naxos Music Library 464
NSTL 外文期刊目次数据库 145
NSTL"中国标准数据库" 433
NSTL"中文会议论文数据库" 417
NSTL"中文学位论文数据库" 411
NTIS 美国国家科技报告 439
OCLC PapersFirst 415
OCLC ProceedingsFirst 414
Oxford University Press(OUP)电子期刊 278
Periodicals Archive Online(PAO) 298
PressDisplay 311
Project Gutenberg 523
ProQuest Dissertations & Theses Full Text（PQDT Full Text） 408
ProQuest Ebook Central 327
ProQuest Research Library(PRL) 183

Science Citation Index Expanded (SCI-Expanded; SCIE) 74
Science Citation Index(SCI) 71
Science Online 279
Scopus 数据库 61,101
Society for Industry and Applied Mathematics (SIAM)电子期刊 286
SOCOLAR 504
Springer 电子期刊 270
SpringerLink 电子图书 334
Taylor & Francis 电子期刊 275
Taylor & Francis 电子图书 335
The Electronic Theses Online System 410
The New York Times 309
The Washington Post 310
USPTO Search for patents 426
Wiley E-Textbook 339
WIPO PATENTSCOPE 427
World Library 327
WorldCat 94
WorldCat Dissertations and Theses 96
WorldSciNet 293
WOS Core Collection 74
爱迪科森网上报告厅 465
百度学术 492
北大讲座 479
北京大学机构知识库 509
北京大学图书馆多媒体资源服务平台 482
超星数字图书馆/超星读书/汇雅电子书 345
读秀知识库 344
方正 Apabi 数字图书馆 346
方正中华数字书苑电子书 347
高等教育文献保障系统(CALIS)数据库 170,254
国家科技成果数据库(国家科技成果网) 440
国家科技图书文献中心(NSTL)数据库 173,255
国家知识产权局专利检索及分析平台 431
汉斯出版社(Hans Publishers)中文学术期刊 503
瀚文民国书库 358
科学文库电子书 347
全国报刊索引数据库 162
厦门大学学术典藏库 509
外国教材中心共享版电子教材(itext 爱教材) 338

万方事实和数值数据库 401
万方数据知识服务平台 168
万方"中国科技成果数据库" 440
万方"中国学术会议论文数据库" 416
万方"中国学术期刊数据库" 304
万方"中国学位论文数据库" 411
维普中文期刊服务平台 304
香港大学学术库 509
香港科技大学机构库 510
香港知识产权署专利检索系统 431
知识视界视频教育资源库 467
智慧芽全球专利数据库(PatSnap) 427
中国科技论文在线 503
中国科学引文数据库(CACD) 154
中国历史文献总库·民国图书数据库 358
中国优秀硕士学位论文全文数据库(中国知网) 412
中国预印本服务系统 513
中国知网会议论文库 417
中国知网学术期刊库 37,301
中国知网"中国重要报纸全文数据库" 314
中国专利信息中心"中国专利数据库" 431
中华数字书苑之数字报纸 314
中文在线"书香中国"电子书 346

工程技术　能源　科技

AAS Historical Periodicals 227
ABI/INFORM Complete(ABI) 43,183
Academic Search Complete(ASC) 191
Academic Search Elit(ASE) 191
Academic Search Premier(ASP) 191
Academic Search Ultimate(ASU) 191
Access World News 311
American Society of Civil Engineers(ASCE)电子期刊 291
American Society of Mechanical Engineers(ASME)电子期刊 292
America's Historical Imprints(AHI) 226
Apollo 505
Article First 95
ARTstor Digital Library 460
CADAL 电子图书 346
CALIS 高校教学参考资源库 347

CALIS 高校学位论文数据库　410
CALIS 书刊联合目录（CALIS 联合目录公共检索系统）　171
CALIS 外文期刊网　104
Cambridge Scientific Abstracts　91
Cambridge University Press(CUP)电子期刊　278
Cambridge University Press（CUP）精选电子教材　339
CEB Library　340
ClasePeriodica　96
Conference Proceedings Citation Index（CPCI）　413
CRC Press 电子教材　339
Credo 全球工具书大全　336
Database of International Science Citation（DISC）　255
De Gruyter 电子图书　340
Derwent Innovations Index(DII)　145,418
Directory of Open Access Journals(DOAJ)　341
DSpace @ MIT　343
EBSCO eBook Collection　327
EBSCO 报纸数据库　312
Electronic Books(Ebooks)　96
Electronic Collection Online Database,ECO　95
Elsevier 电子期刊　265
Emerald 电子期刊　294
Encyclopedia Britannica(EB)　365
Engineering IndexCompendexWeb，Ei Compendex　106
e-Prints Soton　506
Espacenet Patent Search　427
European Publication Server　427
e 读　170
Google Scholar　491
IEEE/IET Electronic Library(IEL)　45,246
Ingenta　105,253
INNOGRAPHY Advanced Analysis　421
INSPEC　128
International Civil Engineering Abstracts（ICEA）　151
International Society for Optical Engineering（SPIE）电子期刊　292
John Wiley 电子期刊　272

Journal Citation Reports(JCR)　87
J-STAGE　504
National Technical Reports Library(NTRL)　440
Naxos Music Library　464
NSTL"外文期刊目次数据库"　145
NSTL"中国标准数据库"　433
NSTL"中文会议论文数据库"　417
NSTL"中文学位论文数据库"　411
NTIS 美国国家科技报告　439
OCLC PapersFirst　415
OCLC ProceedingsFirst　414
Oxford University Press(OUP)电子期刊　278
Periodicals Archive Online(PAO)　298
PressDisplay　311
Project Gutenberg　523
ProQuest Dissertations & Theses Full Text（PQDT Full Text）　408
ProQuest Ebook Central　327
ProQuest Research Library(PRL)　183
ProQuest 报纸数据库　312
SAGE 电子期刊　276
Science Citation Index Expanded（SCI-Expanded; SCIE）　74
Science Citation Index(SCI)　71
Science Online　279
Scopus 数据库　61,101
SOCOLAR　504
South Asia Archive　227
SPIE Digital Library　416
Springer 电子期刊　270
SpringerLink 电子图书　334
Taylor & Francis 电子期刊　275
Taylor & Francis 电子书　335
The Electronic Theses Online System　410
The New York Times　309
The Washington Post　310
U.S. Congressional Serial Set(USCSS)　227
USPTO Search for patents　426
Wiley E-Textbook　339
WIPO PATENTSCOPE　427
World Library　327
WorldCat　94

WorldCat Dissertations and Theses 96
WorldSciNet 293
WOS Core Collection 74
爱迪科森网上报告厅 465
百度学术 492
北大讲座 479
北京大学机构知识库 509
北京大学图书馆多媒体资源服务平台 482
《参考消息》电子版 313
超星数字图书馆/超星读书/汇雅电子书 345
读秀知识库 344
方正 Apabi 数字图书馆 346
方正中华数字书苑电子图书 347
高等教育文献保障系统(CALIS)数据库 170,254
国家科技成果数据库(国家科技成果网) 440
国家科技图书文献中心(NSTL)数据库 173,255
国家知识产权局专利检索及分析平台 431
汉斯出版社(Hans Publishers)中文学术期刊 503
瀚文民国书库 358
科学文库电子书 347
全国报刊索引数据库 162
厦门大学学术典藏库 509
外国教材中心共享版电子教材(itext 爱教材) 338
万方事实和数值数据库 401
万方视频数据库 470,480
万方数据知识服务平台 168
万方"中国科技成果数据库" 440
万方"中国学术会议论文数据库" 416
万方"中国学术期刊数据库" 304
万方"中国学位论文数据库" 411
维普中文期刊服务平台 304
香港大学学术库 509
香港科技大学机构库 510
香港知识产权署专利检索系统 431
知识视界视频教育资源库 467
智慧芽全球专利数据库(PatSnap) 427
中国科技论文在线 503
中国科学引文数据库(CACD) 154
中国科学院科学数据中心 402
中国历史文献总库·民国图书数据库 358
中国优秀硕士学位论文全文数据库(中国知网) 412
中国预印本服务系统 513

中国知网会议论文库 417
中国知网学术期刊库 37,301
中国知网"中国重要报纸全文数据库" 314
中国专利信息中心"中国专利数据库" 431
中华数字书苑之数字报纸 314
中文在线"书香中国"电子书 346

地理　环境科学

ABI/INFORM Complete(ABI) 42,183
Academic Search Complete(ASC) 191
Academic Search Elit(ASE) 191
Academic Search Premier(ASP) 191
Academic Search Ultimate(ASU) 191
Access World News 311
American Institute of Aeronautics and Astronautics (AIAA)电子期刊 292
Apollo 505
Article First 95
ARTstor Digital Library 460
CADAL 电子图书 346
CALIS 高校教学参考资源库 347
CALIS 高校学位论文数据库 410
CALIS 书刊联合目录(CALIS 联合目录公共检索系统) 171
CALIS 外文期刊网 104
Cambridge Scientific Abstracts 91
Cambridge University Press(CUP)电子期刊 278
Cambridge University Press(CUP)精选电子教材 339
CEB Library 340
ClasePeriodica 96
Conference Proceedings Citation Index(CPCI) 413
CRC Press 电子教材 339
Credo 全球工具书大全 336
Database of International Science Citation(DISC) 255
De Gruyter 电子图书 340
Derwent Innovations Index(DII) 145,418
Directory of Open Access Journals(DOAJ) 341
DSpace @ MIT 506
EBSCO eBook Collection 327
EBSCO 报纸数据库 312

Electronic Books(Ebooks)　96
Electronic Collection Online Database,ECO　95
Elsevier 电子期刊　265
Encyclopedia Britannica(EB)　365
Engineering Village（Engineering IndexCompend-exWeb,Ei Compendex）　106
e-Prints Soton　506
Espacenet Patent Search　427
European Publication Server　427
e 读　170
GeoBase　144
GeoRef　144
Google Scholar　491
Harvard University HOLLIS Images　454
Ingenta　105,253
INNOGRAPHY Advanced Analysis　421
INSPEC　128
John Wiley 电子期刊　272
Journal Citation Reports(JCR)　88
J-STAGE　504
JSTOR 期刊　295
National Technical Reports Library(NTRL)　440
Naxos Music Library　464
NSTL 外文期刊目次数据库　145
NSTL"中国标准数据库"　433
NSTL"中文会议论文数据库"　417
NSTL"中文学位论文数据库"　411
NTIS 美国国家科技报告　439
OCLC PapersFirst　415
OCLC ProceedingsFirst　414
Ovid 平台电子教材　340
Oxford University Press(OUP)电子期刊　278
Periodicals Archive Online(PAO)　298
PressDisplay　311
Project Gutenberg　523
ProQuest Dissertations & Theses Full Text(PQDT Full Text)　408
ProQuest Ebook Central　327
ProQuest Research Library(PRL)　183
SAGE 电子期刊　276
Science Citation Index Expanded（SCI-Expanded;SCIE）　74

Science Citation Index(SCI)　71
Science Online　279
Scopus 数据库　61,101
SOCOLAR　504
Springer 电子期刊　270
SpringerLink 电子图书　334
Taylor & Francis 电子期刊　275
Taylor & Francis 电子书　335
The Electronic Theses Online System　410
The New York Times　309
The Washington Post　310
U.S. Congressional Serial Set(USCSS)　227
USPTO Search for patents　426
Wiley E-Textbook　339
WIPO PATENTSCOPE　427
World Library　327
WorldCat　94
WorldCat Dissertations and Theses　96
WorldSciNet　293
WOS Core Collection　74
爱迪科森网上报告厅　465
百度学术　492
北大讲座　479
北京大学机构知识库　509
北京大学开放研究数据平台　515
北京大学图书馆多媒体资源服务平台　482
《参考消息》电子版　313
超星数字图书馆/超星读书/汇雅电子书　345
读秀知识库　344
方正 Apabi 数字图书馆　346
方正中华数字书苑电子图书　347
高等教育文献保障系统(CALIS)数据库　170,254
国家科技成果数据库(国家科技成果网)　440
国家科技图书文献中心(NSTL)数据库　173,255
国家知识产权局专利检索及分析平台　431
汉斯出版社(Hans Publishers)中文学术期刊　503
瀚文民国书库　358
科学文库电子书　347
全国报刊索引数据库　162
厦门大学学术典藏库　509
外国教材中心共享版电子教材(itext 爱教材)　338
万方事实和数值数据库　401

万方数据知识服务平台　168
万方"中国科技成果数据库"　440
万方"中国学术会议论文数据库"　416
万方"中国学术期刊数据库"　304
万方"中国学位论文数据库"　411
维普中文期刊服务平台　304
香港大学学术库　509
香港科技大学机构库　510
香港知识产权署专利检索系统　431
知识视界视频教育资源库　467
智慧芽全球专利数据库(PatSnap)　427
中国国土资源知识库　347
中国科技论文在线　503
中国科学引文数据库(CACD)　154
中国科学院科学数据中心　402
中国历史文献总库·民国图书数据库　358
中国人民大学书报资料中心参考数据库　177
中国优秀硕士学位论文全文数据库(中国知网)　412
中国预印本服务系统　513
中国知网会议论文库　417
中国知网学术期刊库　37,301
中国知网"中国重要报纸全文数据库"　314
中国专利信息中心"中国专利数据库"　431
中华数字书苑之数字报纸　314
中文在线"书香中国"电子书　346

生物　医学

AAS Historical Periodicals　227
ABI/INFORM Collection(ABI)　43,183
Academic Search Complete(ASC)　191
Academic Search Elit(ASE)　191
Academic Search Premier(ASP)　191
Academic Search Ultimate(ASU)　191
Access World News　311
America's Historical Newspapers　312
Annual Reviews　278
Apollo　505
Article First　95
ARTstor Digital Library　460
ASP Academic Video Online　469
BIOSIS Priview(BP)　135
Bridgeman Education　459

CADAL 电子图书　346
CALIS 高校教学参考资源库　347
CALIS 高校学位论文数据库　410
CALIS 书刊联合目录(CALIS 联合目录公共检索系统)　171
CALIS 外文期刊网　104
Cambridge Scientific Abstracts　91
Cambridge University Press(CUP)电子期刊　278
Cambridge University Press(CUP)精选电子教材　339
Cell　284
ClasePeriodica　96
Clinical Publishing 电子图书　338
Conference Proceedings Citation Index(CPCI)　413
CRC Press 电子教材　339
Credo 全球工具书大全　336
Current Protocols　383
Database of International Science Citation(DISC)　255
De Gruyter 电子图书　340
Derwent Innovations Index(DII)　145,418
Directory of Open Access Journals(DOAJ)　341
DSpace @ MIT　506
EBSCO eBook Collection　327
EBSCO 报纸数据库　312
Eighteenth Century Collection Online(ECCO)　342
Electronic Books(Ebooks)　96
Electronic Collection Online Database,ECO　95
Elsevier 电子期刊　265
EMBASE　139
Encyclopedia Britannica(EB)　365
Engineering IndexCompendexWeb, Ei Compenedx　106
e-Prints Soton　506
Espacenet Patent Search　427
European Publication Server　427
e 读　170
Google Scholar　491
IEEE/IET Electronic Library(IEL)　45,246
Ingenta　105,253
INNOGRAPHY Advanced Analysis　421
INSPEC　128

673

John Wiley 电子期刊　272
Journal Citation Reports(JCR)　88
Journal of Visualized Experiments(JoVE)　470
J-STAGE　504
JSTOR 期刊　295
Karger 医学电子丛书　337
Midomi 音乐搜索数据库　464
National Technical Reports Library(NTRL)　440
Naxos Music Library　464
NSTL 外文期刊目次数据库　145
NSTL 中国标准数据库　433
NSTL"中文会议论文数据库"　417
NSTL"中文学位论文数据库"　411
NTIS 美国国家科技报告　439
OCLC PapersFirst　415
OCLC ProceedingsFirst　414
Ovid 电子书　337
Ovid 平台电子教材　340
Oxford University Press(OUP)　278
Periodicals Archive Online(PAO)　298
PressDisplay　311
Project Gutenberg　523
Project Muse 电子期刊　299
ProQuest Dissertations & Theses Full Text(PQDT Full Text)　408
ProQuest Ebook Central　327
ProQuest Research Library(PRL)　183
SAGE 电子期刊　276
Science Citation Index Expanded (SCI-Expanded; SCIE)　74
Science Citation Index(SCI)　71
Science Online　279
Scopus 数据库　61,101
SOCOLAR　504
South Asia Archive　227
Springer Protocols　383
Springer 电子期刊　270
SpringerLink 电子图书　334
Taylor & Francis 电子期刊　275
Taylor & Francis 电子书　335
The Electronic Theses Online System　410
The New York Times　309

The Washington Post　310
Thieme Clinical Collections 电子图书　337
U. S. Congressional Serial Set(USCSS)　227
USPTO Search for patents　426
WIPO PATENTSCOPE　427
World Library　327
WorldCat　94
WorldCat Dissertations and Theses　96
WorldSciNet　293
WOS Core Collection　74
爱迪科森网上报告厅　465
百度学术　492
北大讲座　479
北京大学机构知识库　509
北京大学图书馆多媒体资源服务平台　482
《参考消息》电子版　313
超星数字图书馆/超星读书/汇雅电子书　345
读秀知识库　344
方正 Apabi 数字图书馆　346
方正中华数字书苑电子图书　347
高等教育文献保障系统(CALIS)数据库　170,254
国家基因组科学数据中心　520
国家科技成果数据库(国家科技成果网)　440
国家科技图书文献中心(NSTL)数据库　173,255
国家人口与健康科学数据共享服务平台　520
国家知识产权局专利检索及分析平台　431
汉斯出版社(Hans Publishers)中文学术期刊　503
瀚文民国书库　358
科学文库电子书　347
全国报刊索引数据库　162
厦门大学学术典藏库　509
外国教材中心共享版电子教材(itext 爱教材)　338
万方事实和数值数据库　401
万方数据知识服务平台　168
万方"中国科技成果数据库"　440
万方"中国学术会议论文数据库"　416
万方"中国学术期刊数据库"　304
万方"中国学位论文数据库"　411
维普中文期刊服务平台　304
香港大学学术库　509
香港科技大学机构库　510
香港知识产权署专利检索系统　431

知识视界视频教育资源库　467
智慧芽全球专利数据库（PatSnap）　427
中国科技论文在线　503
中国科学引文数据库（CACD）　154
中国科学院科学数据中心　402
中国历史文献总库·民国图书数据库　358
中国优秀硕士学位论文全文数据库（中国知网）　412
中国预印本服务系统　513
中国知网会议论文库　417
中国知网学术期刊库　37,301
中国知网"中国重要报纸全文数据库"　314
中国专利信息中心"中国专利数据库"　431
中国资讯行数据库　251,388
中华数字书苑之数字报纸　314
中文在线"书香中国"电子书　346

化学　化工

ABI/INFORM Complete（ABI）　43,183
Academic Search Complete（ASC）　191
Academic Search Elit（ASE）　191
Academic Search Premier（ASP）　191
Academic Search Ultimate（ASU）　191
Access World News　311
American Geophysical Union（AGU）电子期刊　293
Apollo　505
Article First　95
ARTstor Digital Library　460
Biological Sciences　91
CADAL 电子图书　346
CALIS 高校教学参考资源库　347
CALIS 高校学位论文数据库　410
CALIS 书刊联合目录（CALIS 联合目录公共检索系统）　171
CALIS 外文期刊网　104
Cambridge Scientific Abstracts　91
Cambridge University Press（CUP）电子期刊　278
Cambridge University Press（CUP）精选电子教材　339
CEB Library　340
Chemical Abstracts（CA）　113
ClasePeriodica　96
Conference Proceedings Citation Index（CPCI）　413

CRC Press 电子教材　339
Credo 全球工具书大全　336
Database of International Science Citation（DISC）　255
De Gruyter 电子图书　340
Derwent Innovations Index（DII）　145,418
Directory of Open Access Journals（DOAJ）　498
DSpace @ MIT　506
EBSCO eBook Collection　327
EBSCO 报纸数据库　312
Electronic Books（Ebooks）　96
Electronic Collection Online Database，ECO　95
Elsevier 电子期刊　265
Engineering IndexCompendexWeb，Ei Compendex　106
e-Prints Soton　506
Espacenet Patent Search　427
European Publication Server　427
e 读　170
Google Scholar　491
Ingenta　105,253
INNOGRAPHY Advanced Analysis　421
INSPEC　128
John Wiley 电子期刊　272
Journal Citation Reports（JCR）　88
Journal of Visualized Experiments（JoVE）　470
J-STAGE　504
National Technical Reports Library（NTRL）　440
Naxos Music Library　464
NSTL 外文期刊目次数据库　145
NSTL"中国标准数据库"　433
NSTL"中文会议论文数据库"　417
NSTL"中文学位论文数据库"　411
NTIS 美国国家科技报告　439
OCLC PapersFirst　415
OCLC ProceedingsFirst　414
Oxford University Press（OUP）电子期刊　278
Periodicals Archive Online（PAO）　298
PressDisplay　311
Project Gutenberg　523
ProQuest Dissertations & Theses Full Text（PQDT Full Text）　408

ProQuest Ebook Central　327
ProQuest Research Library(PRL)　183
Royal Society of Chemistry(RSC)电子期刊　288
SAGE 电子期刊　276
Science Citation Index Expanded（SCI-Expanded；SCIE）　74
Science Citation Index(SCI)　71
Science Online　279
SciFinder　118
Scopus 数据库　61,101
SOCOLAR　504
Springer 电子期刊　270
SpringerLink 电子图书　334
Taylor & Francis 电子期刊　275
Taylor & Francis 电子书　335
The Electronic Theses Online System　410
The New York Times　309
The Washington Post　310
USPTO Search for patents　426
Wiley E-Textbook　339
WIPO PATENTSCOPE　427
World Library　327
WorldCat　94
WorldCat Dissertations and Theses　96
WorldSciNet　293
WOS Core Collection　74
WOS-Current Chemical Reactions　381
WOS-Index Chemicus　381
爱迪科森网上报告厅　465
百度学术　492
北大讲座　479
北京大学机构知识库　509
北京大学图书馆多媒体资源服务平台　482
超星数字图书馆/超星读书/汇雅电子书　345
读秀知识库　344
方正 Apabi 数字图书馆　346
方正中华数字书苑电子图书　347
高等教育文献保障系统（CALIS）数据库　170,254
国家科技成果数据库（国家科技成果网）　440
国家科技图书文献中心（NSTL）数据库　173,255
国家知识产权局专利检索及分析平台　431
汉斯出版社（Hans Publishers）中文学术期刊　503

瀚文民国书库　358
科学文库电子书　347
全国报刊索引数据库　162
厦门大学学术典藏库　509
外国教材中心共享版电子教材(itext 爱教材)　338
万方事实和数值数据库　401
万方数据知识服务平台　168
万方"中国科技成果数据库"　440
万方"中国学术会议论文数据库"　416
万方"中国学术期刊数据库"　304
万方"中国学位论文数据库"　411
维普中文期刊服务平台　304
香港大学学术库　509
香港科技大学机构库　510
香港知识产权署专利检索系统　431
知识视界视频教育资源库　467
智慧芽全球专利数据库(PatSnap)　427
中国科技论文在线　503
中国科学引文数据库（CACD）　154
中国科学院科学数据中心　402
中国历史文献总库·民国图书数据库　358
中国优秀硕士学位论文全文数据库（中国知网）　412
中国预印本服务系统　513
中国知网会议论文库　417
中国知网学术期刊库　37,301
中国知网"中国重要报纸全文数据库"　314
中国专利信息中心"中国专利数据库"　431
中华数字书苑之数字报纸　314
中文在线"书香中国"电子书　346

计算机　通讯　电子工程

ABI/INFORM Complete(ABI)　42,183
Academic Search Complete(ASC)　191
Academic Search Elit(ASE)　191
Academic Search Premier(ASP)　191
Academic Search Ultimate(ASU)　191
Access World News　311
ACM Digital Library　290,416
Apollo　505
ArticleFirst　95
ARTstor Digital Library　460
ASP Video Online　469

数据库学科索引

Association for Computing Machinery(ACM)会议录文献　416
Beilstein Handbuch der Organischen Chemie/Gmelin Handbuch der Anorganischer Chemie　378
CADAL 电子图书　346
CALIS 高校教学参考资源库　347
CALIS 高校学位论文数据库　410
CALIS 书刊联合目录(CALIS 联合目录公共检索系统)　171
CALIS 外文期刊网　104
Cambridge Scientific Abstracts　91
Cambridge University Press(CUP)电子期刊　278
Cambridge University Press(CUP)精选电子教材　339
CEB Library　340
ClasePeriodica　96
Computer Abstracts International Database(CAID)　150
Computer and Communications Security Abstracts(CCSA)　150
Conference Proceedings Citation Index(CPCI)　413
CRC Press 电子教材　340
Credo 全球工具书大全　336
Current Awareness Abstracts(CAA)　150
Database of International Science Citation(DISC)　255
De Gruyter 电子图书　340
Derwent Innovations Index(DII)　145,418
Directory of Open Access Journals(DOAJ)　341
DSpace at MIT　343
EBSCO eBook Collection　327
EBSCO 报纸数据库　312
Electronic Books(Ebooks)　96
Electronic Collection Online Database,ECO　95
Elsevier 电子期刊　265
Emerald 电子期刊　294
Engineering Village(Engineering IndexCompendexWeb,Ei)　106
e-Prints Soton　506
Espacenet Patent Search　427
European Publication Server(EPO)　427
e 读　170

Google Scholar　491
IEEE/IET Conferences　416
IEEE/IET Electronic Library(IEL)　45,246
IEEE/IET Standards　432
Ingenta　105,253
INNOGRAPHY Advanced Analysis　421
INSPEC　128
International Civil Engineering Abstracts(ICEA)　151
International Society for Optical Engineering(SPIE)电子期刊　292
John Wiley 电子期刊　272
Journal Citation Reports(JCR)　88
J-STAGE　504
Library and Information Science Abstracts(LISA)　146
National Technical Reports Library(NTRL)　440
Naxos Music Library　464
NSTL 外文期刊目次数据库　145
NSTL"中国标准数据库"　433
NSTL"中文会议论文数据库"　417
NSTL"中文学位论文数据库"　411
NTIS 美国国家科技报告　439
OCLC PapersFirst　415
OCLC ProceedingsFirst　414
Oxford University Press(OUP)电子期刊　278
Periodicals Archive Online(PAO)　298
PressDisplay　311
Project Gutenberg　523
ProQuest Dissertations & Theses Full Text(PQDT Full Text)　408
ProQuest Ebook Central　327
ProQuest Research Library(PRL)　183
Safari Tech Books Online　336
Science Citation Index(SCI)　71
Science Online　279
Scopus 数据库　61,101
SOCOLAR　504
SPIE Digital Library　416
Springer 电子期刊　270
SpringerLink 电子图书　334
Taylor & Francis 电子期刊　275

677

Taylor & Francis 电子书　335
The Electronic Theses Online System　410
The New York Times　309
The Washington Post　310
U.S. Congressional Serial Set(USCSS)　227
USPTO Search for patents　426
Wiley E-Textbook　339
WIPO PATENTSCOPE　427
World Library　327
WorldCat　94
WorldCat Dissertations and Theses　96
WorldSciNet　293
WOS Core Collection　74
爱迪科森网上报告厅　465
百度学术　492
北大讲座　479
北京大学机构知识库　509
北京大学开放研究数据平台　515
北京大学图书馆多媒体资源服务平台　482
超星数字图书馆/读书/超星汇雅电子书　345
读秀知识库　344
方正 Apabi 数字图书馆　346
方正中华数字书苑电子图书　347
高等教育文献保障系统(CALIS)数据库　170,254
国家科技成果数据库(国家科技成果网)　440
国家科技图书文献中心(NSTL)数据库　173,255
国家知识产权局专利检索及分析平台　431
汉斯出版社(Hans Publishers)中文学术期刊　503
瀚文民国书库　358
科学文库电子书　347
全国报刊索引数据库　162
厦门大学学术典藏库　509
外国教材中心共享版电子教材(itext 爱教材)　338
万方事实和数值数据库　401
万方数据知识服务平台　168
万方"中国科技成果数据库"　440
万方"中国学术会议论文数据库"　416
万方"中国学术期刊数据库"　304
万方"中国学位论文数据库"　411
维普中文期刊服务平台　304
香港大学学术库　509
香港科技大学机构库　510

香港知识产权署专利检索系统　431
知识视界视频教育资源库　467
智慧芽全球专利数据库(PatSnap)　427
中国科技论文在线　503
中国科学院科学数据中心　402
中国历史文献总库·民国图书数据库　358
中国优秀硕士学位论文全文数据库(中国知网)　412
中国预印本服务系统　513
中国知网会议论文库　417
中国知网学术期刊库　37,301
中国知网"中国重要报纸全文数据库"　314
中国专利信息中心"中国专利数据库"　431
中华数字书苑之数字报纸　314
中文在线"书香中国"电子书　346

人文　艺术　社会学　历史

AAS Historical Periodicals　227
Academic Search Complete(ASC)　191
Academic Search Elit(ASE)　191
Academic Search Premier(ASP)　191
Academic Search Ultimate(ASU)　191
Access World News　311
AMD-American History,1493—1945　212
AMD-China, America and The Pacific　211
AMD-China: Culture and Society-The Wason Pamphlet Collection　211
AMD-China: Trade, Politics and Culture　210
AMD-East India Company　212
AMD-Empire Online　212
AMD-Foreign Office Files for China,1919—1980　210
America's Historical Newspapers　312
American Chemical Society(ACS)电子期刊　288
Annual Reviews　278
Apollo　505
Article First　95
Arts & Humanities Citation Index(A&HCI)　87
arXiv.org　510
ASP Music Online　463
Association for Computing Machinery(ACM)电子期刊　290
Brill 电子书　336

数据库学科索引

Britannica Image Quest　460
CADAL 电子图书　346
CALIS 高校教学参考资源库　347
CALIS 高校学位论文数据库　410
CALIS 书刊联合目录（CALIS 联合目录公共检索系统）　171
CALIS 外文期刊网　104
Cambridge University Press(CUP)电子期刊　278
Cambridge University Press（CUP）精选电子教材　339
CEB Library　339
ClasePeriodica　96
Conference Proceedings Citation Index（CPCI）　413
Credo 全球工具书大全　336
Database of International Science Citation（DISC）　255
De Gruyter 电子图书　340
Digital National Security Archive(DNSA)　223
Directory of Open Access Journals(DOAJ)　498
DSpace @ MIT　506
Early English Books Online(EEBO)　342
EBSCO eBook Collection　327
EBSCO 报纸数据库　312
Eighteenth Century Collection Online(ECCO)　342
Electronic Books(Ebooks)　96
Electronic Collection Online Database(ECO)　95
Elsevier 电子期刊　265
Emerald 电子期刊　294
Emerald 电子书　335
Encyclopedia Britannica(EB)　365
e-Prints Soton　506
e 读　170
Gale NewsVault　311
Gale World Scholar:Latin America and the Caribbean　205
Gale-(Slavery and Anti-Slavery: A Transnational Archive　206
Gale-Archives Unbound　206
Gale-Associated Press Collections Online　205
Gale-Biography and Genealogy Master Index　384
Gale-Brazilian and Portuguese History and Culture　206

Gale-British Library Newspapers　205
Gale-China and the Modern World　203
Gale-Opposing Viewpoints in Context　384
Gale-Sabin Americana：History of the Americas,1500—1926　205
Gale-Sources in U.S. History Online　204
Gale-State Papers Online　205
Gale-The Times Digital Archive,1785—2014　205
Gale-U. S. Declassified Documents Online,USDDO　204
GALE 电子图书馆　337
Gallica　524
Google Scholar　491
Harvard University HOLLIS Images　454
Illinois Digital Newspaper　312
Ingenta　105,253
John Wiley 电子期刊　272
Journal Citation Reports(JCR)　88
J-STAGE　504
JSTOR 期刊　295
JSTOR 电子书　335
KUKE 数字音乐图书馆　461
MyET　479
National Technical Reports Library(NTRL)　440
Networked Digital Library of Theses and Dissertations　409
NSTL 外文期刊目次数据库　145
OCLC PapersFirst　415
OCLC ProceedingsFirst　414
Oxford University Press(OUP)　278
Periodicals Archive Online(PAO)　298
PressDisplay　311
Project Gutenberg　523
Project Muse 电子期刊　299
Project MUSE 电子图书　335
ProQuest Dissertations & Theses Full Text(PQDT Full Text)　408
ProQuest Ebook Central　327
ProQuest Research Library(PRL)　183
ProQuest 报纸数据库　312
SAGE 电子期刊　276
Science Citation Index Expanded（SCI-Expanded；

SCIE) 74
Scopus 数据库 61,101
SocINDEX with Full Text 193
SocioFile 150
SOCOLAR 504
South Asia Archive 227
Springer 电子期刊 270
SpringerLink 电子图书 334
SSCI 86
Taylor & Francis 电子期刊 275
Taylor & Francis 电子书 335
The Electronic Theses Online System 410
The Met Collection 524
The New York Times 309
The TIMES 310
The Washington Post 310
U. S. Congressional Serial Set(USCSS) 227
USPTO Search for patents 426
Wiley E-Textbook 339
World Library 327
World Trade Organization Data(WTO Data) 515
WorldCat 94
WorldCat Dissertations and Theses 96
WOS Core Collection 74
爱迪科森网上报告厅 465
百度学术 492
北大讲座 479
北京大学机构知识库 509
北京大学开放研究数据平台 515
北京大学图书馆多媒体资源服务平台 482
《参考消息》电子版 313
超星数字图书馆/超星读书/汇雅电子书 345
大成老旧刊数据库 306
《大明会典》电子版 356
《大明实录》电子版 356
雕龙古籍数据库 353
鼎秀古籍全文检索平台 353
读秀知识库 344
"二十五史"全文电子版 356
方正 Apabi 数字图书馆 346
方正中华数字书苑电子图书 347
高等教育文献保障系统(CALIS)数据库 170,254

国家哲学社会科学学术期刊数据库（NSSD） 500
汉斯出版社(Hans Publishers)中文学术期刊 503
瀚文民国书库 358
籍合网 353
《经济日报》电子版 313
科学文库电子书 347
历代别集库 358
民国时期期刊全文数据库 306
皮书数据库 346
清代档案文献数据库-大清五部会典 357
全国报刊索引数据库 162
《人民日报》电子版 313
厦门大学学术典藏库 509
《十通》电子版 356
《四部丛刊》电子版 354
宋元版古籍在线 355
外国教材中心共享版电子教材(itext 爱教材) 338
晚清期刊全文数据库 306
万方事实和数值数据库 401
万方数据知识服务平台 168
万方"中国学术会议论文数据库" 416
万方"中国学位论文数据库" 411
维普中文期刊服务平台 304
文渊阁《四库全书》电子版 353
香港大学学术库 509
香港科技大学机构库 510
学苑汲古——高校古文献资源库 44,352
雅昌艺术教育课堂 452
知识视界视频教育资源库 467
中国丛书库 355
中国方志库 357
中国高校人文社会科学文献中心(CASHL)数据库 147,255
中国基本古籍库 351
中国金石总录 357
中国近代中英文报纸全文数据库 314
中国科技论文在线 503
中国类书库 355
中国历代石刻史料汇编 356
中国历史文献总库·近代报纸数据库 314
中国历史文献总库·民国图书数据库 358
中国人民大学书报资料中心复印报刊资料全文数据

库　249
中国人民大学书报资料中心参考数据库　177
中国俗文库　357
中国优秀硕士学位论文全文数据库(中国知网)　412
中国知网会议论文库　417
中国知网学术期刊库　37,301
中国知网"中国重要报纸全文数据库"　314
中华经典古籍库　352
中华数字书苑之数字报纸　314
中文社会科学引文索引(CSSCI)　158
中文在线"书香中国"电子书　346
资治通鉴知识服务系统　357

经济　工商　管理

AAS Historical Periodicals　227
ABI/INFORM Complete(ABI)　42,183
Academic Search Complete(ASC)　191
Academic Search Elit(ASE)　191
Academic Search Premier(ASP)　191
Academic Search Ultimate(ASU)　191
Access World News　311
AMD-China: Trade, Politics and Culture　210
America's Historical Newspapers　312
Annual Reviews　278
Apollo　505
Article First　95
BankFocus　367
Britannica Image Quest　460
Business Expert Press 电子教材　339
Business Source Complete(BSC)　192
Business Source Premier(BSP)　191
Business Source Ultimate(BSU)　192
Business Source Elite(BSE)　191
CALIS 高校教学参考资源库　347
CALIS 高校学位论文数据库　410
CALIS 书刊联合目录(CALIS 联合目录公共检索系统)　171
CALIS 外文期刊网　104
Cambridge Scientific Abstracts　91
Cambridge University Press(CUP)电子期刊　278
Cambridge University Press(CUP)精选电子教材　339

CEB Library　340
ClasePeriodica　96
Conference Proceedings Citation Index(CPCI)　413
CRC Press 电子教材　339
Credo 全球工具书大全　336
Database of International Science Citation(DISC)　255
De Gruyter 电子图书　340
Directory of Open Access Journals(DOAJ)　341
DSpace @ MIT　506
EBSCO eBook Collection　327
EBSCO 报纸数据库　312
EconLit　145
EconLit with Full Text　193
Eighteenth Century Collection Online(ECCO)　342
EIU CountryData　367
EIU Market Indicators & Forecasts　368
Electronic Books(Ebooks)　96
Electronic Collection Online Database(ECO)　95
Elsevier 电子期刊　265
Emerald 电子期刊　294
Emerald 电子书　335
Emerging Markets Information Service　370
Engineering IndexCompendexWeb, Ei Compendex　106
e-Prints Soton　506
e 读　170
GALE 电子图书馆　337
Gallica　524
Google Scholar　491
Ingenta　105,253
INSPEC　128
InsuranceFocus　367
International Monetary Fund(IMF)数据库　372
John Wiley 电子期刊　272
Journal Citation Reports(JCR)　88
JSTOR 期刊　295
JSTOR 电子书　335
LexisNexis Academic　228
Library and Information Science Abstracts(LISA)　146
MyET　479

681

National Technical Reports Library(NTRL)　440
NSTL 外文期刊目次数据库　145
OCLC PapersFirst　415
OCLC ProceedingsFirst　414
OECD iLibrary　374
ORBIS　366
Osiris　367
Ovid 平台电子教材　340
Oxford University Press(OUP)　278
Periodicals Archive Online(PAO)　298
PressDisplay　311
Project Gutenberg　523
Project Muse 电子期刊　299
ProQuest Dissertations & Theses Full Text(PQDT Full Text)　408
ProQuest Ebook Central　327
ProQuest Research Library(PRL)　183
ProQuest 报纸数据库　312
PsycINFO　142
SAGE 电子期刊　276
Science Citation Index(SCI)　71
Scopus 数据库　61,101
SOCOLAR　504
South Asia Archive　227
Springer 电子期刊　270
SpringerLink 电子图书　334
SSCI　86
Taylor & Francis 电子期刊　275
Taylor & Francis 电子书　335
The Electronic Theses Online System　410
The New York Times　309
The Times　311
The Washington Post　310
U.S. Congressional Serial Set(USCSS)　227
USPTO Search for patents　426
Westlaw　233
Wiley E-Textbook　339
Wolters Kluwer China HR Reference　240
World Bank 数据库　373
World Library　327
World Trade Organization Data(WTO Data)　515
WorldCat　94
WorldCat Dissertations and Theses　96
WorldSciNet　293
WOS Core Collection　74
ZEPHYR　367
爱迪科森网上报告厅　465
百度学术　492
北大讲座　479
北京大学机构知识库　509
北京大学开放研究数据平台　515
北京大学图书馆多媒体资源服务平台　482
《参考消息》电子版　313
超星数字图书馆/超星读书/汇雅电子书　345
读秀知识库　344
方正 Apabi 数字图书馆　346
方正中华数字书苑电子图书　347
高等教育文献保障系统(CALIS)数据库　170,254
国家哲学社会科学学术期刊数据库(NSSD)　500
国务院发展研究中心信息网(国研网)　394
汉斯出版社(Hans Publishers)中文学术期刊　503
《经济日报》电子版　313
巨灵金融数据库　399
皮书数据库　346
全国报刊索引数据库　162
《人民日报》电子版　313
厦门大学学术典藏库　509
外国教材中心共享版电子教材(itext 爱教材)　338
万得经济数据库和金融终端库　400
万方事实和数值数据库　401
万方数据知识服务平台　168
万方"中国学术会议论文数据库"　416
万方"中国学术期刊数据库"　304
万方"中国学位论文数据库"　411
维普中文期刊服务平台　304
文渊阁《四库全书》电子版　353
香港大学学术库　509
香港科技大学机构库　510
知识视界视频教育资源库　467
中国房地产信息数据库　401
中国高校人文社会科学文献中心(CASHL)数据库　147,255
中国工业企业数据库　398
中国经济信息网　391

中国科技论文在线　503

中国人民大学书报资料中心复印报刊资料全文数据库　249

中国人民大学书报资料中心参考数据库　177

中国优秀硕士学位论文全文数据库（中国知网）　412

中国知网会议论文库　417

中国知网学术期刊库　37,301

中国知网"中国重要报纸全文数据库"　314

中国资讯行数据库　251,388

中华数字书苑之数字报纸　314

中经网统计数据库　391

中文社会科学引文索引（CSSCI）　158

中文在线"书香中国"电子书　346

语言　文学　文化　教育

AAS Historical Periodicals　227

Academic Search Complete（ASC）　191

Academic Search Elit（ASE）　191

Academic Search Premier（ASP）　191

Academic Search Ultimate（ASU）　191

Access World News　311

AMD-American History，1493—1945　212

AMD-China，America and The Pacific　211

AMD-China：Culture and Society-The Wason Pamphlet Collection　211

AMD-China：Trade，Politics and Culture　210

AMD-East India Company　212

AMD-Empire Online　212

AMD-Foreign Office Files for China，1919—1980　210

America's Historical Newspapers　312

Annual Reviews　278

Apollo　505

Article First　95

Arts and Humanities Citation Index（A&HCI）　87

ASP Music Online　463

Britannica Image Quest　460

CADAL 电子图书　346

CALIS 高校教学参考资源库　347

CALIS 高校学位论文数据库　410

CALIS 书刊联合目录（CALIS 联合目录公共检索系统）　171

CALIS 外文期刊网　104

Cambridge University Press（CUP）电子期刊　278

Cambridge University Press（CUP）精选电子教材　339

ClasePeriodica　96

Conference Proceedings Citation Index（CPCI）　413

Credo 全球工具书大全　336

Database of International Science Citation（DISC）　255

De Gruyter 电子图书　340

Directory of Open Access Journals（DOAJ）　341

DSpace @ MIT　506

Early English Books Online（EEBO）　342

EBSCO eBook Collection　327

EBSCO 报纸数据库　312

Educational Resources information Center（ERIC）　146

Eighteenth Century Collection Online（ECCO）　342

Electronic Books（Ebooks）　96

Electronic Collection Online Database，ECO　95

Elsevier 电子期刊　265

Emerald 电子期刊　294

Emerald 电子书　335

Encyclopedia Britannica（EB）　365

e-Prints Soton　506

e 读　176

Gale-Literature Resource Center　384

GALE 电子图书馆　337

Gallica　524

Google Scholar　491

Ingenta　105,253

John Wiley 电子期刊　272

Journal Citation Reports（JCR）　88

J-STAGE　504

JSTOR 期刊　295

JSTOR 电子书　335

Linguistics and Language Behavior Abstracts（LLBA）　147

Literature Online　340

MathSciNet　142

MyET　479

National Technical Reports Library（NTRL）　440

NSTL 外文期刊目次数据库　145
OCLC PapersFirst　415
OCLC ProceedingsFirst　414
Oxford University Press(OUP)电子期刊　278
Periodicals Archive Online(PAO)　298
PressDisplay　311
Project Gutenberg　523
Project Muse 电子期刊　299
ProQuest Dissertations & Theses Full Text(PQDT Full Text)　408
ProQuest Ebook Central　327
ProQuest Research Library(PRL)　183
SAGE 电子期刊　276
Scopus 数据库　61,101
SOCOLAR　504
South Asia Archive　227
Springer 电子期刊　270
SpringerLink 电子图书　334
SSCI　86
Taylor & Francis 电子期刊　275
Taylor & Francis 电子书　335
The Electronic Theses Online System　410
The Met Collection　524
The New York Times　309
The Washington Post　310
U.S. Congressional Serial Set(USCSS)　227
USPTO Search for patents　426
Wiley E-Textbook　339
World Library　327
WorldCat　94
WorldCat Dissertations and Theses　96
WOS Core Collection　74
爱迪科森网上报告厅　465
百度学术　492
北大讲座　479
北京大学机构知识库　509
北京大学图书馆多媒体资源服务平台　482
《参考消息》电子版　313
超星数字图书馆/超星读书/汇雅电子书　345
雕龙古籍数据库　353
鼎秀古籍全文检索平台　353
读秀知识库　344

"二十五史"全文电子版　356
方正 Apabi 数字图书馆　346
方正中华数字书苑电子图书　347
高等教育文献保障系统(CALIS)数据库　170,254
国家哲学社会科学学术期刊数据库（NSSD）　500
汉斯出版社（Hans Publishers）中文学术期刊　503
瀚文民国书库　358
籍合网　353
历代别集库　358
民国图书馆学文献数据库　358
皮书数据库　346
全国报刊索引数据库　162
《人民日报》电子版　313
厦门大学学术典藏库　509
《十通》电子版　356
《四部丛刊》电子版　354
外国教材中心共享版电子教材(itext 爱教材)　338
万方事实和数值数据库　401
万方视频数据库　470,480
万方数据知识服务平台　168
万方"中国学术会议论文数据库"　416
万方"中国学位论文数据库"　411
维普中文期刊服务平台　304
文渊阁《四库全书》电子版　353
香港大学学术库　509
香港科技大学机构库　510
新东方多媒体学习库　476
新东方在线四六级学习实训系统　478
新东方在线语言应用百科　471
学苑汲古——高校古文献资源库　44,352
知识视界视频教育资源库　467
中国方志库　357
中国高校人文社会科学文献中心(CASHL)数据库　147,255
中国基本古籍库　351
中国金石总录　357
中国近代中英文报纸全文数据库　314
中国科技论文在线　503
中国历代石刻史料汇编　356
中国历史文献总库·近代报纸数据库　314
中国历史文献总库·民国图书数据库　358
中国人民大学书报资料中心复印报刊资料全文数据

库　249
中国人民大学书报资料中心参考数据库　177
中国俗文库　357
中国优秀硕士学位论文全文数据库(中国知网)　412
中国知网会议论文库　417
中国知网学术期刊库　37,301
中国知网"中国重要报纸全文数据库"　314
中华经典古籍库　352
中华数字书苑之数字报纸　314
中文社会科学引文索引(CSSCI)　158
中文在线"书香中国"电子书　346
资治通鉴知识服务系统　357

哲学　宗教　心理学

Academic Search Complete(ASC)　191
Academic Search Elit(ASE)　191
Academic Search Premier(ASP)　191
Academic Search Ultimate(ASU)　191
Access World News　311
American Society for Testing and Materials(ASTM)电子期刊　291
Annual Reviews　278
Apollo　505
Article First　95
Arts and Humanities Citation Index(A&HCI)　87
Britannica Image Quest　460
CADAL 电子图书　346
CALIS 高校教学参考资源库　347
CALIS 高校学位论文数据库　410
CALIS 书刊联合目录(CALIS 联合目录公共检索系统)　171
CALIS 外文期刊网　104
Cambridge University Press(CUP)电子期刊　278
Cambridge University Press(CUP)精选电子教材　339
ClasePeriodica　96
Conference Proceedings Citation Index(CPCI)　413
Credo 全球工具书大全　336
Database of International Science Citation(DISC)　255
De Gruyter 电子图书　340
Directory of Open Access Journals(DOAJ)　498

DSpace @ MIT　506
EBSCO eBook Collection　327
EBSCO 报纸数据库　312
Eighteenth Century Collection Online(ECCO)　342
Electronic Books(Ebooks)　96
Electronic Collection Online Database(ECO)　95
Elsevier 电子期刊　265
Emerald 电子书　335
Encyclopedia Britannica(EB)　365
e-Prints Soton　506
e 读　170
GALE 电子图书馆　337
Gallica　524
Google Scholar　491
Ingenta　105,253
John Wiley 电子期刊　272
Journal Citation Reports(JCR)　88
JSTOR 期刊　295
JSTOR 电子书　335
MyET　479
National Technical Reports Library(NTRL)　440
NSTL 外文期刊目次数据库　145
OCLC PapersFirst　415
OCLC ProceedingsFirst　414
Oxford University Press(OUP)　278
Periodicals Archive Online(PAO)　298
Philosopher's Index with Full Text　192
PressDisplay　311
Project Gutenberg　523
Project Muse 电子期刊　299
ProQuest Dissertations & Theses Full Text(PQDT Full Text)　408
ProQuest Ebook Central　327
ProQuest Research Library(PRL)　183
Psychology and Behavioral Sciences Collection　193
PsycINFO　142
SAGE 电子期刊　276
Science Citation Index(SCI)　71
Scopus 数据库　61,101
SOCOLAR　504
Springer 电子期刊　270
SpringerLink 电子图书　334

SSCI　86
Taylor & Francis 电子期刊　275
Taylor & Francis 电子书　335
The Electronic Theses Online System　410
The Met Collection　524
The New York Times　309
The Washington Post　310
USPTO Search for patents　426
Wiley E-Textbook　339
World Library　327
WorldCat　94
WorldCat Dissertations and Theses　96
WOS Core Collection　74
爱迪科森网上报告厅　465
百度学术　492
北大讲座　479
北京大学机构知识库　509
北京大学开放研究数据平台　515
北京大学图书馆多媒体资源服务平台　482
超星数字图书馆/超星读书/汇雅电子书　345
读秀知识库　344
方正 Apabi 数字图书馆　346
方正中华数字书苑电子图书　347
高等教育文献保障系统(CALIS)数据库　170,254
国家哲学社会科学学术期刊数据库（NSSD）　500
汉斯出版社(Hans Publishers)中文学术期刊　503
瀚文民国书库　358
全国报刊索引数据库　162
《人民日报》电子版　313
厦门大学学术典藏库　509
外国教材中心共享版电子教材(itext 爱教材)　338
万方事实和数值数据库　401
万方数据知识服务平台　168
万方"中国学术会议论文数据库"　416
万方"中国学位论文数据库"　411
维普中文期刊服务平台　304
文渊阁《四库全书》电子版　353
香港大学学术库　509
香港科技大学机构库　510
学苑汲古——高校古文献资源库　44
知识视界视频教育资源库　467
中国高校人文社会科学文献中心(CASHL)数据库

147,255
中国科技论文在线　503
中国历史文献总库·民国图书数据库　358
中国人民大学书报资料中心复印报刊资料全文数据库　249
中国人民大学书报资料中心参考数据库　177
中国优秀硕士学位论文全文数据库(中国知网)　412
中国知网会议论文库　417
中国知网学术期刊库　37,301
中国知网"中国重要报纸全文数据库"　314
中华经典古籍库　352
中华数字书苑之数字报纸　314
中文社会科学引文索引(CSSCI)　158
中文在线"书香中国"电子书　346

政治　法律　公共事务

ABI/INFORM Collection(ABI)　43,183
Academic Search Complete(ASC)　191
Academic Search Elit(ASE)　191
Academic Search Premier(ASP)　191
Academic Search Ultimate(ASU)　191
Access World News　311
AMD-American History, 1493—1945　212
AMD-China, America and The Pacific　211
AMD-China: Culture and Society-The Wason Pamphlet Collection　211
AMD-China: Trade, Politics and Culture　210
AMD-East India Company　212
AMD-Empire Online　212
AMD-Foreign Office Files for China, 1919—1980　210
America's Historical Newspaper　312
American Chemical Society(ACS)电子期刊　288
Annual Reviews　278
Apollo　505
Article First　95
Britannica Image Quest　460
CADAL 电子图书　346
CALIS 高校教学参考资源库　347
CALIS 高校学位论文数据库　410
CALIS 书刊联合目录(CALIS 联合目录公共检索系统)　171

数据库学科索引

CALIS 外文期刊网　104
Cambridge University Press(CUP)电子期刊　278
Cambridge University Press（CUP）精选电子教材　339
ClasePeriodica　96
Conference Proceedings Citation Index（CPCI）　413
Credo 全球工具书大全　336
Database of International Science Citation（DISC）　255
De Gruyter 电子图书　340
Digital National Security Archive(DNSA)　223
Directory of Open Access Journals(DOAJ)　498
DSpace @ MIT　506
EBSCO eBook Collection　327
EBSCO 报纸数据库　312
Eighteenth Century Collection Online(ECCO)　342
Electronic Books(Ebooks)　96
Electronic Collection Online Database(ECO)　95
Elsevier 电子期刊　265
Emerald 电子书　335
Encyclopedia Britannica(EB)　365
e-Prints Soton　506
e 读　176
Gale-Opposing Viewpoints in Context　384
GALE 电子图书馆　337
Gallica　524
Google Scholar　491
HeinOnline　299
Ingenta　105,253
John Wiley 电子期刊　272
Journal Citation Reports(JCR)　87
JSTOR 期刊　295
JSTOR 电子书　335
LexisNexis Academic　228
LexisNexis Advance　231
MyET　479
National Technical Reports Library(NTRL)　440
NSTL 外文期刊目次数据库　145
OCLC PapersFirst　415
OCLC ProceedingsFirst　414
Oxford University Press(OUP)　278
Periodicals Archive Online(PAO)　298

PressDisplay　311
Project Gutenberg　523
Project MUSE e-book　299
ProQuest Dissertations ＆ Theses Full Text（PQDT Full Text）　408
ProQuest Ebook Central　327
ProQuest Research Library(PRL)　183
ProQuest 报纸数据库　312
SAGE 电子期刊　276
Science Citation Index Expanded（SCI-Expanded；SCIE）　74
Scopus 数据库　61,101
SOCOLAR　504
South Asia Archive　227
Springer 电子期刊　270
SpringerLink 电子图书　334
SSCI　86
Taylor ＆ Francis 电子期刊　275
Taylor ＆ Francis 电子书　335
The Electronic Theses Online System　410
The New York Times　309
The Times　310
The Washington Post　310
U.S. Congressional Serial Set(USCSS)　227
USPTO Search for patents　426
Westlaw　233
Wolters Kluwer China HR Reference　240
Wolters Kluwer China Law ＆ Reference　236
World Library　327
WorldCat　94
WorldCat Dissertations and Theses　96
WOS Core Collection　74
爱迪科森网上报告厅　465
百度学术　492
北大法宝　242
北大讲座　479
北京大学机构知识库　509
北京大学开放研究数据平台　515
北京大学图书馆多媒体资源服务平台　482
《参考消息》电子版　313
超星数字图书馆/超星读书/汇雅电子书　345
《大明会典》电子版　356

687

《大明实录》电子版 356
雕龙古籍数据库 353
鼎秀古籍全文检索平台 353
读秀知识库 344
"二十五史"全文电子版 356
法意科技 244
方正 Apabi 数字图书馆 346
方正中华数字书苑电子图书 347
高等教育文献保障系统(CALIS)数据库 170,254
国家哲学社会科学学术期刊数据库(NSSD) 500
汉斯出版社(Hans Publishers)中文学术期刊 503
瀚文民国书库 358
历代别集库 358
皮书数据库 346
清代档案文献数据库-大清五部会典 357
全国报刊索引数据库 162
《人民日报》电子版 313
厦门大学学术典藏库 509
《十通》电子版 356
《四部丛刊》电子版 354
外国教材中心共享版电子教材(itext 爱教材) 338
万方事实和数值数据库 401
万方数据知识服务平台 168
万方"中国学术会议论文数据库" 416
万方"中国学位论文数据库" 411
维普中文期刊服务平台 304
文渊阁《四库全书》电子版 353
香港大学学术库 509
香港科技大学机构库 510
知识视界视频教育资源库 467
中国方志库 357
中国高校人文社会科学文献中心(CASHL)数据库 147,255
中国国土资源知识库 347
中国基本古籍库 351
中国科技论文在线 503
中国历代石刻史料汇编 356
中国历史文献总库·民国图书数据库 358
中国人民大学书报资料中心复印报刊资料全文数据库 249
中国人民大学书报资料中心参考数据库 177
中国优秀硕士学位论文全文数据库(中国知网) 412
中国知网会议论文库 417
中国知网学术期刊库 37,301
中国知网中国重要报纸全文数据库 314
中国资讯行数据库 251,388
中华数字书苑之数字报纸 314
中文社会科学引文索引(CSSCI) 158
中文在线"书香中国"电子书 346
资治通鉴知识服务系统 357

物理 天文 航空航天

Academic Search Complete(ASC) 191
Academic Search Elit(ASE) 191
Academic Search Premier(ASP) 191
Academic Search Ultimate(ASU) 191
Access World News 311
American Institute of Physics(AIP)电子期刊 287
American Mathematical Society(AMS)电子期刊 285
American Psychological Association(APA)电子期刊 289
Apollo 505
ArticleFirst 95
ARTstor Digital Library 460
ASP Academic Video Online 469
CADAL 电子图书 346
CALIS 高校教学参考资源库 347
CALIS 高校学位论文数据库 410
CALIS 书刊联合目录(CALIS 联合目录公共检索系统) 171
CALIS 外文期刊网 104
Cambridge Scientific Abstracts 91
Cambridge University Press(CUP)电子期刊 278
Cambridge University Press(CUP)精选电子教材 339
CEB Library 340
ClasePeriodica 96
Conference Proceedings Citation Index(CPCI) 413
CRC Press 电子教材 340
Credo 全球工具书大全 336
Database of International Science Citation(DISC) 255
De Gruyter 电子图书 340

数据库学科索引

Derwent Innovations Index(DII)　145,418
Directory of Open Access Journals(DOAJ)　341
DSpace at MIT　343
EBSCO eBook Collection　327
EBSCO 报纸数据库　312
Electronic Books(Ebooks)　96
Electronic Collection Online Database,ECO　95
Elsevier 电子期刊　265
Engineering Village （Engineering IndexCompendexWeb,Ei)　106
e-Prints Soton　506
Espacenet Patent search　427
European Publication Server(EPO)　427
e 读　176
Goddard Space Flight Center 图片库　457
Google Scholar　491
IEEE/IET Electronic Library(IEL)　45,246
Ingenta　105,253
Innography Advanced Analysis　421
INSPEC　128
Institute of Physics(IOP)电子期刊　286
Institute of Physics(IOP)电子图书　338
International Society for Optical Engineering (SPIE)电子期刊　292
John Wiley 电子期刊　272
Journal Citation Reports(JCR)　87
National Technical Reports Library(NTRL)　440
Naxos Music Library　464
NSTL 外文期刊目次数据库　145
NSTL"中国标准数据库"　433
NSTL"中文会议论文数据库"　417
NSTL"中文学位论文数据库"　411
NTIS 美国国家科技报告　439
OCLC PapersFirst　415
OCLC ProceedingsFirst　414
Oxford University Press(OUP)电子期刊　278
Periodicals Archive Online(PAO)　298
PressDisplay　311
Project Gutenberg　523
Project Muse 电子期刊　299
ProQuest Dissertations & Theses Full Text(PQDT Full Text)　408
ProQuest Ebook Central　327
ProQuest Research Library(PRL)　183
SAGE 电子期刊　276
SAO/NASA Astrophysics Data System　504
Science Citation Index Expanded (SCI-Expanded;SCIE)　74
Science Citation Index(SCI)　71
Science Online　279
Scopus 数据库　61,101
SOCOLAR　504
SPIE Digital Library　416
Springer 电子期刊　270
SpringerLink 电子图书　334
Taylor & Francis 电子期刊　275
Taylor & Francis 电子书　335
The Electronic Theses Online System　410
The New York Times　309
The Washington Post　310
USPTO Search for patents　426
WIPO PATENTSCOPE　427
World Library　327
WorldCat　94
WorldCat Dissertations and Theses　96
WorldSciNet　293
WOS Core Collection　74
爱迪科森网上报告厅　465
百度学术　492
北大讲座　479
北京大学机构知识库　509
北京大学图书馆多媒体资源服务平台　482
《参考消息》电子版　313
超星数字图书馆/超星读书/汇雅电子书　345
读秀知识库　344
方正 Apabi 数字图书馆　346
方正中华数字书苑电子图书　347
高等教育文献保障系统(CALIS)数据库　170,254
国家科技成果数据库(国家科技成果网)　440
国家科技图书文献中心(NSTL)数据库　173,255
国家知识产权局专利检索及分析平台　431
瀚文民国书库　358
科学文库电子书　347
全国报刊索引数据库　162

厦门大学学术典藏库　509
外国教材中心共享版电子教材(itext 爱教材)　338
万方事实和数值数据库　401
万方视频数据库　470,480
万方数据知识服务平台　168
万方"中国科技成果数据库"　440
万方"中国学术会议论文数据库"　416
万方"中国学术期刊数据库"　304
万方"中国学位论文数据库"　411
维普中文期刊服务平台　304
香港大学学术库　509
香港科技大学机构库　510
香港知识产权署专利检索系统　431
知识视界视频教育资源库　467
智慧芽全球专利数据库(PatSnap)　427
中国科技论文在线　503
中国科学引文数据库(CACD)　154
中国科学院科学数据中心　402
中国历史文献总库·民国图书数据库　358
中国优秀硕士学位论文全文数据库(中国知网)　412
中国预印本服务系统　513
中国知网会议论文库　417
中国知网学术期刊库　37,301
中国知网"中国重要报纸全文数据库"　314
中国专利信息中心"中国专利数据库"　431
中华数字书苑之数字报纸　314
中文在线"书香中国"电子书　346

综合及其他

2ebook 电子图书　341
AAS Historical Periodicals　227
ABI/INFORM Complete(ABI)　42,183
Academic Search Complete(ASC)　191
Academic Search Elit(ASE)　191
Academic Search Premier(ASP)　191
Academic Search Ultimate(ASU)　191
Access World News　311
America's Historical Newspapers　312
Annual Reviews　278
Apollo　505
Article First　95
ARTstor Digital Library　460

arXiv.org　510
ASP Music Online　463
ASP Academic Video Online　469
Brill 电子书　336
Britannica Image Quest　460
Business Expert Press 电子教材　339
CADAL 电子图书　346
CALIS 高校教学参考资源库　347
CALIS 高校学位论文数据库　410
CALIS 书刊联合目录(CALIS 联合目录公共检索系统)　171
CALIS 外文期刊网　104
Cambridge Scientific Abstracts　91
Cambridge University Press(CUP)电子期刊　278
Cambridge University Press(CUP)精选电子教材　339
Carin 法语电子图书　340
CEB Library　340
ClasePeriodica　96
Conference Proceedings Citation Index(CPCI)　413
Credo 全球工具书大全　336
CrossFire 检索系统　379
Database of International Science Citation(DISC)　255
De Gruyter 电子图书　340
Derwent Innovations Index(DII)　145,418
Digital National Security Archive(DNSA)　223
Digitalia 西班牙语电子书　341
Directory of Open Access Journals(DOAJ)　498
DSpace @ MIT　343
Early Arabic Printed Books from the British Library　343
East View 阿拉伯语电子书　341
East View 俄语电子书　342
EBSCO eBook Collection　327
EBSCOhost 检索系统　46,190
EBSCO 报纸数据库　312
EBSCO Discovery Service(EDS)整合系统　198
edX　472
Eighteenth Century Collection Online(ECCO)　342
Electronic Books(Ebooks)　96
Electronic Collection Online Database,ECO　95

Elsevier 电子期刊　265
Emerald 电子书　335
Encyclopedia Britannica(EB)　365
Engineering IndexCompendexWeb，Ei Compendex　106
e-Prints Soton　506
Espacenet Patent Search　427
Essential Science Indicators(ESI)　624
European Publication Server　427
e 读　170
FirstSearch 检索系统　96
Gale Directory Library　385
Gale NewsVault　311
Gale Primary Sources　202
Gale Virtual Reference Library　384
Gale-Associations Unlimited　384
GALE 电子图书馆　337
Gallica　524
Goddard Space Flight Center 图片库　457
Google Scholar　491
Government Reports Announcements and Index　439
Harvard University HOLLIS Images　454
HathiTrust　525
IEEE Xplore 检索系统　247
Illinois Digital Newspaper　312
InCites　624
Ingenta　105,253
INNOGRAPHY Advanced Analysis　421
INSPEC　128
John Wiley 电子期刊　272
Journal Citation Reports(JCR)　88
J-STAGE　504
JSTOR 期刊　295
JSTOR 电子书　335
LexisNexis 检索系统　232
Library and Information Science Abstracts(LISA)　146
MyET　479
National Technical Reports Library(NTRL)　440
Nature 及其系列电子期刊　282
Naxos Music Library　464
NSTL 外文期刊目次数据库　145

NSTL"中国标准数据库"　433
NSTL"中文会议论文数据库"　417
NSTL"中文学位论文数据库"　411
NTIS 美国国家科技报告　439
OCLC PapersFirst　415
OCLC ProceedingsFirst　414
Oxford University Press(OUP)　278
Pean World Table(PWT)　515
Periodicals Archive Online(PAO)　298
PressDisplay　311
Project Gutenberg　523
Project Muse 电子期刊　299
ProQuest Dissertations & Theses Full Text(PQDT Full Text)　408
ProQuest Dissertations & Theses(PQDT Global)　407
ProQuest Ebook Central　327
ProQuest Research Library(PRL)　183
ProQuest 报纸数据库　312
ProQuest 检索系统　184
Reaxys　379
Registry of Research Data Repositories(re3data)　515
SAGE 电子期刊　276
Science Citation Index Expanded(SCI-Expanded; SCIE)　74
Science Citation Index(SCI)　71
Science Direct 检索系统(SD)　265
Science Online　279
Science.gov　439
SciVal　624
Scopus 数据库　61,101
SOCOLAR　504
South Asia Archive　227
Springer 电子期刊　270
SpringerLink 电子图书　334
SSCI　86
Taylor & Francis 电子期刊　275
Taylor & Francis 电子书　335
The Electronic Theses Online System　410
The New York Times　309
The OAIster Database　96

The Times 310
The Washington Post 310
U. S. Congressional Serial Set(USCSS) 227
USPTO Search for patents 426
VERS 维普考试资源系统 477
Wiley E-Textbook 339
WIPO PATENTSCOPE 427
World Library 327
World Almanac 95
WorldCat 94
WorldCat Dissertations and Theses 96
WOS Core Collection 74
爱迪科森网上报告厅 465
百度图片 460
百度学术 492
北大讲座 479
北京大学机构知识库 509
北京大学图书馆多媒体资源服务平台 482
《参考消息》电子版 313
超星雅学术视频数据库 479
超星数字图书馆/超星读书/汇雅电子书 345
雕龙古籍数据库 353
鼎秀古籍全文检索平台 353
读秀知识库 344
"二十五史"全文电子版 356
方正 Apabi 数字图书馆 346
方正中华数字书苑电子图书 347
高等教育文献保障系统(CALIS)数据库 170,254
国家精品课 475
国家科技成果数据库(国家科技成果网) 440
国家科技图书文献中心(NSTL)数据库 173,255
国家哲学社会科学学术期刊数据库（NSSD） 500
国家知识产权局专利检索及分析平台 431
汉斯出版社(Hans Publishers)中文学术期刊 503
瀚文民国书库 358
科学文库电子书 347
历代别集库 358
农科机构知识库联盟 510
全国报刊索引数据库 162
《人民日报》电子版 313
厦门大学学术典藏库 509
《十通》电子版 356

《四部丛刊》电子版 354
外国教材中心共享版电子教材(itext 爱教材) 338
万方事实和数值数据库 401
万方视频数据库 470,480
万方数据知识服务平台 168
万方"中国科技成果数据库" 440
万方"中国学术会议论文数据库" 416
万方"中国学术期刊数据库" 304
万方"中国学位论文数据库" 411
万方"中外标准数据库" 433
维普中文期刊服务平台 304
文渊阁《四库全书》电子版 353
香港大学学术库 509
香港科技大学机构库 510
香港知识产权署专利检索系统 431
新华社多媒体数据库 480
学堂在线 473
雅昌艺术教育课堂 452
银符考试题库 478
在线英语学习资源 479
正保远程教育多媒体资源库 478
知识视界视频教育资源库 467
智慧芽全球专利数据库(PatSnap) 427
中国方志库 357
中国高校人文社会科学文献中心(CASHL)数据库 147,255
中国国土资源知识库 347
中国基本古籍库 351
中国科技论文在线 503
中国科技项目创新成果鉴定意见数据库(知网版) 440
中国科学引文数据库(CACD) 154
中国科学院机构知识库网格 506
中国历代石刻史料汇编 356
中国历史文献总库·民国图书数据库 358
中国人民大学书报资料中心复印报刊资料全文数据库 249
中国人民大学书报资料中心参考数据库 177
中国优秀硕士学位论文全文数据库(中国知网) 412
中国知网标准数据总库 434
中国知网会议论文库 417
中国知网检索系统 53

中国知网学术期刊库　37,301
中国知网"中国重要报纸全文数据库"　314
中国专利信息中心"中国专利数据库"　431
中华数字书苑之数字报纸　314

中文社会科学引文索引(CSSCI)　158
中文在线"书香中国"电子书　346
资治通鉴知识服务系统　357